Springer-Lehrbuch

# Springer
*Berlin
Heidelberg
New York
Hongkong
London
Mailand
Paris
Tokio*

Peter Zweifel · Roland Eisen

# Versicherungsökonomie

Zweite, verbesserte Auflage

Mit 71 Abbildungen und 65 Tabellen

Professor Dr. Peter Zweifel
Universität Zürich
Sozialökonomisches Institut
Hottingerstrasse 10
8032 Zürich
Schweiz
pzweifel@soi.unizh.ch

Professor Dr. Dr. h.c. Roland Eisen
Universität Frankfurt
Fachbereich Wirtschaftswissenschaften
Mertonstrasse 17–19
60054 Frankfurt/M.
Deutschland
eisen@wiwi.uni-frankfurt.de

ISBN 3-540-44106-9 Springer-Verlag Berlin Heidelberg New York
ISBN 3-540-67116-1 1. Auflage Springer-Verlag Berlin Heidelberg New York

Die Deutsche Bibliothek – CIP-Einheitsaufnahme
Zweifel, Peter: Versicherungsökonomie / Peter Zweifel; Roland Eisen. – 2., verb. Aufl. – Berlin; Heidelberg; New York; Hongkong; London; Mailand; Paris; Tokio: Springer, 2003
 (Springer-Lehrbuch)
 ISBN 3-540-44106-9

Dieses Werk ist urheberrechtlich geschützt. Die dadurch begründeten Rechte, insbesondere die der Übersetzung, des Nachdrucks, des Vortrags, der Entnahme von Abbildungen und Tabellen, der Funksendung, der Mikroverfilmung oder der Vervielfältigung auf anderen Wegen und der Speicherung in Datenverarbeitungsanlagen, bleiben, auch bei nur auszugsweiser Verwertung, vorbehalten. Eine Vervielfältigung dieses Werkes oder von Teilen dieses Werkes ist auch im Einzelfall nur in den Grenzen der gesetzlichen Bestimmungen des Urheberrechtsgesetzes der Bundesrepublik Deutschland vom 9. September 1965 in der jeweils geltenden Fassung zulässig. Sie ist grundsätzlich vergütungspflichtig. Zuwiderhandlungen unterliegen den Strafbestimmungen des Urheberrechtsgesetzes.

Springer-Verlag Berlin Heidelberg New York
ein Unternehmen der BertelsmannSpringer Science+Business Media GmbH

http://www.springer.de

© Springer-Verlag Berlin Heidelberg 2000, 2003
Printed in Germany

Die Wiedergabe von Gebrauchsnamen, Handelsnamen, Warenbezeichnungen usw. in diesem Werk berechtigt auch ohne besondere Kennzeichnung nicht zu der Annahme, dass solche Namen im Sinne der Warenzeichen- und Markenschutz-Gesetzgebung als frei zu betrachten wären und daher von jedermann benutzt werden dürften.

Umschlaggestaltung: Design & Production GmbH, Heidelberg
SPIN 10890708    43/2202-5 4 3 2 1 0 – Gedruckt auf säurefreiem Papier

# Vorwort

Dieses Buch brauchte nicht weniger als drei Anstösse, um geschrieben zu werden. Der erste Anstoss geht auf Mitte der 1980er Jahre zurück, als der eine der beiden Autoren sich entschlossen hatte, an seiner Universität der ökonomischen Analyse der Versicherung mit einer Spezialvorlesung den ihr gebührenden Platz zu verschaffen. Zu diesem Zwecke suchte er ziemlich verzweifelt ein Lehrbuch, das es ihm und den Studierenden ersparen würde, die in der Literatur verstreuten Beiträge zusammenzusuchen und dabei immer wieder die Notation neu zu lernen (schon beim Symbol $\pi$ geht es los: ist $\pi$ die Wahrscheinlichkeit des Zustands mit oder ohne Schaden? Auflösung des Rätsels ab dem 2. Kapitel dieses Buches). Am Kongress der *American Risk and Insurance Association* wussten die amerikanischen Kollegen auch keinen Rat, sondern ermutigten ihn: "Write a book yourself!".

Der zweite Anstoss kam von der sehr fruchtbaren Zusammenarbeit der beiden Autoren mit Wolfgang Müller, Professor für Betriebswirtschaftslehre der Versicherung an der Universität Frankfurt am Main. Er hatte uns Ende der 1980er Jahre zusammengeführt, um gegen eine allzu zögerliche Vorlage der Europäischen Kommission zur Liberalisierung der Versicherungswirtschaft anzuschreiben. Dabei stellten wir fest, dass es insbesondere im deutschen Sprachraum kein Lehrbuch gab, das den Leser mit der internationalen Forschung über die Regulierung, aber auch andere Aspekte der Versicherung bekannt machte. Unser Trio (von den Gattinnen teils tadelnd, teils respektvoll "le trio infernal" genannt) beschloss deshalb, zusammen ein Lehrbuch vorzubereiten.

Dazu kam es vorerst nicht, denn im September 1993 ist Wolfgang Müller nach kurzem, schwerem Leiden verstorben. Dieser Verlust bildete den traurigen dritten Anstoss zu diesem Werk. Die beiden Überlebenden des Trios gelobten, im Gedenken an ihren Freund die gemeinsame Absicht in die Tat umzusetzen. Wie so oft, erwies sich der Weg vom guten Vorsatz bis hin zu seiner Verwirklichung viel länger als gedacht.

Jetzt ist es aber soweit, und wir sind glücklich, die vorliegende "Versicherungsökonomik" unserem verstorbenen Kollegen und lieben Freund posthum widmen zu können. Es ist etwas Besonderes daraus geworden, und dies aus drei Gründen. Zum einen orientiert das Buch nicht nur über die traditionelle, auf Arrow und Pratt zurückgehende Theorie der Versicherungsnachfrage, sondern behandelt auch die auf der Kapitalmarkttheorie basierende Darstellung, die dann relevant wird, wenn der potentielle Käufer von Versicherung seine Risiken auch mit Diversifikation sichern kann. Zweitens kommt nicht nur die Nachfrageseite, sondern auch die Angebotsseite zu ihrem Recht. Kenntnisse über das Verhalten des Managements eines Versicherungsunternehmens sind nicht nur für die angehenden Versicherungsbetriebswirte wichtig, sondern auch für Behörden und Politiker, die eine Deregulierung oder Regulierung ins Auge fassen und die Wirkungen einer solchen Massnahme voraussehen möchten. Und schliesslich enthält das Werk auch ein Kapitel über die Sozialversicherung, das in enger Verbindung zum Rest des Werks steht. Denn insbesondere die Probleme der asymmetrischen Informationsverteilung stellen sich für die private wie die soziale Versicherung genau gleich; nur die Lösungsversuche sind verschieden, wobei in der Diskussion um eine Reform der Sozialversicherung regelmässig auf Konzepte der Privatversicherung zurückgegriffen wird.

Wir haben vielen Helfern zu danken: In Zürich sind dies Herr Dr. Michael Breuer, der den ganzen Text kritisch gelesen und die Formeln nachgeprüft hat; Frau Susanne Danuser, die in monatelanger Arbeit unsere Entwürfe überarbeitete; Herrn Roland Umbricht, Herrn Hansjörg Lehmann und Herrn Lukas Steinmann, die in kürzester Zeit die verschiedenen Kapitel druckfertig machten, zu einem Ganzen zusammenfügten und die Indexierung besorgten; und schliesslich die Studierenden der Jahre 1998 und 1999, die uns geduldig auf so manchen Fehler im Manuskript aufmerksam machten. In Frankfurt am Main gebührt unser Dank Herrn Dr. Michael Holstein, Herrn Lars Holstein und Herrn Dimitrios Gotsis, die viele Details beisteuerten und Frau Anke Russ, die mit grossem Einsatz die Rohfassung mehrerer Kapitel erstellte.

Schliesslich haben mehrere Sponsoren dazu beigetragen, dass die beiden Autoren sich immer wieder in einer angenehmen Umgebung irgendwo zwischen Frankfurt und Zürich treffen konnten, um ihre Entwürfe abzuschleifen und miteinander abzustimmen. Dies sind die "Winterthur" Versicherungsgesellschaft und der Förderkreis für die Versicherungslehre an der Johann Wolfgang Goethe-Universität Frankfurt am Main e. V. Dass wir uns in der Endphase zusätzliche Unterstützung sichern konnten, verdanken wir der Richard-Büchner-Stiftung der Universität Zürich.

Unsern Lesern – und Leserinnen, die bei den im Deutschen gebräuchlichen männlichen Sprachformen selbstverständlich immer mit gemeint sind – wünschen wir viel Anregung und manche Einsicht bei der Beschäftigung mit diesem Buch – und vielleicht hin und wieder sogar Spass beim Lernen!

**Nachtrag zur zweiten Auflage:** Dieser in der ersten Auflage formulierte Wunsch scheint genügend oft in Erfüllung gegangen zu sein, um eine zweite Auflage zu rechtfertigen. Während der Aufbau des Buches gleich geblieben ist, hat eine sorgfältige Überprüfung manche (meist geringfügige) Fehler und viele Verbesserungsmöglichkeiten im Einzelnen zu Tage gefördert. In Zürich waren daran die Studierenden Niklaus Traber und Markus Zeder, vor allem aber Herr Dr. Michael Breuer und Frau Monique Daniel beteiligt; Frau Susanne Danuser besorgte wiederum die Umsetzung. Besonderer Dank gebührt unserem Kollegen Prof. Helmut Gründl für eine Klarstellung im 6. Kapitel.

Zürich und Frankfurt am Main

im Juni 2002

P.Z. und R.E.

# Inhaltsverzeichnis

### KAPITEL 1   Einleitung: Versicherung und ihre Bedeutung in der Wirtschaft ... 1

1.1 Grundfragen und Definitionen ... 1
1.2 Risiken und ihre Entwicklungstendenzen ... 4
1.3 Die gesamtwirtschaftliche Bedeutung der Versicherung ... 8
1.4 Aufgaben und Funktionen der Versicherung ... 15
1.5 Wichtige Determinanten der Nachfrage nach Versicherung ... 20
    1.5.1 Der Einfluss von Vermögen und Einkommen ... 20
    1.5.2 Der Einfluss des Preises auf die Versicherungsnachfrage ... 23
    1.5.3 Systemanalyse und Aufbau des Buches ... 27
1.6 Übungsaufgaben ... 30
1.7 Literaturhinweise ... 31

### KAPITEL 2   Risiko: Messung, Wahrnehmung und Beeinflussung ... 33

2.1 Definition und Messung des Risikos ... 33
    2.1.1 Definition des Risikos ... 33
    2.1.2 Messung des Risikos ... 35
2.2 Subjektive Wahrnehmung des Risikos, Risikoaversion und die Risikonutzenfunktion ... 40
    2.2.1 Risikowahrnehmung als subjektives und kulturelles Phänomen ... 40
    2.2.2 Risikoaversion und Risikonutzen ... 42
2.3 Instrumente der Risikopolitik (Risikomanagement) ... 47
2.4 Zur Effektivität risikopolitischer Instrumente ... 49
2.5 Übungsaufgaben ... 55
2.6 Literaturhinweise ... 56

### KAPITEL 3   Versicherungsnachfrage I: Entscheidung unter Risiko ohne Diversifikationsmöglichkeiten ... 59

3.1 Maximierung des Erwartungsnutzens ... 60
3.2 Risikoprämie, Sicherheitsprämie und Masse der Risikoaversion ... 67
    3.2.1 Risikoaversion und Sicherheitsprämie ... 67
    3.2.2 Risikoprämie und Masse der Risikoaversion ... 70
3.3 Exkurs: Stochastische Dominanz ... 75
3.4 Empirische Schätzungen der Risikoaversion ... 79
3.5 Theorie der Versicherungsnachfrage ... 82
    3.5.1 Das Grundmodell ... 82
    3.5.2 Versicherungsnachfrage bei unersetzlichen Gütern ... 87
3.6 Versicherungsnachfrage bei Abweichungen von der fairen Prämie ... 91
    3.6.1 Optimale Versicherungsdeckung bei unfairer Prämie ... 91
    3.6.2 Versicherungsnachfrage in Abhängigkeit von Preis und Vermögen ... 96

| | |
|---|---|
| 3.6.3 Pareto-optimale Versicherungsverträge | 102 |
| 3.7 Versicherungsnachfrage bei mehreren Risiken | 103 |
| 3.8 Beziehungen zwischen Versicherung und Prävention | 108 |
| 3.9 Kritik an der Erwartungsnutzen-Maximierung und Alternativen | 112 |
|     3.9.1 Anomalien in der Erwartungsnutzen-Theorie | 112 |
|     3.9.2 Alternativen zur Erwartungsnutzen-Theorie | 116 |
| 3.10 Übungsaufgaben | 118 |
| 3.11 Literaturhinweise | 119 |

## KAPITEL 4  Versicherungsnachfrage II: Entscheidung unter Risiko mit Diversifikationsmöglichkeiten 123

| | |
|---|---|
| 4.1 Risikomanagement und Diversifikation | 124 |
|     4.1.1 Risikomanagement und Portfoliotheorie | 124 |
|     4.1.2 Risikodiversifikation mit Hilfe des Kapitalmarkts | 128 |
|     4.1.3 Das Capital Asset Pricing Model (CAPM) | 136 |
|     4.1.4 Die Arbitrage Pricing Theory (APT) | 143 |
| 4.2 Risikomanagement, Terminkontrakte und Optionen | 145 |
|     4.2.1 Hedging durch Termingeschäfte | 145 |
|     4.2.2 Hedging durch Optionen | 148 |
|         4.2.2.1 Hedging durch Devisenoptionen | 148 |
|         4.2.2.2 Hedging durch Aktienoptionen | 149 |
| 4.3 Versicherungsnachfrage der Unternehmen | 156 |
|     4.3.1 Nachfrage nach Versicherung im Lichte der Kapitalmarkttheorie | 156 |
|         4.3.1.1 Senkung des systematischen Risikos durch Versicherung | 157 |
|         4.3.1.2 Die relativen Transaktionskosten der Versicherung | 157 |
|         4.3.1.3 Andere Vorteile der Versicherung | 158 |
|     4.3.2 Empirische Untersuchungen zur Versicherungsnachfrage von Unternehmen | 159 |
|     4.3.3 Andere Gründe für die Nachfrage nach Versicherung durch Unternehmen | 163 |
|         4.3.3.1 Kosten der Sachwalterbeziehung | 163 |
|         4.3.3.2 Versunkene Kosten | 164 |
|         4.3.3.3 Versicherungsspezifische Dienstleistungen | 164 |
| 4.4 Übungsaufgaben | 166 |
| 4.5 Literaturhinweise | 167 |

## KAPITEL 5  Das Versicherungsunternehmen und Grundzüge der Versicherungstechnologie 169

| | |
|---|---|
| 5.1 Die Rechnungslegung des Versicherungsunternehmens | 170 |
|     5.1.1 Die Bilanz | 170 |
|     5.1.2 Die Gewinn- und Verlustrechnung | 173 |
| 5.2 Die Ziele des VU | 178 |
|     5.2.1 Theoretische Überlegungen | 178 |
|     5.2.2 Empirische Untersuchung zur Bedeutung der Ziele von VU | 181 |
| 5.3 Übersicht über die Versicherungstechnologie eines VU | 185 |

5.3.1 Worin besteht der Output eines VU? 185
5.3.2 Die Instrumente der Versicherungstechnologie 187
5.4 Die Wahl der Vertriebsart durch das VU 189
    5.4.1 Die wichtigsten Vertriebsarten 189
    5.4.2 Die Sachwalterbeziehung als grundlegendes Problem 190
    5.4.3 Ein Kostenvergleich anhand amerikanischer Daten 192
    5.4.4 Ein Leistungsvergleich mit schweizerischen Daten 195
5.5 Die Risikozeichnungspolitik 197
    5.5.1 Instrumente der Risikozeichnungspolitik 197
    5.5.2 Ein einfaches Modell der Risikoauslese 198
    5.5.3 Einbezug der Risikoaversion auf Seiten des VU 200
5.6 Eindämmung des moralischen Risikos 201
5.7 Die Rückversicherung 205
    5.7.1 Aufgaben der Rückversicherung 206
    5.7.2 Arten der Rückversicherung 207
    5.7.3 Ein optionstheoretisches Modell der Nachfrage nach Rückversicherung 209
    5.7.4 Empirische Überprüfung des Modells 215
5.8 Die Anlagepolitik des VU 219
5.9 Übungsaufgaben 224
5.10 Literaturhinweise 226

## KAPITEL 6 Das Angebot an Versicherungsschutz     229

6.1 Die klassische Prämienkalkulation 230
    6.1.1 Schadenprozess und Schadenverteilung 230
        6.1.1.1 Zahl der Schäden unsicher, Schadenhöhe fest 232
        6.1.1.2 Schadenzahl und Schadenhöhe zufallsbestimmt 235
        6.1.1.3 Die Normalpotenzen-Näherung 236
    6.1.2 Risikotheorie und Prämienkalkulationsprinzipien 239
        6.1.2.1 Wahrscheinlichkeitstheoretische Grundlagen 239
        6.1.2.2 Das versicherungstechnische Risiko 240
    6.1.3 Prämienkalkulationsprinzipien (PKP) 243
6.2 Kapitalmarkttheoretische Preisbildung 246
    6.2.1 Die individuelle Portefeuille-Optimierung 246
    6.2.2 Das Versicherungs-CAPM 247
    6.2.3 Versicherungswertpapiere als Optionen 252
    6.2.4 Empirische Evidenz zum tatsächlichen Verhalten der VU 257
        6.2.4.1 Die Preisbildung des VU 257
        6.2.4.2 Das Risikomanagement des VU 259
6.3 Verbundvorteile 265
    6.3.1 Verbundvorteile und Eigenschaften der Kostenfunktion 265
    6.3.2 Empirische Bedeutung von Verbundeffekten 267
    6.3.3 Verallgemeinerte Verbundeffekte 270
6.4 Skalenerträge 271
    6.4.1 Definitionsfragen 272
    6.4.2 Untersuchungen zu Skalenerträgen von Leben-VU 274
    6.4.3 Skalenerträge von Nichtleben-VU 279

| | | |
|---|---|---|
| | 6.4.4 Alternativen und Erweiterungen | 280 |
| | 6.4.5 Konsequenzen für die zukünftige Marktstruktur | 282 |
| 6.5 | Anhang zu Kapitel 6 | 286 |
| 6.6 | Übungsaufgaben | 289 |
| 6.7 | Literaturhinweise | 290 |

## KAPITEL 7  Versicherungsmärkte und asymmetrische Information 293

| | | |
|---|---|---|
| 7.1 | Asymmetrische Information und ihre Konsequenzen | 293 |
| 7.2 | Moralisches Risiko | 295 |
| | 7.2.1 Definition und Bedeutung des moralischen Risikos | 295 |
| | 7.2.2 Ex ante moralisches Risiko | 297 |
| | 7.2.2.1 Ex ante moralisches Risiko bezüglich Schadenwahrscheinlichkeit | 297 |
| | 7.2.2.2 Ex ante moralische Risiko bezüglich der Schadenhöhe | 303 |
| | 7.2.3 Marktgleichgewicht mit ex ante moralischem Risiko | 305 |
| | 7.2.4 Empirische Evidenz zum ex ante moralischen Risiko | 309 |
| | 7.2.5 Ex post moralisches Risiko am Beispiel der Arbeitsunfähigkeit | 312 |
| | 7.2.6 Empirische Evidenz zum ex post moralischen Risiko | 315 |
| 7.3 | Adverse Selektion | 320 |
| | 7.3.1 Adverse Selektion in einperiodiger Betrachtung | 320 |
| | 7.3.2 Zur empirischen Bedeutung der adversen Selektion | 328 |
| | 7.3.3 Adverse Selektion in mehrperiodiger Betrachtung | 332 |
| | 7.3.4 Empirische Evidenz zum Erfahrungstarifierungsmodell | 338 |
| | 7.3.5 Adverse Selektion und moralisches Risiko in Kombination | 340 |
| 7.4 | Übungsaufgaben | 343 |
| 7.5 | Literaturhinweise | 345 |

## KAPITEL 8  Die Regulierung der Versicherungswirtschaft 347

| | | |
|---|---|---|
| 8.1 | Begründung der Regulierung der Versicherungswirtschaft | 347 |
| | 8.1.1 Zielsetzung der Regulierung | 347 |
| | 8.1.2 Begründung der materiellen Versicherungsaufsicht | 348 |
| | 8.1.3 Möglichkeit einer lediglich formellen Versicherungsaufsicht | 352 |
| 8.2 | Übersicht über die Regulierungssysteme | 354 |
| | 8.2.1 Instrumente der Regulierung | 354 |
| | 8.2.2 Unterschiedliche nationale Systeme der Regulierung | 356 |
| | 8.2.3 Die Regulierung der Versicherungsmärkte in der EU | 356 |
| | 8.2.4 Die Regulierung der Versicherungsmärkte in Deutschland, Österreich und der Schweiz | 358 |
| 8.3 | Drei konkurrierende Regulierungstheorien | 360 |
| | 8.3.1 Regulierung im öffentlichen Interesse | 360 |
| | 8.3.2 Vereinnahmung durch den regulierten Wirtschaftszweig | 361 |
| | 8.3.3 Angebot und Nachfrage auf dem Regulierungsmarkt | 362 |
| | 8.3.4 Empirisch überprüfbare Implikationen | 364 |
| 8.4 | Die Auswirkungen der Versicherungsregulierung | 365 |

| | |
|---|---|
| 8.4.1 Unterschiede zwischen den Bundesstaaten der USA | 365 |
| 8.4.2 Unterschiede zwischen europäischen Staaten | 372 |
|     8.4.2.1 Auswirkungen der deutschen Regulierung | 374 |
| 8.5 Übungsaufgaben | 378 |
| 8.6 Literaturhinweise | 379 |

## KAPITEL 9 Soziale Sicherung und Sozialversicherung — 381

| | |
|---|---|
| 9.1 Bedeutung der Sozialversicherung | 382 |
| 9.2 Warum gibt es die Sozialversicherung? | 384 |
|   9.2.1 Die Sozialversicherung als effizienzsteigernde Institution | 385 |
|     9.2.1.1 Übermässige Gegenwartspräferenz als Grund eines Marktversagens | 385 |
|     9.2.1.2 Altruistische Motivation als Grund eines Marktversagens | 386 |
|     9.2.1.3 Adverse Selektion als Marktversagen | 387 |
|     9.2.1.4 Transaktionskosten als Marktversagen | 389 |
|     9.2.1.5 Moralisches Risiko als Einschränkung | 392 |
|   9.2.2 Die Sozialversicherung als Instrument in den Händen politischer Entscheidungsträger | 392 |
|     9.2.2.1 Theoretischer Hintergrund | 392 |
|     9.2.2.2 Das Interesse der Regierung an einer SV | 393 |
|     9.2.2.3 SV als Instrument in den Händen anderer politischer Entscheidungsträger | 395 |
| 9.3 Überblick über die Sozialversicherungszweige | 396 |
|   9.3.1 Gliederungsmerkmale der SV in drei Ländern | 396 |
|   9.3.2 Bedeutung der Zweige der Sozialversicherung | 398 |
| 9.4 Anforderungen an eine effiziente Sozialversicherung | 399 |
|   9.4.1 Die Effizienz der Alterssicherung | 400 |
|   9.4.2 Eine kapitalmarktorientierte Beurteilung der Effizienz | 403 |
|     9.4.2.1 Versicherungsansprüche als Komponenten des Portefeuilles | 403 |
|     9.4.2.2 Ein einfacher Test auf Effizienz von PV und SV | 406 |
| 9.5 Gesamtwirtschaftliche Auswirkungen der Sozialversicherung | 408 |
|   9.5.1 Auswirkungen der Alterssicherung | 410 |
|     9.5.1.1 Auswirkungen der Altersvorsorge auf den Arbeitsmarkt | 410 |
|     9.5.1.2 Auswirkungen auf den Kapitalmarkt | 414 |
|     9.5.1.3 Andere Auswirkungen der Alterssicherung | 417 |
|   9.5.2 Auswirkungen der sozialen Krankenversicherung | 420 |
|   9.5.3 Auswirkungen der Arbeitslosenversicherung | 424 |
|   9.5.4 Der optimale Umfang der Sozialversicherung | 426 |
| 9.6 Übungsaufgaben | 432 |
| 9.7 Literaturhinweise | 433 |

## KAPITEL 10 Herausforderungen an das Sicherungssystem — 437

| | |
|---|---|
| 10.1 Globalisierung der Wirtschaftsbeziehungen | 438 |
|   10.1.1 Globalisierung und Versicherung von Unternehmen | 438 |
|   10.1.2 Globalisierung und Versicherung von Personen | 439 |

10.2 Wandel in Wissenschaft und Technologie 440
    10.2.1 Genetische Information 440
    10.2.2 Informationsübertragung und -verarbeitung 447
10.3 Veränderte rechtliche Rahmenbedingungen 449
    10.3.1 Konstituierende Elemente des Versicherungsvertragsrechts 449
    10.3.2 Konsequenzen der Deregulierung im Rahmen der EU 450
10.4 Vermehrte Katastrophenrisiken 452
    10.4.1 Das „Value at Risk"-Konzept als neues Element der Versicherungstechnologie 452
    10.4.2 Spezielle Problematik der Rückversicherung von Katastrophenrisiken 454
    10.4.3 Finanzmärkte als Alternative zur Versicherung 455
10.5 Demographischer Wandel 458
    10.5.1 Alterung der Bevölkerung 458
    10.5.2 Vermehrte Individualisierung der Versicherungsnachfrage 460
10.6 Schlussbetrachtungen 461
10.7 Literaturhinweise 465

**Abbildungsverzeichnis** **467**

**Tabellenverzeichnis** **471**

**Stichwortverzeichnis** **473**

**Autorenverzeichnis** **487**

# KAPITEL 1
# Einleitung: Versicherung und ihre Bedeutung in der Wirtschaft

## 1.1 Grundfragen und Definitionen

Den Ausgangspunkt der Überlegungen bildet die **Unsicherheit**, die bereits daher rührt, dass unser Wissen über vergangene (beobachtete oder prinzipiell beobachtbare) Phänomene unvollständig ist. In der „realen Welt" sind alle unsere Aktivitäten abhängig von ungewissen oder unbekannten Umständen, die jenseits der Kontrolle des einzelnen Wirtschaftssubjekts liegen. An die Stelle eindeutiger oder deterministischer Ursache-Wirkungs-Zusammenhänge tritt die Mehrdeutigkeit der Vorstellungen von der wirtschaftlichen Umwelt. Um so mehr muss dies für die Zukunft gelten, die den Menschen immer unbekannt sein wird. Allerdings lassen sich – selbst bei unvollständiger Kenntnis über die Vergangenheit – Prognosen für die nähere oder fernere Zukunft ableiten.

Nach dem Typ oder **Grad der Unsicherheit** kann man folgende Situationen unterscheiden: *(1)* volle Sicherheit, bei der die Strukturen und Ursache-Wirkungs-Zusammenhänge bekannt sind; *(2)* Unsicherheit bei bekannten Wahrscheinlichkeitsverteilungen (= primäre Unsicherheit), m.a. W. das Individuum hat ein probabilistisches, aber exaktes Bild von der Welt, wobei zu unterscheiden ist, ob diese Wahrscheinlichkeiten objektiv bekannt sind, oder ob es sich nur um subjektive Wahrscheinlichkeiten (individuelle Kenntnis oder Schätzung) handelt; *(3)* Unsicherheit bei Wissen über mögliche Ergebnisse, aber ohne zuordnungsfähige Wahrscheinlichkeiten; *(4)* Spielsituation (= sekundäre Unsicherheit) in dem Sinne, dass rationale Wirtschaftssubjekte gegeneinander spielen und jeder aus einer Strategiemenge wählen kann [ein „Spiel gegen die Natur" wäre hier unter *(2)* einzuordnen]; und schliesslich *(5)* der Fall der vollständigen Ignoranz.

In der **formalen** Entscheidungstheorie ist es üblich geworden, diese fünf Fälle nach dem Charakteristikum der Informationsstruktur der Entscheidungssituation bei unvollkommener oder gar fehlender Information in die Kategorien

- **Risikosituation**
- **Ungewissheitssituation im engeren Sinne** und
- **Spielsituation**

aufzuteilen. Diese Kategorisierung folgt der Terminologie von *Knight* (1921): *Knight* versteht unter „risk" eine messbare (und daher versicherbare) Ungewissheit, unter „true uncertainty" dagegen eine Unsicherheit, die nicht gemessen und folglich auch nicht eliminiert werden kann [*Knight* (1921), 233]: „Der praktische Unterschied zwischen diesen beiden Kategorien Risiko und Unsicherheit besteht darin, dass beim Risiko die Verteilung der Ergebnisse in einer Gruppe von Fällen bekannt ist (entweder aufgrund von logischen Berechnungen oder aufgrund von statistischen Angaben über vergangene Ereignisse), während bei Unsicherheit dies nicht zutrifft".

Allerdings lassen sich gegen diese Terminologie (wie auch gegen die oben unterschiedenen fünf Unsicherheitsgrade) grundsätzliche Einwendungen erheben. Erwähnt sei nur, dass vollkommene Unkenntnis genauso untypisch ist wie vollkommenes Wissen. Verfügt man aber über Kenntnisse, wie vage, partiell oder unvollständig auch immer, so wäre es unwirtschaftlich, diese nicht zu nutzen. Insofern partielles Wissen den Regelfall darstellt, erhebt sich die Frage nach dem Vertrauen in die Wahrscheinlichkeitsaussagen. Berücksichtigt man ferner, dass sich mit Beobachtungen lediglich relative Häufigkeiten als Schätzwerte von Wahrscheinlichkeiten ermitteln lassen, bleibt es letztlich eine subjektive Entscheidung, eine solche Schätzung als „genügend zuverlässig" für die unbekannte Wahrscheinlichkeit zu akzeptieren. Damit sind die in die Entscheidungsfindung eingehenden Wahrscheinlichkeiten subjektiv statt objektiv, und die Unterschiede zwischen Risiko und Unsicherheit verwischen sich. Letztlich bleiben dann nur zwei Situationen übrig: Entscheidungen unter (primärer) **Unsicherheit** und die **Spielsituation** (sekundäre Unsicherheit).

Aber wie man auch immer diese Abgrenzung vornimmt, die Entscheidung über eine Aktion bei Ungewissheit hängt einerseits ab von der Einschätzung der **Eintrittswahrscheinlichkeiten** und andererseits von der **Bewertung der „reinen" Konsequenzen** (was die ökonomische Theorie heute in der Risikonutzenfunktion zusammenfasst) (vgl. Abschnitt 2.1).

**Versicherung** wird gelegentlich als das „Geschäft mit der Unsicherheit" bezeichnet: Zum einen, weil sie als eine Aktion angesehen werden kann, die nur bei Unsicherheit ergriffen werden kann; zum anderen, weil sie von spezialisierten Unternehmen angeboten wird, die hieraus in der Regel Gewinne erzielen. Versicherung ist aber nicht die einzige Alternative, um mit Risiko oder Unsicherheit umzugehen; vielmehr gibt es eine ganze Reihe von Massnahmen, Methoden oder Institutionen, mit denen die Wirtschaftssubjekte die sie umgebenden Unsicherheiten bzw. Risiken hervorrufen, beeinflussen, transferieren und letztlich tragen. Sie werden üblicherweise unter dem Begriff **Risikopolitik** oder **Risikomanagement** zusammengefasst (vgl. Abschnitt 2.3).

Der Institution Versicherung kommt aber besondere Bedeutung zu, wenn es darum geht, **Risiken mit negativen Folgen** zu betrachten, wie dies dem umgangssprachlichen Gebrauch des Wortes Risiko entspricht, wo man darunter meist eine „Verlustgefahr" versteht. Dabei kann sich die Verlustgefahr unterschiedlich realisieren: im völligen Verlust, in der Beschädigung oder Wertminderung einer Sache, im Verlust eines Körperteils oder in der Beeinträchtigung der Fähigkeiten einer Person („human capital") oder gar in deren Tod. Am Beispiel eines Autounfalls kann dies verdeutlicht werden. Der Autofahrer wird mehr oder weniger schwer verletzt, erleidet eine Kopfverletzung, die seine Arbeitsfähigkeit beeinträchtigt, oder wird gar getötet; das Auto wird mehr oder weniger stark beschä-

## 1.1 Grundfragen und Definitionen

digt. Damit erleidet er einen mehrfachen Verlust an seinen Aktiva (Gesundheit, finanzielles und geistiges Vermögen, engl. health, wealth, wisdom). Ein Autounfall kann aber auch zur Beschädigung eines anderen Automobils oder zur Verletzung oder gar Tötung einer anderen Person führen. Abhängig von der Ausgestaltung des Straf- und Schuldrechts entstehen nun Forderungen an den (schuldigen) Autofahrer (es entstehen Passiva). Auch diese Verlustgefahren erfordern risikopolitische Massnahmen, etwa den Abschluss einer Haftpflichtversicherung zur Deckung dieser Ansprüche.

Anstoss zur Versicherung ist damit die Bedrohung von menschlichem Leben, von Vermögenswerten und von Vorhaben durch Gefahren, die in der Lebensstruktur (wie Krankheit, Unfall, Tod) und in der Lebenskultur (wirtschaftliche Gefahren, Arbeitslosigkeit, Vermögensverlust u.a.) wurzeln [so schon bei *Mahr* (1951)].

Was aber ist "Versicherung"? In der einschlägigen Literatur werden viele unterschiedliche **Definitionen** vorgeschlagen, wobei sich Probleme daraus ergeben, dass der Begriff aus der wirtschaftlichen Praxis stammt. Die Wissenschaft muss deshalb eine „feststellende Realdefinition" liefern, die möglichst genau das erfasst, was in der Alltagssprache mit „Versicherung" gemeint ist. Insofern sich dieses Buch mit Versicherung befasst, kann es in seiner Gesamtheit ebenfalls als ein Versuch einer Beschreibung von Versicherung verstanden werden. Es ist nicht beabsichtigt, den vielen in der Literatur vorliegenden Definitionen von Versicherung eine neue hinzuzufügen. Dennoch soll an dieser Stelle mit einer vorläufigen Definition dem Leser eine gewisse Idee vermittelt werden, die für den Gang der Untersuchung bestimmend sein wird. Ein uneindeutiger, vager Begriff kann allerdings nicht eindeutig und exakt beschrieben werden, d.h. es liegt hier ein unauflösliches Dilemma vor. Man kann aber den Spiess umdrehen und jeden Begriff in Form einer „festsetzenden Nominaldefinition" [vgl. *Hempel* (1965)] einführen. In diesem Sinne ist Versicherung allgemein **ein Mittel** oder **Verfahren,** mit dem die **Unsicherheit** bezüglich **zukünftiger Erfahrungen gemindert** werden kann. Diesem Aspekt der **Risikominderung** tragen etwa die folgenden Definitionen Rechnung.

- **Versicherung ist der Austausch eines unsicheren und (unbestimmten) grossen Verlusts gegen einen kleinen, bestimmten und sicheren Verlust (die Prämie, der Beitrag)** [so bei *Hax* (1964)].

- **Versicherung ist der Austausch von Geld jetzt gegen Geld, das man unter bestimmten Bedingungen später erhält („insurance is the exchange of money now for money payable contingent on the occurrence of certain events")** [so bei *Arrow* (1965), 45].

Allerdings lässt sich gegen die erste Definition einwenden, dass sie einerseits mehr umfasst als Versicherung, nämlich auch Verlustvorbeugung und Schadenverhütungsmassnahmen, andererseits aber nicht gilt für reine Versicherungen auf Gegenseitigkeit, weil dort wegen der im Gesetz vorgesehenen Nachschusspflicht der Mitglieder die Prämie nicht bestimmt und nicht sicher ist. Gegen den zweiten Definitionsvorschlag lässt sich vorbringen, dass er die Versicherung nicht gegen das Spiel und die Lotterie abgrenzt. Dazu könnte man aber nun wieder auf eine weitere Abgrenzung zurückverweisen: Beim Spiel entsteht erst die Unsicherheit (etwa mittels einer Wette), während Versicherung eine vorher vorhandene Unsicherheit reduzieren soll.

Eine dritte auf den Informationsaspekt der Versicherung stärker abstellende Definition stammt von *Müller* [(1995), 1024]: Versicherungsprodukte sind Garantieinformationen für bestimmte Vermögenszustände des Versicherungskäufers, wobei diese Garantieinformationen den Informationsstand des Versicherungskäufers bei seinen Entscheidungsergebnissen, nicht dagegen bei den Eintrittswahrscheinlichkeiten der Umweltzustände verbessern (für eine kritische Wertung im Zusammenhang mit der Definition des Outputs eines Versicherungsunternehmens vgl. Abschnitt 5.3.1).

## 1.2 Risiken und ihre Entwicklungstendenzen

Das einzelne Wirtschaftssubjekt versucht, sich mittels Geldhaltung und Ersparnissen, Versicherung und anderen risikopolitischen Instrumenten gegen (unregelmässige, aber probabilistische) Impulse, die auf seine drei Aktiva Gesundheit, finanzielles und geistiges Vermögen (engl. health, wealth, and wisdom) einwirken können und Schwankungen verursachen, zu sichern. Hieraus kann man schlussfolgern, dass die Bedeutung der Versicherung sehr wahrscheinlich mit der Zunahme und Wertsteigerung von Aktiva zunimmt. So wurden die ersten Versicherungsverträge durch italienische Händler abgeschlossen, welche die Risiken abwälzen wollten, denen ihre im Mittelmeer segelnden Schiffe ausgesetzt waren. Die heute noch bestehende älteste Nichtlebenversicherung ist die Hamburger Feuerkasse, die insbesondere Wohngebäude, Firmengebäude und Lagerbestände gegen Feuer versichert. Aber es wächst nicht nur der allgemeine Reichtum, es wachsen auch die Wertzusammenballungen zu sog. **Grossrisiken**: Man denke an Havarien von Grosstankern, den Absturz eines Passagierflugzeuges oder die Zerstörung eines Satelliten beim Start. Dabei handelt es sich um Werte von jeweils mehreren hundert Millionen US-Dollar.

Auslöser solcher Katastrophenschäden ist einerseits menschliches Fehlverhalten (man-made Katastrophen), andererseits aber die Natur (Naturkatastrophen). Interessanterweise fallen die Katastrophen mit den grössten finanziellen Konsequenzen in die zweite Kategorie, wie die Tabelle 1.1 zeigt. In 18 der 20 Fälle waren die Schäden auf Naturkatastrophen zurückzuführen; eine der beiden übrigen Katastrophen ist der schreckliche Angriff auf das World Trade Center in New York am 11. September 2001, die andere geschah im Zusammenhang mit der Erdölförderung. Dabei sind die schwersten Katastrophen auch die jüngsten, so dass der Verdacht besteht, **menschliches Fehlverhalten** (namentlich die zunehmende Umweltbelastung in Form von $CO_2$ und die davon verursachte Erwärmung der Erdatmosphäre) sei die Ursache des negativen Trends bei den Naturkatastrophen. So waren Stürme für einen Grossteil der finanziellen Schäden des Jahres 1998 verantwortlich (vgl. Tabelle 1.2). Überschwemmungen fallen demgegenüber weit weniger ins Gewicht, im wesentlichen deshalb, weil sie meistens Entwicklungsländer mit wenig Vermögenswerten betreffen.

## 1.2 Risiken und ihre Entwicklungstendenzen

**Tabelle 1.1**     Die 20 schwersten (teuersten) Katastrophen der Jahre 1970-2001

| Versicherter Schaden[a] | in %[b] | Zahl der Opfer[c] | Datum | Ereignis | Land |
|---|---|---|---|---|---|
| 20 185 | 5,0 | 38 | 23.08.1992 | Hurrikan Andrew | USA |
| 19 000 | 4,1 | 3 000 | 11.09.2001 | Terroranschlag auf WTC, Pentagon, u.a.[d] | USA |
| 16 720 | 4,0 | 60 | 17.01.1994 | Northridge-Erdbeben in Südkalifornien | USA |
| 7 338 | 6,5 | 51 | 27.09.1991 | Taifun Mireille | Japan |
| 6 221 | - | 95 | 25.01.1990 | Wintersturm Daria (Orkan) | Europa |
| 6 164 | - | 80 | 25.12.1999 | Wintersturm Lothar in Westeuropa | Europa |
| 5 990 | - | 61 | 15.09.1989 | Hurrikan Hugo | Puerto Rico |
| 4 674 | - | 22 | 15.10.1987 | Sturm und Überschwemmungen | Europa |
| 4 323 | - | 64 | 26.02.1990 | Wintersturm Vivian (Orkan) | Europa |
| 4 293 | 3,9 | 26 | 22.09.1999 | Taifun Bart | Japan |
| 3 833 | - | 600 | 20.09.1998 | Hurrikan Georges, Überschwemmungen | USA, Karibik |
| 3 150 | 0,7 | 33 | 05.06.2001 | Tropischer Sturm Allison | USA |
| 2 994 | 5,5 | 167 | 06.07.1988 | Explosion auf Offshore-Anlage Piper Alpha | GB |
| 2 872 | 1,9 | 6 425 | 17.01.1995 | Great Hanshin-Erdbeben | Japan |
| 2 551 | - | 45 | 27.12.1999 | Wintersturm Martin | Europa |
| 2 508 | - | 70 | 10.09.1999 | Hurrikan Floyd | USA |
| 2 440 | - | 59 | 01.10.1995 | Hurrikan Opal | USA |
| 2 144 | - | 246 | 10.03.1993 | Schneesturm, Tornados | USA, Mexiko, Kanada |
| 2 019 | - | 4 | 11.09.1992 | Hurrikan Iniki | USA |
| 1 900 | 0,4 | - | 06.04.2001 | Hagel, Überschwemmungen, Tornados | USA |

a. ohne Haftpflichtschaden (in Mio. US$, zu Preisen von 2001)
b. als Anteil an den Nichtleben-Prämien des Ereignisjahres zu Preisen von 2001
c. Tote und Vermisste
d. Swiss Re schätzt zwischenzeitlich den Schaden auf zwischen 30 und 60 Mrd. US$
Quelle: SwissRe (2002, S. 23).

**Tabelle 1.2**  Zusammenfassung der Grossschäden 2001 nach Schadenkategorien

| | Anzahl | in %[a] | Opfer[b] | in %[a] | Versicherter Schaden[c] | in %[a] |
|---|---|---|---|---|---|---|
| **A. Alle Naturkatastrophen** | 111 | 35,2 | 22 803 | 69,0 | 10 010 | 29,1 |
| Überschwemmungen | 47 | | 3 972 | | 70 | |
| Stürme | 37 | | 2 077 | | 7 165 | |
| Erdbeben | 12 | | 16 273 | | 645 | |
| Dürre, Buschbrand | 4 | | 127 | | | |
| Kälte, Frost | 7 | | 349 | | | |
| Übrige | 4 | | 5 | | 2 130 | |
| **B. Alle man-made Katastrophen** | 204 | 64,8 | 10 247 | 31,0 | 24 381 | 70,9 |
| **Grossbrände, Explosionen** | 40 | 12,7 | 921 | 2,8 | 3 748 | 10,9 |
| Industrie, Lager | 17 | | 371 | | 2 086 | |
| Erdöl, Erdgas | 7 | | 11 | | 1 161 | |
| Hotel, Warenhaus, Übrige | 16 | | 539 | | 501 | |
| **Luft/Raumfahrtskatastrophen** | 17 | 5,4 | 785 | 2,4 | 1 094 | 3,2 |
| Absturz | 10 | | 666 | | 87 | |
| Beschädigung am Boden | 2 | | 119 | | 71 | |
| Kollision in der Luft | 0 | | 0 | | 0 | |
| Weltall | 5 | | | | 936 | |
| **Schiffahrtskatastrophen** | 22 | 7,0 | 1 609 | 4,9 | | |
| Frachter | 2 | | 65 | | | |
| Passagierschiff | 19 | | 1 523 | | | |
| Tanker, Bohrinseln, übrige | 1 | | 21 | | | |
| **Festland-Verkehrskatastrophen** | 75 | 23,8 | 2 061 | 6,2 | | |
| Bus, Lastwagen | 62 | | 1 813 | | | |
| Eisenbahn | 12 | | 247 | | | |
| Massenkarambolagen | 1 | | 1 | | | |
| Übrige | 0 | | 0 | | | |
| **Gruben-/Minenunglücke** | 18 | 5,7 | 959 | 2,9 | 68 | 0,2 |
| **Einsturzkatastrophen** | 5 | 1,6 | 156 | 0,5 | | |
| **Diverse Grossschäden** | 27 | 8,6 | 3 756 | 11,4 | 19 472 | 56,6 |
| Terrorismus, soz. Unruhen | 4 | | 3 165 | | 19 398 | |
| Übrige | 23 | | 591 | | 74 | |
| **Total aller Grossschäden** | 315 | 100,0 | 33 050 | 100,0 | 34 392 | 100,0 |

a. Prozentanteile pro Ereignisgruppe am Total
b. Tote und Vermisste
c. ohne Haftpflichtschäden, in Mio. US$
Quelle: *SwissRe* (2002, S. 21).

## 1.2 Risiken und ihre Entwicklungstendenzen

Versicherung ist ein sekundärer, abhängiger Wirtschaftszweig, gewissermassen ein "Hilfsgeschäft" [vgl. *Gärtner* (1984), 493]. Ihre Wirkung ist im wesentlichen **indirekt**, bezieht sich also auf Folgen, die eintreten würden, gäbe es die Versicherung nicht. Die Versicherung dient der Produktion wie der Konsumtion, dem zwischenörtlichen und dem zwischenmenschlichen Güteraustausch (Verkehr und Handel), sie dient dem Zahlungs- und Kreditverkehr ebenso wie der Erhaltung vorhandener und der Schaffung neuer Vermögensbestände. Allerdings haben sich in den verschiedenen Industriestaaten mit vergleichbarer ökonomisch-technischer Entwicklung ganz unterschiedliche Versicherungsstrukturen herausgebildet, wofür neben der unterschiedlichen Ausgestaltung der öffentlichen Regulierung (vgl. hierzu Kapitel 8) vor allem die unterschiedliche Rolle und Grösse der Sozialversicherung (vgl. hierzu Kapitel 9) verantwortlich sein dürften.

Zwei jüngere Entwicklungstendenzen verändern jedoch die Rolle der Dienstleistungen und mithin auch der Versicherung [vgl. *Giarini* und *Stahel* (2000)]. Einerseits lässt sich eine relative **Abnahme der reinen Produktionskosten** beobachten, während die Kosten und Leistungen, die das System der Erstellung und Verteilung der Güter und Dienste erst funktionsfähig machen, anteilsmässig zunehmen. Die meisten dieser Dienstleistungsfunktionen – Forschung und Entwicklung, Finanzierung, Qualitätskontrolle, Sicherheit, Logistik, Verteilernetze, Instandhaltung, Leasing, Abfallmanagement, Recycling etc. – weisen in die Zukunft, so dass ein immer grösserer Teil der Kosten ein Wahrscheinlichkeitsurteil über **zukünftige Kostenentwicklungen** enthält.

Andererseits, aber wiederum verknüpft mit der modernen Technologie, kommt es zu einer **Zunahme der Verletzlichkeit** (engl. vulnerability). Sie ist das Ergebnis einer paradoxen Entwicklung: Je technisch fortschrittlicher ein System wird, desto enger wird die akzeptierbare Fehlermarge und um so grössere Folgen haben Unfälle und Managementfehler. Dies ist aber das Gebiet, auf dem sich die Versicherer zuhause fühlen: der Umgang mit Ereignissen mit kleiner Häufigkeit, doch hohen Schadenpotentialen. Die Kontrolle dieser Verletzlichkeit in den industriellen, umweltrelevanten und sozialen Bereichen erfordert demnach immer effizientere Versicherungsprodukte.

Beide Gründe verweisen auf die grosse und steigende Bedeutung der Versicherung im Rahmen des Riskomanagements in der Dienstleistungswirtschaft und dem Unsicherheitsmanagement in einer verletzlichen Umwelt. Folglich spielt eine gut funktionierende Versicherungsbranche eine wichtige Rolle für die wirtschaftliche Entwicklung.

**Folgerung 1.1**     Versicherung wird hier als ein Mittel aufgefasst, mit dem die Unsicherheit der Wirtschaftssubjekte bezüglich zukünftiger Erfahrungen gemindert werden kann. Ihre Bedeutung wird in Zukunft zunehmen, weil die entwickelten Volkswirtschaften immer verletzlicher werden.

## 1.3 Die gesamtwirtschaftliche Bedeutung der Versicherung

Will man sich der Bedeutung der Versicherung nähern, stehen verschiedene Wege offen.

(1) Ein erstes Indiz für die Bedeutung ergibt sich aus der **Anzahl der Versicherungsunternehmen** (VU) in einem Land. Dabei gilt der einfache Zusammenhang, dass die Anzahl der VU mit der Marktgrösse steigt (vgl. Abschnitt 6.4). Wie aus der Tabelle 1.3 hervorgeht, weist unter den drei deutschsprachigen Ländern Deutschland mit Abstand am meisten VU auf, und zwar sowohl im Leben- wie im Nichtlebengeschäft. Die Kombination der beiden Geschäftsbereiche ist nur in Österreich zulässig, das andererseits viermal weniger Leben-VU als die bevölkerungsmässig gleich grosse Schweiz hat. Eine Spezialität der Schweiz ist offensichtlich die Rückversicherung (d.h. die Versicherung der Versicherer, vgl. dazu Abschnitt 5.7).

**Tabelle 1.3** Anzahl der Erst- und Rückversicherer

| Geschäftszweige der Versicherungsunternehmen | Deutschland | | Österreich | | Schweiz | |
|---|---|---|---|---|---|---|
| | 1990 | 1999 | 1990 | 1999 | 1990 | 1999 |
| Leben | 338 | 314 | 7 | 5 | 29 | 30 |
| Nicht-Leben | 399 | 327 | 31 | 17 | 89 | 108 |
| **Leben & Nicht-Leben** | - | - | 32 | 33 | - | - |
| Erstversicherer insgesamt | 737 | 641 | 70 | 55 | 118 | 138 |
| Rückversicherer | 29 | 42 | 2 | 4 | 14 | 35 |
| **Insgesamt** | 766 | 683 | 72 | 59 | 132 | 173 |

Quelle: *Insurance Statistical Yearbook* 1990-1997; *Insurance Statistical Yearbook* 1992-1999

(2) Deutlicher tritt die Bedeutung der Versicherung hervor, wenn man die **Anzahl der Beschäftigten** in der Versicherungswirtschaft heranzieht (vgl. Tabelle 1.4). Wiederum dominiert Deutschland mit mehr als 200 000 Beschäftigten die beiden anderen deutschsprachigen Länder, wobei die Schweiz rund 50 % mehr Beschäftigung in der Versicherungsbranche bietet als Österreich. Gemessen an der Gesamtbeschäftigung haben die Versicherungen in der Schweiz mit rund 1,5 % den höchsten Anteil.

**Tabelle 1.4** Beschäftigte in Versicherungsunternehmen

| | Deutschland | Österreich | Schweiz* |
|---|---|---|---|
| 1985 | 238 000 | - | 40 000 |
| 1990 | 218 573 | 32 783 | 48 020 |
| 1995 | 234 653 | 32 346 | 47 273 |
| 1999 | 227 556 | 31 171 | 40 725 |

* 1985, 1990, 1995 einschliesslich Intermediäre, 1999 ohne Intermediäre
Quelle: *Insurance Statistical Yearbook* 1990-1997; *Insurance Statistical Yearbook* 1992-1999

Für Deutschland stehen detaillierte Beschäftigungszahlen zur Verfügung (vgl. Abbildung 1.1). Demnach ist dort die Schadenversicherung (oft auch Sachversicherung genannt) mit einem Anteil von mehr als der Hälfte der wichtigste Arbeitgeber, gefolgt von der Leben- und der (privaten) Krankenversicherung. Die Schadenversicherung hat nach der Wiedervereinigung 1989 auch die Zahl der Beschäftigten am stärksten ausgeweitet, sie aber im Verlauf der 1990er Jahre wieder abgebaut.

**Abbildung 1.1**  Beschäftigte in deutschen Versicherungsunternehmen nach Versicherungsarten (in 1000)

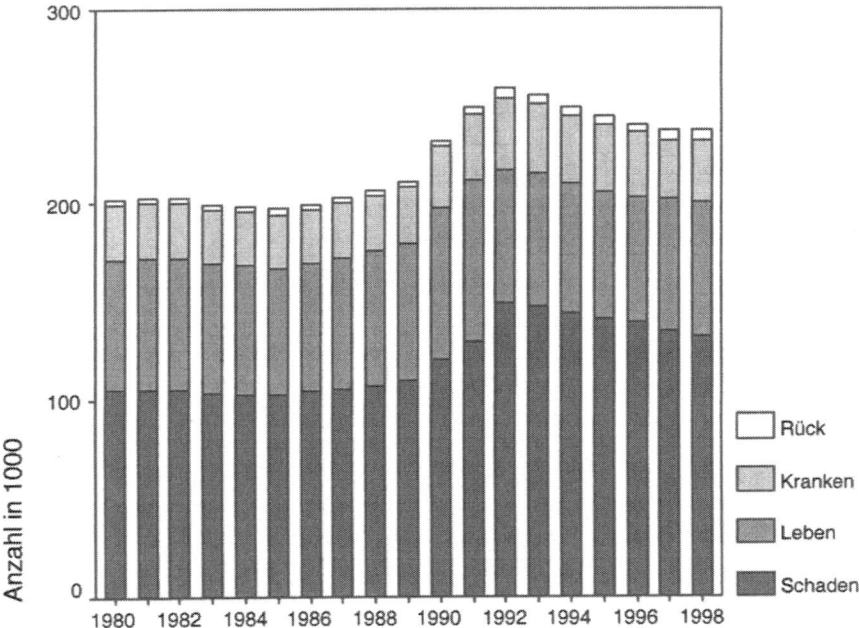

Quelle: *Gesamtverband der Deutschen Versicherungswirtschaft GDV (1999b)*.

Der längerfristige Verlauf der Beschäftigung und ihrer Aufteilung nach den verschiedenen Funktionen geht aus der Tabelle 1.5 hervor. So stieg die Zahl der Mitarbeiter der VU in Deutschland bis 1980 kontinuierlich an, mit einem Rückgang in den frühen 1980er Jahren, der auf die Rationalisierung und die Anwendung der EDV, Steigerungsraten bei den Personalkosten und ein Abflachen des Beitragswachstums zurückzuführen war (letzte Spalte von Tabelle 1.5). Von 1985 bis 1992 stellten die Versicherungsunternehmen von Jahr zu Jahr mehr Mitarbeiter ein (durchschnittlicher Anstieg 1,5% pro Jahr): Der Rationalisierungsschub war zu Ende, und in der Personenversicherung wurden grosse Ausweitungen des Geschäftsvolumen erzielt, auch in Konkurrenz zu den Banken. Zudem setzte das stärkere Eingehen auf die Konsumentenwünsche einer weiteren Standardisierung der Produkte Grenzen. Seit 1992 ist die Zahl der Mitarbeiter aber wieder rückläufig in Folge neuer Rationalisierungsmöglichkeiten, aber auch einer Umstrukturierung des Vertriebs. Diese

Umstrukturierung der Beschäftigung wird durch die Tabelle 1.5 ebenfalls dokumentiert. Massiv reduziert wurde seit 1980 das gewerbliche Personal (Dienstfahrer, Reinigungspersonal), während im Zuge der Wiedervereinigung der Aussendienst bis 1995 fühlbar verstärkt wurde, nicht zuletzt durch die Einstellung von Frauen. Gegen Ende der 1990er Jahre ist allerdings eine Trendwende eingetreten, indem an Stelle der fest angestellten Aussendienstmitarbeiter vermehrt selbständige Versicherungsmakler und nebenberufliche Vertreter zum Zuge kommen, die nicht in den Verbandsstatistiken erscheinen. Ähnliche Entwicklungen charakterisieren die Versicherungsbranchen Österreichs und der Schweiz.

**Tabelle 1.5** Beschäftigte in den Versicherungsunternehmen Deutschlands nach Arbeitsbereichen (in 1000)

| Jahresende | Innendienstangestellte | | Gewerbliches Personal | | Auszubildende | | Aussendienstangestellte | | Insg. |
|---|---|---|---|---|---|---|---|---|---|
| | total | davon weiblich | total | davon weiblich | total | davon weiblich | total | davon weiblich | |
| 1970 | 126,2 | 66,0 | 8,7 | 6,7 | 11,2 | 5,6 | 43,4 | 0,9 | 189,5 |
| 1980 | 140,2 | 73,5 | 11,9 | 6,6 | 10,5 | 4,7 | 39,7 | 1,2 | 202,3 |
| 1985 | 141,9 | 71,5 | 5,1 | 2,4 | 13,2 | 5,5 | 37,1 | 0,7 | 197,3 |
| 1990 | 162,5 | 84,2 | 4,7 | 2,1 | 15,9 | 6,8 | 50,1 | 3,1 | 233,2 |
| 1995 | 175,5 | 96,3 | 3,7 | 1,7 | 13,3 | 6,2 | 53,1 | 6,1 | 245,6 |
| 1996 | 174,1 | 94,7 | 3,4 | 1,6 | 12,2 | 5,5 | 52,0 | 6,1 | 241,7 |
| 1997 | 171,9 | 94,2 | 3,3 | 1,4 | 12,7 | 5,7 | 51,4 | 6,5 | 239,3 |
| 1998 | 171,5 | 94,3 | 3,1 | 1,4 | 13,9 | 6,3 | 50,3 | 6,4 | 238,8 |

Quelle: *Gesamtverband der Deutschen Versicherungswirtschaft GDV* (1999b).

(3) In den **Prämieneinnahmen** tritt die Bedeutung des Versicherungswesens noch deutlicher hervor. Angesichts der gewaltigen finanziellen Ströme, die im Versicherungswesen bearbeitet und umgesetzt werden, wird diese Grösse in der Branche gerne herangezogen (vgl. Tabelle 1.6). Die Brutto-Prämieneinnahmen der deutschen VU (ohne Rückversicherer) betrugen 1997 rund 140 Mrd. US$, von denen rund 40 % auf das Lebengeschäft entfallen. In Österreich liegt das Prämienvolumen 10 mal niedriger, mit einer ähnlichen Aufteilung auf die beiden Hauptzweige Leben und Nichtleben. Die Schweiz schliesslich fällt durch eine Umkehr dieser Relation auf, indem mehr als zwei Drittel der Prämieneinnahmen aus dem Lebengeschäft stammen. Insgesamt sind sie rund dreimal grösser als in Österreich (trotz gleicher Bevölkerung) und rund 22 % des deutschen Werts (dies bei zehnmal kleinerer Bevölkerung und achtmal kleinerem BIP).

Im internationalen Vergleich hat die deutsche Versicherungswirtschaft nur eine mittelgrosse Bedeutung; wie die Abbildung 1.2 zeigt, sind ihre Beitragseinnahmen im Vergleich zum BIP mit 7% im Mittelfeld der grösseren Märkte. Der Spitzenreiter ist Südafrika. Eine mögliche Erklärung fusst auf der Beobachtung, dass es dort fast keine Sozialversicherung gibt (vgl. Abschnitt 9.1), während die privaten Versiche-

**Tabelle 1.6** Brutto-Beitragseinnahmen der Erstversicherer (Mio. US$)

|  | Deutschland | | Österrreich | | Schweiz | |
| --- | --- | --- | --- | --- | --- | --- |
|  | 1990 | 1999* | 1990 | 1999** | 1990 | 1999*** |
| Leben | 37 163 | 69 045 | 2 518 | 4 848 | 10 241 | 19 840 |
| Nicht-Leben | 51 618 | 101 978 | 5 347 | 7 613 | 8 088 | 13 730 |
| Total | 88 780 | 171 023 | 7 865 | 12 461 | 18 329 | 33 570 |

\* Umrechnungskurs per 31.12.1999: 1 DEM = 0.51374 US$
\*\* Umrechnungskurs per 31.12.1999: 1 ATS = 0.07302 US$
\*\*\* Umrechnungskurs per 31.12.1999: 1 CHF = 0.62610 US$
Quelle: *Insurance Statistical Yearbook* 1990-1997; *Insurance Statistical Yearbook* 1992-1999

rungsmärkte vergleichsweise wenig reguliert sind (vgl. Abschnitt 8.2). Dazu würde passen, dass auch Grossbritannien, Irland, die Niederlande und Südkorea sowie Australien hohe Prämieneinnahmen im Vergleich zum BIP aufweisen. Ausserdem betrifft die Regulierung in der Regel die Nichtlebenbranchen sehr viel weniger, und tatsächlich variieren die entsprechenden Werte sehr viel weniger. Die Schweiz fällt in Bezug auf die Lebenversicherungsprämien insofern aus dem Rahmen, als sie trotz traditionell recht strikter materieller Aufsicht (vgl. Abschnitt 8.2) mit zur Spitzengruppe gehört.

(4) Eigentlich müsste man den **Anteil an der gesamtwirtschaftlichen Wertschöpfung** heranziehen, um die reale Bedeutung der Versicherungswirtschaft zu erfassen. Demgegenüber übertreibt die Gegenüberstellung der Prämien als Umsatzgrösse und des Bruttoinlandsprodukts (BIP) als einer Wertschöpfungsgrösse die Wichtigkeit der Versicherungswirtschaft erheblich. Die Wertschöpfung ist der in einer produzierenden Einheit entstandene Produktionswert abzüglich der (von anderen Produktionseinheiten zugekauften) Vorleistungen. Die Summe dieser Wertschöpfungen in einem Wirtschaftsbereich ist gleich der Summe der entstandenen Erwerbs- und Vermögenseinkommen. In Deutschland betrug 1997 diese (Netto-) Wertschöpfung der VU 33,6 Mrd. DM. Diese Zahl muss mit der volkswirtschaftlichen Netto-Wertschöpfung verglichen werden, die 2 780 Mrd. DM im Jahre 1997 erreichte. Daraus ergibt sich ein Anteil der Versicherungsunternehmen an der Wertschöpfung von 1,21%, mit steigender Tendenz. In Österreich ist dieser Anteil leicht höher; in der Schweiz erreicht er immerhin gut 2%, ebenfalls mit steigender Tendenz.

Der Vergleich mit den Banken, den anderen wichtigen Anbietern von Finanzdienstleistungen, ist instruktiv. In Deutschland und Österreich beläuft sich ihr Beitrag zum Bruttoinlandsprodukt auf das Dreifache der Versicherungen. In der Schweiz dagegen erscheinen die Banken als fünfmal bedeutender als die Versicherungsbranche, obschon jene auch die Rückversicherung enthält, bei der die Schweiz (ähnlich wie bei den Bankleistungen) einen komparativen Vorteil hat [*Zweifel* und *Kleeb* (1993)].

**Abbildung 1.2**  Versicherungsbeiträge im Vergleich zum BIP

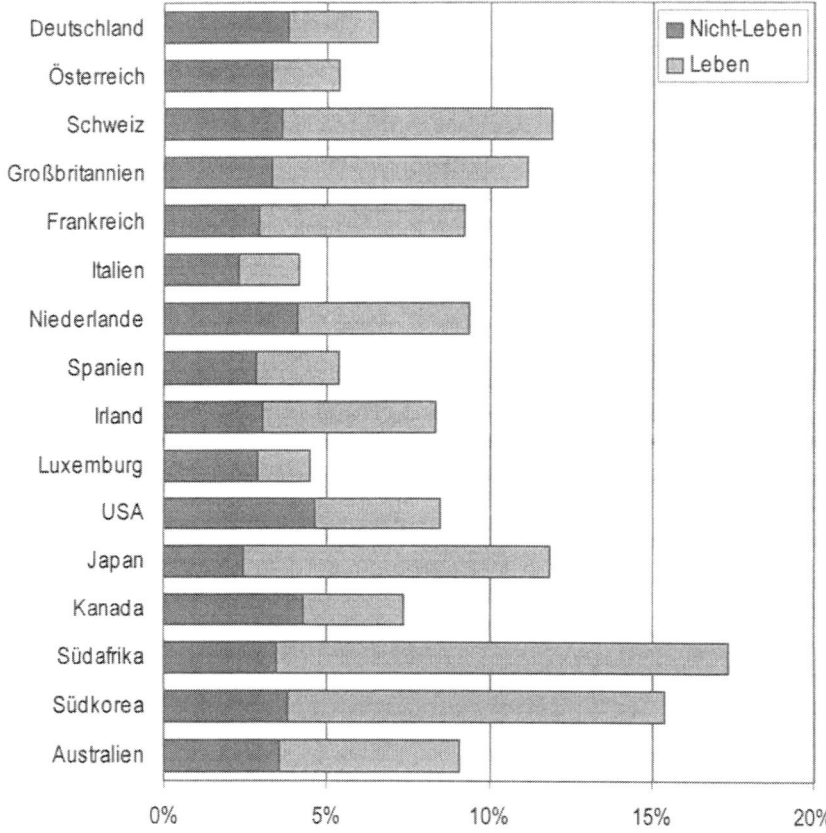

Quelle: *SwissRe* (1999b).

## 1.3 Die gesamtwirtschaftliche Bedeutung der Versicherung

Insgesamt ist festzuhalten, dass sogar in einem international bedeutenden Versicherungsmarkt wie Deutschland (vgl. Tabelle 1.7) der Anteil der Branche am Sozialprodukt nicht einmal 2% erreicht.

**Tabelle 1.7** Wertschöpfungsanteile der Versicherungen und Banken am BIP

|  | Deutschland | | Österreich | | Schweiz | |
| --- | --- | --- | --- | --- | --- | --- |
|  | Versicherungen | Banken | Versicherungen | Banken | Versicherungen | Banken |
| 1990/91[a] | 0,83% | 3,72% | 1,57% | 5,42% | 1,64% | 8,02% |
| 1997 | 1,21% | 3,44% | 1,52% | 4,90% | 2,05% | 10,57% |

a. Österreich und Schweiz 1990, Deutschland 1991 (1990 waren die neuen Bundesländer noch nicht in die VGR integriert).
Quellen: Statistisches Bundesamt Deutschland, Österreichisches Statistisches Zentralamt, Bundesamt für Statistik.

Die Diskrepanz zwischen der Intuition und den grossen Prämieneinnahmen einerseits und den Ergebnissen der Volkswirtschaftlichen Gesamtrechnung (VGR) gab Anlass zu vielfältiger Kritik, die schliesslich in einen vieldiskutierten Vorschlag des Volkswirtschaftlichen Ausschusses des Gesamtverbandes der deutschen Versicherungswirtschaft (GDV) mündete. Diese „**Gesamtleistungsrechnung**" – wie sie vom GDV genannt wird – besteht darin, nicht nur die Wertschöpfung heranzuziehen, sondern auch jenen Teil der Prämie, der in die Versicherungsleistungen (hier verstanden als Entschädigungen) fliesst. Damit steigt der Beitrag der Versicherungswirtschaft zum Sozialprodukt auf immerhin 7%[1].

(5) Das theoretisch korrekte Mass des Beitrags der Branche zur Wohlfahrt ist die **Summe der Konsumenten- und Produzenten-Rente**. Das ist für die Nachfrager oder Käufer der Unterschied zwischen der maximalen Zahlungsbereitschaft, wie sie durch die Nachfragefunktion dargestellt wird, und dem tatsächlich bezahlten Kaufpreis (sog. **Konsumentenrente**). Im Zusammenhang mit der Versicherung ist unter dem Preis nicht die Prämie als Ganzes zu verstehen, weil die Prämie mindestens den Erwartungswert des versicherten Schadens decken muss, der an den VK „zurückbezahlt" wird. Vielmehr stellen die verschiedenen Zuschläge den Preis der Versicherung dar, so dass es gebräuchlich ist, das Verhältnis Prämie/Erwartungsschaden dafür zu verwenden (vgl. im Einzelnen z.B. Abschnitt 8.4.1). Im Durchschnitt einer Population entspricht das Verhältnis Prämienvolumen/Schadenzahlungen diesem Preis, weil die tatsächlichen Schadenzahlungen sich dem Erwartungswert der Schäden annähern. Die Nachfragefunktion $EJ$ verläuft fallend in Abhängigkeit vom Preis der Versicherung, während die Angebotsfunktion ansteigt (vgl. Abbildung 1.3). Als Indikator der Quantität der Versicherungsleistungen dienen die Schadenzahlungen. Unterstellt man vollkommene Konkurrenz, so liegt der Gleichgewichtspreis auf dem Niveau $0D$, so dass das Prämienvolumen [= (Prämienvolumen / Schadenzahlungen) · Schadenzahlungen] der Fläche $0DFH$ entspricht. Bei vollkommener Konkurrenz entspricht die Angebotsfunktion dem steigenden Ast der Grenzkostenkurve, so dass die

---
1. Selbstverständlich enthält auch die VGR die Versicherungsleistungen, insoweit sie zur Schadenbehebung oder zu Konsumausgaben führen, aber nicht auf dem Versicherungskonto, sondern insbesondere bei den Reparaturbetrieben. Somit führt die „Gesamtleistungsrechnung" zu Doppelzählungen.

Fläche *C0HF* die Summe von Faktorkosten und Vorleistungen abbildet. Übrig bleibt bei den Produzenten die Differenz zwischen Erlösen und Kosten, also die **Produzentenrente** im Betrag von *DCF*. Dazu kommt die Konsumentenrente im Betrag von *DEF*, so dass die Gesamtheit der Nettovorteile aus dem Kauf und Verkauf von Versicherungsleistungen auf *ECF* zu stehen kommt. Diese (schraffierte) Fläche symbolisiert den Beitrag der Versicherungswirtschaft zur gesamtwirtschaftlichen Wohlfahrt.

Ob die Versicherungswirtschaft allerdings nach diesem Kriterium "besser" dasteht als nach Massgabe ihres Beitrages zur Wertschöpfung, bleibt eine offene Frage (die Wertschöpfung entspricht in Abbildung 1.3 dem Rechteck *DBGF*). Denn auch die anderen Branchen der Wirtschaft generieren Produzenten- und Konsumentenrenten, und diese Beiträge zur Wohlfahrt könnten sogar überproportional ausfallen mit der Folge, dass die Bedeutung der Versicherungswirtschaft noch mehr hinter der intuitiven Einschätzung zurückbleibt. Es ist zudem strittig, inwiefern dieses Modell der vollkommenen Konkurrenz auf den Versicherungsmarkt anwendbar ist. Zum einen war (bis 1994) der Versicherungsmarkt in Deutschland, Österreich und der Schweiz ein stark regulierter Markt (vgl. dazu Abschnitt 8.1), zum anderen gibt es Gründe für die Annahme, dass die Grenzkostenkurve (und damit die Stückkostenkurve) im relevanten Bereich fällt oder waagerecht verläuft (vgl. im Einzelnen Abschnitt 6.4).

**Abbildung 1.3** Beitrag der Versicherungswirtschaft zur Wohlfahrt unter Wettbewerbsbedingungen

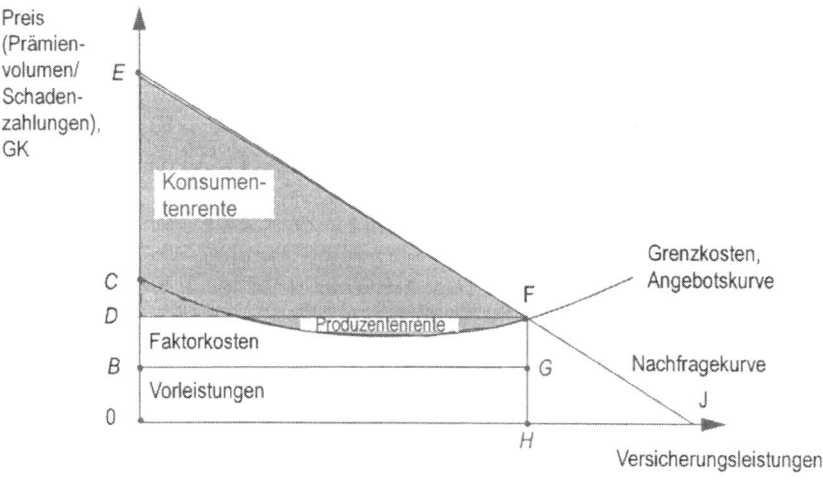

Unterstellt man also, dass alle VU zusammen ein kollektives Monopol bilden (z.B. in Form eines Kartells), so ergibt sich die Abbildung 1.4. Das **Kartell** strebt die Gleichheit von Grenzerlös *GE* und Grenzkosten an, mit der Folge, dass die Versicherungsleistung auf *0H´* (statt wie im Wettbewerb *0H*) beschränkt wird. Dafür steigt der Preis auf *0D´*, d.h. das Verhältnis zwischen Prämie und Schadenzahlungen steigt an

## 1.4 Aufgaben und Funktionen der Versicherung

(die Zuschläge zur fairen Prämie werden angehoben). Bei gleicher Nachfragefunktion wie in Abbildung 1.3 geht die Konsumentenrente in Abbildung 1.4 auf $D'E'K'$ zurück, die Produzentenrente steigt dagegen auf $D'C'T'K'$. Die Entwicklung der Faktorkosten ist unklar: Einerseits geht der Umfang an abgesetzter Versicherungsleistung zurück, andererseits können aber wegen des höheren Preises höhere Löhne und Gehälter bezahlt werden. Falls der Monopolisierungsgrad der Versicherungswirtschaft höher als der Durchschnitt aller Branchen liegt, geht jedoch ihr Beitrag zur gesamten Wohlfahrt noch weiter zurück.

**Abbildung 1.4** Beitrag der Versicherungswirtschaft zur Wohlfahrt unter Monopolbedingungen

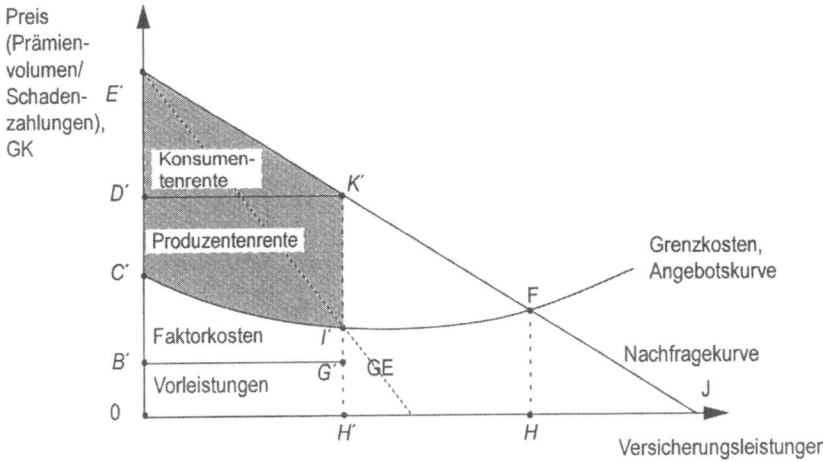

**Folgerung 1.2** Es gibt mindestens fünf Möglichkeiten, die Bedeutung der Versicherungswirtschaft zu messen, von der Zahl der Versicherungsunternehmen bis zu ihrem Beitrag zur Wohlfahrt der Gesamtwirtschaft. Stellt man auf ihren Beitrag zum Bruttoinlandsprodukt ab, liegt er mit höchstens 2% in den drei deutschsprachigen Ländern weit unter demjenigen der Banken, was der Intuition mancher Beobachter nicht ganz entspricht.

### 1.4 Aufgaben und Funktionen der Versicherung

Wie bei den obigen Definitionsvorschlägen schon angeklungen, kann man die Bedeutung der Versicherung indirekt auch aus den **volkswirtschaftlichen Aufgaben** oder **Funktionen** ermitteln[2].

---

2. Diese Aufgaben werden in der VGR nicht widergespiegelt: Je mehr die Versicherung hier dazu beiträgt, Ausgaben „einzusparen", desto geringer ist ihr Beitrag zum Bruttoinlandsprodukt.

In einer modernen Marktwirtschaft fördert die Versicherung bzw. das Versicherungswesen die wirtschaftliche Effizienz zumindest auf sechs verschiedenen Wegen:

(1) Verbesserung der Risikoallokation;

(2) Schutz bestehenden Vermögens;

(3) Kapitalakkumulation;

(4) Mobilisierung von finanziellen Ressourcen;

(5) Kontrolle des Unternehmensverhaltens (engl. governance control);

(6) Entlastung des Staates.

Diese Funktionen sollen im Folgenden näher erläutert werden.

(1) Die **effiziente Allokation der Risiken** minimiert die Transaktionskosten und reduziert die Schäden durch prompte Schadenregulierung und technische Kontrollen. Beides steigert die Effizienz des Wirtschaftsprozesses und trägt zu Wachstum und Stabilisierung der Wirtschaft bei.

Einzelwirtschaftlich bewirkt die Versicherungsnahme die Minderung oder gar Elimination der aus der Existenzunsicherheit drohenden Verluste. Volkswirtschaftlich gesehen bleibt aber der Verlust bestehen, denn es werden Werte (Aktiva) zerstört. Trotzdem kann man von einer schadenmindernden oder **schadeneindämmenden** Wirkung der Versicherung sprechen:

- Durch **Inspektionen**, Revisionen und Beratung werden Schäden gemindert. Man mag hier darauf verweisen, dass die VU die Rolle der Technischen Überwachungsvereine übernehmen könnten und in anderen Ländern auch übernommen haben. Zu denken ist auch an die Schadenforschungszentren der VU, die Schadenursachenforschung betreiben mit dem Ziel, Schäden einzudämmen oder sogar zu beseitigen.

- Durch die **sofortige Bereitstellung** der Mittel zur Behebung von eingetretenen Schäden lassen sich oft Folgeschäden (auch bei anderen Wirtschaftssubjekten) verhindern.

Vordergründig könnte man darauf hinweisen, dass durch die Möglichkeit eine Versicherung abzuschliessen, die Risiken als Folge von moralischem Risiko sogar zunehmen (vgl. Abschnitt 7.3). Aber diese Risiken werden freiwillig eingegangen, und sie lassen sich annahmegemäss auf die VU (gegen Prämie) überwälzen. Insgesamt ergibt sich: Durch die Versicherungsmöglichkeit steigen die erwarteten Netto-Einnahmen beziehungsweise die erwarteten Renditen, so dass trotz Erhöhung des Risikos nach optimaler Aufteilung dieses Risikos eine Zunahme an gesellschaftlicher Wohlfahrt verbleibt.

(2) Der **Schutz bestehenden Vermögens** ist eine bedeutende Funktion der Versicherung deshalb, weil damit den Wirtschaftssubjekten eine verbesserte Grundlage für ihre Planung bereit gestellt wird. Oft ermöglicht erst diese gesicherte Grundlage, **risikobehaftete, aber gewinnträchtige** Geschäfte in Angriff zu nehmen [vgl. etwa *Zweifel* (1987)]. *Sinn* (1988) – der hier von der Erhöhung der Wagnisbereitschaft spricht – bezeichnet dies sogar als die Hauptfunktion der Versicherung.

## 1.4 Aufgaben und Funktionen der Versicherung

(3) Versicherung hat eine **Kapitalakkumulationsfunktion**. Durch den Kauf von Versicherungsschutz entsteht notwendig ein Kapitalfonds, weil die Prämien von Versicherungen zu Beginn der Versicherungsperiode bezahlt werden und so einen Fonds bilden, aus dem im Laufe des Jahres die Entschädigungen und die Aufwendungen für den Versicherungsbetrieb bezahlt werden. So ergibt sich ein ständig vorhandener Fonds, der im Durchschnitt grösser ist als die Hälfte der jährlichen Prämieneinnahmen[3].

Hinzu kommen aber noch die Katastrophenreserven und die langfristigen Rückstellungen für Schäden, die nicht sofort abgewickelt werden (können), welche über die in der Prämie enthaltenen Sicherheits- oder Katastrophenzuschläge gebildet werden (vgl. zur Prämienkalkulation Abschnitt 6.1). Der sich insgesamt ergebende **Kapitalbindungskoeffizient** (Verhältnis zwischen durchschnittlich anlagefähigen Fonds zu Prämieneinnahmen) ist folglich üblicherweise sogar grösser als 1 (rd. 1,5 bis 2). Diese Fonds können nun am Geld- und Kapitalmarkt angelegt werden und erbringen Zinseinnahmen und (möglicherweise) Kursgewinne.

In der Personenversicherung (Lebens- und Krankenversicherung) erhalten die Kapitalfonds eine noch grössere Bedeutung. So enthält die (Kapital-) Lebensversicherung einen **Sparzuschlag** und kann insofern als eine Verbindung von Versicherung und individuellem Sparen angesehen werden: Aus dem Sparzuschlag und den darauf fälligen Zinsen wird im Laufe der vereinbarten Versicherungsdauer das Versicherungskapital (auch Deckungsstock genannt) aufgebaut. Ähnlich enthält auch die Krankenversicherung einen **Alterungszuschlag** zum Ausgleich der mit dem Alter ansteigenden Prämie. Man sieht diesen Unterschied zwischen Nicht-Leben- und Personenversicherungen klar an den unterschiedlichen Vermögensbeständen (vgl. Tabelle 1.8): zwei Drittel des Bestandes an Kapitalanlage entfallen auf die Lebens- (inklusive Kranken-)versicherung, in Deutschland und der Schweiz sind es sogar drei Viertel.

Die Anlage dieser Beträge auf dem Geld- bzw. Kapitalmarkt hat grossen Einfluss auf die Struktur des Kapitalmarktes und die Kapitalversorgung einzelner Wirtschaftsbereiche. Wie die Tabelle 1.9 zeigt, betätigen sich die deutschen VU in erheblichem Umfange (beinahe die Hälfte ihrer Anlagen) als Darlehensgeber. In Österreich und der Schweiz nehmen dagegen die festverzinslichen Obligationen eine zentrale Stellung ein. Darunter sind zu einem wesentlichen Teil Staatspapiere zu verstehen. Nur schon aus diesem Grunde hat die Regierung ein erhebliches Interesse an der **Lenkung** der von den VU ausgelösten Kapitalströme. Die VU sind denn auch bei ihren Anlageentscheidungen über die Kapitalien nicht frei, sondern unterliegen der Regulierung (in Deutschland z.B. die gesetzlichen Bestimmungen über die Kapitalanlage in §§ 65-76 VAG).

---

3. Manchmal wird von der Versicherung behauptet, sie hätte auch einen **Liquiditätseffekt** in dem Sinne, dass sie bei den einzelnen Wirtschaftssubjekten Liquidität freisetzen würde, also Geldmittel, die nun nicht mehr selbst für Schadenfälle gehalten werden müssten. Gleichzeitig sei der Fonds, der bei den Versicherungsgesellschaften gebunden sei, in seiner Summe geringer als die Summe aller sonst zu bildenden individuellen Fonds (vgl. hierzu auch Abschnitt 6.4). Hier liegt aber – worauf auch *Sinn* (1988) hinweist – eine "fallacy of aggregation" vor, d.h. eine nicht erlaubte Schlussfolgerung von einem individuellen auf ein allgemeines (volkswirtschaftliches) Phänomen.

**Tabelle 1.8** Kapitalanlagebestände nach Versicherungszweigen (Mio. US$)

|  | Deutschland | | Österrreich | | Schweiz | |
|---|---|---|---|---|---|---|
|  | 1990 | 1999* | 1990 | 1999** | 1990 | 1999*** |
| Leben | 328 155 | 573 838 | 14 792 | 32 144 | 81 347 | 155 272 |
| Nicht-Leben | 78 744 | 160 332 | 7 708 | 14 741 | 31 732 | 31 273 |
| Insgesamt | 406 899 | 734 170 | 22 500 | 46 885 | 113 079 | 186 545 |

\* Umrechnungskurs per 31.12.1999: 1 DEM = 0.51374 US$
\*\* Umrechnungskurs per 31.12.1999: 1 ATS = 0.07302 US$
\*\*\* Umrechnungskurs per 31.12.1999: 1 CHF = 0.62610 US$
Quelle: *Insurance Statistics Yearbook* (1990, 1997).

**Tabelle 1.9** Kapitalanlagen der Versicherer nach Anlagearten (Mio. US$)

|  | Deutschland | | Österrreich | | Schweiz | |
|---|---|---|---|---|---|---|
|  | 1990 | 1999 | 1990 | 1999 | 1990 | 1999 |
| Liegenschaften & Grundstücke | 25 839 | 25 667 | 2 127 | 3 401 | 21 900 | 20 396 |
| Hypotheken | 52 377 | 66 465 | 742 | 840 | 22 719 | 18 916 |
| Aktien | 20 233 | 58 809 | 584 | 10 791 | 19 983 | 38 988 |
| festverzinsliche Obligationen | 60 355 | 70 591 | 7 831 | 14 724 | 58 713 | 85 306 |
| übrige Darlehen | 194 087 | 345 510 | 7 827 | 11 006 | 19 072 | 15 094 |
| sonstige Anlagen | 54 009 | 167 128 | 3 389 | 6 123 | 2 424 | 7 844 |
| Total | 406 899 | 734 170 | 22 500 | 46 885 | 144 811 | 186 545 |

\* Umrechnungskurs per 31.12.1999: 1 DEM = 0.51374 US$
\*\* Umrechnungskurs per 31.12.1999: 1 ATS = 0.07302 US$
\*\*\* Umrechnungskurs per 31.12.1999: 1 CHF = 0.62610 US$
Quelle: *Insurance Statistics Yearbook* (1990, 1997).

(4) Neben den Funktionen der Vermögenssicherung und der Kapitalakkumulation ist zusätzlich die **Kapitalbildungs- oder -mobilisierungsfunktion** hervorzuheben. Diese beruht einerseits darauf, dass über den Kauf von Versicherungsschutz (insbesondere bei verschiedenen Formen der Lebensversicherung) die Spartätigkeit angeregt wird. Unterstellt man ein „reifes" privates Vorsorgesystem, dann werden die Prämieneinnahmen im Laufe des Jahres wieder voll ausgegeben. Bis zu diesem Zeitpunkt entsteht jedoch ein Kapitalstock (bis die Bildung des Fonds abgeschlossen ist). Individuell betrachtet dagegen jeder Versicherte seine Prämie als Sparbetrag, der sich ansammelt und später etwa als Rente fällig wird. Gesamtwirtschaftlich betrach-

## 1.4 Aufgaben und Funktionen der Versicherung

tet trägt die Privatversicherung mit ihrer Kapitalansammlung zumindest in ihrer Aufbauphase zur Kapitalbildung bei, während dies für ein reines Umlageverfahren nicht gilt (für zusätzliche Ausführungen hierzu vgl. Abschnitt 9.4).

Versicherung dient auch einer Verstetigung des individuellen Einkommensverlaufes, folglich kann man vermuten, dass über die Einkommensumschichtung von Individuen in ihren gesunden und produktiven Lebensperioden auf Personen in unproduktiven Lebensperioden (also in Abhängigkeitspositionen und bei Krankheit) auch eine **Verstetigung des gesamtwirtschaftlichen Kreislaufprozesses** – „Stabilisierung der Konsummuster und -ausgaben" – eintritt.

(5) Versicherung dient auch der **Kontrolle des Unternehmensverhaltens** (engl. governance control). Denn üblicherweise werden Versicherungsprämien risikogerecht kalkuliert, d.h. die Prämie ist um so höher, je grösser das Risiko (Schadenbetrag und/oder Eintrittswahrscheinlichkeit). Dieses **Verursachungsprinzip** schafft Anreize für die (produzierenden) Unternehmen, die von ihnen ausgehenden Risiken zu reduzieren, insoweit Risikoreduktion billiger ist als die Versicherung des Risikos (vgl. hierzu Abschnitt 3.8). Folglich üben Versicherer – wie die Banken und der Kapitalmarkt – eine gewisse Kontrolle auf das Finanzverhalten aus, die sicherstellt, dass die Ressourcen den produktivsten Verwendungszwecken zugeführt werden und nicht verschwendet werden.

Diese Kontrollfunktion ist von besonderer Bedeutung im Hinblick auf die Umwelt: Übermässige Umweltverschmutzung und Übernutzung von Umweltgütern ergeben sich daraus, dass Güter wie reine Luft und reines Wasser öffentliche (Konsum-) Güter sind. Hier handelt es sich um einen Fall der "negativen Kuppelproduktion" zwischen privaten und öffentlichen Gütern: Mit der (als positiv bewerteten) Produktion von Gütern fallen automatisch (als negativ bewertete) Abfallstoffe an. Da aber eine gewisse Substitutionsmöglichkeit beim Produktionsprozess besteht, können erhöhte **Preise** für Energie unter Berücksichtigung der externen Effekte, **Internalisierungssteuern, technische Kontrollen** sowie besser definierte (private oder gesellschaftliche) **Eigentumsrechte** (engl. property rights) zu einer Minderung der Umweltschädigungen beitragen. Gerade im letzten Fall fällt den VU eine wichtige Rolle zu: Sobald die Individuen (oder Gemeinden, Staaten) in der Lage sind, Ansprüche gegen den Verschmutzer zu erheben, haben diese ein Interesse, sich zu versichern. Ist nun die Prämie dem Risiko adäquat (und reagiert damit auf veränderte Umweltschutz-Anstrengungen (vgl. Abschnitte 3.8 und 7.2), führt dies zu den richtigen Anreizen, Umweltschäden zu vermeiden beziehungsweise Schadenverhütungs- oder -minderungsmassnahmen im optimalen Umfang einzusetzen.

(6) Schliesslich ist auch die **Staatsentlastung** eine wichtige Funktion der Versicherung. Durch den Kauf von Versicherungsschutz wird das Gemeinwesen insofern entlastet, als es ohne Versicherung für Schäden einzustehen hätte, die einzelne Mitglieder der Gesellschaft erleiden und die diese selbst nicht tragen können (Subsidiarität vs. Solidarität). Dies bezieht sich auf den Einzelnen, der einen Schaden erleidet – etwa durch Krankheit, Unfall, Arbeitslosigkeit –, aber auch auf Dritte, die Opfer sein können. Für diese Schäden müsste letztlich der Staat (etwa im Rahmen der Sozialhilfe) aufkommen. Ein typisches Beispiel dazu sind Hochwasserschäden. Üblicherweise springt hier der Staat ein. Man mag sich überlegen, ob es nicht effizienter wäre, ent-

sprechende Versicherungen (vielleicht auch zwangsweise) einzuführen – und lieber die Versicherungskäufer zu subventionieren als die Schadenzahlungen durch den Staat auszurichten.

**Folgerung 1.3**  Die Versicherung trägt zur Steigerung der wirtschaftlichen Effizienz auf sechs Wegen bei; namentlich erlaubt sie den Wirtschaftssubjekten durch den Schutz des bestehenden Vermögens risikobehaftete aber gewinnträchtige Geschäfte in Angriff zu nehmen, was das Wirtschaftswachstum fördert.

## 1.5  Wichtige Determinanten der Nachfrage nach Versicherung

Die systematische Analyse der Faktoren, welche die Nachfrage nach Versicherungsschutz bestimmen, wird im Kapitel 3 vorgenommen. An dieser Stelle geht es lediglich darum, den Einfluss dieser Faktoren auf der makroökonomischen Ebene zu illustrieren. Grundsätzlich geht aus den in Abschnitt 1.4 genannten Funktionen Nr. 2 bis 4 hervor, dass die Vermögensbestände einer Volkswirtschaft die Nachfrage nach Versicherungsschutz begründen. Daneben spielt wohl auch der Preis des Versicherungsschutzes (ausgedrückt als Prämie im Verhältnis zu den Schadenzahlungen; vgl. Abbildung 1.3) eine Rolle.

### 1.5.1  Der Einfluss von Vermögen und Einkommen

Wie die Tabelle 1.10 zeigt, bilden die USA und Japan, die beide mit einem sehr grossen Kapitalstock ausgestattet sind, die Spitzengruppe unter den Versicherungsmärkten, mit über 40% bzw. 16% Anteil am Prämienvolumen aller OECD-Länder. Dass dagegen die Bevölkerung keinen wesentlichen Einfluss auf die Versicherungsnachfrage hat, geht aus dem Vergleich zwischen Deutschland und Italien oder der Schweiz und Österreich hervor. Beide Länderpaare sind in Bezug auf die Bevölkerung vergleichbar; doch das Prämienvolumen Deutschlands übertrifft jenes Italiens um das Dreifache, und das Prämienvolumen der Schweiz das österreichische um das 2,5-Fache.

Da die Vermögensbestände nur in wenigen Ländern zuverlässig statistisch erfasst werden, behilft man sich oft mit einer **Einkommensgrösse** wie dem Bruttoinlandsprodukt (BIP) als Indikator. Die Abbildung 1.5 zeigt den Zusammenhang zwischen den Leben-Prämien und dem BIP in den wichtigsten Versicherungsmärkten. Die Regression wurde in logarithmierten Grössen gerechnet, um unmittelbar (konstante) Einkommenselastizitäten schätzen zu können.[4]

Die geschätzte Einkommenselastizität der Prämieneinnahmen von rd. 1,14 lässt den Schluss zu, dass die Nachfrage nach Lebensversicherung mit zunehmendem BIP überproportional wächst.

In der Abbildung 1.6 wird derselbe Zusammenhang zwischen den Nichtleben-Prämien und dem Einkommen hergestellt. Die Regressionsanalyse ergibt hier eine Elastizität in

---

4. Aus $\ln y = a + b \ln x$ folgt in Veränderungen $d\ln y = b \cdot d\ln x$. Weil $d\ln x/dx = 1/x$, zeigt $d\ln x = dx/x$ eine prozentuale Veränderung an, ebenso $d\ln y = dy/y$. Daraus folgt $b = (dy/y)/(dx/x)$, d.h. der Regressionskoeffizient $b$ entspricht der Einkommenselastizität der Prämieneinnahmen.

## 1.5 Wichtige Determinanten der Nachfrage nach Versicherung

**Abbildung 1.5** Leben-Prämien und Einkommen im Ländervergleich

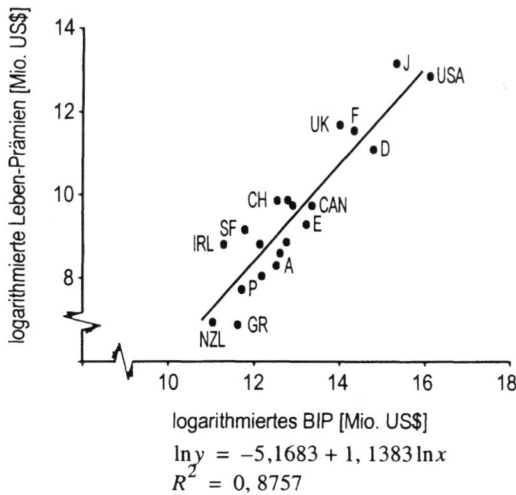

$$\ln y = -5,1683 + 1,1383 \ln x$$
$$R^2 = 0,8757$$

Quellen: *Statistisches Bundesamt* (1999) und *Swiss Re* (1999b).

**Tabelle 1.10** Der Welt-Versicherungsmarkt (Bruttobeiträge, Mio. US$)

|  | 1990 | | 1999 | |
| --- | --- | --- | --- | --- |
|  | Mrd. US$ | % OECD | Mrd. US$ | % OECD |
| USA | 606,925 | 44,29 | 1,055,045 | 44,40 |
| Japan | 258,310 | 18,85 | 328,617 | 14,78 |
| Grossbritannien | 115,274 | 8,41 | 215,195 | 9,33 |
| Deutschland | 91,194 | 6,65 | 181,376 | 6,46 |
| Frankreich | 78,390 | 5,72 | 129,163 | 5,54 |
| Italien | 33,108 | 2,42 | 71,204 | 3,05 |
| Kanada | 32,443 | 2,37 | 47,157 | 1,95 |
| Schweiz | 27,315 | 1,99 | 35,680 | 1,52 |
| Österreich | 8,540 | 0,62 | 13,229 | 0,53 |
| NAFTA | 639 368 | 46,66 | 1,110,616 | 46,72 |
| EU-15 | 415 233 | 30,30 | 769,166 | 31,91 |
| OECD | 1 370 342 | 100,00 | 2,359,343 | 100,00 |

Quelle: *Insurance Statistics Yearbook* (1990, 1997).

Bezug auf das BIP von 1,06. Im Zuge des Wirtschaftswachstums steigt demnach auch die Versicherungsnachfrage im Nichtleben-Bereich, doch praktisch im Gleichschritt, so dass sich langfristig die Gewichte in den entwickelten Versichungsmärkten etwas zugunsten des Lebengeschäftes verschieben werden.

**Abbildung 1.6** Nichtleben-Prämien und Einkommen im Ländervergleich

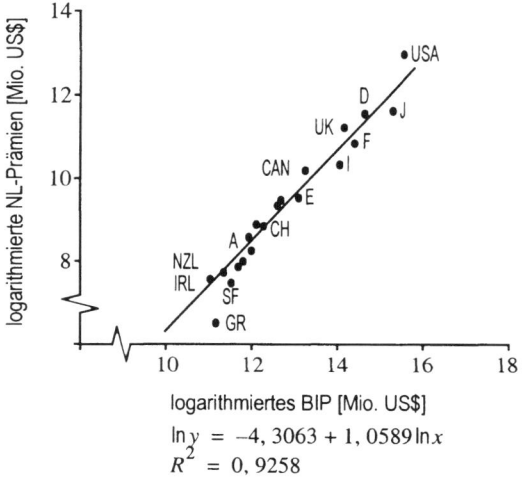

$\ln y = -4,3063 + 1,0589 \ln x$
$R^2 = 0,9258$

Quellen: *Statistisches Bundesamt* (1999) und *Swiss Re* (1999b).

Man kann jedoch argumentieren, dass das BIP als erklärende Grösse die Tatsache vernachlässigt, dass Versicherung eine **Finanzdienstleistung** darstellt und man deshalb die Versicherungsnachfrage von finanziellen Entwicklungen abhängig machen sollte. Die Messung des finanziellen Entwicklungsstandes eines Landes ist jedoch kontrovers, weil grosse Unterschiede in der institutionellen Ausgestaltung der Finanzsysteme (Rolle von Banken, Versicherungen, Kapitalmärkten; Art und Intensität der Regulierung) bestehen. Man behilft sich deshalb einmal mehr mit Indikatoren. Ein gebräuchlicher Indikator ist die **Bargeldquote**, das Verhältnis von Bargeld zur eng definierten Geldmenge M1, die selbst aus Bargeld und Sichteinlagen (inländischer Nichtbanken bei Banken) besteht. In einem gewissen Sinne misst diese Quote die Komplexität des Finanzsystems: Ein niedriger Wert der Bargeldquote weist auf einen hohen Entwicklungsstand des Finanzsystems hin.

Ein zweites häufig verwendetes Mass ist die **Monetarisierungsquote**, das Verhältnis einer breiter definierten Geldmenge (M2 bzw. M3; sie enthalten zusätzlich die Termin- und Spareinlagen und andere Komponenten) zum BIP. Je höher die Monetarisierungsquote, desto höher der Entwicklungsstand des Finanzsektors einer Wirtschaft.

Um nun die Rolle und Bedeutung der Versicherung innerhalb des Finanzsektors aufzuzeigen, kann man die Beziehung zwischen der Versicherungsdurchdringung (Prämien im Verhältnis zum BIP) und der Monetarisierungsquote (erweiterte Geldmenge/BIP) her-

1.5 Wichtige Determinanten der Nachfrage nach Versicherung

anziehen. Abbildung 1.7 zeigt diese Beziehung für verschiedene westliche Industrieländer. Auch hier ist ein klarer Zusammenhang erkennbar: Je höher die Monetarisierungsquote, desto höher die Versicherungsintensität. Steigt die Monetarisierungsquote um 10 Prozentpunkte (z. B. von 60 auf 70%), dann steigt die Versicherungsdurchdringung um 0,7 Prozentpunkte (von rd. 6% auf 6,7% des BIP).

**Abbildung 1.7** Versicherungsdurchdringung und Monetarisierungsquote

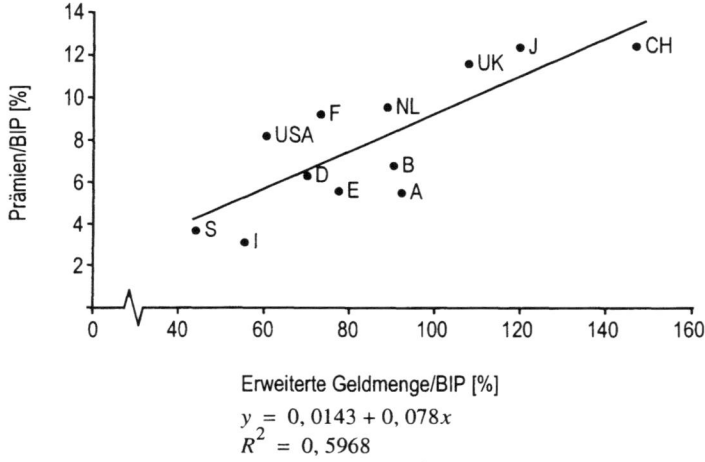

$y = 0,0143 + 0,078x$
$R^2 = 0,5968$

Quellen: *Internationaler Währungsfonds* (1998); *SwissRe* (1999b).

**Folgerung 1.4**    Die Nachfrage nach Versicherungsschutz nimmt im Lebengeschäft leicht überproportional und im Nichtlebengeschäft proportional zum Bruttoinlandprodukt zu. Sie profitiert auch vom Ausbau der Finanzsysteme in den Industrieländern.

## 1.5.2 Der Einfluss des Preises auf die Versicherungsnachfrage

Wie im Text zur Abbildung 1.3 dargelegt, kann man nicht die Prämie dem Preis der Versicherung gleich setzen, denn die Prämie enthält den Erwartungswert der Schadenzahlung (die faire Prämie). Würde das VU lediglich die faire Prämie verlangen, wäre die Versicherungsdeckung im Durchschnitt kostenlos. In der internationalen Literatur dient deshalb häufig das Verhältnis zwischen Prämienvolumen (*PV*) und Schadenzahlungen als Indikator des Preises. In der Praxis wird aber auch (namentlich im Nichtlebengeschäft) ein Prämiensatz $p$ verwendet, um das Prämienvolumen in eine Preis- und Mengenkomponente aufzuspalten:

$$PV = p \cdot X \tag{1-1}$$

*PV*: Prämienvolumen;

*p*: Prämiensatz, verlangte Prämie je Geldeinheit (GE) Deckungssumme;

*X*: Wert des versicherten Vermögensbestandes, Deckungssumme.

Aufgrund der Produkteregel der Differenzierung gilt dann

$$dPV = dp \cdot X + p \cdot dX, \tag{1-2}$$

und nach Division durch das Prämienvolumen ($PV = p \cdot X$),

$$\frac{dPV}{PV} = \frac{dp}{p} + \frac{dX}{X}. \tag{1-3}$$

Die prozentuale Veränderung des Prämienvolumens lässt sich also in die prozentuale Veränderung des Prämiensatzes und der Deckungssumme aufspalten. Unterstellt man jetzt, dass die Deckungssumme vom Prämiensatz $p$ und dem Einkommen $Y$ abhängt, gilt

$$X = X(p, Y), \tag{1-4}$$

und für die Veränderung

$$dX = \frac{\partial X}{\partial p}dp + \frac{\partial X}{\partial Y}dY. \tag{1-5}$$

Nach Division durch $X$ und Erweiterung mit ($1 = p/p$) und ($1 = Y/Y$) folgt daraus

$$\begin{aligned}\frac{dX}{X} &= \left(\frac{\partial X}{\partial p} \cdot \frac{p}{X}\right)\frac{dp}{p} + \left(\frac{\partial X}{\partial Y} \cdot \frac{Y}{X}\right)\frac{dY}{Y} \\ &= \eta \cdot \frac{dp}{p} + \varepsilon \cdot \frac{dY}{Y},\end{aligned} \tag{1-6}$$

mit $\eta := \frac{\partial X}{\partial p} \cdot \frac{p}{X} < 0$, Preiselastizität der Versicherungsnachfrage;

$\varepsilon := \frac{\partial X}{\partial Y} \cdot \frac{Y}{X} > 0$, Einkommenselastizität der Versicherungsnachfrage.

Die prozentuale Veränderung der Versicherungsnachfrage lässt sich demnach auf die prozentuale Veränderung des Preises (gewichtet mit der Preiselastizität der Nachfrage) und des Einkommens (gewichtet mit der Einkommenselastizität der Nachfrage) zurückführen.

Die Tabelle 1.11 enthält einige länderspezifische Preis- und BIP-Elastizitäten der Nachfrage nach Versicherung, geschätzt aufgrund einer Regression mit Jahresdaten 1969–1990. Es zeigt sich, dass beispielsweise die Industrie-Feuerversicherung in Deutschland

## 1.5 Wichtige Determinanten der Nachfrage nach Versicherung

eine vergleichsweise niedrige **Preiselastizität** der Nachfrage von –0,2 bis –0,3 aufweist. Dies könnte die Folge der durch die materielle Regulierung erzwungenen Vereinheitlichung der Produkte und Prämiensätze sein (vgl. im Einzelnen Kapitel 8). Sehr viel ausgeprägter sind die Preiselastizitäten in Chile, wo die Versicherungsmärkte schon früh liberalisiert worden waren.

**Tabelle 1.11** Preis- und Einkommenselastizitäten der Versicherungsnachfrage

|  | Preiselastizität | BIP-Elastizität |
|---|---|---|
| **Deutschland** | | |
| • Industrie Feuer | -0,2 bis -0,3 | 1,5 bis 2 |
| **Chile** | | |
| • Feuer | -0,9 bis -1,2 | 3 bis 4 |
| • Erdbeben | -1 | 3 |
| • Marine | -1 | 2 bis 2,5 |
| • Motorfahrzeuge | -0,8 | 2,8 |
| **Japan** | | |
| • Feuer | -1 | 1,7 |
| **USA** | | |
| • Leben | -0,7 | 2 bis 2,5 |

Quelle: SwissRe (1993)

**Folgerung 1.5** Die Preiselastizität der Versicherungsnachfrage ist zwar negativ, doch in Deutschland vergleichsweise gering. In liberalisierten Versicherungsmärkten liegt sie deutlich höher, bis hin zur einheitselastischen Nachfrage.

Die geschätzten **Einkommenselastizitäten** übersteigen durchweg den Wert 1. In Deutschland liegt der Wert jedoch unter 2, was – im Vergleich wiederum zu Chile, möglicherweise auch den USA – auf ein vergleichsweise langsames Wachstum der Versicherungswirtschaft schliessen lässt, insbesondere falls das BIP Deutschlands weiterhin mit einer unterdurchschnittlichen Rate zunehmen sollte.

Die Gleichung (1-6) kann schliesslich verwendet werden, um die Veränderung des Prämienvolumens mit der Preis- und der Einkommenselastizität der Nachfrage in Verbindung zu bringen. Substitution von (1-6) in die Gleichung (1-3) ergibt nämlich

$$\frac{dPV}{V} = \frac{dp}{p} + \frac{dX}{X} = \frac{dp}{p} + \eta \cdot \frac{dp}{p} + \varepsilon \cdot \frac{dY}{Y}$$
$$= (1+\eta)\frac{dp}{p} + \varepsilon \cdot \frac{dY}{Y}$$
(1-7)

**Abbildung 1.8** Westdeutsche Industrie-Feuerversicherung, 1962 – 1991

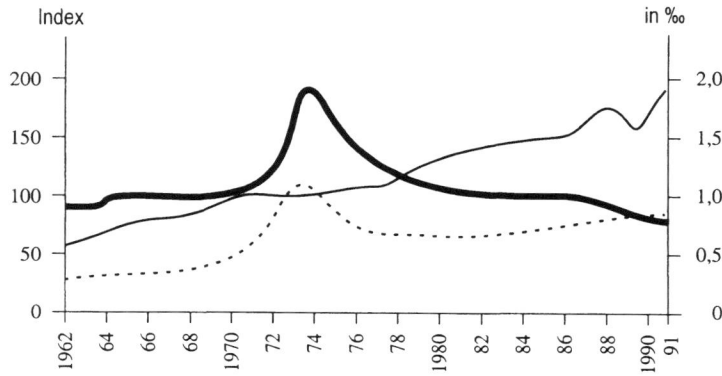

▬▬ Prämienvolumen;
——— Deckungssumme;
- - - - Prämiensatz, in ‰

*Quelle*: *Swiss Re* (1993).

Falls also $|\eta| < 1$, wie in der deutschen Industrie-Feuerversicherung, lässt eine Erhöhung des Prämiensatzes das Prämienvolumen ansteigen. Dasselbe gilt wegen $\varepsilon > 0$ auch für eine Zunahme des BIP. Die Abbildung 1.8 illustriert die Entwicklung im Zeitraum 1962-1991. So kam es um 1972 herum zu einer massiven vorübergehenden Erhöhung der Prämiensätze. Wegen der geringen Preiselastizität und des starken Wirtschaftswachstums ging aber die Deckungssumme nicht zurück, mit der Folge, dass sich das Prämienvolumen parallel zum Prämiensatz entwickelte. Umgekehrt hatte die Reduktion der Prämiensätze 1990/91 zwar einen nachfrageausweitenden Effekt, indem die Deckungssummen zunahmen. Doch diese Zunahme der Mengenkomponente reichte nicht aus, um die Einbussen bei der Preiskomponente auszugleichen, so dass das Prämienvolumen leicht zurückging.

**Folgerung 1.6** Die Einkommenselastizität der Versicherungsnachfrage ist positiv und erreicht in den dynamischeren Märkten und Versicherungszweigen Werte um 2.

### 1.5.3 Systemanalyse und Aufbau des Buches

Zum Schluss dieser Einleitung sollen anhand der Abbildung 1.9 der Aufbau dieses Buches erklärt und kurze Inhaltsangaben zu den Kapiteln gegeben werden.

Im Mittelpunkt stehen die drei Aktiva eines jeden Individuums (engl. health, wealth and wisdom), die in der Abbildung 1.9 vereinfacht den Kategorien „Humankapital" und „marktfähige Aktiva" zugeordnet werden. Diese Aktiva muss das Individuum optimal, d.h. bestmöglich unter Berücksichtigung von Budget- und anderen Restriktionen steuern, wobei von aussen Impulse auf sie einwirken.

**Abbildung 1.9**  Ablaufdiagramm und Überblick

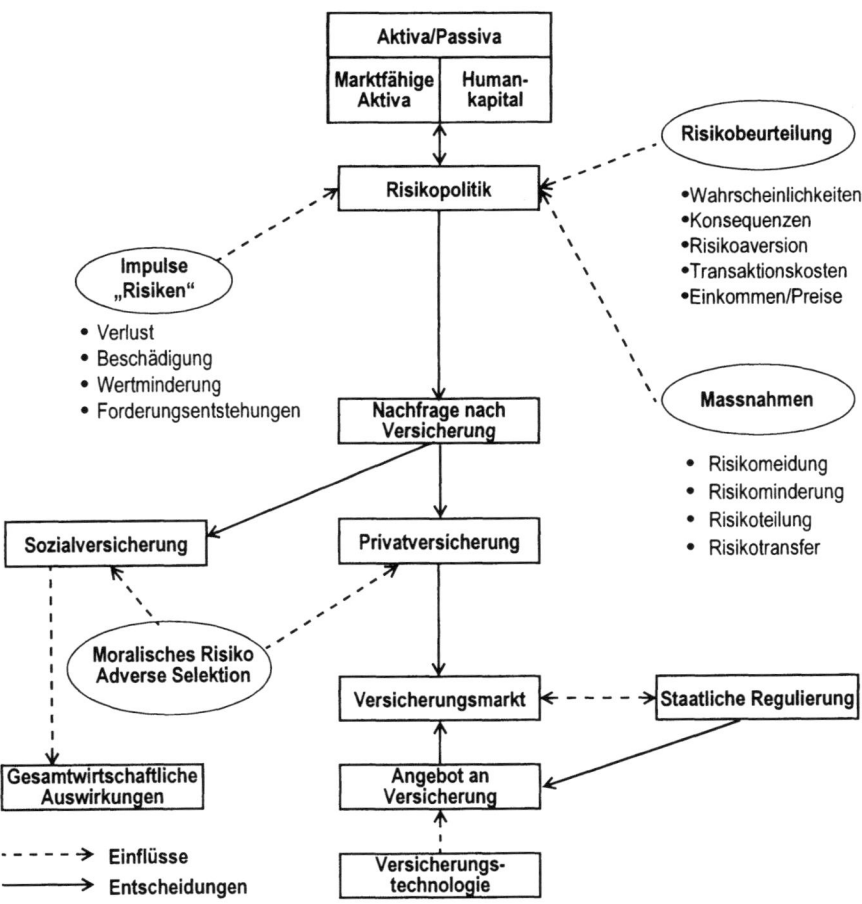

Nachdem im **Kapitel 1** dargelegt wurde, warum es sich lohnt, Kenntnisse über Versicherung und die Versicherungswirtschaft zu erwerben, werden im **Kapitel 2** einige Grundlagen gelegt. Insbesondere geht es um die konzeptionellen Probleme der Risikobeurteilung und der risikopolitischen Massnahmen.

Im **Kapitel 3** wird auf der Basis der Bernoulli-Hypothese bezüglich der Entscheidung unter Risiko ein Modell der Versicherungsnachfrage entwickelt: Ausgehend von einfachen Sachverhalten werden zunehmend komplexere Fragen aufgegriffen – ein isoliertes Risiko, ersetzbare und unersetzbare Aktiva, ein versicherbares und ein unversicherbares Risiko.

Während die Theorie des Kapitels 3 die Versicherungsnachfrage von Individuen beschreibt, die sonst kaum Möglichkeiten haben, die sie bedrohenden Gefahren oder Risiken handzuhaben, werden im **Kapitel 4** Unternehmen betrachtet, die viele Risiken über den Kapitalmarkt diversifizieren können. Dazu wird die moderne Kapitalmarkttheorie vorgestellt und mit der Versicherungstheorie verknüpft. Es stellt sich dabei die Frage, warum ein Unternehmen (insbesondere eine Aktiengesellschaft) überhaupt Versicherung nachfragen soll. Insgesamt erscheint demnach die mögliche Nachfrage nach Versicherung als ein Aspekt einer umfassenden Risikopolitik des Wirtschaftssubjektes oder Unternehmens (vgl. Abbildung 1.9).

In **Kapitel 5** erfolgt der Übergang zur Angebotsseite der Versicherungsmärkte. Zuerst geht es um die Versicherungstechnologie des privaten Versicherungsunternehmens (VU), also die Instrumente, die es einsetzen kann, um die übernommenen Risiken zu meistern und nicht in Konkurs zu geraten. Die Basis dazu bildet die Rechnungslegung, hierauf aufbauend auch die Akquisition von Risiken, die Risikoauslese, die Eindämmung des moralischen Risikos (s.u.) bei der Schadenabwicklung, die Beschaffung von Rückversicherung und die Anlage der frei verfügbaren Mittel. Die Preisgestaltung hat dabei eine so zentrale Bedeutung, dass ihr ein eigenes **Kapitel 6** gewidmet ist. Die herkömmlichen Prinzipien der Prämienkalkulation werden zwar dargestellt; doch das Schwergewicht liegt auf den Konsequenzen, die sich insbesondere aus der Anwendung des Capital Asset Pricing Model (CAPM) auf die Versicherung ergeben.

Die besonderen Probleme des Gleichgewichts auf Versicherungsmärkten bilden den Inhalt des **Kapitels 7**. Die relevanten Phänomene sind das moralische Risiko und die adverse Selektion. Unter dem moralischen Risiko versteht man die durch die Versicherungsdeckung induzierte Verhaltensänderung auf Seiten des Versicherungskäufers (VK), die auf ein Nachlassen seiner präventiven Anstrengungen hinausläuft. Damit beeinflusst der VK die Risiken, die zuvor als naturgegeben unterstellt worden waren. Die adverse Selektion ist ebenfalls eine Folge eines Informationsmankos auf Seiten des VU: In Unkenntnis der wahren Risikoqualität des VK muss es eine Durchschnittsprämie kalkulieren, welche die „schlechten" Risiken anzieht, während die „guten" Risiken dazu neigen, zur Konkurrenz abwandern.

Das **Kapitel 8** greift die Regulierung der Versicherungsmärkte und die damit verbundenen Probleme auf. Die verschiedenen Hypothesen zur Erklärung der Regulierung werden miteinander verglichen. Vieles spricht dafür, dass es sich dabei um Massnahmen zur Förderung der Interessen von Politikern und Beamten einerseits und einer um Protektion nachsuchenden Produzentengruppe andererseits handelt.

## 1.5 Wichtige Determinanten der Nachfrage nach Versicherung

Aus der Abbildung 1.9 geht hervor, dass die Individuen (namentlich in ihrer Eigenschaft als Stimmbürger in einer Demokratie) die Wahl zwischen privater und sozialer Versicherung haben. Zwar nennt das **Kapitel 9** einige Gründe, weshalb eine Teildeckung von Risiken durch die Sozialversicherung effizienzfördernd sein kann. Der grosse Umfang und der markante Ausbau der Sozialversicherung lässt jedoch eher vermuten, dass sie (ähnlich wie die Regulierung) ein Instrument in den Händen politischer Entscheidungsträger darstellt, die ihre (Wieder)Wahl sichern wollen.

Die Herausforderungen der Zukunft sind Gegenstand des abschliessenden **Kapitel 10**. Hier sind vorab die mögliche Verwendung von Gentests, die stürmische Entwicklung der Informationstechnologie, die Alterung der Bevölkerung und die Tendenz zu immer schwerwiegenderen Katastrophenrisiken zu nennen. Das Buch schliesst mit einer Reihe von wirtschaftspolitischen Empfehlungen, die dem Ziel dienen mögen, die Wettbewerbsfähigkeit der Versicherungswirtschaft vor allem in Deutschland, Österreich und der Schweiz zu erhalten und zu verbessern.

## 1.6 Übungsaufgaben

**Übungsaufgabe 1.1**

(a) Nennen Sie wenigstens zwei Indikatoren der gesamtwirtschaftlichen Bedeutung der Versicherungswirtschaft.

(b) Was sind die Schwächen des Indikators „Anteil des Prämienvolumens am Bruttoinlandprodukt"? Erklären Sie.

(c) Was halten Sie von der folgenden Argumentation: „Der Preis des Versicherungsschutzes ist die Prämie. Die zu erklärende Variable sind die Prämieneinnahmen. Abhängige und unabhängige Grösse stimmen somit überein, und folglich ist es nicht möglich, eine Preiselastizität der Versicherungsnachfrage zu bestimmen."

**Übungsaufgabe 1.2**

(a) Diskutieren Sie die Bedeutung der schadenmindernden bzw. schadenreduzierenden Wirkung von Versicherung.

(b) Warum kann man bei Versicherung, trotz oder gerade wegen der Ansammlung von Kapital, nicht von einem Liquiditätseffekt der Versicherung sprechen?

(c) Inwiefern ist die Kontrollfunktion der Versicherung gerade im Hinblick auf Umweltprobleme besonders relevant?

## 1.7 Literaturhinweise

Arrow, K.J. (1965), Aspects of the Theory of Risk-Bearing, Yrjö Johnsson Lectures, Helsinki: Y.J. Säätiö.

Gärtner, R. (1984), Versicherungen, in: P. Oberender (Hrsg.), Marktstruktur und Wettbewerb in der Bundesrepublik Deutschland. Branchenstudien zur deutschen Volkswirtschaft, München: Vahlen, 491-535.

Gesamtverband der deutschen Versicherungswirtschaft GDV (1999a), Die deutsche Versicherungswirtschaft, Berlin.

Gesamtverband der deutschen Versicherungswirtschaft GDV (1999b), Statistisches Taschenbuch der Versicherungswirtschaft, Berlin.

Gesamtverband der deutschen Versicherungswirtschaft GDV (1985), Gesamtleistungsrechnung für die Versicherungswirtschaft, Heft 5 der Schriftenreihe des Ausschusses Volkswirtschaft, Köln [vgl. auch Zeitschrift für die gesamte Versicherungswissenschaft 77 (1988), 29-60].

Giarini, O. und Stahel, W. (2000), Die Performance-Gesellschaft, Marburg: Metropolis Verlag.

Hax, K. (1964), Grundlagen des Versicherungswesens, Wiesbaden: Th. Gabler.

Hempel, C.G. (1965), Aspects of Scientific Explanation, and Other Essays in the Philosophy of Science, New York: Free Press.

Knight, F.H. (1921), Risk, Uncertainty and Profit, Chicago: Chicago University Press.

Mahr, W. (1951), Einführung in die Versicherungswirtschaft - Allgemeine Versicherungslehre, Berlin: Duncker & Humblot, 3. Nachdruck 1971.

Müller, W. (1995), Informationsprodukte, in: Zeitschrift für Betriebswirtschaft 65, 1017-1044.

Sinn, H. W., (1988), Gedanken zur volkswirtschaftlichen Bedeutung des Versicherungswesens, in: Zeitschrift für die gesamte Versicherungswissenschaft 77, 1-27.

Statistisches Bundesamt (1999), Statistisches Jahrbuch für das Ausland, Wiesbaden.

SwissRe (1989), Volkswirtschaftliche Bestimmungsfaktoren der Entwicklung des Versicherungsgeschäfts, sigma 7/1989.

SwissRe (1999b), Assekuranz Global 1997: Stark expandierendes Lebensgeschäft. stagnierendes Nicht-Lebengeschäft, in: sigma 3/1997.

SwissRe (2002), Natur- und Man made-Katastrophen 2001, in: sigma 1/2002.

SwissRe (2002), Terrorism - dealing with the new spectre, Forum Report.

Zweifel, P. (1987), Was ist Versicherung? Funktionelle und institutionelle Aspekte, in: Gesamtverband der Deutschen Versicherungswirtschaft GDV (Hrsg.), Was ist Versicherung? Schriftenreihe des Ausschusses Volkswirtschaft Nr. 8, Karlsruhe: Verlag Versicherungswirtschaft, 38-59.

# KAPITEL 2
# Risiko: Messung, Wahrnehmung und Beeinflussung

In unserer Umgangssprache verwendet man sehr schnell das Wort Risiko und setzt ihm häufig die Chance als etwas Positives gegenüber. In der Versicherungsökonomie dagegen hat der Begriff Risiko eine spezielle Bedeutung; deshalb soll er am Anfang dieses Kapitels definiert werden. Zugleich soll aufgezeigt werden, wie sich das so definierte Risiko messen lässt.

Der Abschnitt 2.2 ist dann der Risikowahrnehmung gewidmet, also dem Problem, dass verschiedene Personen und dieselbe Person in verschiedenen Situationen Risiken unterschiedlich wahrnehmen und bewerten. Dabei scheint es eine grundlegende Tatsache zu sein, dass das menschliche Verhalten – möglicherweise bestimmt durch ein allgemeines biologisches Gesetz – durch Abneigung gegenüber dem Risiko, also durch Risikoaversion, gekennzeichnet ist. In der Versicherungsökonomie findet diese Tatsache im Konzept der Risikonutzenfunktion, die sowohl die Bewertung des als auch die Aversion gegenüber dem Risiko erfasst, ihren Niederschlag.

In Abschnitt 2.3 stehen die Massnahmen im Mittelpunkt, mit denen man die Risiken beeinflussen, verhindern oder steuern kann, also allgemeine Fragen der Risikopolitik oder des Risikomanagements.

Abschliessend werden in Abschnitt 2.4 die Instrumente auf ihre Zweckmässigkeit und Effektivität hin überprüft. Gerade bei der letzten Frage zeigt sich wieder die Bedeutung der subjektiven Komponente.

## 2.1   Definition und Messung des Risikos

### 2.1.1   Definition des Risikos

Jedes Individuum besitzt drei Aktiva, die es optimal verwalten muss: sein Gesundheitskapital, sein Fähigkeitskapital und sein Finanzkapital (oder allgemeiner: Vermögen). Diese drei Aktiva (oder auch "Assets", engl. health, wealth, wisdom) ermöglichen es dem Individuum, Konsumgüter zu kaufen, sie zu geniessen und ein Arbeits- und Kapitaleinkommen zu erzielen, um auch später, insbesondere im Ruhestand, Zugang zu Konsumgütern zu haben.

Diese Aktiva sind aber zufälligen Störungen unterworfen, die zu Wertschwankungen des Aktivabestandes insgesamt führen. Solche zufälligen Störungen können auf unterschiedliche Ursachen zurückgehen. In der Versicherungspraxis werden sie **Gefahren** genannt. Dabei können solche Gefahren "in der Natur" wurzeln (wie etwa Tod, Krankheit, Altersgebrechlichkeit) oder aus dem menschlichen kulturellen Zusammenleben stammen (beispielsweise sich ändernde Preise). Sie führen zu Abweichungen zwischen den am Anfang einer Periode **geplanten** und den am Ende der Periode **realisierten Werten** der Aktiva.

In der Umgangssprache werden die aus solchen Abweichungen hervorgehenden Verlustmöglichkeiten (Ausfall von Werten, Nutzen) als **Risiko** bezeichnet. Dieser umgangssprachliche Risikobegriff erfasst also nur die **Verlustgefahr**, die Möglichkeit des Eintritts eines ungünstigen Falles, die auf Unsicherheit oder mangelnder Kenntnis beruht. Dem steht die **Chance** gegenüber, keinen Verlust zu erleiden oder gar einen Gewinn zu erzielen. Diese Beschränkung des Begriffs Risiko auf Verluste (oder: Konsequenzen mit negativem Vorzeichen) ist so lange nicht problematisch, wie nur Zufallsvariable mit negativen Werten betrachtet werden. Eine solche Zufallsvariable $X$ ist in Abbildung 2.1(a) dargestellt; ihre Dichtefunktion $f(X)$ ist insofern typisch, als kleine Verluste häufig vorkommen, andererseits grosse Verluste selten sind, doch nicht ausgeschlossen werden können. Ist das betroffene Aktivum versichert, wird $f(X)$ zur Schadendichtefunktion (oft auch Schadenverteilung genannt) einer bestimmten Versicherungssparte. Tauchen jedoch auch positive Ausprägungen der Zufallsvariable auf, ist diese Unterscheidung zwischen Risiko und Chance teils schwierig, teils unnötig: Schwierig deshalb, weil man häufig den Nullpunkt erst finden oder definieren muss, unnötig, weil es ja auf die gesamte Verteilung der Zufallsvariablen ankommt. Das **Risiko** einer Handlung (oder eines ungesteuerten Vorgangs) wird somit durch die **Wahrscheinlichkeitsdichte der möglichen Konsequenzen** ausgedrückt [vgl. Abbildung 2.1(b)]. In der ökonomischen Theorie enthält damit der Begriff des Risikos zwei Dimensionen: Die Eintrittswahrscheinlichkeit und die Schwere der Konsequenzen.

**Folgerung 2.1**   In der ökonomischen Theorie wird allgemein das Risiko einer Handlung durch die Wahrscheinlichkeitsverteilung der möglichen Konsequenzen ausgedrückt. In der Versicherungsökonomie geht es im Wesentlichen um die Eintrittswahrscheinlichkeit und die Schwere von Schäden.

In der Versicherungspraxis wird auch der Versicherungskäufer (VK) oder der Versicherungsvertrag, der ihn repräsentiert, als Risiko bezeichnet. Das Versicherungsunternehmen (VU) sichert sich die Prämieneinnahme als Chance, während das Risiko im "Schadenproduzenten" steckt. Folglich ist für die versicherungsmathematische Analyse des Risikos nur die **Differenz** zwischen **Prämieneinnahmen** und **Schadenzahlungen** in einem bestimmten Zeitintervall wesentlich. Dabei dürfen die Prämieneinnahmen näherungsweise als nichtstochastisch gelten, so dass diese Differenz zur Hauptsache durch die Wahrscheinlichkeitsdichte der Schäden bestimmt wird.

**Abbildung 2.1** Zufallsvariable mit nur negativen Werten (a) und mit negativen und positiven Werten (b)

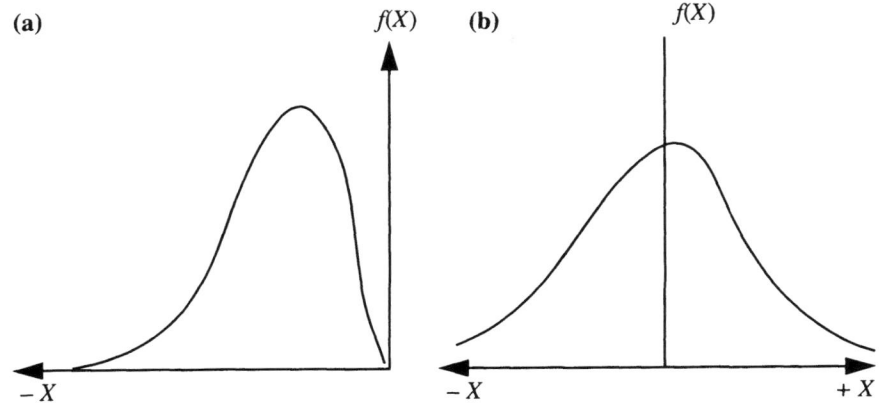

## 2.1.2 Messung des Risikos

Bei der Messung des Risikos geht es in Übereinstimmung mit der Folgerung 2.1 darum, einerseits die **Wahrscheinlichkeit** zu bestimmen, dass eine Schadenzahlung einer bestimmten Höhe geleistet werden muss. Entsprechend den Regeln der Wahrscheinlichkeitstheorie liegt eine Wahrscheinlichkeit zwischen 0 und 1 (jeweils inklusive: bei Null tritt das Ereignis gar nicht ein und bei Eins tritt es sicher ein). Dabei können diese Wahrscheinlichkeiten entweder logisch bestimmt werden, etwa bei einem idealen Würfel; hier treten die einzelnen Augenzahlen gleich wahrscheinlich, also mit der Wahrscheinlichkeit 1/6 (oder 16,67%) ein. Oder sie können aufgrund eines Experimentes, einer Folge von Experimenten oder aus Erfahrung bestimmt werden, wobei die Bedingungen, unter denen die Experimente stattfinden, gleich bleiben sollen. Dann schlagen sich die Wahrscheinlichkeiten in den **relativen Häufigkeiten**[1] nieder. Allerdings verändern sich die meisten dieser relativen Häufigkeiten im Laufe der Zeit aufgrund der Veränderung der Umweltbedingungen, zu der neu insbesondere die Änderung des technischen Wissens und seiner Anwendungen in der Gesellschaft zählen. Ein eindrückliches Beispiel ist die Veränderung der Lebenserwartung (vgl. Abbildung 2.2): Während im Deutschen Reich 1871/80 von 10 000 Frauen nur gerade 3 000 das Alter von 60 Jahren erreichten, dürften es zur Zeit mehr als 9 000 sein.

---

1. In der Wahrscheinlichkeitstheorie wird das schwache Gesetz der grossen Zahlen bewiesen, wonach sich die relativen Häufigkeiten mit zunehmender Anzahl der Experimente (oder der Elemente von Experimenten) den objektiven Wahrscheinlichkeiten annähern; vgl. Abschnitt 6.1.2.1.

**Abbildung 2.2** Veränderung der Überlebenskurve am Beispiel Deutschlands[a] (Frauen)

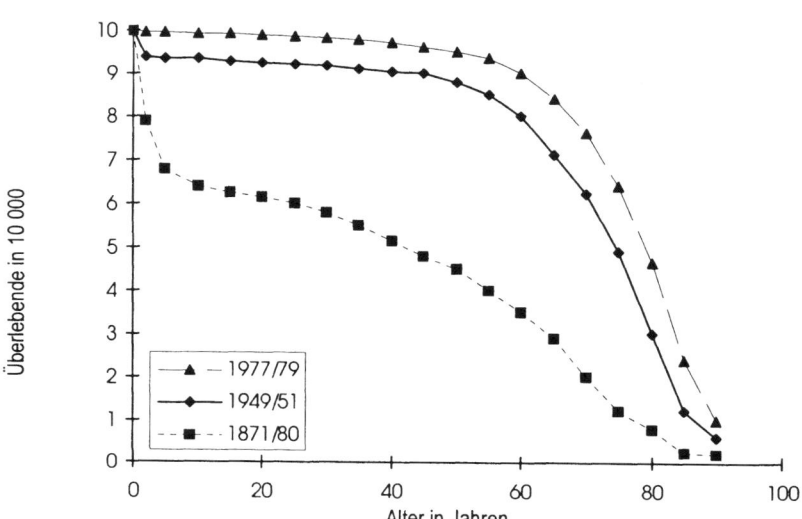

a. Überlebende von 10.000 Personen bei Alter X, Deutsches Reich 1871/80, Bundesgebiet 1949/51, Bundesrepublik Deutschland 1977/79.
Quelle: *Breyer* und *Zweifel* (1999), Kap. 10

Es ändern sich aber auch etwa die allgemeinen klimatischen Bedingungen (wobei dahin gestellt bleiben kann, ob dies allein auf menschliches Tun zurückgeführt werden kann), was sich in grösseren Häufigkeiten von Naturkatastrophen niederschlägt (vgl. die Angaben der Tabelle 1.1 in Abschnitt 1.2).

Wahrscheinlichkeitsschätzungen können aber auch bloss auf subjektiven Erfahrungen oder auf sehr unvollkommenen Experimenten beruhen; sie heissen entsprechend **subjektive Wahrscheinlichkeiten** (im Gegensatz zu den objektiven). Mit diesen subjektiven Wahrscheinlichkeiten kann man aber ebenso rechnen wie mit den objektiven. Berücksichtigt man, dass die meisten Experimente (wegen der mangelnden Konstanz der Rahmenbedingungen, was auch auf die Versicherungspraxis zutrifft) unvollkommen sind, dann sind alle Rückschlüsse auf objektive Wahrscheinlichkeiten mit mehr oder weniger Unsicherheit behaftet. Anders herum formuliert: Alle Wahrscheinlichkeiten sind subjektiv, allerdings ist ihr Glaubwürdigkeitsgrad, also der Grad, mit dem sie von einer Person selbst oder auch von mehreren Personen geglaubt bzw. als richtig akzeptiert werden, unterschiedlich hoch.[2]

Andererseits charakterisiert der **Schweregrad** (die "Schwere") eines Ereignisses als zweiter Aspekt das Risiko. Eine Aufzählung und verbale Beschreibung der Konsequenzen eines Ereignisses ist zwar stets möglich: Die Zahl der Toten und Verletzten, materielle und

## 2.1 Definition und Messung des Risikos

finanzielle Schäden oder geleistete Entschädigungen lassen sich benennen (vgl. dazu Tabelle 1.2 in Abschnitt 1.3). Dies genügt jedoch nicht, um verschiedene Ereignisse vergleichen zu können: Was war „schlimmer", der Hurrikan Andrew, der am 23. August 1992 weite Teile der USA heimsuchte, oder die Havarie des Öltankers Exxon Valdez, der am 24. März 1989 im Prinz-William-Sund in Alaska auf Grund lief und 40 Millionen Liter Rohöl verlor?

Ein Vergleich von Ereignissen mit unterschiedlichen Konsequenzen lässt sich nicht ohne ein Werturteil vornehmen, und diese Bewertungen können sich im Laufe der Zeit selbst wandeln, sie sind kulturell und religiös bedingt und subjektiv unterschiedlich. Eine Möglichkeit, diese Schwierigkeiten zu umgehen, besteht darin, die verschiedenartigen Konsequenzen (Tote, Verletzte, Sachschäden) **nicht in einem Risikomass** unterzubringen, sondern getrennt voneinander zu untersuchen. Wird zum Beispiel die Konsequenz „Todesfall" herangezogen, so lässt sich das Risikomass auf die Dimension der Eintrittswahrscheinlichkeit beschränken. Hierbei wird üblicherweise auf die Zeitspanne eines Jahres normiert und gefragt, wieviele Tote es im Strassenverkehr im Jahre 1993 in Deutschland gab. So geht aus der Tabelle 2.1 hervor, dass trotz stark steigenden Verkehrsvolumens die absolute Zahl der Verkehrstoten in Deutschland nicht zu-, sondern bis Mitte der 1980er Jahre abgenommen hat und seither stabil geblieben ist. Diese Abnahme kam jedoch nicht auf den angeblich sicheren Autobahnen, sondern auf den Ausserorts- und noch mehr auf den Innerortsstrassen zustande.

**Tabelle 2.1** Tödlich Verunglückte im Strassenverkehr Deutschlands, 1970 – 1993

| Jahr | Total | Index | Autobahn | Index | Ausserorts | Index | Innerorts | Index |
|------|-------|-------|----------|-------|------------|-------|-----------|-------|
| 1970 | 21 332 | 100,0 | 1 093 | 100,0 | 10 682 | 100,0 | 9 557 | 100,0 |
| 1975 | 17 011 | 79,7 | 1 079 | 98,7 | 8 793 | 82,3 | 7 139 | 74,7 |
| 1980 | 15 050 | 70,6 | 943 | 86,3 | 7 976 | 74,7 | 6 131 | 64,2 |
| 1985 | 10 070 | 47,2 | 777 | 71,7 | 5 570 | 52,1 | 3 723 | 39,0 |
| 1990 | 11 046 | 51,8 | 1 470 | 134,5 | 6 215 | 58,2 | 3 361 | 35,2 |
| 1991 | 11 300 | 53,0 | 1 552 | 142,0 | 6 399 | 59,9 | 3 349 | 35,0 |
| 1992 | 10 363 | 48,6 | 1 412 | 129,2 | 5 764 | 54,0 | 3 187 | 33,3 |
| 1993 | 10 000 | 46,9 | 1 370 | 125,3 | 5 630 | 52,7 | 3 000 | 31,4 |

Quelle: *ADAC* (1993), Tab. 16.

Teilt man diese Zahlen weiter nach Art der Verkehrsbeteiligung auf (vgl. Tabelle 2.2), dann geht aus diesen absoluten Werten hervor, dass die meisten Personen beim Autofahren getötet (oder verletzt) wurden. Allerdings wird deutlich, dass die Eintrittswahrscheinlichkeit – etwa in einem bestimmten Jahr bei einem Autounfall ums Leben zu kommen –

---

2. Mit Hilfe einer solchen Annahme, dass alle Wahrscheinlichkeiten im Prinzip subjektiv sind, kann man auch auf die auf *Knight* (1921) zurückgehende Unterscheidung zwischen Risiko und (reiner) Unsicherheit verzichten: Beim Risiko ist das Individuum in der Lage, den möglichen Ereignissen Wahrscheinlichkeiten zu zuordnen, bei der reinen Unsicherheit aber nicht.

von der so genannten Grundgesamtheit abhängt. Die Tabelle 2.2 zeigt nämlich nur, dass von den im Jahre 1993 bei Verkehrsunfällen Getöteten 900 mit dem Motorrad und 850 mit dem Fahrrad unterwegs waren. Man muss diese Zahlen auf eine Grundgesamtheit beziehen, um die Wahrscheinlichkeit abschätzen zu können, dass ein Motorrad- oder Fahrradfahrer im Laufe eines Jahres bei einem Verkehrsunfall sein Leben verliert: Auf 58,9 Mio. Fahrräder (im alten Bundesgebiet) kamen 850 Getötete, was einem Risiko von 0,0000014 entspricht, während auf 2,083 Mio. Motorräder 900 Tote zu verzeichnen sind, was einem dreihundertmal höheren Risiko von 0,00043 entspricht[3].

**Tabelle 2.2**  Tödlich Verunglückte nach Art der Verkehrsbeteiligung in Deutschland, 1980 – 1993

| Jahr | Total | Pkw | Motorräder | Mofas, Mopeds | Güter-Kfz | Fahrräder | Fussgänger | Andere Arten |
|---|---|---|---|---|---|---|---|---|
| 1980 | 15 050 | 6 915 | 1 575 | 1 056 | 269 | 1 338 | 3 720 | 177 |
| 1985 | 10 070 | 4 582 | 1 328 | 602 | 177 | 931 | 2 299 | 151 |
| 1990 | 11 046 | 6 256 | 1 059 | 384 | 211 | 908 | 2 113 | 115 |
| 1991 | 11 300 | 6 801 | 992 | 243 | 283 | 925 | 1 918 | 138 |
| 1992 | 10 363 | 6 237 | 910 | 223 | 260 | 849 | 1 759 | 125 |
| 1993 | 10 000 | 5 980 | 900 | 200 | 250 | 850 | 1 700 | 120 |

Quelle: *ADAC* (1993), Tab. 26.

Mathematisch kann man die Angabe „1 Toter auf 100, 1000, 10000 Personen und Jahr" auch als $1 \cdot 10^{-2}$, $1 \cdot 10^{-3}$, $1 \cdot 10^{-4}$ usw. schreiben. Je grösser nun dieser negative Exponent ist, desto seltener ist das Ereignis. *Heilmann* und *Urquhart* (1983) verwenden diesen Exponenten und konstruieren eine logarithmische „Sicherheitsskala"[4], die von 1 bis 8 reicht, aber im Prinzip nach oben offen ist: Mit jeder nächsthöheren Zahl auf der Skala verringert sich also das Risiko um das Zehnfache (vgl. Abbildung 2.3).

Etwas komplizierter wird die Situation, wenn man berücksichtigt, dass die meisten Menschen nicht nur von jeweils einem Risiko bedroht werden, sondern gleichzeitig von einer ganzen **Reihe von Risiken** – Auto- und Radfahrer sind in der Regel gleichzeitig Fussgänger, treiben Sport, sind im Haushalt oder bei der Arbeit durch unterschiedliche Risiken gefährdet, sie rauchen und trinken. Falls die einzelnen Risiken positiv miteinander verbunden (positiv korreliert) sind, kann das Hinzutreten eines zusätzlichen Risikos statistisch einen kumulativen Effekt auslösen. Dieser wird aber vom Einzelnen häufig gar nicht beachtet [vgl. das Speiseröhrenkrebsrisiko bei Rauchern und Trinkern, dargestellt in *Pedroni und Zweifel* (1988), 13].

---

3. Alternativ könnte man auch fragen, wieviele tödlich Verunglückte je 100 000 Einwohner (aufgegliedert etwa nach Altersgruppen) aufgetreten sind oder auch nach 100 Mio. gefahrenen Kilometern (und noch unterschieden nach Strassenarten); man nennt dies dann "Getötetenraten". Zu solchen Daten vgl. die Studie des ADAC (1993), Tab. 32 und Tab. 40.
4. Der Zehner-Logarithmus der Zahl $10^2$ ist 2, der von $10^3$ ist 3 usw.

**Abbildung 2.3** Risiken in der Schweiz, 1985, gemäss Sicherheitsskala von Urquhart und Heilmann

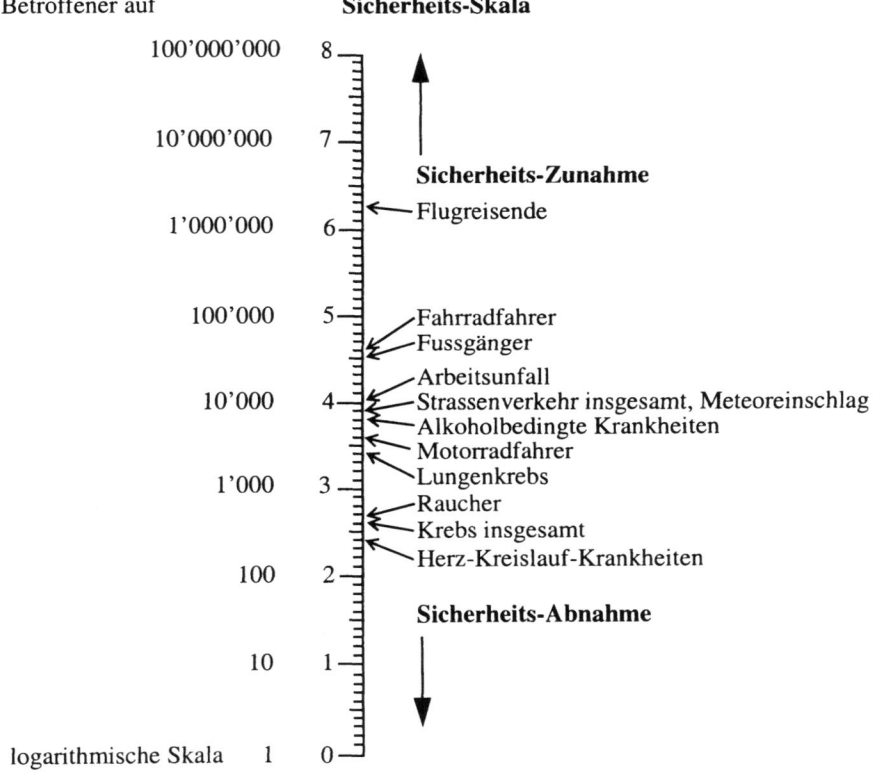

Quellen: *Heilmann* (1985), 33,
Statistisches Jahrbuch der Schweiz (1986), 74ff, 250ff
Schweiz. Fachstelle für Alkoholprobleme (1986)
*Viscusi* (1993), Tab. 1

**Folgerung 2.2**  Das Risiko eines bestimmten Ereignisses wird üblicherweise durch die relative Häufigkeit seines Auftretens gemessen, wobei die Wahl der richtigen Grundgesamtheit manchmal Probleme aufwirft.

Ganz offensichtlich bleibt damit nach wie vor die Frage nach der Bewertung des Schweregrades unbeantwortet. Ist tatsächlich beispielsweise „Tod gleich Tod", wie die Sicherheitsskala der Abbildung 2.3 unterstellt? Macht es wirklich keinen Unterschied, ob man als Flugreisender oder als Krebskranker stirbt? Es geht offenbar um die subjektive Wahrnehmung des Risikos, die im folgenden Abschnitt aufgegriffen wird.

## 2.2 Subjektive Wahrnehmung des Risikos, Risikoaversion und die Risikonutzenfunktion

### 2.2.1 Risikowahrnehmung als subjektives und kulturelles Phänomen

Die objektive statistische Erfassung von Risiken ist eine Sache, ihre subjektive, aber auch gesellschaftliche Wahrnehmung und Bewertung eine andere. Wie die Abbildung 2.4 zeigt, können die Diskrepanzen zwischen den beiden eine, ja sogar zwei Zehnerpotenzen betragen. Allgemein werden seltene Risiken überschätzt, häufige dagegen unterschätzt (die Regressionskurve verläuft flacher als die 45°-Linie). Überdies sind die Standardfehler der geschätzten Häufigkeiten gross bei seltenen und kleiner bei häufigen Risiken, was aufgrund des unterschiedlichen Stichprobenumfangs verständlich ist. Die Diskrepanz zwischen den tatsächlichen und den wahrgenommenen Häufigkeiten haben verschiedene Gründe. Dabei hat die eine Gruppe von Gründen mit den Wahrscheinlichkeiten, die andere dagegen eher mit dem Schweregrad zu tun.

**Abbildung 2.4** Beziehung zwischen objektiver und subjektiver Risikoquantifizierung am Beispiel geschätzter und tatsächlicher Todesfälle pro Jahr

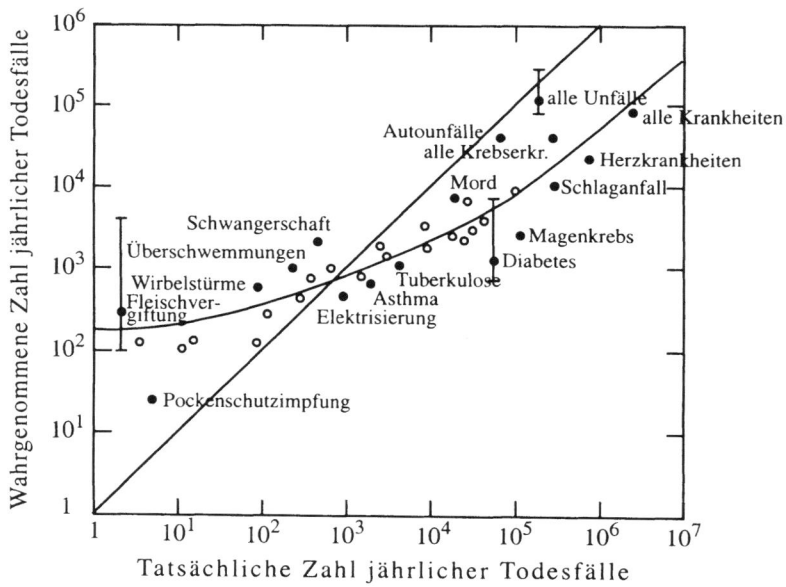

o = Andere, nicht namentlich erwähnte Risiken
Quelle: *Lichtenstein* et al. (1978), in: *Fritzsche* (1986), 154; *Slovic* et al. (1981), 19

(1) **Wahrnehmung der Wahrscheinlichkeiten:**

- Ein erster Grund liegt darin, dass die Basis von Urteilen über die Wahrscheinlichkeit eines Ereignisses im allgemeinen nicht aufgrund von statistischem Zahlenmaterial erfolgt, sondern aufgrund **persönlicher Erfahrung**. Dabei zeigt sich die bereits genannte **systematische Fehleinschätzung**: Sehr kleine Wahrscheinlichkeiten, also relativ seltene Ereignisse, werden fast immer überschätzt, hohe Wahrscheinlichkeiten, also relativ häufig auftretende Ereignisse, werden unterschätzt. Eine ähnliche Fehleinschätzung lässt sich auch beobachten bei bekannten, alltäglichen und selbst ausgeübten Tätigkeiten oder verwendeten Technologien im Vergleich zu unbekannten, neuen Tätigkeiten oder Technologien: vertraute Risiken werden unterschätzt, neue und unvertraute Risiken überschätzt. Solche subjektiven Einschätzungen sitzen recht tief, neue Tatsachen werden oft nur anerkannt, wenn sie den vorgefassten Meinungen entsprechen.

- Risiken, die man **beeinflussen** kann (unabhängig davon, ob sie bewusst oder unbewusst eingegangen werden), werden ganz anders bewertet als Risiken, die man **nicht** durch Verhaltensänderungen beeinflussen kann. Zudem wurde festgestellt, dass bei gleichzeitiger Information aus unterschiedlichen Quellen diejenige am häufigsten herangezogen wird, die dem schlechtest möglichen Fall ("worst case scenario") entspricht. Auch gibt es **geschlechtstypische** Unterschiede zum einen hinsichtlich der wahrgenommenen Risiken, zum anderen hinsichtlich ihrer Bewertung (vgl. aber die Ausführungen am Ende von Abschnitt 3.4).

- Die Wahrnehmung und Bewertung von Risiken ist vom **sozialen, politischen und kulturellen Umfeld** abhängig. Dazu gehören nicht nur makrosoziale Faktoren wie Industrialisierungsgrad, Besonderheiten der Presseberichterstattung oder gar der Rechtsprechung, sondern auch die kulturabhängige Interpretation von Risikomerkmalen. Gemeinsame (soziale) Werte führen zu gemeinsamen Befürchtungen und eben auch zu selektiven Wahrnehmungen von Gefahren und ihrer Bewertung. Insofern sind unterschiedliche, miteinander konkurrierende Interpretationen der Welt und mithin der Risiken Merkmale von sozialen Organisationen. Ein typisches Beispiel hierfür ist die unterschiedliche Reaktion der Deutschen und der Franzosen auf den Reaktorunfall von Tschernobyl 1986. Während in Deutschland eher die Risiken dieser Technologie herausgestellt wurden, waren es in Frankreich die positiven Eigenschaften der Atomenergie.

(2) **Wahrnehmung der Konsequenzen:**

- Der **Weg**, der zu einer gegebenen Konsequenz führt, geht mit in die Wahrnehmung des Schweregrads ein. So bewertet beispielsweise ein Raucher, der sich überlegt, ob er – wegen des erhöhten Krebsrisikos – das Rauchen aufgeben soll, nicht nur seine erhöhte Überlebenswahrscheinlichkeit. Das Aufgeben des Rauchens hat Opportunitätskosten; es bedeutet das Opfer von Genuss. Die Investition in eine gesündere Zukunft kann sich zudem als Fehlinvestition herausstellen, wenn nämlich der ehemalige Raucher trotzdem stirbt (entweder an Spätschäden des Rauchens oder an einer anderen Ursache wie einem Verkehrsunfall). Dies kann als erhöhte Schwere des „Sterberisikos nach Aufgabe des Rauchens" angesehen werden.

- Entgegen der allgemeinen Expertenmeinung wird subjektiv „**Tod nicht gleich Tod**" gesetzt. Vielmehr kommt es entscheidend darauf an, ob man selbst, nächste Familienangehörige oder Freunde/Bekannte bedroht sind und wie hoch die Zahl der bei einem einzelnen Ereignis möglicherweise Betroffenen ist.

So lassen sich die Fehleinschätzungen mancher Risiken durch die Befragten als rationale Reaktion auf die falsche Vorgabe „Tod ist gleich Tod" interpretieren. Jene Punkte der Abbildung 2.4, die auf eine Überschätzung der Zahl der Todesfälle hinweisen, liegen nicht zufällig oberhalb der 45°-Linie. Vielmehr dürften sie für Ereignisse stehen, bei denen neben dem Befragten auch mehrere Personen betroffen sind, deren Wohl oder Überleben ihnen am Herzen liegt. Die Wahrscheinlichkeit, dass mindestens eine Person unter diesen $n$ Personen getötet wird, ist dann rund $n$ mal höher als die Wahrscheinlichkeit, als Einzelner bei einer solchen Katastrophe ums Leben zu kommen. Während die Befragten bei Verkehrsunfällen und Mord in aller Regel nur an sich selber denken, sind es bei Fleischvergiftungen oder Wirbelstürmen Dutzende, ja Hunderte von Bekannten und Verwandten, deren Leben auf dem Spiel steht. Den erhöhten Schweregrad des Risikos können sie jedoch im Rahmen der falschen Vorgabe „Tod ist Tod" nur durch eine Überhöhung der Eintrittswahrscheinlichkeit zum Ausdruck bringen.

## 2.2.2 Risikoaversion und Risikonutzen

Eine Fülle von ganz unterschiedlichen Faktoren beeinflusst die Risikobewertung: Erfahrung, Informationsstand über mögliche Konsequenzen alternativer Handlungen, aber auch Temperament, Furcht, wirtschaftliche Lage, Betroffenheit, kulturelle Werte u.v.a.m. Risikowahrnehmung und Risikobewertung sind folglich vor allem Themen der Psychologie, der Soziologie und der Anthropologie und traditionell kaum der Wirtschaftswissenschaften. Für die Risikopolitik – sei sie mehr individuell oder mehr sozial bzw. gesellschaftlich orientiert – spielen diese Faktoren aber gewiss eine Rolle. Man denke nur an die öffentlichen Diskussionen um die Beseitigung der Öl-Plattform "Brent-Spar" (1997), die Castor-Transporte (von nuklearen Brennstäben zur Wiederaufbereitung oder Endlagerung) oder die Creutzfeld-Jacob-Krankheit durch BSE[5].

Dagegen setzt die technische/ingenieurmässige Sichtweise das Risiko mit dem erwarteten Verlust (dem sog. Erwartungsschaden) gleich. Diese Sichtweise ist jedoch zu eng, weil sie implizit ein risikoneutrales Verhalten unterstellt und die **Risikoaversion**, die Abneigung gegenüber dem Risiko, vernachlässigt. Risikoaversion (Risikoscheu) wird in der ökonomischen Theorie als typische Eigenschaft des Menschen unterstellt. Sie bedeutet, dass beim Vergleich von Handlungsalternativen mit ungewissem (stochastischem) Ausgang die Streuung bei gegebenem Mittelwert negativ bewertet wird, eine grössere Streuung folglich nur bei einem höheren Mittelwert akzeptiert wird. Wie die Arbeiten von beispielsweise *Sinn und Weichenrieder* (1993) und *Szpiro* (1997) zeigen, lässt sich die Entstehung von Risikopräferenzen aus der Evolution erklären. Hunger, Durst und Sexualität veranlassen die Menschen zu Verhaltensweisen, die einem übergeordneten genetischen Überlebenswunsch entsprechen. Bei Entscheidungen unter Unsicherheit wurden im Verlaufe unzähliger Generationen in vielen natürlichen Versuchsreihen verschiedene Ent-

---

5. Überspitzt aber deutlich hat dies *Vahrenholt* (1996) ausgedrückt: "Der Ökochonder als Zeitbild"; zur theoretischen Diskussion vgl. *Viscusi* (1997).

scheidungsregeln getestet. Jene, die sich bewährten, indem sie zum Überleben der Menschen beitragen, steuern heute noch das Verhalten. Eine Entscheidungsregel hat mithin eine grössere selektive Qualität als eine andere, wenn sie eine grössere Population erzeugt; sie zeichnet sich durch **selektive Dominanz** aus.[6] Insbesondere führt eine Strategie, die den jeweils höchsten Erwartungswert des Logarithmus des Verhältnisses „Kinderzahl zu Grösse der Elterngeneration" (d.h. dem stochastischen Wachstumsfaktor der jeweiligen Generation) auswählt, mit an Sicherheit grenzender Wahrscheinlichkeit zu einer höheren Population als jede andere Strategie. Die Logarithmusfunktion eignet sich jedoch wegen ihrer Konkavität zur Abbildung von Risikoaversion.

Eine Regel, welche die Risikoaversion berücksichtigt, dominiert also die einfache Maximierung des Erwartungswerts des Wachstumsfaktors in Bezug auf selektive Qualität. Auf ökonomische Fragestellungen lässt sich diese Regel durch die Maximierung einer sog. **Risikonutzenfunktion** übertragen, die (von unten) konkav verläuft. Wie in Abschnitt 3.1 gezeigt wird, ist Konkavität der Risikonutzenfunktion aber gleichbedeutend mit Risikoaversion. Die selektiv dominante Präferenzeigenschaft weist somit Risikoaversion auf! Dies impliziert, dass eine erhöhte Streuung der Ergebnisse durch eine Zunahme des Erwartungswerts kompensiert werden muss; sonst nimmt das Individuum das erhöhte Risiko nicht in Kauf (stochastische Dominanz zweiten Grades, vgl. Abschnitt 3.3). Risikoaversion bedeutet auch, dass zufällige Abweichungen vom Mittelwert nach unten subjektiv stärker gewichtet werden als solche nach oben.

Risikoaversion – oder umgekehrt formuliert: das "Sicherheitsbedürfnis" – charakterisiert somit die Präferenzen der meisten Individuen unabhängig von der Höhe des Einkommens und Vermögens.

**Beispiel 2.1**    **Das Sankt-Petersburg-Paradoxon**

Beim sogenannten Sankt-Petersburg-Spiel wirft man eine Münze. Erscheint „Kopf" beim ersten Mal, erhalten Sie als Teilnehmer 2 Geldeinheiten (GE). Erscheint „Kopf" auch beim zweiten Mal, erhalten Sie 4 GE, beim dritten Mal 8 GE usw. Wieviel wären Sie bereit, für die Teilnahme an diesem Spiel zu bezahlen?

Da die Wahrscheinlichkeit, beim ersten Mal "Kopf" zu werfen gleich 1/2 ist, und die Wahrscheinlichkeit, zweimal "Kopf" zu werfen, $1/2 \cdot 1/2 = 1/4$ beträgt, ergibt sich der mathematische Erwartungswert der Auszahlungsfolge ($EW$) mit

$$EW = 2 \cdot \frac{1}{2} + 4 \cdot \frac{1}{2} \cdot \frac{1}{2} + 8 \cdot \frac{1}{2} \cdot \frac{1}{2} \cdot \frac{1}{2} + \ldots = 1 + 1 + 1 + \ldots = +\infty. \qquad (2\text{-}1)$$

Dieses Spiel hat für den Teilnehmer einen mathematischen Erwartungswert, der über alle Grenzen wächst. Dennoch ist kaum jemand bereit, für die Teilnahme daran mehr als eine relativ kleine Summe zu bezahlen. ∎

---

6. Eine Präferenz ist dann selektiv dominant, "wenn sie ein so starkes Populationswachstum induziert, dass im Vergleich zu ihr die relativen Grössen von Populationen, die aus anderen Präferenzen resultieren, mit an Sicherheit grenzender Wahrscheinlichkeit gegen Null konvergieren" [*Sinn* und *Weichenrieder* (1993), 76].

Um dieses Paradoxon aufzulösen, wurde in der Literatur das Entscheidungsproblem unter Unsicherheit gedanklich in drei Schritte zerlegt. Im ersten Schritt wird die individuelle Risikosituation ermittelt. Sie besteht aus bestimmten Ergebnissen (oder **Konsequenzen**), gemessen in bestimmten Einheiten (etwa Geld) und den **Eintrittswahrscheinlichkeiten** dieser sich gegenseitig ausschliessenden Konsequenzen. In einem zweiten Schritt sind dann diese Konsequenzen zu **bewerten**. Schon *Daniel Bernoulli* (1738)[7] empfahl hierfür aus der Klasse der konkaven Funktion die logarithmische Funktion[8]. Für den dritten Schritt schlug er dann vor, den **Erwartungsnutzen** zu bilden, indem die einzelnen Nutzenwerte mit den Eintrittswahrscheinlichkeiten multipliziert (gewichtet) und dann aufsummiert werden. Es ist dann jene Handlungsalternative zu wählen, deren Erwartungsnutzen am höchsten ist. Formal handelt es sich beim **Bernoulli-Prinzip** um einen Operator (eine Vorschrift), mit dem Entscheidungssituationen unter Unsicherheit (bzw. Risiko) auf die Maximierung einer eindeutig formulierten Zielfunktion, der sog. Risikonutzenfunktion, reduziert werden können.

**Tabelle 2.3**  Entscheidungsmatrix

| Handlungs-alternativen $a_i \in A$ | Zustände der Natur $s_j \in S$ = Zustandsraum ($j$ = 1,..., m) | | | | Ergebnis-bewertung |
|---|---|---|---|---|---|
|  | $s_1$ | $s_2$ | ... | $s_m$ |  |
| $a_1$ | $c_{11}$ | $c_{12}$ |  | $c_{1m}$ | $\upsilon[c_{1j}]$ |
| $a_2$ | $c_{21}$ | $c_{22}$ | ... | $c_{2m}$ | $\upsilon[c_{2j}]$ |
| $a_3$ | $c_{31}$ | $c_{32}$ |  | $c_{3m}$ | $\upsilon[c_{3j}]$ |
| ... | ... | ... | ... | ... | ... |
| $a_n$ |  |  |  | $c_{nm}$ | $\upsilon[c_{nj}]$ |
| Zustandswahr-scheinlichkeiten | $\pi_1$ | $\pi_2$ | ... | $\pi_{nm}$ |  |

Die ersten beiden Schritte lassen sich mit Hilfe einer Matrix darstellen. In den Zeilen der Tabelle 2.3 stehen die alternativ möglichen Handlungen ($a_i$, $i$ = 1, ..., n), also der Aktionenraum $A$; in den Spalten stehen die sich gegenseitig ausschliessenden und erschöpfenden Zustände der Welt ($s_j$, $j$ = 1, ..., m) bzw. die Ereignisse, also der Zustandsraum $S$, und die Eintragungen in den Zellen sind die Konsequenzen oder Ergebnisse ($c_{ij}$) einer bestimmten Aktion bei einem spezifischen Zustand bzw. Ereignis, der Konsequenzenraum $C$. Ganz rechts steht die Bewertung der Konsequenzen mit Hilfe einer Nutzenfunktion $\upsilon(\cdot)$, im Folgenden Risikonutzenfunktion genannt. Die Verwendung des Bernoulli-Prinzips verlangt nun, dass man den Erwartungsnutzen einer Aktion $a_i$ berechnet, indem man die Nutzenwerte der Konsequenzen gewichtet und summiert:

$$EU[a_i] = \sum_j \pi_j \upsilon[c_{ij}], \quad EU: \text{Erwartungsnutzen.} \tag{2-2}$$

---

7. Dabei handelt es sich um das jüngste Mitglied einer Basler Mathematikerfamilie mit *Jacob* (1654-1705), *Johann* (1667-1748) und *Daniel Bernoulli* (1700-1782).
8. *Arrow* (1951) verlangt zur Lösung des "Sankt-Petersburg-Paradoxes" eine von oben und von unten beschränkte Funktion. Hierauf soll hier aber nicht weiter eingegangen werden.

## 2.2 Subjektive Wahrnehmung des Risikos, Risikoaversion und die Risikonutzenfunktion

Die beste Entscheidung unter Risiko impliziert damit die Wahl jener Aktion $a_i$, die den höchsten Erwartungsnutzen hat. Aus der Tabelle 2.3 geht aber auch hervor, dass man damit eine Zeile der Entscheidungsmatrix (ein bestimmtes Risikoprospekt) wählt.

**Beispiel 2.2  Risikoaversion**

Ausgangspunkt sei ein Vermögen in Höhe von $W_0$ (vgl. Abbildung 2.5). Die Intuition sagt, dass bei Risikoaversion ein Verlust (also die Bewegung von $W_0$ nach $W_1$) schwerer wiegt als eine gleich grosse Erhöhung des Vermögens von $W_0$ auf $W_2$. Tatsächlich ist der von der Risikonutzenfunktion $\upsilon(W)$ angezeigte Nutzenverlust (die Distanz zwischen $\upsilon[W_0]$ und $\upsilon[W_1]$) grösser als der Nutzengewinn (die Distanz zwischen $\upsilon[W_0]$ und $\upsilon[W_2]$), obschon die beiden betrachteten Vermögensveränderungen gleich gross sind. Dies bedingt aber die **Konkavität** der Risikonutzenfunktion $\upsilon(W)$. Die schon von *D. Bernoulli* nahegelegte logarithmische Funktionsform erfüllt diese Anforderung.

**Abbildung 2.5**   Konkave Risikonutzenfunktion

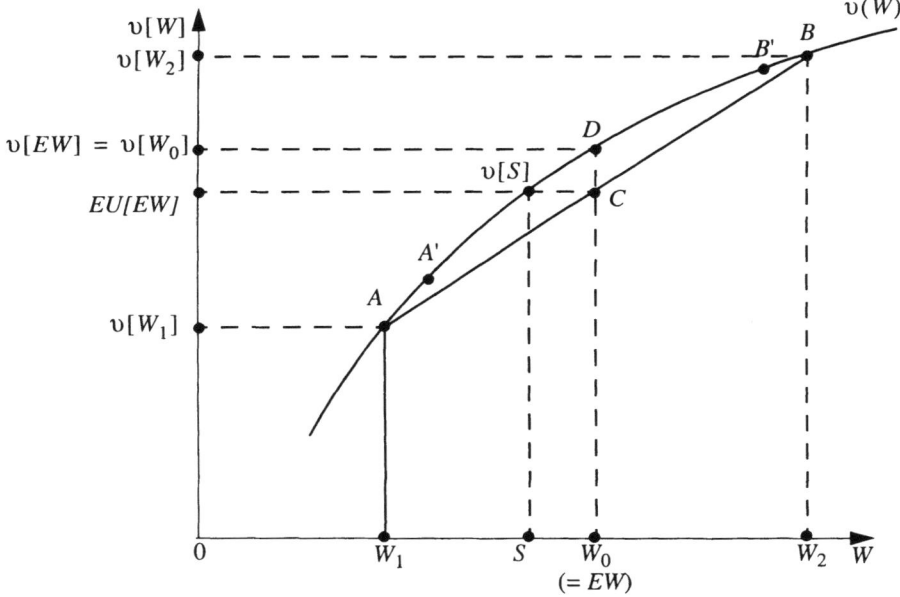

Der Punkt $A$ zeigt die subjektive Wertung eines möglichen ungünstigen Ergebnisses, der Punkt $B$ dagegen jenen eines günstigen Ergebnisses der betrachteten Lotterie. Der Erwartungswert dieser beiden Nutzenwerte, $EU = \pi \cdot \upsilon[W_1] + (1-\pi) \cdot \upsilon[W_2]$, bildet eine Linearkombination; entsprechend lässt sich der Erwartungsnutzen für alle Gewichtungen $\{\pi, (1-\pi)\}$ an der linearen Verbindung zwischen $A$ und $B$ ablesen. Sind die Wahrscheinlichkeiten des Gewinns und des Verlustes gleich gross (1/2, 1/2), so wird der Erwartungswert des Nutzens dieser Lotterie durch den Punkt $C$ abgebildet, der gleich weit von $A$ und $B$ entfernt liegt.

Dieser risikobehafteten Situation kann man die **sichere Alternative** bei gleichem Erwartungswert des Vermögens $W_0 = EW$ gegenüberstellen. Bei Risikoaversion wird das Individuum diese sichere Alternative höher bewerten als die risikobehaftete (Punkt $D$ liegt höher als Punkt $C$ bzw. $\upsilon[W_0] > EU[W_0]$ in der Abbildung 2.5). Die konkave Risikonutzenfunktion bringt also zum Ausdruck, dass der Nutzen des sicheren Vermögens $W_0$, das dem Erwartungswert des risikobehafteten Vermögens entspricht, grösser ist als der Erwartungsnutzen der Lotterie: $\upsilon[EW] > EU[EW]$. ∎

Aus der Konkavität der Risikonutzenfunktion folgen zudem die folgenden Aussagen:

- Wenn ein risikoaverses Individuum die Wahl hat zwischen zwei Lotterien mit **gleichem** Zugewinn, wird es jene mit dem **kleineren** Verlust wählen. In der Abbildung 2.5 sollen zwei Lotterien im günstigen Fall die gemeinsame Auszahlung $W_2$ haben, mit subjektiver Bewertung gemäss Punkt $B$. Die eine generiert im ungünstigen Fall einen Verlust so, dass Vermögen $W_1$ mit Bewertung gemäss Punkt $A$ resultiert. Die andere dagegen gewährleistet im ungünstigen Fall ein etwas höheres Vermögen, mit Bewertung gemäss Punkt $A'$ und im günstigen Fall das Vermögen $W_2$ wie zuvor. Da die Gerade $A'B$ (in Abbildung 2.5 nicht eingezeichnet) überall oberhalb der Verbindungsgeraden $AB$ verläuft, weist die Lotterie mit dem kleineren Verlust für alle möglichen Wertepaare $\{\pi, (1-\pi)\}$ den höheren Erwartungsnutzen auf und wird deshalb präferiert.

- Ein risikoaverses Individuum zieht bei **gleichem** Erwartungswert diejenige Lotterie vor, die **weniger ausgeprägte Schwankungen** um den Erwartungswert hat. In der Abbildung 2.5 weist die Lotterie mit den Nutzen $\{A', B'\}$ bei gleichem Erwartungswert $EW$ die geringere Schwankung auf als jene mit den Nutzen $\{A, B\}$. Die Verbindungsgerade $A'B'$ (nicht eingezeichnet) verläuft für alle Wertepaare $\{\pi, (1-\pi)\}$ oberhalb der Verbindungsgeraden $AB$, zeigt also durchweg höheren Erwartungsnutzen an. Deshalb wird die Lotterie mit der geringeren Vermögensschwankung (um den gemeinsamen Wert $W_0 = EW$) präferiert.

- Ein risikoaverses Individuum ist bereit, einen **Preis** zu bezahlen, um die riskante Lotterie zu **vermeiden** und durch eine sichere Alternative zu ersetzen. Auch diese Aussage geht aus der Abbildung 2.5 hervor. Der Nutzen $\upsilon[S]$ eines sicheren Vermögens $S$ ist gleich gross wie der Erwartungsnutzen $EU[W_0] = EU[EW]$ der risikobehafteten Alternative mit Erwartungswert $EW$, obschon $S$ einen geringeren Vermögensbestand darstellt als $W_0 = EW$. Die Risikoaversion schlägt sich demnach nicht nur in einer (schwer beobachtbaren) Nutzendifferenz nieder (in der Abbildung 2.5 der vertikale Abstand zwischen $D$ und $C$ bzw. $\upsilon[W_0]$ und $EU$), sondern auch im horizontalen Abstand zwischen $W_0$ und $S$. Es ist letztlich diese Zahlungsbereitschaft für Sicherheit, welche die Kosten deckt, die für die Bereitstellung von Versicherungsschutz aufgewendet werden müssen.

- Sowohl im Falle des **sicheren Gewinns** wie auch des **sicheren Verlusts** ist ein risikoaverses Individuum **nicht** bereit, für die Vermeidung der riskanten Alternative einen Preis zu bezahlen. Wenn der Gewinn mit Sicherheit eintritt (d.h. $W = W_2$ mit Wahrscheinlichkeit $1 - \pi = 1$), fallen risikobehaftete und sichere Alternativen in Punkt $B$ der Abbildung 2.5 zusammen. Tritt umgekehrt der Verlust mit Sicherheit ein ($W = W_1$, Wahrscheinlichkeit des Verlusts $\pi = 1$), so stimmen

Erwartungswert des Nutzens *EU* und Nutzen der sicheren Alternative $\upsilon[W_1]$ wiederum im Punkt *A* überein. In den Punkten *A* und *B* muss demnach der Wert der gesuchten Risikonutzenfunktion $\upsilon[W]$ mit dem Erwartungsnutzen $EU[W]$ übereinstimmen. Risikoaversion bedeutet also offensichtlich, dass die Risikonutzenfunktion $\upsilon(W)$ eine Krümmung derart aufweisen muss, dass sie konkav (von unten gesehen) verläuft.

**Folgerung 2.3**   Es ist sehr plausibel – und lässt sich auch durch soziobiologische Argumente begründen –, dass die Menschen risikoavers sind. Dies impliziert, dass sie bei der Wahl zwischen zwei Lotterien mit demselben Erwartungswert, diejenige mit der geringeren Streuung vorziehen bzw. dass sie Abweichungen vom Erwartungswert nach unten („Verluste") höher bewerten als dieselben Abweichungen nach oben („Gewinne").

## 2.3 Instrumente der Risikopolitik (Risikomanagement)

Die verschiedenen Handlungsalternativen beim Umgang mit Risiken lassen sich als Instrumente der Risikopolitik auffassen. In der einschlägigen Literatur wird folglich eine Reihe von Massnahmen vorgestellt und diskutiert, mit denen sich jedes Wirtschaftssubjekt gegen den unerwarteten Eintritt von Gefahrenereignissen und damit Risiken schützen kann oder sich zu schützen versucht (Einzelheiten zum Risikomanagement des VU in Kapitel 5).

Tauchen (neue) Informationen über solche unerwünschten (oder auch erwünschten) Ereignisse auf, passen die Entscheidungsträger zuerst die **Wirtschaftspläne** an die sich ändernden Daten an („flexible" oder „rollierende" bzw. „rollende" Planung). Denn zur Optimierung gehört, dass die im Zeitablauf anfallenden Informationen über a priori ungewisse zukünftige Umweltsituationen bei der Ermittlung der Konsequenzen von Entscheidungen berücksichtigt werden.

Lässt man im weiteren diese Planrevision beiseite, lassen sich die **risikopolitischen Massnahmen** in zwei Gruppen aufspalten:

- die ursachenbezogenen (**ätiologischen**) und
- die schadenbezogenen (**palliativen**) Massnahmen.

**(1)** Zur **ursachenbezogenen Risikopolitik** rechnet man die Risikomeidung und die Risikoprävention. Mit **Risikomeidung** meint man den Verzicht auf eine risikobehaftete Aktivität selbst, also die Wahl sicherer Alternativen. Hierzu zählen die Anwendung sicherer, bekannter Techniken, oder umgekehrt: die Vermeidung neuer, unerprobter Verfahren und Produkte. Das Aufschieben von Entscheidungen, bis zusätzliche oder zuverlässigere Informationen vorliegen, lässt sich ebenfalls als Risikomeidung auffassen. Auch der Inkrementalismus, das Vorgehen in kleinen Schritten [das „social piecemeal engineering" von Karl Popper, vgl. *Popper* (1945)] ist eine solche Risikovermeidungsstrategie.

Unter **Risikoprävention** versteht man üblicherweise Schadenverhütungsmassnahmen (Verwendung nicht brennbarer Materialien, Diebstahlsicherungen, doppelte

Wannen bei Öltanks usw.). Im wesentlichen handelt es sich um Massnahmen, die auf die **Schadeneintrittswahrscheinlichkeit** abstellen (engl. self-protection, vgl. Abschnitt 7.2.1). Manchmal werden zu den ursachenbezogenen Massnahmen auch die Streuung des Risikos (Diversifikation) gerechnet. Diesem Vorschlag wird hier nicht gefolgt: Risikostreuung gehört zu den Massnahmen der Risikominderung oder Schadenbegrenzung und wird der Kategorie der palliativen Massnahmen zugeordnet.

(2) Unter die **schadenbezogene Risikopolitik** subsumiert man üblicherweise die Risikoübernahme, die Risikominderung, die Risikoteilung und die Risikoüberwälzung bzw. den Risikotransfer, also Massnahmen, die vor allem auf die **Höhe** des zu tragenden Schadens abzielen. Die **Risikoübernahme**, also das bewusste Selbsttragen des Risikos, ist eine nur begrenzt einsetzbare Strategie, weil üblicherweise das Vermögen des einzelnen und die (individuelle) Risikoaversion diese Möglichkeit einengen. Erst wenn die Risikoübernahme mit Risikoteilung und Risikovernichtung einhergeht, können grössere Einzelrisiken übernommen werden. Man kann dann sogar von **Selbstversicherung** sprechen.

Unter **Risikominderung** (engl. self-insurance, vgl. Abschnitt 7.2.1) fasst man alle Massnahmen, die der Schadenherabsetzung dienen, wie etwa Sprinkler- oder Alarmanlagen.

Die **Risikoteilung** dient der Begrenzung oder der Vernichtung des vom Individuum zu tragenden Risikos. Zu unterscheiden sind (a) mehr individuelle und (b) eher kollektive Massnahmen. Zu den individuellen Massnahmen zählen: Lager- und Reservehaltung (etwa zur Begrenzung von Folgeschäden), Sortimentspolitik, Diversifizierung und Streuung der Vermögensanlagen, Hedging u.a.m (vgl. Abschnitt 4.1.1). In den Bereich der eher kollektiven Massnahmen fallen die institutionalisierte staatliche Gesetzgebung, die staatliche Marktpolitik (Agrarpolitik mit Mengen- und Preisstabilisierung via Vorratshaltung), die staatliche Konjunkturpolitik sowie staatliche Investitionen.

Während unter **Risikoüberwälzung** eher wieder individuelle, vertragliche Massnahmen verstanden werden (etwa über Haftungsregeln und Haftungsausschlüsse mit Vor-, Rück- und Seitwälzung[9], Garantieleistungen, Kündigungsfristen, Preiszusagen), fasst man unter dem Begriff des **Risikotransfers** eher marktmässige Risikoverschiebungen zusammen. Die Abgrenzung zum vertragsmässigen Risikotransfer ist fliessend; der Unterschied ist in der systematischen Art und Weise zu sehen, mit welcher der marktmässige Risikotransfer durchgeführt wird: Es werden systematisch Risikoteilungsmechanismen, Versicherungseffekte und Diversifizierung ausgenützt, die über verschiedene Stufen verlaufen können, mit dem Ziel, eine Ausdünnung der Risiken oder gar eine Risikovernichtung zu erreichen. Neben Termin-, Kredit- und Beteiligungsmärkten sind hier Aktien- oder allgemein Wertpapiermärkte und schliesslich natürlich **Versicherungsmärkte** bedeutsam. Alle diese Möglichkeiten werden im Einzelnen (in Abschnitt 4.1 und später in Abschnitt 5.3 im Rahmen der Portfolioanalyse bzw. der Betrachtung von VU als Finanzmarktintermediäre) nochmals aufgegriffen.

---

9. Während die Vorwälzung darauf abzielt, das Risiko auf den Vorgänger (Vorlieferanten) abzuwälzen, zielt die Rückwälzung auf den Nachläufer (also etwa den Konsumenten) ab. Unter Seitwälzung versteht man die Möglichkeit, das Risiko auf einen Konkurrenten abzuwälzen.

Der Unterschied zwischen den Wertpapier- und den Versicherungsmärkten lässt sich wie folgt skizzieren: Auf **Wertpapiermärkten** werden Anteile von Unternehmen und damit Unternehmensrisiken gehandelt. Die Eigentümer der Aktien versuchen, durch entsprechende Ausgestaltung ihrer Portefeuilles jene finanziellen Risiken, die sie nicht selbst tragen können oder wollen, auf andere Marktteilnehmer zu übertragen. Auf **Versicherungsmärkten** werden dagegen üblicherweise die nicht-diversifizierten Risiken gehandelt. Die VU übernehmen diese Risiken, teilen sie durch Mitversicherung und Rückversicherung unter sich auf und stellen sich ihre Risikoportefeuilles zusammen. Durch die Aggregation vieler nicht oder negativ korrelierter Einzelrisiken reduzieren sie die Streuung ihres Gesamtportefeuilles und machen es so handhabbar. Indem sie sich auf das Versicherungsgeschäft spezialisieren, können die VU die Transaktionskosten senken und möglicherweise mit zunehmendem Volumen sinkende „Risikokosten" erzielen (vgl. dazu im Einzelnen Kapitel 6).

Daneben hat es stets den „**altruistischen**", freiwilligen Risikotransfer im Rahmen von Familien, Freundschaften und karitativen Einrichtungen gegeben. Er wird häufig durch soziale Normen ausgelöst und gesteuert. Als immer bedeutsameres Regime ist schliesslich der **gesetzliche Risikotransfer** zu nennen. Gesetzliche Haftungsregeln sorgen für die Internalisierung externer Effekte, die (beispielsweise als Schädigung durch einen Verkehrsunfall) für die Betroffenen ein erhebliches Risiko darstellen würden. Daneben gibt es aber auch Beschränkungen (wie z.B. im Rahmen einer GmbH), die einen Risikotransfer von den Eigentümern auf Dritte, etwa Kreditgeber und andere Anspruchsberechtigte, erlauben. Um opportunistischem Verhalten vorzubeugen, werden Aufsichtsregelungen und Gläubigerschutzvorschriften eingeführt. Je nach ihrer Ausgestaltung haben Haftungsregeln jedoch ganz unterschiedliche Auswirkungen, was namentlich im Umweltrecht und bei der Produkthaftpflicht von Bedeutung ist[10]. Auch Regulierungen wie der gesetzliche Kündigungsschutz, Quotenregelungen und Mindestlöhne u.a. stellen Risikotransfers dar; sie sind häufig sozialpolitisch motiviert. Dies trifft namentlich auf die soziale Sicherung und die Sozialversicherung zu, die heutzutage ein Viertel des Sozialproduktes in Risikotransfers einbezieht. Wegen ihrer grossen Bedeutung ist der Sozialversicherung das ganze Kapitel 9 gewidmet.

## 2.4 Zur Effektivität risikopolitischer Instrumente

Entscheidungen über den Einsatz einzelner Instrumente der Risikopolitik oder einer Mischung solcher Instrumente können nach unterschiedlichen Kriterien gefällt werden. Dabei kommt es vorab auf die Zweckmässigkeit bzw. die **Zielkonformität** an[11]. Die

---

10. So ist es beispielsweise in Europa üblich, im jährlichen oder zweijährlichen Rhythmus Abgasuntersuchungen durchzuführen. Die Kosten sowie das Risiko, die gesetzliche Norm nicht zu erfüllen, werden dabei dem Eigentümer des Autos aufgebürdet. In den USA wird dagegen die Abgaskontrolle zufällig auf den Strassen ausgeübt und der Autohersteller verpflichtet, diejenigen Autotypen auf seine Kosten zurückzurufen und zu reparieren, welche die „Anti-Pollution Standards" verletzen.
11. In der Theorie der Wirtschaftspolitik, die sich zentral mit dem Einsatz von Instrumenten auseinandersetzt, wird neben der Zulässigkeit („Systemkonformität") die Zweckmässigkeit als zweites Kriterium genannt [vgl. z.B. *Streit* (1991), Kap. 12]. Für die Fragestellung dieses Kapitels ist aber die Zulässigkeit kein wesentliches Kriterium.

Instrumente werden danach beurteilt, inwiefern sie geeignet sind, ein angestrebtes Ziel zu erreichen oder zu fördern.

In einzelwirtschaftlicher Sicht, vor allen aber aus Sicht einer VU, geht es hier um Fragen der **Versicherungstechnologie**, die hier als Sammelbegriff aller risikopolitischen Instrumente verstanden wird (zum effizienten Einsatz der Versicherungstechnologie vgl. insbesondere Kapitel 5). Diese Instrumente sind hinsichtlich ihrer Wirkungen auf den Erwartungsgewinn und das Risiko des VU zu beurteilen. Schwierigkeiten ergeben sich hier insbesondere bei Verbund- und Ausstrahlungseffekten von einem Instrument zum anderen[12]. Eine notwendige Bedingung für die Lösung dieses Problems lautet, dass die Anzahl der Ziele die Zahl der Instrumente nicht übersteigt. So sind – um die am Ende des Abschnitts 2.3 genannten Beispiele aufzugreifen – sozialpolitisch motivierte Risikotransferregelungen manchmal nicht zieladäquat. Sie können zu **Anti-Selektionsprozessen** führen (vgl. Abschnitt 7.2), die gerade denjenigen Gruppen schaden, die eigentlich begünstigt werden sollten (z.B. Kündigungsschutz für Jugendliche und für Frauen). Teilweise werden dadurch auch nur Risiken verschoben (häufig aus dem Arbeitsmarkt in die Gesamtwirtschaft), mit der Folge verminderter gesamtwirtschaftlicher Stabilität, Transformation von Preis- in Mengenrisiken in Form von Arbeitslosigkeit als Nebenwirkung der Mindestlohngesetzgebung, welche das Risiko zu niedriger Löhne beseitigen soll.

Das Kriterium der Zielkonformität allein reicht allerdings nicht aus, weil es nur Urteile über die grundsätzliche Eignung der Instrumente erlaubt, ein Ziel (etwa die Maximierung des Erwartungsgewinns) zu erreichen. Eine differenziertere Bewertung der Instrumente muss an ihrer unterschiedlichen Effektivität ansetzen, was eine **Kosten-Nutzen-Analyse** (KNA) notwendig macht. Denn es geht beim Vergleich verschiedener Massnahmen sowohl um die Nutzen (in Form von Zielerreichungsgraden) als auch um die (Alternativ-) Kosten des Mitteleinsatzes. Im einfachsten Fall sind sowohl die Nutzen als auch die Kosten in Geldgrössen erfasst, so dass sich der Nettogewinn aus der Differenz von Nutzen und Kosten als Beitrag zur Rendite des Eigenkapitals ermitteln lässt. Allerdings setzt eine solche KNA voraus, dass nicht nur die Haupt-, sondern auch die Nebenwirkungen (direkter und indirekter Nutzen, direkte und indirekte Kosten) richtig eingeschätzt und die erwarteten Wirkungen richtig quantifiziert und bewertet werden. Liegen Nutzen und Kosten der Handlungskonsequenzen nicht in monetären Ausdrücken vor, so muss man sich mit subjektiven Bewertungen behelfen, die aber so weit als möglich quantifiziert werden sollten. Die mit diesem Vorgehen verbundenen Probleme sollen im Folgenden erörtert werden.

Entscheidungen, die eine Abwägung zwischen der Erhaltung und Verlängerung menschlichen Lebens und dem Einsatz knapper Mittel (Geld) nötig machen, treten im Gesundheitsbereich sowie in der Verkehrs- und Umweltpolitik auf. Im **Gesundheitsbereich** führen neben neuen Arzneimitteln, neuen Heilverfahren vor allem neue medizintechnische Geräte zu erheblichen finanziellen Aufwendungen. Andererseits versprechen

---

12. Dies ist in der Theorie der Wirtschaftspolitik als das „assignment problem" (Zuordnungsproblem) bekannt. Man kann die Ziele $z_i$ als Funktionen der Instrumente $t_j$ auffassen. Dann gilt für $\{z_1 = f_1(t_1, ..., t_n), ..., z_n = f_n(t_1, ..., t_n)\}$, dass $\partial f_i / \partial t_i$ gross und $\partial f_i / \partial t_j$ für $i \neq j$ klein sein muss. Ferner soll gelten, dass $\partial f_i / \partial t_i > \sum_k |\partial f_i / \partial t_k|$, d.h. die Nebeneffekte des Einsatzes der Instrumente auf andere Ziele insgesamt müssen kleiner als die direkten Effekte sein.

## 2.4 Zur Effektivität risikopolitischer Instrumente

sie therapeutische Vorteile, etwa in Form einer Reduktion der Gefahr des vorzeitigen Todes.

In der **Verkehrspolitik** geht es z.B. um den Ausbau von Strassen zur Vermeidung von Unfallschwerpunkten, den Einbau von Schwellen ("Kölner-Knollen") und anderen Hindernissen zur Senkung des Fahrtempos oder um die Pflicht zur Anlegung von Sicherheitsgurten und zum Tragen von Helmen für Motor- und Fahrradfahrer. Diese Massnahmen sind jeweils mit zusätzlichen Geldausgaben und Nutzeneinbussen verbunden, reduzieren dafür aber das Risiko eines tödlichen Verkehrsunfalles.

Auch im **Umweltbereich** fällt es leicht, ähnliche Beispiele aufzuzählen: Der Einbau von Filteranlagen in Kohle-Kraftwerken zur Rückhaltung von Schwefeldioxid und anderen Schadstoffen verbessert die Luftqualität und senkt damit das Risiko von Atemwegserkrankungen. Die Beseitigung von Asbest in Schulen und anderen öffentlichen Gebäuden vermindert die Gefahr, an Asbestose oder Lungenkrebs zu sterben, ist aber je nach zugrundegelegtem Sicherheitsstandard verschieden aufwändig: So fallen bei der Asbest-Beseitigung Kosten in Höhe von $ 89,3 Mio. je gerettetem Leben an, wenn die Norm der amerikanischen Gesundheitsbehörde (OSHA) erfüllt werden soll; soll dagegen dem Standard der amerikanischen Umweltschutzbehörde (EPA) Genüge getan werden, ergeben sich Kosten von $ 104, 2 Mio. je gerettetem Leben [vgl. *Morrall* (1986)].

Zahlen dieser Art werfen ein grundsätzliches Problem auf: Darf man dem menschlichen **Leben** überhaupt einen in Geld ausgedrückten **Wert beimessen**? Und wenn man die Bewertung des menschlichen Lebens in Geld nicht von vornherein ablehnt, müsste dieser Wert dann nicht unendlich hoch sein? Auf diese Diskussion soll hier nicht eingetreten werden [vgl. insbesondere *Breyer* und *Zweifel* (1999), Abschnitt 2.3]; es genügt folgendes Fazit: In vielen (öffentlichen und privaten) Entscheidungen muss zwingend eine Abwägung zwischen der Verlängerung statistischer (nicht konkreter) Menschenleben und anderen geschätzten Gütern erfolgen. Dies haben die Beispiele deutlich gemacht. Angesichts dieser Notwendigkeit lässt sich die Forderung gut begründen, dass diese Bewertungen offen gelegt werden und die Präferenzen der Bevölkerung widerspiegeln sollen.

Zu diesem Zweck stehen im wesentlichen drei Verfahren zur Verfügung: (1) die Kosten-Wirksamkeits-Analyse, (2) die Nutzwertanalyse und (3) die oben genannte KNA. In Bezug auf ihre Beiträge zur Entscheidung lassen sie sich in die folgende Rangordnung bringen[13].

(1) Bei der **Kosten-Wirksamkeits-Analyse** erfolgt keine in Geldeinheiten ausgedrückte Bewertung des Nutzens; vielmehr wird die Zielerreichung mit Hilfe nichtfinanzieller Indikatoren angezeigt. Man vermeidet so die in der KNA als besonders schwierig bekannte Aufgabe, die Nutzen der Zielerreichung zu quantifizieren. Dafür muss man Einschränkungen der Allgemeingültigkeit in Kauf nehmen: entweder wird der Grad der Zielerreichung als gegeben unterstellt und nur nach der differentiellen Kostenwirksamkeit gefragt, d.h. nach der kostengünstigsten Alternative, um diese Vorgabe zu erfüllen (engl. fixed-effectiveness- bzw. fixed efficiency-approach). Man umgeht also die mit der Bewertung des menschlichen Lebens verbundenen Schwierigkeiten und kalkuliert nur die Kosten, die mit verschiedenen Methoden verbunden sind, um ein vorgegebenes Ziel (z.B. Reduzierung der Verkehrstoten um $x$) zu erreichen. Oder

---

13. Vgl. hierzu allgemein *Voigt* und *Witte* (1978).

der Grad der Zielerreichung wird offen gelassen, und man zeigt für jede Alternative die Grenzkosten einer weitergehenden Zielerreichung auf. Damit überlässt man es dem Gesetzgeber zu entscheiden, welcher Punkt entlang einer solchen Grenzkostenkurve und welche Methode der Verbesserung der Verkehrssicherheit gewählt werden soll. Die Kosten-Wirksamkeits-Analyse kann damit auch als fixed-cost-approach durchgeführt werden, indem bei einem vorgegebenen Kostenvolumen diejenige Massnahme oder Methode vorzuziehen ist, welche die höchste Wirksamkeit aufweist.

(2) Bei der **Nutzwertanalyse** werden die Zielwirkungen der Alternativen in einer Zielwertmatrix erfasst, welche die Zielkriterien und deren Gewichtung mit den Beiträgen der Alternativen in Verbindung bringt. Die ermittelten Teilnutzwerte werden dann addiert und so die subjektiven Nutzwerte in eine Rangfolge gebracht, so dass der Entscheidungsträger die für ihn optimale Alternative auswählen kann. Für diese Methode spricht, dass sie bei jedem Schritt (Wahl der Ziele, Kriterien, Gewichtungen, Zielbeiträge und der Entscheidungsregel) die verwendeten Wertungen offenlegt.

(3) Den grössten Beitrag zur Entscheidungsfindung leistet die **Kosten-Nutzen-Analyse** (KNA; engl. cost-benefit analysis). Nur die KNA kann auf die Frage Antwort geben, ob ein bestimmtes öffentliches Projekt den Verzicht auf andere Güter und Leistungen überhaupt wert ist. Diesem grossen Vorteil der KNA im Vergleich zu den anderen Verfahren steht auch eine grosse Schwierigkeit gegenüber: Sie verlangt im vorliegenden Fall die Klärung der Frage, wie der Wert des menschlichen Lebens bestimmt werden soll. Zur Verfügung stehen der **Humankapital-Ansatz** und die Ermittlung der (marginalen) **Zahlungsbereitschaft**. Lässt man den Humankapital-Ansatz aus ethischen und wirtschaftstheoretischen Erwägungen ausser Betracht [vgl. z. B. *Breyer* und *Zweifel* (1999), Abschnitt 2.3.2], verbleibt die Ermittlung der Zahlungsbereitschaft. Sie bezieht sich regelmässig nicht auf die Frage „Leben ja oder nein?", sondern auf kleine Änderungen der Wahrscheinlichkeit, in einem bestimmten Zeitraum zu sterben. Die **marginale Zahlungsbereitschaft** ist dann definiert als die Grenzrate der Substitution zwischen einer Vermögensveränderung und der Änderung des Sterberisikos.

Da sich die oben genannten Massnahmen auf viele Menschen gleichzeitig (wenn auch sicherlich in unterschiedlichem Masse) beziehen, kommt ihnen Kollektivgutcharakter zu. Somit ist der Wert eines bestimmten Projekts als **Summe der individuellen Zahlungsbereitschaften** zu berechnen. Ein Näherungswert dafür ergibt sich aus der Anzahl der geretteten statistischen Leben multipliziert mit der durchschnittlichen marginalen Zahlungsbereitschaft der betroffenen Individuen. Wie bei allen Kollektivgütern wirft dabei die Messung der Zahlungsbereitschaft Probleme auf: Sowohl die direkte Methode der Befragung wie die indirekte der Auswertung von Marktdaten sind mit spezifischen Schwierigkeiten behaftet. Die indirekte zweite Methode besteht darin, die Risikopräferenzen aus dem beobachteten Verhalten abzuleiten, also etwa hinsichtlich des Anlegens von Sicherheitsgurten und des Aufsetzens von Helmen (für eine Anwendung vgl. Abschnitt 9.5.4).

Zur Illustration seien die Ergebnisse einiger empirischer Studien aufgeführt (vgl. Tabelle 2.4). Diese lassen sich einteilen in Untersuchungen, die sich mit dem **Sterblichkeitsrisiko am Arbeitsplatz** und den Lohndifferenzen befassen oder die nicht tödlichen

**Tabelle 2.4** Studien zur Wertung des Lebens ausserhalb des Arbeitsmarktes

| Autor (Jahr) | Art des Risikos (Jahr) | Komponente des finanziellen Tradeoffs | Durchschnittliches Einkommensniveau | Impliziter Wert des Lebens (Mio. US$) |
|---|---|---|---|---|
| Gosh, Lees & Seal (1975) | Risiken bezogen auf die Autobahngeschwindigkeit, 1973 | Wert der Fahrerzeit aufgrund von Lohnsätzen | n.v. | 0,07 |
| Blomquist (1979) | Todesfall beim Autofahren, 1972 | Geschätzter Disnutzen des Sicherheitsgurtes | 29 840 US$ | 1,2 |
| Dardis (1980) | Feuer-Todesfall-Risiko ohne Rauchmelder, 1974-79 | Kaufpreis eines Rauchmelders | n.v. | 0,6 |
| Portney (1981) | Tödliche Wirkungen der Luftverschmutzung, 1978 | Grundbesitzwerte im Landkreis Allegheny, PA | n.v. (Wert des Lebens eines 42-jährigen Mannes) | 0,8 |
| Ippolito & Ippolito (1984) | Risiken des Zigarettenrauchens, 1980 | Geschätztes Geldäquivalent der Wirksamkeit von Informationen | n.v. | 0,7 |
| Garbacz (1989) | Feuer-Todesfall-Risiko ohne Rauchmelder, 1968-1985 | Kaufpreis eines Rauchmelders | n.v. | 2,0 |
| Atkinson & Halvorsen (1990) | Automobil-Unfall-Risiko, 1986 | Preise neuer Autos | n.v. | 4,0 |

Anmerkung: Alle Werte in US$ von 1990; n.v. = nicht verfügbar
Quelle: *Viscusi* (1993), 1936

Risiken am Arbeitsplatz analysieren und damit eine implizite Bewertung des statistischen Verletzungsrisikos am Arbeitsplatz erlauben, und in Untersuchungen, die den Vermögens-Risiko-Tradeoff für eine Reihe von **Konsumgütern** analysieren [für einen Überblick vgl. *Viscusi* (1993)]. Der Vorteil der Arbeitsplatzstudien besteht darin, dass man die Einkommen und die Lohnsätze der Arbeitnehmer beobachten und ihren Beschäftigungen unterschiedliche Risikoniveaus zuordnen kann. Ausserdem vermeiden sie den Nachteil der Konsumgüterstudien, dass man entweder das Risiko oder den Geldwert eines wichtigen Attributes (z. B. Reisezeit) nicht beobachten kann und so mindestens eine Komponente des Tradeoffs schätzen muss.

Die in Tabelle 2.4 dargestellten Tradeoffs umfassen die Wahl der Autobahn-Höchstgeschwindigkeit, die Gurtentragepflicht, die Sicherheit von Autos, die Einrichtung von Rauchmeldern, die Luftverschmutzung sowie das Zigarettenrauchen. Viele dieser Wahlmöglichkeiten haben diskrete (entweder/oder) Sicherheitsentscheidungen zum Inhalt: Wird der Konsument einen Rauchmelder kaufen oder nicht? Damit geben solche Studien einen **unteren Grenzwert** für den Wert des Lebens, der auch so bis zu US$ 4 Mio. (Preisbasis 1990) erreicht. Sie liefern allerdings keine Information über die gesamte marginale Zahlungsbereitschaft für Sicherheit, weil mit solchen diskreten Entscheidungen die Konsumenten nicht bis zu jenem Punkt gebracht werden, wo die Grenzkosten erhöhter Sicherheit gerade gleich dem Erwartungswert des Grenznutzens sind.

Greifen wir die interessante Studie von *Blomquist* (1979) heraus, welche die Reduktion des Todesfallrisikos durch Anlegen der **Sicherheitsgurte** zum Gegenstand hat. Vor der gesetzlichen Pflicht verwendeten nur 17,2% der (US-amerikanischen) Bevölkerung die Gurte immer, 9,7% verwendeten sie meistens, 26% benutzten sie selten und 46,6% nie. Das zentrale Problem ist die Abschätzung der Zeit- und Unannehmlichkeitskosten, welche das Anlegen der Sicherheitsgurte verursacht; denn diese Kosten sind nicht direkt beobachtbar. Die Zeitkosten veranschlagt *Blomquist* auf 8 Sekunden und bewertet sie mit dem (durchschnittlichen) Lohnsatz der Fahrer, was „Kosten des Disnutzens" (engl. disutility cost) von jährlich $ 45 ergibt. Dies entspricht dem Betrag, der dem durchschnittlichen Fahrer bezahlt werden müsste, um seinen Disnutzen abzugelten. Da die erzielte marginale Risikoreduktion bekannt ist, kann man auf eine Reduktion um 100% extrapolieren und so den **impliziten** Wert eines (statistischen) geretteten Lebens mit $ 1,2 Mio. ermitteln. Wie man aus der Tabelle 2.4 aber auch ersehen kann, ist es mit einem Aufwand von US$ 4 Mio. je Leben erheblich teurer, Autofahrer durch den Kauf eines neuen Wagens, der verschiedene neuere Sicherungstechniken (wie etwa Airbags) enthält, vor dem Tod zu bewahren.

**Folgerung 2.4**   Risikoaversen Individuen stehen eine Vielzahl von risikopolitischen Instrumenten zur Verfügung, mit deren Hilfe sie die Eintrittswahrscheinlichkeit beziehungsweise das Ausmass von Schäden beeinflussen können. Für die Beurteilung eines einzelnen Instruments empfiehlt sich die Kosten-Nutzen-Analyse; die häufig notwendige Bewertung statistischer Leben lässt sich durch die Ermittlung der marginalen Zahlungsbereitschaft lösen. Die moderne Wirtschaftstheorie hält somit die Werkzeuge bereit, welche eine systematische Entscheidungsfindung mit Risiken ermöglichen, so lange risikopolitische Instrumente einzeln betrachtet werden. Zusätzliche Forschungsanstrengungen sind hingegen nötig, um die optimale Auswahl bzw. die optimale Kombination aller zur Verfügung stehenden Instrumente bestimmen zu können.

## 2.5 Übungsaufgaben

**Übungsaufgabe 2.1**

(a) Errechnen Sie den Einsatz, den jemand für die Teilnahme am St. Petersburg-Spiel zu bezahlen bereit wäre, wenn seine Risikonutzenfunktion von der Form $v(W)=\ln(W/W_0)$ ist, wobei $W_0$ ein vorgegebenes Anfangsvermögen von 100 000 GE symbolisiert.

(b) Warum muß man zusätzlich fordern, dass die Risikonutzenfunktion nach oben und unten beschränkt sein muss, um dem Paradox zu entgehen, dass anscheinend niemand bereit ist, für dieses Spiel einen unendlichen Einsatz zu wagen?

**Übungsaufgabe 2.2**

(a) Verschiedene umwelt- oder verkehrspolitische Massnahmen enthalten mehr oder weniger explizit eine Bewertung des menschlichen Lebens. Ist dies moralisch gerechtfertigt? Und sollte der Wert dann nicht unendlich sein?

(b) Zeigen sie an einem Beispiel (Tragen von Helmen für Radfahrer), wie man den Wert eines menschlichen Lebens abschätzen kann.

## 2.6 Literaturhinweise

ADAC (1993), Verkehrs- und Unfallentwicklung in der Bundesrepublik Deutschland von 1970 bis 1993, in: Verkehr und Unfälle 18.

Arrow, K. J. (1951), Alternative approaches to the theory of choice in risk-taking situations, in: Econometrica 19, 404-437; abgedruckt in: Arrow, K.J. (1970), Essays in the Theory of Risk Bearing, Amsterdam: North-Holland, 1-43.

Bayerische Rück (1987) (Hrsg.), Gesellschaft und Unsicherheit, Karlsruhe: Verlag für Versicherungswirtschaft.

Bayerische Rück (1993) (Hrsg.), Risiko ist ein Konstrukt, München: Knesebeck.

Bernoulli, D. (1730/31), Specimen Theoriae Novae de Mensura Sortis (Versuch einer Theorie der Wertbestimmung von Glücksfällen), Petersburg: Comentarii Academiae Petropolis, Bd. 5, 175-192, übersetzt: Leipzig 1896.

Blomquist, G. (1979), Value of life saving: implications of consumption activity, in: Journal of Political Economy 87, 540 - 558.

Breyer, F. und Zweifel, P. (1999), Gesundheitsökonomie, 3. Aufl., Berlin: Springer.

Fritzsche, A. F. (1986) Wie sicher leben wir? Risikobeurteilung und -bewältigung in unserer Gesellschaft, Köln: Verlag TÜV Rheinland.

Heilmann K. und Urquhart, J. (1983), Keine Angst vor der Angst. Risiko: Element unseres Lebens und Motor für den Fortschritt, München: Kindler.

Kahneman, D., Slovic, P. und Tversky, A. (Hrsg.) (1982), Investment Under Uncertainty, Cambridge (Mass): Cambridge University Press.

Knight, F. H. (1921), Risk, Uncertainty and Profit, Boston: Cambridge University Press.

Lichtenstein, S. et al. (1978), Judged frequency of lethal events, in: Journal of Experimental Psychology, 4, 551-578.

Morall, J. F. (1986), A Review of the Record, in: Regulation 10, S. 25-34.

Popper, K. (1945), The Open Society and Its Enemies, London: Oxford University Press.

Pedroni, G. und Zweifel, P. (1988), Chance und Risiko. Messung, Bewertung, Akzeptanz, Studien zur Gesundheitsökonomie 11, Basel: Pharma Information.

Sinn, H.-W. und Weichenrieder A. J. (1993), Die biologische Selektion der Risikopräferenz, in: Bayerische Rück (Hrsg.), Risiko ist ein Konstrukt, München, 71-88.

Slovic, P., Fischhoff, B. und Lichtenstein, S. (1980), Facts and Fears - Understanding Risks, in: Schwing, R. C. und Albers, W. A. (Hrsg.), Societal Risk Assessment, New York: Plenum Press

Schwartz, F.W. (1991), Gewonnene Lebensjahre - biologische Betrachtungen und Fragen zur Nutzen- und Kostendiskussion in der Medizin aus sozialmedizinischer Sicht, in: Robert Bosch Stiftung (Hrsg.), *Entwicklungstendenzen im Gesundheitswesen und ihre ökonomische Bedeutung*, Beiträge zur Gesundheitsökonomie 12, Gerlingen: Bleicher, 113-153.

Szpiro, G.G. (1997), The emergence of risk aversion, in: Complexity, 2(4), 31-39.

Statistisches Jahrbuch der Schweiz (1986), 74ff, 250ff.

Streit, M. (1991), Theorie der Wirtschaftspolitik, 4. neubearbeitete und erweiterte Aufl., Düsseldorf.

Tversky, A. und Kahnemann, D. (1981), The framing of decisions and the psycholology of choice, in: Science 211, 453-458.

Vahrenholt, F. (1996), Der Hypochonder als Zeitbild, in: Der Spiegel, 3, 50-51.

Viscusi, W. K. (1993), The value of risks to life and health, in: Journal of Economic Literature, 31, 1912 -1946.

Viscusi, W. K. (1997), Alarmist decisions with divergent risk information, in: Economic Journal 107, 1657-1670.

Voigt, F. und Witte, H. (1978), Kosten-Nutzen-, Kosten-Wirksamkeits- und Nutzwert-Analyse in der Wirtschaftspolitik, in: Wirtschaftsdienst 58, S. 419-424.

# KAPITEL 3
# Versicherungsnachfrage I: Entscheidung unter Risiko ohne Diversifikationsmöglichkeiten

In diesem Kapitel wird zuerst in einem theoretischen Modell die Maximierung des Erwartungsnutzens als Entscheidungskriterium eingeführt und daraus die Konstruktion der Risikonutzenfunktion hergeleitet. Dabei bleibt stets die Möglichkeit ausgeblendet, mehr Sicherheit auch durch eine Diversifikation der Aktiva herbeizuführen; diese Alternative (die vor allem den Unternehmen und ihren Eigentümern offen steht) wird im 4. Kapitel aufgegriffen. In Abschnitt 3.2 wird dann gezeigt, welchen Einfluss die Risikoaversion auf die Risikoprämie hat, also auf den maximalen Betrag, den ein Individuum zu zahlen hat bereit ist, um das Risiko loszuwerden. Anschliessend werden unterschiedliche Masse der Risikoaversion eingeführt. Ein Exkurs (Abschnitt 3.3) ist dann der Äquivalenz der Konzepte "Risikoaversion" und "stochastische Dominanz" gewidmet. Empirische Untersuchungen zur Risikoaversion folgen in Abschnitt 3.4. Damit sind die theoretischen Grundlagen gelegt, um zunächst im Abschnitt 3.5 die volle Deckung als Optimum des Versicherungskäufers (VK) unter den idealen Bedingungen der sog. fairen Prämie herzuleiten. Entsprechend ist Abschnitt 3.6 dem optimalen Versicherungsschutz bei Abweichungen von der fairen Prämie in Form verschiedener Zuschläge gewidmet. Zudem wird die nachgefragte Versicherungsdeckung mit der Höhe des Prämiensatzes und der Höhe des Vermögens in Verbindung gebracht. Auch der Abschnitt 3.7 verfolgt das Ziel, das theoretische Grundmodell näher an die Realität heranzuführen, indem die Analyse auf mehrere Risiken ausgeweitet wird. Von einiger Bedeutung für die Versicherungspraxis ist Abschnitt 3.8, der die Beziehung zwischen Versicherungsnachfrage, Schadenverhütung (Prävention) und Schadeneindämmung aufgreift.

Den Abschluss dieses Kapitels (Abschnitt 3.9) bilden die kritische Diskussion der Erwartungsnutzen-Maximierung und die Hinweise auf alternative Entscheidungsregeln. Weil sich aber in wichtigen Punkten die Ergebnisse dieser alternativen Entscheidungsregeln nicht wesentlich von den hier abgeleiteten unterscheiden, wird die Erwartungsnutzenmaximierung beibehalten.

## 3.1 Maximierung des Erwartungsnutzens

Die Versicherungsnachfrage geht von den öffentlichen und privaten Haushalten und den privaten und öffentlichen Unternehmen aus. Diese beiden Gruppen zeigen ein sehr unterschiedliches Nachfrageverhalten, je nach der Dringlichkeit des Bedarfs, der Kalkulierbarkeit des Risikos, der Rationalität der Nachfrage (der "Wohlüberlegtheit" der Entscheidungen) und (damit eng zusammenhängend) den Informationen der Nachfrager über ihr Risiko, nach ihren risikopolitischen Möglichkeiten und der jeweiligen Marktform des betreffenden Versicherungszweigs. Von entscheidender Bedeutung ist aber der Umstand, dass insbesondere grössere Unternehmen (bzw. ihre Eigentümer) dank der Diversifikation ihrer Aktiva (bzw. ihrer Beteiligungen an Unternehmen) eine zusätzliche Sicherungsalternative haben. Deshalb ist den entsprechenden Entscheidungen der Unternehmen ein eigenes 4. Kapitel gewidmet.

Die Nachfrage nach Versicherungsschutz von Seiten der Haushalte entsteht aus dem Zusammenspiel der Existenz von Aktiva, die einem **objektiven Risiko** ausgesetzt sind, und der **subjektiven Einstellung** gegenüber dem Risiko (vgl. Abschnitt 2.2.2 sowie spezifisch Abschnitt 3.2). Daraus geht hervor, dass die Versicherungsnachfrage immer wieder Veränderungen unterworfen ist. Insbesondere kann zusätzliche Versicherungsnachfrage von einem Zuwachs oder einer Umschichtung der Aktiva (etwa aufgrund einer Erbschaft, eines Autokaufs) oder aber von einem aufkommenden oder verschärften Risikobewusstsein (dem sog. "neu geweckten Versicherungsbedarf") ausgelöst werden. Daneben gibt es eine Ersatznachfrage aufgrund des Ablaufs bestehender Versicherungsverträge.

Die Entscheidung eines Individuums hinsichtlich des Kaufs von Versicherung hängt zudem einerseits von Umständen ab, die in der natürlichen und sozialen **Umwelt** des Individuums begründet liegen. Hierzu zählen neben den in Betracht gezogenen Schadenereignissen die Gestaltungsmöglichkeiten von Versicherungsverträgen (erfasst im Versicherungsvertragsrecht [etwa dem deutschen VVG und dem Versicherungsaufsichtsrecht (VAG)] sowie moralische und ethische Verhaltensregeln (soll Versicherung überhaupt zulässig sein - etwa bei Geldstrafen?). Anderseits wird die Entscheidung auch von Umständen bestimmt, die in der **Person selbst** ihren Ursprung haben, wie Erfahrung, Informationsstand über Konsequenzen alternativer Handlungen, wirtschaftliche Lage, aber auch Temperament und Furcht.

Diese Fülle von Einflussfaktoren wird hier - entsprechend dem Vorgehen in der allgemeinen ökonomischen Theorie - stark komprimiert in einer **Risikonutzenfunktion** ausgedrückt, welche die subjektiven und objektiven Komponenten des Entscheidungsfeldes zusammenfasst. Dabei wird angenommen, dass das Individuum über relativ gute Kenntnisse hinsichtlich der Eintrittswahrscheinlichkeiten und des finanziellen Umfangs von Schadenereignissen hat. Das Individuum soll demnach seine Situation hinsichtlich seiner drei Aktiva (engl. health, wealth und wisdom) und der sie treffenden Impulse genau erfassen und als Veränderungen seines in Geld ausgedrückten Vermögens darstellen können. Zusammengefasst beschreiben diese beiden Faktoren die Risikosituation bzw. das Risikoprospekt des Individuums.

## 3.1 Maximierung des Erwartungsnutzens

**Beispiel 3.1    Risikoprospekte**

Im einfachsten Fall gilt, dass die Ereignisse unmittelbar zu Vermögensänderungen führen. Sei normalerweise (Zustand 2) das Vermögen $W_2$ 100 TGE (= Tausend Geldeinheiten). Tritt dagegen ein Schadenereignis (Zustand 1) ein, so betrage das Vermögen nur noch $W_1 = 80$ TGE. Das Individuum habe eine (recht genaue) Vorstellung über die relative Häufigkeit bzw. Wahrscheinlichkeit des Eintritts dieses Schadenereignisses, etwa 1:10 oder 10%. Das durchschnittlich zu erwartende Vermögen ($EW$) des Individuums ist dann

$$EW = 0,1 \cdot 80 + 0,9 \cdot 100 = 98 \text{ TGE} \tag{3-1}$$

oder allgemeiner

$$EW = \pi W_1 + (1 - \pi) W_2 \text{ , mit } \pi: \text{Schadenwahrscheinlichkeit.} \tag{3-2}$$

Die Wahrscheinlichkeitsverteilung ist gegeben mit

$$F(W) = \{0,9: 0,1\}, \text{ oder allgemeiner } F(W) = \{\pi, (1 - \pi)\} . \tag{3-3}$$

Ein Risikoprospekt ist dann definiert als eine Zufallsvariable $W$ mit

$$\{EW; F(W)\} \text{ bzw. } \{W_1, W_2; \pi, (1 - \pi)\} \cdot \blacksquare \tag{3-4}$$

Dieses Risikoprospekt hängt nun von den Aktionen des potentiellen Versicherungskäufers (VK) ab, also von seiner Risikopolitik und hier etwa vom Kauf einer Versicherungspolice. Bei gegebenen einzelwirtschaftlichen Daten gilt es, jene Prospekte auszuwählen, die allen anderen Risikosituationen (= Risikoprospekten) überlegen sind und damit vorgezogen werden. Um eine Entscheidung fällen zu können, muss der Aktor eine **Präferenzrelation** und eine **Entscheidungsregel** haben. Die ökonomische Theorie ist voll von Entscheidungsregeln bei Unsicherheit bzw. Risiko: Minimax-Regel von *Wald*, die Minimax-Regret-Regel von *Niehans* und *Savage*, *Shackels* Fokusgewinn- und -verlust-Regel, *Langes* Modus-Spannweitenkriterium, das *Krelle*-Kriterium der äquivalenten Gewinne und Verluste, das $(\mu, \sigma)$-Kriterium, die Ruinwahrscheinlichkeit, das Erwartungsnutzenkriterium von *Bernoulli* und von *v. Neumann und Morgenstern*, *Machinas* Non-expected-utility und viele andere mehr [vgl. z.B. *Schneeweiss* 1967 und *Laux* (1998)].

Allen diesen Entscheidungsregeln ist gemeinsam, dass sie **Risikoaversion** berücksichtigen (vgl. Abschnitte 2.2 und 3.2): Das Individuum zieht den sicheren Mittelwert einer Verteilung (Lotterie) der Verteilung (Lotterie) selbst vor. Im obigen Beispiel 3.1 bedeutet dies: selbst wenn der Versicherungsschutz mehr als 2 TGE kostet, ist man bereit, diese Versicherung zu kaufen, um ein **sicheres** und nicht ein schwankendes Vermögen zu haben. Man maximiert also nicht einfach den Erwartungswert des Vermögens, sondern berücksichtigt bei solchen Entscheidungen auch die Grösse der Abweichungen vom Mittelwert.

**Fortsetzung von Beispiel 3.1**

Angenommen der Feuer-Schaden könnte auch 66,666 TGE betragen, so dass das Vermögen auf 33,334 statt 80 TGE zurückgeht, aber mit einer Wahrscheinlichkeit von lediglich 0,03 statt 0,1. Dann ergibt sich als Erwartungswert des Vermögens

$$EW = 0,03 \cdot 33,334 + 0,97 \cdot 100 = 98,00002 \text{ TGE}. \tag{3-5}$$

Die beiden Risikoprospekte (3-1) und (3-5) haben denselben (oder fast denselben) Mittelwert, trotzdem würde man sicherlich das erste Risikoprospekt vorziehen. Der Grund liegt in der Risikoaversion. ∎

Unter allen obengenannten Entscheidungsregeln besitzt das Erwartungsnutzenkriterium von Bernoulli [und *von Neumann* und *Morgenstern* (1961)] solche Eigenschaften, dass man es als rationales Entscheidungsprinzip bezeichnen kann. Das **Erwartungsnutzenkriterium** (oder **Bernoulli-Prinzip**) ist ein Operator, mit dem sich Entscheidungssituationen unter Risiko auf die Maximierung einer eindeutig formulierten Ziel- oder Nutzenfunktion reduzieren lassen.

Mit Hilfe der Tabelle 3.1 kann dies nun rigoros gezeigt werden. Nachdem im ersten Schritt die Risikosituation ermittelt wurde, der Zustandsraum (also die möglichen, sich gegenseitig ausschliesssenden Zustände) und der Konsequenzen- (oder Ergebnis-)raum bekannt sind, werden im zweiten Schritt diese Konsequenzen mittels einer Risikonutzenfunktion bewertet.

Die Zusammenhänge zwischen den drei Komponenten des Entscheidungsproblems (Zustände, Aktionen, Konsequenzen) können dann auf die beiden folgenden Arten formuliert werden:

**Formulierung 1**: Eine Aktion $a_i$ ist eine Funktion, die jedem Zustand $s_j$ eine Konsequenz zuweist: $c(a_i, s_j) = c_{ij}$ für $a_i \in$ **A** und $s_j \in$ **S**. Dabei steht "Konsequenz" für alle für den Entscheidenden relevanten Ergebnisse, die Beschränkung auf (Konsum-) Güterbündel ist nicht notwendig. Im folgenden wird von **(bedingten) Ansprüchen** oder einfach von (monetär messbaren) resultierenden Vermögensbeständen die Rede sein.

**Formulierung 2**: Der Aktionsraum **A** stellt die Menge aller für dieses Entscheidungsproblem auf dem Ergebnis- oder Konsequenzenraum **C** definierten (objektiven oder subjektiven) **Wahrscheinlichkeitsverteilungen** (-masse) dar, aus denen der Aktor wählen kann. Diese Formulierung betont, dass zwar die Wahrscheinlichkeiten $\pi_j$ nicht von der gewählten Aktion $a_i$ abhängen, die Konsequenzen $c_{ij}$ aber schon, so dass sich unterschiedliche Dichtefunktionen ergeben.

Um eine Entscheidung fällen zu können, muss das Individuum - wie oben erwähnt - eine Präferenzrelation haben, welche die Ergebnisse (und damit die Aktionen) in eine einfache (und schwache) Ordnung bringt. Unter der Annahme gewisser plausibler Axiome kann man zeigen, dass es rational ist, den **Erwartungsnutzen zu maximieren** (vgl. Abschnitt 3.9). Damit wird postuliert, dass ein Individuum sich so verhält, als ob es (1) jeder alternativen Aktion in seiner Möglichkeitsmenge Nutzenschätzungen zuordnen und (2) jene Alternative (Aktion) wählen würde, die seinen erwarteten Nutzen maximiert.

## 3.1 Maximierung des Erwartungsnutzens

**Tabelle 3.1**    Entscheidungsmatrix

| Handlungsalternativen $a_i \in A$; ($i = 1, ..., n$) | Zustände der Natur $s_j \in S$; Zustandsraum ($j = 1, ..., m$) | | | | Ergebnisbewertung |
|---|---|---|---|---|---|
| A | $s_1$ | $s_2$ | ... | $s_m$ | |
| $a_1$ | $c_{11}$ | $c_{12}$ | | $c_{1m}$ | $\upsilon[c_{1j}]$ |
| $a_2$ | $c_{21}$ | $c_{22}$ | ... | $c_{2m}$ | $\upsilon[c_{2j}]$ |
| $a_3$ | $c_{31}$ | $c_{32}$ | ... | $c_{3m}$ | $\upsilon[c_{3j}]$ |
| ... | ... | ... | ... | ... | ... |
| $a_n$ | | | | $c_{nm}$ | $\upsilon[c_{nm}]$ |
| Zustandswahrscheinlichkeiten | $\pi_1$ | $\pi_2$ | ... | $\pi_m$ | |

Eine Aktion zu wählen ist gleichbedeutend mit der Wahl einer Zeile in Tabelle 3.1. Berücksichtigt man nun die Zuordnung von Wahrscheinlichkeiten zu den Zuständen, dann ist die Wahl einer Aktion gleichbedeutend mit der Wahl eines Risikoprospekts (oder einer Wahrscheinlichkeitsverteilung).

Die Erwartungsnutzungsregel verknüpft nun die Nutzenordnung über Aktionen mit der Präferenzordnung über Konsequenzen. Damit behauptet das **Erwartungsnutzentheorem (Bernoulli-Prinzip,** engl. **Expected Utility Theorem**), dass die Ordnung der Konsequenzen durch eine kardinale (ordnungserhaltende) Nutzenfunktion (im Folgenden stets: Risikonutzenfunktion) und die Ordnung der Zustände oder Ereignisse durch ein (objektives oder subjektives) Wahrscheinlichkeitsmass dargestellt werden kann, so dass die Ordnung der Aktionen durch den Erwartungsnutzen repräsentiert wird. Für endlich viele Konsequenzen gilt[1]:

Gegeben $EU[c_{ij}] \equiv \sum_j \pi_j \upsilon[c_{ij}] \equiv EU[a_i] = \sum_j \pi_j \upsilon[a_i, s_j]$

mit $\pi_j \geq 0$ und $\sum_j \pi_j = 1$ und $c_1 := c[a_1, s_j]$ und $c_2 := c[a_2, s_j]$ für alle $s_j$, dann

$EU(c_1) \geq EU(c_2)$, dann und nur dann, wenn $a_1 \succeq a_2$.   (3-6)

---

1. Die Notation mit eckigen Klammern bedeutet, dass eine Funktion an einem bestimmten Wert des Arguments ausgewertet wird, also z. B. die Risikonutzenfunktion $\upsilon(c)$ an einem bestimmten Wert $c = c_{ij}$.

wobei $\succeq$ heisst „wird als mindestens gleich gut eingeschätzt".

In Worten: Der Erwartungsnutzen der Aktion $a_i$ ist der mit den Wahrscheinlichkeiten **gewichtete Durchschnitt der Nutzen** der dazugehörigen Konsequenzen. Der Erwartungsnutzen $EU(c_1)$ ist dann und nur dann grösser oder gleich dem Erwartungsnutzen $EU(c_2)$, wenn die Aktion $a_1$ der Aktion $a_2$ vorgezogen oder dieser gleichgeschätzt wird. Folglich wird das Individuum jene Aktion (Alternative) wählen, deren Erwartungsnutzen maximal ist.

Nach der Wahl einer bestimmten Aktion sind die aus den möglichen Zuständen sich ergebenden Nutzen $\{\upsilon(c_i)\}$ festgelegt, und der Wahrscheinlichkeitsverteilung der Zustände entspricht je nach Aktion eine Wahrscheinlichkeitsverteilung der Nutzen. Das Entscheidungsproblem kann dann [wie oben in Formulierung 2 geschehen] auch als Wahl zwischen verschiedenen Wahrscheinlichkeitsverteilungen charakterisiert werden [*Schneeweiss* (1967), 31], also $EU(a_1) \geq EU(a_2)$.

Wie kommt man nun zur Risikonutzenfunktion des Bernoulli-Prinzips? Ein Beispiel soll das illustrieren.

**Beispiel 3.2        Konstruktion einer Risikonutzenfunktion**

Die Konsequenzen seien bekannt und in Geldeinheiten darstellbar. Sei $c_1$ die ungünstigste Konsequenz (also das niedrigste Vermögensniveau), das sich das Individuum vorstellen kann, und $c_2$ die günstigste Konsequenz (also das höchste Vermögensniveau). Da kardinale Nutzenindizes es erlauben, den Nullpunkt und die Einheiten frei zu wählen[2], setzt man $\upsilon[c_1] = 0$ und $\upsilon[c_2] = 1$. Man betrachte nun als Ausgangspunkt irgendeinen dazwischen liegenden Vermögenswert. Das Individuum sei in der Lage, sich eine Referenzlotterie mit $c_1$ und $c_2$ als resultierenden Vermögenswerten und einer Eintrittswahrscheinlichkeit von $\pi^*$ vorzustellen, so dass es **indifferent** ist zwischen dieser Lotterie und dem sicheren Wert $c^*$:

$$\upsilon[c^*] = \pi^* \upsilon[c_1] + (1 - \pi^*)\upsilon[c_2]. \tag{3-7}$$

Welcher Nutzen kommt nun diesem Wert zu? Es ist die Erfolgswahrscheinlichkeit $1 - \pi^*$. Verwendet man nämlich die soeben eingeführten Normierungen, reduziert sich die rechte Seite der Gleichung (3-7) auf

$$EU[c^*] = EU[c_1, c_2; \pi^*, 1-\pi^*] = \pi^* \cdot 0 + (1-\pi^*) \cdot 1 = 1 - \pi^*. \tag{3-8}$$

---

2. Man denke hier an die Messung der Temperatur, die bekanntlich in Celsius, Fahrenheit, Kelvin und Réaumur mit verschiedenen Nullpunkten und Einheit angegeben werden kann.

## 3.1 Maximierung des Erwartungsnutzens

Abbildung 3.1 zeigt den Fall, in dem $c_1 = 9$ TGE, $c_2 = 15$ TGE, $c^* = 10,5$ TGE und $1 - \pi^* = 1/2$. D.h. das Individuum ist indifferent zwischen einem sicheren Vermögen in Höhe von 10,5 TGE und der Teilnahme an einer Lotterie, die ihm eine Fifty-Fifty Chance auf ein Endvermögen von 15 TGE oder 9 TGE gewährt. sind. Dann ist der sichere Nutzen, welcher der Konsequenz zugewiesen wird, gerade 1/2, d.h. $\upsilon[10,5] = 1/2$. ∎

**Abbildung 3.1** Konstruktion der Risikonutzenfunktion $\upsilon(c)$

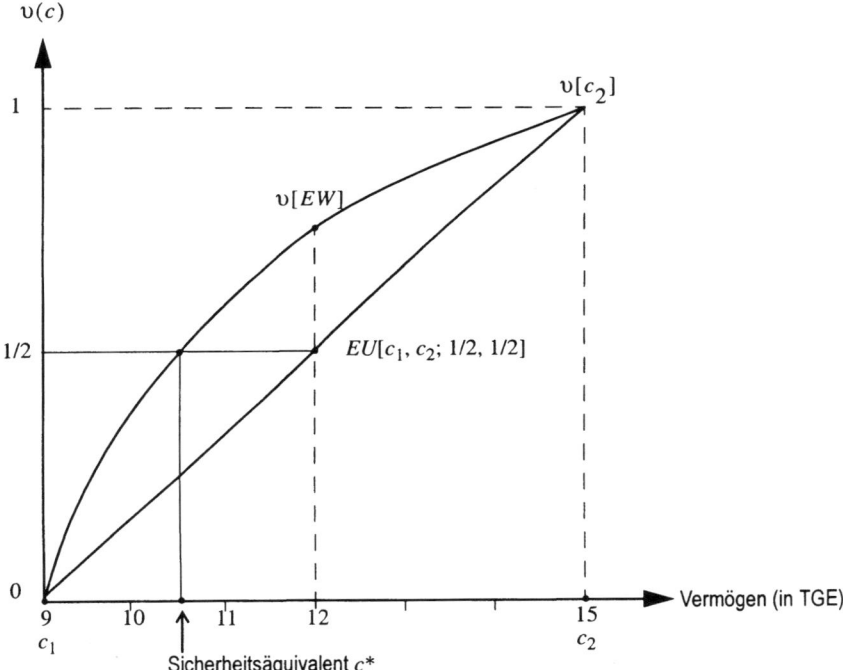

Dieser Vorgang lässt sich für unterschiedliche Werte der Gewinn- bzw. Verlustwahrscheinlichkeit wiederholen, so dass man die gesamte $\upsilon(c)$-Kurve, d.h. die **Risikonutzenfunktion** erzeugen kann.

Dieses Verfahren zeigt, dass $\upsilon(c)$ kardinal definiert ist und die Eigenschaften einer Wahrscheinlichkeitsverteilung hat; deshalb die beiden oben gegebenen alternativen Interpretationen.

Dies erlaubt dann auch zwei Konstruktionsmethoden für die Risikonutzenfunktion $\upsilon(c)$.

## Methode 1 für die Konstruktion der Risikonutzenfunktion

Die Testperson kann aus zwei Möglichkeiten wählen:

| Alternative A | Alternative B |
|---|---|
| „Sie prüfen eine Anlage ihres Vermögens von 10 TGE in Aktien, so dass mit Wahrscheinlichkeit von 50% nach einem Jahr Ihr Vermögen 15 TGE und mit 50% nur 9 TGE beträgt." | „Alternativ prüfen Sie eine Anlage Ihres Vermögens von 10 TGE auf dem Sparbuch, die nach einem Jahr ein Vermögen von $W$ GE garantiert." |

Wie gross muss der **Betrag $W$** sein, damit A und B von Ihnen als **gleichwertig** betrachtet werden?

- Alternative A ist in der Abbildung 3.1 als Erwartungsnutzen $EU[c_1, c_2; 1/2, 1/2]$ eingetragen.
- Alternative B muss auf der $\upsilon(c)$-Achse gleich hoch liegen wie A: Der gesuchte Punkt auf der $\upsilon(c)$-Achse wird durch die Angabe von $W$ bestimmt.
- Im aufgezeigten Beispiel hat die Testperson $W = 10{,}5$ TGE genannt. Das **Sicherheitsäquivalent** der risikobehafteten Anlagealternative ist also 10,5 TGE.

## Methode 2 für die Konstruktion der Risikonutzenfunktion

Wieder kann die Testperson aus zwei Möglichkeiten wählen:

| Alternative A | Alternative B |
|---|---|
| „Sie haben ein Vermögen von 10 TGE auf dem Sparbuch. Am Ende des Jahres beträgt es garantiert 10,5 TGE." | „Sie haben Aktien im Betrag von 10 TGE, deren Wert am Ende des Jahres mit einer gewissen Wahrscheinlichkeit $(1 - \pi)$ 15 TGE betragen wird (Dividende und Kursgewinne), mit $\pi$ aber lediglich 9 TGE betragen wird." |

Wie hoch muss die **Wahrscheinlichkeit $\pi$** sein, damit A und B von Ihnen als **gleichwertig** betrachtet werden?

- Hier legt A die senkrechte Koordinate des gesuchten Punktes auf der $\upsilon(c)$-Funktion fest.
- Die Antwort auf B gibt die horizontale Koordinate.
- Im aufgezeigten Beispiel hat die Testperson $1 - \pi^* = 1/2$ genannt. ∎

**Folgerung 3.1** Zur Lösung eines Entscheidungsproblems bei Unsicherheit bzw. Risiko benötigt das Individuum eine genaue Vorstellung (1) über die alternativen Handlungen, (2) über die Wahrscheinlichkeiten, mit denen bestimmte Zustände eintreten, (3) über eine Konsequenzenfunktion, die den verschiedenen Handlungen bei verschiedenen Zuständen bestimmte Ergebnisse zuordnet, und (4) eine Präferenzordnung oder Risikonutzenfunktion $\upsilon(c)$, die über die Ergebnisse definiert ist.

Unter Verwendung dieser Elemente ist das Individuum in der Lage, mittels der Erwartungsnutzenregel die alternativen Handlungen zu bewerten, d.h. eine Risikonutzenfunktion über Handlungen zu bestimmen und damit die am höchsten bewertete Handlung auszuwählen.

## 3.2 Risikoprämie, Sicherheitsprämie und Masse der Risikoaversion

### 3.2.1 Risikoaversion und Sicherheitsprämie

Im Folgenden werden die Konsequenzen als resultierendes Vermögen aufgefasst und hierfür immer das Symbol $W$ verwendet. Dann steht $W_1$ für das Endvermögen in Zustand 1 und $W_2$ für das Endvermögen in Zustand 2.

Die kardinale Risikonutzenfunktion $\upsilon(W)$ in Abbildung 3.1 zeigt abnehmenden Grenznutzen des **risikobehafteten Vermögens**: $\partial \upsilon(W)/\partial W > 0$ und $\partial^2 \upsilon(W)/\partial W^2 < 0$, d.h. sie ist konkav zum Ursprung. Dies bedeutet, dass der Nutzengewinn aus einer möglichen Vermögenszunahme weniger ins Gewicht fällt als eine gleich grosse, gleich wahrscheinliche Vermögensabnahme. Ein Individuum mit einer solchen Risikonutzenfunktion wird **risikoavers** (risikoscheu) genannt.

Entsprechend den oben gegebenen Definitionen ist ein Individuum risikoavers (risikoscheu), wenn es für jedes beliebige Risikoprospekt das sichere Vermögen, das dem Erwartungswert des Prospektes entspricht, dem Risikoprospekt selbst vorzieht.

Der **Nutzen des Erwartungswertes** des Risikoprospektes ist gegeben durch

$$\upsilon[EW] := \upsilon[\pi W_1 + (1-\pi)W_2]. \tag{3-9}$$

Er ist zu vergleichen mit dem **Erwartungsnutzen** des Prospekts

$$EU[W] := \pi \cdot \upsilon[W_1] + (1-\pi)\upsilon[W_2]. \tag{3-10}$$

Bei Risikoaversion gilt $\upsilon[EW] > EU[W]$ für alle $\pi \in (0,1)$ und zwei beliebige Vermögenssituationen $W_1 < W_2$.

Man kann die Abweichungen der Vermögensbestände von ihrem Erwartungswert auch als Zufallsvariable $\tilde{X}$ mit Erwartungswert $E\tilde{X}$ schreiben. Dann liegt Risikoaversion vor, wenn

$$\upsilon[EW + E\tilde{X}] > EU[EW + \tilde{X}],\qquad(3\text{-}11)$$

und das gilt, wenn $\upsilon$ streng konkav zum Ursprung ist. Dies geht aus der Abbildung 3.1 hervor, wo $EW = 12$ und $\tilde{X} = \{-3, +3; 1/2, 1/2\}$, also der Spezialfall $E\tilde{X} = 0$.

Unter der Bedingung der Risikoaversion kann man nun aber fragen, was das Individuum bereit ist zu bezahlen, um ein Risikoprospekt gegen ein sicheres Vermögen zu tauschen. Im Zusammenhang mit Versicherung macht es Sinn, ein gegebenes Anfangsvermögen $W_0$ einzuführen und der Zufallsvariablen $\tilde{X}$ nur negative Werte zuzuordnen. In Anlehnung an Abschnitt 2.1.1 repräsentiert dann $\tilde{X}$ eine Schadenverteilung bzw. Schadendichtefunktion. Für den Fall, dass $\tilde{X}$ nur die Werte $\{0, -X\}$ annimmt, weist das Endvermögen entsprechend die Werte $\{W_0, W_0 - X\}$ auf (vgl. Abbildung 3.2).

**Abbildung 3.2**  Risikoprämie, Sicherheitsprämie und Sicherheitsäquivalent

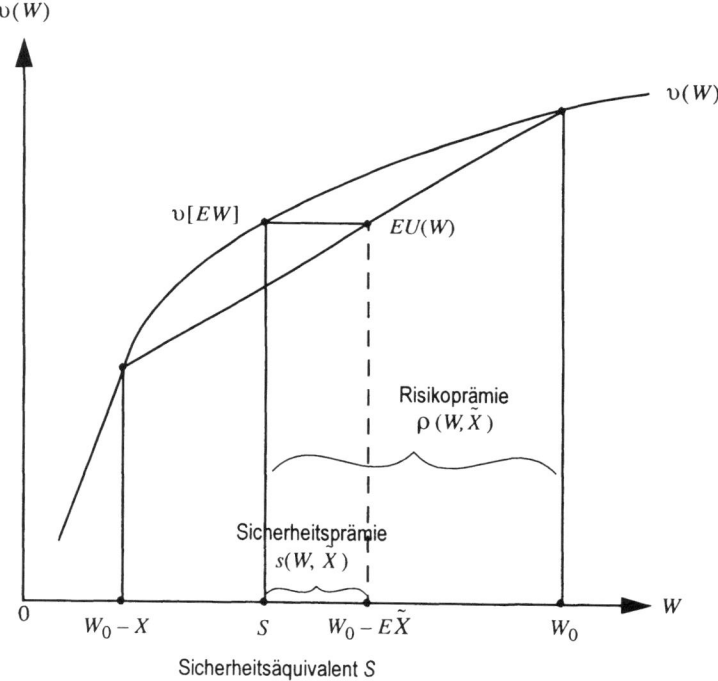

Ein allgemeines Mass der Risikoaversion für beliebige Risikoprospekte ist die **Risikoprämie** $\rho(W, \tilde{X})$, welche die Eigenschaft hat, dass sie das Individuum zwischen den beiden Alternativen indifferent macht:

$$\upsilon[W_0 - \rho(W, \tilde{X})] = EU[W_0 + \tilde{X}]. \tag{3-12}$$

Da $\upsilon[W]$ streng monoton steigend ist, existiert auch die ebenfalls streng monoton steigende Umkehrfunktion $\upsilon^{-1}[W]$, und man kann nach $\rho(W, \tilde{X})$ auflösen:

$$\rho(W, \tilde{X}) = W_0 - \upsilon^{-1}[EU[W_0 + \tilde{X}]]. \tag{3-13}$$

Die Risikoprämie stellt das Individuum also indifferent zwischen dem Risikoprospekt selbst und dem Erwartungsnutzen des Risikoprospekts, gegeben das Anfangsvermögen. Sie steht damit für den Geldbetrag, den man **für Sicherheit** (zu verstehen als Gleichheit des Vermögens in den beiden Zuständen) **maximal zu zahlen** bereit ist. In der Abbildung 3.2 wird einmal mehr der für Versicherung typische Fall $\tilde{X} = \{0, -X\}$ illustriert. Die Gleichheit des Vermögens in den beiden Zuständen kann durch den Kauf von Versicherungsschutz (im Idealfall zur fairen Prämie, die dem Erwartungswert des Schadens $E\tilde{X}$ entspricht) herbeigeführt werden. Das Individuum hat dann die Wahl zwischen dem sicheren Endvermögen ($W_0 - E\tilde{X}$) und dem Risikoprospekt $\{W_0, W_0 - X; (1-\pi), \pi\}$. Bei Risikoaversion übersteigt die Risikoprämie $\rho(W, \tilde{X})$ den Erwartungswert des Schadens.

Neben der Risikoprämie gibt es auch den Begriff der **Sicherheitsprämie**, $s(W, \tilde{X})$. Die Sicherheitsprämie entspricht der Nettozahlungsbereitschaft (über den Erwartungsschaden hinaus) für die Vermeidung einer risikobehafteten Situation [vgl. $s(W, \tilde{X})$ in Abbildung 3.2]. Risikoprämie $\rho(W, \tilde{X})$ und Sicherheitsprämie $s(W, \tilde{X})$ hängen offenbar ab

- von der Krümmung der **Risikonutzenfunktion** $\upsilon$ ("subjektive Komponente");

- von der **Verteilungsfunktion** des Risikoprospektes ("objektive Komponente");

- von der Höhe des **Vermögens**.

Abbildung 3.3a zeigt den Zusammenhang zwischen der Krümmung der Risikonutzenfunktion, der Risikoprämie und der Sicherheitsprämie: Je stärker gekrümmt die Risikonutzenfunktion verläuft, desto grösser ist die Risikoaversion und desto grösser sind die beiden Prämien. Zur wenig konkaven Risikonutzenfunktion $\upsilon_1(W)$ gehören entsprechend die geringe Risikoprämie $\rho_1$ und Sicherheitsprämie $s_1$, zur stärker gekrümmten Risikonutzenfunktion $\upsilon_2(W)$ dagegen die grössere Risikoprämie $\rho_2$ und Sicherheitsprämie $s_2$.

Abbildung 3.3b zeigt die Abhängigkeit der beiden Prämien von der **Verteilungsfunktion**. Eine Zufallsvariable, die nur zwei Werte annehmen kann (binäres Prospekt), folgt der Binomialverteilung. Die Varianz einer solchen Verteilung hängt von zwei Dingen ab: Sie kann gross sein, weil die beiden möglichen Werte des Endvermögens **weit auseinander liegen** (der mögliche Schaden ist gross). So ist das Prospekt mit Schaden $X_2$ durchweg mit einer grösseren Risikoprämie $\rho$ und Sicherheitsprämie $s$ verbunden als jenes mit $X_1 < X_2$ (nicht eingezeichnet). Die Varianz einer binären Zufallsvariablen kann aber auch gross sein, weil die Eintrittswahrscheinlichkeit und die Gegenwahrscheinlichkeit **annähernd gleich** sind [die Varianz der Binomialverteilung ergibt sich mit $\sigma^2 = \pi(1-\pi)$, und das ist maximal für $\pi = 1/2$]. In Abbildung 3.3b sind die beiden Prämien für $\pi = 1/8$ und $\pi = 1/2$ eingezeichnet; die letzteren fallen klar grösser aus.

**Abbildung 3.3** Risikoprämie $\rho(W, \tilde{X})$ und Sicherheitsprämie $s(W, \tilde{X})$

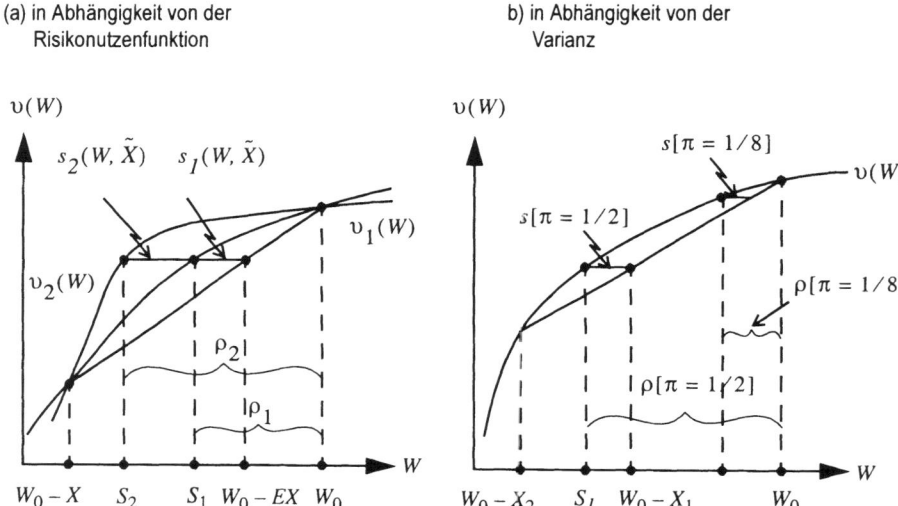

(a) in Abhängigkeit von der Risikonutzenfunktion

b) in Abhängigkeit von der Varianz

### 3.2.2 Risikoprämie und Masse der Risikoaversion

Die Tatsache, dass die Zahlungsbereitschaft für Sicherheit von der Form der Risikonutzenfunktion abhängt, kann allgemein zur Messung der Risikoaversion [vgl. *Pratt* (1964)] verwendet werden. Es liegt nahe, die Stärke der Risikoaversion mit der **Zahlungsbereitschaft für Sicherheit** (d.h. der Risikoprämie) in Verbindung zu bringen.

Die mathematische Definition der Risikoprämie $\rho(W, \tilde{X})$ geht aus der Abbildung 3.2 hervor. Offenbar ist das Individuum zwischen dem sicheren Vermögen nach Abzug der Prämie $\rho(W, \tilde{X})$ und der Risikosituation **indifferent**. Es gilt demnach folgende Gleichheit:

$$\upsilon[W_0 - \rho(W, \tilde{X})] = EU[W_0 + \tilde{X}]. \tag{3-14}$$

Darin ist $\tilde{X}$ eine relativ kleine Schwankung des Vermögens, hier wieder mit positiven und negativen Werten, so dass $E\tilde{X} = 0$; entsprechend ist auch $\rho(W, \tilde{X})$ klein. Die Taylor-Approximation der linken Seite ergibt

$$\upsilon[W_0 - \rho] = \upsilon[W_0] - \rho\upsilon'[W_0] + \text{Terme in } \rho^2 \text{ und höherer Ordnung}. \tag{3-15}$$

## 3.2 Risikoprämie, Sicherheitsprämie und Masse der Risikoaversion

Weil $\rho$ klein ist, kann man hier schon nach dem linearen Term abbrechen. Für die rechte Seite erhält man

$$EU[W_0] = \upsilon[W_0] + \upsilon'[W_0] \cdot E\tilde{X} + \frac{1}{2}\upsilon''[W_0] \cdot E(X - E[\tilde{X}])^2 + E(\text{Rest}), \qquad (3\text{-}16)$$

wobei der Rest Terme in $X^3$ und höherer Ordnung enthält. Weil $X$ vergleichsweise grösser ist als $\rho$, muss man hier den quadratischen Term noch berücksichtigen. Wegen $EX = 0$ und $E(X - EX)^2 = \sigma_X^2$ folgt[3]

$$EU[W_0] \cong \upsilon[W_0] + \frac{1}{2}\sigma_X^2 \cdot \upsilon''[W_0]. \qquad (3\text{-}17)$$

Setzt man nun (3-15) und (3-17) in die Gleichung (3-14) ein, erhält man

$$\upsilon[W_0] - \rho\upsilon'[W_0] = \upsilon[W_0] + \frac{1}{2}\sigma_X^2 \cdot \upsilon''[W_0]$$

und nach Division durch $\upsilon'[W_0]$

$$\rho(W, \tilde{X}) = -\frac{1}{2}\sigma_X^2 \cdot \frac{\upsilon''[W_0]}{\upsilon'[W_0]}, \quad \text{bzw.} \qquad (3\text{-}18)$$

$$\rho(W, \tilde{X}) = \frac{1}{2}\sigma_X^2 \cdot R_A, \quad \text{mit} \qquad (3\text{-}19)$$

$$R_A := -\frac{\upsilon''[W_0]}{\upsilon'[W_0]}, \qquad R_A: \text{Mass der absoluten Risikoaversion.} \qquad (3\text{-}20)$$

Die Risikoprämie, welche die maximale **Zahlungsbereitschaft für Sicherheit** eines Individuums aufzeigt, ist also gegeben durch das Produkt aus

- der (halben) **Varianz des Vermögens** (objektive Komponente) und
- der **absoluten Risikoaversion** (subjektive Komponente, abhängig vom Ausgangsvermögen).

Die Risikoprämie ist damit Null, wenn eine der beiden Grössen Null ist; es braucht also sowohl die Vermögensschwankung als auch die Risikoaversion, damit es zu einer positiven Zahlungsbereitschaft für Sicherheit kommt.

---

3. Die Approximation (3-17) gilt als Gleichung, wenn das Vermögen (allgemeiner: die betrachtete Zufallsvariable) normalverteilt und die Risikonutzenfunktion exponentiell [$\upsilon(W) = 1 - \exp(-\rho W)$] ist. *Pratt* (1964) verallgemeinert dieses Ergebnis für normalverteiltes Vermögen und beliebige (stetige und stetig differenzierbare) Risikonutzenfunktionen.

**Folgerung 3.2** Die Risikoprämie als Mass der maximalen Zahlungsbereitschaft für Sicherheit ist gegeben durch die multiplikative Verknüpfung von subjektiver Risikobeurteilung (gemessen durch die absolute Risikoaversion) und der Varianz des Vermögens als objektiver Grösse.

Die **absolute Risikoaversion** $R_A$ ist insofern ein brauchbares Mass der Risikoaversion, als sie durch die Division durch $\upsilon'[W_0]$ von linearen Transformationen der Risikonutzenfunktion unabhängig ist. Sie führt jedoch bei zunehmendem Vermögen zu Problemen. Denn $\upsilon''(W) < 0$ muss rascher als $\upsilon'(W) > 0$ gegen Null streben, damit die Risikonutzenfunktion nach wie vor in $W$ zunimmt. Damit muss aber $R_A$ gemäss (3-20) mit steigendem Vermögen ab einem bestimmten Punkt fallen, mit der Konsequenz, dass ein vermögendes Individuum weniger Versicherungsschutz für seine Aktiva nachfragt als ein weniger vermögendes Individuum. Dies ist durchaus plausibel, solange die Vermögensschwankung konstant bleibt und somit relativ zum wachsenden Vermögen an Bedeutung verliert, mit der Folge, dass der Vermögendere in einem höheren Umfang Selbstversicherung betreiben kann. Andererseits könnten aber grössere Vermögen auch durch grössere Schäden betroffen werden. Mit anderen Worten: Die absolute Risikoaversion ist ein plausibles Mass, solange die **Grösse des Risikos gleich bleibt** [vgl. dazu *Rothschild* und *Stiglitz* (1970)].

Unterstellt man dagegen, dass Vermögen und Risiko im selben Verhältnis variieren, ist die **relative Risikoaversion** $R_R$ ein besseres Mass. Um dies zu zeigen, sei angenommen, dass das Risikoprospekt proportional mit dem Vermögen zunimmt, also $\tilde{Y} = W \cdot \tilde{X}$, wobei $\tilde{X}$ wie bisher die absolute Vermögensschwankung darstellt. Es gilt dann $E\tilde{Y} = W \cdot E\tilde{X} = 0$ und analog zu (3-14) die Indifferenzbeziehung:

$$\upsilon[W_0 - W \cdot \rho^*(W, \tilde{Y})] = EU[W_0 + \tilde{Y}], \tag{3-21}$$

wobei $\rho^* = \rho/W$ die proportionale Risikoprämie darstellt, so dass $\rho = \rho^* \cdot W$. Für die Taylor-Approximationen der linken Seite von (3-21) ergibt sich

$$\upsilon[W_0 - W \cdot \rho^*] = \upsilon[W_0] - W \cdot \rho^* \cdot \upsilon'[W_0] \tag{3-22}$$

+ Terme in $(W \cdot \rho^*)^2$ und höherer Ordnung.

Für die rechte Seite von (3-21) erhält man

$$EU[W_0] = \upsilon[W_0] + \upsilon'[W_0] \cdot E\tilde{Y} + \frac{1}{2}\upsilon''[W_0] \cdot E(\tilde{Y} - E\tilde{Y})^2 + E\,(\text{Rest}), \tag{3-23}$$

wobei der Rest Terme in $Y^3$ und höherer Ordnung enthält. Gleichsetzung der beiden Approximationen und Verwendung von $E\tilde{Y} = 0$ ergibt:

$$-W \cdot \rho^* \cdot \upsilon'[W_0] = \frac{1}{2}\upsilon''[W_0] \cdot \sigma_{\tilde{Y}}^2. \tag{3-24}$$

## 3.2 Risikoprämie, Sicherheitsprämie und Masse der Risikoaversion

Weil $\tilde{Y} = W \cdot \tilde{X}$, gilt für die Varianz $\sigma_Y^2 = W^2 \cdot \sigma_X^2$, und damit nach Division von (3-24) durch $\upsilon'[W_0]$

$$\rho^*(W, \tilde{X}) = -\frac{1}{2}\sigma_X^2 \cdot \frac{\upsilon''[W_0]}{\upsilon'[W_0]} \cdot W. \qquad (3\text{-}25)$$

Es liegt nun nahe, zu definieren

$$R_R := -\frac{\upsilon'' W_0}{\upsilon' W_0} \cdot W = R_A \cdot W, \qquad R_R: \text{ Mass der relativen Risikoaversion.} \qquad (3\text{-}26)$$

Man erhält so

$$\rho^*(W, \tilde{X}) = \frac{1}{2}\sigma_X^2 \cdot R_R, \qquad (3\text{-}27)$$

in voller Analogie zur Gleichung (3-19).

**Die relative Risikoprämie als Anteil am Vermögen** drückt wiederum die Zahlungsbereitschaft für Sicherheit aus. Sie ist gegeben durch das Produkt aus

- der (halben) **Varianz des Vermögens** (objektive Komponente) und
- der **relativen Risikoaversion** (subjektive Komponente).

Dabei ist gemäss Definition (3-26) der Koeffizient der relativen Risikoaversion gleich dem Koeffizienten der absoluten Risikoaversion, skaliert (multipliziert) mit dem Vermögen des Individuums.

Ein Vorteil des Masses der **relativen Risikoaversion** ist, dass ihr Absolutbetrag der "Elastizität des Grenznutzens des Vermögens" (genauer: des zusätzlichen risikobehafteten Vermögens) entspricht:

$$e\{\upsilon'(W), W\} = \frac{\partial \upsilon'(W)}{\partial W} \cdot \frac{W}{\upsilon'(W)} = \frac{\upsilon''(W)}{\upsilon'(W)} \cdot W. \qquad (3\text{-}28)$$

Das Mass der relativen Risikoaversion gibt also an, wie stark die Steigung der Risikonutzenfunktion prozentual abnimmt, wenn das risikobehaftete Vermögen um 1 Prozent zunimmt.

**Folgerung 3.3** Die relative Risikoprämie $\rho^*(W, \tilde{X})$ drückt die maximale Zahlungsbereitschaft des Individuums für Sicherheit als Anteil an seinem Vermögen aus, wobei die Vermögensschwankung ebenfalls relativ, als Anteil des risikobehafteten Vermögens am Gesamtvermögen, aufgefasst wird.

Der Vollständigkeit halber sei noch – allerdings ohne Beweis – ein drittes Mass der Risikoaversion vorgestellt, die **partielle Risikoaversion**. Sie beantwortet die Frage, wie sich die Zahlungsbereitschaft der Individuen für Sicherheit verändert, wenn nur die Grösse der Vermögensschwankung $X$ (also das Risiko) variiert und das Vermögen konstant bleibt. Es sei $\beta := X/W$ eine proportionale Vermögensschwankung. Dann gilt

$$R_P = -W \cdot \frac{\upsilon''(W+\beta)}{\upsilon'(W+\beta)}, \qquad R_P\text{: Mass der partiellen Risikoaversion.} \qquad (3\text{-}29)$$

Dabei sind die drei Masse durch folgende Gleichung miteinander verbunden (ohne Beweis):

$$R_P = R_R - X \cdot R_A. \qquad (3\text{-}30)$$

Die Risikoprämie $\rho(W, \tilde{X})$ variiert in Abhängigkeit des Vermögens und des Risikoprospektes, und man kann folgenden Satz beweisen [vgl. hierzu *Menezes* und *Hanson*, (1970), 485]:

Sei $\rho(W, \tilde{X}) = W_0 - \upsilon^{-1}\{EU(W_0 + \tilde{X})\}$, dann gilt $\qquad (3\text{-}31)$

$$\frac{\partial \rho(W, \tilde{X})}{\partial W} \gtreqless 0, \quad \text{wenn} \quad \frac{\partial R_A}{\partial W} \gtreqless 0; \qquad (3\text{-}32)$$

$$\frac{\partial \rho\left(\frac{\beta W, \beta \tilde{X}}{\beta}\right)}{\partial \beta} \gtreqless 0, \quad \text{wenn} \quad \frac{\partial R_R}{\partial W} \gtreqless 0; \qquad (3\text{-}33)$$

$$\frac{\partial \rho\left(\frac{W, \beta \tilde{X}}{\beta}\right)}{\partial \beta} \gtreqless 0 \quad \text{wenn} \quad \frac{\partial R_P}{\partial W} \gtreqless 0. \qquad (3\text{-}34)$$

In Worten: Die Veränderung der **absoluten** Risikoaversion $R_A$ bei zunehmendem Vermögen gibt Auskunft über das Verhalten der Risikoprämie, wenn nur das Vermögen $W$ schwankt, aber das Risiko fixiert ist; die Veränderung der **relativen** Risikoaversion $R_R$ gibt Informationen über das Verhalten der Risikoprämie, wenn sowohl das Vermögen als auch das Risiko im selben Verhältnis ($\beta$) verändert werden; die Veränderung der **partiellen** Risikoaversion $R_P$ gibt Auskunft über das Verhalten der Risikoprämie, die aus einer proportionalen Änderung des Risikos stammt, gegeben ein fixiertes Vermögen.

*Arrow* (1965) und *Pratt* (1964) haben die Hypothese aufgestellt, dass die absolute Risikoaversion mit dem Vermögen **abnimmt**. Eine solch klare Aussage liegt für die relative Risikoaversion nicht vor. Allerdings zeigt *Szpiro* (1986a, b) in verschiedenen Studien, dass die Hypothese konstanter relativer Risikoaversion nicht verworfen werden kann (vgl. Abschnitt 3.4).

## 3.3 Exkurs: Stochastische Dominanz

Bisher wurden nur binäre Prospekte betrachtet; im folgenden sollen nun allgemeinere Verteilungen (Verteilungsfunktionen) zugelassen werden.

*Rothschild* und *Stiglitz* (1970) haben die **Äquivalenz** folgender drei Behauptungen bewiesen, in denen es um einen Vergleich von zwei Zufallsvariablen $X$ und $Y$ mit demselben Erwartungswert (engl. mean-preserving spread) geht, wobei höhere Werte von $X$ und $Y$ präferiert werden (d.h. es handelt sich um ein Gut bzw. das Vermögen):

(a) „$Y$ **ist gleich $X$ plus Störgrösse**". Formal: Es gibt eine Zufallsvariable $Y = X + \varepsilon$ derart, dass $Y$ denselben Erwartungswert hat wie $X + \varepsilon$, wobei $E(\varepsilon|X) = 0$ für alle $X$.

(b) „$Y$ **hat mehr Gewicht in seinen Schwänzen als $X$**". Formal: Es bezeichnen $X$ und $Y$ zwei Zufallsvariable und $F(X)$ die kumulative Verteilung von $X$ und $G(Y)$ diejenige von $Y$, deren Verteilungsfunktionen auf das geschlossene Intervall $[a, b]$ beschränkt sein sollen. Dann gilt für die Differenz $T$ der realisierten Werte $y$ und $x$,

$$T(x) := \int_a^b \{G(y) - F(x)\} dx, \text{ für } \{x, y\} \in [a, b], \text{ dass}$$

$$T[a] = 0, T(x) \geq 0, \text{ und } T[b] = 0. \tag{3-35}$$

(c) „**Alle risikoscheuen Entscheidungsträger** – d.h. solche mit konkaven Risikonutzenfunktionen – **ziehen $X$ der Zufallsvariablen $Y$ vor**". Formal: $EU(X) \geq EU(Y)$ für alle konkaven $\upsilon(\cdot)$.

Diese dritte Behauptung wird auch mit **stochastischer Dominanz ersten Grades** bezeichnet: Wenn eine (kumulative) Verteilungsfunktion $F(\cdot)$ vorgezogen oder als indifferent bewertet wird gegenüber der (kumulativen) Verteilungsfunktion $G(\cdot)$ von allen Entscheidungsträgern einer bestimmten Klasse, liegt stochastische Dominanz vor. Dieses Konzept wurde von *Hadar* und *Russell* (1968) in die ökonomische Literatur eingeführt.

**Definition 3.1**    Die kumulative Verteilungsfunktion $F(X)$ dominiert die kumulative Verteilungsfunktion $G(Y)$ zum ersten Grade (first-degree stochastic dominance, FDSD), wenn $G(y) - F(x) \geq 0$, $\forall x, y \in [a, b]$.

Diese Definition ist graphisch dargestellt in Abbildung 3.4. In Teil (a) kommt zum Ausdruck, dass aus der Dichtefunktion $g(Y) := dG(Y)$ die präferierte Dichtefunktion $f(X) := dF(X)$ dadurch hergeleitet werden kann, dass Masse in Richtung Erwartungswert von $Y$ bzw. $X$ verschoben wird. Bei wiederholter Verschiebung ergibt sich die in Teil (b) eingetragene Verteilungsfunktion $F(X)$, die im Bereich niedriger Werte von $X$ weniger Masse anzeigt als die Alternative $G(Y)$. Deshalb wird ein risikoaverser Entscheidungsträger $F(X)$ gegenüber $G(Y)$ den Vorzug geben (FDSD).

**Abbildung 3.4**  Stochastische Dominanz ersten Grades (FDSD)

a) Dichtefunktion

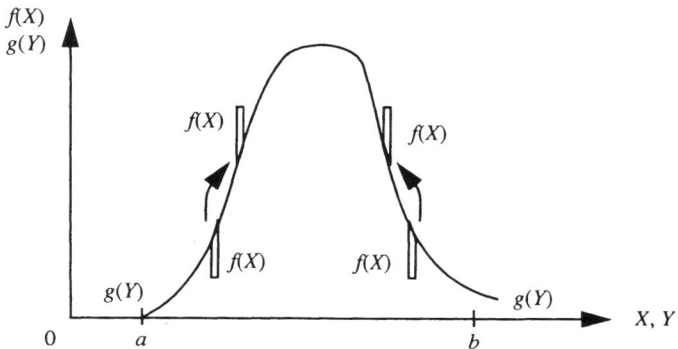

b) Kumulative Verteilungsfunktion

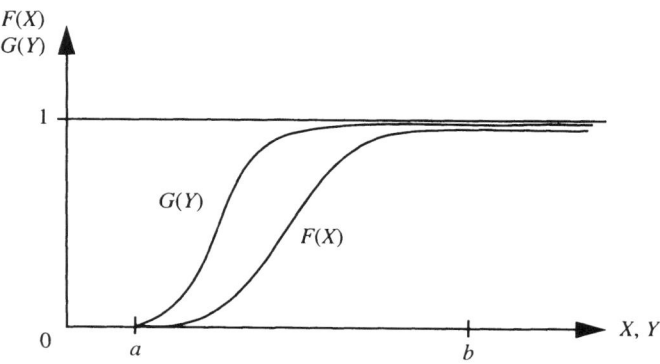

Die Anforderung der Definition 3.1, dass $F(X)$ grösser oder gleich ist als $G(Y)$ für jedes $X$, ist strenger als die Bedingung unter (b). Sie impliziert, dass die Wahrscheinlichkeit, zumindest $X$ zu erhalten, bei $G(Y)$ grösser ist als bei $F(X)$ für alle $\{x, y\}$.

Betrachtet man nun Individuen, die ihre Entscheidung auf der Grundlage des Erwartungsnutzens fällen, dann kann das Präferenzkonzept wie folgt definiert werden.

## 3.3 Exkurs: Stochastische Dominanz

**Definition 3.2**  Die kumulative Verteilungsfunktion $F(X)$ wird vorgezogen oder als indifferent betrachtet zu der Verteilungsfunktion $G(Y)$, wenn für alle Wirtschaftssubjekte mit Risikonutzenfunktion $\upsilon(x)$ gilt $\int_a^b \upsilon(x) dF(x) \geq \int_a^b \upsilon(y) dG(y)$.

*Hadar* und *Russell* (1968) bewiesen folgendes

**Theorem 3.1**  Die kumulative Verteilungsfunktion $F(X)$ dominiert die kumulative Verteilungsfunktion $G(Y)$ zum ersten Grade dann und nur dann, wenn $F(X)$ vorgezogen oder als indifferent betrachtet wird zu $G(Y)$.

Wie die Abbildung 3.4 anschaulich macht, dürfen sich bei diesem Test die (kumulativen) Verteilungsfunktionen nicht schneiden. Eine naheliegende Erweiterung dieser partiellen Ordnung erfolgt durch die

**Definition 3.3**  Die kumulative Verteilungsfunktion $F(X)$ dominiert die kumulative Verteilungsfunktion $G(Y)$, mit $Y = X + \varepsilon$, zum zweiten Grade (second-degree stochastic dominance, SDSD), wenn $T(x) = \int_a^b \{G(y) - F(x)\} dx \geq 0, \forall \{x, y\} \in [a, b]$.

Diese Definition besagt, dass die beiden Zufallsvariablen nach wie vor den gleichen Erwartungswert aufweisen (mean-preserving spread). Neu können sich aber im Unterschied zur Abbildung 3.4b die Verteilungsfunktionen überkreuzen. Dabei muss aber, damit $F(X)$ $G(Y)$ dominiert, die algebraische Summe der Flächen zwischen $G(Y)$ und $F(X)$ positiv sein, wenn man von links nach rechts in dem Intervall $[a,b]$ aufsummiert. Graphisch ergibt sich das in Abbildung 3.5 gezeigte Bild $[D_a > D_b]$ [vgl. auch *Laffont* (1990), Kap. 2.2].

Die FDSD schliesst Überkreuzungen von kumulativen Verteilungsfunktionen überhaupt aus und stellt deshalb lediglich eine partielle Präferenzordnung über Zufallsgrössen dar. Aber auch das SDSD-Kriterium erlaubt nicht, alle beliebigen Zufallsgrössen in eine Präferenzordnung zu bringen. D.h. es gibt kumulative Verteilungsfunktion, die sich nicht durch SDSD ordnen lassen; es kann z.B. sein, dass nach dem SDSD-Kriterium weder $F(X) \succ G(Y)$ noch $G(Y) \prec F(X)$ zutrifft. Graphisch ist dies in Abbildung 3.6 verdeutlicht, indem sich die Summen der verschobenen Flächen zwischen den Schranken $a$ und $d$ ausgleichen ($D_a + D_c = D_b + D_d$).

Bringt man schliesslich wieder die Risikoaversion in der Risikonutzenfunktion ($\upsilon' > 0; \upsilon'' < 0$) ins Spiel, dann erhält man folgendes

**Theorem 3.2**  Die kumulative Verteilungsfunktion $F(X)$ dominiert die kumulative Verteilungsfunktion $G(Y)$ zum zweiten Grade dann und nur dann, wenn $F(X)$ der Funktion $G(Y)$ durch alle Individuen mit Risikoaversion vorgezogen oder als indifferent betrachtet wird.

**Abbildung 3.5** Stochastische Dominanz zweiten Grades (SDSD)

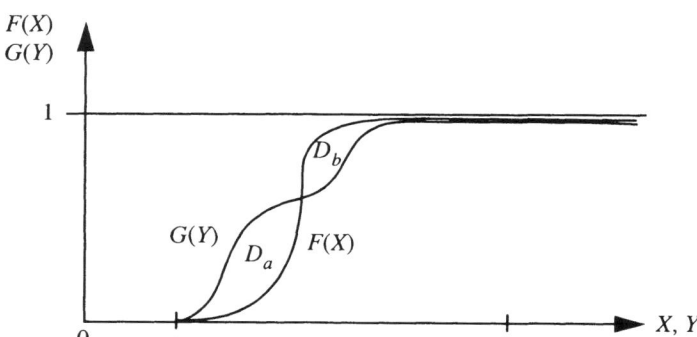

Grundsätzlich stellt die Theorie der stochastischen Dominanz für die Theorie der Versicherungsnachfrage eine interessante Ergänzung dar. Denn durch den Kauf von Versicherungsdeckung ist das Individuum in der Lage, eine beliebige Verteilungsfunktion seines Vermögens in eine andere zu verwandeln. Es würde Versicherungsschutz dann und nur dann kaufen, wenn diese neue Verteilungsfunktion von ihm vorgezogen würde. Doch der Umstand, dass sich die Verteilungsfunktionen nur unvollständig ordnen lassen, hat zur Folge, dass man in manchen Fällen **nicht voraussagen** kann, ob sich das Individuum für Versicherungsschutz entscheiden wird oder nicht. Aus diesem Grunde sind binäre Risikoprospekte in der Theorie der Versicherungsnachfrage (vgl. Abschnitt 3.5) nach wie vor sehr verbreitet.

**Abbildung 3.6** Weder $F(X)$ noch $G(Y)$ ist SDSD

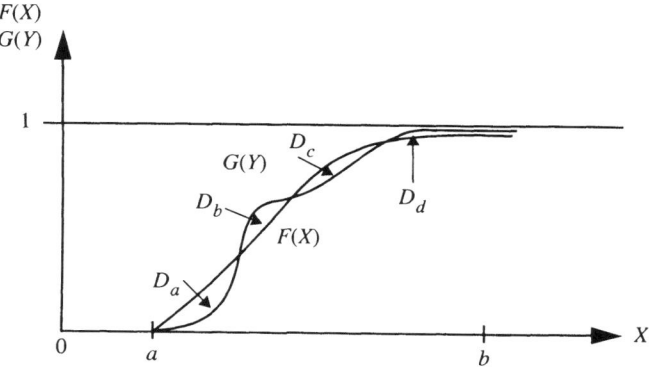

## 3.4 Empirische Schätzungen der Risikoaversion

Da die Zahlungsbereitschaft für Sicherheit wesentlich vom Ausmass der Risikoaversion abhängt (vgl. Folgerungen 3.2 und 3.3), ist zu vermuten, dass auch die Nachfrage nach Versicherungsschutz mit der Risikoaversion des Entscheidungsträgers zunimmt. Tatsächlich ist dies eine wichtige Aussage der Theorie der Versicherungsnachfrage (vgl. Abschnitt 3.5, insbesondere Folgerung 3.7). Deshalb ist es von erheblichem Interesse zu wissen, wie hoch die Risikoaversion ist, ob sie sich im Zeitablauf ändert und ob es diesbezüglich Unterschiede innerhalb der Bevölkerung gibt.

In einem innovativen Ansatz geht *Szpiro* (1986a, 1986b) der Frage nach, ob es – ähnlich wie bei der von *Arrow* (1965) und *Pratt* (1964) aufgestellten Hypothese der abnehmenden absoluten Risikoaversion – auch Aussagen über das Verhalten der **relativen Risikoaversion** ($R_R[W] = W \cdot R_A[W]$) bei zunehmendem Vermögen gibt. Während die Hypothese der abnehmenden absoluten Risikoaversion ($R_A'[W] < 0$) fast allgemein akzeptiert wird, ist dies bei der relativen Risikoaversion nicht gegeben.

Ausgangspunkt ist die Näherungsformel

$$I = W - \lambda / R_A[W] \,. \tag{3-36}$$

Dabei wurden die üblichen Bezeichnungen verwendet: $\lambda > 0$ ist der proportionale Zuschlag zur Prämie (vgl. Abschnitt 3.6), $W$ das Vermögen und $R_A[W]$ das *Arrow-Pratt*-Mass der absoluten Risikoaversion; $I$ steht für die Entschädigung im Schadenfall. Dividiert man diese Formel durch $W$, so erhält man

$$\frac{I}{W} = 1 - \frac{\lambda}{W \cdot R_A[W]} = 1 - \frac{\lambda}{R_R[W]} \,, \tag{3-37}$$

d.h. der **Anteil des durch Versicherung gedeckten Vermögens** am Gesamtvermögen

- beträgt im Maximum 1 (wenn $\lambda = 0$, vgl. Abschnitt 3.5);
- liegt um so stärker unter 1, je höher der proportionale Zuschlag $\lambda$ zur Risikoprämie;
- liegt um so näher bei 1, je höher das Mass der relativen Risikoaversion $R_R$ ($= W \cdot R_A$, vgl. Abschnitt 3.2.2).

Wenn nun $R_R$ von der Höhe das Vermögens unabhängig wäre, so müsste auch der Anteil des gesicherten Vermögens am Gesamtvermögen unabhängig von der Höhe des Vermögens sein.

*Szpiro* verwendet Daten für $I/W$ und $\lambda$, um mittels einer nichtlinearen Regression $R_R$ in Abhängigkeit von $W$ zu schätzen. Er legt als spezifische Funktion fest

$$\upsilon(W) = \frac{W^{1-\gamma}}{1-\gamma} \,. \tag{3-38}$$

Daraus folgt $\upsilon'(W) = W^{-\gamma}$ und $\upsilon''(W) = -\gamma W^{-1-\gamma}$, was eingesetzt ergibt $R_R := \{-\upsilon''(W)/\upsilon'(W)\} \cdot W = \gamma$. Damit zeigt $\gamma$ die **relative Risikoaversion** an. Um auf Konstanz der relativen Risikoaversion zu testen, setzt *Szpiro* folgenden Zusammenhang an:

$$R_A(W) = \frac{\gamma}{W^h}, \text{ und damit } R_R(W) = \frac{\gamma \cdot W}{W^h} = \frac{\gamma}{W^{h-1}}. \tag{3-39}$$

Der Wert von $h$ bestimmt demnach die Richtung der Veränderung der relativen Risikoaversion als Funktion bezüglich des Vermögens: **Positive Werte** von $h$ verweisen auf abnehmende absolute Risikoaversion (DARA = decreasing absolute risk aversion); Werte von $h > 1$ implizieren abnehmende relative Risikoaversion (DRRA); Werte von $h < 1$ bedeuten steigende relative Risikoaversion (IRRA). Für $h = 1$ schliesslich liegt konstante relative Risikoaversion (CRRA) vor.

In seinen Untersuchungen fand *Szpiro* häufig Werte um $h = 1$ und damit die Hypothese der **konstanten relativen Risikoaversion bestätigt**, mit Werten z. B. von $R_R$ zwischen 1,2 und 1,8 für die U.S.A. und zwischen 1,5 und 2,1 für die Schweiz. Verwendet man $R_R = 1,5$ als repräsentativen Wert, so lassen sich diese Ergebnisse im Lichte der Gleichung (3-27) wie folgt interpretieren: Verdoppelt sich beispielsweise die Vermögensschwankung $\sigma_X^2$, so nimmt die relative Zahlungsbereitschaft $\rho^*(W, X)$ für Sicherheit um 75% ($= 1/2 \cdot 100\% \cdot 1,5$) zu, also z.B. von 10% auf 17,5% des Vermögens.

Interessant ist schliesslich, dass der Koeffizient der relativen Risikoaversion für die Periode 1950 bis 1972 in der Schweiz nur zwischen rund 1,5 und gut 1,7 variiert (vgl. Abbildung 3.7), dann aber 1973 **einen Sprung nach oben** macht, ein Verhalten, das *Szpiro* auch in anderen Ländern beobachtet hat. Die Vermögen $W$ wurden nach 1973 niedriger bewertet, während die Versicherungsleistungen $I$ nicht sofort angepasst werden konnten. Gemäss Gleichung (3-37) muss dann $R_R$ zunehmen. Der Anstieg von $R_R$ in den Jahren 1979/80 lässt sich analog erklären. Beide Zunahmen könnten mit der Verunsicherung zu tun haben, welche die Ölpreisschocks, die Freigabe des Dollar-Wechselkurses, sowie die Öffnung der Kapitalmärkte ab 1979 nach der Phase des kontinuierlichen Wachstums der 1960er Jahre mit sich brachten.

Der hier dargestellte Koeffizient der relativen Risikoaversion ist ein Durchschnitt über die gesamte Bevölkerung. Aber Riskoaversion ist ein subjektives Merkmal und streut folglich in der Bevölkerung. So stösst man häufig auf die Stereotypen, dass Frauen – etwa hinsichtlich finanzieller Entscheidungen – mehr risikoavers seien als Männer, oder dass die Jugend weniger risikoavers sei als das Alter. Beispielsweise fanden *Barsky* et al. (1997) in einer Befragung, dass die Risikoaversion[4] der Altersgruppen zwischen 55 und 70 Jahren (statistisch gesichert) grösser war als die der unter 55- und über 70-jährigen. Auch erhielten sie statistisch signifikante **Unterschiede zwischen den Geschlechtern**: Männer sind etwas weniger risikoavers als Frauen. Darüber hinaus fanden sie, dass mehr risikoaverse Individuen auch wahrscheinlich mehr Krankenversicherungsschutz haben.

---

4. Auch *Barsky* et al. (1997) gehen von konstanter relativer Risikoaversion aus. Die meisten Ergebnisse werden aber durch den Kehrwert der Risikoaversion, die sogenannte „Risikotoleranz" angegeben. Die Risikotoleranz kann man – im Gegensatz zur Risikoaversion – linear aggregieren.

**Abbildung 3.7** Entwicklung des Koeffizienten der relativen Risikoaversion, 1950 – 1980 (Schweiz)

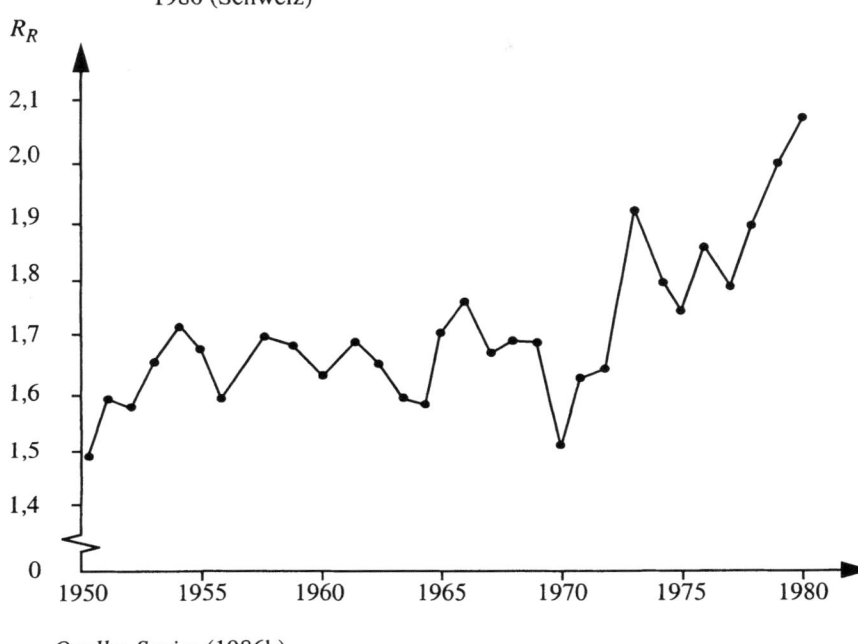

*Quelle: Szpiro* (1986b)

Und Individuen ohne Lebensversicherung sind wesentlich weniger risikoavers als diejenigen mit einer Lebensversicherung. Interessanterweise fanden sie auch, dass die Risikoaversion mit dem Einkommen und Vermögen bis zum Mittelwert der jeweiligen Verteilung ansteigt, dann aber fällt. Damit ergibt sich ein ähnliches Muster wie beim Alter, indem die Risikoaversion beim hohen Ende der Vermögens-, Einkommens- und Altersverteilung zurückgeht. Das Mass der Risikoaversion hat schliesslich auch signifikante Erklärungskraft hinsichtlich der Struktur des Finanzvermögens: Der Anteil wenig risikobehafteter Aktiva (Staatliche Wertpapiere, Sparbücher) ist höher für die mehr risikoaversen Individuen.

Zu Recht fragen aber *Schubert* et al. (1999), ob Befragungen genügen, um diese Stereotypen bezüglich der Risikoaversion zu validieren. Denn die geschlechtsspezifische Risikoneigung könnte durch Unterschiede in den **individuellen Möglichkeitsräumen** überlagert sein. Tatsächlich finden sie in einem kontrollierten Experiment, dass einerseits die Risikoneigung zwischen Männern und Frauen je nach Situation differiert, in der die Finanzentscheidungen getroffen werden. Es ergeben sich andererseits jedoch keine geschlechtsspezifischen Unterschiede in der Risikoneigung, sobald Unterschiede in den Möglichkeitsräumen berücksichtigt werden.

**Folgerung 3.4** Die Risikoaversion ist nicht nur ein theoretisches Konzept, sondern ihre Höhe lässt sich aus Versicherungsdaten und Verhaltensexperimenten bestimmen. Es bestehen Hinweise auf konstante relative Risikoaversion im Betrag von 1 bis 2.

## 3.5 Theorie der Versicherungsnachfrage

### 3.5.1 Das Grundmodell

Das Angebot an Versicherungsschutz wird in diesem Abschnitt als vorgegeben betrachtet. Ein Überblick über die verschiedenen Versicherungsformen folgt in Abschnitt 3.6. Zur Ableitung der Versicherungsnachfrage (oder besser: der **Nachfrage nach Versicherungsdeckung**) betrachtet man ein repräsentatives Individuum. Es habe ein (binäres) Risikoprospekt, das angibt, dass ein bestimmter Zustand mit einer gewissen Wahrscheinlichkeit eintritt, etwa dass sein Haus (ganz oder teilweise) von einem Feuer zerstört sei. Die Wahrscheinlichkeit $\pi$, dass ein Schaden in Höhe von $L$ eintritt, sei bekannt. Das einzelne Wirtschaftssubjekt ist aber unsicher, ob es zu den Geschädigten zählt oder nicht. Seine (wirtschaftliche) Situation kann durch die unterschiedlichen Vermögenswerte im Schadenfall (Zustand 1 mit Vermögen $W_1 = W_0 - L$) und im Nichtschadenfall (Zustand 2 mit Vermögen $W_2 = W_0$) und die entsprechenden Wahrscheinlichkeiten dieser beiden Zustände ($\pi, 1-\pi$) beschrieben werden. Dies sei das Ausgangsprospekt $\tilde{W}$ des repräsentativen Wirtschaftssubjektes:

$$\{W_1, W_2; \pi, 1-\pi\}. \tag{3-40}$$

Um den Anschluss an andere Modelle leichter zu gewinnen, soll dieses Risikoprospekt im $(W_1, W_2)$-Raum unter Zuhilfenahme von **Indifferenzkurven** dargestellt werden. Jeder Punkt im $(W_1, W_2)$-Feld stellt ein Risikoprospekt dar; zwei Punkte auf ein und derselben Indifferenzkurve sind demnach zwei Prospekte, die als gleichwertig (im Sinne gleichen **Erwartungsnutzens**) angesehen werden.

Selbstverständlich verfügt das Individuum nicht über beide Prospekte, sondern kann lediglich je nach eingetretenem Zustand auf das eine oder das andere Prospekt zurückgreifen. Allerdings wird das Individuum für beide Prospekte Vorsorge treffen, denn es muss seine Entscheidung vor Auflösung der Unsicherheit fällen. Dabei hängt diese Entscheidung von seiner Risikonutzenfunktion, den Eintrittswahrscheinlichkeiten der beiden Zustände, den risikopolitischen Möglichkeiten, der Höhe des möglichen Schadens und vom Ausgangsvermögen ab.

Aufgrund der **Erwartungsnutzenregel** ergibt sich:

$$EU(\tilde{W}) = \pi v[W_1] + (1-\pi)v[W_2]. \tag{3-41}$$

Zur Herleitung der **Indifferenzkurve** bildet man das totale Differential

## 3.5 Theorie der Versicherungsnachfrage

$$dEU(W) = \pi v'[W_1]dW_1 + (1-\pi)v'[W_2]dW_2 \qquad (3\text{-}42)$$

und setzt $dEU(W)$ gleich Null, d.h. man berücksichtigt, dass entlang einer Indifferenzkurve der Erwartungsnutzen konstant gehalten wird. Dann ergibt sich für die Steigung der Indifferenzkurve[5]

$$\frac{dW_1}{dW_2} = -\frac{1-\pi}{\pi} \cdot \frac{v'[2]}{v'[1]}, \qquad (3\text{-}43)$$

**Abbildung 3.8**  Indifferenzkurven bei binärem Risikoprospekt

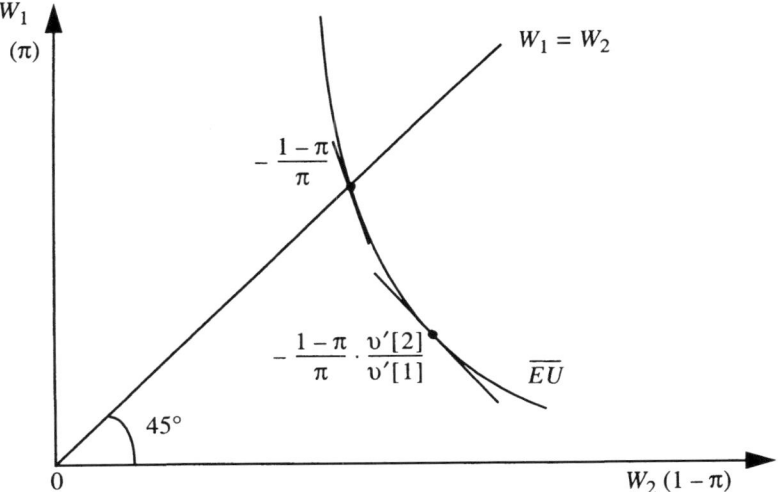

wobei der Einfachheit halber der Grenznutzen an der Stelle $W_1$ mit $v'[1]$ und an der Stelle $W_2$ mit $v'[2]$ bezeichnet wurden. Man sieht auch gleich, dass Punkte auf der Winkelhalbierenden gleiches Vermögen in beiden Zuständen aufzeigen. Das Individuum hat dort eine sichere Vermögensposition inne. Deshalb heisst die Winkelhalbierende **Sicherheitslinie** oder auch **Gewissheitsgerade**, nach *Hirshleifer* (1965/6). Gleiches Vermögen bedeutet aber auch, dass der Grenznutzen zusätzlichen Vermögens in beiden Zuständen gleich sein muss, d.h. $v'[2] = v'[1]$, und folglich wird die Steigung der Indifferenzkur-

---

5. Aus einer eindeutig konkaven Risikonutzenfunktion folgt [ohne Beweis, doch vgl. *Eisen* (1979), 44], dass die Indifferenzkurven konvex zum Ursprung verlaufen. Die Konvexität der Indifferenzkurve gibt somit die Risikoaversion ($R_A$) wieder.

ven entlang der Sicherheitslinie gemessen durch das Verhältnis der beiden Wahrscheinlichkeiten:

$$\frac{dW_1}{dW_2} = -\frac{1-\pi}{\pi}. \tag{3-44}$$

Das gegebene Risikoprospekt ist in Abbildung 3.9 durch den Punkt A repräsentiert. Kann sich das Wirtschaftssubjekt bei einem Versicherungsunternehmen (VU) gegen die Prämie $P(I)$ **versichern**, erhält es im Schadenfall den Betrag $I$ als Entschädigung (engl. indemnity; "Versicherungsleistung"). Das Vermögen des Wirtschaftssubjektes in den beiden Zuständen ist dann

$$W_1 = W_0 - L + I - P[I] \quad \text{und} \quad W_2 = W_0 - P[I]. \tag{3-45}$$

Im Moment soll das VU nur am Erwartungswert des Gewinns interessiert sein; ein risikoaverses Verhalten des VU wird damit ausgeschlossen. Andere Zielsetzungen des VU werden jedoch in Kapitel 6 behandelt. Für den Erwartungswert seines Gewinns ($EG$) gilt, dass es mit Wahrscheinlichkeit $(1 - \pi)$ die Prämie erhält und keine Entschädigung leisten muss und mit Wahrscheinlichkeit $\pi$ die Prämie erhält, aber auch eine Entschädigung bezahlen muss, also

$$EG[\pi, I] = (1-\pi)P(I) + \pi\{P[I] - I\} = P(I) - \pi I. \tag{3-46}$$

Entspricht die Prämieneinnahme $P(I)$ dem Erwartungswert der Schadenzahlung ($\pi I$), dann ist der Erwartungsgewinn des VU gleich Null. Die sich hieraus ergebende Versicherungsprämie wird **aktuarisch fair** genannt, weil sich aus Sicht des potentiellen Versicherungskäufers der Erwartungswert des Risikoprospekts mit oder ohne Versicherung nicht ändert. Dies bedeutet allerdings auch, dass dem VU keine anderweitigen Aufwendungen (etwa Vertriebs- und Verwaltungskosten) entstehen dürfen. Anderseits lassen sich aus der Anlage der Prämieneinnahmen zusätzliche Erträge erzielen, von denen hier ebenfalls abstrahiert wird. Insgesamt ist also die Annahme einer aktuarisch fairen Prämie nicht gänzlich realitätsfremd [vgl. dazu aber Kapitel 6].

Die Steigung der Isogewinnlinie im Zustandsraum bei erwartetem Gewinn des VU von Null ergibt sich dann aus $(1 - \pi)P[I] + \pi\{P[I] - I\} = 0$ als

$$\frac{P[I] - I}{P[I]} = -\frac{1-\pi}{\pi}, \tag{3-47}$$

d.h. gleich dem Verhältnis der Wahrscheinlichkeit der beiden Zustände. Im folgenden wird diese Gerade **Versicherungslinie bei fairer Prämie** (engl. fair odds line) genannt.

Mit Hilfe der Abbildung 3.9 lässt sich das Optimum $C^*$ des VK unmittelbar bestimmen. Denn das Optimum muss dort liegen, wo die Versicherungslinie [als Ort der erreichbaren ($W_1, W_2$)-Kombinationen] gerade noch die höchste erreichbare Indifferenzkurve berührt. Dies bedeutet Gleichheit der Steigungen von Indifferenzkurve und Versicherungslinie. Aufgrund der Gleichungen (3-44) und (3-47) ist diese Gleichheit jedoch auf

## 3.5 Theorie der Versicherungsnachfrage

der Sicherheitslinie gegeben. Bei **fairer Prämie** bedeutet demnach optimaler Versicherungsschutz Gleichheit des Vermögens in den beiden Zuständen und damit **vollständige Deckung** des Schadens.

**Abbildung 3.9**  Optimaler Versicherungsschutz bei fairer Prämie

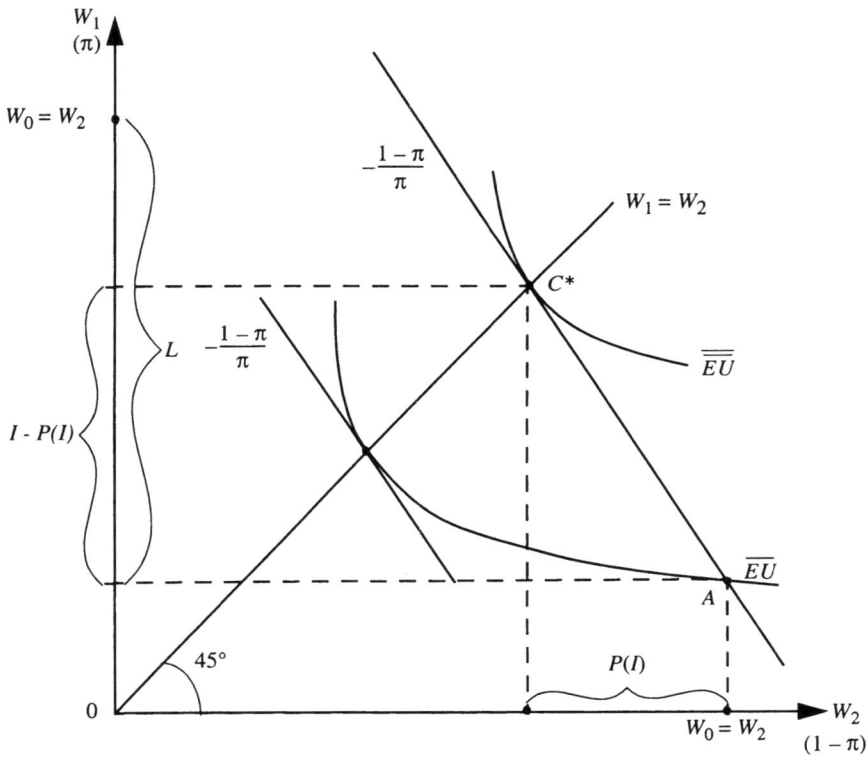

Das gleiche Ergebnis folgt mathematisch aus folgendem Optimierungskalkül. Es wird unterstellt, dass die potentiellen Versicherungskäufer (VK) ihren Erwartungsnutzen maximieren, d.h. es gilt:

$$EU(W, L, P, I) = \pi \upsilon [W_0 - L + I - P(I)] + (1 - \pi) \upsilon [W_0 - P(I)] \ . \quad (3\text{-}48)$$

Die Entscheidungsvariable ist hier die Entschädigungsleistung der Versicherung bzw. die Höhe der Versicherungsdeckung ($I$). Variation der Versicherungsdeckung $dI$ bedeutet bei fairer Prämie, dass sich das Vermögen in Zustand 1 und in Zustand 2 ebenfalls verändert, also:

$dW_1 = \pi dI$ und $dW_2 = dI - \pi \cdot dI = (1-\pi)dI$. (3-49)

Man erhält eine höhere Versicherungsdeckung, muss dafür aber entsprechend der Eintrittswahrscheinlichkeit auch mehr bezahlen. Die Austauschrelation (der Tradeoff) zwischen Vermögen im ersten und Vermögen im zweiten Zustand ergibt sich jetzt mit

$$\frac{dW_1}{dW_2} = -\frac{(1-\pi)dI}{\pi dI} = -\frac{1-\pi}{\pi}. \quad (3\text{-}50)$$

Dies entspricht – wenn man die Null-Gewinnbedingung der VU verwendet – der Steigung der Tauschgeraden oder der **Grenzrate der Transformation** (von Vermögen in verschiedenen Zuständen) mit Hilfe von Versicherungsnahme.

Andererseits folgt aus der totalen Differenzierung der Erwartungsnutzengleichung (3-48) für die Indifferenzkurve $[dEU(W)=0]$

$\pi \upsilon'[W_0 - L - I - P[I]]dW_1 = -(1-\pi)\upsilon'[W_0 - P[I]]dW_2$ bzw.

$\pi \upsilon'[1]dW_1 = -(1-\pi)\upsilon'[2]dW_2$ (3-51)

und damit

$$\frac{dW_1}{dW_2} = -\frac{(1-\pi)}{\pi} \cdot \frac{\upsilon'[2]}{\upsilon'[1]}, \quad (3\text{-}52)$$

und dies ist gleich der **Grenzrate der Substitution** (zwischen Vermögensbeständen in verschiedenen Zuständen) des Individuums.

Setzt man nun die Grenzrate der Transformation gleich der Grenzrate der Substitution, ergibt sich, dass

$\upsilon'[1] = \upsilon'[2] \Leftrightarrow W_1 = W_2$ (3-53)

sein muss. D.h. die Grenznutzen sind nur dann gleich, wenn auch die **Vermögen gleich** sind. Für streng konkave Risikonutzenfunktionen $\upsilon(W)$ folgt daraus unmittelbar

$I = L$, (3-54)

d.h. das Individuum wählt **Vollversicherung** (vgl. Punkt $C^*$ der Abbildung 3.9). Es stellt sich damit (zumindest im Erwartungswert) besser als ohne Versicherungsdeckung (Punkt $A$).

**Folgerung 3.5**  Bei fairer Prämie wählt das risikoscheue Individuum Vollversicherung; d.h. die gewählte Versicherungsdeckung ist gleich der Schadenhöhe. Es stellt sich im Erwartungswert besser als ohne Versicherungsdeckung, obschon durch die Prämienzahlung der Erwartungswert des Vermögens zurückgeht.

### 3.5.2 Versicherungsnachfrage bei unersetzlichen Gütern

Das Grundmodell der Versicherungsnachfrage geht davon aus, dass die zu versichernden (und versicherbaren) Vermögenswerte ersetzbar sind und einen Marktwert haben. Dies ist aber nicht immer der Fall. So gibt es Güter, die nur in bestimmten Zuständen überhaupt vorhanden sind, also unersetzlich sind; dann gibt es Güter, deren subjektiver Wert von Zustand zu Zustand unterschiedlich ist, und schliesslich gibt es Güter, für die im Falle ihres Verlustes kein voller Ersatz möglich ist.

Der (Geld-) Wert solcher Güter (Gesundheit, Leben; Arzneimittel, aber auch Liebhaberobjekte) hängt von der persönlichen Bewertung und vom Vermögensstatus des Individuums ab. Um diese "Instabilität der Präferenzen" erfassen zu können, kann man die **Risikonutzenfunktion zustandsabhängig** machen, wobei $v_s(W_s)$ den Nutzen in Zustand $s$ (ohne das betreffende Gut, „schlechter") und $v_b(W_b)$ den in Zustand $b$ (mit dem Gut, „besser") und $W_j$ das Vermögen in Zustand $j$ ($j = s,b$) beschreiben. Dabei wird Zustand $b$, in dem das fragliche Gut vorhanden ist, immer Zustand $s$, in dem man es verloren hat, vorgezogen:

$$v_b[W_b] > v_s[W_s]. \tag{3-55}$$

Damit diese Ungleichung auch für ein beliebig hohes Vermögen garantiert ist, muss auch der Grenznutzen des Vermögens im „schlechteren" Fall niedriger als im „besseren" Fall sein, d.h. $v'_s < v'_b$. Ferner gilt $v'_j[W_j] > 0$ und $v''_j[W_j] < 0$, $j = s,b$.

Man kann nun fragen, wieviel das fragliche Gut dem Individuum wert ist. Ein Mass für diesen Wert ist die maximale Geldsumme, die das Individuum zu zahlen bereit ist, um den durch das immaterielle Gut gestifteten Nutzen zu erlangen bzw. zu behalten. *Cook* und *Graham* (1977) nennen diese Geldsumme **"Lösegeld"** (engl. ransom); sie ist definiert durch die Indifferenzrelation

$$v_s[W_s] = v_b[W_b - r(W)], \qquad r(W)\text{: Lösegeld} \tag{3-56}$$

vorausgesetzt solch eine Lösegeldsumme $r(W)$ existiert. Die Ableitung beider Seiten dieser Gleichung nach $W$ ergibt

$$v'_s \cdot \frac{\partial W_s}{\partial W} = v'_b \cdot \left(\frac{\partial W_b}{\partial W} - \frac{\partial r}{\partial W}\right). \tag{3-57}$$

Berücksichtigt man, dass sich eine Veränderung des Ausgangsvermögens (durch einen materiellen Schaden) eins zu eins auf die Vermögensbestände in den Situationen $s$ und $b$ überträgt, gilt $\partial W_s/\partial W = \partial W_b/\partial W = 1$, und die Gleichung (3-57) vereinfacht sich zu $\upsilon'_s = \upsilon'_b - (\partial r/\partial W)\upsilon'_b$. Auflösung nach $\partial r/\partial W$ sowie explizite Schreibweise von $\upsilon'$ führt zu

$$r'(W) := \frac{\partial r}{\partial W} = 1 - \frac{\upsilon'_s[W_s]}{\upsilon'_b[W_b - r(W)]} . \tag{3-58}$$

Das fragliche (unersetzbare) Gut kann nun ein normales oder ein inferiores Gut sein, je nachdem, ob $r'(W)$ positiv oder negativ ist. Handelt es sich um ein **normales** Gut, gilt $r'(W) > 0$, und damit folgt aus (3-58)

$$\upsilon'_s[W_s] < \upsilon'_b[W_b - r(W)] . \tag{3-59}$$

Handelt es sich dagegen um ein **inferiores** unersetzliches Gut, gilt $r'(W) < 0$ und damit wegen (3-58)

$$\upsilon'_s[W_s] > \upsilon'_b[W_b - r(W)] . \tag{3-60}$$

Im Grenzfall eines Gutes **ohne Vermögenseffekt** [$r'(W) = 0$], gilt

$$\upsilon'_s[W_s] = \upsilon'_b[W_b - r(W)] . \tag{3-61}$$

Unterstellt man, dass Leben, Gesundheit etc. normale Güter sind, steigt die Lösegeldsumme mit dem Vermögen, d.h. $r'(W) > 0$. Falls nun Versicherungsschutz für den Vermögenswert des Gutes zu fairen Prämien zur Verfügung steht, kann das Individuum entlang der Versicherungslinie Vermögen tauschen, und seine Budgetrestriktion lautet:

$$W = \pi W_{s,0} + (1-\pi)W_{b,0} = \pi W_s + (1-\pi)W_b , \tag{3-62}$$

wobei $\pi$ die Schadeneintrittswahrscheinlichkeit, $W_{j,0}$ ($j = s,b$) das jeweilige Anfangsvermögen und $W_j$ das Endvermögen in den beiden Zuständen messen. Dabei wird unterstellt, dass die **Anfangsvermögen unterschiedlich** sind. Handelt es sich bei dem fraglichen Gut z.B. um den rechten Arm des Individuums, dann ist $W_{b,0}$ um jenen Betrag grösser als $W_{s,0}$, welcher der finanziellen Einbusse des Verdienstpotentials (materieller Schaden) durch den Verlust des rechten Arms entspricht. Das Entscheidungsproblem lautet nun: Maximiere durch Wahl von $W_s$ und $W_b$

$$EU(W) = \pi\upsilon_s(W_s) + (1-\pi)\upsilon_b(W_b) ,$$

NB: $W = \pi W_{s,0} + (1-\pi)W_{b,0} = \pi W_s + (1-\pi)W_b .$ \hfill (3-63)

## 3.5 Theorie der Versicherungsnachfrage

Die optimale Lösung verlangt die im vorhergehenden Abschnitt [Gleichung (3-53)] hergeleitete Gleichheit der Grenznutzen zusätzlichen unsicheren Vermögens in den beiden Zuständen:

$$v'_s[W_s^*] = v'_b[W_b^*]. \tag{3-64}$$

Dies gilt für $W_s^*, W_b^* > 0$, wobei $W_s^* - W_{s,0} = -(1-\pi)/\pi \cdot (W_b^* - W_{s,0})$ und damit $W_b^* = (W_{s,0} - \pi W_s^*)/(1-\pi)$ (vgl. Abbildung 3.10) und $\{W_b^*, W_s^*\}$ die optimalen Lösungen kennzeichnen, die eindeutig sind, aber von $r'(W)$ abhängen.

Im Optimum muss also wieder die Steigung der Indifferenzkurve gleich der Steigung der Tauschlinie (bzw. der Versicherungslinie; vgl. Abbildung 3.10) sein. Je nach dem Wert von $r'(W)$ ergeben sich nun verschiedene Möglichkeiten.

(a) Für den **Grenzfall** $r'(W) = 0$ implizieren Gleichungen (3-61) und (3-64), dass

$$W_b^* = W_s^* - r[W_s^*], \text{ bzw. } W_s^* - W_b^* = r[W_s^*]. \tag{3-65}$$

Das Individuum kauft **Vollversicherung** in dem Sinne, dass auch die Lösegeldsumme abgedeckt wird. Damit gilt $v_s[W_s^*] = v_b[W_b^*]$, d.h. das Individuum ist indifferent gegenüber den Zuständen. Definiert man die **Sicherheitslinie** als den (jetzt im allgemeinen nichtlinearen) geometrischen Ort jener Prospekte, für die das Individuum indifferent zwischen den beiden Zuständen ist, so dass $v_s[W_s^*] = v_b[W_b^*]$, ergibt sich die Lösung $C^*$ der Abbildung 3.10(a).

(b) Ist das unersetzbare Gut ein **normales Gut**, dann gilt $r'(W) > 0$, und die Gleichungen (3-59) und (3-64) implizieren, dass

$$W_b^* > W_s^* - r[W_s^*] \text{ bzw. } W_s^* - W_b^* < r[W_s^*]. \tag{3-66}$$

In diesem Fall wählt das Individuum **weniger als Vollversicherung** [vgl. Teil (b) der Abbildung 3.10]. Denn wenn Versicherungsdeckung zu fairen Prämien zu kaufen ist, dann ist die Steigung der Indifferenzkurve entlang der Sicherheitslinie $[v_s(W_s) = v_b(W_b)]$ betragsmässig stets grösser als die Steigung der Versicherungslinie, weil der Grenznutzen im Schadenfall niedriger ist als im Nichtschadenfall.

Folglich liegt der Tangentialpunkt von Indifferenzkurve und Versicherungslinie irgendwo unterhalb der Sicherheitslinie. Da Punkt $C^{**}$ in Abbildung 3.10(b) oberhalb der 45°-Linie liegt, zeigt er die Situation, in der das Individuum volle Deckung des finanziellen Verlusts, aber nur **Teildeckung der Lösegeldsumme** wünscht.

(c) Ist der Vermögenseffekt **hinreichend gross**, insbesondere wenn gilt [vgl. (3-58)]

$$r'[W_s^*] = \frac{1 - v'_s[W_s^*]}{v'_b[W_s^* - r[W_s^*]]} \gg 0,$$

**Abbildung 3.10** Versicherung bei unersetzlichen Gütern

(a) Neutraler Vermögenseffekt $r'(W) = 0$, Vollversicherung

(b) Positiver Vermögenseffekt, $r'(W) > 0$, Unterversicherung des immateriellen Schadens

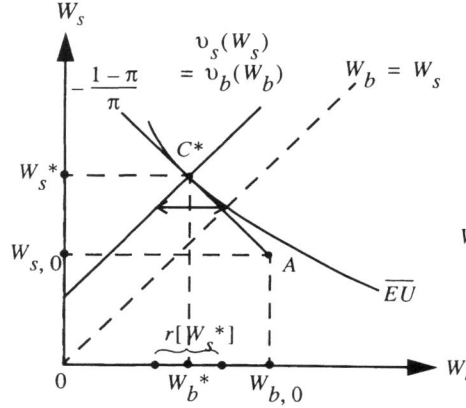
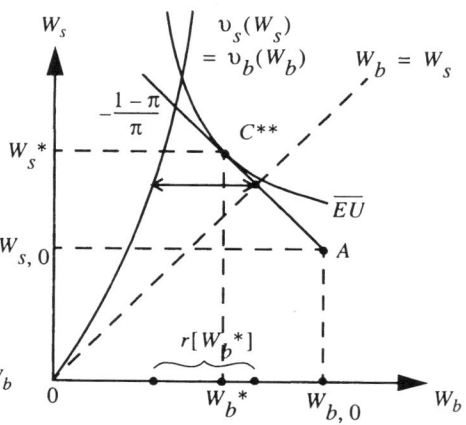

(c) Stark positiver Vermögenseffekt, $r'(W) \gg 0$, Nichtversicherung des immateriellen Schadens

(d) Stark negativer Vermögenseffekt, $r'(W) \gg 0$, Wetten auf Eintritt des immateriellen Schadens

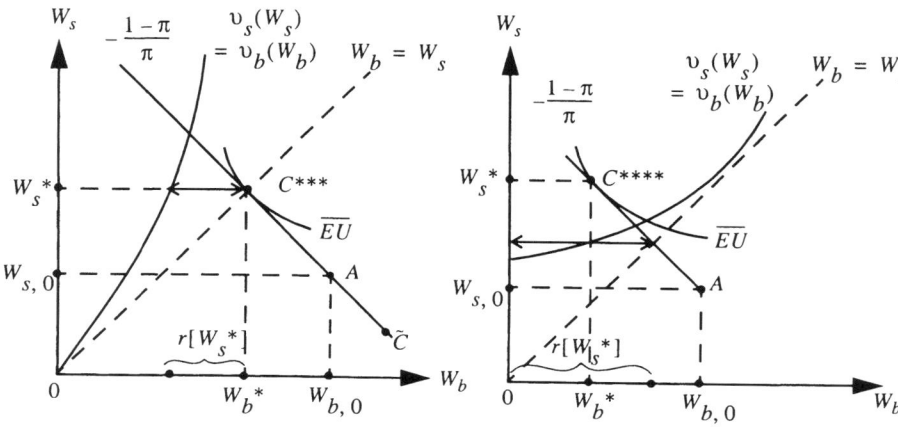

dann ist $\upsilon'_s[W_s^*] = \upsilon'_b[W_s^*]$, und das Individuum versichert nur noch die **finanzielle Einbusse** aus dem Verlust des unersetzlichen Gutes ($W_b^* = W_s^*$). Das Individuum wählt dann den Punkt $C^{***}$ der Abbildung 3.10(c). Ein Haushaltsvorstand würde etwa (Risiko-) Lebensversicherungen für jedes Haushaltsmitglied nur in dem Umfange nachfragen, wie es dem (finanziellen) Nettobeitrag der Mitglieder zum Haushaltseinkommen entspricht (plus eventuelle Beerdigungskosten).

Noch grössere Werte von $r'(W) > 0$ bedeuten, dass der Grenznutzen zusätzlichen Vermögens besonders stark absinkt, wenn das unersetzliche Gut verloren geht. Dies führt dazu, dass das Individuum sogar weniger als den finanziellen Verlust versichert, sondern vielmehr auf den Eintritt des Zustands $s$ wettet [vgl. Punkt $\tilde{C}$ in Abbildung 3.10(c)].

(d) Ist das unersetzliche Gut ein **inferiores Gut** $[r'(W) < 0]$, dann folgt aus (3-60) und der Optimalbedingung (3-64), dass

$$W_b^* < W_s^* - r[W_s^*] \quad \text{bzw.} \quad W_s^* - W_b^* > r[W_s^*]. \tag{3-67}$$

In diesem Fall wählt das Individuum **Überversicherung** und zieht damit den Zustand $s$ dem Zustand $b$ vor, denn $\upsilon_s[W_s^*] > \upsilon_b[W_b^*]$; vgl. Punkt $C^{****}$ der Abbildung 3.10(d). Die Steigung der Indifferenzkurve ist auf der Gewissheitsgeraden betragsmässig geringer als die Steigung der Versicherungslinie. Deshalb muss der Tangentialpunkt von Indifferenzkurve und Versicherungslinie oberhalb der Sicherheitslinie liegen.

Berücksichtigt man wieder, dass Versicherungsschutz üblicherweise nur mit **Zuschlägen** erhältlich ist, dann ist die tatsächliche Nachfrage nach Versicherungsdeckung durchweg geringer als die hier abgeleitete Menge. Dies wird aus dem nachstehenden Abschnitt hervorgehen.

**Folgerung 3.6**  Das Ergebnis hinsichtlich der Versicherungsnachfrage hängt bei unersetzlichen Gütern wesentlich von der subjektiven Beurteilung des immateriellen Verlustes ab. Daher kann die Versicherungsdeckung den vollen immateriellen Schaden oder nur den finanziellen Schaden umfassen oder gar eine Wette auf das Eintreten des immateriellen Schadens sein.

## 3.6 Versicherungsnachfrage bei Abweichungen von der fairen Prämie

### 3.6.1 Optimale Versicherungsdeckung bei unfairer Prämie

Es gibt verschiedene Gründe dafür, dass die Versicherungsprämien in der Regel unfair sind: Einerseits muss das VU zumindest die anfallenden Betriebs- und Vertriebskosten decken, andererseits läuft das VU auch Gefahr, in Konkurs zu gehen, wenn es nicht einen Sicherheitszuschlag (engl. contingency charge, safety loading) erhebt (vgl. dazu Abschnitt 6.1.3).

(1) Erhebt das VU nun einen **prozentualen Zuschlag** $\lambda$ zur fairen Prämie (die nur gerade den Erwartungsschaden deckt)[6], dann muss der VK je GE zusätzlicher Deckung mehr Prämie bezahlen. Oder umgekehrt formuliert, der VK erhält **weniger Deckung** für eine zusätzliche GE aufgewendeter Prämie. Für ein gegebenes Opfer im schadenfreien Zustand 2 erhöht die Versicherung sein Vermögen im Schadenzustand 1 um einen geringeren Betrag. In der Abbildung 3.11 verringert sich die absolute Steigung der Tauschgeraden (bzw. Versicherungslinie), mit der Folge, dass es dann – fast immer – nicht mehr optimal ist, sich voll zu versichern. Vielmehr wird in der Regel **Unterversicherung** gewählt, d.h. $I^* < L$, vgl. Punkt $C^{**}$.

**Abbildung 3.11** Optimaler Versicherungsschutz bei unfairer Prämie

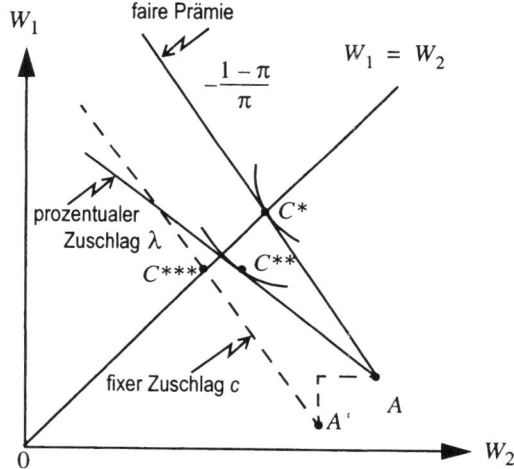

(2) Das VU könnte aber auch einen **fixen Zuschlag** $c$ zur fairen Prämie erheben, so dass $P = \pi L + c$. Aus der Abbildung 3.11 geht hervor, dass ein fixer Zuschlag die Entscheidung des VK nicht verändert (Punkt $C^{***}$), wenn er überhaupt noch Versicherungsdeckung kauft. Keine Versicherung würde mehr nachgefragt, wenn der Zuschlag $c$ die Versicherungslinie so weit nach unten verschiebt, dass die noch tangierte Indifferenzkurve unterhalb von $A$ (dem Ausgangspunkt) verläuft. In Abbildung 3.12 sind dann zu vergleichen Punkt $A$ (keine Versicherung) und Punkt $\tilde{C}$ (Vollversicherung zu einer Prämie mit hohem fixem Zuschlag $c$). Hier liegt $A$ auf einer höherwertigen Indifferenzkurve ($\overline{EU}$) als $\tilde{C}$ (auf $\underline{EU}$): der **Verzicht auf Versicherungsdeckung** ist optimal.

---

6. Im Versicherungsjargon wird die faire Prämie auch häufig "reine Risikoprämie" genannt, in Abweichung von der Definition in Abschnitt 3.5.1.

## 3.6 Versicherungsnachfrage bei Abweichungen von der fairen Prämie

Für die Kombination der beiden Zuschläge kann man die beiden Ergebnisse zusammenfassen: Wenn überhaupt noch Versicherung nachgefragt wird, ist es optimal, keine Vollversicherung mehr zu kaufen.

**Abbildung 3.12** Verzicht auf Versicherungsschutz infolge zu hohen fixen Zuschlags zur Prämie

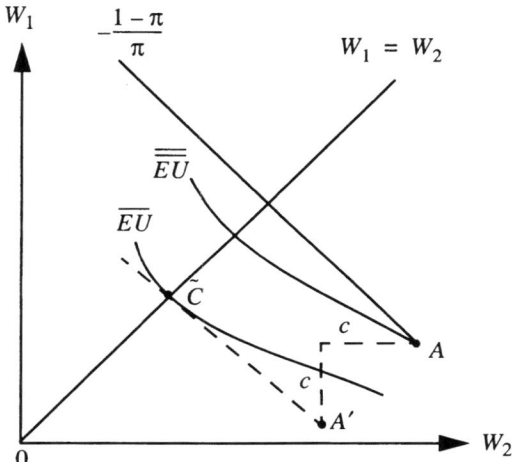

Tabelle 3.2 gibt eine Übersicht über die üblichen Prämienfunktionen und deren Auswirkungen auf die Versicherungsnachfrage. Dabei kann sich Unterversicherung in zwei verschiedenen Formen ergeben, entweder als Selbstbehalt oder Abzugsfranchise (engl. deductible) oder als Selbstbeteiligung (engl. coinsurance). Der Unterschied zwischen diesen beiden Formen ist der, dass als **Selbstbehalt** ein Betrag $D$ definiert wird, unterhalb dessen das VU keine Entschädigung leistet. Oberhalb von $D$ bezahlt es den Schaden abzüglich des Selbstbehalts[7] $D$. Unter **Selbstbeteiligung** wird dagegen eine prozentuale Regel verstanden: Von jedem Schaden $L$ wird nur $\alpha L$ $(0 < \alpha \leq 1)$ als Entschädigung gewährt.

In der einschlägigen Literatur zur Theorie der optimalen Nachfrage nach Versicherungsdeckung wird üblicherweise nur der Selbstbehalt (engl. deductible) oder die Selbstbeteiligung (engl. coinsurance) betrachtet, bei vorgegebener Prämienfunktion und/oder Vertragsform [vgl. etwa bei *Arrow* (1963), *Mossin* (1968), oder *Smith* (1968)]. Solange jedoch der VK keine Wahl der Prämienfunktion oder der Vertragsform hat, kann er vielfach nur eine **"second-best" - Lösung** erreichen (vgl. dazu Abschnitt 3.6.2).

---

7. *Doherty* (1975, 451) unterscheidet hiervon noch die Franchise, wobei in diesem Falle die Versicherung den vollen Schaden entschädigt für Schäden, die den Selbstbehalt übersteigen. In der deutschen Literatur nennt man dies eine Integralfranchise, während der obige Fall eines Selbstbehalts der Abzugsfranchise entspricht.

**Tabelle 3.2**   Prämienfunktion und individuelle Versicherungsnachfrage

| Prämienstruktur | Prämienhöhe | Individuelle Versicherungsnachfrage |
|---|---|---|
| Reine Risikoprämie (faire Prämie) | $P = EL = \pi \cdot L$ | Vollversicherung |
| Prämie mit proportionalem Zuschlag | $P = (1 + \lambda)\pi \cdot L$ | Abzugsfranchise (Selbstbeteiligung) |
| Prämie mit fixem Zuschlag | $P = \pi \cdot L + c$ | Vollversicherung oder keine Versicherung |
| Kombinationsprämie | $P = (1 + \lambda')\pi \cdot L + c'$ | Abzugsfranchise (Selbstbeteiligung) oder keine Versicherung |

$L$: Schaden (engl. loss), $\lambda < \lambda'$ und $c > c'$

Im Folgenden soll die Vertragsform als vorgegeben gelten. Wählt der VK eine **Selbstbeteiligung**, dann bekommt er von jedem Schaden $L$ den Teil $\alpha L$ ersetzt; $\alpha$ ist damit der Deckungsgrad. Solange die Prämie keine fixen Zuschläge enthält, beträgt sie auch nur einen Bruchteil der Prämie für volle Deckung, also $\alpha P$. Für den Erwartungsnutzen ergibt sich dann

$$EU(W) = \pi \cdot \upsilon[W_0 - L + \alpha L - \alpha P] + (1 - \pi) \cdot \upsilon[W_0 - \alpha P]. \qquad (3\text{-}68)$$

Hat die Prämie einen **proportionalen Zuschlag** $\lambda$, ergibt sich die Prämie mit $P = \alpha \pi L(1 + \lambda)$ und der Erwartungsnutzen mit

$$EU(W) = \pi \upsilon[W_0 - L + \alpha L - \alpha \pi L(1 + \lambda)] + (1 - \pi)\upsilon[W_0 - \alpha \pi L(1 + \lambda)]. \qquad (3\text{-}69)$$

Für die Bedingung erster Ordnung für ein Maximum hinsichtlich $\alpha$ erhält man

$$\begin{aligned}\frac{\partial EU}{\partial \alpha} &= \pi\{L - \pi L(1 + \lambda)\}\upsilon'[1] - (1 - \pi)(1 + \lambda)\pi L \cdot \upsilon'[2] \\ &= -\pi\{(1 + \lambda)\pi - 1\} \cdot L \cdot \upsilon'[1] - (1 - \pi)(1 + \lambda)\pi L \cdot \upsilon'[2] = 0,\end{aligned} \qquad (3\text{-}70)$$

mit $\upsilon'[j]$ = Grenznutzen des Vermögens im Zustand $j$ ($j = 1, 2$) und $W_1 := W_0 - L + \alpha L - \alpha \pi L(1 + \lambda)$ und $W_2 := W_0 - \alpha \pi L(1 + \lambda)$.

Aus (3-70) folgt $-\{(1 + \lambda)\pi - 1\}\pi L \cdot \upsilon'[1] = (1 - \pi)(1 + \lambda)\pi L \cdot \upsilon'[2]$, was nach Division durch $\pi L$ ergibt

$$\frac{v'[1]}{v'[2]} = -\frac{(1-\pi)(1+\lambda)}{(1+\lambda)\pi - 1} = -\frac{1-\pi}{\pi - 1/(1+\lambda)}.\qquad(3\text{-}71)$$

Die linke Seite von (3-71) ist im Absolutbetrag $> 1$ für $\pi < 0{,}5 + 0{,}5/(1+\lambda)$.

Die Bedingung (3-71) ist demnach für realistische Werte von $\pi$ nur erfüllt, wenn $v'[1] > v'[2]$. Bei konkaver Nutzenfunktion bedeutet dies, dass das Endvermögen im Zustand 1 kleiner ist als im Zustand 2. Mit anderen Worten: **Unterversicherung ist in der Regel optimal**.

Ist der Zuschlag **unabhängig** vom Erwartungswert des **Schadens** ($P = \alpha \pi L + c$ und damit $\lambda = 0$), ergibt sich für die Bedingung erster Ordnung bezüglich $\alpha$ aus (3-70):

$$\frac{\partial EU}{\partial \alpha} = \pi(1-\pi)\cdot L \cdot v'[1] - \pi(1-\pi)\cdot L \cdot v'[2] = 0 \qquad(3\text{-}72)$$
$$\Rightarrow v'[1]/v'[2] = 1.$$

Dies bedeutet **Vollversicherung**. Wie aus der Abbildung 3.12 hervorgeht, ist es durchaus möglich, dass keine Versicherung mehr nachgefragt wird, sich also kein inneres Optimum ergibt. Der Zuschlag $c$ entspricht offensichtlich einer "Kopfsteuer", die für alle VK gilt, der man aber ausweichen kann, wenn man keine Versicherung kauft. An der Stelle $\alpha = 0$ wird die Erwartungsnutzenfunktion diskontinuierlich. Die optimale Lösung ist dann entweder Vollversicherung ($\alpha = 1$) oder die Ecklösung ($\alpha = 0$), wo keine Versicherung mehr gekauft wird.

**Folgerung 3.7**   Ist der VK risikoavers und ist die Versicherungsprämie (notwendigerweise) unfair, ist bei proportionalem Zuschlag Unterversicherung optimal. Ist der Zuschlag fix, wird entweder Vollversicherung oder gar keine Versicherung gewählt.

Darüber hinaus kann man zeigen, dass dann, wenn zwei Individuen dieselbe Schadenwahrscheinlichkeit aufweisen, aber Individuum Nr. 2 **mindestens so risikoavers** wie Nr. 1 ist, Nr. 2 **mindestens so viel Versicherungsdeckung** nachfragen wird wie Nr. 1. Dazu muss man wissen, dass sich die (absolute) Risikoaversion in der Kurvatur der Indifferenzkurve ausdrückt [vgl. *Eisen* (1979, 44) für die Herleitung]. Aufgrund der Gleichung (3-43) des Abschnitts 3.5.1 ist dies intuitiv einsichtig: Wenn die Steigung der Indifferenzkurve durch das (gewichtete) Grenznutzenverhältnis $(v'[2])/(v'[1])$ gegeben ist, muss die Kurvatur, die ja die Veränderung dieser Steigung als Funktion von $W_2$ anzeigt, Terme in $v''[1]$ und $v''[2]$ enthalten. Die zweite Ableitung der Risikonutzenfunktion geht jedoch regelmässig in die Masse der Risikoaversion ein (vgl. Abschnitt 3.2.2).

In der Abbildung 3.13 soll die Prämie unfair sein, also einen prozentualen Zuschlag $\lambda > 0$ enthalten. Die Indifferenzkurve $\overline{EU}_1$ des wenig risikoaversen Individuums Nr. 1 weist an der Sicherheitsgeraden ($W_1 = W_2$) eine Steigung $-(1-\pi)/\pi$ auf, welche im Absolutwert jene der Versicherungslinie übertrifft. Das Optimum für diesen VK Nr. 1 liegt bei $C^*$. Individuum Nr. 2 ist mehr risikoavers, entsprechend weist seine Indifferenzkurve

**Abbildung 3.13** Versicherungsnachfrage und Risikoaversion

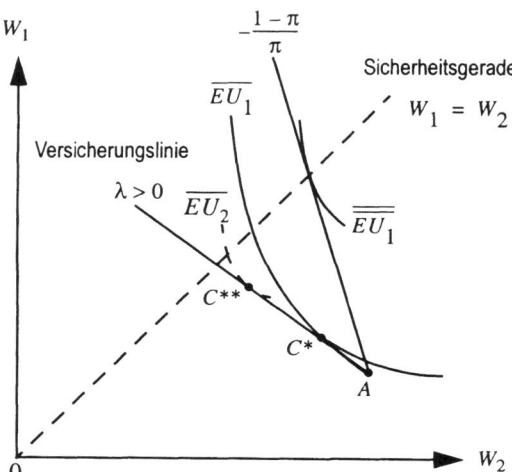

$\overline{EU}_2$ eine **stärkere Krümmung** auf. Ausgehend von der gleichen Steigung $-(1-\pi)/\pi$ an der Sicherheitsgeraden, führt dessen Indifferenzkurve zum Optimum $C^{**}$. Es ist ersichtlich, dass $C^{**}$ stets näher an der Sicherheitsgeraden liegen wird als $C^*$, d.h. das stärker risikoaverse Individuum Nr. 2 wählt eine höhere Versicherungsdeckung.

**Folgerung 3.8**   Je ausgeprägter die Risikoaversion eines Individuums, desto höher fällt ceteris paribus seine optimale Versicherungsdeckung und damit seine Versicherungsnachfrage aus.

### 3.6.2 Versicherungsnachfrage in Abhängigkeit von Preis und Vermögen

Was passiert mit der Versicherungsdeckung, wenn die Prämie und das Vermögen variieren? Dies sind zwei zentrale Fragen der Theorie der Versicherungsnachfrage, und sie führen zum einen zur **Preis-Nachfragefunktion** und zum anderen zur **Vermögens-Nachfragefunktion**. Dabei wird die Versicherungsnachfrage durch das Niveau das Versicherungsdeckung $\alpha$ und der Preis durch den Prämiensatz $p$ (der vom Prämienzuschlag $\lambda$ abhängt) genähert.

Ausgangspunkt bildet die Analyse von *Mossin* (1968). Das Vermögen eines VK setze sich zusammen aus seinem sonstigen Vermögen ($W_A$) und seinem risikobehafteten, aber versicherbaren Vermögen ($W_V$). Man kann hier etwa an ein Haus denken, das gegen Feuer versichert wird, während das sonstige Vermögen als Wertschriften auf der Bank liegt und somit nicht verbrennen kann, dafür aber auch nicht Gegenstand der Versicherung sein kann. Der mögliche Schaden sei $L = W_V$, also derart, dass mit Wahrscheinlichkeit $\pi$ das Haus völlig zerstört wird, mit Wahrscheinlichkeit $1 - \pi$ aber intakt bleibt. Der erwartete

## 3.6 Versicherungsnachfrage bei Abweichungen von der fairen Prämie

Schaden ist folglich $\pi \cdot W_V$. Dieser kann zur Prämie $P = p \cdot W_V$ versichert werden, wobei $p$ der **Prämiensatz** ist (also: soundsoviel GE Prämie je 1000 GE Versicherungssumme, vgl. Abschnitt 1.5.2). Der VK hat nun zu entscheiden, wieviel Versicherungsschutz (Grad an Versicherungsdeckung) er kaufen möchte. Wählt er einen Bruchteil $\alpha$ an Versicherungsdeckung, dann beträgt die Prämie nur $\alpha P$, die Entschädigung aber auch nur $\alpha L$, wenn der Schaden $L$ eintritt.

Das jeweilige **Endvermögen** des VK beträgt somit im Zustand mit Schaden $W_A + W_V - \alpha p W_V - L + \alpha L$, im Zustand ohne Schaden dagegen $W_A + W_V - \alpha p W_V$. Die Risikonutzenfunktion lautet somit

$$U(W) = \pi \upsilon[W_A + W_V - \alpha p W_V - L + \alpha L] + (1-\pi)\upsilon[W_A + W_V - \alpha p W_V]$$

$$= \pi \upsilon[1] + (1-\pi)\upsilon[2], \text{ mit}$$

$$\upsilon[1]: \upsilon[W_A + W_V - \alpha p W_V - L + \alpha L];$$

$$\upsilon[2]: \upsilon[W_A + W_V - \alpha p W_V]. \tag{3-73}$$

Das Problem besteht darin, jenen Wert von $\alpha$ ($0 \leq \alpha \leq 1$) zu bestimmen, der den Erwartungsnutzen aus dem Endvermögen maximiert[8].

$$\frac{\partial EU}{\partial \alpha} = \pi \upsilon'[1](-pW_V + L) + (1-\pi)\upsilon'[2](-pW_V)$$

$$= \pi \upsilon'[1](L - pW_V) - (1-\pi)\upsilon'[2](pW_V) = 0, \tag{3-74}$$

wobei $\upsilon'[1]$ den Grenznutzen des Vermögens im Zustand mit Schaden und $\upsilon'[2]$ den Grenznutzen des Vermögens im Zustand ohne Schaden symbolisieren.

Gibt es eine Lösung $\alpha^*$, dann definiert die Gleichung (3-74) implizit die **Nachfragefunktion nach Versicherungsdeckung**: $\alpha^* = \alpha(p)$.

Um eine weiter gehende Aussage über die optimale Reaktion auf eine Veränderung des Prämiensatzes zu erhalten, wird die notwendige Optimumbedingung (3-74) einer Störung $dp$ ausgesetzt. Da diese Bedingung vor und nach der Störung erfüllt sein muss, heben sich die Wirkungen auf den Erwartungsnutzen in Folge der Störung und der Anpassung an die Störung auf:

$$\frac{\partial^2 EU}{\partial \alpha^2} \cdot d\alpha^* + \frac{\partial^2 EU}{\partial \alpha \partial p} \cdot dp = 0, \tag{3-75}$$

wobei der zweite Summand die Auswirkung der Störung auf den Erwartungsnutzen und der erste Summand die Auswirkung der Anpassung von $\alpha^*$ auf den Erwartungsnutzen wiedergibt. Dies ergibt aufgelöst

---

8. Volle Deckung ($\alpha = 1$) wird nur gewählt, wenn die Versicherungsprämie kleiner oder höchstens gleich dem Erwartungsschaden ist!

$$\frac{d\alpha^*}{dp} = -\frac{\partial^2 EU/\partial\alpha\partial p}{\underbrace{\partial^2 EU/\partial\alpha^2}_{(-)}} < 0, \text{ wenn } \frac{\partial^2 EU}{\partial\alpha\partial p} < 0. \tag{3-76}$$

Da wie üblich $\upsilon'' < 0$, ist der Nenner negativ (was der hinreichenden Bedingung für ein Maximum entspricht). Aufgrund von (3-76) und den Definitionen für die zustandsabhängigen Werte des Vermögens in (3-74) erhält man für die gemischte Ableitung in Gleichung (3-76):

$$\frac{\partial^2 EU}{\partial\alpha\partial p} = \pi\{\upsilon''[1](L-pW_V)(-\alpha W_V) - \upsilon'[1]W_V\}$$
$$- (1-\pi)\{\upsilon''[2](pW_V)(-\alpha W_V) - \upsilon'[2]W_V\}$$
$$= -\pi\upsilon''[1](L-pW_V)(\alpha W_V) + (1-\pi)\upsilon''[2]\alpha pW_V^2 - W_V E\upsilon' \lessgtr 0. \tag{3-77}$$

Verwendet man die Definition des Koeffizienten der absoluten Risikoaversion, $R_A[\cdot] := -\upsilon''[\cdot]/\upsilon'[\cdot] > 0$, so gilt $-\upsilon''[1] = R_A[1] \cdot \upsilon'[1]$, $\upsilon''[2] = -R_A[2] \cdot \upsilon'[2]$. Dann lässt sich Gleichung (3-77) umformen zu

$$\frac{\partial^2 EU}{\partial\alpha\partial p} = \pi \cdot R_A[1] \cdot \upsilon'[1](L-pW_V)(\alpha W_V)$$
$$- (1-\pi) \cdot R_A[2] \cdot \upsilon'[2](\alpha pW_V^2) - W_V E\upsilon'.$$
$$= \alpha W_V \cdot \{\underbrace{\pi \cdot R_A[1] \cdot \upsilon'[1](L-pW_V)}_{(+)}$$
$$\underbrace{- (1-\pi) \cdot R_A[2] \cdot \upsilon'[2]pW_V}_{(-)}\} - W_V E\upsilon'. \tag{3-78}$$

In dieser Gleichung steht der erste Summand für den Vermögenseffekt einer Erhöhung des Prämiensatzes, der positiv oder negativ sein kann. Der zweite Summand ist eindeutig negativ und steht für den Substitutionseffekt. Es lassen sich drei Fälle unterscheiden:

(1) **Konstante absolute Risikoaversion (CARA):** Dies bedeutet $R_A[1] = R_A[2] = R_A$. Nach ausklammern von $R_A$ reduziert sich die geschweifte Klammer auf $\pi \cdot \upsilon'[1](L-pW_V) - (1-\pi)\upsilon'[2]pW_V$, und dieser Ausdruck ist gemäss (3-74) gleich Null. Damit ist das Vorzeichen von (3-78) negativ, und wegen (3-76) gilt $d\alpha^*/dp < 0$. Der Vermögenseffekt des erhöhten Prämiensatzes entfällt, und es bleibt nur der negative Substitutionseffekt übrig. Es kommt zur normalen Reaktion, indem die Versicherungsdeckung reduziert wird.

(2) **Abnehmende absolute Risikoaversion (DARA):** Dies bedeutet $R_A[1] > R_A[2]$, da im schadenfreien Zustand Nr. 2 das Vermögen grösser ist. Es lässt sich die folgende Fallunterscheidung vornehmen:

- **Ein grosser Schaden $L$** im Vergleich zur Grundprämie $pW_V$ lässt den ersten Summanden dominant werden, so dass $\partial^2 EU/\partial\alpha\partial p > 0$ und $d\alpha^*/dp > 0$. Es kommt zur **anomalen Reaktion**, indem der Deckungsgrad $\alpha$ bei erhöhtem Prämiensatz $p$ zunimmt statt zurückzugehen. Dafür ist der Vermögenseffekt eines grossen Schadens verantwortlich; das Vermögen $W_V$ ist gering, was den Grenznutzen des Vermögens im Schadenfall $\upsilon'[1]$ anwachsen lässt.

- Ein **grosses versicherbares Vermögen** $W_V$ lässt die Differenz $(L - pW_V)$ im ersten Summanden gegen Null gehen, während der zweite, negative Summand wegen $W_V \to \infty$ dominant wird, so dass $\partial^2 EU/\partial\alpha\partial p < 0$ und damit $d\alpha^*/dp < 0$. Es kommt zur **normalen Reaktion**, indem die Deckung $\alpha$ bei erhöhtem Prämiensatz $p$ reduziert wird.

- Eine **geringe Eintrittswahrscheinlichkeit das Schadens** $\pi$ lässt den ersten Summanden von (3-78) gegen Null gehen, so dass $\partial^2 EU/\partial\alpha\partial p < 0$ und damit $d\alpha^*/dp < 0$; es kommt wiederum zur **normalen Reaktion** auf die Erhöhung des Prämiensatzes $p$.

- Ein **höherer Ausgangswert des Prämiensatzes** $p$ reduziert die Differenz $(L - pW_V)$ und lässt den ersten Summanden gegen Null gehen, so dass $\partial^2 EU/\partial\alpha\partial p < 0$ und damit $d\alpha^*/dp < 0$. Eine weitere Verteuerung der Versicherungsdeckung führt wiederum zur **normalen Reaktion**.

(3) **Zunehmende absolute Risikoaversion:** Dieser Fall kann mit hoher Wahrscheinlichkeit ausgeschlossen werden (vgl. Abschnitt 3.4).

**Folgerung 3.9**     Der optimale Deckungsgrad und damit die Nachfrage nach Versicherung geht mit steigendem Prämiensatz namentlich dann zurück, wenn das Individuum konstante absolute Risikoaversion aufweist, über hohes versicherbares Vermögen verfügt, wenn die Eintrittswahrscheinlichkeit das Schadens gering ist oder der Prämiensatz in der Ausgangssituation bereits hoch war.

Um die Versicherungsnachfrage in Abhängigkeit vom **Vermögen** zu erhalten, muss die notwendige Bedingung für ein Optimum [Gleichung (3-74)] durch eine Veränderung $dW_A$ gestört werden (das versicherte Vermögen $W_V$ bleibt also konstant). Die Auflösung des entsprechenden totalen Differentials ergibt in voller Analogie zu Gleichung (3-76)

$$\frac{d\alpha^*}{dW_A} = -\frac{\partial^2 EU/\partial\alpha\partial W_A}{\partial^2 EU/\partial\alpha^2} > 0, \text{ wenn } \frac{\partial^2 EU}{\partial\alpha\partial W_A} > 0. \qquad (3\text{-}79)$$

Die gemischte zweite Ableitung lautet diesmal

$$\frac{\partial^2 EU}{\partial \alpha \partial W_A} = \pi \cdot \upsilon''[1](L - pW_V) + 0 - (1 - \pi) \cdot \upsilon''[2]pW_V + 0$$

$$= \pi \cdot \upsilon''[1](L - pW_V) - (1 - \pi) \cdot \upsilon''[2]pW_V.$$

$$\phantom{= \pi \cdot \upsilon''[1]}(-)\phantom{(L - pW_V) - (1 - \pi) \cdot}(+) \tag{3-80}$$

Die Verwendung von $R_A[1] := -\upsilon''[1]/\upsilon'[1]$ und $R_A[2] := -\upsilon''[2]/\upsilon'[2]$ ergibt

$$\frac{\partial^2 EU}{\partial \alpha \partial W_A} = -\pi \cdot R_A[1] \cdot \upsilon'[1](L - pW_V) + (1 - \pi) \cdot R_A[2] \cdot \upsilon'[2]pW_V \gtrless 0.$$

$$\phantom{= -\pi \cdot R_A[1]}(-)\phantom{\cdot \upsilon'[1](L - pW_V) + (1 - \pi)}(+) \tag{3-81}$$

Wiederum lassen sich drei Fälle unterscheiden.

(1) **Konstante absolute Risikoaversion (CARA)**: Dies bedeutet $R_A[1] = R_A[2] = R_A$. Ausklammern von $R_A$ ergibt wieder die notwendige Optimumbedingung (3-74), und der Ausdruck (3-81) wird Null. Es kommt zu keinem Vermögenseffekt und damit **keiner** Reaktion der Deckung auf die Zunahme des anderen, nicht versicherten Vermögens.

(2) **Abnehmende absolute Risikoaversion (DARA)**: Dies bedeutet $R_A[1] > R_A[2]$. Die folgende Fallunterscheidung ist angebracht.

- Ein **grosser Schaden** $L$ im Vergleich zum versicherten Vermögen $W_V$ lässt den ersten Summanden dominant werden, so dass $\partial^2 EU/\partial \alpha \partial W_0 < 0$ und damit $d\alpha^*/dW_0 < 0$. Dies bedeutet eine **anomale** Reaktion, da die Nachfrage nach Versicherungsschutz mit zunehmendem Vermögen zurückgeht.

- Ein **grosses versicherbares Vermögen** $W_V$ in der Ausgangslage senkt den Wert des negativen ersten Summanden der Gleichung (3-81) und steigert den Wert des positiven zweiten Summanden. Dies begünstigt das Ergebnis $\partial^2 EU/\partial \alpha \partial W_0 > 0$ und damit die **normale** Reaktion $d\alpha^*/dW_0 > 0$.

- Eine **geringe Eintrittswahrscheinlichkeit** $\pi$ des Schadens senkt ebenfalls den Wert des negativen ersten Summanden und begünstigt damit $\partial^2 EU/\partial \alpha \partial W_0 > 0$ und die **normale** Reaktion $d\alpha^*/dW_0 > 0$.

- Ein **hoher Ausgangswert des Prämiensatzes** $p$ senkt ebenfalls den Wert des negativen ersten Summanden und steigert den Wert des positiven zweiten Summanden. Dies begünstigt $\partial^2 EU/\partial \alpha \partial W_0 > 0$ und damit die **normale** Reaktion $d\alpha^*/dW_0 > 0$.

(3) **Zunehmende absolute Risikoaversion**: Dieser Fall kann wiederum mit hoher Wahrscheinlichkeit ausgeschlossen werden (vgl. Abschnitt 3.4).

**Folgerung 3.10**  Geht es um die Deckung grosser Schäden bei kleinem versicherbarem Vermögen, ist bei abnehmender absoluter Risikoaversion ein Rückgang der Nachfrage nach Versicherungsdeckung als Reaktion auf ein steigendes Vermögen nicht auszuschliessen. Im übrigen nimmt die Nachfrage nach Versicherung mit steigendem nichtversichertem Vermögen zu.

Diese Folgerung ist in einem gewissen Sinne irritierend, denn Versicherung könnte unter Umständen ein **inferiores** Gut, ja sogar ein **Giffen-Gut** sein. Allerdings wäre zu berücksichtigen, dass mit steigendem Vermögen auch das Risiko (etwa die Grösse des möglichen Schadens) steigt, was den Koeffizienten der **relativen** Risikoaversion zum relevanten Parameter machen würde. Es lässt sich zeigen, dass konstante relative Risikoaversion mit einem konstanten Anteil des gesicherten Vermögens am Gesamtvermögen einhergeht (vgl. Abschnitt 3.4). Bei konstantem Koeffizienten der relativen Risikoaversion müsste der Anteil der Versicherungsausgaben am Vermögen mit steigendem Vermögen gleich bleiben. Daraus folgt unter plausiblen Bedingungen, dass die Einkommenselastizität der Nachfrage nach Versicherung grösser als 1 ist, Versicherung also ein **Luxusgut** ist[9].

Aber: Bei der Entscheidung über einen Versicherungskauf geht es im Prinzip um die Aufteilung eines Geldbetrages auf verschiedene alternative Formen der finanziellen Vorsorge, zu denen neben der Versicherung insbesondere das Sparen gehört. Dabei hat das Sparen (soweit das Vorsichtsmotiv betroffen ist) den Vorteil, dass der Konsumverzicht heute in allen Zuständen zu einem höheren Endvermögen in Zukunft führt, während der Konsumverzicht für die Versicherungsprämie **nur im Schadenfall** ein höheres Endvermögen garantiert. Mit steigendem Endvermögen könnten die Opportunitätskosten des Sparens durchaus zurückgehen, mit der Folge, dass die Versicherung zunehmend durch Sparen als Instrument der finanziellen Vorsorge substituiert wird. Ob dies so geschieht, müsste mit der Veränderung der Risikoaversion im Vergleich mit der Veränderung der Opportunitätskosten des Sparens im Zuge wachsenden Vermögens zusammenhängen. Während also finanzielle Vorsorge als Ganzes sehr wohl ein normales Gut sein dürfte, lässt sich theoretisch die Möglichkeit nicht ganz ausschliessen, dass die Versicherung selbst ein inferiores Gut und möglicherweise sogar ein Giffen-Gut darstellt [vgl. dazu *Eeckhoudt*, *Meyer* und *Ormiston* (1997)].

---

9. Die Verbindung zwischen der Vermögenselastizität der Prämienausgaben $e(P, W)$ und ihrer Einkommenselastizität $e(P, Y)$ lässt sich wie folgt herstellen. Nach Erweiterung erhält man

$$e(P, Y) = \frac{\partial P}{\partial Y} \cdot \frac{Y}{P} = \frac{\partial P}{\partial W} \cdot \frac{\partial W}{\partial Y} \cdot \frac{W}{P} \cdot \frac{Y}{W} = e(P, W) \cdot e(W, Y) \ .$$

Bei konstantem Anteil der Versicherungsausgaben am Vermögen gilt $e(P, W) = 1$, während der Umstand, dass die Vermögenskonzentration ausgeprägter ist als die Einkommenskonzentration, für $e(W, Y) > 1$ spricht. Zusammen ergibt sich $e(P, Y) > 1$.

### 3.6.3 Pareto-optimale Versicherungsverträge

Neben der Selbstbeteiligung unterscheiden Theorie und Praxis noch den Selbstbehalt bzw. die Franchise. Wie schon in Abschnitt 3.6.1 erwähnt, konnte der VK bis anhin nur die optimale Versicherungsdeckung wählen **gegeben** die Form des Versicherungsvertrags. Allerdings hat schon *Arrow* [1963, Appendix; siehe auch *Arrow* (1974)] auf die Frage der optimalen Form des Versicherungsvertrags hingewiesen.

Ausgangspunkt ist eine steigende Kostenfunktion $C(I)$ für die Versicherungsleistung $I \geq 0$ des VU. Diese Kosten sollen die Versicherungsleistung $I$ selbst und alle zusätzlichen Kosten der Verwaltung umfassen. Ein Pareto-effizienter Versicherungsvertrag $\{I(\cdot), P(I)\}$ ist dann gegeben durch die Lösung des folgenden Entscheidungsproblems:

Max  $EU(W)$  mit  $W = W_0 - P - L + I(L)$

NB: (a)  $EV(W_U{}^*) = V[W_U]$  und  $W_U{}^* = W_U + P - C(I(L))$

   (b)  $0 \leq I(L) \leq L$

(3-82)

Dabei steht $EU(W)$ für den Erwartungsnutzen des VK, $W_U$ für das Vermögen des VU **vor** Abschluss des Versicherungsvertrags, $W_U{}^*$ für das Vermögen des VU **nach** Abschluss des Versicherungsvertrags und $EV(W_U{}^*)$ für den Erwartungsnutzen des VU. Die Nebenbedingung (a) besagt, dass das VU nach Abschluss des Vertrags im Erwartungswert (mindestens) so gut gestellt sein muss wie vor dem Abschluss. Die Schadenvariable $L$ habe eine kontinuierliche kumulative Schadenverteilung $F_L(\cdot)$ über das Intervall $[0, M]$.

Ist das VU risikoneutral ($EV = V$) und die Kostenfunktion linear [$C(I) = (1+\lambda)\pi I$], dann folgt aus der Nebenbedingung (a) die Standardformel für die Prämie: $P = (1+\lambda)E[I(L)]$. *Arrow* (1974) zeigt, dass die Pareto-effiziente Entschädigungsfunktion eine Abzugsfranchise $D \in [0, M]$ enthält, so dass

$$I^*(L) = \min\{L - D, 0\}.$$ (3-83)

Die effiziente Entschädigung bzw. Versicherungsleistung beträgt Null, so lange der Schaden kleiner ist als die vereinbarte feste Franchise ($L - D < 0$). Ab jener Schwelle ($L - D = 0$, d.h. $L = D$) steigt sie im Gleichschritt mit dem Schaden an, vermindert lediglich um den (festen) Selbstbehalt. Dieses Ergebnis wurde von *Raviv* (1979) verallgemeinert:

(1) Ist das VU **risikoneutral** und die Kostenfunktion linear (mit $\lambda > 0$), dann ist der Pareto-effiziente Versicherungsvertrag ein Vertrag mit positiver Abzugsfranchise $D$.

(2) Ist das VU **strikt risikoavers** und die Kostenfunktion **linear** (mit $\lambda > 0$), dann ist der Pareto-optimale Versicherungsvertrag gekennzeichnet durch eine **Selbstbeteiligung** oberhalb einer nicht-negativen Abzugsfranchise $D$, d.h.

$I^*(L) = 0$ für $L \leq D$, $D \geq 0$;
$0 < I^*(L) < L$ für $L > D$, mit $0 < I'(L) < 1$.

**(3)** Ist das VU **risikoneutral** und die Kostenfunktion **konvex**, d.h. $C'' > 0$, dann enthält der Pareto-effiziente Versicherungsvertrag eine Selbstbeteiligung oberhalb einer (strikt positiven) Abzugsfranchise.

Tatsächlich weisen marktgängige Verträge öfters eine Abzugsfranchise und eine Selbstbeteiligung oberhalb des Franchisebetrags auf, wobei der Grund häufig eine konvexe Kostenfunktion sein dürfte, also Fall (3). Denn mit erhöhter Deckung wird das Problem des moralischen Risikos zunehmend relevant (vgl. Abschnitt 7.2), d.h. die Eintrittwahrscheinlichkeit und/oder die Schadenhöhe nimmt zu. Die Selbstbeteiligung stellt dann ein wichtiges Instrument dar, um dem VK einen Anreiz zur Eindämmung des moralischen Risikos zu geben.

## 3.7 Versicherungsnachfrage bei mehreren Risiken

Üblicherweise sind die Wirtschaftssubjekte verschiedenen Risiken ausgesetzt. Das bisher behandelte Modell ging aber von **einem** Risiko aus, das mit Hilfe verschiedener risikopolitischer Massnahmen (insbesondere Versicherungsschutz) gemildert oder sogar neutralisiert werden soll. Ein solcher globaler Versicherungsvertrag ist jedoch nicht erhältlich (**Allrisk-Versicherung**). Vielmehr können nur einzelne Risiken auf unterschiedlichen Versicherungsmärkten plaziert werden, zum Beispiel Haus, Auto, Gesundheit, Leben; andere Risiken sind gar nicht versicherbar, wie zum Beispiel das Humankapital.

*Doherty* und *Schlesinger* (1983) weisen darauf hin, dass Versicherungsmärkte unvollkommen sind in dem Sinne, dass nicht alle Risiken (Schadensituationen) versichert werden können und folglich ein nichtversicherbares **Hintergrundrisiko** ($N$) existiert. Daneben gibt es das **versicherbare Risiko** $L$; jeder der beiden Schäden tritt ein oder nicht. Man erhält folglich vier sich gegenseitig ausschliessende Zustände:

$S_1$: überhaupt kein Schaden,

$S_2$: nur der versicherbare Schaden $L$ tritt ein,

$S_3$: nur der unversicherbare Schaden $N$ tritt ein, und

$S_4$: beide Schäden treten ein.

Seien $\pi_L$ und $\pi_N$ die Eintrittwahrscheinlichkeiten von $L$ und $N$ und $\pi_{N/L}$ die bedingte Wahrscheinlichkeit eines nichtversicherbaren Schadens, gegeben ein versicherbarer Schaden.[10] Dann ergeben sich für das Vermögensprospekt des Individuums mit $W_0$ als seinem Endvermögen ohne Schaden die Werte in Tabelle 3.3.

Die Entscheidungsvariable ist die Selbstbeteiligung $\alpha$, wobei die Versicherung den Anteil $\alpha L$ und der Versicherungskäufer den Anteil $(1-\alpha)L$ des versicherbaren Risikos trägt. Gibt es einen **proportionalen Zuschlag**, dann beträgt die Prämie für die Versicherungsdeckung $P = \alpha \pi_L L(1+\lambda), \lambda \geq 0$.

Der Erwartungsnutzen ist daher gegeben durch

---

10. Aufgrund des Satzes von Bayes gilt z.B. für Zustand $S_4$, dass die Wahrscheinlichkeit des gemeinsamen Eintretens von $N$ und $L$ gegeben ist durch $\pi_{N,L} = \pi_{N/L} \cdot \pi_L$, denn für die bedingte Wahrscheinlichkeit gilt $\pi_{N/L} = \pi_{N,L}/\pi_L$.

$$EU = \pi_1 \upsilon\{W_0 - \alpha\pi_L L(1+\lambda)\}$$
$$+ \pi_2 \upsilon\{W_0 - \alpha\pi_L L(1+\lambda) - L(1-\alpha)\}$$
$$+ \pi_3 \upsilon\{W_0 - \alpha\pi_L L(1+\lambda) - N\}$$
$$+ \pi_4 \upsilon\{W_0 - \alpha\pi_L L(1+\lambda) - L(1-\alpha) - N\}.$$

(3-84)

**Tabelle 3.3** Zustandswahrscheindlichkeiten bei Existenz nichtversicherbaren Risikos

| Zustände | Vermögen (ohne Versicherung) | Wahrscheinlichkeiten |
|---|---|---|
| $S_1$ | $W_0$ | $\pi_1 = 1 - \pi_N - \pi_L + \pi_L \pi_{N/L}$ |
| $S_2$ | $W_0 - L$ | $\pi_2 = \pi_L - \pi_L \pi_{N/L}$ |
| $S_3$ | $W_0 - N$ | $\pi_3 = \pi_N - \pi_L \pi_{N/L}$ |
| $S_4$ | $W_0 - L - N$ | $\pi_4 = \pi_L \pi_{N/L}$ |

Würde Vollversicherung gekauft, dann wäre das Vermögen gleich in den Zuständen 1 und 2 und auch in den Zuständen 3 und 4. Dies bedeutete, dass $\upsilon'[1] = \upsilon'[2]$ und $\upsilon'[3] = \upsilon'[4]$, wobei $\upsilon'[j]$ den Grenznutzen des Vermögens in Zustand $j = 1, ..., 4$ bezeichnet. Berechnet man $dEU/d\alpha$ bei $\alpha = 1$, um zu sehen, ob Volldeckung optimal sein kann, ergibt sich

$$\left.\frac{dEU}{d\alpha}\right|_{\alpha=1} = \pi_1 \upsilon'[1]\{-\pi_L L(1+\lambda)\} + \pi_2 \upsilon'[2]\{-\pi_L L(1+\lambda) + L\}$$
$$+ \pi_3 \upsilon'[3]\{-\pi_L L(1+\lambda)\} + \pi_4 \upsilon'[4]\{-\pi_L L(1+\lambda) + L\}$$
$$= (\pi_1 + \pi_2)\upsilon'[1]\{-\pi_L L(1+\lambda)\} + \pi_2 L \upsilon'[1]$$
$$+ (\pi_3 + \pi_4)\upsilon'[3]\{-\pi_L L(1+\lambda)\} + \pi_4 L \upsilon'[3].$$

(3-85)

Weil ferner $(\pi_1 + \pi_2) = 1 - \pi_N$ und $\pi_3 + \pi_4 = \pi_N$ (vgl. Tabelle 3.3), erhält man

$$\left.\frac{dEU}{d\alpha}\right|_{\alpha=1} = (1-\pi_N)\upsilon'[1]\{-\pi_L L(1+\lambda)\} + \pi_2 L \upsilon'[1]$$
$$+ \pi_N \upsilon'[3]\{-\pi_L L(1+\lambda)\} + \pi_4 L \upsilon'[3].$$

(3-86)

Ausklammern von $(-\pi_L L)$ führt zu

## 3.7 Versicherungsnachfrage bei mehreren Risiken

$$\left.\frac{dEU}{d\alpha}\right|_{\alpha=1} = -\pi_L L\{(1-\pi_N)\upsilon'[1](1+\lambda) + \pi_N \upsilon'[3](1+\lambda)\} \qquad (3\text{-}87)$$
$$+ \pi_2 L\upsilon'[1] + \pi_4 L\upsilon'[3].$$

Aus der Tabelle 3.3 kann man $\pi_2 = \pi_L - \pi_L \pi_{N/L}$ und $\pi_4 = \pi_L \pi_{N/L}$ entnehmen und in (3-87) substituieren. Herausgreifen der Terme in $\pi_N$ im ersten Summanden ergibt zudem

$$\left.\frac{dEU}{d\alpha}\right|_{\alpha=1} = -\pi_L L\{\pi_N \cdot (1+\lambda)(\upsilon'[3] - \upsilon'[1]) + \upsilon'[1](1+\lambda)\}$$
$$- \pi_L \pi_{N/L} L\upsilon'[1] + \pi_L \pi_{N/L} L\upsilon'[3]. \qquad (3\text{-}88)$$

Jetzt lassen sich die letzten beiden Summanden der Gleichung zusammenfassen:

$$\left.\frac{dEU}{d\alpha}\right|_{\alpha=1} = -\pi_L L\{\pi_N \cdot (1+\lambda)(\upsilon'[3] - \upsilon'[1]) + (1+\lambda) \cdot \upsilon'[1]\}$$
$$+ \pi_L L\upsilon'[1] + \pi_L L\{\pi_{N/L} \cdot (\upsilon'[3] - \upsilon'[1])\}. \qquad (3\text{-}89)$$

Da der Ausdruck $(\upsilon'[3] - \upsilon'[1])$ in beiden geschweiften Klammern vorkommt, kann man (3-89) umschreiben zu

$$\left.\frac{dEU}{d\alpha}\right|_{\alpha=1} = -\pi_L L\{((1+\lambda)\pi_N - \pi_{N/L})(\upsilon'[3] - \upsilon'[1]) + (1+\lambda)\upsilon'[1] - \upsilon'[1]\} \qquad (3\text{-}90)$$

Ersetzen von $-\pi_L L$ durch $+\pi_L L$ sowie eine letzte Vereinfachung ergeben

$$\left.\frac{dEU}{d\alpha}\right|_{\alpha=1} = \pi_L L\{\underbrace{(1+\lambda)(\pi_N - \pi_{N/L})}_{(+/-)}\underbrace{(\upsilon'[1] - \upsilon'[3])}_{(-)} - \underbrace{\lambda\upsilon'[1]}_{(-)}\}. \qquad (3\text{-}91)$$

Vollversicherung ist optimal, wenn dieser Wert **nicht negativ** ist. Er ist Null, wenn die *EU*-Funktion an der Stelle $\alpha = 1$ gerade ihr Maximum annimmt, und positiv, wenn das Maximum der *EU*-Funktion an sich im Bereich $\alpha > 1$ liegt, doch $\alpha > 1$ nicht zulässig ist, weil Überversicherung verhindert werden soll.

Die folgende Fallunterscheidung ist hilfreich.

(1) **Aktuarisch faire Prämie, $\lambda = 0$**, und der Multiplikator von $(\upsilon'[3] - \upsilon'[1])$ vereinfacht sich zu $\pi_N - \pi_{N/L}$; ausserdem fällt der letzte Summand weg.

- Sind zudem die beiden Schäden **unabhängig** voneinander, so dass $\pi_N = \pi_{N/L}$, fällt der erste Summand in der geschweiften Klammer von (3-91) weg, und die Gleichung (3-91) ist Null. Folglich gilt das Bernoulli-Prinzip, d.h. die **volle Deckung** ist optimal (vgl. Tabelle 3.4).

- Sind aber $L$ und $N$ **nicht unabhängig** voneinander, ist vorerst festzuhalten, dass $\upsilon'[1] < \upsilon'[3]$, weil $\upsilon'' < 0$ und $N > 0$. Dann ist die Gleichung (3-91) positiv, wenn $\pi_N < \pi_{N/L}$ und negativ, wenn $\pi > \pi_{N/L}$. Der Fall $\pi_N < \pi_{N/L}$ bedeutet, dass die beiden Schäden positiv korreliert sind.[11]

- Sind die beiden Schäden **positiv** korreliert, also $\pi_N < \pi_{N/L}$, dann ist die Gleichung grösser als Null und **Überversicherung** ($\alpha > 1$) wäre an sich optimal. Da für $N$ keine Versicherungsdeckung zu bekommen ist, aber $N$ und $L$ positiv korreliert sind, würde man gerne auf $L$ mehr Versicherungsdeckung laden, um so eine partielle Deckung für $N$ zu erhalten.

- Sind $L$ und $N$ **negativ** korreliert, dann ist für $\lambda = 0$ die Gleichung (3-91) negativ, folglich ist **Unterversicherung** optimal. In diesem Fall ist die negative Korrelation zwischen $L$ und $N$ ein "natürlicher hedge" gegen die Unsicherheit, und Vollversicherung würde diesen "hedge" beseitigen.

(2) **Proportionaler Zuschlag $\lambda > 0$.**

- Sind die beiden Schäden **unabhängig**, so dass $\pi_N = \pi_{N/L}$, ist der erste Summand in der geschweiften Klammer von (3-91) positiv. Ihm steht der negative letzte Summand gegenüber. Bei kleinen Werten von $\pi_N$ dominiert der letzte Summand, $dEU/d\alpha$ ist negativ an der Stelle $\alpha = 1$, und **Unterversicherung** ist optimal.

- Besteht **positive** Korrelation zwischen $L$ und $N$, dann gilt $\pi_{N/L} > \pi_N$ bzw. $\pi_N < \pi_{N/L}$; der erste Summand in der geschweiften Klammer ist positiv und der letzte negativ. Das Vorzeichen der Gleichung (3-91) ist damit unbestimmt. Ist $\pi_N$ so klein, dass der letzte Summand dominiert, dann ist $dEU/d\alpha$ an der Stelle $\alpha = 1$ negativ, und **Unterversicherung** ist wiederum optimal (vgl. wieder Tabelle 3.4).

- Bei **negativer Korrelation** der beiden Schäden gilt $\pi_{N/L} < \pi_N$ bzw. $\pi_N > \pi_{N/L}$, und auch der erste Summand in der geschweiften Klammer von (3-91) ist negativ. **Unterversicherung** ist optimal.

Damit liegen diese Resultate auf derselben Linie wie diejenigen der optimalen Portfeuille-Auswahl, in denen ebenfalls die Korrelation zwischen den Ertragsraten eine zentrale Rolle spielt (vgl. hierzu Abschnitt 4.1.3). Die Ergebnisse sind in der Tabelle 3.4 zusammengefasst.

Ein interessanter Fall tritt auf für $\pi_1 = \pi_4 = 0$ und $L = N$. In diesem Fall liegt vollständige negative Korrelation vor (vgl. Tabelle 3.4). Ohne Versicherung gibt es in dem Vermögensprospekt keine Unsicherheit; der Abschluss einer Versicherung würde im Gegenteil ein Risiko einführen, während der Erwartungswert des Vermögens bestenfalls (faire Prämie) konstant bleibt. Folglich ist bei fairer Prämie Nichtversicherung optimal.

Dies geht aus der Ableitung der Gleichung (3-84) hervor, denn dann ergibt die Ableitung mit $\lambda = 0$ und $\pi_1 = \pi_4 = 0$ an der Stelle $\alpha = 0$

---

11. Aufgrund der Formeln für bedingte Wahrscheinlichkeiten gilt $\pi_{N/L} = \pi_{N,L}/\pi_L$ und damit $\pi_{N,L} = \pi_{L/N} \cdot \pi_N$. Substitution ergibt $\pi_{N/L} = (\pi_{L/N}/\pi_L) \cdot \pi_N$. Daraus folgt, dass $\pi_{N/L} > \pi_N$, falls $\pi_{N/L} > \pi_L$, d.h. dass $L$ mit grösserer Wahrscheinlichkeit eintritt, wenn auch $N$ vorliegt. Dies aber ist eine Konsequenz positiver Korrelation zwischen $L$ und $N$.

**Tabelle 3.4**   Zwei Risiken und optimale Versicherungsnachfrage

| Beziehung zwischen $L$ und $N$ | Zuschlag | Optimale Deckung |
| --- | --- | --- |
| Unabhängigkeit | $\lambda = 0$ | $\alpha^* = 1$ |
| positive Korrelation | $\lambda = 0$ | $\alpha^* > 1$ |
| negative Korrelation | $\lambda = 0$ | $\alpha^* < 1$ |
| Unabhängigkeit | $\lambda > 0$ | ?, $\alpha^* < 1$ wenn $\pi_N$ klein |
| positive Korrelation | $\lambda > 0$ | ?, $\alpha^* < 1$ wenn $\pi_N$ klein |
| negative Korrelation | $\lambda > 0$ | $\alpha^* < 1$ |

$$\left.\frac{dEU}{d\alpha}\right|_{\alpha = 0} = \pi_2 \upsilon'[2](-L) + \pi_3 \upsilon'[3](0) < 0, \qquad (3\text{-}92)$$

d.h. ein negativer Wert von $\alpha$ wäre an sich optimal. Dies gilt erst recht bei $\lambda > 0$: der VK würde zum Anbieter von Versicherungsschutz. Obwohl ein solcher Vertrag innerhalb des Versicherungsmarktes wohl nicht verfügbar ist, entspricht er der Entscheidung, eine Option zu plazieren statt eine zu kaufen.

**Folgerung 3.11**   Die Nachfrage nach Versicherungsdeckung eines versicherbaren Risikos hängt nicht nur von der Prämienhöhe und -struktur ab, sondern ganz wesentlich auch von der Korrelation mit den nichtversicherbaren Risiken.

Eine Verallgemeinerung dieses Ergebnisses auf mehrere versicherbare Risiken erweist sich jedoch als schwierig, weil man grundsätzlich nicht eines dieser versicherbaren Risiken für sich allein betrachten und die andern ausblenden kann. Dies ist nur zulässig für den Fall, dass die Risiken unabhängig und normalverteilt sind: Dann hängt die Nachfrage nach Schutz gegen ein bestimmtes Risiko ausschliesslich von den Charakteristika dieses Risikos ab.

Umgekehrt kann man die Annahme der Normalverteilung fallen lassen; doch dann sind Einschränkungen auf Seiten der Risikonutzenfunktion notwendig, um die Separierbarkeit der Entscheidungen bezüglich des Schutzes vor mehreren versicherbaren Risiken zu gewährleisten. Tatsächlich muss dazu die Risikonutzenfunktion quadratisch oder exponentiell sein [vgl. hierzu etwa *Eisen* (1979), 106 ff.]. Zum Beispiel können zwei unabhängig verteilte Risiken – wenn man ausser Risikoaversion nichts annimmt –, die in Isolation betrachtet unerwünscht sind, erwünscht sein, wenn sie zusammen betrachtet werden.

## 3.8 Beziehungen zwischen Versicherung und Prävention

Vereinfachend wurde bisher angenommen, dass die Eintretenswahrscheinlichkeit und das Ausmass des Schadens nicht beeinflussbar sind. Dies ist aber nicht immer zutreffend. In der Literatur besonders diskutiert wurde das Verhältnis zwischen Schadenverhütung und Schadeneindämmung einerseits und Versicherung andererseits. Damit wird allgemeiner die Beziehung zwischen der Versicherungsnachfrage und anderen Instrumenten der Risikopolitik angesprochen. Denn Schadenverhütung und Schadeneindämmung stellen **Alternativen zur Versicherung** dar: Durch Aufwenden von Ressourcen ist es vielfach möglich, die Eintrittswahrscheinlichkeit unerwünschter Ereignisse oder deren Schadenumfang zu reduzieren. Zu nennen sind beispielsweise neben Sprinkler-Anlagen und Einbruchalarmanlagen Brandmauern, Gitter und sichere Produktionsanlagen. Und auch hier gilt: Der optimale Umfang einer solchen Massnahme ist dort erreicht, wo Kosten und Vorteile an der Grenze gleich sind (also Grenzkosten = erwartete Grenzerträge). Inwieweit aber entsprechende Verhaltensanreize bestehen, hängt wesentlich von der Vertragsgestaltung ab (ex post Prämiendifferenzierung im Sinne der Erfahrungstarifierung, Selbstbeteiligungen). Andererseits widerspiegelt der Preis der Versicherung in vielen Fällen das Ausmass der präventiven Anstrengungen.

Damit sind Versicherungsnachfrage und Massnahmen der Schadenverhütung/-minderung einerseits **substitutiv**: Steigt der Preis für Versicherungsschutz, dann sinkt die nachgefragte Menge an Versicherung, gleichzeitig steigen (die relativ billiger gewordenen) Schadenverhütungs-/minderungsmassnahmen. Andererseits erweisen sich Versicherungsschutz und solche präventiven Massnahmen als **komplementär**: Erhöht der VK seine Anstrengungen zur Schadenverhütung/-minderung, so stellt dies das VU in Rechnung, der Preis für Versicherungsschutz geht zurück, und die nachfragefragte Menge an Versicherungsschutz steigt.

Im Folgenden soll lediglich der Fall der Schadenminderung (engl. self-insurance) betrachtet werden [vgl. *Ehrlich* und *Becker* (1972)]; der Fall der Schadenverhütung wird in Abschnitt 7.2.2.1 aufgegriffen. Der Erwartungsnutzen eines Prospektes, bei dem das Individuum den Schadenumfang beeinflussen kann, ist gegeben mit

$$EU(W, V) = \pi \upsilon [W_0 - C(V) - L(V)] + (1 - \pi) \upsilon [W_0 - C(V)]. \tag{3-93}$$

Hierbei ist angenommen, dass die Schadenhöhe durch die Schadenminderungsaktivitäten $V$ verkleinert wird: $L'(V) < 0$. Die Kosten der Massnahmen, $C(V)$, seien monoton und progressiv steigend mit $V$, d.h. $C'(V) > 0$, $C''(V) > 0$. Die Bedingung erster Ordnung für ein Maximum hinsichtlich $V$ ist dann[12]

---

[12]. Setzt man die Durchschnitts- und Grenzkosten der Prävention auf 1 [so dass $C(V) = V = 1$, dann vereinfacht sich die Optimumbedingung (3-94) zu $\partial EU/\partial V = \pi\{-1- L'(V)\upsilon'[1]\} - (1 - \pi)\upsilon'[2] = 0$. Hieraus folgt $(1 - \pi)\upsilon'[2]/\pi\upsilon'[1] = L'[V^*] + 1$. Diese Bedingung entspricht dann einem Maximum des Erwartungsnutzens – wie *Ehrlich* und *Becker* (1972; 634) anführen –, wenn der Grenznutzen des Vermögens und die Grenzproduktivität der Schadenminderungsmassnahmen sinken, mit anderen Worten, wenn die Indifferenzkurven konvex und die Transformationskurve $TN$ konkav zum Ursprung verläuft (vgl. Abbildung 3.14).

## 3.8 Beziehungen zwischen Versicherung und Prävention

$$\partial EU/\partial V = \pi \cdot \{-C'(V) - L'(V)\} \cdot \upsilon'[1] - (1-\pi)C'(V) \cdot \upsilon'[2] = 0, \qquad (3\text{-}94)$$
$$\phantom{\partial EU/\partial V = \pi \cdot \{} (-) \phantom{(V) - L'(V)\} \cdot \upsilon'[1] - (1-} (-)$$

wobei wieder $\upsilon[1] := \upsilon[W_0 - C(V) - L(V)]$ und $\upsilon[2] := \upsilon[W_0 - C(V)]$. Die Optimalbedingung zweiter Ordnung folgt aus der Annahme, dass $\upsilon'' < 0$.

Bei einem positiven optimalen Niveau der Schadenminderung, $V^* > 0$, muss gelten $-C'[V^*] - L'[V^*] > 0$, bzw. $-L'[V^*] > C'[V^*]$. Das heisst, die Höhe des potentiellen Grenzvorteils, $-L'[V^*] > 0$, muss mindestens so hoch sein wie der Anstieg der Kosten der Schadenminderung, $C'[V^*]$. Das scheint plausibel zu sein, weil das Individuum keine zusätzliche GE für Schadenminderung aufwenden würde, wenn der potentielle Vorteil (die Reduktion des Schadenumfangs) nicht mindestens 1 GE betrüge.

So lange die Transformations- und Indifferenzkurven keine Knickstellen aufweisen, ist eine hinreichende Bedingung dafür, dass es zu **positiven Anstrengungen zur Schadeneindämmung** kommt,

$$\frac{L'[0] + C'[0]}{C'[0]} > \frac{(1-\pi)\upsilon'[2]}{\pi\upsilon'[1]}, \text{ bzw. } -\frac{L'[0] + C'[0]}{C'[0]} < -\frac{(1-\pi)\upsilon'[2]}{\pi\upsilon'[1]}. \qquad (3\text{-}95)$$

Mit anderen Worten, die „Versicherungslinie", welche die Anstrengungen zur Schadenminderung im $(W_1, W_2)$-Raum abbildet, muss mindestens so steil verlaufen wie die Versicherungslinie (bei fairer Prämie), die ein VU anbieten kann (vgl. Abbildung 3.9 in Abschnitt 3.5.1).

Gälte das Gegenteil, dann wäre die Prävention im Sinne der Schadenminderung vergleichsweise unproduktiv. Ja, es gäbe einen Anreiz, den Schaden zu vergrössern (durch Erhöhung von $W_2$ und Reduktion von $W_1$).

Ist nun Versicherung verfügbar, dann werden der Umfang an Schadenminderung $(V)$ und an Versicherungsdeckung $(\alpha)$ **simultan** gewählt, um die Erwartungsnutzenfunktion zu maximieren:

$$EU(W, V, \alpha) = \pi\upsilon[W_0 - L(V) - C(V) - \alpha P + \alpha L] + (1-\pi)\upsilon\{W_0 - C(V) - \alpha P\}. \qquad (3\text{-}96)$$

Falls die Versicherungsprämie durch $P(I) = (1+\lambda)\pi I$ gegeben ist, also die Schadenminderungsaktivitäten **nicht honoriert**, erhält man für die Bedingungen erster Ordnung eines Maximums [vgl. auch (3-94)]

$$\frac{\partial EU}{\partial \alpha} = \pi\upsilon'[1](L-P) - (1-\pi)\upsilon'[2] \cdot P = 0; \qquad (3\text{-}97)$$

$$\frac{\partial EU}{\partial V} = -\pi\upsilon'[1]\{L'(V) + C'(V)\} - (1-\pi)\upsilon'[2] \cdot C'(V) = 0. \qquad (3\text{-}98)$$

Hieraus folgt

$$\frac{(1-\pi)\upsilon'[2]}{\pi\upsilon'[1]} = \frac{L-P}{P} \qquad (3\text{-}99)$$

und

$$\frac{(1-\pi)\upsilon'[2]}{\pi\upsilon'[1]} = -\frac{L'[V^*]+C'[V^*]}{C'[V^*]} \qquad (3\text{-}100)$$

Setzt man die beiden Bedingungen gleich, sieht man, dass im Optimum der "Schattenpreis" der Schadenminderungsmassnahmen gleich ist dem Preis für Versicherung:

$$-\frac{L'[V^*]+C'[V^*]}{C'[V^*]} = \frac{L-P}{P}. \qquad (3\text{-}101)$$

Damit sind Versicherung ("Marktversicherung") und Schadenminderung ("Selbstversicherung") **Substitute** in dem Sinne, dass ein Anstieg des relativen Preises des Versicherungsschutzes, vorausgesetzt die Schadenwahrscheinlichkeit verändert sich nicht, die Nachfrage nach Versicherung senkt und die Nachfrage nach "Selbstversicherung" erhöht. Diese Substitutionsbeziehung zwischen Prävention (mit dem Ziel der Reduktion von $L$) und Versicherung lässt sich an der Bedingung (3-101) wie folgt zeigen. Verbilligt sich die Versicherungsdeckung so, dass beispielsweise Versicherung zur fairen Prämie ($\lambda = 0$) erhältlich wird, reduziert sich die Optimalbedingung (3-101) wegen $P = \pi L$ zu

$$\frac{L'[V^{**}]+C'[V^{**}]}{C'[V^{**}]} = -\frac{1-\pi}{\pi}. \qquad (3\text{-}102)$$

Diese Bedingung maximiert das erwartete Einkommen, denn sie enthält keine subjektiven Parameter (insbesondere die Risikoaversion). Ein Individuum würde sich also **risikoneutral** verhalten, wenn es um die Eindämmung des Schadens geht. Selbst wenn die Versicherungsprämie nicht fair ist, maximiert der optimale Umfang an Schadenverhütungsmassnahmen den Marktwert des Vermögens; er hängt nicht vom Verlauf der Indifferenzkurven ab.

Die Sachverhalte werden in Abbildung 3.14 illustriert. Darin stellt die Transformationskurve $TN$ die Möglichkeiten des Individuums dar, mit Hilfe seiner Anstrengungen zur Schadenseindämmung Vermögen vom schadenfreien Zustand ($W_2$) in den Zustand mit Schaden ($W_1$) zu transferieren. Der Extrempunkt $N$ beispielsweise repräsentiert den völligen Verzicht auf Prävention, mit der Folge, dass bei Eintritt des Schadens (der wiederum im Extremfall gleich gross sein kann wie das Vermögen) kein Vermögen (oder lediglich sonstiges Vermögen $W_A$) übrig bleibt ($W_1 = 0$). Die Versicherungslinien $AB$ und $CD$ dagegen bilden mit ihrer Steigung die Bedingungen ab, zu denen das Individuum über den Versicherungsmarkt Vermögen vom schadenfreien zum schadenbetroffenen Zustand transferieren kann. Die vergleichsweise steil verlaufende Versicherungslinie $AB$ entspricht einem Versicherungsvertrag ohne proportionalem Zuschlag ($\lambda = 0$, vgl. Abschnitt 3.6.1). Dieser Vertrag ermöglicht dem Individuum, den Optimalpunkt $I^*$ zu erreichen, der im Erwartungswert die Alternative $S$ dominiert, welche das Individuum auf sich selbst gestellt anstreben würde. Dreht jetzt die Versicherungsgerade von *AB* nach *CD* (weil ein Zuschlag für Verwaltungskosten dazukommt, $\lambda > 0$), dann nimmt die "Selbstversicherung" (d.h. die präventive Anstrengung) um den horizontalen Abstand zwischen $V^{**}$ und $V^*$ zu, während die teurer gewordene Deckung durch die Marktversicherung abnimmt [vgl. die Abstände $(I^{**} - V^{**})$ mit $(I^* - V^*)$]. Insofern reduzieren also eigene Anstrengungen zur Schadenminderung die Nachfrage nach Versicherungsdeckung. Umgekehrt reduziert bereits die Existenz von Versicherung den optimalen Umfang von Anstrengungen zur Schadenminderung, wie der Übergang von *S* auf $V^*$ zeigt.

**Folgerung 3.12**   Eine Verteuerung der Versicherungsprämie führt zu einer Mehrnachfrage nach Selbstversicherung durch Schadeneindämmung und zu einer Mindernachfrage nach Marktversicherung. Versicherung und Prävention sind hier Substitute.

Zum Abschluss sei nur kurz darauf hingewiesen, dass im Falle der **Schadenverhütungsmassnahmen**, also einer Reduktion der Schadeneintrittswahrscheinlichkeit $[\pi = \pi(V)$, mit $\pi'(V) < 0]$, Versicherung und Prävention nicht notwendigerweise Substitute sind (vgl. Abschnitt 7.2.2.1)

**Abbildung 3.14**  Schadenminderung und Marktversicherung

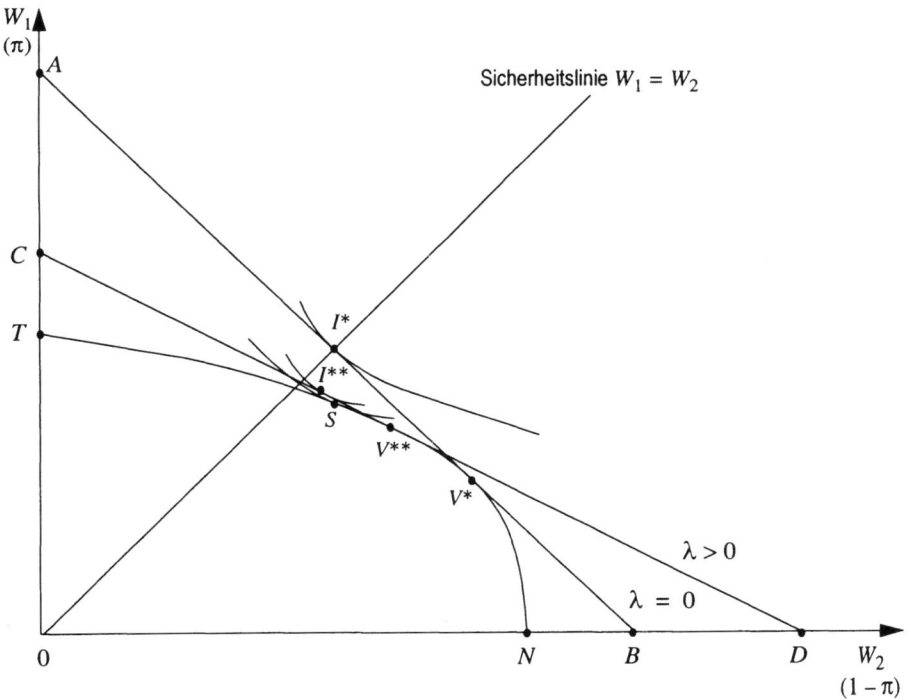

## 3.9 Kritik an der Erwartungsnutzen-Maximierung und Alternativen

### 3.9.1 Anomalien in der Erwartungsnutzen-Theorie

Bis zu dieser Stelle wurde extensiv vom Erwartungsnutzentheorem oder Bernoulli-Prinzip Gebrauch gemacht, um die Theorie der Versicherungsnachfrage zu entwickeln. Auch in den folgenden Kapiteln wird die Maximierung des Erwartungsnutzens (EU-Theorem) beibehalten. Trotzdem soll dieses Kapitel mit einer Kritik an der Erwartungsnutzentheorie abgeschlossen werden.

Um die Diskussion besser verstehen zu können, sollen die wesentlichen Axiome (auch als Rationalitätspostulate oder Postulate rationalen Handelns bezeichnet), auf denen das EU-Theorem aufbaut, kurz präsentiert werden:

(a) **Vollständige Ordnung** (d.h. beliebige Handlungsalternativen werden vollständig miteinander verglichen): Es gibt eine Präferenzrelation $\succeq$ auf der Menge der Güter ($c$) und der Aktionen ($a$), die vollständig ist, d.h. $c_1 \succeq c_2$ bzw. $a_1 \succeq a_2$ oder $c_2 \succeq c_1$ bzw. $a_2 \succeq a_1$ oder $c_1 \sim c_2$ bzw. $a_1 \sim a_2$.

(b) **Transitivität**: Wenn $c_1 \succeq c_2$ bzw. $a_1 \succeq a_2$ und $c_2 \succeq c_3$ bzw. $a_2 \succeq a_3$, dann gilt auch $c_1 \succeq c_3$ bzw. $a_1 \succeq a_3$; da $\succeq$ vollständig und transitiv.

(c) **Kontinuierlichkeit (Stetigkeitsaxiom)**: Gilt $a_1 \succeq a_2 \succeq a_3$, dann gibt es eine Wahrscheinlichkeit $\pi$ (verallgemeinert eine Wahrscheinlichkeitsverteilung) $0 < \pi < 1$ so, dass $a_2 \sim (a_1, a_3; \pi, 1-\pi)$.

(d) **Dominanzprinzip**: Führt eine Aktion $a_1$ für alle $s \in S$ zu einem besseren oder gleich guten Ergebnis [$c_1 = c(a_1, s)$] als die Alternative $a_2$ [$c_2 = c(a_2, s)$], so gilt $a_1 \succeq a_2$. Oder anders ausgedrückt: Aus $x \succeq y$ folgt, dass $x \succeq (x, y; \pi, 1-\pi)$, sofern $0 < \pi < 1$ oder sogar $(x, y; \pi_1, 1-\pi_1) \succ (x, y; \pi_2, 1-\pi_2)$ falls $\pi_1 > \pi_2$.

(e) **Unabhängigkeitsaxiom** oder "sure-thing" Prinzip: Dieses Prinzip oder Axiom besagt, dass die Präferenzen des Entscheidungsträgers zwischen zwei Handlungsalternativen nicht von denjenigen Umweltzuständen abhängen dürfen, deren Eintreten bei beiden Handlungsalternativen zu identischen Ergebnissen führt. Man kann es auch so formulieren: Sind $w_1$, $w_2$ und $w_3$ Wahrscheinlichkeitsverteilungen und gilt $w_1 \succeq w_2$, dann gilt für die mit irgendeinem $\pi$, $0 < \pi < 1$, zusammengesetzten Wahrscheinlichkeitsverteilungen $(w_1, w_3; \pi, 1-\pi) \succeq (w_2, w_3; \pi, 1-\pi)$ und umgekehrt. Oder gilt: $x \succ y \succ z$, dann gibt es ein $\pi$, $0 < \pi < 1$, so dass $y \sim (x, z; \pi, 1-\pi)$. (Man sieht, dass dieses Prinzip weitergeht als das Dominanzaxiom.) Oder: Es gilt $x \sim y$, dann auch $(x, z; \pi, 1-\pi) \sim (y, z; \pi, 1-\pi)$.

Man kann das Unabhängigkeitsaxiom auch so formulieren: "Zieht der Entscheidende das Prospekt (Lotterie) $P^*$ der Lotterie $P$ vor (oder ist ihr gegenüber indifferent), dann zieht er die Mischung $\pi P^* + (1-\pi)P^{**}$ der Mischung $\pi P + (1-\pi)P^{**}$ für alle $\pi > 0$ und $P^{**}$ vor (oder ist indifferent)".

Man kann sich vorstellen, dass ein Münzenwurf als Zufallsgenerator (mit $\pi = 1/2$) dient. Es gibt die Prospekte $\{P, P^*, P^{**}\}$, und man muss zwischen den Mischungen $(1-\pi)P^{**} + \pi P^*$ und $(1-\pi)P^{**} + \pi P$ wählen. Hat man z.B. Präferenzen

$P^{**} \succeq P^* \succeq P$ und bekommt einen Münzenwurf angeboten, der mit Wahrscheinlichkeit $1 - \pi$ auf Kopf landet und damit das Anrecht auf Teilnahme an der Lotterie $P^{**}$ gibt, so sollte man die Präferenz zu Gunsten von $P^*$ gegenüber $P$ unabhängig vom Münzenwurf zum Ausdruck bringen. Denn entweder fällt die Münze auf Kopf, man erhält $P^{**}$, und die Wahl zwischen $P^*$ und $P$ spielt keine Rolle, oder sie landet auf Zahl, und man ist dann in Wirklichkeit wieder zurück bei der Wahl zwischen $P^*$ und $P$. Somit ist es nur rational, seine Präferenz für $P^*$ gegenüber $P$ von Anfang an zu äussern: entsprechend dem Unabhängigkeitsaxiom sollten die Präferenzen darüber, was geschieht, wenn Kopf kommt, nicht davon abhängen, was geschieht, wenn Zahl kommt.

Während nun auch in empirischen Untersuchungen (vgl. insbesondere *MacCrimmon*, 1968) festgestellt wurde, dass die meisten Befragten (z.B. Manager) das Vollständigkeits-, Transitivitäts- und Dominanzaxiom als akzeptabel und zustimmungsfähig betrachten, gilt das nur sehr eingeschränkt für das Unabhängigkeitsaxiom oder "Sure-Thing" Prinzip.

Die Bedeutung dieses Axioms kann man sich am besten deutlich machen, wenn man auf zwei Gegenbeispiele in der Literatur zurückgreift, das Ellsberg-Paradoxon und das Allais-Paradoxon.

**Beispiel 3.3      Ellsberg-Paradoxon**

In der von *Ellsberg* (1961) entwickelten Entscheidungssituation hat man sich eine Urne vorzustellen, in der sich insgesamt 90 Kugeln befinden. Es ist bekannt, dass genau 30 dieser Kugeln rot und die restlichen 60 schwarz oder gelb sind, wobei der Anteil der schwarzen bzw. gelben Kugeln unbekannt ist. Aus dieser Urne wird genau eine Kugel zufällig gezogen. Die Handlungsalternativen stellen Wetten dar, und zwar Wetten darauf, dass einzelne Farben oder Farbkombinationen gezogen werden.

Sie werden gebeten, von den Handlungsalternativen

|  | Präferenz | Ihre Wahl |
|---|---|---|
| $a_1$: 100 GE-Wette auf Rot | $a_1 \succeq a_2$ |  |
| und $a_2$: 100 GE-Wette auf Schwarz | $a_1 \preceq a_2$ |  |

sowie den Handlungsalternativen

|  | Präferenz | Ihre Wahl |
|---|---|---|
| $a_3$: 100 GE-Wette auf Rot oder Gelb | $a_3 \succeq a_4$ |  |
| und $a_4$: 100 GE-Wette auf Schwarz oder Gelb | $a_3 \preceq a_4$ |  |

jeweils auf der rechten Seite diejenige anzugeben, die Sie bevorzugen würden. (Dabei bedeutet z. B. die "100 GE-Wette auf Schwarz oder Gelb", dass man 100 GE erhält, wenn eine schwarze oder eine gelbe Kugel gezogen wird, und sonst leer ausgeht.) ■

Eine sehr **häufige** Verhaltensweise besteht darin, $a_1$ gegenüber $a_2$ und zugleich $a_4$ gegenüber $a_3$ zu bevorzugen. Dies ist aber inkonsistent, weil bei $a_3$ und $a_4$ lediglich "gelb" hinzugefügt wird. Nach dem Unabhängigkeitsaxiom sollte dies aber irrelevant sein. Anders herum formuliert: Es wird durch eine solche Entscheidung das Unabhängigkeitsaxiom verletzt.

**Beispiel 3.4**     **Allais-Paradoxon**

Eine weitere Anomalie ist die Verhaltensweise, die Individuen typischerweise in der von *Allais* (1953) entworfenen Entscheidungssituation äussern.

Es handelt sich um zwei Entscheidungsprobleme, bei denen man jeweils zwischen zwei Lotterien (Prospekten) wählen kann.

Beim **Entscheidungsproblem A** führt ...

| Lotterie $P_1$ mit Sicherheit zu einem Vermögen von 1 Mio GE. | Lotterie $P_2$ mit 10% Wahrscheinlichkeit zu einem Vermögen von 5 Mio GE, 89% Wahrscheinlichkeit zu einem Vermögen von 1 Mio GE, und mit 1% Wahrscheinlichkeit zu einem Vermögen von 0 GE. |
|---|---|

Beim **Entscheidungsproblem B** führt ...

| Lotterie $P_3$ mit 11% Wahrscheinlichkeit zu einem Vermögen von 1 Mio GE und mit 89% Wahrscheinlichkeit zu einem Vermögen von 0 GE. | Lotterie $P_4$ mit 10% Wahrscheinlichkeit zu einem Vermögen von 5 Mio GE und mit 90% Wahrscheinlichkeit zu einem Vermögen von 0 Mio GE. |
|---|---|

Wie lautet Ihre Entscheidung? Welche der Lotterien ziehen Sie vor, oder sind sie indifferent?

| Entscheidung A | Entscheidung B |
|---|---|
| $P_1 \succ P_2$ | $P_3 \succ P_4$ |
| $P_1 \approx P_2$ | $P_3 \approx P_4$ |
| $P_1 \prec P_2$ | $P_3 \prec P_4$ |

Kreuzen Sie bitte jeweils nur 1 Feld an.

## 3.9 Kritik an der Erwartungsnutzen-Maximierung und Alternativen

Bei der *Allais*'schen Entscheidungssituation geht es damit um das Auffinden einer Risiko-Nutzenfunktion, die hinter diesen Entscheidungen steckt.

Auch hier kann man zeigen, dass es bei dem typischerweise gezeigten Entscheidungsverhalten $[P_1 \succeq P_2; P_4 \succeq P_3]$ **keine Risiko-Nutzenfunktion** gibt, welche dieses Entscheidungsverhalten im Sinne des Erwartungsnutzenmodells repräsentiert.

So bedeutet beim **Entscheidungsproblem A** die Wahl

$$P_1 \succ P_2: \quad \begin{aligned} &\upsilon[1] > 0{,}1 \cdot \upsilon[5] + 0{,}89 \cdot \upsilon[1] + 0{,}01 \cdot \upsilon[0], \text{ bzw.} \\ &0{,}11 \cdot \upsilon[1] > 0{,}1 \cdot \upsilon[5], \text{ da } \upsilon[0] \text{ auf Null normiert werden kann.} \end{aligned} \quad (3\text{-}103)$$

Beim **Entscheidungsproblem B** bedeutet

$$P_4 \succ P_3: \quad \begin{aligned} &0{,}1 \cdot \upsilon[5] + 0{,}9 \cdot \upsilon[0] > 0{,}11 \cdot \upsilon[1] + 0{,}89 \cdot \upsilon[0], \text{ bzw.} \\ &0{,}1 \cdot \upsilon[5] > 0{,}11 \cdot \upsilon[1] \end{aligned} \quad (3\text{-}104)$$

Da sich die Ungleichungen umkehren, liegt ein **Widerspruch** vor.

Ein solches Verhalten widerspricht allgemein dem Bernoulli-Prinzip. Geht man von allgemeinen Wahrscheinlichkeiten $\pi_1$, $\pi_2$ und $\pi_3$ aus, so impliziert die Präferenz von $P_1$ gegenüber $P_2$ für die Nutzenfunktion $\upsilon(\cdot)$

$$P_1 \succ P_2: \quad \begin{aligned} &\upsilon[1] > \pi_2 \upsilon[5] + \pi_3 \upsilon[1], \text{ also} \\ &(1 - \pi_3)\upsilon[1] > \pi_2 \upsilon[5]. \end{aligned} \quad (3\text{-}105)$$

Die Präferenz von $P_4$ gegenüber $P_3$ aber impliziert, dass

$$P_3 \succ P_4: \quad \pi_2 \upsilon[5] > (\pi_1 + \pi_2)\upsilon[1], \quad (3\text{-}106)$$

was offensichtlich einen Widerspruch darstellt (weil ja $\pi_1 + \pi_2 = 1 - \pi_3$). Damit handelt es sich tatsächlich um eine **Anomalie** im Sinne des subjektiven Bernoulli-Paradigmas. ■

Obwohl das Allais-Paradox ursprünglich abgelehnt wurde als ein "isoliertes Beispiel" {und etwa *Savage* seine erste Entscheidung dann als Fehler revidierte [vgl. *Savage* (1954), 101-103]}, weiss man heute, dass es ein spezieller Fall eines allgemeinen empirischen Phänomens ist, der unter dem Namen "common consequence effect" läuft. Dabei zeigen die Individuen eine stärkere Risikoaversion für den Fall eines Verlusts und weniger Risikoaversion für den Fall eines eventuellen Gewinns.

### 3.9.2 Alternativen zur Erwartungsnutzen-Theorie

Die Nutzenfunktion $\upsilon(\cdot)$, die im EU-Theorem das Verhalten des Entscheiders charakterisiert, spielt eine Doppelrolle: Einerseits spiegelt sie die Haltung gegenüber dem Risiko (Konkavität von $\upsilon$ bedeutet **Risikoaversion**), andererseits widerspiegelt sie Präferenzunterschiede bei Sicherheit (Konkavität von $\upsilon$ bedeutet **abnehmenden Grenznutzen** des Vermögens und damit "Ergebnis-Konkavität"). Folglich ist es im Prinzip unmöglich, sowohl abnehmenden Grenznutzen des Vermögens zu haben und gleichzeitig risikofreudig zu sein.

Aufschlussreich sind nun die Reaktionen auf die im vorhergehenden Unterabschnitt genannten offensichtlichen Verletzungen eines für die Bernoulli-Hypothese notwendigen Axioms. Oder anders formuliert: Welche Konsequenz kann man, sollte man, müsste man aus den oben dargestellten **Anomalien**[13] ziehen?

Die "normal science" zieht hieraus keine Konsequenzen (das sieht man schon daran, dass in diesem Kapitel mit dem EU-Ansatz begonnen wurde und auch mit ihm – nach diesem Einschub – fortgefahren wird [vgl. auch *Savage* 1954, 101-103]). Das Standardargument ist, dass man bei den bewährten Theorien bleibt, solange nichts Besseres da ist bzw. unklar ist, ob die im Labor gewonnenen experimentellen Ergebnisse den Markttest bestehen. Daneben gibt es Untersuchungen, welche die Tatsache ins Zentrum rücken, dass die Risikonutzenfunktion systematische Abweichungen von der Linearität in den Wahrscheinlichkeiten aufweist. Entsprechend verallgemeinern sie die individuelle Präferenzfunktion durch **nichtlineare funktionale Formen**.

Eine besonders interessante Lösung der offensichtlichen Widersprüche und Anomalien bringt die flexiblere und allgemeinere **RDEU-Theorie** [rank-dependent expected utility] von *Quiggin* (1982). Hier werden die Präferenzen über stochastische Prospekte durch die mathematische Erwartung von Nutzenwerten $\upsilon$ gewichtet mit einer Transformation $G$ der kumulativen Wahrscheinlichkeitsfunktion repräsentiert. Die beiden Funktionen $\upsilon(\cdot)$ und $G(\cdot)$ charakterisieren demnach das Entscheidungsverhalten des Akteurs. Dieser ist aber nicht so sehr an der Wahrscheinlichkeit $\pi$ des absoluten Gewinnes interessiert (wie dies die EU-Theorie unterstellt), sondern an der **relativen Position** des Gewinns ($x_i$) im Vergleich zu allen anderen möglichen Gewinnen [*Quiggin* (1982)]. Seine Zielfunktion lautet mithin

$$\sum \upsilon(x_i)\{G(\pi_1 + ... + \pi_i) - G(\pi_1 + ... + \pi_{i-1})\}. \qquad (3\text{-}107)$$

Auf Details sei hier nicht eingegangen. Die **Nicht-EU-Theorien** lassen sich wie folgt zusammenfassen [vgl. insbesondere *Machina* (1987)]: Ausgangspunkt sind auch hier (diskrete) Wahrscheinlichkeitsverteilungen (Prospekte) der Art $P = (c_1, c_n, ...; \pi_1, ..., \pi_n)$, mit $c_j$ ($j = 1, ..., n$) als Ergebnissen und $\pi_i$ ($i = 1, ..., n$) als Wahrscheinlichkeiten. Ausserdem gebe es Axiomensysteme so, dass sich die Präferenzen der Individuen durch eine allgemeine Präferenzfunktion $V(P) = (\pi_1, c_1; ...; \pi_n, c_n)$ darstellen lassen. Die EU-Theorie ist dann der Spezialfall $V(P) = \sum \pi_j \upsilon(c_j)$ der Risikonutzenfunktionen.

---

13. Der Betriff „Anomalie" geht zurück auf *Kuhn* (1976), der unter einer Anomalie „ein Phänomen versteht, auf das ein Paradigma einen Forscher nicht vorbereitet hat, oder - anders ausgedrückt - es bedeutet die Erkenntnis, dass die Natur (in den Naturwissenschaften) in irgendeiner Weise die von einem Paradigma erzeugten ... Erwartungen nicht erfüllt hat" (S. 65f). In diesem Sinne ist das Bernoulli-Kriterium ein Paradigma, eine Konstruktion, dessen Hauptverdienst darin besteht, dass es als zentrales Paradigma der Entscheidungstheorie „zu einer Genauigkeit der Information und einer Exaktheit des Zusammenspiels von Beobachtung und Theorie (führt), die auf keine andere Weise erreicht werden könnte" (ebenda, S. 77)

Interessant und wichtig ist nun, dass die EU- und die Nicht-EU-Präferenzfunktionen und ihre entsprechenden Indifferenzkurven zwei Charakteristika gemeinsam haben und einen wesentlichen Unterschied aufweisen:

(1) Gemeinsam ist ihnen, dass die **Indifferenzkurven** in einem ($W_1$, $W_2$)-Diagramm **fallen**.

(2) Gemeinsam ist ihnen auch, dass die Steigung der Indifferenzkurven [vgl. Abbildung 3.9 des Abschnitts 3.5.1] an der Sicherheitslinie gleich ist dem **Verhältnis der Wahrscheinlichkeiten**.

(3) Unterschiedlich ist, dass während auch Non-EU-Indifferenzkurven Risikoaversion aufzeigen (d.h. sie verlaufen steiler als die (faire) Versicherungslinie oberhalb der Sicherheitsgeraden und flacher unterhalb), sie **nicht "konvex in den Ergebnissen"** sind [eine Eigenschaft, die ja für die EU-Theorie gilt, weil dort $\upsilon(c)$ eine konvexe Funktion von $c$ ist].

Unter Berücksichtigung dieser Eigenschaften kann man nun zeigen [vgl. insbesondere *Machina* (1995)], dass wichtige Ergebnisse der in diesem Kapitel behandelten Versicherungstheorie auch ausserhalb der EU-Theorie **robust** sind:

- Ist der VK risikoavers, dann fragt er **Vollversicherung** nur dann nach, wenn die Prämie **fair** ist.

- Stehen zwei VK vor dem selben Entscheidungsproblem, einer ist aber **mindestens so risikoavers** wie der andere, dann fragt der erste **mindestens ebensoviel** Versicherung nach wie der zweite.

Da auch die Ableitung der Preis- und Vermögens-Nachfragefunktionen im wesentlichen auf der Eigenschaft der Risikoaversion aufbauen, werden auch diese Ergebnisse bei der Verallgemeinerung durch die Nicht-EU-Theorie robust sein. Dies gilt auch für die Beziehungen zwischen Marktversicherung und Schadenverhütung bzw. Schadeneindämmung. So analysierten *Konrad* und *Skaperdas* (1993) die Fragen der Prävention in einem speziellen Nicht-EU-Modell - nämlich dem "rank-dependent-expected-utility" - Modell von *Quiggin* (1982). Sie fanden, dass die meisten (wenn auch nicht alle) Ergebnisse, die auf der EU-Theorie basieren und sich auf Schadeneindämmung (self-insurance, vgl. Abschnitt 3.8) beziehen, **sich verallgemeinern lassen**, während die generell uneindeutigen Ergebnisse hinsichtlich der Schadenverhütung (self-protection, vgl. Abschnitt 7.2) auch im allgemeineren Modellrahmen uneindeutig bleiben. Im wesentlichen kann z. B. *Machina* (1995, 35 f.) zeigen, dass das grundlegende Theorem der "self-insurance" bestehen bleibt: Grössere Risikoaversion führt zu mehr "self-insurance", also zu erhöhten Anstrengungen zur Eindämmung des zu erwartenden Schadens. Im Lichte dieser Ergebnisse lässt sich das Festhalten an der Erwartungsnutzen-Theorie zumindest im Rahmen eines Lehrbuchs einigermassen rechtfertigen.

## 3.10 Übungsaufgaben

**Übungsaufgabe 3.3**

(a) Welche Angaben benötigen Sie, um mit Hilfe der Risikonutzenfunktion $\upsilon(W) = \ln(W)$ das Sicherheitsäquivalent zu bestimmen?

(b) Konstruieren Sie ein eigenes Beispiel und berechnen Sie neben dem Sicherheitsäquivalent auch die Arrow-Pratt-Risikoprämie!

(c) Wiederholen Sie die Schritte mit den Risikonutzenfunktion $\upsilon(W) = 1 - e^{-W/\gamma}$

**Übungsaufgabe 3.4**

Folgende Schadenverteilung ist gegeben:

| L | π |
|---|---|
| 250 GE | 0,4 |
| 500 GE | 0,4 |
| 1000 GE | 0,2 |

Es kann eine Versicherung gekauft werden, die (a) 50% aller Schäden deckt gegen eine Prämie von 350 GE oder (b) alle Schäden voll deckt für eine Prämie von 550 GE. Ihr Anfangsvermögen betrage 2000 GE und Ihre Risikonutzenfunktion sei von der Form $\upsilon(W) = \ln(W)$, wobei $W$ das Endvermögen ist. Welche der Policen – wenn überhaupt – würden Sie kaufen?

## 3.11 Literaturhinweise

Allais, M. (1953), Le Comportement de l'homme rational devant le risque: Critique des postulats et axiomes de l'école américaine", in: Econometrica 21, 503-546.

Arrow, K.J. (1963), Uncertainty and the welfare economics of medical insurance, in: American Economic Review 53, 941-973.

Arrow, K.J. (1965), Aspects of the theory of risk-bearing, Yrjö Johnsson Lectures, Helsinki (Y.J.Säätiö).
[abgedruckt mit Veränderungen in: K.J. Arrow (1970), Essays in the Theory of Risk-bearing, Amsterdam-London (North-Holland)].

Arrow, K.J. (1974), Optimal insurance and generalized deductibles, in: Scandinavian Actuarial Journal 57, 1-42.

Barsky, R.B., Juster F.Th., Kimball M.S. und Shapiro M. D. (1997), Preference parameters and behavioral heterogeneity: an experimental approach in the health and retirement study, in: Quarterly Journal of Economics 112 (May), 537-579.

Bernoulli, D. (1730/31), Specimen theoriae novae de mensura sortis (Versuch einer Theorie der Wertbestimmung von Glücksfällen), Petersburg: Comentarii Academiae Petropolis, Bd. 5, 175-192, übersetzt: Leipzig 1896.

Cook, P.J. und Graham, D.A. (1977), The demand for insurance and protection: The case of irreplaceable commodities, in: Quarterly Journal of Economics, 91(1), 143-156.

Doherty, N. A. (1975), Some fundamental theorems of risk management, in: Journal of Risk and Insurance 43, 447-460.

Doherty N.A. (1985), Corporate Risk Management, A Financial Exposition, New York: McGraw-Hill (insbes. Kap. 12), 327-364.

Doherty, N.A., Schlesinger H. (1983), Optimal insurance in incomplete markets, in: Journal of Political Economy 91, 1045-1054.

Eeckhoudt, L., Meyer, J. und Ormiston, M.B. (1997), The interaction between the demand for insurance and insurable assets, in: Journal of Risk and Uncertainty, 14, 25-39.

Ehrlich, J. und Becker G.S. (1972), Market insurance, self-insurance and self-protection, in: Journal of Political Economy 80, 623-648.

Eisen, R. (1978), Öffentliche Individualversicherer als Instrument der Sozialpolitik?, in: Zeitschrift für öffentliche und gemeinschaftliche Unternehmen 2, 207-228.

Eisen, R. (1979), Theorie des Versicherungsgleichgewichts, Berlin: Duncker & Humblot.

Eisen, R. (1988), Artikel "Versicherungsnachfrage", in: Handwörterbuch der Versicherung, 1093-1099.

Ellsberg, D. (1961), Risk, ambiguity, and the Savage axioms, in: Quarterly Journal of Economics 75, 643-669.

Fishburn, P.C., (1970), Utility theory for decision making, New York: J. Wiley & Sons.

Hadar, J. und Russell W. (1969), Rules for ordering uncertain prospects, in: American Economic Review 59, 25-34.

Hirshleifer, J. (1965/6), Investment decisions under uncertainty, in: Quarterly Journal of Economics 79, 509-536 und Quarterly Journal of Economics 80, 252-277.

Hirshleifer, J. und Riley, J. G. (1979), The analytics of uncertainty and information, in: Journal of Economic Literature XVII, 1375-1421.

Huff, D. und Geis, I. (1993), How to Lie with Statistics, New York: W.W. Norton.

Konrad, K., und Skaperdas, S. (1993), Self-insurance and self-protection: a nonexpected utility analysis, in: Geneva Papers on Risk and Insurance Theory 18, 131-146.

Kuhn, Th. (1967), Die Struktur wissenschaftlicher Revolutionen, st 25, Frankfurt a. M.: Suhrkamp.

Laffont, J. J. (1990), The Economics of Uncertainty and Information, Cambridge MA: Cambridge University Press.

Laux, H. (1998), Entscheidungstheorie, 4. Aufl. Berlin u.a.: Springer.

MacCrimmon, K. R. (1968), Descriptive and normative implications of the decision-theory postulates, in: K. Borch und Mossin, J. (Hrsg.), Risk and Uncertainty, London: MacMillan, 3-23.

Machina, M. J. (1987), Choice under uncertainty: problems solved and unsolved, in: Journal of Economic Perspectives 1, 121-154.

Machina, M. J. (1995), Non-expected utility and the robustness of the classical insurance paradigm, in: Geneva Papers on Risk and Insurance Theory 20, 9-50.

Marshall, J. M., (1976), Moral hazard, in: American Economic Review 66, 880ff.

Menezes, C.F. und Hanson, D.L. (1970), On the theory of risk aversion, in: International Economic Review 11, 481-487.

Mossin, J. (1968), Aspects of rational insurance purchasing, in: Journal of Political Economy, 553-568.

Pratt, J. (1964), Risk aversion in the small and in the large, in: Econometrica 32, 122-136

Quiggin, J. (1982), A theory of anticipated utility, in: Journal of Economic Behavior and Organization 3, 323-343.

Raviv, A. (1979), The design of an optimal insurance policy, in: American Economic Review 69, 84-96.

Rothschild, M. und Stiglitz, J.E. (1970), Increasing risk: I. A definition, in: Journal of Economic Theory 2, 225-243.

Savage, L. J. (1954), The Foundations of Statistics, New York.

Schneeweiss, H. (1967), Entscheidungskriterien bei Risiko, Berlin u.a.: Springer.

Schubert, R., Brown, M., Gysler, M. und Brachinger, H. W. (1999), Financial decision-making: Are women really more risk-averse, in: American Economic Review (Papers & Proc.) 89 (May), 381-385.

Smith, V. (1968), Optimal insurance coverage, in: Journal of Political Economy 76, 68-77.

Szpiro, G. G. (1986a), Measuring risk aversion: an alternative approach, in: The Review of Economics and Statistics 68, 156-159.

Szpiro, G. G. (1986b), Über das Risikoverhalten in der Schweiz, in: Schweiz. Zeitschrift für Volkswirtschaft und Statistik 122(3), 463-469.

Szpiro, G. G. (1995), The emergence of risk aversion, in: Complexity 2(4), 31-39.

von Neumann, J. und Morgenstern, O. (1944), Theory of Games and Economic Behavior, Princeton: Princeton University Press.

# KAPITEL 4
# Versicherungsnachfrage II: Entscheidung unter Risiko mit Diversifikationsmöglichkeiten

Im vorhergehenden 3. Kapitel beschränkte sich das Risikomanagement darauf, für ein bestimmtes Aktivum entweder auf Versicherungsschutz zu verzichten oder aber in einem bestimmten Umfang Versicherungsschutz zu kaufen. Diese eingeschränkte Betrachtungsweise mag der Entscheidungssituation eines Haushalts, der ein einziges marktgängiges Aktivum (z.B. ein Haus) besitzt, einigermassen gerecht werden. Bei genauerer Betrachtung kommen jedoch bereits hier mit der Gesundheit und dem Humankapital zwei weitere Aktiva hinzu, und es stellt sich die Frage, ob die Existenz dieser anderen Aktiva die Nachfrage nach Versicherung beeinflussen könnte. Ein Haushalt, dessen Humankapital und damit Arbeitseinkommen stark von der regionalen Wirtschaftsentwicklung abhängt, kann sich beispielsweise ein Stück weit absichern, indem er sich eine Wohnung in einer benachbarten, aber wirtschaftlich anders strukturierten Region kauft. So hat er die Gewähr, dass sein marktgängiges Aktivum nicht im gleichen Moment an Wert verliert, wo er Lohneinbussen hinnehmen muss. Offenbar kann man das Risiko durch eine **Diversifikation der Aktiva** reduzieren. Die Diversifikation bildet somit eine zusätzliche Möglichkeit des Risikomanagements.

Die Diversifikation steht in noch viel höherem Grade einem Unternehmen offen, das aus verschiedenen Betriebseinheiten besteht. Sie bietet sich in nochmals grösserem Masse dem Investor an, der an mehreren Unternehmen beteiligt ist. Deshalb ist im Folgenden nicht mehr von den Haushalten als Entscheidungseinheiten, sondern von Unternehmensleitungen die Rede, die im Interesse der Investoren handeln. Der Abschnitt 4.1 befasst sich mit der Risikodiversifikation mit Hilfe des Kapitalmarkts, deren theoretische Grundlage das Capital Asset Pricing Model (CAPM) bildet. Im Verlauf der letzten zwanzig Jahre haben sich jedoch auf den Kapitalmärkten zusätzliche Instrumente des Risikotransfers herausgebildet, die für das Risikomanagement herangezogen werden können. Sie werden in Abschnitt 4.2 dargestellt. Termingeschäfte, aber insbesondere Optionen erlauben es dem Investor, das in einem marktgängigen Aktivum oder Passivum enthaltene Risiko auf andere Teilnehmer am Kapitalmarkt abzuwälzen. Die dabei aufzuwendenden Transaktionskosten sind mit jenen zu vergleichen, die sich beim Risikotransfer mit Hilfe der Versicherung ergeben. Aus den komparativen Vorteilen der Versicherung gegenüber dem

Kapitalmarkt lässt sich schliesslich (in Abschnitt 4.3) die Versicherungsnachfrage der Unternehmen erklären.

## 4.1 Risikomanagement und Diversifikation

### 4.1.1 Risikomanagement und Portfoliotheorie

Risikomanagement umfasst ein Bündel von Instrumenten zur Messung und Steuerung der gesamten Risikoposition einer Firma mit dem Ziel einer Verringerung von Risiken. Folglich kann Risikomanagement verstanden werden als die Planung, Steuerung und Kontrolle aller Risiken eines Unternehmens. In der Steuerung der Risikosituation finden nun die oben (vgl. Abschnitt 2.2) genannten allgemeinen Massnahmen wieder ihre Anwendung: Risikomeidung, Risikovorbeugung, Risikominderung, Risikoteilung, Risikoüberwälzung und Risikotransfer. Sieht man von der vollkommenen Risikomeidung ab, zielen die Massnahmen der **Risikovorbeugung** auf eine Reduktion der Schadeneintrittswahrscheinlichkeiten, die aber sicherlich nie Null werden. Die Massnahmen der **Risikominderung** beziehen sich dagegen auf die Reduzierung der Schadenhöhe. Dabei handelt es sich auch um schadenausgleichende Massnahmen wie Reserven an Sachgütern oder Geld (Rücklagen und Rückstellungen), Sortimentspolitik zum Auffangen von Nachfrageschwankungen bis hin zur Streuung der Vermögensanlagen und Diversifikation.

Das Wesentliche der **Diversifikation** wird in dem Sprichwort eingefangen: „Lege nicht alle Eier in einen Korb". Diversifikation hilft, extreme Ergebnisse zu vermeiden – oder zumindest unwahrscheinlicher zu machen. Die Möglichkeiten zur Diversifikation ergeben sich aus der Tatsache, dass sich auch ein kleines Unternehmen als ein Portefeuille aus verschiedenen Risikoeinheiten auffassen lässt. Dabei ist die Identifizierung unterscheidbarer Risikoeinheiten eine Frage der Beurteilung, die vom Grad der Korrelation zwischen den Risiken abhängt[1]. Immerhin kann das Risiko des Gesamtschadens immer etwas reduziert werden, solange keine vollständig korrelierten Risikoeinheiten vorliegen. Das nachstehende Beispiel soll diese Aussagen veranschaulichen[2]. Dabei werden die Möglichkeiten der Risikovorbeugung einfachheitshalber ausgeblendet, d.h. Schadenwahrscheinlichkeiten und Schadenhöhen gelten als fest vorgegeben[3].

---

1. Vgl. *Doherty* (1985), 103 und Fussnote 1 ebenda. So bestehen Aldi, Tengelmann, VW usw. aus vielen Fabriken, Läden, Büros usw., die alle als separate Risikoeinheiten betrachtet werden können, selbst wenn man eine einzelne Gefahr wie etwa Feuer betrachtet.
2. Vgl. *Doherty* (1985), 128ff.
3. Diese Annahmen werden in den Abschnitten 5.6 und 7.2 gelockert, wo das sog. moralische Risiko eingeführt wird.

## Beispiel 4.1  Unternehmerische Diversifikation des Feuerrisikos

**Firma A** bestehe aus 30 Fast-Food-Restaurants. Diese Restaurants sind alle ähnlich gebaut, stellen einen ähnlichen Wert dar und seien sich auch hinsichtlich eines Feuerrisikos ähnlich. Die Risikoeinheiten sind örtlich getrennt, so dass zwischen dem Schaden an Restaurant $i$ und Restaurant $j$ kein Zusammenhang besteht. Die Korrelationskoeffizienten betragen $\rho_{ij} = 0$.

**Firma B** stelle Plastikwaren her. Die Fabrikhallen befinden sich auf einem grossen Areal, so dass zwischen den einzelnen Gebäuden hinreichend Zwischenraum besteht, damit kaum eine Feuersbrunst entstehen kann. Die Korrelationskoeffizienten zwischen den Risikoeinheiten betragen somit nur $\rho_{ij} = 0{,}1$.

**Firma C** stelle auch Plastikwaren her, aber sowohl die Fabrikation wie Lager, Vertrieb und die dazugehörigen Büros befinden sich alle in einem Gebäude, das mithin vom Standpunkt der Feuerversicherung als eine Risikoeinheit betrachtet werden muss.

| Firma A: Risikoeinheit | Wert* | Erwarteter Schaden | Standardabweichung |
|---|---|---|---|
| Restaurant | 300 TGE | 1,5 TGE | 2,5 TGE (Annahme) |
| Insgesamt (30 Einheiten) | 9000 TGE | 45 TGE | 13,693 TGE (s.u.) |

\* TGE: Tausend Geldeinheiten

| Firma B: Risikoeinheit | Wert | Erwarteter Schaden | Standardabweichung |
|---|---|---|---|
| Fabrik | 5000 TGE | 30 TGE | 50,000 TGE |
| Lager | 2000 TGE | 10 TGE | 16,667 TGE |
| Vertrieb | 1000 TGE | 3 TGE | 5,000 TGE |
| Büro | 1000 TGE | 2 TGE | 3,333 TGE |
| Insgesamt | 9000 TGE | 45 TGE | 55,633 TGE (s.u.) |

| Firma C: Risikoeinheit | Wert | Erwarteter Schaden | Standardabweichung |
|---|---|---|---|
| Gesamtanlagen | 9000 TGE | 45 TGE | 5 TGE (Annahme) |

Gemäss ihrem Wert und den Risikocharakteristiken erscheinen diese Unternehmen vergleichbar: Jede stellt einen Wert von 9000 TGE dar; der Erwartungsschaden beträgt 45 TGE; und die Variabilität des Risikos, gemessen etwa durch das Verhältnis aus Standardabweichung zu Erwartungswert des Schadens, ist für ein Restaurant von A, die Fabrik von B sowie für C gleich (~ 1,67). Hingegen unterscheiden sich diese drei Firmen hinsichtlich ihres Grades der Diversifikation. Es ist zu zeigen, dass dieser Unterschied einen erheblichen Einfluss auf die Risikoeigenschaften des Gesamtschadens und damit auf die zu erwartende Nachfrage nach Versicherungsschutz hat. ∎

Allgemein gelten folgende Beziehungen für den Mittelwert $\overline{X}_i$ und die Standardabweichung $\sigma_k$:

$$\overline{X}_i = \sum_k \pi_{ik} X_{ik} \tag{4-1}$$

Im Falle der Firma B gilt $i = 1$ für die Fabrik. Die Schadenhöhe $X_{1k}$ kann $k$ Werte mit Wahrscheinlichkeit $\pi_{1k}$ annehmen, so dass hier der Erwartungsschaden $\overline{X}_1$ auf 1,5 TGE zu stehen kommt. Da die möglichen Schäden an der Fabrik um den Erwartungswert schwanken, weisen sie einen Standardfehler $\sigma_1$ auf. Allgemein gilt

$$\sigma_i = \left[\sum_k \pi_{ik}(X_{ik} - \overline{X}_i)^2\right]^{1/2} \tag{4-2}$$

Auch dazu ist nur das Ergebnis der Berechnung mit 50 TGE im Falle der Fabrik ($i = 1$) angegeben.

Zwischen der Fabrik und dem Lager ($j = 2$) besteht ein Abstand, so dass der Korrelationskoeffizient der Schäden $\sigma_{12}$ mit 0,1 gering ist. Zwischen zwei beliebigen Schäden ist der Korrelationskoeffizient $\sigma_{ij} \in [-1, 1]$ gegeben durch

$$\rho_{ij} = \frac{\sigma_{ij}}{\sigma_i \sigma_j}, \text{ mit der Kovarianz } \sigma_{ij} = \sum_k \sum_l (\pi_{ik}(X_{ik} - \overline{X}_i)\pi_{jl}(X_{jl} - \overline{X}_j)) \tag{4-3}$$

Auch diese Korrelationskoeffizienten liegen bereits vor; es soll gelten $\rho_{12} = \rho_{21} = \rho_{12} = \ldots = \rho_{34} = 0,1$.

Nun wird mit $X$ die Summe der Schäden $X_1$ (Fabrik) bis $X_4$ (Büro) bezeichnet. Sie beträgt im Erwartungswert 45 TGE. Gesucht ist der Standardfehler dieser Summe, d.h. des Portefeuilles dieser Risikoeinheiten. Dazu dient zunächst die Formel für die Varianz einer Summe von Zufallsvariablen,

$$\sigma^2(X) = \sum_i \sigma_i^2 + \sum_i \sum_{\neq j} \sigma_{ij} = \sum_i \sigma_i^2 + \sum_i \sum_{\neq j} \rho_{ij} \cdot \sigma_i \sigma_j. \tag{4-4}$$

Hieraus ergibt sich für die Standardabweichung des Portefeuilles

$$\sigma_p(X) = \left[\sum_i \sigma_i^2 + \sum_i \sum_{\neq j} \rho_{ij} \sigma_i \sigma_j\right]^{1/2}. \tag{4-5}$$

**Fortsetzung Beispiel 4.1**

Mit Hilfe der Formel (4-5) kann man die Standardabweichung des Portefeuilles (d.h. des Gesamtschadens) für jedes Unternehmen berechnen. Es ergibt sich

für Firma A: $\sigma_p^A(X) = [30(2500)^2]^{1/2} = 13693$ GE $= 13{,}693$ TGE;

für Firma C: $\sigma_p^C(X) = 75$ TGE;

und für Firma B: $\sigma_p^A(X) = [(50000)^2 + (16667)^2 + (5000)^2 + (3333)^2$
$+ 2 \cdot (0{,}1)(50)(16{,}667)$
$+ 2 \cdot (0{,}1)(50)(5)$
$+ 2 \cdot (0{,}1)(50)(3{,}333)$
$+ 2 \cdot (0{,}1)(16{,}667)(5)$
$+ 2 \cdot (0{,}1)(16{,}667)(3{,}333)$
$+ 2 \cdot (0{,}1)(5)(3{,}333)]^{1/2}$
$= 55{,}633$ TGE.

Obwohl also der Erwartungsschaden mit 45 TGE derselbe ist für alle drei Firmen, unterscheidet sich doch die Variabilität des Gesamtschadens beträchtlich. Am ungünstigsten präsentiert sich die Risikosituation für das Unternehmen C, das mit einiger Wahrscheinlichkeit von einem Gesamtschaden von 120 TGE (= 45 + 75 TGE) betroffen wird. Hingegen profitiert Unternehmen A wegen der örtlichen Trennung seiner Risikoeinheiten in hohem Masse von der Risikodiversifikation, indem es in der Regel mit einem Gesamtschaden von rd. 59 TGE (= 45 + 13,693 TGE) davon kommen wird. Diese Unterschiede werden sehr wahrscheinlich die Art und Weise der Risikomanagement-Strategie der Unternehmen beeinflussen – und damit ihre Entscheidung, sich zu versichern. Denn die Entscheidung sich zu versichern hängt gemäss der Risikonutzentheorie wesentlich von der Variabilität des Vermögens ab (vgl. Abschnitt 3.2), die ihrerseits von der Höhe und Wahrscheinlichkeit der Schäden bestimmt wird. ∎

Eine Versicherung reduziert nicht die Belastung durch den Erwartungsschaden, denn wegen der Transaktionskosten und Zuschlägen für Risiko und Verwaltungskosten übersteigt die Prämie üblicherweise den Erwartungsschaden. Aber die Versicherung reduziert, und im Extremfall der vollen Deckung eliminiert sie, die Variabilität des Vermögens. Folglich kann man annehmen, dass die Firma C am meisten von Versicherungsschutz profitiert, Firma A dagegen am wenigsten. Allgemein ist zu erwarten, dass Unternehmen mit einer breiten Streuung von Risikoeinheiten keine Versicherung kaufen, während Unternehmen mit einer hohen Konzentration der Werte in einer kleinen Anzahl von Risikoeinheiten sehr extensiv Versicherungsschutz nachfragen, zumindest solange die Eigentümer ohne Einschränkungen das „Restrisiko" tragen müssen.

**Folgerung 4.1**     Die Nachfrage nach Versicherung insbesondere von Unternehmen, die von ihren Eigentümern geleitet werden, hängt negativ von den Möglichkeiten der unternehmensinternen Risikodiversifikation ab. Sie müsste hoch sein im Falle einer Konzentration der Werte in einer kleinen Anzahl von Risikoeinheiten.

Die bisherige Analyse ist jedoch erst partiell, denn das Unternehmensziel ist nicht Risikoreduktion, sondern die **Maximierung des Unternehmenswerts**. Deshalb müssen alle Finanzentscheidungen danach beurteilt werden, was sie zum Wert der Firma beitragen. Denn den Eigentümer-Interessen ist dann am besten gedient, wenn der Wert des Eigenkapitals (der Anteilscheine im Falle einer Aktiengesellschaft) maximiert wird. Tatsächlich ist die Maximierung des Eigenkapitals gleichbedeutend mit der Maximierung des Wertes der Anteilscheine an diesem Unternehmen.

### 4.1.2 Risikodiversifikation mit Hilfe des Kapitalmarkts

Der Wert des Eigentumsrechts an einem Aktivum wird aus dessen erwarteten zukünftigen Erträgen abgeleitet, und diese Erträge werden bestimmt durch operative Entscheidungen (etwa über die herzustellenden Produkte und die zu wählenden Standorte) und das finanzielle Risikomanagement. Entscheidungen, die die Beziehung zwischen Risikomanagement und dem Wert der Eigentumsrechte an einem Unternehmen nicht berücksichtigen, sind nicht optimal. Nicht optimal wären auch Entscheidungen, die allein auf eine Risikoreduktion abzielen. Man kann auch den Umkehrschluss ziehen: Wie das Management die Aufgabe des Risikomanagement löst, schlägt sich in den Wertpapierkursen nieder. Die Erwartung, dass es z.B. eine (erhöhte) Wahrscheinlichkeit für ein Feuer morgen gibt, muss sich im Wert des Anteilscheins heute niederschlagen. Die Kursentwicklung der Aktien zeigt damit die sich ändernden Erwartungen der Marktteilnehmer bezüglich der vom Management verfolgten Politik. Folglich bedeutet die Ableitung einer optimalen Risikomanagement-Strategie, dass man wissen muss, wie Aktienkurse gebildet werden, wie der Kapitalmarkt funktioniert und was die Investoren motiviert, wenn sie Wertpapiere kaufen.

Ausgangspunkt der Überlegungen bildet die Feststellung am Ende des Abschnitts 4.1.1, dass die Eigentümer einer Firma das nach der unternehmensinternen Diversifikation verbleibende Restrisiko zu tragen haben. Wie beeinflusst dieses Restrisiko bezüglich der Firmenerträge die Aktienkurse? Man ist versucht zu antworten, dass Aktienbesitzer risikoavers sind und folglich das Risiko auf den Aktienkurs drückt. Dann würde jede Reduktion der Variabilität des Firmenvermögens durch Risikomanagement-Strategien (wie Versicherungsnahme) den Aktienwert erhöhen. Aber diese Schlussfolgerung ist voreilig, weil für die Eigentümer von Unternehmen noch nicht alle Möglichkeiten der Diversifikation ausgeschöpft sind. Denn die Besitzer von Aktien können sich an mehr als einem Unternehmen beteiligen und aus der **Portefeuillebildung** einen weiteren Diversifikationseffekt erzielen. Dies könnte dazu führen, dass sie am Risikomanagement eines einzelnen Unternehmens nur in begrenztem Umfang interessiert sind. Die Argumentation soll wieder an einem Beispiel veranschaulicht werden.

**Beispiel 4.2    Diversifikation über den Kapitalmarkt**

Die Aktien der drei Firmen sollen in den letzten Jahren die in der Tabelle 4.1 aufgeführten Renditen gezeigt haben[4].

Offenbar hat die Firma C mit 8,1% p.a. die höchste mittlere Ertragsrate und folglich auch den höchsten Erwartungswert der Rendite. Firma B hat die niedrigste Erwartungsrendite, während A gerade so in der Mitte liegt. Aber bezogen auf das Risiko schneidet auf Grund der Standardabweichung Firma B schlecht ab, wogegen A und C ungefähr gleichwertig erscheinen. In der Abbildung 4.1 sind die drei Aktien als Punkte in einem ($\mu$, $\sigma$)-Raum eingetragen, wobei $\mu_i$ := $Er_i$ den Erwartungswert und $\sigma_i$ den Standardfehler der Aktienrendite der $i$-ten Firma symbolisiert. Darf der Investor nur eine Aktie wählen, wird er sicher B meiden, aber es hängt von seiner Risikobeurteilung ab, ob er eher A oder C präferiert (Bewegungen in nordwestliche Richtung zeigen die Präferenz an, vgl. Abbildung 4.1).

**Tabelle 4.1**     Realisierte Renditen der drei Firmen und eines Portefeuilles

| Jahr | Aktien der Firma | | | Portefeuille* |
|---|---|---|---|---|
|  | A | B | C | D |
| 1 | 0,06 | 0,03 | 0,13 | 0,097 |
| 2 | –0,03 | 0,33 | –0,07 | 0,063 |
| 3 | 0,00 | 0,23 | 0,05 | 0,110 |
| 4 | 0,06 | –0,12 | 0,13 | 0,047 |
| 5 | 0,20 | –0,22 | 0,18 | 0,047 |
| 6 | 0,13 | –0,15 | 0,13 | 0,037 |
| 7 | 0,10 | 0,19 | 0,08 | 0,116 |
| 8 | –0,06 | 0,24 | –0,10 | 0,013 |
| 9 | 0,05 | 0,16 | 0,10 | 0,120 |
| 10 | 0,23 | 0,00 | 0,18 | 0,120 |
| Erwartete Rendite | 0,074 | 0,069 | 0,081 | 0,077 |
| Standardabweichung | 0,089 | 0,179 | 0,091 | 0,038 |
| Kovarianz | $\sigma_{A,B}$ = –0,0117 | $\sigma_{A,C}$ = 0,007 | $\sigma_{B,C}$ = –0,0131 | |
| Korrelationskoeffizient | $\rho_{A,B}$ = –0,80 | $\rho_{A,C}$ = 0,86 | $\rho_{B,C}$ = –0,73 | |

\* Anmerkung: Das Portefeuille wurde gebildet gemäss der Linearkombination D = 0,33 B + 0,67 C.

---

4. Ist $d_{t+1}$ die im Zeitpunkt $t+1$ zahlbare Dividende, $P_t$ der Aktienpreis zum Zeitpunkt $t$ und $P_{t+1}$ der Aktienpreis zum Zeitpunkt $t+1$, dann gilt für die Rendite $r_t = \dfrac{d_{t+1} + (P_{t+1} - P_t)}{P_t}$. Die erwartete Rendite für jede Periode $t$ sei $Er_t = \sum \pi_i r_{i,t}$, wobei $\pi_i$ die Wahrscheinlichkeit für $r_{i,t}$ ist. Die Standardabweichung ist dann $\sigma(r_t) = [E(r_{it} - Er_t)^2]^{1/2}$. In der Tabelle 4.1 werden die Formeln analog zur Schätzung von $Er_i$ und $\sigma(r_i)$ bezüglich des Beobachtungszeitraums von 10 Jahren verwendet, mit $\pi_i = 1/10$.

**Abbildung 4.1** Geschätzte erwartete Renditen ($Er_i$) und Standardabweichungen ($\sigma_i$) (i= A, B, C)

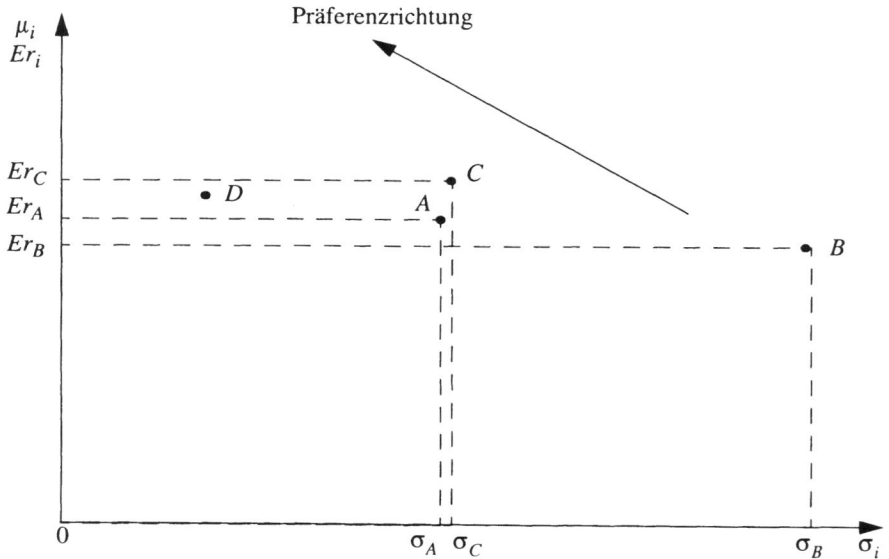

Betrachten wir nun ein viertes Wertpapier D. In Bezug auf erwartete Rendite (7,7% p.a.) und Risiko (3,8% p.a.) dominiert es A und B und hält den Vergleich mit C hinsichtlich der Rendite aus, ist aber sichtlich besser bezüglich des Risikos. Dieses Wertpapier D ist jedoch nichts anderes als ein recht simples Portefeuille gebildet aus den beiden Wertpapieren B und C, mit Anteilen von 1/3 und 2/3 (vgl. Tabelle 4.1). ∎

Die in Abbildung 4.1 dargestellte Entscheidungssituation ignoriert offenbar eine wichtige Dimension: Das Risiko eines Portefeuilles hängt nicht nur von den individuellen Standardabweichungen seiner Komponenten ab, sondern auch von den **Kovarianzen oder Korrelationen** zwischen den Komponenten. Eine negative Kovarianz kann das Portefeuille-Risiko entscheidend reduzieren, selbst wenn jede Komponente für sich ein hohes Risiko darstellt.

Betrachtet man die Werte der Tabelle 4.1 genauer, dann wird klar, dass die Aktie der Firma B dann hoch im Kurs steht, wenn die Werte von A und C niedrig liegen, während A und C in dieselbe Richtung variieren. Obwohl also A und C – isoliert betrachtet – attraktiv scheinen, weist ein Portefeuille aus diesen beiden Wertpapieren eine vergleichsweise hohe Variabilität (oft auch **Volatilität** genannt) auf. Demgegenüber hat das aus den Aktien B und C gebildete Portefeuille D zwar eine Erwartungsrendite, die zwischen B und C liegt, aber eine Standardabweichung, die viel niedriger ist als die von B oder die von C.

## 4.1 Risikomanagement und Diversifikation

Die Berechnung der erwarteten Rendite und Volatilität eines Wertpapier-Portefeuilles erfolgt gegenüber den Formeln (4-3) bis (4-5) leicht modifiziert, da es sich hier um Ertragsraten und nicht Werte in GE handelt:

$$\mu := Er_p = \sum_i x_i Er_i, \tag{4-6}$$

$$\sigma(r_p) = [\sigma^2(r_p)]^{1/2}, \tag{4-7}$$

$$\rho_{i,j} = \sigma_{ij}/(\sigma_i \cdot \sigma_j), \tag{4-8}$$

$$\sigma_p^2(r) = \sum_i x_i^2 \sigma_i^2 + \sum_i \sum_{\neq j} x_i x_j \sigma_{ij}, \tag{4-9}$$

wobei $x_i$ das Gewicht (den Anteil) des Wertpapiers $i$ im Portefeuille repräsentiert, mit $\sum_i x_i = 1$.

Die untersten Zeilen der Tabelle 4.1 zeigen die so berechneten Kovarianzen und die Korrelationskoeffizienten für jeweils zwei der drei Aktien. Gehen wir der Einfachheit halber zunächst von zwei Wertpapieren aus, dann ergibt sich die (erwartete) Rendite des Portefeuilles als gewichteter Durchschnitt der Renditen der einzelnen Wertpapiere. Die Gewichte sind dabei die jeweiligen Anteile der Wertpapiere im Portefeuille. Die Standardabweichung des Portefeuilles ist jedoch gemäss Gleichung (4-9) im allgemeinen nicht gleich dem gewichteten Durchschnitt der Standardabweichungen der einzelnen Wertpapiere. Vielmehr sind Kreuzprodukte vorhanden, welche die Kovarianzen $\sigma_{ij}$ bzw. die Korrelationskoeffizienten $\rho_{ij}$ widerspiegeln.

Drei Spezialfälle lassen sich leicht analysieren und grafisch in einem $(\mu, \sigma)$-Raum darstellen, wobei $\mu$ gemäss Gleichung (4-6) für den Erwartungswert der Portefeuille-Rendite steht.

(1) **Vollkommene positive Korrelation** ($\rho_{ij} = +1$): Substituiert man in der Formel (4-9) die Terme mit $\sigma_{ij}$ durch $\rho_{ij} \cdot \sigma_i \cdot \sigma_j = +\sigma_i \sigma_j$ gemäss (4-8), so wird die Gleichung (4-9) zu

$$\sigma^2(r_p) = \sum_i x_i^2 \sigma_i^2 + \sum_i \sum_{\neq j} (x_i \sigma_i)(x_j \sigma_j). \tag{4-10}$$

Zur Illustration sei der Fall von zwei Wertpapieren mit ihren Positionen $A_1$ und $A_2$ im $(\mu, \sigma)$-Raum dargestellt. Gemäss Gleichung (4-6) ist der Erwartungswert der Portefeuille-Rendite eine Linearkombination der Erwartungswerte der einzelnen Wertpapiere.

Da der erste Summand von (4-10) für den Diversifikationseffekt irrelevant ist, bildet hier auch das Risiko des Portefeuilles eine einfache lineare Kombination der Risiken der einzelnen Wertpapiere. Im $(\mu, \sigma)$-Raum[5] liegen folglich alle möglichen Kombinationen der beiden Wertpapiere auf einer Geraden, welche die Punkte $A_1$ und $A_2$ miteinander verbindet (vgl. Abbildung 4.2a).

(2) **Vollkommene negative Korrelation** ($\rho_{ij} = -1$): In der Gleichung (4-10) ist das Plus-Zeichen durch das Minus-Zeichen zu ersetzen. Gilt $\sigma_1 = \sigma_2$, so ergibt die Gewichtung $x_1 = x_2 = 1/2$ den Wert $\sigma_p^2(r) = 0$ und damit $\sigma = 0$, d.h. das Risiko kann vollständig wegdiversifiziert werden (Punkt *B* der Abbildung 4-2b). Der Locus, der die ($\mu, \sigma$)-Werte des Portefeuilles gebildet aus zwei Wertpapieren anzeigt, verläuft somit stückweise linear.

(3) **Vollkommene Unkorreliertheit** ($\rho_{ij} = 0$): Hier fällt der Kovariationsterm der Gleichung (4-10) heraus. Wegen des ersten Terms ist jedoch der Punkt *B* mit $\sigma_p = 0$ nicht erreichbar. Immerhin ergibt sich eine Kombination, für die das Risiko minimal ist (Punkt *M* in Abbildung 4.2c). Für zwei Wertpapiere lässt sich diese Kombination leicht herleiten. Es gilt

$$\sigma_p^2(r) = x_1^2 \sigma_1^2 + (1 - x_1)^2 \sigma_2^2.$$

Um den Wert zu finden, der diesen Ausdruck minimiert, leitet man nach $x_1$ ab und setzt die Ableitung gleich Null:

$$\frac{\partial \sigma_p^2}{\partial x_1} = 2x_1 \sigma_1^2 - 2\sigma_2^2 + 2x_1 \sigma_2^2 = 0.$$

Auflösen nach $x_1$ ergibt

$$x_1^{\min} = \frac{\sigma_2^2}{\sigma_1^2 + \sigma_2^2},$$

d.h. der Anteil des Wertpapiers Nr. 1 an einem Portefeuille mit Minimalvarianz ist dann gross, wenn das andere Wertpapier relativ volatil ist, indem es einen grossen Anteil an der Gesamtvarianz des Portefeuilles ausmacht.

Der allgemeine Fall einer gewissen Korreliertheit der Renditen lässt sich intuitiv aus den Spezialfällen Nr. 1 bis 3 erahnen. So muss der Fall einer hohen positiven Korrelation zwischen den Extremen der vollkommen positiven Korrelation (Abbildung 4.2a) und Unkorreliertheit (Abbildung 4.2c) liegen, mit einem Überwiegen des ersten Extrems (vgl. Abbildung 4.2d).

---

5. Eigentlich bestimmen die Gleichungen (4-9) bzw. (4-10) die Varianz $\sigma_p^2(r)$. Sie legen damit aber auch den Standardfehler $\sigma_p(r)$ fest, der einfachheitshalber auch mit $\sigma$ symbolisiert wird.

## 4.1 Risikomanagement und Diversifikation

**Abbildung 4.2** Korrelationen zwischen Renditen und Portefeuilles im $(\mu, \sigma)$-Raum

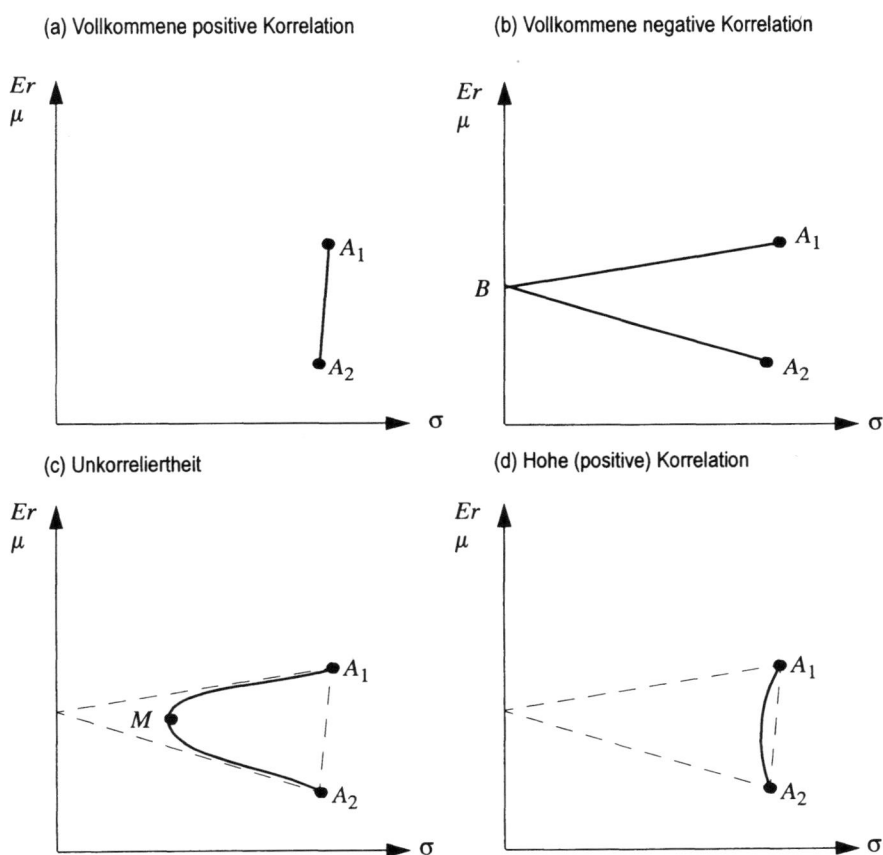

Zusammenfassend gilt:

(1) Je niedriger der Korrelationskoeffizient zwischen zwei Wertpapieren ist (je näher er bei $-1.0$ liegt), desto höher ist der Ertrag aus der Diversifikation.

(2) Kombinationen von zwei Wertpapieren haben niemals mehr Risiko als im Falle der vollkommen positiven Korrelation, der durch die Verbindungsgrade zwischen den beiden Positionen im $(\mu, \sigma)$-Raum angezeigt wird.

(3) Man kann immer ein Portefeuille mit minimaler Varianz finden, wenn zwei Wertpapiere in ein Portefeuille zusammengenommen werden.

Es bedarf nun wenig Einbildungskraft zu sehen, dass weitere Möglichkeiten der Diversifikation existieren können, wenn man drei oder mehr Wertpapiere in ein Portefeuille aufnimmt. Theoretisch könnte man also alle möglichen Kombinationen von riskanten Wertpapieren in eine Abbildung im ($\mu$, $\sigma$)-Raum einzeichnen. Macht man dies für eine endliche Zahl von Kombinationen, erhält man zum Beispiel die Abbildung 4.3.

In der Abbildung 4.3 ist ein ganzer Satz von Wertpapieren dargestellt, jedes mit seiner Erwartungsrendite und seiner Standardabweichung. Für jedes Paar von Wertpapieren lassen sich Portefeuille-Kurven konstruieren durch die Variation des Mischungsverhältnisses (der Anteile $x_i$, $1 - x_i$), deren Verlauf vom Wert des jeweiligen Korrelationskoeffizienten abhängt. Eine erste Möglichkeit besteht darin, je ein Wertpapier aus jedem Portefeuille in die Kombination aufzunehmen, z.B. A aus AB und C aus CD, mit Ergebnis AC. Gegenüber AB erreicht man so bereits eine Verbesserung. Hingegen sind B und C zu stark positiv korreliert, als dass BC eine weitere Verbesserung über AC hinaus mit sich bringen würde. In einem zweiten Schritt kann man Mischungen aus AB mit D kombinieren, um beispielsweise ED zu erhalten. Drittens lassen sich Mischungen aus den Portefeuilles AB und CD zusammenstellen, also „Portefeuilles aus Portefeuilles" bilden. Dies ergibt die Linie GF, die in ihrem Segment HJ Punkte enthält, welche alle bisher betrachteten Möglichkeiten (AB, CB, CD, AC, AF, ED) dominieren.

Schöpft man alle Möglichkeiten aus, dann liegen diese in einer Fläche, die durch AZDCB eingefasst wird. Portefeuilles innerhalb dieser Fläche werden offensichtlich durch Portefeuilles dominiert, die auf dem Rand zwischen Z und D liegen. So kann Punkt A ausgeschlossen werden, weil es ein Portefeuille K gibt, das dasselbe Risiko hat, aber eine höhere Erwartungsrendite bietet. Hingegen kann Punkt D nicht ausgeschlossen werden, weil es kein Portefeuille gibt mit derselben Rendite aber weniger Risiko. Punkt D ist mithin das Portefeuille (meist ein einziges Wertpapier), das die höchste Erwartungsrendite aller Portefeuilles bietet. Ferner ist Punkt Z das Portefeuille mit der minimalen Varianz aller Portefeuilles. Folglich befinden sich alle Portefeuilles, die von keinem anderen Portefeuille mehr dominiert werden können, auf der Umhüllenden zwischen Z und D. Diese Menge der Portefeuilles (ZD in Abbildung 4.3) nennt man deshalb auch die **Effizienzgrenze**: Die entlang dieser Kurve dargestellten Portefeuilles liefern die maximale Erwartungsrendite für einen gegebenen Wert des Risikos, oder umgekehrt das minimale Risiko für einen gegebenen Erwartungswert der Rendite. Diese Portefeuilles sind also hinsichtlich Mittelwert und Varianz bzw. Standardabweichung effizient.

**Abbildung 4.3**   Portefeuilles gebildet aus Portefeuilles und Effizienzgrenze

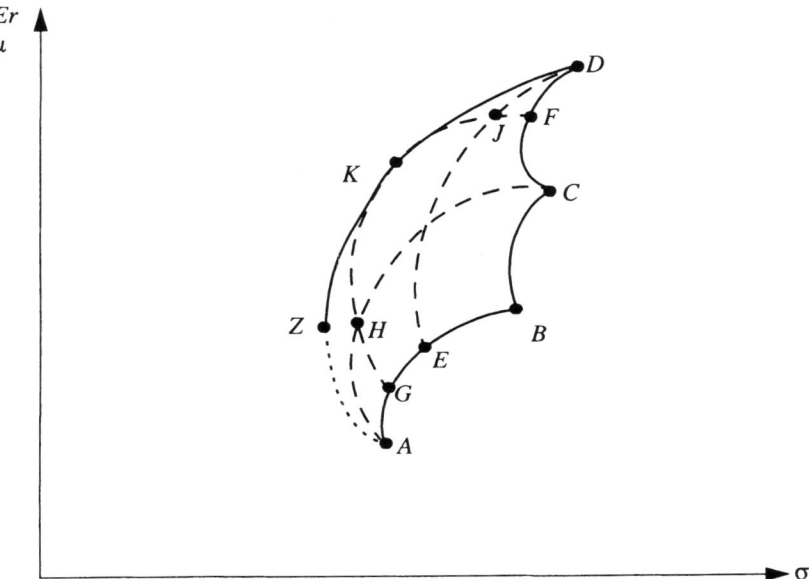

Die soeben dargestellten Elemente der Portfoliotheorie gehen auf die Pionierarbeit von *Markowitz* (1952) zurück. Zur Bestimmung der Effizienzgrenze im ($\mu$, $\sigma$)-Raum ist man nicht auf die Versuchs-und-Irrtums-Methode angewiesen, vielmehr kann man entweder Quadratisches Programmieren anwenden oder das Problem nach der von *Merton* (1972) entwickelten Methode lösen.

**Folgerung 4.2**   Die aus einzelnen Wertpapieren oder Teilportefeuilles gebildete Effizienzgrenze im ($\mu$, $\sigma$)-Raum geht von einem Portefeuille mit minimaler Varianz der Rendite aus und verläuft konkav von unten.

Gibt es zusätzlich zu den riskanten Wertpapieren auch ein **risikoloses** Wertpapier mit Ertragsrate $r_f$, so trifft der oben analysierte Spezialfall Nr. 3 der Unkorreliertheit zu. Denn eine feste Grösse weist keine Abweichungen von ihrem Erwartungswert auf, so dass die Kovarianz mit jeder beliebigen Zufallsvariablen Null wird [vgl. die Definition in der Gleichung (4-3)]. Kann man zu diesem Zinssatz unbegrenzt Kredit aufnehmen oder ausleihen, dann wird ein risikoaverser Investor nicht mehr sein gesamtes Kapital in volatilen Wertpapieren investieren wollen. Er könnte z.B. die Hälfte seines Kapitals in das mit minimaler Varianz ausgestattete Portefeuille $Z$ und die andere Hälfte in das risikolose Wertpapier investieren (vgl. den Punkt $X$ der Abbildung 4.4). Ein „mutiger" Investor (mit kleinerer Risikoaversion) wird vielleicht Geld zu dem Satz $r_f$ ausleihen und folglich zusätzlich in das ursprüngliche Portefeuille $Z$ investieren. Dieser „leveraged" Investor könnte dann z.B. den Punkt $L$ erreichen.

**Abbildung 4.4**  Effizienzgrenze und Kapitalmarktlinie

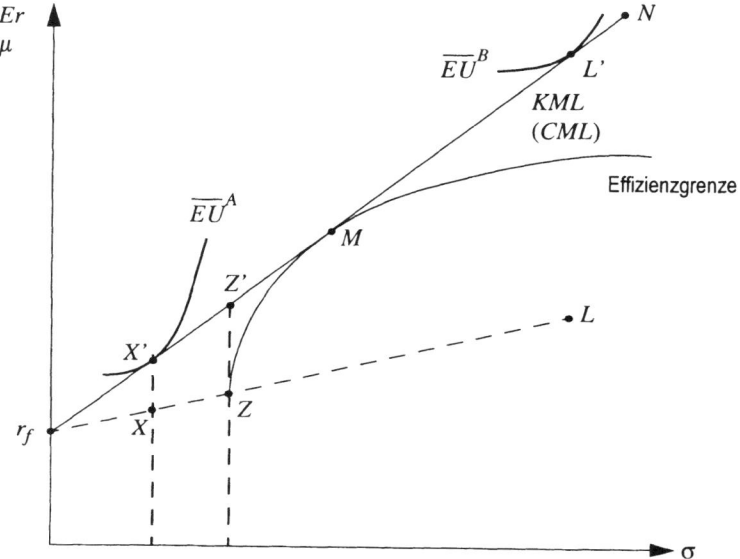

Aus der Abbildung 4.4 geht jedoch unmittelbar hervor, dass die Wahl eines der Portefeuilles $\{X, Z, L\}$ nicht die beste Entscheidung ist. Denn der Investor kann auch Portefeuilles auf der Geraden $r_f MN$ realisieren. Zu jedem Portefeuille aus $\{X, Z, L\}$ gibt es mithin ein Portefeuille auf dieser Geraden, das eine höhere erwartete Rendite bei gleichem Risiko aufweist. Der risikoaverse Investor (abgebildet durch die Indifferenzkurve $\overline{EU}^A$) kann $X'$ statt $X$ erreichen, der weniger risikoscheue (abgebildet durch $\overline{EU}^B$) entsprechend $L'$ statt $L$. Die Linie $r_f MN$ heisst **Kapitalmarktlinie** (engl. capital market line), wobei die Strecke $r_f M$ die Ausleihpositionen und die Strecke $MN$ die „Verschuldungspositionen" (engl. leveraged positions) widergibt. Man sieht auch, dass dem Portefeuille $M$ eine besondere Rolle zukommt: Es ist optimal in dem Sinne, dass es eine Ausleih-Verschuldungs-Position anbietet, die alle diejenigen dominiert, die durch irgendein anderes risikobehaftetes Portefeuille auf der Effizienzgrenze geboten werden.

### 4.1.3 Das Capital Asset Pricing Model (CAPM)

Bis zu diesem Punkt wurde das Optimierungskalkül eines einzelnen Investors untersucht. Jetzt geht es darum, das Gleichgewicht auf dem Kapitalmarkt als Ergebnis der individuellen Optimierungskalküle zu bestimmen. Dafür genügt ein einfaches Argument. Unter der Voraussetzung, dass es eine risikofreie Anlagealternative gibt, stellt sich das

## 4.1 Risikomanagement und Diversifikation

**Tangentialportefeuille** $M$ der Abbildung 4.4 als Komponente des Optimums des betrachteten Investors heraus. Ein risikoaverser Investor würde beispielsweise Punkt $X'$ wählen, also zur Hauptsache risikofreie Staatspapiere halten. Doch soweit er risikobehaftete Wertpapiere in sein Portefeuille aufnimmt, müssen diese Wertpapiere dem Punkt $M$ auf der Effizienzgrenze entsprechen. Ein risikofreudiger Investor würde sich zum Zinssatz $r_f$ verschulden, um über sein eigenes Vermögen hinaus risikobehaftete Wertpapiere halten zu können. Doch wird seine Wahl bei der Zusammenstellung wiederum auf den Punkt $M$ fallen. Das aber bedeutet, dass es ein einziges Portefeuille der Wertpapiere gibt, das **optimal ist für alle Investoren** – unabhängig von ihrer Risikoaversion. Und das ist das Portefeuille $M$. Alle Investoren werden demnach dasselbe Portefeuille von riskanten Wertpapieren halten, sie unterscheiden sich nur in ihrer Finanzierungsentscheidung: Die mehr risikoaversen wählen eine Position zwischen $r_f$ und $M$, die weniger risikoaversen oberhalb von $M$.

Wenn aber alle Investoren dasselbe Portefeuille an riskanten Wertpapieren halten wollen, dann kann dieses Portefeuille nichts anderes als das **Marktportefeuille** sein, das alle gehandelten Wertpapiere umfasst. Darin ist jedes Wertpapier mit dem Anteil seines Marktwertes am Gesamtmarktwert aller Wertpapiere im Portefeuille eines jeden Investors enthalten.

Das **Gleichgewichtsportefeuille ist** also **das Marktportefeuille**. Diese Tatsache legt einen Rückschluss von der Rendite-/Risikoeigenschaft des Marktportefeuilles auf die Rendite-/Risikoeigenschaften der darin enthaltenen Wertpapiere nahe. Die Gleichungen (4-6) bis (4-9) des Abschnitts 4.1.2 zeigten die Verbindung zwischen dem einzelnen Wertpapier und dem Portefeuille. Jetzt geht es umgekehrt darum, die Verbindung zwischen dem Marktportefeuille und dem einzelnen Wertpapier herzustellen. Die Frage lautet: Was für eine Kombination von erwarteter Rendite und Volatilität gewährleistet, dass ein Wertpapier mit einem bestimmten Anteil im Marktportefeuille enthalten ist?

Dabei geht aus der Gleichung (4-6) hervor, dass es einerseits auf den Beitrag des Wertpapiers $i$ zum Ertrag des Marktportefeuilles ankommen wird. Andererseits spielt gemäss Gleichung (4-9) auch der Beitrag des Wertpapiers zum Risiko des Portefeuilles eine Rolle, wobei neben der eigenen Varianz auch die **Kovarianz mit den anderen Wertpapieren** $j$ (d.h. bei vielen Wertpapieren mit dem Marktportefeuille) entscheidend ist. So kann ein Wertpapier $A$ einen bestimmten Anteil am Marktportefeuille erreichen, weil es zwar eine positive Kovarianz mit der Rendite des Gesamtmarktes ($r_M$) aufweist, dafür aber durch eine überdurchschnittliche mittlere Rendite hervorsticht.

Die Beziehung zwischen individueller Rendite und Rendite des Marktportefeuilles lässt sich jedoch empirisch ermitteln. In der Abbildung 4.5 repräsentiert jeder Punkt ein Paar von beobachteten Ertragsraten der Wertpapiere $A$ und $B$ und des Marktportefeuilles $M$. Für das Wertpapier $A$ [Teil (a)] gilt, dass seine Ertragsraten hoch sind, wenn auch die Marktraten hoch sind. Für Wertpapier $B$ gilt das Umgekehrte, seine Ertragsraten sind niedrig, wenn die Marktraten hoch sind.

Es besteht zwar keine perfekte Korrelation, aber doch eine hinreichend strenge, so dass eine lineare Regression angesetzt werden kann:

$$r_{i,t} = \alpha_i + \beta_i r_{M,t} + \varepsilon_{i,t} \quad (i = A,B), \text{ mit} \tag{4-11}$$

$\alpha_i$, $\beta_i$: zu schätzende Regressionskoeffizienten;

$\varepsilon_{i,t}$: Restfehler mit $E\varepsilon_i = 0$ und $Var(\varepsilon_i) = $ konst.

Der Parameter $\beta_i$ (das **Beta** des Wertpapiers) zeigt dabei das Vorzeichen und die Empfindlichkeit der Beziehung zwischen $i$ und $M$. In Abbildung 4.5 (a) hat $\beta_A$ also einen positiven Wert von unter 1, in Abbildung 4.5 (b) hat $\beta_B$ dagegen einen negativen Wert. Aus der Regressionsanalyse ist bekannt, dass $\beta_i$ nichts anderes als eine skalierte Version der Kovarianz ist:

$$\beta_i = \frac{Cov(r_i r_M)}{\sigma^2(r_M)}. \tag{4-12}$$

**Abbildung 4.5** Korrelationen zwischen den Ertragsraten von zwei Wertpapieren und dem Marktportefeuille $(r_M)$

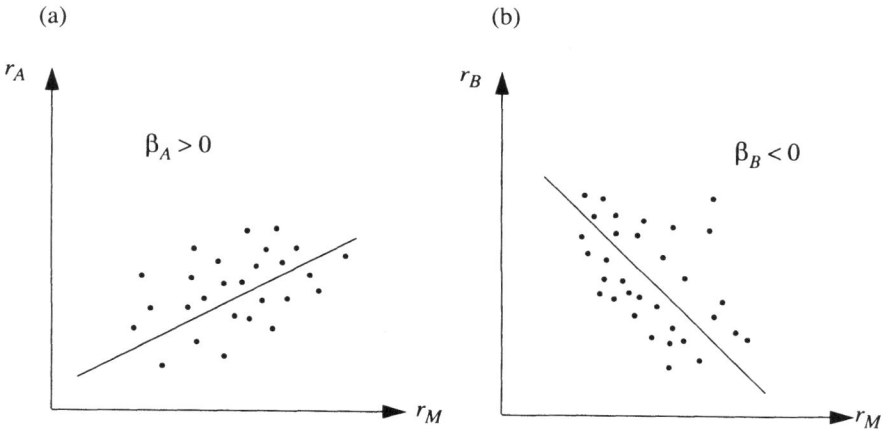

Weil Gleichung (4-11) die Rendite eines Wertpapiers in zwei Komponenten zerlegt, gilt dies auch für sein Risiko. Dabei hängt diese Aufteilung entscheidend von der (absoluten) Grösse von $\beta_i$ ab [vgl. *Doherty* (1985), S. 150]. Der Erwartungswert der Rendite des Wertpapiers $i$ ist gemäss Gleichung (4-11) $Er_i = \alpha_i + \beta_i Er_M$, folglich gilt (unabhängig von der Periode $t$)

$$\sigma^2(r_i) = E(r_i - Er_i)^2 = E\{(\alpha_i + \beta_i r_M + \varepsilon_i) - (\alpha_i - \beta_i Er_M)\}^2$$

$$= E\{\beta_i(r_M - Er_M) + \varepsilon_i\}^2 = E\{\beta_i^2(r_M - Er_M)^2 + 2\varepsilon_{i,t}(r_M - Er_M \beta) + \varepsilon_i^2\}$$

$$= \beta_i^2 \text{Var}(r_M) + \text{Var}(\varepsilon_i) \qquad \text{da } E\varepsilon_i = 0.$$

(4-13)

Ein Teil des Risikos geht also auf die Beziehung zwischen dem Ertrag des Wertpapiers $i$ und dem Ertrag des Marktportefeuilles zurück; dieses Risiko erscheint in dem Koeffizienten $\beta_i$ (der auf der Kovarianz beruht). Diese erste Komponente, $\beta_i^2 \text{Var}(r_M)$, nennt man **systematisches Risiko** (oder auch Marktrisiko), weil es sich systematisch auf die Bewegungen des Marktportefeuilles bezieht: Je höher $\beta_i$ (das Beta), desto stärker schwankt die Ertragsrate des Wertpapiers $i$ im Gleichschritt mit dem Marktportefeuille.

Die zweite Komponente besagt, dass die Verteilung der Ertragsraten nicht vollständig durch die Bewegungen im Marktportefeuille erklärt wird. Die Punkte der Abbildung 4.5 zeigen eine zufällige Variation um die Regressionsgerade und drücken damit aus, dass eine unerklärte Varianz vorhanden ist, die sich in der Varianz des Fehlerterms $\varepsilon_{i,t}$ niederschlägt. Diese unerklärte Komponente des Risikos heisst **unsystematisches** oder nichtmarktliches Risiko.

**Folgerung 4.3**  Die Varianz der Rendite eines Wertpapiers lässt sich aufteilen in eine systematische, vom gesamten Kapitalmarkt ausgehende, und eine unsystematische, das betreffende Wertpapier kennzeichnende Komponente.

Die Gewichtung der beiden Komponenten ändert sich systematisch mit zunehmender Diversifikation eines Portefeuilles. Dies lässt sich für den Spezialfall eines Portefeuilles, das aus $N$ Wertpapieren mit gleich grossem unsystematischen Risiko $\text{Var}(\varepsilon_i) = \text{Var}(\varepsilon)$ zu Anteilen $1/N$ gebildet wird, leicht zeigen. Die unsystematische Varianz des Portefeuilles $\text{Var}(\varepsilon_p)$ ist gegeben durch

$$\text{Var}(\varepsilon_p) = \frac{1}{N^2}\text{Var}(\varepsilon_1) + \frac{1}{N^2}\text{Var}(\varepsilon_2) + \ldots + \frac{1}{N^2}\text{Var}(\varepsilon_N)$$

$$= \frac{1}{N^2} \cdot N \cdot \text{Var}(\varepsilon) = \frac{1}{N}\text{Var}(\varepsilon).$$

(4-14)

Mit $N \to \infty$ gilt $\text{Var}(\varepsilon_p) \to 0$, d.h. das unsystematische Risiko verschwindet in einem diversifizierten Portefeuille. Den **maximalen Grad der Diversifikation** erreicht der Investor, wenn er das Marktportefeuille hält. Wegen (4-14) hat dann das unsystematische Risiko irgendeines Wertpapiers keine Wirkung mehr auf das Gesamtrisiko des Portefeuilles. Das aber bedeutet, dass ein diversifizierter Investor indifferent sein müsste gegenüber dem Grad des unsystematischen Risikos, den ein einzelnes Wertpapier zeigt, und folglich hat diese Komponente des Risikos keinen Effekt mehr auf den Preis eines Wertpapiers.

Dies trifft nicht auf das systematische Risiko zu. In der Gleichung (4-13) bleibt der erste Summand erhalten, auch wenn $N \to \infty$. Jedes Wertpapier trägt zum Risiko des Portefeuilles gemäss $\beta_i$, der Kovarianz mit dem Marktportefeuille, bei. Folglich hat $\beta_i$ einen bedeutenden Einfluss auf den Wertpapierpreis.

Aufgrund dieser Vorarbeiten ist es jetzt möglich, ein einzelnes Wertpapier zu bewerten, indem man eine marginale Variation des Marktportefeuilles, ausgelöst durch eine marginale Veränderung des Anteils von Wertpapier $i$ untersucht [vgl. dazu z.B. *Copeland* und *Weston* (1992, Kap. 7A – 7C)]. Wegen der Gleichungen (4-13) und (4-14) gilt bei einer marginalen Variation des Marktportefeuilles

$$\sigma^2(r_i) = \beta_i^2 \sigma^2(r_M) \quad \text{und damit}$$

$$\sigma(r_i) = \beta_i \sigma(r_M). \tag{4-15}$$

**Abbildung 4.6** Bewertung eines einzelnen Wertpapiers $A$

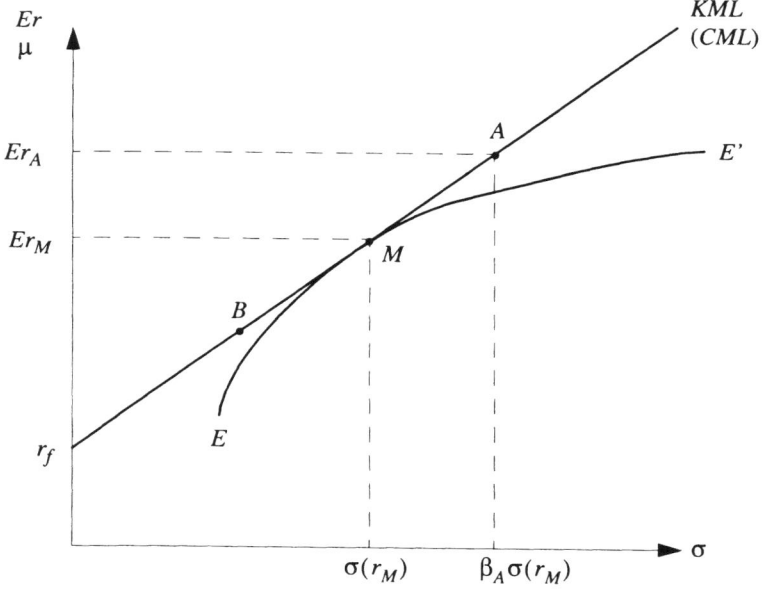

Der Standardfehler der Rendite des Wertpapiers $i$ reduziert sich auf das systematische Risiko, d.h. das $\beta_i$-Fache des Standardfehlers der Rendite, die das Marktportefeuille aufweist.

Die angesprochene marginale Variation des Marktportefeuilles wird in Abbildung 4.6 illustriert. In der Umgebung des Punktes $M$ verlaufen die Effizienzgrenze $EE'$ und die

Kapitalmarktlinie *KML* mit gleicher Steigung. Die durch die Variation des Anteils des Wertpapiers *A* (*i* = *A*) ausgelöste Verschiebung erfolgt zwar entlang *EE'*, kann aber wegen der Gleichheit der Steigungen auch auf *KML* dargestellt werden (in Abbildung 4.6 nur näherungsweise wegen vergrösserter Darstellung). Die ökonomische Interpretation ist klar: Ob das Marktportefeuille minimal durch die Anteilsvariation einer risikolosen Anlage oder eines risikobehafteten Wertpapiers *A* verändert wird, macht für die Investoren keinen Unterschied.

Wertpapier *A* ist nun aber durch seine erwartete Rendite $Er_A$ und gemäss Gleichung (4-8) seines Standardfehlers der Rendite charakterisiert. Da *A* auf der *KML* liegt, folgt aus dem Strahlensatz

$$\frac{Er_A - r_f}{Er_M - r_f} = \frac{\beta_A \sigma(r_M)}{\sigma(r_M)} \quad \text{und damit}$$

$$(Er_A - r_f) = \beta_A (Er_M - r_f) \ . \tag{4-16}$$

Allgemein muss also für ein Wertpapier *i*, das im Marktportefeuille enthalten sein soll, gelten

$$Er_i = r_f + \beta_i (Er_M - r_f) \ . \tag{4-17}$$

Dies ist die **zentrale Gleichung des CAPM**. Sie besagt, dass im Erwartungswert das einzelne Wertpapier eine Rendite aufweisen muss, die im Regelfall ($\beta_i > 0$) einen Zuschlag für das systematische Risiko gegenüber der Verzinsung einer risikofreien Anlage enthält.

Der Zusammenhang (4-17) kann auch in Abhängigkeit von $\beta_i$ dargestellt werden, als **Wertpapiermarktlinie *WML*** (engl. security market line *SML*). Da sie linear in $\beta_i$ ist, lässt sich die *WML* mit Hilfe zweier Punkte konstruieren:

(1) $Er_i = r_f$ für $\beta_i = 0$. Dies geht unmittelbar aus der Gleichung (4-17) hervor.

(2) $Er_i = Er_M$ für $\beta_i = 1$. Auch dies folgt aus Gleichung (4-17). Umgekehrt kann man sagen, dass das Beta des Marktportefeuilles Eins sein muss. Setzt man in der Gleichung *i* = *M*, so ergibt sich nämlich $\sigma(r_M) = \beta_M \sigma(r_M)$, was $\beta_M = 1$ verlangt.

In der Abbildung 4.7 ist die *WML* entsprechend eingetragen. Sie besagt, dass ein Wertpapier mit hohem (positiven) $\beta_i$ eine hohe mittlere Rendite aufweisen muss. Zudem zeigt die Abbildung 4.7 zwei Wertpapiere, die nicht auf der *WML* liegen: *X* liegt darüber, dh. seine erwartete Ertragsrate ist hoch relativ zu seinem $\beta$-Wert. Dies bedeutet, dass *X* unterbewertet ist. Die Investoren werden versuchen, dieses Wertpapier zu kaufen, was seinen Preis hochtreibt und folglich die zukünftige erwartete Rendite senkt, bis die Gleichgewichtsbeziehung hergestellt ist. Das Wertpapier *Y* dagegen liegt unter der Geraden. Es ist überbewertet, wird also verkauft, was seinen Preis drückt und die zukünftige erwartete

Rendite ansteigen lässt. Insofern wird über die erwartete Rendite durch die Wertpapiermarktlinie auch der Preis eines Wertpapiers bestimmt.

**Abbildung 4.7** Die Wertpapiermarktlinie (WML)

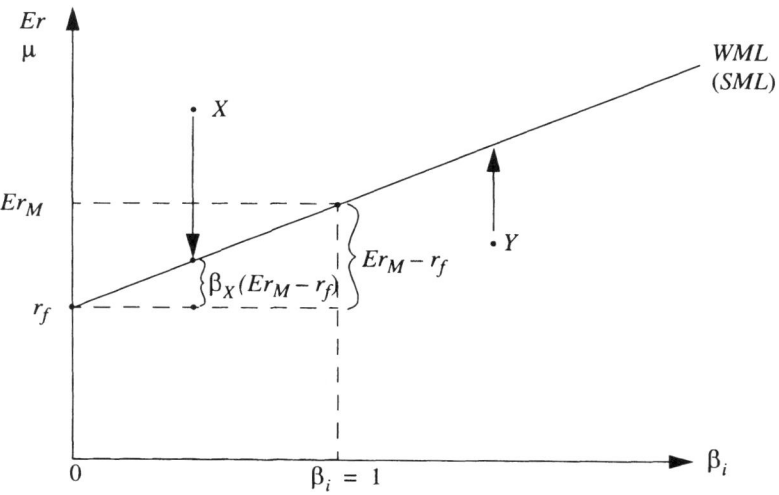

Die Kapitalmarktlinie mit Punkt $M$ als Gleichgewichtsportefeuille, die Gleichung (4-17) und die Wertpapiermarktlinie bilden das CAPM, das unabhängig von *Sharpe* (1964), *Lintner* (1965) und *Mossin* (1966) abgeleitet wurde und eine Erweiterung der Markowitz-Portfoliotheorie darstellt: Während die Portfoliotheorie von Markowitz eine individuelle Optimierungslösung beschreibt, ist das CAPM eine Gleichgewichtslösung für den Markt aller Wertpapiere (und ergibt sich aus Angebot an und Nachfrage nach Wertpapieren)[6].

Die Gleichung (4-17) kann nun wieder auf die **Risikomanagement-Entscheidung** des Unternehmens angewendet werden: Die gleichgewichtige Ertragsrate ist jene mittlere Rendite $Er_i$, die die Investoren fordern, gegeben das Niveau des systematischen Risikos. Da das Unternehmen $Er_i$ erreichen muss, um von den Investoren Kapital zu erhalten, kann $Er_i$ als die Kosten des Kapitals betrachtet werden. Suboptimale Entscheidungen im Risikomanagement erhöhen das Risiko der Eigentümer. Das Wertpapier des Unternehmens erhält einen höheren Wert $\sigma(r_i)$; gemäss Gleichung (4-15) erhöht sich damit $\beta_i$ bei gegebenem Risiko des Marktportefeuilles $\sigma(r_M)$. Die Gleichung (4-17) zeigt, dass die Kosten des Kapitals mit $\beta_i$ ansteigen. Umgekehrt lässt ein Risikomanagement, das den Wert von $\beta_i$ reduziert, die Aktien des Unternehmens als Möglichkeit zur Risikodiversifikation

---

6. Auf die Kritik an diesem Modell wird bei seiner Anwendung auf die Versicherung in Abschnitt 6.2.2 eingegangen. Verschiedene Umformulierungen sind im Laufe der Jahre vorgenommen worden, ebenso auch empirische Tests. Es ist schwer zu sagen, ob das Modell dadurch bestätigt wurde oder nicht [vgl. etwa *Roll* (1977)].

erscheinen, mit der Folge, dass die zu erreichende mittlere Rendite und damit die Kosten des Kapitals zurückgehen. In diesem Falle sind Risikomanagement-Entscheidungen verträglich mit anderen finanziellen Entscheidungen und tragen zur Wertmaximierung des Unternehmens bei.

**Folgerung 4.4**  Um mit den anderen Wertpapieren des Marktportefeuilles konkurrieren zu können, müssen die Wertpapiere eines einzelnen Unternehmens im Erwartungswert eine bestimmte Rendite erreichen. Deren Höhe hängt dem CAPM zufolge wesentlich vom Beta des Wertpapiers ab, d.h. dem Koeffizienten einer Regression der unternehmensspezifischen Rendite auf die Rendite des Marktportefeuilles. Suboptimale Entscheidungen im Risikomanagement lassen dieses Beta und damit die Kosten des Kapitals ansteigen.

### 4.1.4 Die Arbitrage Pricing Theory (APT)

In Abschnitt 4.1.1 ergab sich, dass die Möglichkeiten zur Risikominderung durch Diversifikation wesentlich vom Grad der Interdependenz zwischen den Renditen der Wertpapiere abhängen. Bei der Portfolio-Optimierung wird der Grad der Interdependenz durch die Kovarianz bzw. den Korrelationskoeffizienten gemessen. Im CAPM kommt er im Beta eines Wertpapiers zum Ausdruck. Je höher das (positive) Beta, desto stärker variiert die Rendite des betrachteten Wertpapiers mit derjenigen des Kapitalmarkts insgesamt, und desto höher ist der Risikozuschlag, den die Rendite über den risikofreien Zinssatz hinaus enthält.

Während die Interdependenz der Renditen im CAPM als gegeben hingenommen wird, sucht sie die Arbitrage Pricing Theory (APT) zu erklären. Die APT führt die Ertragsraten von Wertpapieren auf eine Vielzahl von Faktoren zurück. Wie in der statistischen Faktoranalyse üblich, gelten diese Faktoren als nicht direkt beobachtbar (doch s.u.), miteinander unkorreliert und sollen Erwartungswert Null aufweisen. Einige könnten mit dem betrachteten Unternehmen (z.B. Gewinnaussichten) zu tun haben, andere mit dem Industriezweig (z.B. kostensenkender technologischer Wandel), nochmals andere mit dem Kapitalmarkt als Ganzem (z.B. Zinssätze). Eine positive Korrelation zwischen zwei Wertpapieren ergibt sich dann, wenn diese beiden Wertpapiere durch einen Faktor oder mehrere Faktoren in gleicher Weise beeinflusst werden.

Die Rendite eines im Wertpapiermarkt gehandelten Papiers wird entsprechend in zwei Teile aufgespalten (vgl. Abbildung 4.8). Die normale oder erwartete Rendite $\bar{R}_i$ hängt von allen Informationen ab, welche die Wertpapierbesitzer bezüglich dieses Wertpapiers (bzw. der oben genannten Faktoren) haben. Der zweite Teil ist die unsichere oder risikobehaftete Rendite des Wertpapiers; er wird durch Informationen verursacht, die zusätzlich auftreten und so nicht erwartet wurden, also **Überraschungen** (engl. innovations). Solche Überraschungen können sich auf alle Faktoren beziehen: Neueste Absatzzahlen, Erfindungen oder neue Produkte des betrachteten Unternehmens; neue Produkte von Konkurrenten im gleichen Wirtschaftszweig; Zinssätze, Inflationsraten und Wachstumsraten des Sozialprodukts und allgemeine politische Veränderungen im betreffenden Land.

**Abbildung 4.8** Aufspaltung der Rendite eines Wertpapiers in Faktoren

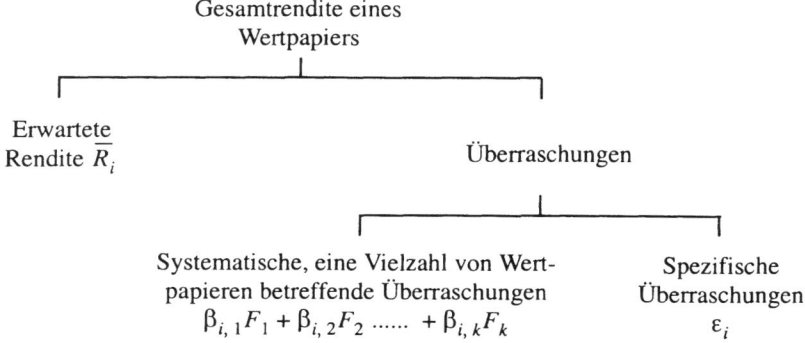

Dieser unerwartete Teil, der auf Überraschungen zurückgeht, stellt das wahre Risiko einer Anlageentscheidung dar: Bekommt man stets, was man erwartete, dann gibt es kein Risiko und keine Unsicherheit.

Der unerwartete Teil lässt sich seinerseits in systematische Nachrichten und Risiken, die eine Vielzahl von Wertpapieren beeinflussen, und ein unsystematisches oder spezifisches Risiko aufspalten. Ein **unsystematisches Risiko** ist eine Überraschung, die nur ein einziges Wertpapier $i$ betrifft.

Dieser Beschreibung entspricht das folgende Faktormodell (vgl. nochmals Abbildung 4.8):

$$r_i = \overline{R}_i + \beta_{i,1}F_1 + \beta_{i,2}F_2 + \dots + \beta_{i,k}F_k + \varepsilon_i. \tag{4-18}$$

Darin steht $\overline{R}_i$ für die erwartete Rendite. Die risikobehaftete Rendite wird einerseits auf $k$ Faktoren $\{F_1, F_2, ...F_k\}$ und die spezifische Störgrösse $\varepsilon_i$ zurückgeführt. Die zu den Faktoren gehörenden β-Koeffizienten $\{\beta_{i,1}, \beta_{i,2}, ..., \beta_{i,k}\}$ sind spezifisch für das Wertpapier bzw. das Unternehmen $i$. Dies bedeutet, dass die Firmen von den Faktoren (Zinssätze, Inflationsrate, Wachstumsrate des Sozialprodukts) unterschiedlich betroffen werden, bzw. auf diese Einflüsse unterschiedlich sensitiv reagieren. Beeinflusst aber ein bestimmter Faktor nicht nur die Rendite des Wertpapiers $i$, sondern auch diejenige aller anderen gleichartig, so bewirkt er eine positive Kovarianz, die sich in einem positiven Beta niederschlägt. Umgekehrt wird in der APT das $\beta_i$ des CAPM in mehrere Betas $\{\beta_{i,1}, \beta_{i,2}, ..., \beta_{i,k}\}$ und die dazugehörigen systematischen Überraschungen $\{F_1, F_2, ... F_k\}$ unterteilt.

Da nicht immer feststeht, was die relevanten Faktoren sind, wird in der Praxis oft ein **Ein-Faktor-Modell** der Renditen verwendet. Als der eine Faktor dient üblicherweise ein Index von Wertpapierrenditen oder Aktienrenditen, wie der DAX in Deutschland, der

Dow-Jones-Euro-Stoxx-50 oder der US-Index S&P 500. Ein solcher Index widerspiegelt jedoch (approximativ) nichts anderes als die Rendite des Marktportefeuilles $r_M$. Damit vereinfacht sich das Faktormodell der Gleichung (4-18) zu

$$r_i = \bar{R}_i + \beta_{i,1} F_1 + \varepsilon_i = \bar{r}_i + \beta_{i,1} r_M + \varepsilon_i. \qquad (4\text{-}19)$$

Die Rendite $r_i$ wird in einen linearen Zusammenhang mit $r_M$ gebracht, ähnlich wie in der Gleichung (4-11), die zur Herleitung des CAPM dient. Da der Erwartungswert von $r_M$ (anders als derjenige von $F_1$) nicht gleich Null ist, muss $\bar{r}_i$ neu festgelegt werden. Dabei lässt sich der risikolose Zinssatz $r_f$ ins Spiel bringen. Schliesslich verschwindet in einem grossen, diversifizierten Portefeuille auf Grund des Gesetzes der grossen Zahlen der Einfluss des einzelnen Wertpapiers – bzw. des unternehmensspezifischen Risikos ($\varepsilon_i$). Diese Überlegungen mögen genügen um zu zeigen, dass sich die APT unter gewissen Bedingungen auf das CAPM zurückführen lässt [vgl. dazu z.B. *Copeland* und *Weston* (1992, Kap. 7B)]. Es gilt dann $Er_i = r_f + \beta_{i,1}(Er_M - r_f)$, d.h. die erwartete Ertragsrate eines Wertpapiers ist gleich dem risikolosen Zinssatz zuzüglich einer Risikoprämie. Die Risikoprämie ergibt sich aus dem Beta des Wertpapiers und dem Überschuss der erwarteten Rendite auf dem Kapitalmarkt über den risikolosen Zinssatz.

**Folgerung 4.5** Die Arbitrage Pricing Theory erweitert das CAPM, indem sie das positive Beta eines Wertpapiers auf Faktoren (oder einen Marktindex) zurückführt, die sich beim Wertpapier sowie beim Rest des Marktportefeuilles in gleichgerichtete unerwartete Abweichungen vom Erwartungswert der Rendite niederschlagen.

## 4.2 Risikomanagement, Terminkontrakte und Optionen

### 4.2.1 Hedging durch Termingeschäfte

Während sich im vorigen Abschnitt 4.1 das Risikomanagement auf die Diversifikation mit Hilfe von herkömmlichen Wertpapieren wie Aktien und Obligationen beschränkte, werden hier sog. **Derivate** betrachtet, die den Risikotransfer zwischen den Teilnehmern am Kapital- und Devisenmarkt ermöglichen.

Seit einigen Jahren steigt das Handelsvolumen derivater Instrumente an den organisierten Börsen stetig, mit der Folge, dass der Handel am Terminmarkt mit derivativen Instrumenten (Zinsfutures, Zinsoptionen, Währungsfutures, Währungsoptionen, Aktienindexfutures, Aktienindexoptionen) denjenigen mit den zugrundeliegenden Kassa-Instrumenten (engl. underlyings) an Bedeutung übertrifft. Daneben nimmt auch der Handel mit ausserbörslichen Instrumenten (OTC-Geschäfte; OTC = over the counter) zu.

Obwohl Terminkontrakte und Optionen keineswegs neue Produkte sind (so wurden im 17. Jahrhundert während der Tulpenzwiebelkrise Optionen in erheblichem Umfang gehandelt), fiel der Startschuss für das moderne Geschäft in den 1970er Jahren. In den 1950er und 1960er Jahren hatten das Währungssystem von Bretton Woods mit seinen an sich festen Paritäten und eine weitgehend stetige Wirtschaftsentwicklung für Ruhe auf den Finanzmärkten gesorgt. Dies änderte sich in den 1970er Jahren mit dem Zusammenbruch des Festkurssystems von Bretton Woods. Seither herrscht relativ freie Kursbildung an den Devisenmärkten. Die drastische Steigerung der Ölpreise 1973/74, die stark zunehmende Kapitalströme aus den Ölförderländern und eine Wirtschaftskrise in den Industriestaaten auslöste, schufen die Voraussetzungen für immer grösser werdende Kursschwankungen.

Die Motive für den Einsatz von derivativen Finanzinstrumenten sind **Arbitrage**, **Hedging** und **Spekulation**. Im folgenden soll das Motiv der Spekulation nicht weiter betrachtet werden. Bei der Arbitrage werden Bewertungsdifferenzen im Markt genutzt, um daraus einen Gewinn zu erzielen. Die Kurse von Wertpapieren und die Wechselkurse an den verschiedenen Börsen weichen voneinander ab. Man wird also dort kaufen, wo das Wertpapier billiger ist, und dort verkaufen, wo es teurer ist. Solche Arbitragemöglichkeiten verschwinden aber im allgemeinen schnell. Von grosser Bedeutung ist das Motiv des Hedging. Das sei an einem Beispiel verdeutlicht.

**Beispiel 4.3    Hedging gegen Währungsrisiko**

Aufgrund von Warenlieferungen erhält Unternehmen A in 90 Tagen eine Dollarzahlung. Der Kurs in 90 Tagen kann vom heutigen Kurs abweichen. Steigt der $-Kurs (definiert als das Verhältnis von $X$ GE zu 1 US$), beispielsweise von 1,50 GE auf 1,60 GE pro US$, bedeutet dies für A einen Gewinn, fällt der $-Kurs, beispielsweise von 1,50 GE auf 1,40 GE pro US$, ist das ein Verlust [vgl. Teil (a) der Abbildung 4.9]. Damit setzt sich A dem gleichen Wechselkursrisiko aus, wie wenn es sich verpflichtet hätte, Dollars zum in 90 Tagen geltenden Kurs zu kaufen (= Terminkauf). Um dieses Risiko der Abweichung vom heutigen Dollarkurs aufzufangen bzw. zu eliminieren, verkauft A heute diese Dollar auf Termin. Beträgt der Dollarkurs dann 1,60 GE/US$, so muss A die Währung zu billig abgeben, und es macht einen Verlust. Bei einem Kassakurs von 1,40 GE/US$ hingegen erzielt A einen Gewinn [Teil (b) der Abbildung 4.9]. Die Kombination der beiden Transaktionen ergibt einen vollkommenen Risikoausgleich, d.h. die sich ergebende Position ist bei jedem möglichen Dollarkurs risikolos [Teil (c) der Abbildung 4.9]. Dieses "Eingrenzen" des Risikos heisst 'hedging'; im vorliegenden Beispiel wird das Währungsrisiko aus einem Exportgeschäft gehedgt. ■

Hedging ist jedoch nicht kostenlos. Die sog. **Kurssicherungskosten**, die von der Frist (Dauer) und der Differenz zwischen Inlands- und Auslandszins abhängen, wurden im Beispiel vernachlässigt. Insbesondere ist der Terminkurs um die positive/negative Zinsdifferenz des Auslands gegenüber dem Inland niedriger/höher als der Kassakurs (der heutige Kurs).

Solche Termingeschäfte können nicht nur mit Währungen getätigt werden. Schon im Jahre 1848 gründeten amerikanische Geschäftsleute den Chicago Board of Trade (CBOT), wo zunächst ein standardisierter Handel von Terminkontrakten auf landwirtschaftliche Produkte und Rohstoffe stattfand. Es war vor allem die Unsicherheit über die Schwankungsbreite der Getreide- und Fleischpreise aufgrund der unvorhersagbaren Schwankungen des Wetters, die einen Terminhandel für Farmer und deren Abnehmer vorteilhaft machte. Aufgrund der sich in den 1970er Jahren entwickelnden Dynamik auch bei Zinssätzen und Wechselkursen (und damit von Wertpapierkursen) sahen sich die Teilneh-

## 4.2 Risikomanagement, Terminkontrakte und Optionen

**Abbildung 4.9** Hedging durch Termingeschäfte

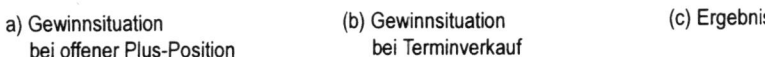

a) Gewinnsituation bei offener Plus-Position    (b) Gewinnsituation bei Terminverkauf    (c) Ergebnis

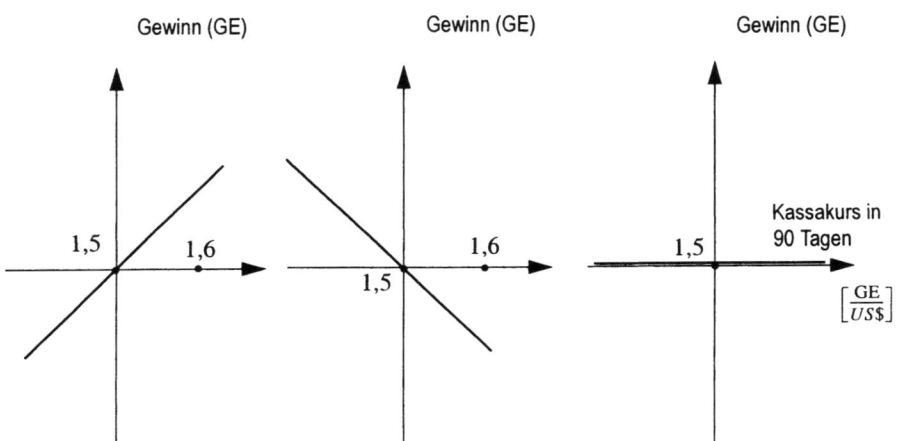

mer an den Finanzmärkten vor bisher unbekannten Risiken. Der Handel mit Terminkontrakten auf Finanzkapital, also auf festverzinsliche Wertpapiere, Aktien, Aktien- und Wertpapierindizes führte 1972 zur Gründung des International Money Market der Chicago Mercantile Exchange (CME). Seither sind in verschiedenen Finanzzentren der Welt solche Terminbörsen entstanden, zuletzt auch die Deutsche Terminbörse (DTB) in Frankfurt im Jahre 1990.

Neben einfachen Terminkontrakten gibt es auch **Swaps**. Hier werden Leistung und Gegenleistung nicht nur für einen, sondern für mehrere spätere Termine vereinbart. Insofern können Swaps als ein Portefeuille von Terminkontrakten angesehen werden. Ein Zinsswap lässt sich als Tausch einer variabel verzinsten gegen eine festverzinsliche Anleihe interpretieren. Ein Beispiel möge den Sachverhalt illustrieren. Ein Unternehmen habe auf sechs Jahre einen variabel verzinsten Kredit aufgenommen. Folglich muss es jährlich Zinsen bezahlen, deren Höhe im voraus unbekannt ist. Befürchtet es einen Anstieg des Zinsniveaus, kann das Unternehmen durch den Abschluss eines Zinsswaps seine Verpflichtung, variable (und eventuell steigende) Zinsen zu zahlen, in eine Verpflichtung, feste Zinsen zu zahlen, umwandeln. Das Zinsrisiko ist so gehedgt.

## 4.2.2 Hedging durch Optionen

### 4.2.2.1 Hedging durch Devisenoptionen

Bei Optionsgeschäften handelt es sich um eine besondere Form von Termingeschäften. Der Käufer einer Option erwirbt das Recht, vom Verkäufer (Stillhalter) der Option eine bestimmte vertraglich vereinbarte Leistung zu Konditionen zu verlangen, die im Optionsvertrag festgelegt sind. Gegenstand der Option können sein: Aktien, Anleihen, Waren, Währungen, Indizes (DAX-Index), Bund-Futures usw. In Tabelle 4.2 werden die Rechte und Pflichten im Zusammenhang mit Devisenoptionen aufgeführt, die sich zur Einführung ins Thema eignen.

Im Falle der **Kaufoption** (engl. call option) erwirbt der Käufer das Recht, die Währung zum vereinbarten Kurs [= Basispreis ($K$); engl. strike price oder exercise price] vom Verkäufer zu kaufen und so von möglichen Kurssteigerungen zu profitieren. Im Falle einer **Verkaufsoption** (Put-Option) erwirbt der Käufer das Recht, die Währung zum Basispreis abzugeben und so von möglichen Kursverlusten zu profitieren. Beidesmal hat er eine Optionsprämie ($R$) zu zahlen, auf die der Verkäufer der Option Anrecht hat. Die amerikanische Option kann während der Optionslaufzeit beliebig, die europäische Option nur am Fälligkeitstermin ausgeführt werden. Im Folgenden soll die **europäische** Option an einem Beispiel illustriert werden.

Tabelle 4.2    Merkmale von Kauf- und Verkaufsoptionen auf eine Währung

| Optionstyp | Käufer | | Verkäufer | |
|---|---|---|---|---|
| | Rechte | Pflichten | Rechte | Pflichten |
| Kaufoption (Call-Option) | Kauf der Währung zum Basispreis (strike price) | Zahlung der Optionsprämie | Erhalt der Optionsprämie | Verkauf der Währung zum Basispreis bei Aufforderung durch den Käufer |
| Verkaufsoption (Put-Option) | Verkauf der Währung zum Basispreis (strike price) | Zahlung der Optionsprämie | Erhalt der Optionsprämie | Kauf der Währung zum Basispreis bei Andienung durch den Käufer |

**Beispiel 4.4**    Europäische Währungsoptionen

Auf der linken Seite der Abbildung 4.10 wird eine Call-Option dargestellt. Der vereinbarte Kurs sei $K = 1{,}65$ GE/US\$. Da der Käufer eine Optionsprämie von $R = 0{,}05$ GE/US\$ entrichten muss, macht er bei Kassenkursen bis 1,70 GE/US\$ einen Verlust [Teil (a)]. Jede darüber hinausgehende Erhöhung des Kassakurses während der Optionslaufzeit bzw. zum Fälligkeitstermin beschert ihm hingegen im Verhältnis 1:1 einen Gewinn. Umgekehrt macht der Verkäufer der Option einen Gewinn in Form der Optionsprämie $R = 0{,}05$. Steigt jedoch der Kassakurs über 1,65 GE/US\$, ist er verpflichtet, Dollars zu 1,65 GE herzugeben, die er zu einem höheren Kurs beschaffen muss. Jenseits der Grenze von 1,70 GE deckt die Optionsprämie diesen Verlust nicht mehr ab, und jede weitere Kurszunahme führt zu einem zunehmenden Nettoverlust im Verhältnis 1:1 [vgl. Teil (b) der Abbildung 4.10].

Der Käufer einer **Put-Option** (rechte Seite der Abbildung 4.10) erwirbt das Recht, die betrachtete Währung zum Kurs von $K = 1,68$ GE/US\$ abzugeben, auch wenn der Kassakurs am Fälligkeitstermin darunter liegen sollte. Bei einer Optionsprämie von $R = 0,04$ GE/US\$ bringen Kassakurse unter 1,64 GE/US\$ einen Gewinn. Bei Kassakursen über 1,68 GE/US\$ dagegen fällt die Optionsprämie als fester Verlust an [Teil (c) der Abbildung 4.10]. Der Verkäufer der Put-Option schliesslich erzielt dann einen festen Gewinn in Höhe der Optionsprämie, wenn der Kassakurs den Basiskurs von 1.68 GE/US\$ übersteigt. Bei Kassakursen unter dem Basispreis von 1,68 GE/US\$ muss er andererseits die Währung "zu teuer" hereinnehmen und macht jenseits der Marke von 1,64 GE/US\$ einen zunehmenden Verlust [Teil (d) der Abbildung 4.10]. ■

**Folgerung 4.6**  Der Eigentümer einer offenen Devisenposition kann sich durch den Kauf einer Call-Option gegen den Wertverfall der Währung schützen. Wer fremde Währung schuldet, kann umgekehrt mit dem Kauf einer Put-Option das Risiko einer Kurssteigerung hedgen.

Offensichtlich haben Optionen einen Wert, der sich zusammensetzt aus einem inneren Wert und einem Zeitwert. Der **innere Wert** einer Option ist der Vorteil aus der sofortigen Optionsausübung im Vergleich zur Durchführung des gleichen Devisengeschäfts am Kassamarkt. Beträgt der Basispreis der Call-Option 1,65 GE/US\$ und der Kassakurs 1,68 GE/US\$, beträgt der innere Wert 0,03 GE/US\$. Ergibt sich keine positive Differenz, beträgt der innere Wert Null (d.h. bei negativen Differenzen braucht die Option nicht ausgeübt zu werden). Mitunter wird auch die Differenz zwischen Terminkurs und Basispreis als innerer Wert bezeichnet. Der **Zeitwert** einer Option ergibt sich rechnerisch aus der Differenz zwischen Optionsprämie und innerem Wert. Diese Differenz wird bestimmt von der Volatilität des zugrundeliegenden Kurses: Je beweglicher die Kurse, desto grösser ist die Chance, Kursgewinne zu erzielen. Die Möglichkeit von Kursverlusten wird wiederum nicht in Betracht gezogen, da in diesem Fall die Option nicht ausgeübt wird. Der Zeitwert hängt auch von der Optionsfrist (Laufzeit) ab; je länger diese ist, desto günstigere Umstände können eintreten.

### 4.2.2.2 Hedging durch Aktienoptionen

Aus der Folgerung 4.6 geht bereits hervor, dass der Kapitalmarkt als Alternative zur Versicherung dienen kann, ein Gedanke, der im Zusammenhang mit den Katastrophenrisiken in Abschnitt 10.4 wieder aufgegriffen wird. Ausserdem lässt sich das Halten einer Versicherungsaktie dem Halten einer Call- und Put-Option auf den Wert des VU gleichsetzen. Dies wird in den Abschnitten 6.2.2 und 6.2.3 Aussagen über das finanzielle Risikomanagement eines VU im Interesse der Aktionäre als Eigentümer erlauben. Aus diesen Gründen sind Optionen auf Aktien im vorliegenden Zusammenhang von besonderem Interesse.

**Abbildung 4.10** Darstellung einer Devisenoption

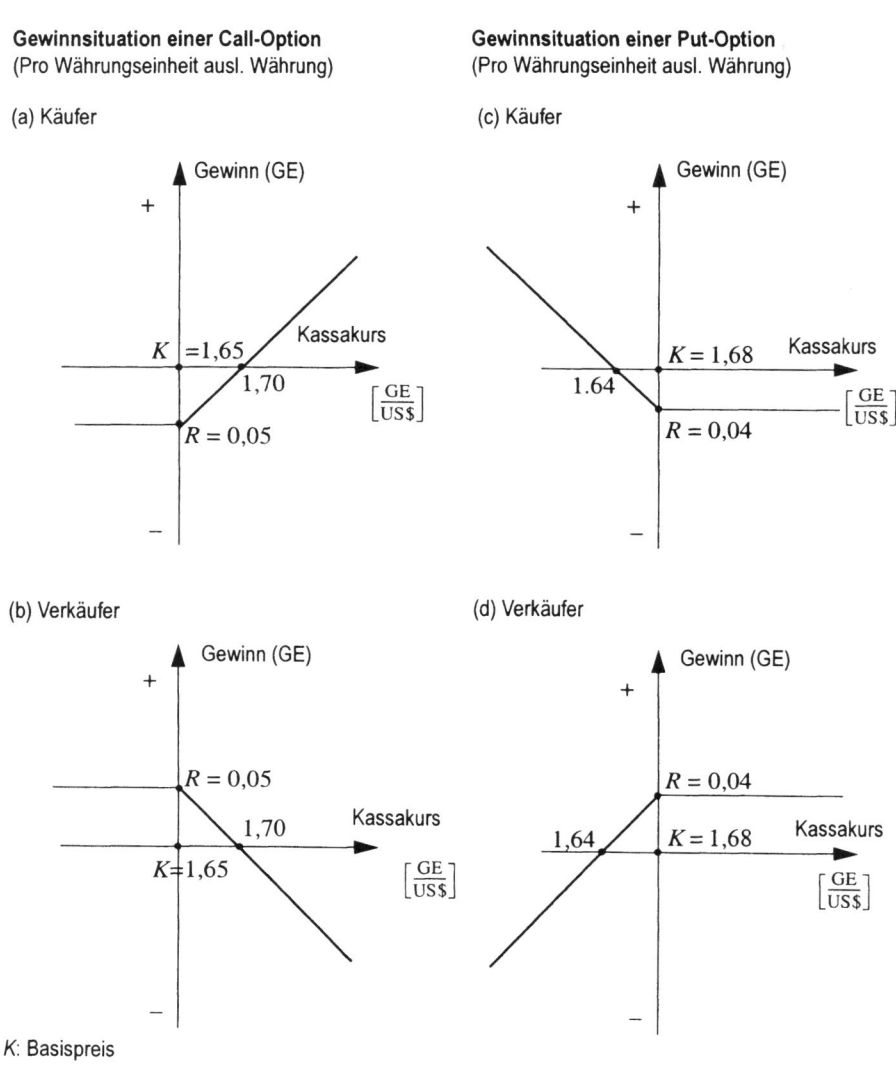

K: Basispreis
R: Optionsprämie

Bei Aktienoptionen ist das **zugrundeliegende Aktivum** (engl. underlying) eine Aktie: Eine typische **Call-Option** auf die Aktien eines Unternehmens gibt dem Halter das Recht, z.B. 100 Aktien von XY am oder vor dem Fälligkeitstag zum Ausübungspreis von 50 GE zu kaufen. Ihr Wert bemisst sich nach der Wahrscheinlichkeit, mit welcher der Preis der Aktie am oder vor dem Tag $T$ den Betrag von 50 GE übersteigt.

## 4.2 Risikomanagement, Terminkontrakte und Optionen

Der Wert eines solchen Call-Option-Vertrags auf gewöhnliche Aktien am Fälligkeitstag $T$ hängt allgemein vom Wert des zugrundeliegenden Wertpapiers im Zeitpunkt $T$ ab. Sei $S_T$ der (unbekannte) Marktpreis des zugrundeliegenden Wertpapiers am Fälligkeitstag $T$, während der Ausübungspreis 50 GE betrage. Ist also der Marktpreis an diesem Tag höher als der Ausübungspreis, dann ist die Option gerade die Differenz ($S_T - $ 50 GE) wert (vgl. Tabelle 4.3). Falls $S_T > $ 50, sagt man, der call ist "in the money". Ist der Marktpreis des Wertpapiers niedriger als der Ausübungspreis, was ja durchaus möglich ist, sagt man, der Call ist "out of the money". Der Halter (Käufer, Eigentümer) wird dann die Option nicht ausüben.

**Tabelle 4.3**  Auszahlungen am Fälligkeitstag einer Call-Option auf eine Aktie

|  | Wenn $S_T <$ 50 GE | Wenn $S_T >$ 50 GE |
|---|---|---|
| Wert der Call-Option (C) | 0 | $S_T -$ 50 GE |

Abbildung 4.11 zeigt den Zusammenhang. Solange $S_T < $ 50 GE, ist der Call "out of the money" und damit wertlos. Wenn $S_T > $ 50 GE, dann ist der Call "in the money", und sein Wert steigt gleichmässig mit dem Anstieg des Marktpreises des Wertpapiers. Ein Call hat nie einen negativen Wert; es ist ein Instrument **mit begrenzter Haftung**. Deshalb trägt eine erhöhte Volatilität des Wertpapiers (gemessen an der Varianz oder Standardabweichung seines Marktpreises) zum Wert der Call-Option bei.

**Abbildung 4.11**  Wert einer Call-Option (C) am Fälligkeitstag (Basispreis 50 GE)

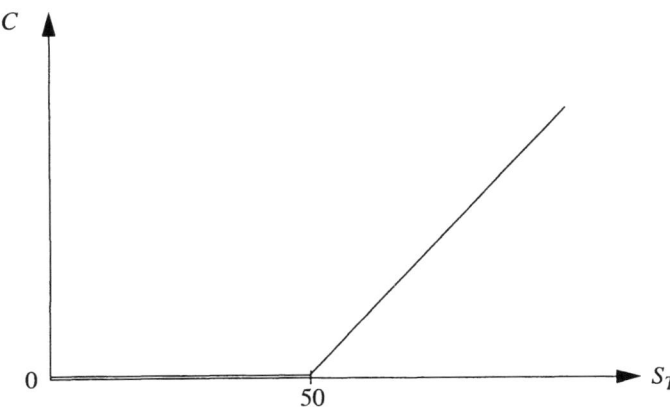

**Abbildung 4.12** Wert einer Put-Option (P) am Fälligkeitstag
(Basispreis 50 GE)

Eine **Put-Option** kann als das Gegenstück der Call-Option betrachtet werden. Wie eine Call-Option dem Halter das Recht gibt, Wertpapiere zu einem fixierten Preis zu kaufen, gibt die Put-Option dem Halter das Recht, Wertpapiere zu einem vorher fixierten Preis zu verkaufen. Sei wieder der Ausübungspreis des Put 50 GE. Wenn nun der Marktpreis $S_T$ des zugrunde liegenden Wertpapiers am Fälligkeitstag grösser ist als der Ausübungspreis, dann wird die Option nicht ausgeführt, also ist die Put-Option wertlos. Der Put ist "out of the money". Wenn jedoch $S_T < 50$ GE, ist der Put "in the money"; es lohnt sich, die vereinbarte Zahl von Wertpapieren zum Preis von $S_T$ zu kaufen, die Put-Option auszuüben und die Wertpapiere zum Ausübungspreis zu verkaufen. Tabelle 4.4 zeigt die Auszahlungen; Abbildung 4.12 zeigt den Wert einer Put-Option am Fälligkeitstag. Auch die Put-Option hat nie einen negativen Wert; deshalb nimmt ihr Wert mit steigender Volatilität des zugrundeliegenden Wertpapiers ebenfalls zu.

**Tabelle 4.4** Auszahlungen am Fälligkeitstag einer Put-Option

|  | Wenn $S_T < 50$ GE | Wenn $S_T \geq 50$ GE |
|---|---|---|
| Wert der Put-Option (P) | 50 GE − $S_T$ | 0 |

Put- und Call-Optionen können zu komplexen Optionsverträgen kombiniert werden. Insbesondere besteht wiederum die Möglichkeit, dass eine Strategie am Optionsmarkt die andere gerade ausgleicht und folglich zu einem risikofreien Ertrag führt. Das sei an einem Beispiel verdeutlicht.

## Beispiel 4.5 Kombination einer Call- und einer Put-Option
[vgl. *Buckley* et al. (1998), 405ff]

Der Ausübungspreis sowohl einer Call-Option wie auch einer Put-Option auf Wertpapiere von Firma XY sei 55 GE. Der Fälligkeitstag sei in genau einem Monat. Der Preis des Wertpapiers heute sei 44 GE, am Fälligkeitstag sei er entweder 58 GE oder 34 GE. Angenommen, man wählt folgende Strategie (sog. Basisgeschäft): Kaufe das Wertpapier, kaufe den Put und verkaufe den Call. Die Auszahlungen am Fälligkeitstag zeigt Tabelle 4.5.

**Tabelle 4.5** Auszahlungen am Fälligkeitstag einer Kombination von Transaktionen*

| Ursprüngliche Transaktion | Preis des Wertpapiers steigt auf 58 GE | Preis des Wertpapiers fällt auf 34 GE |
|---|---|---|
| Kaufe ein Wertpapier | 58 GE | 34 GE |
| Kaufe ein Put | 0 GE (verfällt) | 21 GE (Unterschied zwischen 55 und 34) |
| Verkaufe ein Call | – 3 GE (Unterschied zwischen 55 und 58) | 0 (verfällt) |
| Gesamtheit der Transaktionen | 55 GE | 55 GE |

*Ausübungspreis für Put- und Call-Option 55 GE

Wenn der Preis des Wertpapiers fällt, dann ist der Put "in the money" und die Call-Option verfällt. Dafür resultiert aus der Ausübung der Put-Option ein Gewinn von 21 GE. Die Gesamtheit der Transaktionen ergibt auch hier einen Wert von 55 GE. Man hat in jedem Fall 55 GE: Diese Strategie ist also **risikolos**.

Die Befreiung vom Risiko ist aber auch nicht kostenlos. Vielmehr ist der Kauf einer Option mit dem Aufwand einer Optionsprämie verbunden, etwa wie in der Abbildung 4.10 dargestellt. ∎

Allgemein macht das Beispiel 4.5 klar, dass es auch bei einem Wertpapier möglich ist, das zugrundeliegende Aktivum ($S_0$) so mit dem Verkauf einer Call-Option ($C_0$) und dem Kauf einer Put-Option ($P_0$) zu kombinieren, dass eine risikofreie Anlage resultiert. Da zwischen den beiden Alternativen **Äquivalenz** herrschen muss (sonst gäbe es noch Arbitragemöglichkeiten), gilt zum Fälligkeitstag

$$(S_0 - C_0 + P_0)(1 + r_f) = K . \tag{4-20}$$

Die aufgezinste Kombination auf der linken Seite der Gleichung (4-20) hat den gleichen Wert wie der sichere Ausübungspreis $K$. Daraus lässt sich der Unterschied im Wert der beiden Optionen herleiten:

$$C_0 - P_0 = \frac{S_0(1 + r_f) - K}{1 + r_f}.\qquad(4\text{-}21)$$

Diese Differenz heisst **Put-Call-Parität** [engl. put-call parity; vgl. *Copeland* und *Weston* (1992), Kap. 8E]. Da die Grössen auf der rechten Seite der Gleichung bekannt sind, kann man aus dem Wert des Calls ohne weiteres den Wert des Puts berechnen (und umgekehrt).

Der Wert einer europäischen Kaufoption hängt allgemein von **fünf fundamentalen Determinanten** ab: Gegenwärtiger Aktienkurs bzw. Wert des underlying (je höher, desto wertvoller die Kaufoption), Ausübungspreis (je höher, desto geringer der Wert), Standardabweichung bzw. Volatilität des Aktienkurses (je höher, desto wertvoller die Kaufoption), Laufzeit (je länger, desto wertvoller) und risikoloser Zinssatz (in der Zwischenzeit steht das Geld für eine risikolose Anlage zur Verfügung).

**Tabelle 4.6**  Determinanten des Wertes von Aktienoptionen

| Determinante | Symbol | Call-Option | Put-Option |
|---|---|---|---|
| Wert des underlying (Wertpapierpreis, Aktienkurs) | $S_0$ | + | − |
| Ausübungspreis | $K$ | − | + |
| Volatilität des Kurses | $\sigma$ | + | + |
| Laufzeit | $t$ | + | + |
| Zinssatz | $r_f$ | + | − |

Der Wert einer Put-Option ergibt sich wie folgt: Er fällt, wenn die Wertpapierkurse steigen, er steigt mit einem höheren Ausübungspreis, während ein hoher risikoloser Zinssatz den Wert des Put negativ beeinflusst (das Geld steht in der Zwischenzeit nicht für eine risikolose Anlage zur Verfügung). Die beiden anderen Determinanten (Laufzeit, Volatilität) wirken auf den Wert der Put-Option genauso wie auf die Call-Option. Tabelle 4.6 fasst diese Aussagen nochmals kurz zusammen.

Alle diese Determinanten sind in den berühmten **Black-Scholes-Formeln** enthalten, die eine präzise Bewertung einer Option erlauben [vgl. *Hull* (1993), 224, 225]. Im Beispiel konnte der zukünftige Aktienkurs nur einen von zwei Werten annehmen; er folgte demnach der Binomialverteilung. Dies ist bei einer sehr kurzen Laufzeit eine genügende Näherung. Bei längeren Laufzeiten muss jedoch berücksichtigt werden, dass bei vielen Realisationen die Binomial- in die Normalverteilung übergeht. Deshalb spielt die Normalverteilung in den Black-Scholes-Formeln eine zentrale Rolle:

## 4.2 Risikomanagement, Terminkontrakte und Optionen

$$C_0 = S_0 \cdot N[d_1] - Ke^{-r_f t} N[d_2] \quad \text{wobei}$$

$$d_1 = \frac{\ln(S_0/K) + \left(r_f + \frac{1}{2}\sigma^2\right)t}{\sigma\sqrt{t}}; \quad (4\text{-}22)$$

$$d_2 = \frac{\ln(S_0/K) + \left(r_f - \frac{1}{2}\sigma^2\right)t}{\sigma\sqrt{t}} = d_1 - \sqrt{\sigma^2 t}.$$

Dabei bedeuten: $N[d]$ = Wahrscheinlichkeit, dass eine standardisierte, normalverteilte Zufallsvariable kleiner oder gleich $d$ ist; $S_0$ := gegenwärtiger Aktienkurs; $K$ := Ausübungspreis oder "innerer Wert"; $\sigma$ := Standardabweichung oder Volatilität pro Jahr; $r_f$ := risikoloser Zins (aufs Jahr gerechnet); $t$ := Zeit (in Jahren) bis zum Fälligkeitstag.

Aus der Put-Call-Parität kann man den Wert einer (europäischen) Put-Option errechnen; das Ergebnis ist

$$P_0 = Ke^{-r_f t} N[-d_2] - S_0 N[-d_1]. \quad (4\text{-}23)$$

Der Vorteil dieser fundamentalen Gleichungen liegt darin, dass vier der fünf Parameter **beobachtbar** sind: $S_0$, $K$, $r_f$ und $t$. Nur einer, die Varianz der Erträge, $\sigma^2$, muss geschätzt werden.

Interessant auch, dass zum einen keine Aussage über die Risikoaversion des Investors notwendig ist, und zum anderen der Wert der Option auch nicht von der (erwarteten) Rendite des Wertpapiers abhängt.

Allerdings erscheinen die diesen Formeln zugrundeliegenden **Annahmen** als sehr streng:

- Es gibt keine Grenzen für Leerverkäufe (engl. short selling);
- Transaktionskosten und Steuern sind Null;
- Die Option ist vom europäischen Typ;
- Das Wertpapier zahlt keine Dividende;
- Der Wertpapierkurs ist stetig, es gibt keine Sprünge;
- Der Markt operiert stetig;
- Der kurzfristige Zinssatz ist bekannt und konstant;
- Die Wertpapierkurse sind lognormal verteilt.

**Folgerung 4.7** Gemäss den Black-Scholes-Formeln der Optionspreistheorie hängt der Wert einer Option von fünf Bestimmungsgrössen ab, von denen vier (Wert des underlying, Ausübungspreis, Laufzeit, risikoloser

Zinssatz) unmittelbar beobachtbar sind. Die Volatilität des underlying muss geschätzt werden; sie trägt positiv zum Wert der Call- und Put-Option bei.

## 4.3 Versicherungsnachfrage der Unternehmen

### 4.3.1 Nachfrage nach Versicherung im Lichte der Kapitalmarkttheorie

Fasst man die Aussagen der Abschnitte 4.1 und 4.2 zusammen, dann ergibt sich Folgendes: Obwohl mögliche Verluste aus Schadenersatzprozessen, Sach- und Vermögensschäden usw. grosse Risiken bergen, erscheinen diese Risiken für den Aktionär eines Unternehmens zunächst von geringem oder gar keinem Interesse, weil sie sehr leicht durch seine persönliche Portefeuille-Strategie wegdiversifiziert werden können. Allerdings hängt der Umfang der Risikoreduktion invers vom Grad der gemeinsamen Variation der Ertragsraten ab. Diese Variation wurde in Abschnitt 4.1.3 aufgespalten in zwei Komponenten, das systematische und das unsystematische Risiko [vgl. Gleichung (4-13)]. Das systematische Risiko (also das spezifische $\beta_i$) des Unternehmens lässt sich durch Diversifikation nicht beseitigen; insofern besteht ein Interesse an einer **Reduktion des unternehmensspezifischen Betas**.

Der Kauf von Versicherungsschutz durch das Unternehmen reduziert nun die Volatilität der Erträge, kann also das spezifische $\beta_i$ des Unternehmens senken[7]. Der Kauf von Versicherungsschutz durch das Unternehmen ist damit möglicherweise ein anderer Weg, das Risiko eines spezifischen Eigentumsanspruchs an die Firma zu reduzieren. Insofern das versicherbare Risiko über die Versicherten verteilt werden kann, erzielt der Eigentümer die Vorteile der Diversifikation. Folglich können "Selbstdiversifikation" (aufgrund des individuellen Wertpapier-Portefeuilles) und "Versicherungsdiversifikation" für den Investor zum selben Ergebnis führen und als Substitute betrachtet werden. Vorteile für den Investor aus dem Kauf von Versicherungsschutz durch das Unternehmen ergeben sich also dann, wenn

- Versicherung das Niveau des **systematischen Risikos** des Firmenkapitals, das spezifische $\beta_i$ des Unternehmens, **senkt**;
- die **relativen Transaktionskosten** der Versicherung **geringer** sind als die der individuellen Portefeuille-Strategie;
- **andere Kosten** durch Versicherung mindestens im Erwartungswert **gesenkt** werden.

Diese Möglichkeiten sollen im folgenden der Reihe nach geprüft werden.

---

7. Die Kovarianzformel der Gleichung (4-3) zeigt, dass die Kovarianz ceteris paribus sinkt, wenn die Abweichungen vom Erwartungswert auch nur einer der beiden Zufallsvariablen (hier: der unternehmensspezifischen Rendite $r_i$) zurückgehen. Die Reduktion der Abweichungen vom Erwartungswert kann aber so erfolgen, dass vermehrt kleine Werte der Zufallsvariablen $X_i$ mit kleinen Werten von $X_j$ und grosse Werte von $X_i$ mit grossen Werten von $X_j$ einhergeben, so dass die Kovarianz dennoch zunimmt. Damit ist der Effekt auf $\beta_i$ gemäss Gleichung (4-13) zunächst unbestimmt.

### 4.3.1.1 Senkung des systematischen Risikos durch Versicherung

Es gibt kaum direkte empirische Evidenz zur Frage, ob der Kauf von Versicherung das systematische Risiko des Unternehmens senkt, denn die Unternehmen weisen erhaltene Versicherungsleistungen selten separat in ihrer Gewinn- und Verlustrechnung aus. Indirekte Aufschlüsse ergeben sich jedoch aus dem Umstand, dass sich die versicherbaren Schäden der Unternehmen im Risikozeichnungsgeschäft der VU niederschlagen[8]. Amerikanische Daten lassen vermuten, dass die $\beta$-Werte des Risikozeichnungsgeschäfts der VU leicht negativ sind, d.h. die Rendite des Zeichnungsgeschäfts ist tendenziell niedrig, wenn die Rendite des Kapitalmarkts hoch ist ($\beta_u = -0,1$ im Beispiel 6.5, vgl. Abschnitt 6.2.1). Weil die Erträge der Versicherer aus dem Zeichnungsgeschäft fast vollkommen negativ korreliert sind mit den Schäden, haben die Schäden selbst wahrscheinlich leicht positive $\beta$-Werte: Die (versicherten) Schäden der Unternehmen sind tendenziell dann etwas höher, wenn die Rendite auf dem Kapitalmarkt hoch ist. Ohne Versicherungsschutz wäre diese positive Korrelation wahrscheinlich ausgeprägter, weil die versicherten Schäden nur einen Teil der effektiven Schäden ausmachen. Versicherung könnte demnach das **spezifische $\beta_i$ des Unternehmens senken**, was im Interesse der Aktionäre ist. Man kann deshalb auch sagen, dass der Kauf von Versicherungsschutz wahrscheinlich die Finanzierungskosten reduziert.

Selbstverständlich gilt diese Argumentation kaum für Firmen in Familienbesitz oder allgemeiner für Firmen, die nur wenige Eigentümer haben. Eigentümerfamilien haben nicht nur ein Interesse an der Wertmaximierung, sondern verfolgen auch andere Ziele, wie zum Beispiel Aufrechterhaltung der Kontrolle über das Unternehmen. Andererseits arbeiten Familienmitglieder oft in der Firma, so dass Eigentümer- und Arbeitnehmer- oder Arbeitsplatzinteressen verquickt werden. Für solche Eigentümer ist das Gesamtrisiko und nicht nur das systematische Risiko von Bedeutung, weil sie ihre Aktiva eben nicht so weitgehend diversifizieren konnten. Wir können deshalb unterstellen, dass sie sich bei ihrer Versicherungsnachfrage wie (private) Haushalte verhalten: Die Risikoaversion der Eigner darf als hinreichende Erklärung für die Versicherungsnachfrage des Unternehmens gelten.

Selbst bei Unternehmen mit breit gestreutem Eigentum (Kapitalgesellschaften, Aktiengesellschaften) kann zudem ein kleiner Anteil am Unternehmen für den einzelnen Aktionär einen beträchtlichen Teil seines Vermögens ausmachen. Insofern wird sein persönliches $\beta$ dank des Kaufs von Versicherungsschutz durch das Unternehmen fühlbar zurückgehen.

### 4.3.1.2 Die relativen Transaktionskosten der Versicherung

Auch die Frage nach den relativen Transaktionskosten der Versicherung kann nur sehr allgemein beantwortet werden. Die Transaktionskosten der Versicherung entsprechen der Höhe des Zuschlags auf den Erwartungsschaden, und dieser Zuschlag enthält die Verwaltungs- und Vertriebskosten und einen Sicherheitszuschlag. Die Transaktionskosten der Portefeuille-Anpassung mit dem Ziel der Diversifikation setzen sich ihrerseits aus ver-

---

8. Auf den Unterschied zwischen "Zeichnungsgeschäft" und "Kapitalanlagegeschäft" der VU kommen wir in Abschnitt 6.2.1 zurück.

schiedenen Händler- und Bank-Kommissionen zusammen, die selbst wieder davon abhängen, wie gross der Markt ist und wie häufig die bestimmten Aktien gehandelt werden. Folglich kann man argumentieren, dass Diversifikation durch Versicherung dann relativ vorteilhaft ist und zu niedrigeren Transaktionskosten führt, wenn das Eigentum an der Firma relativ konzentriert ist oder die Anteilscheine gar nicht oder nur sehr selten gehandelt werden.

Darüber hinaus reduziert Versicherungsschutz die Transaktionskosten bei der Evaluierung von Risiken, der Abwicklung von Schadenfällen und der Durchsetzung von Ansprüchen gegenüber Dritten. Hier haben die Versicherer einen komparativen Vorteil. Ein gutes Beispiel dafür sind Produkthaftpflichtfälle, wo man die unangenehme Auseinandersetzung mit Kunden an das VU abtritt.

Die kritische Beziehung bleibt jedoch nach wie vor diejenige zwischen der Effektivität der Versicherung in der Reduktion des Ertragsrisikos und ihren relativen Kosten. Beide Effekte wirken über die Veränderung der Finanzierungskosten. Es gibt aber noch andere Kosten, die für die Eigentümer von Bedeutung sind.

### 4.3.1.3 Andere Vorteile der Versicherung

Das CAPM unterstellt einen vollkommenen Kapitalmarkt. Lässt man dagegen Unvollkommenheiten des Kapitalmarkts zu, so kann es zu Kostenunterschieden zwischen intern erzeugten und extern verfügbaren Geldmitteln, zu asymmetrischen Informationen zwischen den verschiedenen Beteiligten und zu Kosten des Ruins bzw. Konkurses kommen. *Mayers* und *Smith* (1982) diskutieren in diesem Zusammenhang eine Reihe von Gründen dafür, dass Unternehmen sich versichern:

(1) **Reduktion der Wahrscheinlichkeit eines Verlusts von Ansprüchen.** Die Ansprüche der Eigentümer an die Aktiva des Unternehmens stehen in Konkurrenz zu anderen Anspruchsberechtigten, wie Beschäftigte, Lieferanten, Kunden und Geschädigte im Rahmen der Haftpflicht. Diese Ansprüche könnten diejenigen der Eigentümer verdrängen. Kauft das Unternehmen Versicherungsschutz, kommt es mit geringerer Wahrscheinlichkeit zu einer solchen Verdrängung. Je höher also die möglichen Ansprüche gegen das Unternehmen sind, die Beschäftigte, Kunden und Lieferanten halten, desto grösser ist der Druck auf das Management, im Interesse der Aktionäre Versicherungsschutz nachzufragen.

(2) **Reduktion der Wahrscheinlichkeit eines Konkurses und der damit verbundenen Kosten.** Vor allem das Management eines Unternehmens trägt im Konkursfall hohe Kosten (Verlust des Arbeitsplatzes, des eingespielten Teams, des Rufs als fähige Unternehmensleiter). Deshalb müsste die Neigung, Versicherungsschutz (z.B. Feuerversicherung) nachzufragen, um so höher sein, je höher die Kosten eines eventuellen Konkurses sind (und je höher die Vermögenskonzentration etwa in einer Fabrik- oder Lagerhalle). *Doherty* (1985, S. 273) verweist noch auf die Möglichkeit eines Unterbrechungsschadens als Folge eines Primärschadens (etwa Feuer). Versicherungsschutz kann diesen Betriebsunterbrechungsschaden vermindern, insbesondere dann, wenn alternative Finanzierungsquellen für Abhilfemassnahmen (wie beispielsweise die Miete eines Gebäudes) nicht rasch genug verfügbar sind.

(3) **Schutz der Anleihebesitzer vor dem opportunistischen Verhalten der Kapitaleigner.** Eine Aktie hat Eigenschaften einer Call-Option, denn ihr Eigentümer kann nicht mehr verlieren als ihren Marktpreis. Hingegen ist er an einer Wertsteigerung uneingeschränkt beteiligt, im Gegensatz zum Anleihebesitzer. Riskante, dafür gewinnträchtige Projekte sind deshalb im Interesse der Aktionäre, nicht der Obligationäre. Zum Ausgleich enthalten Anleihen häufig Klauseln, die das Unternehmen verpflichten, verschiedene Arten von Versicherungen zu kaufen, um so das Ertragsrisiko im Interesse der Anleihebesitzer einzudämmen.

(4) **Minderung der Steuerschuld des Unternehmens.** Wenn der Grenzsteuersatz für Selbstfinanzierung denjenigen für Fremdversicherung übersteigt, besteht ein Anreiz, im Schadenfall nicht Eigenfinanzierung (z.B. durch Auflösen von Reserven) zu betreiben, sondern auf die Fremdfinanzierung durch Versicherung zurückzugreifen. Der Kauf von Versicherungsschutz wird ebenfalls begünstigt, wenn Verlustvorträge infolge eines Schadens kaum eine Steuerentlastung bewirken, während Verlustrückträge in der Form von Versicherungsleistungen steuerlich bevorzugt behandelt werden.

(5) **Die Existenz von Pflichtversicherungen.** Das Unternehmen kann Dritte schädigen; zur Internalisierung solcher negativer Effekte dient das Haftpflichtrecht. Um darüber hinaus die Kompensation des Geschädigten zu gewährleisten, verlangt der Staat häufig den Abschluss einer entsprechenden Versicherung.

Diese Vielzahl von Argumenten erklärt im wesentlichen, warum Firmen mit bestimmten Charakteristika mehr Versicherungsschutz kaufen als andere. Der weitverbreitete Kauf von freiwilliger Versicherung durch Unternehmen kann damit jedoch nicht begründet werden.

### 4.3.2 Empirische Untersuchungen zur Versicherungsnachfrage von Unternehmen

Obschon die Versicherungsnachfrage von Unternehmen nicht nur theoretische Probleme aufwirft, sondern auch vom Prämienvolumen her grosse Bedeutung hat, gibt es dazu kaum empirische Untersuchungen. Der Grund dafür liegt darin, dass im Rechnungswesen eines Unternehmens die bezahlten Versicherungsprämien oft in einer Position „übriger Aufwand" zusammengefasst werden. Bei einer Kategorie von Unternehmen hingegen muss die beschaffte Versicherungsdeckung von Gesetzes wegen separat ausgewiesen werden, nämlich bei den VU. Deshalb analysieren *Mayers* und *Smith* (1990) die Nachfrage nach Rückversicherung (RV) von Erstversicherern mit Hilfe des CAPM. Sie finden eindeutige statistische Hinweise dahin gehend, dass z.B. VU mit einer engagierten Gruppe von Eigentümern mehr RV kaufen als andere. Doch dieser Effekt ist auch im Lichte der Optionspreistheorie zu erwarten (vgl. Abschnitt 5.7.3).

Die **zentrale Begründung** der Versicherungsnachfrage von Unternehmen ausserhalb der Versicherungswirtschaft auf der Basis des CAPM ist die folgende. Die vom Unternehmen zu gewärtigenden Schäden könnten positiv mit den Renditen auf dem Kapitalmarkt korrelieren, was es dem Unternehmen verunmöglichen würde, eine Risikodiversifikation über den Kapitalmarkt zu erreichen. Es geht demnach um das Beta (im folgenden mit $\beta_L$ symbolisiert), das sich bei einer Regression der „Rendite" (d.h. relativen Veränderung) der Schäden des Unternehmens auf die Rendite des Marktportefeuilles ergeben würde. Wenn auch diese Schäden nicht aus dem Rechnungswesen eines Unternehmens hervorgehen, so schlagen sie sich doch mindestens teilweise als bezahlte Schäden in der Gewinn- und Verlustrechnung der VU nieder.

Diesen Umstand machten sich *Cummins* und *Harrington* (1985) zu Nutze, verwendeten jedoch als zu erklärende Grösse die Rendite aus dem Risikozeichnungsgeschäft, die sie mit derjenigen auf dem Kapitalmarkt ($r_M$) in Verbindung brachten. Das entsprechende Beta sei mit $\beta_u$ symbolisiert[9].

Bezogen auf eine Stichprobe von 14 VU und Quartalsdaten fanden sie signifikant **positive** Werte für $\beta_u$, was auf negative Werte für $\beta_L$ schliessen lässt, sind doch Schäden und Gewinn aus dem Risikozeichnungsgeschäft hochgradig negativ korreliert. Gilt aber $\beta_L < 0$, dann wäre erst recht rätselhaft, weshalb Unternehmen Versicherungsdeckung kaufen.

*Davidson, Cross* und *Thornton* (1992) geben allerdings zu bedenken, dass Tests mit der Rendite des Risikozeichnungsgeschäfts möglicherweise nicht sehr aussagekräftig sind. Denn in die Berechnung der Rendite gehen die Prämien ein, die mit den bezahlten Schäden nur in einer lockeren Beziehung stehen: Die Zuschläge für Verwaltung und Vertrieb (Gewinn) machen mindestens 20% der Prämie aus, und die Zurechnung dieser Zuschläge auf die einzelnen Geschäftsfelder ist einigermassen willkürlich.

Die Autoren geben deshalb zwei Grössen den Vorzug, die genauer die (bezahlten) Schäden der Unternehmen als VK widerspiegeln sollen:

(1) **Die relative Veränderung zum Vorquartal der netto bezahlten Schäden.** Ein Wert von 0,05 bedeutet demnach, dass die bezahlten Schäden gegenüber dem Vorquartal um 5% zunahmen, was aus der Sicht der versicherten Unternehmen als „Rendite der Schäden" im Betrage von 5% interpretiert werden kann.

(2) **Das versicherungstechnische Ergebnis (engl. combined ratio).** Das versicherungstechnische Ergebnis ist definiert als die Summe der Aufwendungen für Schäden und Verwaltung im Verhältnis zu den gebuchten Prämien. Ein Wert von 1,05 entspricht einer negativen Rendite des Zeichnungsgeschäfts im Betrag von 5% für das VU, für die versicherten Unternehmen dagegen eine „Rendite der Schäden" nach Abzug der Prämien von 5%.

In der nachstehenden Regressionsgleichung (4-24) wird die Rendite der Schäden $r_L(t)$ als abhängige Variable durch jeweils eine dieser beiden Grössen abgebildet:

$$r_L(t) = \alpha + \beta_L r_M(t-k) + \varepsilon(t), \quad k = 0, 1, ..., 4 \qquad (4\text{-}24)$$

$r_L(t)$:      Rendite der Schäden im Quartal ($t$);

$r_M(t-k)$:    Rendite des Marktportefeuilles im gleichen Quartal $t$ ($k = 0$) bzw. in einem von 4 Vorquartalen;

$\varepsilon(t)$:      Normalverteilte Zufallsvariable mit $E\varepsilon(t) = 0$, $\text{Var}(\varepsilon(t)) = \sigma^2$.

---

9. Dieses Beta entspricht dem $\beta_u$ der Gleichung (6-33) in Abschnitt 6.2.2, der dem Versicherungs-CAPM gewidmet ist.

## 4.3 Versicherungsnachfrage der Unternehmen

Bei der Prüfung des Zusammenhangs zwischen $r_L$ und $r_M$ werden also Verzögerungen bis zu 4 Quartalen zugelassen. Tatsächlich ist nicht einzusehen, weshalb ein Investor bei der Risikodiversifikation unbedingt verlangen soll, dass ein unerwartet ungünstiges Ergebnis beim betrachteten Unternehmen noch im gleichen Quartal durch ein besonders günstiges Ergebnis beim Marktportefeuille ausgeglichen werden muss. Möglicherweise ist er ja bereit, während eines kürzeren Zeitraums eine positive Korrelation hinzunehmen, wenn sich dann mit etwas Verzögerung doch noch eine negative ergeben sollte. In der Tabelle 4.7 wird dieser Zeitraum allerdings auf ein Quartal eingeschränkt, weil die Berichterstattung der Unternehmen quartalsweise erfolgt. Im übrigen ändern sich die Aussagen in keiner Weise, wenn Verzögerungen von zwei bis vier Quartalen zugelassen werden.

In der Tabelle 4.7 werden sieben Geschäftsfelder aus der Versicherung von Unternehmen unterschieden, von der betrieblichen Feuerversicherung bis hin zur betrieblichen Kfz-Kaskoversicherung. Aus der Spalte (1) geht hervor, dass die geschätzten Werte von $\beta_L$ teils positiv, teils negativ, doch nie signifikant unterschiedlich von Null ausfallen, wenn man die relative Veränderung der Schäden der Unternehmen (soweit versichert) mit der Rendite des Marktportefeuilles im gleichen Quartal in Verbindung bringt.

Auf den ersten Blick ändert sich das Ergebnis, wenn die Korrelation mit der Rendite des Marktportefeuilles im Vorquartal geprüft wird [Spalte (2) der Tabelle 4.7]. In zwei der sieben Geschäftsfelder ist der geschätzte Wert von $\beta_L$ statistisch signifikant negativ. Die (nicht gezeigten) Regressionen mit Verzögerungen von 2 bis 4 Quartalen bestätigen aber weder das Vorzeichen noch die statistische Signifikanz von $\beta_L$, so dass es sich hier um ein Zufallsergebnis handeln dürfte.

In den Spalten (3) und (4) wird die Regressionsgleichung (4-24) mit dem zweiten Indikator der Schadenentwicklung bei den Unternehmen, dem versicherungstechnischen Ergebnis der VU geschätzt. Wegen der unterschiedlichen Skalierung auf Werte um 1 [gegenüber 0,05 bis 0,1 in den Spalten (1) und 2)] fallen die Werte von $\beta_L$ zwar höher aus, ohne jedoch in einem einzigen der sieben Geschäftsfelder statistische Signifikanz zu erlangen. Daran ändert sich auch nichts, wenn die erklärende Variable mit ihrem Vorquartalswert verwendet wird. Die (nicht gezeigten) zusätzlichen Regressionen mit Verzögerungen von bis zu vier Quartalen bestätigen dieses Ergebnis.

Die Untersuchung von *Davidson, Cross* und *Thornton* (1992) legt somit die Vermutung nahe, dass zumindest im Aggregat der amerikanischen Unternehmen der USA die Schadenentwicklung unabhängig von der Rendite auf dem Kapitalmarkt verläuft. Wenn aber $\beta_L = 0$ den besten Schätzwert darstellt, kann das **CAPM nicht zur Erklärung der Versicherungsnachfrage der Unternehmen** dienen. Denn es macht für einen Investor kaum Sinn, wenn sein Unternehmen mögliche Schäden versichert, die mit seinem restlichen Portefeuille nicht korreliert sind. Der Kauf von Versicherungsschutz hat in dieser Situation keinen Diversifikationseffekt, und er trägt nicht dazu bei, die Finanzierungskosten des Unternehmens zu senken.

**Folgerung 4.8**     Zwischen dem Schadenverlauf der Unternehmen in den USA und der Rendite auf dem Kapitalmarkt scheint keine Korrelation zu bestehen. Die Hypothese, das Beta der versicherten Schäden in Bezug auf die Rendite auf dem amerikanischen Kapitalmarkt sei

**Tabelle 4.7**     Geschätzte Werte von $\beta_L$, rd. 1800 amerikanische VU, 1974 – 1986[a]

| | Indikator der Schadenrendite | | | |
|---|---|---|---|---|
| | Schäden | | Versicherungs-technisches Ergebnis | |
| $\beta_L$ geschätzt auf Grund von ... <br> Betrachtetes Geschäftsfeld | $r_M(t)$ <br> (1) | $r_M(t-1)$ <br> (2) | $r_M(t)$ <br> (3) | $r_M(t-1)$ <br> (4) |
| Feuer (betrieblich) | 0,17 <br> (0,92) | 0,09 <br> (0,62) | 12,73 <br> (1,17) | 2,91 <br> (0,31) |
| Gebäude <br> (ohne Feuer; wie Sturm, Schneedruck) | -0,19 <br> (-0,24) | -2,01* <br> (-2,85) | -5,83 <br> (-0,23) | 12,24 <br> (0,59) |
| Betriebliche Mehrfachrisiken | -0,08 <br> (-0,41) | -0,43 <br> (-0,51) | 16,34 <br> (0,64) | 17,01 <br> (0,92) |
| Betriebsunfall | -0,12 <br> (-1,23) | -0,25* <br> (1,99) | 0,85 <br> (0,08) | 1,50 <br> (0,14) |
| Betriebliche Haftung ohne Kfz-Haftpflicht | 0,04 <br> (0,19) | 0,31 <br> (0,94) | 37,33 <br> (1,23) | 48,32 <br> (1,75) |
| Betriebliche Kfz-Haftpflicht | 0,06 <br> (0,35) | -0,05 <br> (-0,41) | 26,82 <br> (1,14) | 24,30 <br> (1,10) |
| Betriebliche Kfz-Kasko | -0,13 <br> (-1,28) | 0,07 <br> (0,31) | 9,96 <br> (0,71) | 10,80 <br> (0,98) |

a. *t*-Werte in Klammern; *: Statistische Signifikanz mit 5% Irrtumswahrscheinlichkeit
Quelle: *Davidson, Cross* und *Thornton* (1992)

Null, lässt sich nicht verwerfen. Damit lässt sich das CAPM nicht zur Erklärung der Versicherungsnachfrage von Unternehmen heranziehen.

Damit stellt sich umgehend die Frage, welche **anderen Motive** für die Nachfrage nach Versicherung von Unternehmen verantwortlich sein könnten. Die Autoren verweisen auf den bereits in Abschnitt 4.3.1.3 genannten Interessenkonflikt zwischen den Eigentümern und den Gläubigern eines Unternehmens. Durch die Wahl von riskanten Investitionsprojekten können die Eigentümer den Wert ihrer Beteiligung am Unternehmen steigern. Die Gläubiger dagegen sind an den erhöhten möglichen Gewinnen nicht beteiligt, tragen jedoch ein grösseres Risiko, im Falle eines Konkurses zumindest Teile ihrer Ansprüche zu verlieren.

Eine Möglichkeit, diese **Gefahr einer Quasi-Enteignung** zu kompensieren, besteht darin, auf die Obligationen einen höheren Zinssatz zu bieten. Die andere Möglichkeit ist der Kauf von Versicherungsschutz. Vermutlich werden die Gläubiger die Versicherungslösung vorziehen, weil die Versicherung auch bei Konkurs des Unternehmens zahlt, so dass zur Deckung ihrer Ansprüche mehr Mittel zur Verfügung stehen. Demgegenüber kann ein Unternehmen im Konkurs das Versprechen der höheren Verzinsung nicht einlösen.

Diese Überlegungen verweisen auf die Optionspreistheorie (vgl. Abschnitt 4.2.2). Wie im Falle eines VU, so haben es auch die Eigentümer eines Unternehmens ausserhalb der

Versicherungswirtschaft in der Hand, den Wert ihrer Call-Option zu steigern und den Wert der Put-Option in den Händen der Gläubiger zu reduzieren. Deshalb liegt die Parallele mit der optionspreistheoretischen Analyse der Nachfrage nach RV durch VU auf der Hand (vgl. Abschnitt 5.7).

### 4.3.3 Andere Gründe für die Nachfrage nach Versicherung durch Unternehmen

#### 4.3.3.1 Kosten der Sachwalterbeziehung

Für viele Entscheidungen braucht man den Rat von Sachverständigen, und manchmal delegiert man sogar die Entscheidung an sie. So geben auch Eigentümer von Unternehmen Entscheidungskompetenzen an das Management als ihre Sachwalter ab. Um sicherzugehen, dass das Management ihre Interessen wahrnimmt, müssen die Eigentümer die Manager kontrollieren. Die Manager verfolgen zunächst einmal ihre Eigeninteressen, nicht zuletzt deshalb, weil sie im Unternehmen arbeiten und so nicht in der Lage sind, ihr eigenes Portefeuille so billig wie die Aktionäre zu diversifizieren. Die Überwachung der Manager ist jedoch für die Aktionäre mit Kosten verbunden. Folglich können die Manager aus der Existenz der Sachwalterkosten (engl. agency costs) Vorteile ziehen und z.B. das Unternehmen versichern, um damit ihren eigenen Wohlstand auf Kosten der Aktionäre zu sichern oder zu erhöhen.

Diese Erklärung der Nachfrage nach Versicherung ist aber – worauf *de Alessi* (1987, 429) hinweist – unbefriedigend, sowohl aus theoretischen wie praktischen Gründen. In einem wettbewerblich verfassten Umfeld sind die Möglichkeiten der Manager zu schummeln eingeschränkt, nicht nur durch die Überwachung durch die Aktionäre, sondern auch durch den Wettbewerb auf den Outputmärkten, und den Wettbewerb um Managerpositionen und die Kontrolle der Unternehmen. Darüber hinaus lässt sich opportunistisches Verhalten durch die Wahl entsprechender Entgeltformen (z.B. Erfolgsbeteiligung) eindämmen.

Aus praktischen Erwägungen werden es die Eigentümer umgekehrt zulassen, dass das Management im eigenen Interesse (übertrieben) viel Versicherungsschutz für das Unternehmen kauft, denn die nachteiligen Wirkungen auf die erwarteten Erträge und den Firmenwert fallen im Vergleich zu den Kosten der Sachwalterbeziehung kaum ins Gewicht.

Hingegen kann die Existenz einer **bindenden Gewinnbeschränkung** den Managern die Möglichkeit diskretionärer Entscheidungsgewalt eröffnen und so dazu führen, dass sich solche Firmen (verstärkt) versichern. Bindende Gewinnbeschränkungen sind die Folge von Regulierung; sie beschränken die Vorteile der Aktionäre aus der Überwachung der Manager und erhöhen folglich deren Möglichkeiten zu opportunistischem Verhalten. Dieses Argument impliziert, dass regulierte Firmen (z.B. öffentliche und öffentlich-rechtliche Unternehmen im Versorgungs- und Verkehrssektor) mehr Versicherungsschutz kaufen als vergleichbare nicht-regulierte Unternehmen. Es kann jedoch die weitverbreitete Nachfrage nach Versicherung von Unternehmen kaum erklären, weil nur wenige Unternehmen einer bindenden Gewinnbeschränkung unterworfen sind.

### 4.3.3.2 Versunkene Kosten

Unternehmen stellen üblicherweise ein beträchtliches Vermögen dar in Formen, die zu versunkenen Kosten (engl. sunk costs) führen, wie spezialisiertes Know-how und Patente. Diesen Aktiva ist gemeinsam, dass sie bei einer Veräusserung einen Preis erzielen würden, der weit unter ihrem Wert für das Unternehmen (d.h. ihrem Beitrag zum Gewinn) liegt. Es ist deshalb für die Aktionäre als Eigentümer dieser Aktiva nicht möglich, sie über mehrere Firmen zu verteilen und so eine Risikodiversifikation zu erreichen. Da auch sie konkurrierenden Ansprüchen (insbesondere aus Haftung) ausgesetzt sind, hat der Eigentümer ein Interesse am Abschluss von Versicherung, um seine Ansprüche zu schützen. Dieser Gedankengang beruht nicht mehr auf einer unvollständigen Kontrolle der Manager durch die Eigentümer.

Die Menge der Aktiva, die zu versunkenen Kosten führen, ist dabei weit zu fassen. Dazu gehören das Team sowie die Verträge, die abgeschlossen wurden, um das Team zusammenzubinden und seine Beziehungen mit Dritten zu regeln. Diese unternehmensspezifischen Werte werden **Quasi-Renten** genannt, weil sie innerhalb des Unternehmens höher bezahlt werden als auf dem Markt, aber nicht wie eigentliche Renten durch Wettbewerbsbeschränkungen zustande kommen [de Alessi (1987)]. Ereignisse, welche die Existenz des Unternehmens bedrohen, bedeuten den eventuellen Verlust aller Quasi-Renten, die durch die Auswahl eines erfolgreichen Teams und seiner Institutionalisierung geschaffen werden. D.h. der Konkurs ist nicht so sehr deshalb kostspielig, weil er gesetzliche Schritte auslöst, sondern weil er die Nützlichkeit des Teams und überhaupt der firmenspezifischen Aktiva in Frage stellt.

Hingegen begründen versunkene Kosten keine zusätzliche Versicherungsnachfrage im Interesse der Obligationäre und Gläubiger. Denn das Unternehmen investiert in Aktiva mit versunkenen Kosten weil die Eigentümer erwarten, auf ihnen eine weit höhere Ertragsrate zu verdienen als auf vom Markt angebotenen Alternativen. Wenn aber diese Vermögensgegenstände in ihrer gegenwärtigen Verwendung einen höheren Ertrag erwirtschaften als in irgendeiner anderen Verwendung, bedeutet dies im Konkursfall, dass die Gläubiger sie nicht liquidieren, sondern nach Reorganisation mit ihnen das Geschäft fortführen. Im Gegensatz zur Argumentation mit den Kosten der Sachwalterbeziehung geht hier also von den Gläubigern bzw. Obligationären keine besondere Nachfrage nach Versicherung des Unternehmens aus.

### 4.3.3.3 Versicherungsspezifische Dienstleistungen

Eine letzte Begründung der Nachfrage nach Versicherung seitens der Unternehmen stellt ab auf verschiedene Dienstleistungen, die Versicherer in ihr Produkt mit einbinden. Beispiele sind vor allem Schadenverhütungsleistungen (wie Risikoüberwachung und Sicherheitsausbildung) und Schadenbehandlungsleistungen (wie Abwehr bzw. Durchsetzung von Haftungsansprüchen, vgl. dazu Abschnitt 4.3.1.2). Selbstverständlich könnten solche Leistungen auch ohne Versicherungsschutz gekauft werden. Es gibt aber Verbundvorteile, die dazu führen, dass solche Leistungen kostengünstiger kombiniert mit Versicherungsschutz angeboten werden können.

Schadenverhütungsleistungen reduzieren nämlich die erwarteten Schadenkosten für den Versicherer und werden üblicherweise zusammen mit einer Risikostudie angeboten, die dem Versicherer Informationen für das Risikozeichnungsgeschäft verschafft. In ähnlicher Weise kann der Versicherer seinen eigenen Informationsbeschaffungsprozess mit einer objektiven und effizienten Schadenbehandlungsleistung verbinden, die für den Versicherungskäufer einen zusätzlichen Wert hat.

**Folgerung 4.9**     Der Kauf von Versicherungsschutz durch Unternehmen liesse sich im Rahmen der Kapitalmarkttheorie dadurch erklären, dass er das Beta der Schäden in Bezug auf das Marktportefeuille senkt; dafür besteht allerdings kaum empirische Evidenz. Daneben kann Versicherungsschutz durch seinen Einfluss auf das Konkursrisiko die Erwartungskosten senken, die mit dem möglichen Verlust der Quasi-Renten auf unternehmensspezifische Aktiva einhergehen. Schliesslich sind mit dem Versicherungsschutz wertvolle Dienstleistungen des Versicherers verbunden.

## 4.4 Übungsaufgaben

### Übungsaufgabe 4.1

(a) Konstruieren Sie verschiedene Portefeuilles aus den in Tabelle 4.1 gegebenen realisierten Renditen, und tragen Sie sie in ein ($\mu$-$\sigma$)-Diagramm ein. Mischen Sie dabei nicht nur $B$ und $C$, sondern auch $A$ und $C$.

(b) Errechnen Sie das Portefeuille mit minimaler Varianz.

### Übungsaufgabe 4.2

Berechnen Sie die gleichgewichtigen Renditen der folgenden Wertpapiere:

| Wertpapier | Beta |
|---|---|
| A | 1,5 |
| B | 1,0 |
| C | 0,5 |
| D | 0 |
| E | -0,5 |

Der risikolose Zinssatz beträgt 10 Prozent und die erwartete Ertragsrate des Marktportefeuilles ist 0,18. Welche Anpassungsprozesse sind zu erwarten, wenn die Investoren eine Rendite von 0,17 auf Wertpapier $C$ erwarten?

## 4.5 Literaturhinweise

de Alessi, L. (1987), Why corporations insure, in: Economic Inquiry, XXV, 429-438.

Buckley, A., Ross, St., Westerfield, R. und Jaffe, J. (1998), Corporate Finance Europe, London: McGraw-Hill.

Copeland, T.E. und Weston, J.F. (1992), Financial Theory and Corporate Policy, 3. Aufl., Reading MA: Addison-Wesley.

Cummins, J.C. und Harrington, S.E. (1985), Property-liability insurance rate regulation: estimation of underwriting betas using quarterly profit data, in: Journal of Risk and Insurance, 52 (March), 18-43.

Davidson, W.N.III, Cross, M.L. und Thornton, J.H. (1992), Corporate demand for insurance: some empirical and theoretical results, in: Journal of Financial Services Research, 6, 61-72.

Doherty, N. (1985), Corporate Risk Management, New York: McGraw-Hill (bes. Kap. 5 und 6).

Eisen, R. (1988), Versicherungsnachfrage, in: Handwörterbuch der Versicherung, Hrs. von Farny, D. et al., Karlsruhe: Verlag Versicherungswirtschaft, 1093-1099.

Frenkel, M. (1990), Funktionsweise und Einsatzmöglichkeiten von Devisenoptionen, WISU, 19 (Heft 12), 685-687.

Hull, J. (1993), Options, Futures, and Other Derivative Securities, 2. Aufl., Englewood Cliffs NJ: Prentice-Hall.

Mayers, D. und Smith, C. (1982), On the corporate demand for insurance, in: Journal of Business, 55, 281-296.

Mayers, D. und Smith, C. (1990), On the corporate demand for insurance: evidence from the reinsurance market, in: Journal of Business, 63, 19-40.

Roll, R. (1977), A critique of the asset pricing model theory's tests: Part I. On past and potential testability of the theory, in: Journal of Financial Economics, 4, 129-176.

# KAPITEL 5
# Das Versicherungsunternehmen und Grundzüge der Versicherungstechnologie

Nachdem insbesondere die Kapitel 3 und 4 die Nachfrage nach Versicherung zum Gegenstand hatten, wenden wir uns jetzt dem Versicherungsunternehmen (VU) zu. Die Leitung eines VU ist in Wirklichkeit weit davon entfernt, sich so passiv zu verhalten wie bislang angenommen, wo nur gerade die Setzung einer (fairen) Prämie als Entscheidung zugelassen wurde. Vielmehr verfolgt ja ein VU gewisse Ziele und setzt dazu ein ganzes Arsenal von Instrumenten ein. Die Gesamtheit dieser Instrumente macht die sog. Versicherungstechnologie aus und reicht von der Produktgestaltung (z.B. Ausschluss bestimmter Risiken, "Kleingedrucktes" im Vertrag) über die Leistungsabwicklung (Beratung bei der Prävention, Kulanz bei der Schadenerledigung) bis hin zum Kauf von Rückversicherung und zur Anlagestrategie.

Ziele und Mittel finden ihren Niederschlag im Rechnungswesen des VU. Im Abschnitt 5.1 wird deshalb eine kurze Einführung in Bilanz und Gewinn- und Verlustrechnung eines VU gegeben. Die hier auftauchenden Begriffe werden im Rest des Kapitels immer wieder verwendet. Im Abschnitt 5.2 kommen sodann die Ziele eines VU zur Sprache. Dabei geht es insbesondere um die Frage, ob die Hypothese der Gewinnmaximierung im Erwartungswert genügt, um das Verhalten der Leitung eines VU zu beschreiben, oder ob nicht vielmehr die Risikoaversion eine beträchtliche Rolle spielt. Obschon Vieles für eine Berücksichtigung der Risikoaversion spricht, werden in den folgenden Abschnitten Modelle dargestellt, die der Leitung des VU Risikoneutralität unterstellen. Nach einem kurzen Überblick über die Instrumente der Versicherungstechnologie im Abschnitt 5.3 werden einzelne von ihnen genauer untersucht. Dabei folgt die Anordnung einer typisierten Entstehung und Erfüllung des Versicherungsvertrags: Akquisition über verschiedene Distributionskanäle, Selektion der dem VU angebotenen Risiken, Eindämmung des moralischen Risikos nach dem Vertragsabschluss, Beschaffung von Rückversicherung, Anlage von Überschüssen und Reserven auf dem Kapitalmarkt. Nicht behandelt wird in diesem Kapitel die Preissetzung des VU. Diese Entscheidung gilt als zentraler Aspekt des Angebots an Versicherungsschutz und kommt deshalb im 6. Kapitel gesondert zur Sprache.

So werden im Abschnitt 5.4 die Vertriebssysteme in der Versicherung einander gegenübergestellt. Der Abschnitt 5.5 ist der optimalen Gestaltung der Risikoauslese gewidmet. Im Abschnitt 5.6 wird die Frage aufgeworfen, wieviel Kontrollaufwand getrieben werden soll, um das moralische Risiko auf Seiten des Versicherungskäufers (VK) einzudämmen. Die Nachfrage eines Erstversicherers nach Rückversicherung ist Gegenstand des Abschnitts 5.7. Das Thema des Abschnitts 5.8, die Festlegung der optimalen Anlagepolitik für ein VU, könnte für sich selbst ein ganzes Lehrbuch abgeben.

## 5.1 Die Rechnungslegung des Versicherungsunternehmens

Verfolgte Ziele und verwendete Instrumente der Versicherungstechnologie schlagen sich letztlich in der Bilanz und in der Gewinn- und Verlustrechnung nieder. Dies gilt grundsätzlich für alle Unternehmen; allerdings folgt die Rechnungslegung eines VU einigen Besonderheiten.

### 5.1.1 Die Bilanz

Die Tabelle 5.1 zeigt die Bilanz eines grossen, international tätigen VU, dessen Schwerpunkt in der Nichtleben- (bzw. Sach-) Versicherung liegt. Die Darstellung genügt der Versicherungsbilanzrichtlinie des EG-Ministerrats von 1991 und dem in Deutschland 1994 verabschiedeten Versicherungsbilanzrichtliniengesetz, das insbesondere eine durchgängige Ausgliederung der Rückversicherung und der Kapitalanlage verlangt [für eine Übersicht vgl. *KPMG* (1994)]. Die Erklärungen folgen den numerierten Positionen.

(a) **Festverzinsliche Titel:** Die allermeisten Anlagen dieser Kategorie können jederzeit liquidiert werden, um Schadenzahlungen zu leisten. Die Kolonne „Elimination" spiegelt die Tatsache, dass einige wenige dieser Anlagen nicht einem einzelnen Geschäftsbereich zugeordnet werden können, so dass Doppelzählungen eliminiert werden müssen. Das starke Engagement in festverzinsliche Titel ist typisch für ein VU im deutschsprachigen Raum, während in den USA Aktien überwiegen. Der Vorteil liegt in einer immer noch beträchtlichen Liquidität, der Nachteil in einer vergleichsweise niedrigen Rendite, was zur Kritik an der Anlagepolitik der VU geführt hat (vgl. Abschnitt 5.8).

(b) **Aktien:** Die vergleichweise niedrigen Bestände im Lebengeschäft sind bemerkenswert, ist doch der Schadeneintritt aufgrund der Absterbeordnung vergleichsweise gut voraussehbar. Dies würde eine Anlage in der weniger liquiden Form von Aktien erlauben, mit der Aussicht auf eine deutlich höhere langfristige Rendite.

(c) **Liegenschaften:** Die Bewertung von Liegenschaften hängt erheblich von den Zukunftserwartungen ab. Neubewertungen spiegeln sich im „Übrigen Betriebs- und Verwaltungsaufwand" der Gewinn- und Verlustrechnung [vgl. Position (16) der Gewinn- und Verlustrechnung]. Höherbewertungen werden häufig dazu benützt, stille Reserven aufzubauen.

**Tabelle 5.1**  Bilanz eines VU, 1997 (in Mio. GE)

| | Nichtleben | Leben | Rückver-sicherung | Vermögens-verwaltung | Elimination | Total |
|---|---|---|---|---|---|---|
| a. Festverzinsliche Titel | 23 476 | 37 866 | 9 699 | 374 | - 16 | 71 399 |
| b. Aktien | 10 122 | 9 375 | 2 796 | 250 | - | 22 543 |
| c. Liegenschaften | 4 199 | 4 204 | 32 | - | - | 8 435 |
| d. Kurzfristige Anlagen | 5 283 | 1 359 | 2 237 | 478 | -54 | 9 303 |
| e. Übrige Kapitalanlagen | 2 999 | 8 552 | 17 32 | 2 | -933 | 12 352 |
| f. Kapitalanlagen insgesamt | 46 079 | 61 356 | 16 496 | 1 104 | -1 003 | 124 032 |
| g. Aktiva insgesamt | 66 382 | 81 223 | 23 138 | 4 526 | -4 562 | 170 707 |
| h. Fremdkapital der Geschäftsbereiche insgesamt | 55 525 | 74 426 | 22 127 | 1 573 | -4 561 | 149 090 |
| i. Prämienüberträge für eigene Rechnung | 6 946 | 670 | 1 389 | - | - | 9 005 |
| j. Schadenrück-stellungen für eigene Rechnung | 25 875 | 897 | 11 087 | - | -116 | 37 743 |
| k. Deckungskapital für eigene Rechnung | 49 | 37 588 | 342 | - | -140 | 37 839 |
| l. Depots und übrige Guthaben der Versi-cherungsnehmer | 462 | 16 036 | 2730 | - | 14 | 19 242 |
| m. Technische Rück-stellungen für eigene Rechnung insgesamt | 33 332 | 55 191 | 15 548 | - | -242 | 103 829 |
| n. Minderheitsanteile | - | - | - | - | - | 960 |
| o. Eigenkapital insge-samt | - | - | - | - | - | 20 657 |
| p. Passiva insgesamt | - | - | - | - | - | 170 707 |

(d) **Kurzfristige Anlagen:** Hier handelt es sich überwiegend um Geldmarktpapiere.

(e) **Übrige Kapitalanlagen:** Das VU kann z.B. ein Darlehen gewähren und dabei die Police als Sicherheit akzeptieren.

(f) **Kapitalanlagen insgesamt:** Die Kapitalanlagen in Verbindung mit dem Lebenge-schäft erreichen einen grösseren Umfang als diejenigen des Nichtlebengeschäfts, obschon seine Prämieneinnahmen in der Berichtspriode weit geringer sind [vgl. Posi-tion (3) der Gewinn- und Verlustrechnung]. Darin spiegelt sich die Tatsache, dass die meisten Lebenversicherungsverträge gemischte Verträge sind, d.h. sowohl im Erle-bensfall wie im Todesfall (dem ursprünglich versicherten Ereignis) eine Leistung vorsehen. Insofern enthalten diese Verträge eine Sparkomponente, und es macht Sinn, das angesparte Kapital anzulegen.

(g) **Aktiva insgesamt:** Darin enthalten sind übrige Aktiva, namentlich liquide Mittel, die zur Deckung vor allem der Schäden im Nichtlebenbereich dienen. Diese sind erforderlich, weil die Schäden in der Sachversicherung in zweifacher Hinsicht als weniger gut voraussagbar gelten. Zum einen kann die Schadenhäufigkeit plötzlich variieren; z.B. wenn ein Hagelschlag über einer Grossstadt in Stundenfrist tausende von Hausdächern trifft, die bei demselben VU versichert sind. Zum anderen ist auch die Leistung nicht fixiert wie im Lebensversicherungsvertrag, wo gegebenenfalls ein fester Betrag fällig wird. Vielmehr bewegt sich die Leistung i.d.R. zwischen einer Unter- und Obergrenze (Priorität des VU, engl. layer).

(h) **Fremdkapital der Geschäftsbereiche insgesamt:** Auf der Passivseite wird die Herkunft der Mittel, welche das Halten der verschiedenen Aktiva ermöglichen, ausgewiesen. Breiten Raum nehmen hier die versicherungstechnischen Rückstellungen ein [vgl. Position (m)]. Der Rest besteht aus sog. latenten Steuern (d.h. absehbare Steuerzahlungen) sowie Verbindlichkeiten im Zusammenhang mit der Rückversicherung. Damit der Erstversicherer im Schadenfall sofort auf die RV-Leistungen zurückgreifen kann, verlangt er die Einrichtung eines Depots durch den Rückversicherer. Dieses Depot stellt eine kurzfristig fällige Verpflichtung des VU dar.

(i) **Prämienüberträge für eigene Rechnung:** Besonders im Nichtlebengeschäft muss damit gerechnet werden, dass einerseits Prämieneinnahmen aus Vorperioden vorhanden sind und andererseits aus Vertragsverhältnissen Schäden geltend gemacht werden können, die dem VU noch nicht bekannt sind (schwebende Schäden, engl. IBNR, incurred but not reported).

(j) **Schadenrückstellungen für eigene Rechnung:** Sobald das VU Kenntnis von einem Schaden erhalten hat, wird es eine Rückstellung nach Massgabe der vermuteten Schadenhöhe bilden. Die rd. 26 Mrd. Geldeinheiten (GE) im Nichtlebengeschäft können in Beziehung gesetzt werden zu den laufenden Versicherungsleistungen im Umfange von 13 Mrd. GE [vgl. Position (11) der Gewinn- und Verlustrechnung]. Die Rückstellung deckt also zwei Jahresschäden, was als erster Hinweis auf die Solvenz des VU, d.h. seine Fähigkeit, Schäden unter (fast allen) Umständen zu decken, gedeutet werden kann. Da die Regulierung der Schäden in der Zukunft liegt, stellt sich die Frage nach der Diskontierung der Beträge auf den Barwert [vgl. dazu *Donandt und Richter*, Tz 88-91 sowie die Richtlinie der EU vom 19.12.1991 über den Jahresabschluss und den konsolidierten Abschluss von Versicherungsunternehmen]. Die hier ausgewiesenen Beträge sind jedoch ganz überwiegend nicht diskontiert, ausser in jenen Fällen, wo die Zahlungsmodalitäten im voraus festgelegt sind.

(k) **Deckungskapital für eigene Rechnung:** Diese Position entspricht den Rückstellungen im Lebengeschäft und ist insofern ähnlich zu interpretieren wie die Position (j). Der Unterschied besteht darin, dass zwischen der Prämienzahlung und der Leistung des VU meist zwanzig, ja dreissig Jahre vergehen. Bei der Diskontierung auf den Barwert spielt deshalb die Wahl des Zinssatzes eine entscheidende Rolle. Grundsätzlich fliessen hier Zukunftserwartungen ein; doch um den Spielraum der VU einzuengen, schreibt die Versicherungsaufsicht regelmässig einen technischen Zinssatz (Rechnungszins) vor, der üblicherweise zwischen 3 und 4% liegt. Falls der Vertrag eine Leibrente vorsieht, müssen die zukünftigen Leistungen analog auf den Barwert gebracht werden.

(l) **Depots und übrige Guthaben der Versicherungsnehmer:** Besonders bei Lebensversicherungsverträgen geht das VU üblicherweise die Verpflichtung ein, den VK am Gewinn zu beteiligen.

(m) **Technische Rückstellungen für eigene Rechnung insgesamt:** Als Summe der Posten (i) bis (l) ist dies bei weitem die wichtigste Position auf der Passivseite eines solventen VU.

(n) **Minderheitsanteile:** Bei früheren Übernahmen und Fusionen gab es Minderheitsaktionäre der übernommenen Gesellschaften, die ihre Anteile behalten wollten. Das betrachtete VU ist deshalb nicht vollumfänglicher Eigentümer der Aktiva und Passiva, und ihre Aktionäre haben nicht Anspruch auf den ganzen Gewinn. Die Aussonderung dieser Minderheitenanteile widerspiegelt diesen Sachverhalt, und ein entsprechender Anteil des Gewinns wird jeweils einem Sonderkonto gutgeschrieben [vgl. Position (21) der Gewinn- und Verlustrechnung].

(o) **Eigenkapital insgesamt:** Mit einem Anteil von rd. 10% am Total der Passiva erscheint das Eigenkapital recht niedrig. Dabei ist allerdings zu beachten, dass die Ansprüche der Gläubiger (in der Hauptsache der VK) in erster Linie durch die versicherungstechnischen Rückstellungen sichergestellt werden sollen. Die Aufteilung auf die vier Geschäftsfelder wird nicht ausgewiesen.

**Folgerung 5.1** Die Bilanz eines VU ist auf der Aktivseite gekennzeichnet durch einen hohen Anteil der Kapitalanlagen, auf der Passivseite durch Rückstellungen für zukünftige Verbindlichkeiten gegenüber den VK (Rückstellungen für nichterledigte Schadenfälle im Nichtlebengeschäft, Deckungskapital im Lebengeschäft).

### 5.1.2 Die Gewinn- und Verlustrechnung

Die Gewinn- und Verlustrechnung desselben VU erscheint in der Tabelle 5.2.

(1) **Bruttoprämien und Policengebühren:** Dies sind die Prämieneinnahmen [brutto, vgl. Position (2)] weltweit aus sämtlichen Geschäften.

(2) **Prämien an Rückversicherer:** Von den eingenommenen Bruttoprämien werden die an die Rückversicherer bezahlten Prämien abgezogen, um die Prämien für eigene Rechnung (feR) zu erhalten. Im Grunde handelt es sich dabei um einen Aufwandposten, der unmittelbar den Gewinn senkt. Sobald die Aufsichtsbehörde (z.B. im Sinne des Konsumentenschutzes) die Gewinne des VU überwacht, besteht für den Erstversicherer einiger Anreiz, relativ grosse Prämienanteile zu zedieren, möglichst an ein RV-Unternehmen, an dem er beteiligt ist. Mit einer RV-Quote von 18 % beim Nichtleben-Geschäft und rd. 4 % im Lebengeschäft liegt das betrachtete VU relativ niedrig[1].

(3) **Prämien für eigene Rechnung (feR):** Diese Nettogrösse wird oft als Indikator der Unternehmensgrösse in der Versicherungswirtschaft verwendet, obschon die Periodenabgrenzung noch nicht erfolgt ist.

(4) **Veränderung des Prämienübertrages für eigene Rechnung:** Früher abgeschlossene Verträge können zu Spätschäden führen, für die durch Prämienüberträge Rückstellungen gebildet werden [vgl. Position (i) der Bilanz]. Im Berichtsjahr hatte das VU offenbar Anlass, diese Spätschäden im Bereich Nichtleben niedriger als bisher anzusetzen und so den für die Berichtsperiode massgeblichen Umsatz nach oben zu korrigieren.

(5) **Verdiente Prämien und Policengebühren für eigene Rechnung (feR):** Dies ist der eigene, auf die Berichtsperiode bezogene Umsatz des VU, auf den gewisse Kennziffern wie die Schadenquote oder das technische Ergebnis bezogen werden sollten.

(6) **Ertrag aus Vermögensverwaltung:** Hier handelt es sich überwiegend um Honorare für die Vermögensverwaltung, Vertriebsgebühren von Anlagefonds und Kommissionen aus Verkäufen von Fondsanteilen.

(7) **Kapitalerträge, netto:** Fällt der Wert von Wertschriften unter die Anschaffungskosten und kann der Wertrückgang nicht als vorübergehend betrachtet werden, werden die Bruttoerträge entsprechend korrigiert.

(8) **Realisierte Gewinne und Verluste auf Kapitalanlagen, netto:** Im Gegensatz zur Position (7) handelt es sich hier um realisierte Werte, d.h. Wertschriften mussten unter ihren Anschaffungskosten (bzw. konnten darüber) verkauft werden. Der Betrag ist im Nichtlebengeschäft weit höher, weil dort kurzfristige Anlageformen grössere Bedeutung haben.

(9) **Übriger Ertrag:** Unter diese Rubrik fallen z.B. die Umsätze von Personalrestaurants.

(10) **Ertrag insgesamt:** Im Lebenbereich geht der Gesamtertrag zu nicht weniger als 38% auf das Kapitalanlagegeschäft zurück, im Nichtlebenbereich immerhin zu knapp 20% [Positionen (7) und (8)]. Dies dokumentiert die Bedeutung des Kapitalanlagegeschäfts im Vergleich zum Risikozeichnungsgeschäft.

(11) **Schadenaufwand inkl. Schadenbehandlungskosten Nichtleben:** Der Bruttobetrag ist deutlich höher, weil sich die RV an der Bezahlung der Schäden und der Schadenbehandlungskosten beteiligen. Die hier angegebene Grösse ist somit auf eigene Rechnung (feR). Sie enthält auch Änderungen der Schadenrückstellungen [Näheres dazu bei Position (13)]. Eine oft verwendete Kennzahl in diesem Zusammenhang ist der **Schadensatz** (Schadenquote, engl. loss ratio). Er setzt den Schadenaufwand feR in Beziehung zu den verdienten Prämien feR [Position (5)] und beträgt im vorliegenden Fall $0{,}76 = 12{,}6/16{,}6$ für das Nichtlebengeschäft. Aus der Sicht der Gesamtheit der Versicherten ist ein hoher Schadensatz vorteilhaft, bedeutet er doch, dass von den Prämien ein grosser Anteil in Form von Versicherungsleistungen an sie

---

1. Zum Vergleich: In Deutschland betrugen 1996 in der Individualversicherung die Prämieneinnahmen der Erstversicherer rd. 239 Mrd. DM, diejenigen der Rückversicherer rd. 56 Mrd. DM (Gesamtverband der Deutschen Versicherungswirtschaft, Jahrbuch 1997, 141). Unter Vernachlässigung grenzüberschreitender Transaktionen lässt dies auf eine RV-Quote von rd. 23% schliessen.

zurückfliesst. Für das VU hat ein hoher Schadensatz eine zweideutige Interpretation. Einerseits kann er darauf hindeuten, dass die Geschädigten mit kulanten Leistungen zufriedengestellt werden, was die Reputation des Unternehmens fördert. Ebensogut kann aber ein hoher Schadensatz das Ergebnis einer wenig sorgfältigen Risikozeichnungspolitik in der Vergangenheit sein, indem die Prämien in den Vorjahren „verdient" wurden, jetzt aber die Schäden gehäuft anfallen.

(12) **Bezahlte Versicherungsleistungen Leben:** Hier ist der Unterschied zwischen Brutto und Netto gering, wird doch Lebenversicherung in geringem Umfang an die RV zediert [vgl. Position (2)]. Im Gegensatz zum Nichtlebengeschäft erscheinen die Veränderungen der Rückstellungen separat als Veränderung des Deckungskapitals [Position (13)].

(13) **Veränderungen des Deckungskapitals:** Die Rückstellungen im Lebengeschäft heissen Deckungskapital. Es gibt eine ganze Reihe von Gründen, die eine Erhöhung der Schadenrückstellungen (Nichtleben) bzw. des Deckungskapitals (Leben) bedingen können:

- Zunahme der Zahl der Verträge;
- Aufnahme zusätzlicher Risiken in bestehende Verträge;
- Verschärfung von Antiselektions-Effekten (z.B. infolge Lancierung neuer Verträge mit höheren Leistungen und höheren Prämien; vgl. Abschnitt 7.3.1);
- Zunehmendes moralisches Risiko, z.B. als Folge des Versuchs von Unternehmen, einem Liquiditätsengpass durch Einforderung von Versicherungsleistungen zu begegnen;
- Verkürzung des Zeitraumes zwischen Schadenereignis und Bezahlung des Schadens;
- Reduktion des Zinssatzes, mit dem die zukünftigen Versicherungsleistungen auf den Barwert gebracht werden.

Mehrere dieser Gründe reflektieren in hohem Masse Zukunftserwartungen. Darum eignet sich die Veränderung der Schadenrückstellungen ausgezeichnet für die Glättung des Gewinnverlaufs über die Zeit [*Weiss* (1995)]. Je nachdem nimmt der Schadenaufwand Werte an, die erheblich von den laufenden Schadenzahlungen abweichen können.

(14) **Überschuss- und Gewinnanteile der Versicherten:** Aus der Sicht der Eigentümer der VU sind die Überschuss- und Gewinnanteile der Versicherten ein Aufwand genauso wie die Schadenzahlungen. Sie haben im Lebengeschäft mit seinen Langzeitverträgen allerdings eine ungleich grössere Bedeutung als im Nichtlebengeschäft.

(15) **Kosten für Geschäftsaufbringung:** Diese Kosten werden zunächst wieder brutto ausgewiesen. Die wichtigste einzelne Aufwandkomponente bildet der eigene Aussendienst, der im Nichtlebenbereich leicht 20% der Prämieneinnahmen beanspruchen kann.

(16) **Übriger Betriebs- und Verwaltungsaufwand:** Die Summe der Positionen (15) und (16) werden oft den verdienten Prämien feR (Position 5) gegenübergestellt, um den **Kostensatz** (expense ratio) zu berechnen. Er beträgt hier 0,37 (= 6,3/16,7) im Nichtlebengeschäft und liegt damit wesentlich höher als im Lebengeschäft (0,24 = 1,6/ 6,7), weil sich in der Regel sowohl die Vertragsvorbereitung (Definition der Risiken und der gedeckten Schäden) wie auch die Vertragsabwicklung (Feststellung der Rechtsmässigkeit des Leistungsanspruchs) aufwändiger gestaltet als im Lebengeschäft.

Setzt man schliesslich Schadenaufwand und Kosten [Positionen (11), (15) und (16) im Falle des Nichtlebengeschäfts] in Beziehung zu den verdienten Prämien feR [Position (5)], erhält man das **versicherungstechnische Ergebnis** (engl. combined ratio); es beträgt hier 1,13 (= 18,9/16,7). Im Falle des Lebengeschäfts sind die Posten (12), (15) und (16) zu addieren, so dass sich für das versicherungstechnische Ergebnis 0,91 (= 6,2/6,8) ergibt. Für das Gesamtgeschäft beträgt die Quote 1,09 (= 30,0/ 27,5). Das versicherungstechnische Ergebnis ist also insgesamt negativ. Der Unterschied zwischen den beiden Teilbranchen lässt sich möglicherweise dadurch begründen, dass das versicherungstechnische Ergebnis im Nichtlebengeschäft stärkeren Schwankungen unterworfen ist als im Lebengeschäft (vgl. dazu Abschnitt 4.1.). Negative technische Ergebnisse sind die Regel, werden aber durch die Kapitalerträge normalerweise wettgemacht. Wie im Abschnitt 6.3 gezeigt werden wird, lässt sich das VU als ein Element des Kapitalmarktes auffassen, über dessen Wettbewerbsfähigkeit die Gesamtrendite entscheidet. Ein positives technisches Ergebnis wäre aus dieser Sicht nur notwendig, wenn das VU bei der Kapitalanlage eine unterdurchschnittliche Rendite erzielen würde.

(17) **Zinsaufwand:** Von den Bruttoerträgen ist der Zinsaufwand abzuziehen, entsprechend den in der Bilanz ausgewiesenen Verbindlichkeiten.

(18) **Restrukturierungs-, Fusions- und Akquisitionsaufwand:** Im Berichtsjahr hat das VU einige kleine VU sowie eine Vermögensverwaltungsgruppe übernommen. Die damit verbundenen Kosten werden hier ausgewiesen.

(19) **Abschreibung auf Goodwill:** Bei Akquisitionen werden übernommene Aktiva und Passiva mit dem Kaufpreis verrechnet und der Rest als Goodwill aktiviert. Dieser Goodwill wird aber abgeschrieben, längstens über den Zeitraum von 20 Jahren. Die Position zeigt eine solche Jahrestranche.

(20) **Aufwand insgesamt:** Der Aufwand für das Nichtlebengeschäft ist beinahe doppelt so hoch wie jener für das Lebengeschäft. Die Prämieneinnahmen feR [Position (5)] betragen jedoch das 2,5-fache, was die starke Stellung dieses VU im Nichtlebengeschäft unterstreicht.

(21) **Ergebnis vor Steuern und Minderheitsanteilen:** Da die Kapitalerträge den drei Geschäftsbereichen Leben, Nichtleben, Rückversicherung gutgeschrieben werden, weist der Geschäftsbereich "Vermögensverwaltung" einen Verlust aus. Das Ergebnis steht nicht in vollem Umfange den Aktionären des VU zur Verfügung, sondern erst nach Abzug des Anteils, welcher den Eigentümern übernommener VU zustehen, die ihre Aktien behalten wollten.

**Tabelle 5.2**  Gewinn- und Verlustrechnung eines VU, 1997 (in Mio. GE)

| | Nicht-leben | Leben | Rückver-sicherung | Vermögens-verwaltung | Elimina-tion | Total |
|---|---|---|---|---|---|---|
| 1. Bruttoprämien und Policengebühren | 20 235 | 7 072 | 4 454 | - | -806 | 30 955 |
| 2. Abzüglich: Prämien an Rückversicherer | -3 646 | -299 | -500 | - | 841 | -3 604 |
| 3. Prämien und Policengebühren für eigene Rechnung | 16 589 | 6 773 | 3 954 | - | 35 | 27 351 |
| 4. Veränderung des Prämienübertrages für eigene Rechnung | 116 | -39 | 89 | - | - | 166 |
| 5. Verdiente Prämien und Policengebühren für eigene Rechnung | 16 705 | 6 734 | 4 043 | - | 35 | 27 517 |
| 6. Ertrag aus Vermögensverwaltung | 1 | - | 2 | 602 | -43 | 562 |
| 7. Kapitalerträge, netto | 2 464 | 3 342 | 825 | 15 | -55 | 6 591 |
| 8. Realisierte Gewinne und Verluste auf Kapitalanlagen, netto | 1 721 | 798 | 305 | 57 | 1 | 2 882 |
| 9. Übriger Ertrag | 501 | 52 | 278 | 27 | -14 | 844 |
| 10. Ertrag insgesamt | 21 392 | 10 926 | 5 453 | 701 | -76 | 38 396 |
| 11. Schadenaufwand inkl. Schadenbehandlungskosten Nichtleben | -12 606 | -92 | -2 582 | - | -86 | -15 366 |
| 12. Bezahlte Versicherungsleistungen Leben | -5 | -4 537 | -83 | - | 98 | -4 527 |
| 13. Veränderungen des Deckungskapitals | -5 | -2 472 | -25 | - | -14 | -2 516 |
| 14. Überschuss- und Gewinnanteile der Versicherten | -91 | -945 | -778 | - | - | -1 814 |
| 15. Kosten für Geschäftsaufbringung | -2 845 | -381 | -843 | - | - | -4 069 |
| 16. Übriger Betriebs- und Verwaltungsaufwand | -3 469 | -1 235 | -631 | -663 | -14 | -6 012 |
| 17. Zinsaufwand | -368 | -679 | -220 | -7 | 93 | -1181 |
| 18. Restrukturierungs-, Fusions- und Akquisitionsaufwand | -139 | - | - | -318 | - | -457 |
| 19. Abschreibung auf Goodwill | -3 | -42 | -5 | -2 | - | -52 |
| 20. Aufwand insgesamt | -19 531 | -10 383 | -5 167 | -990 | 77 | -35 994 |
| 21. Ergebnis vor Steuern und Minderheitsanteilen | 1 861 | 543 | 286 | -289 | 1 | 2 402 |

**Folgerung 5.2** Die Gewinn- und Verlustrechnung gibt im Idealfall Auskunft über den Erfolg im Verkehr mit den Rückversicherern, bei der Risikoübernahme für eigene Rechnung, und den Erfolg der Kapitalanlage. Eine Position von zentraler Bedeutung ist die Veränderung der Schadenrückstellungen (Nichtlebengeschäft) bzw. des Deckungskapitals (Lebengeschäft).

## 5.2 Die Ziele des VU

### 5.2.1 Theoretische Überlegungen

Die im vorhergehenden Abschnitt vorgestellte Rechnungslegung eines VU hat zum Zweck, Eigentümer und Leitung des VU, aber auch die VK und Aufsichtsbehörden über den Grad der Zielerreichung zu informieren. Doch welches sind die Ziele, die von der Leitung eines VU verfolgt werden?

In der betriebswirtschaftlichen Literatur gerade zur Versicherungswirtschaft werden in diesem Zusammenhang **Sachziele** genannt, wie beispielsweise "Deckung des Bedarfs an Versicherungsschutz" [*Farny* (1995), Kap. III.2.3]. Doch bleibt mancher Bedarf ungedeckt, weil die erzielbare Prämie zu niedrig ist, so dass die Hereinnahme des betreffenden Risikos für das VU ein schlechtes Geschäft wäre. Ein schlechtes Geschäft aber trägt nicht zum wirtschaftlichen Überleben des VU bei. Deshalb stehen in der Wirtschaftstheorie regelmässig nicht Sachziele, sondern übergeordnete **Formalziele** im Vordergrund. Insbesondere wird den Unternehmen durchweg unterstellt, sie wollten ihr wirtschaftliches Überleben so gut wie irgend möglich sichern. Dieses Oberziel kann auf verschiedene Weisen operationalisiert werden. Die wichtigsten für den Fall des VU relevanten Alternativen werden im folgenden dargestellt.

**Gewinnmaximierung:** Unter Sicherheit und in einem nicht regulierten Umfeld mit perfekt funktionierendem Kapitalmarkt genügt es, den Barwert des Gewinnstroms zu maximieren (und dabei einen positiven Wert zu erreichen), um wirtschaftlich zu überleben. Denn zur Deckung eines temporären Verlustes würden sich unter diesen Voraussetzungen immer Kredit- und Kapitalgeber finden. In Märkten, wo das Unternehmen sein Umfeld einigermassen kontrollieren kann, mag die Hypothese der Gewinnmaximierung die Realität durchaus in genügender Näherung abzubilden. Im Falle eines VU dagegen ist zu beachten, dass seine Geschäftstätigkeit in der Übernahme von Risiken besteht. Das VU spezialisiert sich demnach darauf, mit Risiken fertigzuwerden, die andere Wirtschaftssubjekte abzugeben wünschen. Wenn aber Schäden in nicht immer bekannter Höhe mit einer bestimmten (vielleicht nicht einmal bekannten) Wahrscheinlichkeit gedeckt werden müssen, sind die Kosten der Versicherungstätigkeit und damit der Gewinn keine feste, sondern eine zufällige Grösse. Das VU kann deshalb unmöglich seinen Gewinn, sondern bestenfalls den Erwartungswert seines Gewinns maximieren.

**Maximierung des Erwartungsgewinns oder des Erwartungsnutzens?** In der versicherungsökonomischen Literatur gibt es eine Debatte darüber, ob sich die Leitung eines VU risikoneutral oder risikoavers verhält [*Kaluza* (1982); zur Definition der Risikoaversion vgl. Abschnitt 3.2]. Aufgrund der im 4. Kapitel skizzierten Theorie der Kapitalmärkte gehören die VU zu jenen Unternehmen, die ihre Aktiva und Passiva besonders gut diversifiziert haben. Dies ist wichtig, weil nach den Erkenntnissen der Kapitalmarkttheorie nur die nichtdiversifizierbaren Risiken zu besonderen Risikoprämien Anlass geben und insofern für die Eigentümer eines Unternehmens relevant sind. Das nichtdiversifizierbare Risiko ist bei den VU eher geringer als z.B. bei einem Unternehmen der Pharmaindustrie, das beim Versuch, eine Durchbruchsinnovation auf den Markt zu bringen, jahrelang Dutzende von Millionen DM in ein einziges Produkt investiert [*DiMasi et al.* (1991)]. Von daher müsste also die Leitung eines VU das Ziel "Maximierung des Erwartungsgewinns" verfolgen.

Sobald jedoch die Eigentümer (insbesondere wegen ihrer Aufsplitterung in tausende von Aktionären mit kleinen Anteilen) die Unternehmensleitung nur schwer an ihre Interessen binden können, verfügt jene über einigen Spielraum, ihre eigenen, persönlichen Ziele zu verfolgen. Insbesondere könnte sich das Management eines VU risikoavers verhalten, obschon dies nicht im Interesse der Versicherungsaktionäre ist. Der Grund dafür kann darin liegen, dass die Manager ihre eigenen Aktiva vergleichsweise wenig diversifiziert halten. Dies wird insbesondere dann der Fall sein, wenn sie zur Übernahme von Aktien aus dem eigenen VU veranlasst wurden mit der Absicht, ihr Schicksal an dasjenige des Unternehmens zu binden. Zudem bildet das Humankapital die wichtigste Komponente des Gesamtvermögens eines Managers. Da der Löwenanteil seines Einkommens aus seiner Tätigkeit für das eine Unternehmen stammt, wird er sich fast immer "zuwenig diversifiziert" fühlen. Von daher ist verständlich, dass die Manager auch eines VU unter dem Einfluss der Risikoaversion entscheiden (vgl. auch die Diskussion im Abschnitt 4.3 bzw. 4.3.3). Im Falle eines VU kommt dazu, dass das Auftreten einer Insolvenz als ein so schwerwiegendes Versagen aufgefasst wird, dass die zukünftigen Einkommenschancen der betroffenen Manager ganz erheblich leiden würden [*Greenwald* und *Stiglitz* (1990)].

**Wachstum:** Insofern die herkömmliche Regulierung der Versicherungswirtschaft auch eine Überwachung der Gewinne umfasst, werden die Interessen der Eigentümer von vorneherein zurückgebunden. Ausserdem kann die Leitung eines VU schlecht an einem Ziel gemessen werden, das sie nicht ohne weiteres verfolgen darf. Als Alternative bietet sich das Prämienwachstum an, ist es doch mit einem Zuwachs von Macht und Prestige (und oft auch von Einkommen) des Managements verbunden. Insofern die Überwachungsbehörde eine maximale Umsatzrendite festlegt (wie etwa in Deutschland vor der Deregulierung von 1994 [vgl. *Finsinger* (1983), Kap. 4]), kann ein VU die Einschränkung in Bezug auf den Gewinn dadurch lockern, dass es ein möglichst hohes Prämienvolumen (= Umsatz) erzielt. Die Ausrichtung auf das Wachstum ermöglicht so zusätzlichen Gewinn und kommt dem Interesse der Eigentümer entgegen.

**Solvenz:** Die zentrale Leistung des VU besteht gerade darin, dem Versicherungskäufer (VK) die vereinbarte Zahlung im Schadenfall unter allen im Vertrag genannten Umständen zu leisten. Kann das VU dieser Verpflichtung nicht nachkommen, so erleidet es möglicherweise einen nicht mehr wiedergutzumachenden Verlust an Reputation. Das Unternehmen verliert vor allem jene VK, die zur Zeit keinen Schaden aufweisen, währenddem diejenigen mit Schaden im Bestand bleiben, um die Vertragserfüllung zu erreichen. In dieser Situation läuft das VU Gefahr, in Konkurs zu gehen. Die sich daraus ergebenden Konsequenzen für die VK werden als so schwerwiegend eingestuft, dass die meisten Staaten mit wichtigen Versicherungsmärkten eine Solvenzüberwachung kennen (*Schmidt*, 1989). Die Sicherung der Solvenz (oft auch: Solvabilität) scheint deshalb vor anderen Zielen den Vorrang zu haben, bis zu dem Punkt, wo sie eher eine Nebenbedingung darstellt, also gar nicht mehr zur Disposition des VU steht. Ein Ziel kann man mehr oder weniger gut erreichen, während eine Nebenbedingung unter allen Umständen eingehalten werden muss. Immerhin werden in wichtigen Versicherungsmärkten die von der EU geforderten sog. Solvabilitätsspannen bestenfalls erfüllt, häufig (noch) unterschritten, selten aber überschritten. Die Unterschreitung dieser Grenzwerte weist darauf hin, dass es sich bei der Solvenz um ein Ziel des VU selbst handelt, das es gegen andere Vorteile einzutauschen bereit ist. Die alleinige Konzentration auf die Sicherheit der Leistungen wird demnach der Entscheidungssituation des VU nicht gerecht.

**Verallgemeinerung zum "stakeholder-Ansatz":** Die Betriebswirtschaftslehre hat traditionell betont, dass neben der Gewinnmaximierung für eine Unternehmensleitung eine Vielzahl anderer Ziele von Belang seien. Diese Sicht wird in neuerer Zeit mit dem Argument begründet, dass nicht nur die Eigentümer, sondern auch eine Reihe anderer Gruppen Ansprüche an das Unternehmen haben (engl. hold stakes). Zu diesen zusätzlichen Anspruchstellern gehören die Gläubiger, die Lieferanten, die Beschäftigten, die Regierung, und nicht zuletzt die Käufer der vom Unternehmen produzierten Güter und Leistungen. Deshalb sei davon auszugehen, dass die Ziele dieser Anspruchsberechtigten ebenfalls ihren Niederschlag im Zielbündel eines Unternehmens finden werden.

Das Gewinnziel umfasst letztlich diese anderen Ziele. Was beispielsweise die Ziele der Käufer der von einem Unternehmen produzierten Leistungen angeht, so müssen die Leistungen des Unternehmens den Präferenzen der Käufer mindestens soweit entgegenkommen, dass sie den geforderten Preis zu entrichten bereit sind, sonst bleiben die Verkaufserlöse aus. Ein analoges Argument gilt auch in Bezug auf die Gläubiger, Lieferanten und Beschäftigten. Nur ein Unternehmen, das seinen Verpflichtungen im Rahmen der abgeschlossenen Verträge nachkommt, wird seine Leistungen zu günstigen Konditionen beschaffen können. Insofern trägt der Aufbau einer günstigen Reputation als Vertragspartner zur Senkung der Kosten und damit zur Steigerung des Gewinnes bei. Dies trifft letztlich auch auf die Regierung als (impliziten) Vertragspartner zu, indem ein gutes Einvernehmen mit den Behörden die Kosten der Geschäftstätigkeit niedrig hält - mit dem einen, jedoch entscheidenden Unterschied, dass Behörden die Einhaltung von gesetzlichen Normen stets auch einseitig durchsetzen können, ohne (wie ein gleichgestellter privatrechtlicher Vertragspartner dies tun müsste) dafür eine Kompensation anbieten zu müssen.

**Erwartungsnutzenmaximierung als Arbeitshypothese:** Aus den vorhergehenden Überlegungen ergibt sich folgendes Fazit. Die einfache Gewinnmaximierung vernachlässigt das Risiko als zentrales Element der Entscheidungssituation eines VU und eignet sich deshalb nur bedingt zur Erklärung seines Verhaltens. Wo immer möglich sollte Risikoaversion bezüglich des Gewinns berücksichtigt werden, um so den Entscheidungsspielraum der Manager eines VU gegenüber den Interessen der Aktionäre wenigstens ein Stück weit abzubilden. Der Einfluss der öffentlichen Regulierung sollte in Bezug auf das Wachstum in der Zielfunktion, in Bezug auf die Solvenz des VU hingegen in den Restriktionen ihren Niederschlag finden. Schliesslich wird in den nachstehenden Modellformulierungen von einer Ergänzung des Zielbündels im Sinne des "Stakeholder-Ansatzes" Abstand genommen. Zum einen berücksichtigt eine Formulierung, die den Barwert des Gewinnstroms in den Vordergrund rückt, wesentliche Aspekte dieser Formulierung. Zum andern gilt es auch zu bedenken, dass jede Verallgemeinerung der Zielfunktion die Herleitung von empirisch überprüfbaren Voraussagen erschwert. Denn eine Entscheidung, die mit dem Postulat der Erwartungsgewinn-Maximierung nicht vereinbar erscheint, würde sich dann mit Hinweis z.b. auf die Interessen einer anderen Interessengruppe wie den Kreditgebern oder den Beschäftigten erklären lassen. Damit würde aber die Formulierung der Unternehmensziele mit jeder Art von beobachtetem Verhalten vereinbar werden und so seinen empirischen Gehalt verlieren.

**Folgerung 5.3** Einfache Gewinnmaximierung kommt für das VU als unterstellte Zielsetzung nur bedingt in Frage, weil so die zentrale Bedeutung des Risikos ausgeblendet würde. Während die Risikoaversion sowie das Interesse an Wachstum auf Seiten der Unternehmensleitung eines VU wenn möglich berücksichtigt werden sollte, empfiehlt sich, auf die Ausweitung des Zielbündels im Sinne des "stakeholder-Ansatzes" zu verzichten. Als Arbeitshypothese wird deshalb die Maximierung des Erwartungsnutzens in bezug auf den Barwert von Gewinnströmen verwendet.

### 5.2.2 Empirische Untersuchung zur Bedeutung der Ziele von VU

Die Erforschung der Ziele von VU kann auf mindestens zwei Wegen erfolgen, nämlich durch (1) Befragungen und (2) die Messung der effektiven Zielerreichung.

**Befragungsmethode:** Für den deutschsprachigen Raum ist nach wie vor die Untersuchung von *Kaluza* (1982) erwähnenswert. Aufgrund der Antworten von deutschen Kraftfahrzeug-VU zeichnete sich die folgende Rangordnung von Zielen ab (6 = wichtigstes Ziel, 1 = unbedeutendstes Ziel):

**Tabelle 5.3** Zielhierarchie von VU

| Zieldimension | Einstufung (6 = max., 1 = min.) |
|---|---|
| 1. Sicherheit des Unternehmens | 4,21 |
| 2. Befriedigung der Versicherungsnachfrage | 3,00 |
| 3. Deckung der Kosten | 2,56 |
| 4. Wachstum des Umsatzes und der Aktiva | 2,51 |
| 5. Steigerung des Gewinns | 2,49 |
| 6. Aufrechterhaltung und Zunahme der Unternehmensgrösse | 2,33 |
| 7. Erhaltung der Solvenz | 1,72 |

*Quelle: Kaluza (1982)*

Diese Ergebnisse stimmen mit den theoretischen Überlegungen des vorhergehenden Abschnitts gut überein. Letztlich geht es darum, das wirtschaftliche Überleben des VU zu sichern (Ziel Nr. 1). Besonders Vereine auf Gegenseitigkeit und öffentlich-rechtliche Versicherer stellen die Bedarfsdeckung in den Vordergrund, unter gleichzeitiger Deckung der Kosten (Ziele Nr. 2, 3). Im übrigen spielen Wachstumsziele (Nr. 4, 6) sowie das Gewinnziel (Nr. 5) eine Rolle, während die Erhaltung der Solvenz (Nr. 7) offenbar eher als eine Nebenbedingung eingestuft wird.

Die Schwierigkeit bei der Interpretation solcher Befragungen liegt darin, dass daraus keine Trade-offs hergeleitet werden können. So kann beispielsweise ein Wachstum des Umsatzes (Nr. 4) zumindest eine Zeitlang zu Lasten des Gewinns (Nr. 5) gehen. Allgemein stellt sich die Frage nach der Bereitschaft des VU, Zielerreichung beim einen Ziel zu opfern, um ein anderes etwas besser zu erreichen. Ausserdem fehlt die Beziehung zu den eingesetzten Instrumenten.

**Tabelle 5.4**   Umsatzrentabilität und Prämienwachstum als Ziele von VU, 1985 – 1994

| | | |
|---|---|---|
| UR = – 0,20 SM – 0,82 SQ – 0,74 BAQ-F + 0,38 SE + 0,32 NVK | N = 40, | $R^2 = 0{,}76$ |
| WR =   0,42 DO – 0,30 BAQ-F – 0,27 ALG – 0,30 PRG – 0,24 DK | N = 40, | $R^2 = 0{,}64$ |

ALG:   Altersgruppierung der VU. ALG = 1, falls das VU 15-20 Jahre besteht. ALG = 2 bei 20-50 Jahren, ALG = 3, wenn VU älter als 50 Jahre
BAQ-F:   Betriebsaufwendungsquote feR direkt, Aufwendungen für Versicherungsbetrieb feR direkt in Prozent der verdienten Beiträge feR direkt
DK:   = 1, falls das VU überwiegend seine Tätigkeit auf bestimmte Kundengruppen ausrichtet, = 0 sonst
DO:   = 1, falls VU auch 1989 das Ostgeschäft pflegte, = 0 sonst
NVK:   Nettoverzinsung aus Kapitalanlagen: Nettoergebnis aus Kapitalanlagen in Prozent der durchschnittlichen Kapitalanlagen insgesamt
PRG:   Preisgruppen: 1 (sehr unterdurchschnittlicher Preis), bis 5 (sehr überdurchschnittlicher Preis), Durchschnitt gewichtet mit den Marktanteilen der drei Versicherungszweige: Kraftfahrt, private Haftpflicht, Hausrat; gemittelte Werte 1988 und 1993
SE:   Sichtbares Eigenkapital in Prozent der verdienten Beiträge feR gesamt
SM:   Spartenmix (Ähnlichkeitsmass), arithmetisches Mittel aus den ersten zwei Hauptkomponenten (ermittelt aus den Marktanteilen der Geschäftszweige Allg. Unfall, Allg. Haftpflicht, Kraftfahrt, Feuer, Hausrat, Wohngebäude)
SQ:   Schadenquote feR direkt, Aufwendungen für Versicherungsfälle (einschliesslich Abwicklungsergebnis und Schadenregulierungsaufwendungen) feR direkt, in Prozent der verdienten Beiträge feR direkt
UR:   Umsatzrentabilität (Jahresüberschuss vor Steuern in % der verdienten Beiträge feR gesamt, Durchschnitt 1985 - 1994)
WR:   Wachstumsrate (gebuchte Brutto-Beiträge, gesamtes selbst abgeschlossenes Geschäft), 1994 gegenüber 1985

*Quelle: Gesamtverband der Deutschen Versicherungswirtschaft GDV (1996)*

**Messung der effektiven Zielerreichung:** Die effektive Zielerreichung lässt sich (wenn auch vielleicht nur näherungsweise) aus der Rechnungslegung der VU entnehmen. Dies trifft insbesondere auf Gewinn und Wachstum der VU zu. Zugleich ergibt sich aber die Möglichkeit, die Zielerreichung mit dem Einsatz von Elementen der Versicherungstechnologie in Verbindung zu bringen. Genau dies wurde in einer Untersuchung des *Gesamtverbandes der Deutschen Versicherungswirtschaft* (1996) versucht. Als zwei zentrale Ziele gelten Umsatzrentabilität und Wachstum des Prämienvolumens. Lineare Regressionen dienen dazu abzuklären, ob gewisse Merkmale des VU, welche ihre Entscheidungen spiegeln, zur Erreichung dieser Ziele erkennbar beitragen.

Die Eintragungen der Tabelle 5.4 werden im folgenden unter der Annahme diskutiert, dass sämtliche aufgeführten Regressionskoeffizienten statistisch signifikant sind. Die Quelle ist hier nicht ganz eindeutig; sie macht zudem auch nicht klar, ob auch andere als die ausgewiesenen erklärenden Variablen je in die Regressionsgleichung aufgenommen wurden oder nicht. Der Beobachtungszeitraum wird jeweils auch auf die Zeit 1985 - 89 (vor der Wiedervereinigung) und 1990 - 94 aufgeteilt, ohne dass sich jedoch schwerwiegende Instabilitäten ergeben würden.

(1) **Spartenmix:** Der Effekt dieser synthetischen Variablen lässt sich dahingehend interpretieren, dass die Konzentration auf einige wenige Geschäftszweige die Umsatzrendite senkt, die Wachstumsrate dagegen nicht erkennbar verändert.

(2) **Ostgeschäft:** Der Entscheid, nach 1989 in der ehemaligen DDR tätig zu werden (DO = 1), hatte offenbar auf die Umsatzrendite keinen erkennbaren Einfluss; hingegen geht er mit einer Zunahme des Wachstumsindex um 0,42 Punkte, d.h. von 2,12 (212%) im Durchschnitt auf rd. 2,53 (253%) einher.

(3) **Schadenquote:** Die Erhöhung der Schadenquote (SQ) um einen Prozentpunkt ist im Mittel mit einer Senkung der Umsatzrendite um 0,82 Prozentpunkte verbunden. Ein VU, das statt des Branchendurchschnitts von SQ = 0,95 (= 95%) einen Wert von SQ = 0,96 aufweist, hat unter sonst gleichen Umständen eine Rendite von rd. 6,47% statt des Mittelwertes von 7,29% (0,0647 = 0,0729 − 0,0082). Auf das Prämienwachstum scheint SQ keinen Einfluss zu haben. Versicherungstechnologische Instrumente (insbesondere die Zeichnungspolitik und das Eindämmen von moral hazard) können offenbar ohne Nachteil zur Senkung der Schadenquote herangezogen werden. Allerdings dürfte früher oder später die Kundenzufriedenheit zurückgehen, wenn das VU die Schadenzahlungen zu sehr zu drücken versucht - mit Folgen für das Prämienwachstum.

(4) **Betriebsaufwendungsquote (Kostensatz):** Jede Erhöhung von BAQ-F um einen Prozentpunkt (d.h. ein Hundertstel) lässt die Umsatzrendite um 0,0074 absinken, also z.B. vom Mittelwert von 7,3% auf rd. 6,6%. Aber auch die Wachstumsrate wird dadurch reduziert, um 0,0030 je Prozentpunkt von 212% (Mittelwert) auf 211,7%. Die Verbindung zur Versicherungstechnologie liegt auf der Hand. Durch die Wahl z.B. des Vertriebssystems und die Risikozeichnungspolitik kann der Kostensatz beeinflusst werden.

(5) **Sichtbares Eigenkapital:** Die hier definierte Variable SE enthält nur das ausgewiesene Eigenkapital, nicht aber die stillen Reserven; ausserdem wird sie nicht mit dem Total der Passiva (im Sinne einer Eigenkapitalquote), sondern dem Prämienvolumen in Beziehung gesetzt. Zusätzliches Eigenkapital zeigt eine verstärkte Beteiligung der Eigentümer des VU an den Geschäftsrisiken an und kann dem VU so den Zugang zum Kapitalmarkt erleichtern. Ob dieser Kostenvorteil genügt, um den ausgewiesenen positiven Effekt auf die Umsatzrendite zu begründen, ist nicht ganz klar. Zusätzliches Eigenkapital signalisiert ausserdem dem potentiellen VK ein niedrigeres Insolvenzrisiko (*Cummins* und *Sommer*, 1996), doch wäre dann ein Effekt auf das Prämienwachstum WR zu erwarten, der in der Tabelle 5.4 nicht ausgewiesen ist.

(6) **Unternehmensalter:** Diese Grösse (ALG) ist zwar exogen vorgegeben und hat keine Beziehung zur Versicherungstechnologie. Dennoch ist interessant zu sehen, dass VU der nächsthöheren Altersklasse im Mittel statt einer Wachstumsrate von 212% nur eine von 185% aufweisen.

(7) **Preisgruppe:** Dass ein hoher Preis statistisch erkennbar auf die Wachstumsrate der VU drückt, ist einigermassen erstaunlich. Der Koeffizient von PRG kann zwar nicht als Preiselastizität der Nachfrage interpretiert werden (es handelt sich um Gruppenabstufungen statt prozentualer Unterschiede, und die abhängige Variable ist das Wachstum der Prämien statt das Prämienvolumen selbst). Dennoch scheint zumindest die Entwicklung der Versicherungsnachfrage über die Zeit vom Preis abzuhängen, so dass der Preispolitik des VU mehr Bedeutung zukommen könnte als traditionell angenommen.

(8) **Nettoverzinsung der Kapitalanlagen:** Gelingt es, die Rendite der Kapitalanlage (NVK) um 1 Prozentpunkt zu steigern (z.B. vom Mittelwert von 6,9% auf 7,9% nominal), so trägt dies mit nicht weniger als 0,32 Prozentpunkten zur Umsatzrendite bei. Dies weist auf die grosse Rolle der Anlagepolitik für die Rentabilität des VU hin. Allerdings erweist sich die Reduktion des Kostensatzes (Punkt 4 oben) als noch effektiver. Dies geht aus einem Vergleich der Elastizitäten hervor; ausgewertet an den Mittelwerten (die für die Umsatzrendite UR und die Nettoverzinsung der Kapitalanlagen NVK gleichermassen 6,9% betragen) gilt nämlich

$$e(UR, BAQ\text{-}F) = \frac{\partial UR}{\partial BAQ\text{-}F} \cdot \frac{BAQ\text{-}F}{UR} = -0,74 \cdot \frac{22,5}{6,9} = -2,41$$

$$e(UR, NVK) = \frac{\partial UR}{\partial NVK} \cdot \frac{NVK}{UR} = +0,32 \cdot \frac{6,9}{6,9} = +0,32$$

$e(UR,BAQ\text{-}F)$: Elastizität der Umsatzrendite bezüglich der Betriebsaufwandsquote;
$e(UR,NVK)$: Elastizität der Umsatzrendite bezüglich der Nettoverzinsung der Kapitalanlagen.

Eine Senkung des Kostensatzes um 10% erhöht demnach die Umsatzrendite um rd. 24%[2], während eine Verbesserung der Anlagerendite um 10% die Umsatzrendite um lediglich rd. 3% anhebt.

(9) **Kundenanbindung:** Manche VU haben den Schwerpunkt ihres Geschäftes mit bestimmten Kundengruppen, z.B. Beamten oder Selbständigerwerbenden (DK = 1). Die Tabelle 5.4 legt nun die Vermutung nahe, dass solche Bindungen das Wachstum des VU fühlbar bremsen können, ohne allerdings seine Rendite zu schmälern. Durch eine Änderung der Risikozeichnungspolitik könnte man versuchen, aus der Marktnische hinauszutreten.

Vergleicht man abschliessend die beiden in der Tabelle 5.4 wiedergegebenen Regressionsgleichungen, so fällt auf, dass die beiden Ziele mit unterschiedlichen Instrumenten der Versicherungstechnologie in Verbindung gebracht werden. Die einzige Ausnahme ist die Betriebsaufwendungsquote *BAQ-F*, die allerdings in beiden Regressionsgleichungen

---

2. Im Falle der Betriebsaufwendungsquote kann die Auswertung am Mittelwert der Stichprobe problematisch sein, wenn nämlich Skaleneffekte vorliegen (vgl. Abschnitt 6.4). Denn dann verändert sich mit zunehmender Grösse des VU (gemessen am Prämienvolumen PV) sowohl die Umsatzrendite UR wie auch die Betriebsaufwandsquote BAQ-F, die beide PV im Nenner enthalten, systematisch. Die Elastizität $e(UR, BAQ\text{-}F)$ dürfte deshalb ihren Wert mit zunehmendem PV ändern.

einen negativen Koeffizienten aufweist. Somit zeichnet sich bei keinem der betrachteten Instrumente ein Trade-off ab, indem die Umsatzrendite gesteigert, das Wachstum des Prämienvolumens dagegen vermindert würde. Offenbar verfügen die VU über eine solch breite Palette von Instrumenten, dass sie Zielkonflikte vermeiden können.

**Folgerung 5.4**  Umsatzrendite und Wachstum sind zwei Ziele, die von deutschen VU verfolgt werden. Dafür spricht deren statistisch erkennbare Beziehung zu Elementen der Versicherungstechnologie, die offenbar in beträchtlichem Ausmass zielgerichtet eingesetzt werden.

Es sind allerdings auch Ziele denkbar, die sich nicht mit einer Grösse darstellen lassen, und manche Instrumente (z.B. "Verstärkung der Motivation der Mitarbeiter") können ohnehin nur durch Indikatoren beschrieben werden. In seiner Untersuchung zeigt *Schradin* (1994), wie mit modernen Methoden der statistischen Inferenz (insbesondere LISREL) auch Beziehungen zwischen latenten, nicht direkt beobachtbaren Grössen geprüft werden können, wobei gleichzeitig ermittelt werden kann, wie gut die verwendeten Indikatoren die theoretische Grösse spiegeln.

## 5.3 Übersicht über die Versicherungstechnologie eines VU

Technologie beschreibt die verschiedenen Verfahren, die zur Verfügung stehen, um mit den Inputs bestimmte Outputs herzustellen. Deshalb beginnt die Übersicht über die Versicherungstechnologie eines VU mit einer Abklärung des Outputbegriffs im Zusammenhang mit der Versicherung.

### 5.3.1 Worin besteht der Output eines VU?

Besonders in der deutschsprachigen Versicherungsliteratur gibt es eine Kontroverse über das "Wesen der Versicherung" (vgl. auch Abschnitt 1.1). Das Interesse an solchen definitorischen Fragen hat seine Wurzeln vermutlich in juristischen Streitigkeiten bei der Interpretation regulatorischer Auflagen. Letztlich dreht sich die Debatte um die Frage, ob der VK recht hat, wenn er (wie dies häufig geschieht) die Leistung des VU mit der Bezahlung von Schäden gleichsetzt und sich sozusagen betrogen vorkommt, wenn seinen Prämienzahlungen mangels Schadenereignissen keine Zahlungen des VU gegenüberstehen. Technisch gesprochen wäre der Output eines VU in dieser Sicht immer dann positiv, wenn Schadenszahlungen vorgenommen werden, und Null sonst - ein Sachverhalt, der auch für die Wirtschaftstheorie erhebliche Probleme aufwerfen würde. Deshalb hat es nicht an Versuchen gefehlt, den Output des VU zu definieren.

**Definition des Outputs aufgrund der Inputs:** Dieser Definitionsversuch geht auf *Farny* (1965) zurück. Ihm zufolge besteht die Leistung des VU wesentlich darin, eine Organisation zur Akquisition von möglichst vielen Risiken (um das Gesetz der Grossen Zahl wirksam werden zu lassen) und zur Erfassung und Abwicklung von Schadensfällen aufzubauen. Da die Aufwendungen dafür im wesentlichen unabhängig vom Eintreten von Schäden anfallen, erbringt das VU auch dann eine Leistung, wenn der VK keine Schadenzahlung erhält.

Diese inputorientierte Auffassung lässt sich nur vor dem Hintergrund jahrzehntelanger Regulierung der deutschen Versicherungswirtschaft verstehen. Sie macht die Versicherung nicht nur juristisch (gestützt auf das Gesetz gegen Wettbewerbsbeschränkungen GWB), sondern auch wirtschaftstheoretisch zum Ausnahmefall. Denn überall sonst in der Wirtschaftstheorie wird die Leistung eines Unternehmens mit seinem Markterfolg in Verbindung gebracht: Eine wirtschaftliche Leistung erbringt grundsätzlich jener Anbieter, der aufgrund eines günstigen Preis-Leistungs-Verhältnisses für sein Produkt Käufer findet. Die Inputs, die er dazu braucht, und die Kosten, die er dafür aufwendet, sind dabei zunächst einmal irrelevant. In der Zwischenzeit wird diese Organisationsleistung als interner Teil des Dienstleistungsgeschäftes gesehen, das neben ein Risikogeschäft und ein Spar-/Entspargeschäft tritt [*Farny* (1992), 14, 42]. Insgesamt erscheint demnach der Versuch, die Leistung eines VU von den Inputs her zu definieren, als wenig fruchtbar.

**Information als Output des VU:** Dieser Definitionsversuch geht auf *Müller* (1981) zurück. Ihm zufolge besteht die Leistung des VU darin, dem VK eine Information zur Verfügung zu stellen, nämlich die, dass er im Schadensfall mit der vertraglich vereinbarten Leistung rechnen könne. Diese Information steht dem VK auch dann zur Verfügung, wenn kein Schaden eintritt, so dass die Leistung des VU nicht mehr von der Schadenzahlung abhängt.

Dieser Definitionsversuch hat den grossen Vorteil, mit der Wirtschaftstheorie vereinbar zu sein, weil die Bewertung der vom VU bereitgestellten Information von den Präferenzen des Nachfragers abhängt. Wirtschaftliche Leistung würde demnach jener Versicherer erbringen, der viel bzw. wertvolle Information zu geringen Kosten bereitstellt. Nur: Im Geschäft mit der Informationsbereitstellung sind noch ganz andere Anbieter tätig, so beispielsweise Unternehmensberater, Rechtsanwälte, Ärzte, Journalisten; sie alle haben jedoch mit Versicherung nicht das geringste zu tun. Ausserdem weist die Information die Eigenschaften eines öffentlichen Gutes auf: Ist sie einmal vorhanden, kann sie praktisch kostenlos (also auch ohne dafür nochmals zu bezahlen) von Dritten übernommen werden. In der (privaten) Versicherungswirtschaft beklagt sich jedoch niemand darüber, dass es unmöglich sei, z.B. Angehörige eines VK von der Versicherungsdeckung auszuschliessen. Das nachstehende Konzept vermeidet diese Nachteile.

**Bedingte Leistungsversprechen als Output des VU:** Diese Definition entspricht der Theoriebildung in den Kapiteln 2 und 3, wonach Risiken zwei Dimensionen aufweisen, "Häufigkeit" und "Schwere der Konsequenzen". Die Leistung des VU besteht nun darin, die Dimension "Konsequenzen" für den VK auf das vertraglich vereinbarte Mass zu reduzieren. Darin steckt unbestreitbar eine Information. Sie ist im Text des Versicherungsvertrags enthalten, und der Versicherungsvertrag kann praktisch kostenlos nachgeahmt werden. Doch im Gegensatz zur Leistung eines Unternehmensberaters oder Journalisten ist diese Information stets an eine Zusage gekoppelt, nämlich einen bestimmten Geldbetrag zu bezahlen. Der Versicherungsvertrag legt denn auch fest: "Im Falle des Eintritts eines Schadens vom Typ X verpflichtet sich das VU, Zahlungen im Betrag von Y zu leisten". Dies geht viel weiter als z.B. die Information "Die Wahrscheinlichkeit eines Schadens vom Typ X beträgt $\pi$". Die Leistungszusage kann denn auch nicht kostenlos nachgeahmt werden, sondern setzt die Beschaffung von kostspieligen Finanzmitteln voraus. Das im Kapitel 3 vorgestellte, auf der Theorie der bedingten Güter beruhende Modell entspricht vollumfänglich der hier vorgeschlagenen Definition der Versicherungsleistung als einer bedingten Zusage.

Diese Definition der Versicherungsleistung hat schliesslich den Vorteil, daran zu erinnern, dass bedingte Zusagen die Entscheidungssituation desjenigen verändern, der auf sie zählen kann. Man stelle sich nur vor, wie viele Leute es wagen würden, Auto zu fahren, wenn sie bei einem Unfall mit ihrem ganzen Hab und Gut für den angerichteten Schaden haften müssten, oder wie viele Innovationen lanciert würden, wenn ihre Erfinder für ihre (oft unabsehbaren) negativen Begleiterscheinungen haften müssten. Die Leistung des VU besteht damit nicht zuletzt darin, dem VK zusätzliche, durchaus riskantere, jedoch gewinnträchtigere Handlungsalternativen zu eröffnen [*Sinn* (1986); *Zweifel* (1987)]. Insofern erfüllt das VU eine ähnliche Funktion wie andere Finanzintermediäre, wie z.B. die Banken. Das im Kapitel 7 untersuchte moralische Risiko entpuppt sich auch aus dieser Sicht als notwendige Konsequenz aus der beabsichtigten Ausweitung von Handlungsspielräumen, welche durch den Abschluss eines Versicherungsvertrages erst möglich wird.

**Folgerung 5.5**   Der Output des VU lässt sich als bedingtes Leistungsversprechen definieren. Diese Definition stimmt mit der Theorie der bedingten Güter des 3. Kapitels überein.

Im Aggregat einer versicherten Population werden manche dieser bedingten Leistungsversprechen fällig und führen zu Schadenzahlungen. Insofern spricht nichts dagegen, auf der Aggregatebene die Leistung des VU an den effektiven Schadenzahlungen (als Schätzwert des Erwartungswertes der gemachten Zusagen) zu messen [*Doherty* (1981); *Finsinger* (1983)].

### 5.3.2 Die Instrumente der Versicherungstechnologie

In Analogie zur herkömmlichen Produktionstheorie könnte man einen gemäss Abschnitt 5.3.1 gewählten Outputindikator mit dem Einsatz von Faktoren (Arbeit unterschiedlicher Qualifikationen, Kategorien von Kapitalgütern und Betriebsmittel) in Verbindung bringen. Dieses Vorgehen erweist sich jedoch als wenig hilfreich, weil z.B. die Beschaffung von Rückversicherungsdeckung als zusätzlicher "geldmässiger Input" definiert werden müsste. Überdies senkt zusätzliche RV-Deckung die Ruinwahrscheinlichkeit, was die Qualität des Outputs aus der Sicht des VK verändert, so dass eine Outputvariation bei gegebener Qualität schlecht analysiert werden kann [*Eisen* (1971)].

Aus diesem Grunde wird im folgenden auf die Formulierung einer eigentlichen Produktionsfunktion als eines umfassenden Abbilds der verwendeten Technologie verzichtet. Dies schliesst nicht aus, wichtige Elemente dieser Technologie (hier: der Versicherungstechnologie) herauszugreifen und ihren Beitrag zur Zielerreichung des VU zu analysieren. Man handelt sich dabei allerdings den Nachteil ein, über das **Zusammenwirken** der verschiedenen, in der Tabelle 5.5 aufgeführten Instrumente wenig Systematisches aussagen zu können.

Im Rest dieses Kapitels werden demnach die wesentlichen Entscheidungen im Umgang mit einigen Instrumenten der Versicherungstechnologie herausgegriffen. Eine mögliche Anordnung folgt dabei aus der Entstehung und Abwicklung des Versicherungsvertrags:

**Tabelle 5.5**    Instrumente der Versicherungstechnologie im Überblick

- Vertriebswege und Vergütungssysteme im Vertrieb
- Annahmepolitik (Risikoselektion) nach den Prinzipien der Portefeuilletheorie
- Aufbau des Risikoportefeuilles
- Produktgestaltung (Risikoabgrenzung) zur Steuerung von
    - Objektrisiko
    - Verhaltensrisiko
    - Finanzrisiko (Wertverlust von Aktiva, Zunahme von Passiva)
- Reservepolitik und Kapitalanlagepolitik (Solvenzkapital)
- Rück- und Mitversicherungspolitik
- Statistische Analyse von Schadendaten und Verfahren der Schadenprognose
- Preisbildung
    - Erfahrungstarifierung (Kredibilitätstheorie)
    - andere Kalkulationsprinzipien der Versicherungsprämie
    - Prämienanpassungsklauseln
    - Selbstbehalte
- Vertragsabwicklung im Schadenfall ("Kulanz")
- Vertragsklauseln über Informations- und Verhaltenspflichten des Versicherungskäufers ("Obliegenheiten")
- Vertragsdauern und Modalitäten der Vertragsauflösung

*Quelle: Eisen (1997)*

- **Akquisition** (Wahl der Absatzkanäle, Abschnitt 5.4)
- **Risikozeichnungspolitik** (Risikoauslese, Abschnitt 5.5)
- **Schadenabwicklung** (Eindämmung des moralischen Risikos, Abschnitt 5.6)
- **Beschaffung von Rückversicherung** (Abschnitt 5.7)
- **Anlage der frei verfügbaren Mittel** (Abschnitt 5.8)
- **Preissetzung** (wegen ihrer besonders engen Beziehung zum Versicherungsangebot wird die Preissetzung im Abschnitt 6.1 behandelt).

Zugegebenermassen bleiben damit eine Reihe von Instrumenten der Versicherungstechnologie ausgeblendet, z.B. Fragen der Marktforschung, der Laufzeit von Versicherungsverträgen, der Methoden der Schadenprognose, der Ausgestaltung einer Erfahrungstarifierung, der organisatorischen Gliederung des VU, Möglichkeiten des sog. alternativen Risikotransfers [z.B. durch Verbriefung von Versicherungsverträgen (engl. securitization); vgl. aber Abschnitt 10.4] und manches mehr. Die hier getroffene Auswahl spiegelt notwendig die Interessen der Autoren.

## 5.4 Die Wahl der Vertriebsart durch das VU

### 5.4.1 Die wichtigsten Vertriebsarten

Versicherungsverträge werden auf verschiedene Arten verkauft, die für das VU mit unterschiedlichen Vorteilen und Kosten verbunden sind. Im folgenden sollen die fünf wichtigsten Vertriebsarten kurz vorgestellt werden.

(1) **Angestellte Agenten** (engl. direct writers). Das VU verwendet für den Vertrieb Verkaufsbüros (oft Generalagenturen genannt) mit angestellten Verkäufern. Diese Alternative bedingt in der Aufbauphase eine erhebliche Investition, weil die Agenten zunächst das VU auf ihrem lokalen Markt einführen müssen und in dieser Zeit wohl Kosten verursachen, aber wenig Prämienvolumen generieren. Die Anreize dieser Agenten werden zudem in der Regel in Richtung Prämienwachstum (statt Erwartungswert des Gewinns, vgl. Abschnitt 5.2) verzerrt, weil gewisse Kosten, die beim Abschluss zusätzlicher Verträge anfallen, vom VU als der Muttergesellschaft übernommen werden. Dafür kann ihre Überwachung zu vergleichsweise geringen Kosten erfolgen.

(2) **Selbständige, abhängige Agenten** (engl. exclusive agents). Der Agent ist zwar selbständig erwerbend, hat aber einen Exklusivvertrag mit einem VU. Diese Vertriebsform ist insbesondere in den USA recht verbreitet. Da der Agent auf eigene Rechnung arbeitet, trägt er den Kosten, die mit einer zusätzlichen Prämieneinnahme einhergehen, gebührend Rechnung. Allerdings stellt ihm das VU häufig Betriebsmittel (besonders für die Informationsverarbeitung) zur Verfügung, so dass der Unterschied zur Variante (1) oft nicht sehr gross ist. Dafür gestaltet sich die Überwachung des Agenten im Rahmen des Exklusivvertrags zwar aufwändiger als in der Variante (1), aber doch nicht so aufwändig wie in Variante (3).

(3) **Vertrieb über Makler** (engl. independent agents). Da die Makler bereits im Markt eingeführt sind, kann das VU gegen Zahlung einer Provision rasch einen kostendeckenden Geschäftsumfang im lokalen Markt erreichen. Dafür bietet die Überwachung eines unabhängigen Maklers einige Schwierigkeiten. Jedes VU möchte verhindern, dass die von ihm bezahlten Anstrengungen auch konkurrierenden VU zugute kommen und dass es bei der Risikoselektion gegenüber den andern benachteiligt wird.

(4) **Vertrieb über das Netz eines andern Unternehmens, insbesondere einer Bank.** In den USA ist diese Vertriebsform kaum bekannt, in England nur in der Lebensversicherung, nicht aber in der Sachversicherung, während in Frankreich Mitte der 1990er Jahre mehr als 60% der Lebensversicherungen über Banken (bancassurance) vermittelt wurden. In aller Regel besteht zwischen dem VU und der Bank ein Exklusivvertrag, so dass die Überwachungskosten nicht so hoch wie beim unabhängigen Makler ausfallen.

(5) **Direktvertrieb über die Medien oder die Post.** Das VU schaltet Werbung für ihre Produkte in Presse, Radio und Fernsehen und nimmt über das Telefon die Vertragsanmeldungen entgegen. Alternativ werden Vertragsangebote auch mit der Post versandt. Die Kosten solcher Werbefeldzüge sind sehr hoch; dafür eröffnen sie die Mög-

lichkeit, nicht nur in lokalen Märkten, sondern auf Landesebene die Geschäftstätigkeit rasch auszuweiten. Da die Initiative hier vom zukünftigen Versicherungskäufer ausgeht, stellt sich das Problem der Überwachung des Verkäufers nicht. Weil aber mit dem Wegfall des Agenten auch die Beratung entfällt, eignet sich der Vertrieb über Medien und Post nur für standardisierte Produkte, die auf ein einzelnes, klar abgegrenztes Risiko zugeschnitten sind. Eine neue, deutlich kostengünstigere Alternative von Werbung und Vertrieb stellen die elektronischen Medien dar; sie könnten dem Direktvertrieb in der Versicherung zum Durchbruch verhelfen.

### 5.4.2 Die Sachwalterbeziehung als grundlegendes Problem

Eine Sachwalterbeziehung (engl. principal-agent relationship) besteht dann, wenn einer oder mehrere Auftraggeber zur Erreichung ihrer Ziele im Rahmen einer Vertragsbeziehung die Dienste eines Beauftragten in Anspruch nehmen und dabei gewisse Entscheidungskompetenzen delegieren [*Jensen* und *Meckling* (1976)]. Die typischen Merkmale der Beziehung sind die folgenden [*Rees* (1985); *Grossman* und *Hart* (1986); *Levinthal* (1988)]:

- Das Ergebnis der Beziehung (Einkommen, Gewinn) ist eine **Zufallsvariable**, die nicht nur von der Anstrengung des Sachwalters, sondern auch von nicht weiter erfassbaren Einflüssen abhängt.

- Der Sachwalter verfolgt seine **eigenen Ziele**, die nicht mit denjenigen des Auftraggebers übereinstimmen. Die Vertragsbestimmungen müssen deshalb mit den Anreizen des Sachwalters kompatibel sein (**Anreizkompatibilitätsbedingung**).

- Der Sachwalter kann nicht zum Abschluss des Vertrags gezwungen werden; vielmehr muss der Vertrag so attraktiv ausgestaltet sein, dass er ihn freiwillig abschliesst (**Teilnahmebedingung**).

- Der Auftraggeber kann die **Ausgestaltung des Vertrags** wählen. Sein Ziel ist die Maximierung (im Erwartungswert) des Ergebnisses abzüglich der Bezahlung des Sachwalters.

Unter bestimmten Bedingungen [*Holmström* (1979)] wird der für den Auftraggeber optimale Vertrag eine Erfolgsbeteiligung vorsehen: Ein Zuschlag für ein überdurchschnittliches (beobachtbares) Ergebnis, ein Abschlag für ein ungünstiges Ergebnis. Dieser Zuschlag bzw. Abschlag müsste um so markanter sein, je stärker zusätzliche Anstrengung auf Seiten des Sachwalters zum Ergebnis beiträgt. Angewendet auf die Vertriebsorganisation eines VU wäre wie folgt zu argumentieren:

(1) **Angestellter Agent.** Mit dem Abschluss des Arbeitsvertrags erwirbt das VU grundsätzlich das Recht, die Tätigkeit des Agenten zu überwachen. Dieses Recht bedeutet aber nicht, dass die effektive Anstrengung des Agenten auch beobachtbar wird. Beobachtbarkeit mag bei standardisierten Tätigkeiten (Verkaufsadministration, Vertragsabwicklung) einigermassen gegeben sein. Doch bereits auf der Stufe des vorgesetzten Generalagenten besteht die Anstrengung nicht zuletzt darin, die richtigen Märkte zu bearbeiten und den Mitarbeitern die Aufgaben nach ihren Fähigkeiten

zuzuteilen - Dinge, die nicht leicht zu erfassen sind. Das VU wird deshalb versuchen, mit einer Erfolgsbeteiligung die Interessen zumindest des Generalagenten auf die Ziele des Unternehmens auszurichten.

(2) **Selbständiger, abhängiger Agent.** Die Anstrengungen des Agenten kommen exklusiv dem Vertragspartner und nicht einer anderen VU zugute. Sie können aber schon wegen der räumlichen Trennung vom VU nur mit beträchtlichem Kostenaufwand überwacht werden. Dieser Umstand spricht noch stärker für eine Honorierung des Beitrags zum Erfolg. Da die Leitung des VU gemäss Abschnitt 5.2.2 vermutlich auch am Wachstum des Prämienvolumens interessiert ist, wird sie die Honorierung durch eine Umsatzprovision ergänzen wollen.

(3) **Makler.** Bei dieser Vertriebsform ist es für das VU sehr riskant, Betriebsmittel zu finanzieren, die dann zur Bedienung eines Konkurrenten eingesetzt würden. Vielmehr erscheint es angezeigt, Prämienwachstum als Indikator zusätzlicher Anstrengungen zugunsten des betrachteten VU speziell zu honorieren. Tatsächlich zeigen die Vertragsunterlagen eines schweizerischen VU, das in den achtziger Jahren sowohl abhängige Agenten wie Makler für den Vertrieb verwendete, dass die Makler einen besonderen Bonus für Prämienwachstum erhielten [*Zweifel* und *Ghermi* (1990)].

(4) **Vertrieb über das Netz eines anderen Unternehmens.** Hier stellt sich die Sachwalterproblematik gleich zweifach. Zum einen muss das Partnerunternehmen seine Beschäftigten dazu bringen, sich als Versicherungsverkäufer einzusetzen. Da es sich dabei für sie nicht um eine Routinearbeit handelt, ist wie beim angestellten Agenten [Alternative (1)] die Beobachtbarkeit nicht ohne weiteres gegeben. Aus diesem Grunde kann es im Partnerunternehmen zu einer gewissen Erfolgsbeteiligung kommen. Zum anderen agiert auch die Leitung des Partnerunternehmens als Sachwalter des VU, welches die Vertriebsfunktion teilweise abtritt. Hier könnte die Lösung darin bestehen, das kooperierende Unternehmen (und dessen Leitung) am Kapital (und damit Erfolg) des VU zu beteiligen.

(5) **Direktvertrieb über die Medien oder die Post.** Die Sachwalterbeziehung entspricht derjenigen des angestellten Agenten [Alternative (1)]. Die eigentliche Verkaufsanstrengung ist schlecht beobachtbar und ruft nach einer Erfolgsbeteiligung.

**Folgerung 5.6**      Die Wahl der Vertriebsart durch das VU bedingt im Lichte der Sachverwalter-Theorie auch die Wahl einer bestimmten Honorierungsform.

Die Abwägung der Vor- und Nachteile der verschiedenen Vertriebsarten scheint nicht zuletzt von der Art der Versicherungsregulierung beeinflusst zu sein. So stellen *Finsinger* und *Schmidt* (1994) grosse Unterschiede im Marktanteil der gebundenen Formen (Nr. 1, 2 und 4) fest. Umgekehrt war der Marktanteil der Makler Mitte der 1980er Jahre in Deutschland nur gerade 16%, verglichen mit 65% in Belgien. Tatsächlich finden sie statistische Evidenz für die Vermutung, dass in Ländern mit stark regulierten Versicherungsmärkten (in den 1980er Jahren Deutschland und Frankreich) die gebundenen Vertriebsformen dominieren (vgl. Abschnitt 8.4.2). Die Erklärung könnte darin liegen, dass nur so die VU genügend Einfluss auf die Sachwalterbeziehung nehmen können, um die Einhaltung detaillierter Regulierungen bezüglich Preisen und Produkten beim Kontakt mit den VK zu gewährleisten.

### 5.4.3 Ein Kostenvergleich anhand amerikanischer Daten

In einer frühen Studie mit Daten aus dem Jahr 1967 hatte *Joskow* (1973) gefunden, dass die VU je GE eingenommener Prämie weniger Provisionen und Kostenbeiträge an selbständige, abhängige Agenten als an Makler abführten. Darauf stützte er die Empfehlung, vom Vertrieb über Makler (deren Marktanteil bereits am Sinken begriffen war) auf andere Vertriebsformen überzugehen. Dieser Folgerung erwuchs aus drei Gründen Kritik: (1) Die höheren Kosten der Makler könnten den Gegenwert für bessere Beratung darstellen; (2) ein Querschnitt erfasst nicht die Änderung der Marktstruktur seit 1967, als die Makler viele kleine VU bedienten, so dass für sie keine Skalenerträge erreichbar waren; (3) die Studie erfasst nur die Verwaltungskosten und nicht die Gesamtaufwendungen (also inkl. der Kosten für die Schadenabwicklung).

Den Einwendungen (2) und (3) trug die spätere Untersuchung von *Cummins* und *Van Derhei* (1979) insofern Rechnung, als sie Zeitreihen von VU über die Jahre 1968-1976 verwendeten und die Gesamtaufwendungen zur abhängigen Variablen machten. Tatsächlich erwies sich das Kostendifferential zu Lasten der Makler als etwas kleiner, doch eine Annäherung über die Zeit war nicht zu erkennen.

Im folgenden soll eine Untersuchung von *Barrese* und *Nelson* (1992) dargestellt werden, die von 46 VU die Angaben über die Jahre 1978-1990 umfasst. Einerseits handelt es sich um eine Nachschätzung von *Cummins* und *Van Derhei* (1979); andererseits stellen die Autoren fest, dass viele VU durchaus die Vertriebsarten mischen, also nicht ausschliesslich z.B. auf das Agentursystem setzen.

**Tabelle 5.6** Verwaltungskostenanteil an den Prämieneinnahmen von 46 VU, USA 1978-1990

| Gesamtaufwendungen im Verhältnis zu | Makler | Gemischter Vertrieb | Agentur | Direktvertrieb | Mittelwert |
|---|---|---|---|---|---|
| - den Nettoprämien[a] | 39,4% | 37,5% | 29,5% | 26,3% | 36,4% |
| - den verdienten Prämien | 35,7% | 34,8% | 29,2% | 25,6% | 33,9% |

a. Die dem VU nach Abzug der Vermittlungsprovision gutgeschriebenen Prämien
Quelle: Barrese und Nelson (1992)

Insgesamt erscheint demnach der Direktvertrieb (über die Post) am kostengünstigsten zu sein mit etwa 26% Verwaltungskosten im Verhältnis zu den Nettoprämien (vgl. Tabelle 5.6). Sehr viel aufwändiger sind dagegen die Makler - zumindest solange nicht berücksichtigt wird, dass die Makler auch an der Schadenabwicklung beteiligt sein können, deren Kosten dann bei ihnen statt beim VU anfallen.

Vorab schätzen die Autoren die von *Cummins* und *van Derhei* verwendete Regressionsgleichung über eine verlängerte Beobachtungsperiode nochmals nach (Doppelspalte Nr. 1 der Tabelle 5.7). Die gesamten nominellen Betriebsaufwendungen des jeweiligen

### 5.4 Die Wahl der Vertriebsart durch das VU

VU werden logarithmiert [Log(EXPENSE] und mit einer Reihe von erklärenden Variablen in Verbindung gebracht. Die Ergebnisse der Tabelle 5.7 lassen sich wie folgt interpretieren:

**Tabelle 5.7** Betriebsaufwendungen von 46 VU mit unterschiedlichen Vertriebsarten, USA 1978-1990

| Erklärende Variable | Nachschätzung von Cummins und Van Derhei (1979) Log(EXPENSE) (1) | | Alternative Schätzungen Log(EXPENSE/PI) (2) | | Log(EXPENSE/PI) (3) | |
|---|---|---|---|---|---|---|
| | Koeffizient | t-Wert | Koeffizient | t-Wert | Koeffizient | t-Wert |
| Konstante | -1,0638 | -11,11 | -1,2409 | -10,41 | -9,3267 | -2,30 |
| Log(DPW) | 0,9803 | 70,23 | 0,9836 | 72,51 | - | - |
| Log(LOSSES) | - | - | - | - | 0,9126 | 55,62 |
| 1-NPW/DPW | -0,0068 | -18,22 | -0,0063 | -15,91 | -0,0027 | -5,16 |
| STK | -0,0038 | -0,07 | 0,0487 | 0,99 | 0,1510 | 2,50 |
| WC % | -0,0037 | -2,94 | -0,0009 | -0,59 | -0,0024 | -1,22 |
| AUTO % | - | - | 0,0018 | 1,97 | -0,0007 | -0,66 |
| HOME % | - | - | 0,0067 | 2,71 | 0,0059 | 1,87 |
| JCV78/IA78 | 0,2724 | 4,47 | 0,1980 | 3,07 | 0,187 | 2,28 |
| JCV90/IA90 | 0,2680 | 4,39 | 0,2270 | 3,39 | 0,2561 | 3,01 |
| MAIL | | | -0,2389 | -2,87 | -0,2044 | -1,98 |
| $R^2$ | 98 % | | 96 % | | 89 % | |

*Quelle:* Barrese und Nelson (1992)

*Anmerkungen:* EXPENSE: Betriebsaufwand des VU (Vertrieb, Verwaltung und Schadenabwicklung); PI: Preisindex des BSP, DPW: Bruttoprämien aus dem Direktversicherungsgeschäft, nominal in der Spalte 1, inflations-korrigiert mit PI sonst; LOSSES: Bezahlte Schäden; 1-NPW/DPW: 1 abzüglich des Verhältnisses Nettoprämien/Bruttoprämien im Direktversicherungsgeschäft; STK: = 1 falls Aktiengesellschaft, = 0 sonst; WC %: Anteil Prämien aus dem Arbeitsunfallgeschäft an den Bruttoprämien (Direktversicherung); AUTO: Anteil Prämien aus Automobilgeschäft an den Bruttoprämien; HOME %: Anteil Prämien aus dem Gebäude- und Hausratgeschäft; MAIL: = 1, falls das VU über die Medien vertreibt, = 0 sonst.
Nicht aufgeführt sind 11 Variable, welche die Entwicklung 1979 - 1989 nachzeichnen. In der Spalte (1) handelt es sich um die kategorischen Variablen JCV79 ..., JCV89, die den Wert Eins annehmen, wenn das VU auf den Maklervertrieb setzt. In den Spalten (2) und (3) handelt es sich um IA79, ... IA89, welche für den Prämienanteil der durch Makler vermittelten Geschäfte stehen.

**DPW:** Die gebuchten Prämieneinnahmen aus dem Erstgeschäft (engl. direct premiums written) dienen als Outputindikator. Da sie wie auch die abhängige Variable in Logarithmen gemessen sind, lassen sich die geschätzten Koeffizienten als Elastizitäten interpretieren. Der geschätzte Koeffizient beträgt 0,98; d.h. eine Zunahme der Prämien um 10% geht mit einer Zunahme der Gesamtaufwendungen um 9,8% einher. Es stellt sich die Frage, ob ein Wert von 1,00 (der konstante Skalenerträge bedeuten würde) mit dem Schätzwert von 0,98 vereinbar ist. Der t-Wert von rd. 70 lässt den Rückschluss auf einen Standardfehler des geschätzten Koeffizienten von rd. 0,014 (= 0,98/70) zu. Damit fällt der Grenzwert von 1 noch ins Konfidenzintervall von ±1, 96 Standardfehler um den Regressionskoeffizienten [0,953, 1,007]. Die Kosten dürften somit im Gleichschritt mit den Prämieneinnahmen steigen, und es sind keine Skalenerträge zu erkennen.

**LOSSES:** Statt der Prämieneinnahmen können auch die Schadenzahlungen als Outputindikator verwendet werden (*Doherty*, 1981). Eine Zunahme der Schadenzahlungen um 10% geht aber lediglich mit einer Zunahme der Aufwendungen für Vertrieb, Verwaltung und Abwicklung von 9,1% einher. Mit einem geschätzten Standardfehler von 0,016 (= 0,91/56) liegt der Grenzwert 1 ausserhalb eines 95%-Konfidenzintervalls. Mit den Schadenzahlungen als Outputdefinition sprechen die Ergebnisse demnach für schwache Skalenerträge.

**1 - NPW/DPW:** Ein niedriger Wert des Verhältnisses NPW/DPW (Nettoprämien im Verhältnis zu den Bruttoprämien) weist darauf hin, dass ein beträchtlicher Teil der eingenommenen Prämien an die Rückversicherung zediert wird. Je grösser also der Wert der Variablen 1 - NPW/DPW, desto stärker setzt das VU die Rückversicherung ein. Der signifikant negative Koeffizient dieser Variablen bedeutet, dass vermehrter Einsatz der RV mit einer gewissen Entlastung von den Betriebskosten (wohl insbesondere von den Kosten der Schadenabwicklung) verbunden ist.

**STK:** Jene VU, welche die Form einer Aktiengesellschaft haben (STK = 1, engl. stock company), könnten ceteris paribus weniger Betriebsaufwendungen aufweisen als andere (insbesondere Vereine auf Gegenseitigkeit). Denn die Unternehmungsleitung einer AG steht insbesondere in den USA unter dem Druck der Aktionäre, die Kosten niedrig und so die Gewinne hoch zu halten - sonst droht der Ersatz durch ein anderes Management. Ein solcher kostendämpfender Effekt ist jedoch nicht zu erkennen, im Gegenteil (vgl. Spalte Nr. 3 der Tabelle 5.7).

**WC%, AUTO%, HOME%:** Die Prämienanteile aus den Geschäften Arbeitsunfall (engl. workers' compensation) und Automobil haben keinen statistisch erkennbaren Einfluss auf die Aufwendungen; die Gebäude/Hausrat-Versicherung (HOME%) könnte man dagegen als etwas kostspieliger als die übrigen Geschäfte bezeichnen.

**JCV78, JCV90:** Jene VU, die auf den Maklervertrieb setzen (JCV = 1 im betreffenden Jahr, kategorische Variable wie in Cummins und Van Derhei), haben in den beiden betrachteten Jahren signifikant höhere Aufwendungen als jene, die angestellte Agenten einsetzen. Für das Jahr 1990 lässt sich das Differential auf rd. 31% schätzen [$e^{0,268} / e^0 = 1,31$; für ein genaueres Vorgehen bei der Abschätzung vgl. *Kennedy* (1986)]. Auch in den nicht aufgeführten Jahren 1979-1989 lässt sich ausnahmslos ein Kostennachteil für den Maklervertrieb erkennen, im Minimum rd. 28%.

**IA78, IA90:** Während bei der Nachschätzung von *Cummins* und *Van Derhei* in der Spalte Nr. 1 die kategorischen Variablen JCV ganz eindeutig auf einen Kostennachteil des Vertriebs durch Makler (engl. independent agents) schliessen lassen, ist dies nicht mehr so eindeutig der Fall, sobald diese kategorischen Variablen durch den Indikator IA "Prämienanteil der durch Makler vermittelten Geschäfte im betreffenden Jahr" ersetzt werden (Spalten Nr. 2 und 3 der Tabelle 5.7). Während für die Jahre 1978 und 1990 signifikant positive Koeffizienten wiederum auf einen Kostennachteil des Maklervertriebs schliessen lassen, erreichen die geschätzten Koeffizienten in vier der übrigen, nicht ausgewiesenen Beobachtungsperioden in der Gleichung der Spalte Nr. 3 die übliche Signifikanzgrenze nicht (t-Wert unter 1,96).

**MAIL:** Jene VU, welche die Medien bzw. die Post zum Vertrieb einsetzen, zeichnen sich durch statistisch erkennbar niedrigere Aufwendungen aus.

**Folgerung 5.7**   Die Untersuchungen aus den USA stützen die Vermutung, dass der Vertrieb durch Makler dem Vertrieb durch andere Formen kostenmässig unterlegen ist.

### 5.4.4   Ein Leistungsvergleich mit schweizerischen Daten

Ein schweizerisches VU verwendete in den achtziger Jahren den Vertrieb sowohl über abhängige (angestellte und selbständig erwerbende) Agenten wie auch über unabhängige Makler. Da die Vertragsbedingungen in allen Einzelheiten bekannt waren, konnten die Anreizwirkungen genau modelliert werden [*Zweifel* und *Ghermi* (1990)]. Das Nettoeinkommen des abhängigen Agenten (A) setzt sich aus den folgenden Komponenten zusammen:

**A1.** Ein sog. "Fixum" ($F$), das allerdings leicht vom Wachstum der Bruttoprämien abhängt;

**A2.** Eine Kommission ($c$) in % der Bruttoprämien (Bestand);

**A3.** Ein Bonus in % der Bruttoprämien ($s$), der mit dem versicherungstechnischen Ergebnis [(Verwaltungskosten + Schadenzahlungen)/Prämieneinnahmen, engl. combined ratio] des Agenten ab- und mit dem relativen Prämienwachstum zunimmt.

Der Vertriebs- und der Verwaltungsaufwand werden also dem Agenten nicht direkt in Rechnung gestellt; zusätzliche Kosten verschlechtern immerhin sein technisches Ergebnis und reduzieren so den Bonus.

Das Nettoeinkommen des Maklers ($M$) setzt sich wie folgt zusammen:

**M1.** Kein Fixum;

**M2.** Eine Kommission ($c$) in % der Bruttoprämien (Bestand), niedriger als diejenige des abhängigen Agenten;

**M3.** Ein Bonus in % der Bruttoprämien ($s$), gleiche Ausgestaltung wie A3;

**M4.** Ein konstanter Anteil ($g$) am absoluten Wachstum der Bruttoprämien;

**M5.** Abzüglich: Kosten in Abhängigkeit vom eingesetzten Verkaufspersonal und Verwaltungspersonal.

Von beiden Agentursystemen wird angenommen, dass sie den Barwert der Nettoeinkommen aus der Beziehung mit dem VU maximieren. Da in beiden Fällen Prämienwachstum honoriert wird, muss der Planungshorizont auf mindestens zwei Perioden ausgedehnt werden. Gelingt es nämlich den Agenten und Maklern, im laufenden Jahr den Prämienbestand zu steigern, so gehen dadurch in der folgenden Periode die Einkommenskomponenten A3, M3 und M4 unter sonst gleichen Umständen zurück, weil das Wachstum von einem höheren Basiswert aus gemessen wird. Diese Einbusse gehört zu den Grenzkosten zusätzlicher Verkaufsanstrengungen (z.B. die Einstellung zusätzlicher Verkäufer).

**Leistungsvergleich in Bezug auf das Wachstum der vermittelten Prämien:** Für den Vergleich der Anreizwirkungen trifft es sich günstig, dass die Komponente M4 des Maklers gerade etwa gleich stark auf 1% Prämienwachstum reagiert wie das "Fixum" des abhängigen Agenten A1. Auch die anderen Einkommenskomponenten nehmen vergleichbare Grössenordnungen an. Somit sind die Grenzerträge zusätzlicher Verkaufsanstrengungen etwa gleich gross. Als wesentlicher Unterschied bleibt auf der Seite der Grenzkosten, dass der Makler z.B. zusätzliches Verkaufspersonal aus seinem Budget bezahlt, während sich das VU bei Agenten zumindest daran beteiligt (oder sie bei angestellten Agenten selbst übernimmt). Aus diesem Grunde müsste das Prämienwachstum beim Vertrieb über Makler geringer ausfallen als bei jenem über abhängige Agenten. Diese Erwartung wird jedoch für die Periode 1981/82 - 1984/85 (50 Verträge) **nicht bestätigt**.

**Leistungsvergleich in Bezug auf den Kostensatz:** Die Agenturen und Makler brauchen aber auch Verwaltungspersonal, nicht zuletzt um die Schäden abzuwickeln. Zusätzliches Verwaltungspersonal gewährleistet eine zügigere Abwicklung der Schadenfälle und trägt so zur Kundenzufriedenheit und indirekt zu Prämienbestand und -wachstum bei.

Der Unterschied zwischen den beiden Vertriebsformen liegt damit einmal mehr auf der Grenzkostenseite, indem der Makler die zusätzlichen Aufwendungen stets aus seinem Budget finanzieren muss. Bei ihm wird somit der Punkt "Grenzerlös = Grenzkosten" rascher erreicht als beim abhängigen Agenten. Der Makler dürfte sich demnach beim Einstellen von Verwaltungspersonal vergleichsweise zurückhalten, was sich in einem niedrigen Kostensatz (Vertriebs- und Verwaltungsaufwand in % der Prämie) ausdrücken müsste. Diese Erwartung **wird bestätigt**, denn es gibt Anzeichen dafür, dass die Makler mit einem Kostensatz auskommen, der ceteris paribus rd. 11 Prozentpunkte niedriger als bei den abhängigen Agenten liegt (also z.B. 20% der Prämie statt 31% der Prämie ausmacht).

Diese Aussage ist jedoch mit etwas Vorsicht zu geniessen. Es ist nämlich durchaus denkbar, dass sich die beiden Vertriebsformen systematisch in der Zusammensetzung des Versichertenportefeuilles unterscheiden. In der schweizerischen Untersuchung gab es Hinweise, dass das Geschäft Gebäude/Hausrat mit höheren Kostensätzen befrachtet sein könnte als die andern. Leider fehlten im Datensatz Angaben über die Zusammensetzung des Prämienvolumens nach Geschäftsfeldern.

**Folgerung 5.8**    Im Falle eines schweizerischen VU war aufgrund der vertraglichen Anreize zu erwarten, dass (1) die Makler weniger zum Prämienwachstum beitragen, dafür aber (2) einen niedrigeren Kostensatz aufweisen würden als die abhängigen Agenten. Die erste Voraussage wurde statistisch nicht bestätigt, die zweite dagegen schon. Im Gegensatz zur Untersuchung von *Barrese* und *Nelson* (1992) für die USA scheinen also die Makler in der Schweiz kostengünstiger zu arbeiten als angestellte Agenten.

Der zwischen den Folgerungen 5.7 und 5.8 aufscheinende Widerspruch lässt sich möglicherweise wie folgt auflösen. Aus den amerikanischen Daten geht nicht hervor, ob die Makler wegen der Vertriebsform als solcher oder wegen der von den VU gesetzten Anreizen ungünstig abschneiden. Im schweizerischen Datensatz sind dagegen die Anreize genau bekannt; sie könnten von dem einen betrachteten VU allerdings so extrem gesetzt worden sein, dass sich das sonst gültige Kostendifferential zu Lasten der Makler in sein Gegenteil verkehrt.

## 5.5 Die Risikozeichnungspolitik

### 5.5.1 Instrumente der Risikozeichnungspolitik

Von den Agenturen und Maklern werden dem VU Risiken zur Übernahme angeboten. Damit steht das VU vor der Aufgabe, der adversen Selektion zu begegnen, d.h. innerhalb einer Risikokategorie ausschliesslich schlechte Risiken anzuziehen (vgl. dazu auch Abschnitt 7.3).

Unter anderen ist an die folgenden Massnahmen zu denken:

- **Ausgestaltung des Vertragsangebots.** Durch die Schaffung einer Vertragspalette kann man dafür sorgen, dass sich die Risiken in die für sie "richtigen" Verträge einordnen. Wie in Abschnitt 7.3.1 gezeigt, wählen schlechte Risiken Angebote mit voller Deckung, dafür hoher Prämie. Gute Risiken geben demgegenüber Verträgen mit Selbstbeteiligung den Vorzug, wenn sie dafür zu einer niedrigen Prämie angeboten werden.

- **Erfassen von Risikomerkmalen bei Vertragsabschluss.** Bei der Versicherung von Unternehmen erlaubt nur schon die Branchenzugehörigkeit einen Rückschluss auf die Qualität des angebotenen Risikos. In der Chemie z.B. spielt der Einsatz giftiger Substanzen in manchen Produktionsprozessen eine Rolle. Bei der Gebäudeversicherung hängt das Feuerrisiko nicht zuletzt vom verwendeten Baumaterial ab.

- **Erfahrungstarifierung.** Während am Anfang eines Vertragsverhältnisses oft wenig Anhaltspunkte zur Einschätzung des Risikos bestehen, kann im Rahmen verschiedener Verfahren der sog. dynamischen Prämienkalkulation dem VU das Recht eingeräumt werden, Informationen aus dem bisherigen Schadenverlauf in Prämienzuschläge und -abschläge bzw. Prämienrückerstattungen umzusetzen (Kredibilitätstheorie, engl. credibility theory).

- **Auswahl der Märkte.** Ein VU kann z.B. gewisse Bundesstaaten der USA meiden, weil dort die Gerichte ohne weiteres bereit sind, Vertragsklauseln zu Gunsten des VK umzuinterpretieren, um dem armen Geschädigten "zu seinem Recht zu verhelfen". Umgekehrt kann es Risiken aus Ländern bevorzugen, wo die Rechtsprechung mehr zu seinen Gunsten ausfällt.

## 5.5.2 Ein einfaches Modell der Risikoauslese

Die im vorhergehenden Abschnitt genannten Massnahmen lassen sich in einer gemeinsamen Variablen "Aufwendungen zur Risikoauslese" ($S$) abbilden. Selektionsanstrengungen verursachen Aufwand. Das Erfassen von Risikomerkmalen beispielsweise kann den Einsatz spezialisierter Ingenieure bedingen, welche vor Ort den Ablauf der Produktionsprozesse analysieren, um so zu einer Abschätzung des Risikos zu gelangen. Ohne den Beizug von Juristen ist andererseits eine Analyse der Rechtsprechung eines Landes und seiner wahrscheinlichen zukünftigen Entwicklung undenkbar. Deshalb soll im folgenden lediglich die Frage abgeklärt werden, unter welchen Bedingungen es sich für ein VU lohnt, mehr oder weniger grosse Anstrengungen zur Risikoselektion zu unternehmen.

Einfachheitshalber soll die Leitung des VU zunächst risikoneutral handeln, d.h. den Erwartungsgewinn maximieren. Zudem soll es nur zwei Gruppen von Risiken geben, schlechte ($s$) und gute ($g$). Mit $\mu(S)$ wird der Anteil an guten Risiken im Bestand symbolisiert, der durch zusätzliche Risikoauslese $S$ (engl. screening technology, im Sinne der oben genannten Möglichkeiten) gesteigert werden kann. Bei den guten Risiken soll die Prämie höher als der Erwartungswert des Schadens sein; ihr Gewinnbeitrag ist also im Erwartungswert positiv. Bei den schlechten Risiken ist der Erwartungswert des Gewinnbeitrags zumindest geringer, möglicherweise sogar negativ. Ein solcher Unterschied ist in einem deregulierten Versicherungsmarkt nicht ohne weiteres gegeben, weil das VU den gleichen erwarteten Gewinnbeitrag in den verschiedenen Käufergruppen anstreben würde. Schliesslich gilt die Höhe des Schadens $L$ als feste Grösse. Damit lässt sich das Entscheidungsproblem des VU darstellen durch

$$\max_{S} EG = \mu(S)\{P^g - \pi^g \cdot L\} + \{1 - \mu(S)\}\{P^s - \pi^s \cdot L\} - S, \text{ mit} \quad (5\text{-}1)$$

$L$:     Schadenzahlungen und Aufwand

$\pi^s$:     Schadenwahrscheinlichkeit der schlechten Risiken

$\pi^g$:     Schadenwahrscheinlichkeit der guten Risiken

$\mu(S)$:     Anteil der guten Risiken am Versichertenbestand, mit $\partial\mu/\partial S > 0$

$EG$:     Erwartungswert des Gewinns

$P^g, P^s$:     Prämien für die beiden Risikogruppen, exogen

$S$:     Anstrengungen zur Risikoauslese (zum Preis von 1).

Für ein inneres Optimum (positive Selektionsanstrengungen) gilt die Bedingung

$$\frac{\partial EG}{\partial S} = \frac{\partial \mu}{\partial S}\{P^g - \pi^g \cdot L\} - \frac{\partial \mu}{\partial S}\{P^s - \pi^s \cdot L\} - 1 = 0. \quad (5\text{-}2)$$

Die ersten beiden Summanden zeigen den Grenzertrag zusätzlicher Selektionsaufwendungen an, indem sich der Anteil guter Risiken erhöht und jener schlechter Risiken zurückgeht; diese Veränderungen sind mit dem Beitrag zum Gewinn zu gewichten. Der letzte Summand entspricht den Grenzkosten der Massnahme. Im Optimum (wo $S = S^*$) müssen sich Grenzertrag und Grenzkosten die Waage halten.

Für die weitere Interpretation lohnt sich eine kleine Umformung, mit $e(\mu, S) := (\partial \mu / \partial S) \cdot (S/\mu)$ als Elastizität des Anteils guter Risiken mit Bezug auf die Selektionsanstrengungen, dabei wird $e(\mu, S)$ als konstant angenommen. Durchmultiplikation von (5-2) mit $S^*/\mu$ ergibt

$$e(\mu, S)[\{P^g - \pi^g \cdot L\} - \{P^s - \pi^s \cdot L\}] - \frac{S^*}{\mu} = 0. \qquad (5\text{-}3)$$
$\quad\;\;(+)\qquad\quad\;(+)\qquad\quad\;\;(+/-)$

Jetzt lassen sich unmittelbar die folgenden Aussagen machen.

(1) **Unterschiedliche Beiträge zum Erwartungsgewinn:** Dies ist eine notwendige Voraussetzung dafür, dass es sich lohnt, Selektionsaufwand zu betreiben. Die Gleichheit dieser Beiträge würde nämlich bedeuten, dass der erste Summand des Ausdruckes (5-3) Null wird, so dass (5-3) einen negativen Wert annimmt. Zusätzliche Anstrengungen zur Risikoauslese würden dann den Erwartungsgewinn stets senken, und das Beste für das VU wäre es, darauf zu verzichten ($S^* = 0$). Mit andern Worten: Eine Population, die homogen ist in Bezug auf den Gewinnbetrag, ob günstig oder ungünstig, rechtfertigt keine Selektionsanstrengungen.

(2) **Positiver Beitrag der schlechten Risiken zum Erwartungsgewinn:** Umgekehrt können die schlechten Risiken immer noch einen positiven Beitrag zum erwarteten Gewinn leisten, und doch lohnen sich Anstrengungen zur Risikoauslese. Es genügt, dass ihr Beitrag hinter demjenigen der guten Risiken zurückbleibt [dann ist der Wert der eckigen Klammer der Gleichung (5-3) bereits positiv].

(3) **Negativer Beitrag der schlechten Risiken zum Erwartungsgewinn:** Je stärker negativ ihr Beitrag, desto grösser der Wert der eckigen Klammer der Gleichung (5-3), und desto grösser der Wert von $S^*$, der die Gleichung erfüllt. Je niedriger der erwartete Gewinnbeitrag der schlechten Risiken, desto stärkere Selektionsanstrengungen wird das VU unternehmen.

(4) **Einfluss der Prämienregulierung:** Falls es eine Prämienregulierung gibt, zielt sie regelmässig darauf ab, die Prämie der schlechten Risiken $P^s$ zu drücken, um sie derjenigen der guten Risiken $P^g$ anzugleichen. Damit ergibt sich eine Tendenz zu einem negativen Beitrag der schlechten Risiken zum Erwartungsgewinn, was zu einer Verstärkung der Anstrengungen zur Risikoauslese führen müsste.

(5) **Anteil der guten Risiken:** Je höher der Anteil der guten Risiken $\mu$, desto höher muss (bei unterschiedlichen Beiträgen der Risikogruppen zum Erwartungsgewinn) wegen des Terms $S^*/\mu$ der Wert $S^*$ sein, der die Bedingung (5-3) erfüllt. Je höher der Anteil der guten Risiken, desto kleiner der Anteil der schlechten, und desto gezielter können die Anstrengungen zur Risikoauslese wirken. Die Grenzkosten "je vermiedenes schlechtes Risiko" sind damit geringer, und vermehrte Selektionsanstrengungen sind angezeigt.

**(6) Verbesserungen der Selektionsmöglichkeiten:** In absehbarer Zeit ist denkbar, dass die VU Zugang zu den "genetischen Fingerabdrücken" potentieller VK haben werden (vgl. Abschnitt 10.2.1). Im Extremfall würde damit die Eintretenswahrscheinlichkeit gewisser Erkrankungen vor dem Vertragsabschluss auf Eins angehoben, was sie unversicherbar machen würde. Die zusätzliche Information würde in allen anderen Fällen die Effektivität der Anstrengungen zur Risikoauslese erheblich steigern; d.h. in der Folgerung 5-3) nimmt die Elastizität $e(\mu, S)$ zu. Dies bedeutet, dass die Optimumbedingung neu bei einem höheren Wert von $S^*$ erfüllt ist. Diese zukünftigen Möglichkeiten dürften demnach verstärkte Selektionsanstrengungen induzieren (was ja auch von manchen Beobachtern befürchtet wird).

**Folgerung 5.9**   Insofern sich die Leitung des VU am Erwartungswert des Gewinns orientiert, ist mit einer Zunahme der Anstrengungen zur Risikoauslese namentlich dann zu rechnen, wenn die Prämie der schlechten Risiken durch die Aufsichtsbehörde gesenkt wird und wenn der Zugang zu selektionsrelevanter Information einfacher wird (z.B. durch genetische Fingerabdrücke).

### 5.5.3  Einbezug der Risikoaversion auf Seiten des VU

Die Betrachtungen können zum Abschluss noch kurz ausgeweitet werden für den Fall, dass die Leitung des VU eine gewisse Risikoaversion aufweist, beispielsweise, weil sie die Kosten der Insolvenz in Rechnung stellt (vgl. Abschnitt 5.2.1). Dann wäre sie an einer geringen Volatilität des Überschusses (der Aktiva über die Verpflichtungen, also des Eigenkapitals inkl. Reserven) interessiert. Wenn man die Prämien als feste Grössen interpretiert und das Anlagerisiko ausblendet, so reduziert sich das Problem auf die folgende Überlegung.

Die Eintrittswahrscheinlichkeiten des Schadens $\{\pi^g, \pi^s\}$ sind in Tat und Wahrheit nicht bekannt, sondern stellen geschätzte Grössen $\{\tilde{\pi}^g, \tilde{\pi}^s\}$ dar und sind deshalb als Zufallsvariable aufzufassen. Ein wichtiger Nebeneffekt der Anstrengungen zur Risikoauslese $S$ ist die Homogenisierung der Risiken, die eine genauere Schätzung dieser Eintrittswahrscheinlichkeiten erlaubt. Die Streuung von $\{\pi_g, \pi_s\}$ macht den folgenden Beitrag zur Varianz des Erwartungsschadens aus:

$$\operatorname{Var}(\tilde{\pi}_g \cdot L + \tilde{\pi}_s \cdot L) = L^2 \operatorname{Var}(\tilde{\pi}^g + \tilde{\pi}^s)$$
$$= L^2 [\operatorname{Var}(\tilde{\pi}^g) + 2\operatorname{Cov}(\tilde{\pi}^g, \tilde{\pi}^s) + \operatorname{Var}(\tilde{\pi}^s)], \text{ mit} \quad (5\text{-}4)$$

$\tilde{\pi}^g \cdot L + \tilde{\pi}^s \cdot L$: Erwartungsschaden bei gegebener Schadenhöhe $L$ doch unterschiedlichen geschätzten Schadenwahrscheinlichkeiten guter und schlechter Risiken.

Risikoaversion müsste die Leitung eines VU veranlassen, zur Reduktion der Varianz des Erwartungsschadens **zusätzliche Anstrengungen zur Risikoauslese** zu unternehmen, und zwar

- je **grösser** der zu deckende **Schaden** $L$ ausfällt (dies geht aus dem Multiplikator $L^2$ hervor);

- je **weniger homogen** die beiden Teilpopulationen sind [$\text{Var}(\tilde{\pi}^g)$, $\text{Var}(\tilde{\pi}^s)$ gross];

- je mehr befürchtet werden muss, dass die beiden Risikogruppen **positiv korrelierte** Schadenwahrscheinlichkeiten aufweisen.

Die Gleichung (5-4) lässt sich in diesem Zusammenhang aber auch noch etwas anders interpretieren. Bei der Risikozeichnungspolitik geht es letztlich um die Entscheidung, ob ein zusätzliches Risiko noch in den Bestand aufgenommen werden soll. Um die Notation der Gleichung (5-4) unverändert übernehmen zu können, ist die Annahme die, dass das VU eine Gruppe als gut eingestufter Risiken (mit Erwartungsschaden $\tilde{\pi}^g L$) bereits im Bestand hat und die Ergänzung durch möglicherweise etwas schlechtere Risiken (mit Erwartungsschaden $\tilde{\pi}^s L$) erwägt. Wenn die Volatilität des Geschäftsergebnisses von Bedeutung ist, dann kommt es bei dieser Entscheidung nicht zuletzt auf den Risikodiversifikations-Effekt dieser Ergänzung an. Sollten die (geschätzten) Schadenwahrscheinlichkeiten negativ korreliert sein [$\text{Cov}(\tilde{\pi}^g, \tilde{\pi}^s) < 0$], so kann sich eine Aufnahme auch etwas schlechterer Risiken lohnen, solange die eingenommene Prämie nicht zu sehr hinter dem Erwartungswert des Schadens zurückbleibt.

**Folgerung 5.10**   Anstrengungen zur Risikoauslese führen auch zu genaueren Schätzungen der Schadenwahrscheinlichkeiten und können dem VU ermöglichen, vermehrt von Risikodiversifikations-Effekten zu profitieren, die u.U. für die Aufnahme eines schlechten Risikos in den Bestand sprechen können.

## 5.6 Eindämmung des moralischen Risikos

Unter dem moralischen Risiko versteht man die Verhaltensveränderung des VK, die durch das Bestehen des Versicherungsvertrags herbeigeführt wird (eine genauere Definition folgt im Abschnitt 7.2; vgl. auch Abschnitt 3.8). Das VU muss mit einer erhöhten Wahrscheinlichkeit des Schadeneintritts und mit einem Mehr an Leistungen im einzelnen Schadenfall rechnen. Damit verliert es an Wettbewerbsfähigkeit, denn der erhöhte Erwartungswert der Schäden muss über die Prämie hereingeholt werden, die auch von jenen VK verlangt werden muss, die dem moralischen Risiko nicht oder weniger unterliegen.

Damit erhebt sich die Frage, was ein VU gegen das moralische Risiko unternehmen kann und wie weit es seine diesbezüglichen Anstrengungen treiben sollte. In der Literatur ist die theoretische Figur der Sachwalterbeziehung (engl. principal-agent relationship) auch hier zum Tragen gekommen [vgl. Abschnitt 5.4.2 sowie *Winter* (1992)]. Es geht darum, die für den Auftraggeber optimale Honorierungsfunktion zu bestimmen, also um die Frage, wie der Sachwalter bezahlt werden soll, damit er die Interessen des Auftraggebers genügend wahrnimmt. Der Auftraggeber ist in diesem Zusammenhang das VU, der Sachwalter dagegen der VK. Die Honorierungsfunktion gibt hier an, wie die Versicherungsleistung in Abhängigkeit des Schadens variiert. Eine volle Deckung des Schadens bedeutet, dass zusätzliche präventive Anstrengungen des VK überhaupt nicht honoriert werden. Eine solche Honorierungsfunktion erweist sich als nicht optimal, ausser der VK habe auch andere als finanzielle Interessen und die Kosten der Prävention seien sehr niedrig [*Winter* (1992)].

Die Frage der optimalen Versicherungsdeckung wird im 7. Kapitel abgeklärt, wobei typischerweise die Annahme gilt, dass dem VU jeglicher Einblick in die präventiven Anstrengungen des VK verwehrt sei. Doch grundsätzlich erscheint die **Gewinnung von Informationen** durchaus möglich. Im Industriegeschäft werden die Vorkehrungen des VK zur Vermeidung von Bränden häufig mit einiger Genauigkeit erhoben, und im Lebengeschäft ist die Untersuchung durch einen Vertrauensarzt die Regel. Ausserdem enthält der Versicherungsvertrag häufig Verhaltenspflichten (die in Tabelle 5.5 genannten Obliegenheiten) des VK. Werden sie nicht eingehalten, so ist das VU von seiner Leistungspflicht ganz oder teilweise entbunden. Insofern gilt ein bestimmter Aufwand an Prävention als Teil des Vertrags, und das VU hat das Recht, mit Stichproben die Einhaltung der Obliegenheiten zu prüfen. Im folgenden soll dargelegt werden, wieviel Kontrollaufwand ein gewinnstrebiges VU treiben sollte. Die Darstellung folgt *Borch* (1990, 346-350).

Das VU habe also die Möglichkeit, durch **Inspektionen** festzustellen, ob z.B. die Feuerlöscher nach wie vor regelmässig gewartet werden, wie dies bei Vertragsabschluss vom VK verlangt worden war. Im Falle der Krankenversicherung könnte ein Vertrauensarzt prüfen, ob die veranlassten Therapien sinnvoll waren und ob sie auch wirklich durchgeführt wurden. Vereinfacht ausgedrückt hat das VU die Wahl zwischen "Vertrauen" und "Kontrolle"; im letzteren Falle muss es den Betrag $b$ je überwachten VK aufwenden.

Seinerseits soll der VK auch nur die Wahl zwischen zwei Alternativen haben. Entweder wendet er für die Prävention den Betrag $V$ auf. Oder er lässt dem moralischen Risiko freien Lauf und wendet überhaupt keine Prävention auf. Wird er aber dabei erwischt, muss er eine Sanktion gewärtigen, z.B. eine Kürzung der Leistungen wegen grober Fahrlässigkeit hinnehmen, wie das in manchen Verträgen vorgesehen ist.

Die Eintragungen der Tabelle 5.8 geben die Auszahlungen an, die sich für den VK und das VU in Abhängigkeit der Aktion des anderen ergeben. Es wird hier Risikoneutralität bezüglich der Vermögensschwankung unterstellt, die insbesondere der erwischte VK zu tragen hat. Deshalb genügt es, die Ergebnisse in Geldbeträgen auszudrücken. Im Feld Nr. 1 führt der VK die Prävention durch; er erhält über die Vertragsdauer hinweg den Erwartungswert der Schäden $EL$ vergütet (Vollversicherung im Schadenfall), muss die Prämie $P$ abführen und trägt überdies die Kosten der Prävention $V$. Die zweite Eintragung des Felds Nr. 1 gibt die Auszahlung des VU an. Sie besteht aus der eingenommenen Prämie $P$ abzüglich des Erwartungswertes des Schadens.

Sollte das VU dagegen eine Kontrolle durchführen (Feld 2), ändert sich für den VK nichts, sofern er Prävention betreibt. Das VU hingegen muss zusätzlich den Betrag $b$ für die Inspektion aufwenden.

Im Feld 3 unterlässt der VK sämtliche Prävention; entsprechend steigt der Erwartungswert der Schäden (und damit der Versicherungsleistung) während der Vertragsdauer auf $EL_0$. Nach wie vor ist die Prämie $P$ zu bezahlen. Das VU erhält diese Prämie und deckt daraus den Erwartungsschaden $EL_0 > EL$.

Im Feld 4 bleibt der VK in der Kontrolle hängen und muss zusätzlich den Betrag $Q$ als Sanktion abführen, beispielsweise als Leistungsminderung in Folge der Vernachlässigung

## 5.6 Eindämmung des moralischen Risikos

**Tabelle 5.8**      Auszahlungen an den VK und das VU

|     |                    | VU                          |                              |
| --- | ------------------ | --------------------------- | ---------------------------- |
|     |                    | Vertrauen (1-$\kappa$)      | Kontrolle ($\kappa$)         |
| VK  | Prävention (1-$\rho$)   | (1) EL − P − V; P − EL          | (2) EL − P − V; P − EL − b       |
|     | Keine Prävention ($\rho$) | (3) $EL_0$ − P; P − $EL_0$      | (4) $EL_0$ − P − Q, P − $EL_0$ + Q − b |

EL:   gedeckter Erwartungsschaden mit Prävention; $EL_0$: gedeckter Erwartungsschaden ohne Prävention; P: Prämie; V: Präventionsaufwand; b: Kontrollaufwand; Q: Leistungsminderung

seiner Obliegenheiten. Das VU erhält $Q$, muss andererseits aber $b$ für die Kontrolle aufwenden.

Die Tabelle 5.8 definiert ein Spiel zwischen dem VK und dem VU. Da es insbesondere für das VU kaum sinnvoll wäre, immer oder nie zu kontrollieren (reine Strategie), werden von vorneherein gemischte Strategien untersucht. Mit einer Wahrscheinlichkeit $\rho$ lässt es der VK an Prävention mangeln, während das VU mit Wahrscheinlichkeit $\kappa$ die Kontrolle durchführt. Wenn man sich die Situation als wiederholtes Spiel über mehrere Perioden vorstellt, lassen sich die Wahrscheinlichkeiten als **Häufigkeiten** auffassen. Je höher also $\kappa$, desto häufiger führt das VU seine Inspektionen durch, und desto grösser sind seine diesbezüglichen Anstrengungen.

Der Erwartungswert der Auszahlung an den VK ist durch die Gleichung (5-5a) gegeben:

$$\begin{aligned} EW^{VK} &= (1-\kappa)(1-\rho)(EL-P-V) + \kappa(1-\rho)(EL-P-V) + (1-\kappa)\rho(EL_0-P) \\ &\quad + \kappa\rho(EL_0-P-Q) \\ &= (1-\rho)(EL-P-V) + (\rho - \kappa\rho + \kappa\rho)(EL_0-P) - \kappa\rho Q \\ &= EL - P - V + \rho(V + EL_0 - EL - \kappa Q). \end{aligned} \quad (5\text{-}5a)$$

Analog gilt für die erwartete Auszahlung an das VU

$$\begin{aligned} EW^{VU} &= (1-\kappa)(1-\rho)(P-EL) + \kappa(1-\rho)(P-EL-b) + (1-\kappa)\rho(P-EL_0) \\ &\quad + \kappa\rho(P-EL_0+Q-b) \\ &= P + -EL - \rho(EL_0 - EL) - \kappa(b - \rho Q). \end{aligned} \quad (5\text{-}5b)$$

Das Spiel sei nichtkooperativ, d.h. VU und VK tauschen keine Informationen aus, um sich gemeinsam besserzustellen. Wenn das VU seine Kontrollhäufigkeit $\kappa$ optimal wählen will, muss es die Optimierung des VK berücksichtigen. Die notwendige Bedingung für ein Optimum des VK ist

$$\frac{\partial EW^{VK}}{\partial \rho} = V + EL_0 - EL - \kappa Q = 0. \tag{5-6a}$$

Umgekehrt muss der VK bei seiner Strategiewahl die Optimumbedingung des VU berücksichtigen. Diese lautet

$$\frac{\partial EW^{VU}}{\partial \kappa} = -b + \rho Q = 0. \tag{5-6b}$$

Die Gleichung (5-6a) wird zur Nebenbedingung für das VU, welche die Kompatibilität mit den Anreizen des VK gewährleistet:

$$\pounds^{VU} = P - EL + -\rho(EL_0 - EL) - \kappa(b - \rho Q) - \lambda^{VU}(V + EL_0 - EL - \kappa Q) \tag{5-7}$$

mit $\lambda^{VU} > 0$.[3]

Die zu optimierende Funktion des VK lautet wegen (5-6b) analog

$$\pounds^{VK} = EL - P - V + \rho(V + EL_0 - EL - \kappa Q) - \lambda^{VK}(-b + \rho Q) \tag{5-8}$$

Die notwendigen Bedingungen und Lösungen lauten entsprechend

$$\frac{\partial \pounds^{VU}}{\partial \kappa} = -(b - \rho^* Q) + \lambda^{VU} Q = 0,$$

und damit $\rho^* = \frac{b}{Q} - \lambda^{VU}$; \hfill (5-9)

$$\frac{\partial \pounds^{VK}}{\partial \rho} = V + EL_0 - EL - \kappa^* P - \lambda^{VK} Q = 0,$$

und damit $\kappa^* = \frac{V + EL_0 - EL}{Q} - \lambda^{VK}$. \hfill (5-10)

Der VK wird also die **Prävention dann häufig unterlassen** ($\rho^*$ hoch), wenn er weiss, dass

- die Grenzkosten der Kontrolle $b$ für das VU **hoch** sind;
- der Grenzertrag der Kontrolle $Q$ für das VU **gering** ist;

---

3. Im Originalartikel (*Borch*, 1990) wird aus der Bedingung (5-6a) unmittelbar $\kappa^*$ und aus der Bedingung (5-6b) $\rho^*$ bestimmt. Am Beispiel von (5-6a) sieht man aber, dass darin $\rho$ gar nicht vorkommt, so dass der Ausdruck nicht die beste Antwort des VK auf die Wahl von $\kappa$ durch das VU darstellen kann. Demgegenüber enthält die Lösung von (5-9) den Parameter $\lambda^{VU}$, dessen Wert gemäss (5-7) von $\kappa$ abhängt, so dass $\rho^*$ die beste Antwort des VK auf die Wahl von $\kappa$ durch das VU wiedergibt. Die Autoren verdanken diesen Punkt Herrn Dr. M. Breuer (Universität Zürich).

- ein Fehler bei der Festsetzung der optimalen Kontrollhäufigkeit κ durch das VU keine grossen Konsequenzen hat ($\lambda^{VU}$ gering).

Das VU sollte seinerseits die **Häufigkeit der Kontrolle dann hoch** ansetzen (κ* hoch),

- wenn $V$ gross, d.h. wenn die Prävention für den VK **kostspielig** ist (dann ist der Anreiz zum moralischen Risiko besonders gross);
- wenn ($EL_0 - EL$) gross, d.h. wenn moralisches Risiko den Erwartungsschaden und damit die Versicherungsleistung **stark ansteigen** lässt;
- wenn $Q$ niedrig, d.h. wenn der Vertrag nur eine **geringe Sanktion** für den Fall vorsieht, dass moralisches Risiko entdeckt wird;
- wenn $\lambda^{VK}$ niedrig, d.h. wenn eine falsche Festlegung von κ und damit eine Verletzung der Nebenbedingung (5-6a) für die Anreizkompatibilität **keine grossen Konsequenzen** hat.

**Folgerung 5.11**   Die Eindämmung des moralischen Risikos durch das VU lässt sich als ein Spiel zwischen dem VK und dem VU darstellen. Das VU sollte demnach die präventiven Anstrengungen der VK um so häufiger kontrollieren, je kostspieliger die Prävention, je grösser die Wirkung des moralischen Risikos auf den Erwartungsschaden, je geringfügiger die vertragliche Sanktion (z.B. Leistungsreduktion bei grober Fahrlässigkeit) und je geringfügiger die Konsequenzen bei einer Abweichung von der Anreizkompatibilität.

Schliesslich lässt sich aus der Gleichung (5-10) auch eine Aussage über die optimale Prämienfunktion herleiten. Die Prämie muss über den Erwartungsschaden hinaus auch den Erwartungswert der Mehrleistungen decken, die sich durch das moralische Risiko ergeben. Nachdem der VK mit Häufigkeit $\rho^*$ die Prävention unterlassen wird, beträgt die Prämie

$$P = EL + \rho^*(EL_0 - EL) = EL + \left(\frac{b}{Q} - \lambda^{VU}\right)(EL_0 - EL). \tag{5-11}$$

Die Prämie kann bei Vorliegen von moralischem Risiko nicht mehr fair sein, sondern muss einen entsprechenden Zuschlag enthalten (vgl. das übereinstimmende Ergebnis in Abschnitt 7.2.2.1).

## 5.7  Die Rückversicherung

In diesem Abschnitt soll die Rückversicherung (RV) vor allem aus der Sicht des Nachfragers, d.h. des Erstversicherers (EV), behandelt werden. Angebotsseite und Gleichgewicht auf dem RV-Markt kommen nur am Rande zur Sprache.

### 5.7.1 Aufgaben der Rückversicherung

Allgemein lassen sich die folgenden sechs Aufgaben der RV unterscheiden [*Schwilling* (1996); *Jannott* (1988)]:

(1) **Risikotransfer.** So wie der VK sich entscheidet, gewisse Risiken bzw. Risikoanteile selbst zu tragen oder eben zu übertragen, so trifft auch das VU eine entsprechende Wahl. Diese Übertragung beschränkt sich jedoch grundsätzlich auf das versicherungstechnische Risiko, auch wenn der RV indirekt auch am Anlagerisiko partizipiert (s.u.). Das versicherungstechnische Risiko lässt sich seinerseits zurückführen auf das Zufallsrisiko (die Schäden fallen höher aus als erwartet), das Änderungsrisiko (die Eintrittswahrscheinlichkeiten der Schäden sind höher als kalkuliert) und das Irrtumsrisiko (man ist bei der Prämienkalkulation von einer falschen Schadenverteilung ausgegangen).

(2) **Erhöhung der Zeichnungskapazität des EV.** Die Hereinnahme eines Risikos kann Schadenzahlungen auslösen, welche das Eigenkapital sowie die in den Rückstellungen angehäuften Reserven übersteigen. Will der EV die angestrebte niedrige Insolvenzwahrscheinlichkeit beibehalten, müsste er auf das Geschäft verzichten oder eine Aufteilung mit andern VU (die sog. Mitversicherung) ins Auge fassen. Scheut das VU die damit verbundenen Kosten der Vertragsvorbereitung und -abwicklung, wird es RV-Deckung nachfragen, typischerweise im Bestreben, die Wahrscheinlichkeit sehr hoher Zahlungen zu reduzieren oder gar auszuschliessen.

(3) **Eigenkapitalersatz.** Das Leistungsversprechen des VU findet nicht in den eingenommenen Bruttoprämien, sondern den Nettoprämien (für eigene Rechnung) seinen Niederschlag. Die Versicherungsaufsicht, im Bestreben die Interessen der VK zu schützen, bringt deshalb die Nettoprämien mit dem Eigenkapital in Verbindung, um die Solvenz des VU zu prüfen. Gelingt es z.B., durch Abschluss einer RV die ausgewiesenen Netto-Prämien von 100 auf 90 zu senken, so geht das nötige Eigenkapital bei einer Solvabilitätsspanne von 20% von 20 auf 18 zurück. Diese freiwerdenden Mittel stehen, soweit sie nicht zur Bezahlung der RV-Prämie verwendet werden, zur Hereinnahme zusätzlicher Risiken zur Verfügung.

(4) **Glättung von Schwankungen.** Schäden, die eng um den Erwartungswert der Schadenverteilung streuen, sind von der Prämie, die ja mindestens den Erwartungswert ausmachen muss, gedeckt. Besondere Schwankungsrückstellungen erfordern demgegenüber jene seltenen Schäden, die mehrere Standardabweichungen über dem Erwartungswert liegen. Diese Rückstellungen lassen sich einsparen, wenn es gelingt, mittels RV-Verträgen diese Extremschäden abzuwälzen.

(5) **Serviceleistungen.** Der RV kann den Erstversicherer in allen Phasen des Produktionsprozesses aufgrund seiner breiten Informationsbasis unterstützen, besonders im Umgang mit grossen und seltenen Risiken. Es geht um die Einschätzung der Risiken, Beratung bei der Schadenverhütung und Tarifierung, Übernahme der Schadenregulierung bis hin zur Abwehr ungerechtfertigter Ansprüche.

(6) **Finanzierungsleistungen.** Beim Aufbau einer neuen Sparte oder eines VU überhaupt kann der RV beispielsweise die Provisionen vorfinanzieren, selbstverständlich gegen die Zusage, dass das RV-Geschäft an ihn geleitet wird.

Traditionell wird die Aufgabe Nr. 1, der Risikotransfer, konkretisiert in der Glättung von Schwankungen (Aufgabe Nr. 4), als zentral angesehen. Aus der Sicht der Eigentümer eines VU ist diese Begründung der RV allerdings wenig überzeugend. Sie haben Anrechte sowohl an den Aktiva $A$ wie auch den Verpflichtungen $L$ des Unternehmens[4]. Durch den Abschluss von RV werden $A$ und $L$ reduziert, und bei einer fairen RV-Prämie ändert sich am Erwartungswert $E(A - L)$ nichts. Die Reduktion der Varianz von $(A - L)$ ist für die Eigentümer irrelevant, gelten sie doch als voll diversifiziert [*Doherty* und *Tinic* (1981)].

Es gibt allerdings noch eine zweite Gruppe, deren Verhalten auf die Eigentümer zurückwirken könnte, nämlich die Versicherungskäufer (VK). Sie sind in aller Regel nicht voll diversifiziert (sonst würden sie ja keine Versicherung kaufen wollen) und an der Solvenz des VU interessiert. Da der Risikotransfer mittels RV die Solvenz des VU verbessert, könnte sich dies auf die erzielbare Prämie des VU auswirken. Der Wert von $E(A - L)$ nimmt zu, und so können die Eigentümer am Abschluss von RV Interesse haben. Tatsächlich haben *Doherty* und *Garven* (1986) empirische Belege dafür gefunden, dass die Prämienhöhe von VU der USA mit der Höhe der RV-Deckung in einer positiven Beziehung steht.

## 5.7.2 Arten der Rückversicherung

Hier können nur die wichtigsten Arten kurz charakterisiert werden; eine Übersicht mit Beispielen gibt *Pfeiffer* (1994), und Formeln für die jeweilige Schadenverteilung des Erst- und Rückversicherers finden sich in *Daykin, Pentikäinen* und *Pesonen* (1994, Kap. 3.4).

Grundsätzlich kann ein Rahmenvertrag zwischen Erstversicherer (EV) und Rückversicherer (RV) bestehen, der verlangt, dass der EV sämtliche gezeichneten Risiken sozusagen obligatorisch an seinen RV-Partner abgibt (zediert). Darum spricht man hier von obligatorischer Rückversicherung. Solange dagegen der EV fallweise entscheiden kann, bei wem er RV-Deckung nachfragen will, handelt es sich um die fakultative Rückversicherung.

Von grösserer Bedeutung ist die Unterscheidung zwischen Quoten- und Exzedenten-RV.

**(1) Quoten-Rückversicherung.** Hier wird ein Anteil $\alpha$ des Schadens vom RV vergütet. Es lässt sich leicht zeigen, dass die Quoten-RV die Form der RV mit den niedrigsten Prämien ist, sobald der RV einen Zuschlag auf die faire Prämie erhebt, der mit der Varianz der bei ihm anfallenden Schadenzahlungen zunimmt [*von Eije* (1989), S. 54, vgl. auch *Beard, Pentikäinen* und *Pesonen* (1984), S. 174 ff.]. Die verlangte RV-Prämie $R$ ist dann gegeben durch

$$R = EL^R + f\{Var(L^R)\} \qquad \partial f/\partial\{Var(L^R)\} > 0, \text{ mit} \qquad (5\text{-}12)$$

$R$: Rückversicherungsprämie;
$EL^R$: Erwartungswert der Schäden, die beim Rückversicherer anfallen.

Da die vom RV getragenen Schäden die Bruttoschäden $L$ minus die vom EV selbst bezahlten Schäden $S$ sind, gilt $L^R = L - S$ und damit

---

4. Einfachheitshalber wird für Schadenzahlungen (engl. losses) und Verpflichtungen (engl. liabilities) dasselbe Symbol $L$ verwendet.

$$Var(L^R) = Var(L - S) = Var(L) + Var(S) - 2 \cdot Cov(L, S)$$
$$= Var(L) + Var(S) - 2 \cdot \rho_{LS} \cdot \sigma_L \cdot \sigma_S \text{, mit}$$
$$\rho_{LS} := \frac{Cov(L, S)}{\sigma_L \cdot \sigma_S},$$
(5-13)

$S$: Vom Erstversicherer selbst bezahlte Schäden, $S = L - L^R$, $\rho_{LS}$: Korrelationskoeffizient zwischen Gesamtschäden und zurückbehaltenen Schäden.

Falls die Varianzen auf der rechten Seite durch die Gestaltung des RV-Vertrags nicht berührt werden, bleibt nur noch die Korrelation zwischen den Bruttoschäden und den zurückbehaltenen Schäden als Entscheidungsgrösse übrig. Gemäss Gleichung (5-12) sollte für eine Minimierung der RV-Prämie $R$ die Varianz $Var(L^R)$ möglichst klein sein; dies bedeutet (5-13) zufolge, dass der Korrelationskoeffizient $\rho_{LS}$ möglichst gross sein sollte, also = 1. Die perfekte Korrelation ist aber dann gegeben, wenn die beiden Grössen $L$ und $S$ in einer exakt linearen Beziehung zueinander stehen, mit einem Proportionalitätsfaktor $1 - \alpha$.

Aus der Sicht des RV ist dieses Ergebnis verständlich. Fällt ein grosser Schaden an, so hat er die Gewähr, dass sich der EV entsprechend beteiligt. Deshalb kann er dem EV eine niedrige Prämie für die RV-Deckung bieten. Doch für den EV stellt sich die typische portfoliotheoretische Frage, ob er für diese Prämie eine genügend grosse Senkung der Varianz bzw. Volatilität erhält. Es würde also zu weit gehen, andern RV-Vertragsformen als der proportionalen RV von vornherein eine Berechtigung abzusprechen.

**(2) Summenexzedenten-Rückversicherung.** Der EV trägt den Gesamtschaden eines Jahres selbst bis zur vertraglich festgelegten Obergrenze (Priorität des EV). Der Teil, welcher diese Grenze übersteigt, wird vom RV übernommen. In der Prämienformel (5-12) ändern sich beide Komponenten. Zum einen entfallen für den RV die kleinen Schäden, so dass für ihn der Erwartungswert $EL^R$ zunimmt. Eine gewisse Reduktion der Prämie könnte höchstens die Entlastung von (hier nicht betrachteten) Serviceleistungen bei der Abwicklung der vielen kleinen Schäden bringen, die im Rahmen der Quoten-RV ebenfalls anfallen. Aber auch die Varianz $Var(L^R)$ nimmt zu, wie aus Gleichung (5-13) hervorgeht. Solange nämlich die Priorität des EV gilt, ist die Korrelation zwischen Bruttoschaden und Leistung des RV gleich Null, so dass der negative dritte Summand jeweils entfällt. Was die beiden Varianzen betrifft, so bleiben sie auch im Bereich der Priorität bestehen, obschon der RV gar keine Leistungen ausrichten muss. Denn auch ein Wert von Null weicht von einem positiven Erwartungswert ab und trägt so zur Varianz bei. Aus diesen Gründen müsste die RV-Prämie des Summenexzedenten-Vertrags höher sein als diejenige des Quoten-Vertrags[5].

Obschon dieser Typ des RV-Vertrags für den EV angenehm ist, weil er die sog. stoploss-Eigenschaft hat (ihn also vollständig von den schwersten Risiken befreit), ist er nicht sehr verbreitet. Dies dürfte auf den Umstand zurückgehen, dass das Änderungs-

---

5. Diese Aussage gilt nur, solange die Varianz als Mass des Risikos verwendet wird.

risiko in besonders starkem Masse auf den RV fällt. Ist beispielsweise die Inflationsrate höher als erwartet, überschreiten die Bruttoschäden häufiger als kalkuliert die Obergrenze der Priorität und müssen vom RV übernommen werden.

(3) **Schadenexzedenten-Rückversicherung.** Hier kann der Vertrag entweder bei der einzelnen Police oder beim Schadenfall ansetzen. Wird der Schadenexzedent (engl. excess loss) je Police bzw. Risiko festgelegt, so kann der EV die Kumulgefahr zum Teil auf den RV überwälzen. Wenn bei einem Sturm mehrere grosse Gebäude beschädigt werden, beteiligt sich der RV an jedem einzelnen Schaden, sofern die Schadensumme die Priorität des EV übersteigt. Setzt der Vertrag hingegen beim Schadenfall an, so wird der EV nur soweit gedeckt, als die Summe der zu deckenden Schäden die Priorität des EV übersteigt.

**Folgerung 5.12**  Die zentrale Aufgabe der Rückversicherung ist der Risikotransfer; er ist trotz der auf dem Kapitalmarkt bestehenden Alternativen der Risikodiversifikation für die Eigentümer des Erstversicherers dann interessant, wenn sich die Reduktion des Insolvenzrisikos in einer höheren Prämie niederschlägt. Aus der Sicht des Erstversicherers braucht die Quoten-Rückversicherung trotz niedriger Prämie nicht notwendig zu dominieren.

### 5.7.3 Ein optionstheoretisches Modell der Nachfrage nach Rückversicherung

Dieser Abschnitt ist der Darstellung eines Modells (*Garven* und *Lamm-Tennant*, 1998) gewidmet, das die Funktionen Nr. 1 bis 4 der RV mindestens in den Grundzügen abbildet und darüber hinaus auf die steuerlichen Effekte der RV auf den EV und seine Eigentümer hinweist. Dabei wird angenommen, dass die Leitung des VU bei ihrem Entscheid, RV-Deckung zu kaufen, im Interesse der Eigentümer des Unternehmens handelt.

Die Grundidee des Modells ist die, dass die Eigentümer eine Call-Option auf den Wert des VU halten. Mit anderen Worten, weist das VU einen positiven Nettowert auf, üben sie ihre Option aus, behalten also das VU in ihrem Eigentum. Hat das Unternehmen einen negativen Nettowert, lassen sie die Option verfallen; das VU geht bankrott. Da der Bankrott den Eigentümern annahmegemäss keine Kosten verursacht, kommen sie mit einer Auszahlung von Null davon (vgl. Abschnitt 6.2.3; dieses Recht hat den Wert einer Put-Option, doch die Insolvenzwahrscheinlichkeit soll so gering sein, dass diese Tatsache vernachlässigt werden kann). Aber auch die Regierung hat eine Call-Option. Weist das VU am Ende der Periode nämlich einen positiven Wert auf, wird sie ihren Steueranteil daran einfordern. Ist der Firmenwert negativ, beteiligt sich die Regierung nicht am Verlust (indem sie beispielsweise Steuern zurückerstatten würde); vielmehr lässt sie dann ihre Option ebenfalls verfallen und kommt mit Einnahmen von Null davon.

Die Call-Option der Aktionäre wird durch Gleichung (5-14) symbolisiert:

$$C(A \cdot R_p; -U) = R_f^{-1} \int_{-\infty}^{\infty} \int_{-\infty}^{\infty} MAX[(A \cdot R_p + P_n - (1-\alpha)L), 0]\hat{f}(r_p, L)dr_p\, dL \, . \quad (5\text{-}14)$$

**Tabelle 5.9**  Ein optionstheoretisches Modell der Nachfrage nach Rückversicherung

$$C(A \cdot R_p; -U) = R_f^{-1} \int_{-\infty}^{\infty} \int_{-\infty}^{\infty} MAX[(A \cdot R_p + P_n - (1-\alpha)L), 0] \hat{f}(r_p, L) dr_p \, dL \quad (5\text{-}14)$$

$$C(A \cdot R_p; -U) = R_f^{-1} \int_{-P_n}^{\infty} (Y + P_n) \hat{f}(Y) dY \quad (5\text{-}18)$$

$$\tau C(A \cdot \theta \cdot r_p; -U) = \tau R_f^{-1} \int_{-\infty}^{\infty} \int_{-\infty}^{\infty} MAX[(A \cdot \theta \cdot r_p + P_n - (1-\alpha)L), 0] \\ \cdot \hat{f}(r_p, L) dr_p \, dL \quad (5\text{-}19)$$

$$\tau C(A \cdot \theta \cdot r_p; -U) = \tau R_f^{-1} \int_{-P_n}^{\infty} (Z + P_n) \hat{f}(Z) dZ \quad (5\text{-}22)$$

$$V = C(A \cdot R_p; -U) - \tau C(A \cdot \theta r_p; -U) = \\ R_f^{-1} \int_{-P_n}^{\infty} (Y + P_n) \hat{f}(Y) dY - \tau R_f^{-1} \int_{-P_n}^{\infty} (Z + P_n) \hat{f}(Z) dZ \quad (5\text{-}23)$$

| | |
|---|---|
| $\alpha$ | Anteil der Schadensumme, die in RV gegeben wird |
| $P(\alpha)$ | Eingenommene Bruttoprämien des Erstversicherers, $P'(\alpha) > 0$ |
| $P_n(\alpha)$ | Nettoprämien für eigene Rechnung des Erstversicherers, $P_n'(\alpha) < 0$ |
| $A(\alpha)$ | Aktiva des Erstversicherers, $A'(\alpha) < 0$ |
| $k$ | Anteil der Prämieneinnahmen, der für die Kapitalanlage zur Verfügung steht (Kapitalbindungskoeffizient) |
| $\theta$ | Anteil der Anlagen, welcher der Besteuerung unterliegt |
| $\tau$ | Steuersatz auf den Gewinn des VU |
| $f(r_p, L)$ | Bivariate Normalverteilung, über Anlagerenditen und Schadenzahlungen |
| $\hat{f}(r_p, L)$ | Risikoneutrale bivariate Normalverteilung |
| $r_f$ | Rendite einer risikolosen Anlage |
| $r_p$ | Rendite eines riskanten Portefeuilles |
| $R_i$ | = 1 + $r_i$, i = f, p (f: risikolos, p: Anlage) |
| $U$ | Versicherungstechnisches Ergebnis vor Steuern, = $P_n - (1-\alpha)L$ |
| $V$ | Wert der Calloption in den Händen der Eigentümer des VU |

*Quelle:* Garven und *Lamm-Tennant* (1998)

## 5.7 Die Rückversicherung

Darin steht $A \cdot R_p = A(1 + r_p)$ für das aufgezinste Anfangsvermögen. Das Symbol $-U$ ist der Ausübungspreis der Option. $U$ ist gegeben durch $P_n - (1 - \alpha)L$, mit $P_n$ als Nettoprämie; $U$ zeigt mithin das versicherungstechnische Ergebnis vor Steuern an, denn der Anteil $(1 - \alpha)$ des Schadenaufwands ist nicht rückversichert. Umgekehrt besagt $-U$, dass dieses Ergebnis negativ ausfallen darf, bevor die Aktionäre sich (kostenlos) zurückziehen und den Bankrott erklären, denn der Wert des VU kann dank des Anlageertrags $A \cdot R_p$ immer noch positiv ausfallen.

Auf der rechten Seite der Gleichung (5-14) steht, dass die Eigentümer wählen (sich das Maximum aussuchen) können zwischen dem Wert der Firma (falls er positiv ist) und Null. Der Wert des VU ist vor der Aufzinsung $A$, wobei

$$A(\alpha) = S_0 + kP_n(\alpha) , \qquad (5\text{-}15)$$

mit $\alpha$: Rückversicherungsquote.

Das Anfangsvermögen setzt sich also zusammen aus dem Überschuss aus der Vorperiode $S_0$ sowie dem Anteil der Nettoprämien der Vorperiode $kP_n$, der noch nicht durch Schäden aufgebraucht ist und deshalb in der laufenden Periode verzinslich angelegt werden kann. Die Konstante $k$ zeigt den Anteil der Prämieneinnahmen an, der während der betrachteten Periode für die Kapitalanlage zur Verfügung steht (engl. funds generating factor). Er hängt von der Verzögerung ab, mit der die Schäden hereinkommen. Wird die Prämie innerhalb eines Jahres durch die Schäden aufgebraucht, steht sie im Durchschnitt zur Hälfte für Anlagen zur Verfügung, so dass $k = 0.5$. Dauert dies zwei Jahre, so stehen aus dem Vorjahr noch 25% zur Verfügung, aus dem laufenden Jahr somit 75%, so dass $k = 1$.

Das versicherungstechnische Ergebnis kommt am Ende der Periode dazu. Die Nettoprämien (d.h. für eigene Rechnung, nach Rückversicherung) hängen von der RV-Quote $\alpha$ ab. Der Zusammenhang ist dabei negativ: Zwar zieht eine hohe RV-Quote Versicherungskäufer an, weil sie eine niedrige Insolvenzwahrscheinlichkeit anzeigt. Doch der andere Effekt gibt annahmegemäss den Ausschlag; denn je höher $\alpha$, desto höher die RV-Prämie.

Insgesamt sind in der Gleichung (5-14) zwei Grössen zufallsbestimmt: die Rendite $r_p$ aus dem Anlagegeschäft sowie die Höhe der Schäden $L$. Die Dichtefunktion $f(\cdot)$ zeigt an, mit welcher Wahrscheinlichkeit die verschiedenen möglichen Wertepaare $\{r_p, L\}$ eintreten werden. Sie wird als bivariat normal angenommen - dies obschon insbesondere das Nichtlebengeschäft typischerweise durch seltene "Ausreisser" gekennzeichnet ist, welche die Verteilung linkssteil werden lassen. Die Normalverteilung hat jedoch den grossen Vorteil, dass jede lineare Transformation ihrer Argumente ebenfalls normalverteilt ist. Zu beachten ist schliesslich, dass nicht die wahre Dichtefunktion $f(\cdot)$ verwendet wird, mit welcher das (als risikoavers angenommene) Management des VU konfrontiert ist, sondern eine etwas dispersere $f(\cdot)$, die unter Risikoneutralität gelten würde. Denn die Bewertung der Option wird schliesslich auf dem Kapitalmarkt vorgenommen werden, wo sich Risikoaversion nicht in den Preisen der gehandelten Wertpapiere spiegeln kann. Deshalb wird die Option auch mit $R_f = (1 + r_f)$ auf den Barwert gebracht, wobei $r_f$ für die Rendite einer risikolosen Anlage steht.

Schliesslich wird über alle möglichen Werte der Option integriert. Beim Schaden $L$ sollte der Wertebereich an sich $(0, \infty)$ betragen, doch erweist sich diese Schwierigkeit dank einer Variablentransformation als irrelevant. Die vorgeschlagene Transformation lautet

$$Y = A \cdot R_p - (1-\alpha)L ,  \quad (5\text{-}16)$$

was nichts anderes als den Überschuss (vor Prämieneinnahmen) am Ende der Periode darstellt, wobei die Verpflichtungen des VU durch die RV-Deckung gemindert werden.

Für die Varianz des „Überschusses" gilt

$$\sigma_Y^2 = A^2 \sigma_p^2 + (1-\alpha)^2 \sigma_L^2 - 2A(1-\alpha)\sigma_{pL} , \quad \text{mit}$$

$$\frac{\partial \sigma_Y^2}{\partial \alpha} = -2(1-\alpha)\sigma_L^2 + 2A\sigma_{pL}$$

$$< 0 \quad \text{falls} \quad \begin{cases} \sigma_{pL} < 0; \\ \sigma_{pL} = \rho_{pL} \cdot \sigma_p \cdot \sigma_L > 0 \text{ aber klein.} \end{cases} \quad (5\text{-}17)$$

$\sigma_{pL}$ : Kovarianz zwischen $r_p$ und $L$;

$\rho_{pL}$ : Korrelationskoeffizient zwischen $r_p$ und $L$.

Mit Hilfe von (5-16) vereinfacht sich die Ausgangsgleichung (5-14) zu

$$C(A \cdot R_p; -U) = R_f^{-1} \int_{-P_n}^{\infty} (Y + P_n) \hat{f}(Y) dY . \quad (5\text{-}18)$$

Hier ist zu beachten, dass die Option den Wert Null aufweist, wenn $Y = -P_n$; aus der Gleichung (5-14) geht hervor, dass dann das negative versicherungstechnische Ergebnis $-U = (1-\alpha)L - P_n$ durch den Ertrag aus dem Anlagegeschäft ausgeglichen wird. Deshalb beginnt die Integration dann auch neu bei $-P_n$; anderseits entfällt der MAX-Operator, weil oberhalb von $-P_n$ der Optionswert stets positiv ist. Schliesslich genügt eine Integrationsvariable, weil $Y$ die Variablen $r_p$ und $L$ kombiniert.

Analog gilt für den Wert der Option in den Händen der Regierung

$$\tau C(A \cdot \theta \cdot r_p; -U) = \tau R_f^{-1} \int_{-\infty}^{\infty} \int_{-\infty}^{\infty} MAX[(A \cdot \theta \cdot r_p + P_n - (1-\alpha)L), 0]$$

$$\cdot \hat{f}(r_p, L) dr_p \, dL \quad (5\text{-}19)$$

Gegenüber dem Ausdruck für die Aktionäre ergeben sich drei Änderungen:

## 5.7 Die Rückversicherung

- Der Steueranspruch bezieht sich nicht auf die Aktiva der VU, sondern auf die Erträge. Deshalb steht im Argument des MAX-Operators der Zinssatz $r_p$ und nicht der Zinsfaktor $R_p = 1 + r_p$.
- Nicht die Gesamtheit der Erträge, sondern nur solche aus bestimmten Anlagen (deren Anteil $\theta$ beträgt) ist der Besteuerung unterworfen. So sind vielfach Anlagen in Staatspapiere von der Besteuerung ausgenommen.
- Der wirkliche Wert der Option für die Regierung bemisst sich nach dem Steuersatz $\tau$ auf den Gewinn des VU.

Zur Vereinfachung werden die beiden zufallsbestimmten Grössen $r_p$ und $L$ zu einer normalverteilten Zufallsvariablen $Z$ zusammengefasst:

$$Z = A \cdot \theta \cdot r_p - (1-\alpha)L . \tag{5-20}$$

Die Varianz dieser Zufallsvariablen ist gegeben durch

$$\sigma_Z^2 = A^2\theta^2\sigma_p^2 + (1-\alpha)^2\sigma_L^2 - 2A\theta(1-\alpha)\sigma_{pL} , \quad \text{mit}$$

$$\frac{\partial \sigma_Z^2}{\partial \alpha} = -2(1-\alpha)\sigma_L^2 + 2A\theta\sigma_{pL}$$

$$< 0 \quad \text{falls} \quad \begin{cases} \sigma_{pL} < 0; \\ \sigma_{pL} = \rho_{pL} \cdot \sigma_p \cdot \sigma_L > 0 \text{ doch klein.} \end{cases} \tag{5-21}$$

Die Substitution in die Gleichung (5-24) ergibt

$$\tau C(A \cdot \theta r_p; -U) = \tau R_f^{-1} \int_{-P_n}^{\infty} (Z + P_n)\hat{f}(Z)dZ ; \tag{5-22}$$

wiederum wird die Integrationsgrenze angepasst, und der MAX-Operator entfällt.

Der Optionswert für die Eigentümer des VU berechnet sich schliesslich aus dem Bruttowert gemäss Gleichung (5-20), abzüglich des Optionswerts für die Regierung gemäss Gleichung (5-22). Dies ergibt

$$V = R_f^{-1} \int_{-P_n}^{\infty} (Y + P_n)\hat{f}(Y)dY - \tau R_f^{-1} \int_{-P_n}^{\infty} (Z + P_n)\hat{f}(Z)dZ . \tag{5-23}$$

Auf die formelle Herleitung der nachstehenden Hypothesen H1 bis H4 wird verzichtet. Die Gleichung (5-23) müsste nach der Entscheidungsgrösse $\alpha$ abgeleitet werden, um die notwendige Optimumbedingung zu erhalten. Die Optimalbedingung wird dann durch die nachstehend genannten vier Veränderungen gestört, und man ermittelt, wie sich $\alpha^*$

anpassen muss, um sie wiederherzustellen [komparative Statik, vgl. *Garven* und *Lamm-Tennant* (1998)].

**H1:** Unter sonst gleichen Bedingungen ist die Nachfrage nach RV um so grösser, je kleiner der Eigenkapitalanteil des VU.

Zum intuitiven Verständnis hilft folgende Überlegung. Ein kleinerer Eigenkapitalanteil bedeutet, dass bei gegebener Nettoprämie ein geringerer Überschuss $S_0$ aus der Vorperiode zur Verfügung steht. Damit nimmt der Wert des VU [$A$ in Gleichung (5-15)] durchweg kleinere Werte an. Dies überträgt sich auf die Variable $Y$ in Gleichung (5-16), deren Wahrscheinlichkeitsmasse sich in Richtung niedriger Werte verschiebt, so dass der Wert der Call-Option zurückgeht. Der Abschluss zusätzlicher RV wirkt dem entgegen; ausserdem werden dadurch die Netto-Prämieneinnahmen $P_n$ reduziert, was den Wert der Steueroption in Händen der Regierung gemäss (5-22) schmälert. Durch den Abschluss zusätzlicher RV-Deckung kann also dem Rückgang des Optionswerts für die Eigentümer des VU entgegengewirkt werden.

**H2:** Unter sonst gleichen Bedingungen führt eine stärkere Korrelation zwischen Anlagerendite und Schadenhöhe zu weniger RV-Nachfrage.

Aus den Gleichungen (5-17) und (5-21) geht hervor, dass die Kovarianz $\sigma_{pL}$ die Höhe der Varianz von $Y$ wie auch von $Z$ beeinflusst. Es sind zwei Fälle zu unterscheiden.

(a) $\sigma_{pL} < 0$: Wenn die Kovarianz und damit die Korrelation zwischen $r_p$ und $L$ im Absolutwert grösser wird, nehmen beide Varianzen zu und damit der Wert beider Optionen, die ihre Absicherungsfunktion verstärken. Diese Verstärkung erlaubt eine Reduktion der RV-Quote $\alpha$ [vgl. Gleichungen (5-17) und (5-21)].

(b) $\sigma_{pL} > 0$: Gemäss *Berger, Cummins* und *Tennyson* (1992) ist dies der Regelfall, doch mit geringen Werten für $\rho_{pL}$ und damit $\sigma_{pL}$. Immerhin würde eine Zunahme von $\sigma_{pL}$ die Varianzen $\sigma_Y^2$ und $\sigma_Z^2$ und damit den Wert beider Call-Optionen reduzieren. Aus der Gleichung (5-17) geht hervor, dass für kleine Werte von $\rho_{pL}$ nach wie vor $\partial \sigma_Y^2 / \partial \alpha < 0$ gilt, d.h. eine Reduktion der RV-Quote dient zur Wiederherstellung des Wertes der Call-Option in den Händen sowohl der Eigentümer als auch der Regierung [vgl. Gleichung (5-22)].

**H3:** Unter sonst gleichen Bedingungen kauft ein VU mit lang hinausgezogenem Schadenprozess mehr RV.

Wenn die Schadenzahlungen im Durchschnitt mit grösserer Verzögerung anfallen, bleiben von der eingenommenen Prämie dem VU zwar mehr Mittel für die Kapitalanlage [die Konstante $k$ in der Gleichung (5-15) nimmt zu]. Andererseits geht jedoch die erzielbare Nettoprämie zurück, denn die VK schätzen die Qualität der Versicherungsdeckung geringer ein. Nicht nur müssen sie die Schäden während einer längeren Zeit selbst finanzieren, sondern sie dürften wegen der Verzögerung die Wahrscheinlichkeit niedriger einschätzen, überhaupt die versprochene Leistung zu erhalten. Der negative Zusammenhang zwischen dem Wert des Unternehmens $A$ und der RV-Quote $\alpha$ wird dadurch abgeschwächt, so dass VU mit lang hinausgezogenem Schadenprozess die RV zumindest weniger stark einzuschränken suchen als andere.

**H4:** Je mehr die Kapitalanlage in steuerbegünstigten Aktiva erfolgt, desto grösser die Nachfrage nach RV.

Ausgangspunkt der Überlegungen ist hier das Argument, dass sich die Renditen nach Steuern über alle Anlagealternativen hinweg ausgleichen [dies bei gleichem Risiko, eine Bedingung, die durch die risikoneutrale relevante Dichtefunktion $\hat{f}(\cdot)$ erfüllt ist]. Die vollständig besteuerten Anlagen ($\theta \to 1$) müssen demnach höhere Renditen $R_p$ haben. Indem umgekehrt ein VU $\theta$ reduziert (mehr Anlagen in steuerbegünstigte Aktiva), senkt es zwar die Steuerbelastung, aber erzielt dafür einen niedrigen Wert von $R_p$. Damit nimmt $Y$ in Gleichung (5-16) niedrigere Werte an, und die Option der Eigentümer der VU würde an Wert verlieren. Wie bei der Erklärung der Hypothese H1 gezeigt, kann dies durch den Abschluss zusätzlicher RV-Deckung neutralisiert werden.

### 5.7.4 Empirische Überprüfung des Modells

*Garven* und *Lamm-Tennant* (1998) waren in der Lage, Daten für 128 amerikanische VU während der Jahre 1980-1989 zusammenzustellen, wovon 54 Aktiengesellschaften und 94 Vereine auf Gegenseitigkeit. Die verwendeten Variablennamen haben die folgende Bedeutung.

**REINS:** Verhältnis zwischen den Prämien für zedierte Rückversicherung und Bruttoprämien; dies ist die zu erklärende Variable. Sie entspricht der theoretischen Grösse $\alpha$, die einen proportionalen RV-Vertrag abbildet, nur ungenau, weil die Daten auch andere Vertragsarten widerspiegeln. Immerhin variiert REINS wie $\alpha$ zwischen 0 und 1. Das arithmetische Mittel liegt bei 0,25, das Minimum aber ist 0, d.h. es kommt vor, dass ein VU ganz auf RV verzichtet.

Es liegen für jedes VU 10 Beobachtungen vor, insgesamt also 1280, die mit einer Reihe von erklärenden Variablen im Rahmen einer multiplen Regression in Verbindung gebracht werden.

**SIZE:** Ausgewiesene Aktiva des VU, gemessen in natürlichen Logarithmen. Dies ist ein Grössenindikator, der mit keiner der theoretischen Variablen in einer direkten Beziehung steht. Immerhin könnte vermutet werden, dass grosse VU mehr Möglichkeiten haben, sich intern rückzuversichern, so dass SIZE einen negativen Regressionskoeffizienten aufweisen dürfte.

**PSRATIO:** Diese Variable gibt die Nettoprämien für eigene Rechnung im Verhältnis zum Überschuss an. Sie bildet also einen inversen Indikator der Deckung durch Eigenkapital. Im Durchschnitt beträgt PSRATIO 2,18, was einer Eigenkapitaldeckung von 46% entspricht. Da niedrige Eigenkapitaldeckung die Nachfrage nach RV steigern sollte (Hypothese H1), müsste der Zusammenhang zwischen REINS und PSRATIO positiv sein.

**RHO:** Korrelation zwischen Anlagerendite und Schadenhöhe. Für drei verschiedene Anlageformen und nicht weniger als 21 Versicherungssparten wurden die jeweilige Korrelation zwischen Renditen und Schäden berechnet, nach den jeweiligen Anteilen gewichtet und zu einem Durchschnittswert aggregiert. Der Mittelwert beträgt 0,55, d.h. die positiven Korrelationen überwiegen. Diese Grösse entspricht genau $\sigma_{pL}$, und gemäss Hypothese H2 müsste der partielle Zusammenhang mit REINS negativ sein.

**STDP:** Standardabweichung der Rendite auf den Anlagen der VU. Diese Grösse entspricht $\sigma_p$ im Modell. Wie Gleichung (5-17) zeigt, hat der Zusammenhang zwischen der

Varianz von $Y$ und der RV-Quote $\alpha$ nichts mit der Höhe von $\sigma_p$ zu tun. Dies spricht für die Abwesenheit eines Zusammenhangs zwischen REINS und STDP.

**STDL:** Standardabweichung des Schadens. Das theoretische Symbol hierzu ist $\sigma_L$. Eine Voraussage wurde nicht hergeleitet, doch die Gleichung (5-17) macht klar, dass ein höherer Wert von $\sigma_L$ den Zusammenhang zwischen der Varianz von $Y$ negativ werden lässt. Durch die Wahl einer hohen RV-Quote $\alpha$ kann dieser Tendenz im Interesse der Aktionäre (die von einer hohen Varianz von $Y$ profitieren) entgegengewirkt werden. Demnach müsste REINS positiv mit STDL variieren.

**SCHEDP:** Anteil des Prämienvolumens, der auf die Sachversicherung (engl. Property/Liability; Schedule P lines) entfällt. Dies ist ein Indikator der theoretischen Variablen $k$, weil die Sachversicherungszweige für ihre verzögerten Schadenprozesse bekannt sind. Gemäss Hypothese H3 müsste diese Variable in einer positiven Beziehung mit REINS stehen.

**THETA:** Anteil der steuerbaren Erträge aus Kapitalanlagen am Total dieser Erträge. Dies stellt einen Indikator für $\theta$ dar, einer Variablen, die an sich den Anteil der Aktiva, deren Erträge besteuert werden, meint. Es könnte sich hier ein Messfehler bemerkbar machen, doch Hypothese H4 zufolge müsste der Zusammenhang mit der Nachfrage nach RV negativ sein.

**HERF:** Herfindahl-Konzentrationsindex der Tätigkeit des VU. Diese Grösse gibt die Konzentration auf einzelne Geschäftsfelder an, gemessen am Anteil der verschiedenen Geschäftsfelder am Prämienvolumen auf eigene Rechnung. Erzielt ein VU nur in einem Geschäftsfeld Prämieneinnahmen, ist HERF = 1; erzielt es dagegen gleichmässig 1/21 aus den unterschiedenen 21 Geschäftsfeldern, ist HERF = 1/21.[6] Es besteht keine direkte Beziehung zu den aggregierten Grössen des Modells. Die Call-Option der Eigentümer eines VU, das in wenigen Geschäftsfeldern tätig ist und damit einen hohen Wert von $Var(Y)$ aufweist, ist allerdings besonders viel wert, und dieser Zusammenhang würde durch zusätzliche RV-Deckung abgeschwächt. Von daher ist eine negative partielle Beziehung zwischen HERF und REINS zu erwarten.

**LICENSE:** Zahl der Bundesstaaten, in denen das VU zugelassen ist, multipliziert mit (−1). Die Absicht ist die, die geographische Konzentration der Geschäftstätigkeit zu erfassen. Ist ein VU in vielen Bundesstaaten zugelassen, ist diese Konzentration schwach. Die Multiplikation mit (−1) verwandelt deshalb LICENSE in einen direkten Indikator der Konzentration, wie HERF. Mehr geographische Konzentration dürfte $Var(Y)$ ansteigen lassen, und einmal mehr wäre den Eigentümern nicht gedient, diesen Zusammenhang durch den Abschluss von RV abzuschwächen. Dies spielt für einen negativen partiellen Zusammenhang zwischen LICENSE und REINS eine Rolle.

**MUTUAL:** Kategorische Variable, die anzeigt, ob ein VU ein Verein auf Gegenseitigkeit (MUTUAL = 1) oder eine Aktiengesellschaft (MUTUAL = 0) ist. Es besteht keine Verbindung zu einer Variablen des Modells; immerhin könnte man davon ausgehen, dass das Management eines VU auf Gegenseitigkeit die Interessen der Eigentümer weniger genau verfolgen muss. Dieser Umstand dürfte sich in zusätzlicher RV-Deckung nieder-

---

6. Der Konzentrationsindex ist gegeben durch HERF = $\sum m_i^2$, mit $m_i$ := Anteil des $i$-ten Geschäftsfeldes an den Prämieneinnahmen. Bei einer gleichmässigen Aufteilung auf $n$ Teilbranchen erhält man HERF = $\sum_i (1/n^2) = n(1/n^2) = 1/n$.

## 5.7 Die Rückversicherung

schlagen, da wenig diversifizierte Manager die Volatilität des Geschäftsergebnisses [dargestellt durch $Var(Y)$] eher niedrig halten wollen, möglicherweise auch im Interesse der VK, sofern sie ebenfalls wenig diversifiziert sind..

**Tabelle 5.10**  Nachfrage nach Rückversicherung amerikanischer Erstversicherer (REINS), 1980-1989

| Regressor | Theoretische Grösse | Erwartetes Vorzeichen | Regressionskoeffizient | Standardfehler | $t$-Wert |
|---|---|---|---|---|---|
| INTERCEPT | | | 0,9829 | 0,0819 | 11,995 |
| SIZE | | − | −0,0479 | 0,0049 | −9,775 |
| PSRATIO | $P_n/S_0$ | + | 0,0232 | 0,0032 | 7,207 |
| RHO | $\sigma_{pL}$ | − | −0,0085 | 0,0301 | −0,281 |
| STDP | $\sigma_p$ | 0 | −0,0102 | 0,0020 | −5,165 |
| STDL | $\sigma_L$ | + | 0,0104 | 0,0014 | 7,500 |
| SCHEDP | k | + | 0,0408 | 0,0199 | 2,051 |
| THETA | θ | − | 0,0296 | 0,0222 | 1,333 |
| HERF | | (−) | −0,0528 | 0,0238 | −2,213 |
| LICENSE | | (−) | −0,0030 | 0,0005 | −6,593 |
| MUTUAL | | (+) | 0,0116 | 0,0107 | 1,082 |
| T81 | | | −0,0034 | 0,0205 | −0,167 |
| T82 | | | −0,0035 | 0,0206 | −0,171 |
| T83 | | | −0,0044 | 0,0207 | −0,212 |
| T84 | | | −0,0057 | 0,0207 | −0,276 |
| T85 | | | 0,0071 | 0,0208 | 0,340 |
| T86 | | | 0,0193 | 0,0210 | 0,922 |
| T87 | | | 0,0125 | 0,0211 | 0,590 |
| T88 | | | 0,0178 | 0,0212 | 0,838 |
| T89 | | | 0,0812 | 0,0214 | 0,848 |

$R^2 = 0{,}71$, F = 16,9 (0,0001 Irrtumswahrscheinlichkeit), N = 1280, OLS.
Quelle: *Garven* und *Lamm-Tennant* (1998)

**T81 - T89:** Kategorische Variable, die anzeigt, ob die Beobachtung ins betreffende Jahr fällt (z.B. T81 = 1 für 1981, = 0 sonst, T82 = 1 für 1982, = 0 sonst, usw.). Damit lässt sich prüfen, ob der postulierte Gesamtzusammenhang zwischen REINS und den erklärenden Variablen über die Zeit stabil ist. Dieser Frage kommt einige Bedeutung zu, kam es doch in den 1980er Jahren zu einer Krise in der Sachversicherung der USA, die auf den

Eintritt unerfahrener Rückversicherer in den Markt zurückgeführt werden kann (*Berger, Cummins* und *Tennyson*, 1992).

Das im vorhergehenden Abschnitt skizzierte Modell wird durch die in der Tabelle 5.10 aufgeführten Schätzergebnisse **tendenziell bestätigt**. Insbesondere kann mit einiger Sicherheit davon ausgegangen werden, dass ein geringer Eigenkapitalanteil (dargestellt durch einen hohen Wert von PSRATIO) zu einer erhöhten Nachfrage nach RV-Deckung führt. An den Mittelwerten berechnet, würde eine Zunahme dieses Verhältnisses um 10% (von 2,18 auf 2,40, d.h. um 0,22) den Anteil der RV-Prämien an den Bruttoprämien um 2%, d.h. von 0,25 auf 0,255 (= 0,25 + 0.0232 · 0.22) ansteigen lassen. Der Zusammenhang zwischen RHO und REINS ist ebenfalls negativ, doch lässt er sich mangels statistischer Signifikanz nicht von Null unterscheiden. Hingegen ist der Zusammenhang zwischen SCHEDP und REINS wieder statistisch genügend gesichert, so dass man den postulierten positiven Zusammenhang als bestätigt betrachten kann.

Ein **schwacher Widerspruch** zu den Voraussagen aus dem Modell ergibt sich für THETA. Der Regressionskoeffizient ist positiv statt negativ, doch statistisch nicht von Null unterscheidbar. Zwischen dem Anteil der Aktiva, die besteuert werden, und der Nachfrage nach RV scheint also kein Zusammenhang zu bestehen. Etwas überraschend ist auch, dass zwischen der Nachfrage nach RV und STDP ein statistisch signifikanter Zusammenhang besteht, der nicht vorausgesagt wurde.

Die übrigen Ergebnisse erscheinen glaubhaft, so insbesondere der Rückgang der RV-Deckung mit zunehmender Grösse des VU (SIZE). Die VU reagieren auf eine Zunahme des Risikos bei den Schäden (STDL) wie erwartet mit einem Ausbau der RV-Deckung.

Die branchenmässige und geographische Konzentration (HERF, LICENSE) geht wie erwartet mit einer niedrigeren RV-Quote am Prämienvolumen einher, während sich aus dem Umstand, dass ein VU ein Verein auf Gegenseitigkeit ist (MUTUAL = 1), keine eindeutigen Rückschlüsse ziehen lassen.

Die **Krise in der Sachversicherung** der 1980er Jahre schliesslich zeichnet sich in den negativen Regressionskoeffizienten von T81 bis T84 ab. Derjenige von T84 beispielsweise besagt, dass die RV-Quote an den Prämien 1984 möglicherweise um 5,7 Prozentpunkte niedriger als 1980 lag, also z.B. auf 0,2443 statt 0,25. Doch dieser Effekt erweist sich als statistisch nichtsignifikant, so dass der geschätzte Gesamtzusammenhang über die Zeit hinweg als einigermassen stabil betrachtet werden darf.

Die in Tabelle 5.10 gezeigten Ergebnisse werden übrigens durch zwei weitere Querschnittuntersuchungen für die Jahre 1988 und 1989 bestätigt. Die zentralen Regressionskoeffizienten behalten nicht nur ihr Vorzeichen, sondern auch ihre ungefähren Grössenordnungen und statistische Signifikanz.

**Folgerung 5.13**  Die Nachfrage nach Rückversicherung lässt sich erklären aus der Optik der Eigentümer des Erstversicherers, die eine Option auf den Nettowert des Unternehmens (nach Abzug der Option der Regierung im Sinne eines bedingten Steuerguthabens) halten. Von Bedeutung erweist sich insbesondere die Deckung mit Eigenkapital, die

Korrelation zwischen der Rendite der Kapitalanlagen und dem Gesamtschaden sowie die Verzögerung des Schadenprozesses gegenüber dem Prämieneinnahmenprozess.

## 5.8 Die Anlagepolitik des VU

Die Anlagepolitik des VU stellt einen zentralen Bestandteil seiner Versicherungstechnologie dar. Denn wie an der Rechnungslegung eines VU im Abschnitt 5.1 ersichtlich, können die laufenden Schadenzahlungen und Aufwendungen ohne weiteres die laufenden Prämieneinnahmen übersteigen, so dass es vom Erfolg der Anlagepolitik abhängt, ob ein VU langfristig seinen Verpflichtungen nachkommen kann oder nicht.

Die in Kapitel 4 hergeleiteten Grundzüge der Portfoliotheorie können grundsätzlich auf das VU als Investor übertragen werden. Doch die direkte Übertragung ist der Kritik ausgesetzt, dass ein VU zur Hauptsache nicht eigene Mittel, sondern Mittel aus Rückstellungen zur Erfüllung seiner Leistungszusagen investiert. Eine Optimierung nur gerade der investierten Aktiva ohne Berücksichtigung dieser Verpflichtungen erscheint deshalb unangebracht. Stattdessen bietet sich an, den Überschuss (engl. surplus) der Aktiva über die eingegangenen Verpflichtungen (engl. liabilities) zur Zielgrösse zu machen[7].

Dieser Überschuss entspricht hier dem Eigenkapital des VU und ist gegeben durch

$$S_t = A_t - L_t. \tag{5-24}$$

Offensichtlich werden die mit der Durchführung der Anlagepolitik verbundenen Kosten vernachlässigt. Sie bilden jedoch einen festen (also nicht zufallsbestimmten) Abzug, der für die Optimierung nicht mehr wesentlich ist.

Die Veränderung des Überschusses über die Zeit lässt sich ausdrücken als Veränderung des Wertes der Aktiva abzüglich des Wertes der Verpflichtungen:

$$\begin{aligned} S_t - S_{t-1} &= (A_t - L_t) - (A_{t-1} - L_{t-1}) \\ &= (A_t - A_{t-1}) - (L_t - L_{t-1}). \end{aligned} \tag{5-25}$$

Man könnte diese Veränderung auf den Überschuss der Vorperiode $S_{t-1}$ beziehen, würde sich dabei aber das Problem einhandeln, dass $S_{t-1}$ einmal positiv und einmal negativ sein kann. Deshalb ist es vorteilhaft, die Aktiva der Vorperiode als Bezugsgrösse zu verwenden. Im zweiten Summanden dagegen wird der Bestand der Verpflichtungen ins Spiel gebracht, indem man mit $1 = (L_{t-1}/L_{t-1})$ durchmultipliziert:

$$\frac{S_t - S_{t-1}}{A_{t-1}} = \frac{A_t - A_{t-1}}{A_{t-1}} - \frac{(L_t - L_{t-1})/L_{t-1}}{A_{t-1}/L_{t-1}} = \frac{A_t - A_{t-1}}{A_{t-1}} - \frac{L_t - L_{t-1}}{L_{t-1}} \cdot \frac{1}{A_{t-1}/L_{t-1}} \tag{5-26}$$

---

7. Die Darstellung folgt hier *Ezra* (1991). In diesem Abschnitt steht $L$ nicht für die laufenden Schäden, sondern die Gesamtheit der Verpflichtungen (welche insbesondere zukünftig zu leistende Schadenzahlungen umfassen). Entsprechend enthält der Überschuss nicht die versicherungstechnischen Rückstellungen, sondern entspricht dem Eigenkapital.

Diese Gleichung besagt, dass die erzielte (Netto-)Rendite auf den angelegten Aktiva von drei Faktoren abhängt:

(1) Von der relativen Veränderung des Werts der **Aktiva**. Diese Veränderung ist nichts anderes als die herkömmliche Portfolio-Rendite.

(2) Von der relativen Veränderung des Werts der **Verpflichtungen**. Auch diese Grösse kann sich zufallsbestimmt verändern. Besonders einsichtig ist dieses Argument im Falle einer Pensionskasse: der Bestand altert, Änderungen der Zinssätze schlagen auf den Barwert der Verpflichtungen durch, und Änderungen der Inflationsrate beeinflussen die Verpflichtungen, sobald den Versicherten eine auch nur partielle Sicherung der realen Ansprüche geboten werden soll. Analoges gilt für die Lebenversicherung; doch auch in der Nichtlebenversicherung kann die Inflation die Schäden aufblähen und gegen die Versicherungsobergrenze drücken.

(3) Vom **Verhältnis** der Aktiva zu den Verpflichtungen $A_{t-1}/L_{t-1}$, dem sog. Deckungsgrad in der Ausgangsperiode. Je höher dieser Deckungsgrad, desto weniger schlagen Veränderungen der Verpflichtungen auf die Nettorendite durch.

Die Notation mit Tilde soll daran erinnern, dass alle Grössen der Gleichung (5-27) ausser dem Deckungsgrad $F$, der in der Vorperiode bestimmt wurde, Zufallsvariablen sind:

$$\tilde{r}_S = \tilde{r}_A - \frac{1}{F} \cdot \tilde{r}_L, \quad \text{mit} \quad \tilde{r}_A := \frac{A_t - A_{t-1}}{A_{t-1}}, \quad \tilde{r}_L := \frac{L_t - L_{t-1}}{L_{t-1}}, \quad F := A_{t-1}/L_{t-1}. \qquad (5\text{-}27)$$

Entsprechend ist der Erwartungswert der Nettorendite gegeben durch

$$E\tilde{r}_S = E\tilde{r}_A - \frac{1}{F}E\tilde{r}_L. \qquad (5\text{-}28)$$

Bei der Bestimmung der Varianz ist zu beachten, dass $(1/F)$ einen Skalierungsfaktor darstellt, der quadriert wird:

$$\text{Var}(\tilde{r}_S) = \text{Var}\tilde{r}_A + \frac{1}{F^2}\text{Var}(\tilde{r}_L) - \frac{2}{F}\text{Cov}(\tilde{r}_A, \tilde{r}_L). \qquad (5\text{-}29)$$

Die durch die Varianz gemessene Volatilität der Rendite auf den Überschuss fällt also nur bei sehr hohem Deckungsgrad ($F \to \infty$) mit der Volatilität der Rendite auf den Anlagen zusammen. Im allgemeinen geht von der Varianz der Verpflichtungen, $\text{Var}(\tilde{r}_L)$, eine Verstärkung der Volatilität aus. Dieser Effekt lässt sich aber in Grenzen halten, wenn Kapitalanlagen gewählt werden, deren Renditen positiv mit den Wertveränderungen der Verpflichtungen korrelieren [$\text{Cov}(\tilde{r}_A, \tilde{r}_L) > 0$].

Die Bedeutung dieser Überlegungen wird von *Blanco, Müller und Teuscher* (1995) illustriert. Im Falle einer Pensionskasse bestehen die Verpflichtungen aus den Leistungszusagen an die Versicherten, die als homogen angenommen werden. Damit beschränkt sich das Entscheidungsproblem darauf, die Anteile $x_i$ an den Aktiva optimal zu wählen, analog zu den Gleichungen (4-6) bis (4-9) des 4. Kapitels. Die Autoren begnügen sich jedoch nicht damit, die Effizienzgrenze in Bezug auf erwartete Rendite und Varianz des Überschusses zu bestimmen (vgl. $EE'$ in Abbildung 5.1). Vielmehr ergänzen sie die Zielfunktion mit der subjektiven Abwägung zwischen den Zielen „Rendite" und „Sicherheit", um so gerade auch das Optimum auf der Effizienzgrenze festzulegen:

$$\underset{x_i}{\text{Max}} \left\{ E\tilde{r}_S - \frac{1}{\tau} \text{Var}(\tilde{r}_S) \right\}, \sum x_i = 1. \tag{5-30}$$

In dieser Gleichung gibt der Parameter $\tau$ ($0 < \tau \leq \infty$) die subjektive Abwägung zwischen den beiden Zielen „Rendite" und „Sicherheit" an. Je kleiner $\tau$, desto ausgeprägter die Risikoaversion des Investors, desto geringer umgekehrt seine Risikotoleranz. Wird z.B. $\tau = 1$ gesetzt, so haben in der (5-30) die Ziele "Rendite" und "Vermeidung von Risiko" die gleiche Bedeutung.

**Abbildung 5.1** Anwendung der Portfolio-Optimierung auf den Überschuss $S$

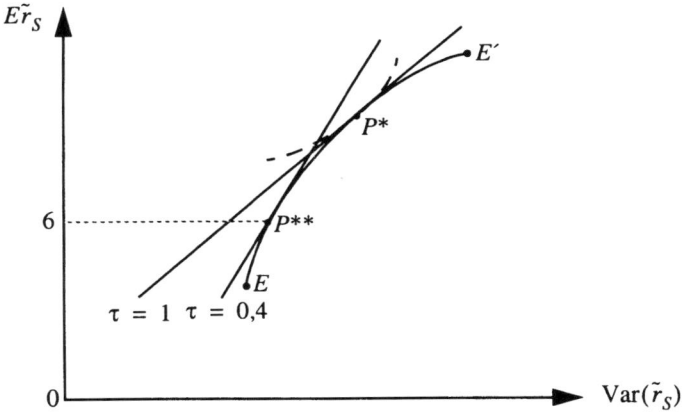

Abbildung 5.1 illustriert das Vorgehen. Die effiziente Grenze $EE'$ hat in Bezug auf Rendite und Risiko des Überschusses qualitativ denselben Verlauf wie die effiziente Grenze bezüglich lediglich des Anlageerfolgs (vgl. 4. Kapitel); allerdings ist sie wegen des negativen dritten Summanden in Gleichung (5-29) je nach Deckungsgrad $F$ nach unten verschoben. Eine mögliche Wahl auf dieser Grenze ist das Minimum-Varianz-Portefeuille (Punkt $E$ in Abbildung 5.1). Gibt man beispielsweise eine **Gleichgewichtung** von Rendite und Risiko vor ($\tau = 1$), hat die Steigerung der Indifferenzkurve im Optimum die Steigung +1, gleich viel wie die Steigung der Effizienzgrenze (vgl. Punkt $P^*$). Eine andere Möglichkeit besteht darin, eine Minimalrendite (hier: 6%) vorzugeben. Der resultierende Punkt $P^{**}$ stellt für den Investor wiederum ein Optimum dar, wenn die Steigung seiner

Indifferenzkurve (nicht eingezeichnet) der Steigung der effizienten Grenze $EE'$ entspricht. Die Steigung von $EE'$ beträgt an diesem Punkt rd. 2,5, d.h. das Optimum bei $P^{**}$ ist genau dann gegeben, wenn eine Einheit zusätzlicher Streuung durch 2,5 (= 1/0,4) Punkte mehr Rendite abgegolten werden muss.

Die Tabelle 5.11 zeigt die optimale Anlagepolitik unter der Vorgabe $E\tilde{r}_S = 6\%$ bzw. $\tau = 0,4$, wobei die nominellen Renditen und ihre Kovarianzen aufgrund von Quartalsdaten 1980-1993 (in Schweizerfranken) geschätzt wurden. Die Tabelle zeigt eindrücklich, wie sehr die Berücksichtigung der Leistungszusagen die optimale Portefeuille-Struktur verändern kann. Solange die Verpflichtungsseite vernachlässigt wird [Spalte (1)], würden zu 46% inländische Geldmarkttitel dieses optimale Portefeuille ausmachen, daneben aber zu 32% in- und ausländische Aktien.

**Tabelle 5.11**   Der Einfluss der Leistungsverpflichtungen auf die optimale Anlagepolitik

| Fall | (1) Verpflichtungen vernachlässigt $r_L \equiv 0$ | (2) Nominelle Verpflichtungen berücksichtigt $r_L = r_{Obl.}$ | (3) Indexierte Verpflichtungen berücksichtigt $r_L = r_{Obl.} + r_{Inflation}$ |
|---|---|---|---|
| $\tau$ (Risikotoleranz) | 0,40 | 0,38 | 0,39 |
| CH-Geldmarktp. | 46,0 (%) | - | - |
| CH-Obligationen | 10,0 | 63,5 | 61,0 |
| CH-Aktien | 5,5 | 7,7 | 6,2 |
| Euro Obligationen | 7,5 | - | 2,8 |
| Euro Aktien | 23,5 | 18,1 | 19,4 |
| US-Obligationen | - | - | - |
| US-Aktien | - | - | 0,1 |
| Japan Obligationen | 4,5 | 7,8 | 8,4 |
| Japan Aktien | 3,0 | 2,9 | 2,1 |
| Soll-Rendite 6,0 % | | | |

*Quelle: Blanco et al. (1995)*

In der Spalte (2) wird angenommen, dass die Verpflichtungen mit einer Rate zunehmen, welche dem (inländischen) Zinssatz auf Obligationen entspricht. Dann aber ist es angezeigt, von Geldmarktpapieren auf Obligationen umzusteigen, weil so $\text{Cov}(\tilde{r}_A, \tilde{r}_L) > 0$ gross wird und die Varianz des Überschusses reduziert. Der optimale Aktienanteil geht auf rd. 28% zurück.

Gilt es schliesslich, dem VK eine reale Leistung zu garantieren [Spalte (3)], wachsen die Verpflichtungen nicht nur mit der Obligationenrendite, sondern werden zusätzlich mit der Inflationsrate indexiert. Nach wie vor eignen sich Obligationen, nicht aber Geldmarktpapiere zur Absicherung des Risikos in der Überschussgrösse.

## 5.8 Die Anlagepolitik des VU

**Folgerung 5.14** Die Anlagepolitik des VU muss berücksichtigen, dass nicht nur die Renditen der Anlagen, sondern auch seine Verpflichtungen zufälligen Schwankungen unterworfen sein können. Als Ziel der Anlagepolitik bietet sich entsprechend die Erreichung der effizienten Rendite-Risiko-Grenze in Bezug auf den Überschuss (angelegte Aktiva abzüglich Verpflichtungen) an.

In den letzten Jahren hat es jedoch immer mehr Kritik an der Verwendung des Ansatzes von *Markowitz* (1952) gegeben. Die wichtigsten Punkte sind die folgenden (*Ramaswami*, 1997):

- Varianz bzw. Standardabweichung sind **symmetrische Masse**, d.h. Abweichungen vom Erwartungswert werden gleich gewichtet, ob positiv oder negativ. Der Investor möchte aber nur die negativen Abweichungen vermeiden.

- Die Renditen aus dem Anlagegeschäft sind **asymmetrisch verteilt**, sobald Optionen berücksichtigt werden. Sichert z.B. das VU eine Aktie mit einer Put-Option ab, kann sie also das Papier in der Zukunft zu einem garantierten Kurs verkaufen, so bleiben nur die positiven Abweichungen von diesem Mindestkurs relevant.

- Auch das Risikozeichnungsgeschäft hat Eigenschaften einer **Option**. Der VK kann nämlich (unter Bezahlung der Akquisitionskosten) den Vertrag stornieren. Das VU bietet dem VK demnach eine Put-Option an: Sobald für ihn der Wert des Aktivums "Versicherungsvertrag" die zu begleichenden Akquisitionskosten unterschreitet, kann er das Aktivum dem VU zum garantierten Betrag dieser Kosten wieder verkaufen.

Unter diesen Umständen erscheint es vorteilhaft, mit Simulationsmethoden möglichst genau die möglichen Verläufe von $A_t$, $L_t$ und damit $S_t$ nachzubilden und dann festzulegen, mit welcher Wahrscheinlichkeit der Überschuss einen bestimmten Grenzwert unterschreiten darf (Shortfall-Wahrscheinlichkeit). Unter solchen Bedingungen erweisen sich Aktien meist als zu risikoträchtig und erscheinen im optimalen Portefeuille nur in Kombination mit Put-Optionen, welche das VU vom Risiko markanter Kursverluste entlasten [für eine Anwendung auf deutsche Lebensversicherer vgl. *Stephan* (1997)].

## 5.9 Übungsaufgaben

**Übungsaufgabe 5.1**

(a) Manche Positionen der Bilanz und der Gewinn- und Verlustrechnung eines VU erweisen sich als sensitiv in Bezug auf eine Veränderung der Zinssätze. Um welche Positionen handelt es sich?

(b) Greifen Sie die Positionen "j. Schadenrückstellungen für eigene Rechnung" und "k. Deckungskapital auf eigene Rechnung" heraus. Bei welcher Position ist die Sensitivität in Bezug auf den verwendeten (gesetzlich vorgeschriebenen) Rechnungszinssatz höher? Warum? Was geschieht, wenn der Rechnungszinssatz angehoben wird, sofern diese Positionen auf ihren Barwert diskontiert eingestellt werden (dürfen)?

(c) Sobald es für das Risikomanagement neben der Versicherungsdeckung Diversifikationsmöglichkeiten gibt, beeinflussen die Zinssätze auch die Nachfrage nach Versicherung. Weshalb ist dies so? Was geschieht in Zeiten fallender Zinssätze?

(d) Beschreiben Sie die Schwierigkeiten für ein VU, nach einer Anpassung des Rechnungszinssatzes nach oben in Zeiten fallender Zinssätze den gesetzlichen Solvenzvorschriften (Anforderungen bezüglich des Haltens von Reserven zur Deckung eingegangener Verpflichtungen, vgl. Kapitel 8) zu genügen. Was dürfte umgekehrt bei steigenden Zinssätzen geschehen? Sehen Sie eine Möglichkeit, die Existenz von sog. Versicherungszyklen in den Versicherungsmärkten der Industrieländer zu erklären?

**Übungsaufgabe 5.2**

(a) Im Text wird betont, die Instrumente der Versicherungstechnologie müssten grundsätzlich im Zusammenhang gesehen werden. Warum ist dies so?

(b) Als Beispiel für diesen Zusammenhang diene die Provisionierung des (angestellten) Aussendienstes nicht nur nach Massgabe der bestehenden Verträge, sondern der zusätzlich akquirierten Verträge. Unter welcher(n) Zielsetzung(en) ist die Setzung eines solchen Anreizes sinnvoll?

(c) Schildern Sie die wahrscheinlichen Auswirkungen einer Provisionierung nach Massgabe der zusätzlich akquirierten Verträge
(c1) auf die "Qualität" der zusätzlich angeworbenen Risiken (Schadeneintrittswahrscheinlichkeit);
(c2) auf die Homogenität des gesamten Risikobestands.

(d) Was sind die jeweiligen Konsequenzen für

(d1) den Erwartungswert des Gewinns des VU?

(d2) die Varianz des Gewinn des VU?

(d3) die Positionierung der Wertpapiere des VU auf dem Kapitalmarkt?

(d4) die zukünftigen Kosten der Kapitalbeschaffung des VU?

(e) Was halten Sie insgesamt von der Provisionierung zusätzlich akquirierter Verträge, sofern das Management die Interessen der Eigentümer des VU wahrnehmen soll?

## 5.10 Literaturhinweise

Adams, M.B. und Tower, G.D. (1994), Theories of regulation: Some reflections on the statutory supervision of insurance companies in anglo-american countries, in: Geneva Papers on Risk and Insurance. Issues and Practice 71 (April), 156-177.

Altenburger, O.A. (1993), Vorschläge für eine aussagekräftige und willkürfreie Erfolgsrechnung der Versicherungsunternehmen, in: Zeitschrift für die gesamte Versicherungswissenschaft 82 (4), 545-563.

Barrese, J. und Nelson, J.M. (1992), Independent and exclusive agency insurers: A reexamination of the cost differential, in: Journal of Risk and Insurance 59 (3), 375-397.

Beard, R.E., Pentikäinen, T. und Pesonen, E. (1984), Risk Theory. The Stochastic Basis of Insurance. London: Chapman and Hall.

Berger, L.A., Cummins, J.D. und Tennyson, S. (1992), Reinsurance and the liability insurance crisis, in: Journal of Risk and Uncertainty 5, 253-272.

Blanco, J.A., Müller, H. und Teuscher, P. (1995), Ein "Asset-Liability"-Ansatz für Pensionskassen, in: Finanzmarkt und Portfolio Management 9 (3), 352-360.

Borch, K.H (1962), Equilibrium in a reinsurance market, in: Econometrica 30, 424-444.

Borch, K.H. (1990), The price of moral hazard, in: Scandinavian Actuarial Journal (1980), 173-176, abgedruckt in: Borch, K.H. (Hrsg.), Economics of Insurance, Amsterdam: North-Holland, 346-362.

Cummins, J.D. und Van Derhei, J. (1979), A note on the relative efficiency of property-liability distribution systems, in: Bell Journal of Economics and Management Science 10, 709-719.

Cummins, J.D. und Sommer, D.W. (1996), Capital and risk in property-liability insurance markets, in: Journal of Banking and Finance 20, 1069-1092.

Daykin, C.D., Pentikäinen, T. und Pesonen, M. (1994), Practical Risk Theory for Actuaries, London: Chapman & Hall.

Debruyne, H. und Torchet, V. (1995), Evolutions de la distribution, in: Risques 24 (Oct.-Déc.), 13-30.

DiMasi, J.A., Hansen, R.W., Grabowski, H.G. und Lasagna, L. (1991), Cost of innovation in the pharmaceutical industry, in: Journal of Health Economics 10(2), 107-142.

Doherty, N.A. (1981), The measurement of output and economies of scale in property-liability insurance, in: Journal of Risk and Insurance XLVIII (3) (Sept.), 391-402.

Doherty, N.A. und Garven, J.R. (1986), Price regulation in property-liability insurance: a contingent claims approach, in: Journal of Finance 41, 1031-1050.

Doherty, N.A. und Tinic, S.M. (1981), Reinsurance under conditions of capital market equilibrium: a note, in: Journal of Finance XXXVI (4), Sept., 949-953.

Donandt, K. und Richter, H. (1989), Die versicherungstechnischen Posten des Jahresabschlusses der Schaden- und Unfallversicherungsunternehmen, in: Rechnungslegung und Prüfung der Versicherungsunternehmen, Düsseldorf: IDW-Verlag.

Eisen, R. (1997), Neuere Produkte auf dem EU-Versicherungsmarkt, in: Zeitschrift für die gesamte Versicherungswissenschaft 86, 553-567.

Eisen, R., Müller, W. und Zweifel, P. (1992), Wettbewerb und Verbraucherschutz auf dem Versicherungsmarkt, in: EG 94 und Versicherungsmärkte, Schriften zur Unternehmungsführung, 45, 19-36.

Ezra, D. (1991), Asset allocation by surplus optimization, in: Financial Analysts Journal, Jan./Feb., 51-57.

Farny, D. (1965), Produktions- und Kostentheorie der Versicherung, Karlsruhe: Verlag Versicherungswirtschaft.

Farny, D. (1989), Buchführung und Periodenrechnung im Versicherungsunternehmen, 3. Aufl., Wiesbaden: Gabler Verlag.

Finsinger, J. (1983), Versicherungsmärkte, Frankfurt: Campus Verlag.

Finsinger, J. und Schmidt, F.A. (1994), Price, distribution channels and regulatory intervention in European insurance markets, in: Geneva Papers on Risk and Insurance 19 (70), Jan., 22-36.

Garven, R.J. und Lamm-Tennant, J. (1998), The demand for reinsurance: theory and empirical tests, University of Texas working paper.

Gesamtverband der Deutschen Versicherungswirtschaft (1996), Wettbewerbsfaktoren der Kompositversicherungsunternehmen in Deutschland, Karlsruhe: Verlag für Versicherungswirtschaft.

Greenwald, B.C. und Stiglitz, J.E. (1990), Asymmetric information and the new theory of the firm, in: American Economic Review, Papers and Proceedings 80(2), 160-165.

Grossman, S.J. und Hart, O.D. (1986), The costs and benefits of ownership: Theory of vertical and lateral integration, in: Journal of Political Economy 94, 691-719.

Holmström, B. (1979), Moral hazard and observability, in: Bell Journal of Economics 10(1), Spring, 74-91.

Jannott, H.K. (1988), Rückversicherungspolitik, in: Farny, D. et al. (Hrsg.), Handwörterbuch der Versicherung, Karlsruhe: Verlag Versicherungswirtschaft, 715 ff.

Jensen, M.C. und Meckling, W.H. (1976), Theory of the firm: Managerial behavior, agency costs, and ownership structure, in: Journal of Financial Economics 3, 306-360.

Kaluza, B. (1982), Some considerations on the empirical research of goal systems of insurance companies, in: Geneva Papers on Risk and Insurance 7 (24), July, 248-263

Kennedy, P.E. (1986), Interpreting dummy variables, in: Review of Economics and Statistics LXVIII, 174-175.

KPMG (1994), Rechnungslegung von Versicherungsunternehmen nach neuem Recht, Frankfurt am Main: Lembeck Verlag.

Kupper, J. (1971), Methoden zur Berechnung der Verteilungsfunktion des Totalschadens, in: Mitteilungen der Vereinigung schweizerischer Versicherungsmathematiker, Heft 2, 279-315.

Levinthal, D. (1988), A survey of agency models of organizations, in: Journal of Economic Behavior and Organization 9, 153-185.

Markowitz, H. (1952), Portfolio selection, in: Journal of Finance 7, 77-91.

Müller, W. (1981), Theoretical concepts of insurance production, in: Geneva Papers on Risk and Insurance 6 (21), 63-83.

Pfeiffer, Ch. (1994), Einführung in die Rückversicherung. Wiesbaden: Gabler Verlag.

Ramaswami, M. (1997), Value at risk and asset-liability based asset allocation for a pension fund, a foundation, in an insurance company, Working Paper, New York: Bankers Trust.

Rees, R. (1985), The theory of principal and agent, part I, in: Bulletin of Economic Research 37(1), 3-26.

Schradin, H.R. (1994), Kritische Erfolgsfaktoren in der Versicherung. Untersuchungsansätze und Methodische Grundlagen für die Analyse organisatorischer Teileinheiten, in: Zeitschrift für die gesamte Versicherungswissenschaft 83 (4), 531-561.

Schwilling, W. (1996), Die Funktionen der Quotenrückversicherung in der deutschen Schaden- und Unfallversicherung, in: Zeitschrift für die gesamte Versicherungswissenschaft 85 (4), 651-694.

Sinn, H.W. (1986), Risiko als Produktionsfaktor, in: Jahrbücher für Nationalökonomie und Statistik 201(6), 557-571.

Stephan, T. (1997), Ein Modell zur Optimierung der strategischen Asset Allocation für deutsche Lebensversicherer, in: Der Aktuar 3 (2), 77-82.

von Eije, J.H. (1989), Reinsurance Management. A Financial Exposition, Rotterdam: Diss. Erasmus University (Foundation for Insurance Science).

Weiss, M. (1995), A multivariate analysis of loss reserving estimates in property-liability insurers, in: Journal of Risk and Insurance 52 (2), 199-221.

Zweifel, P. (1987), Was ist Versicherung? Funktionelle und institutionelle Aspekte, in: Gesamtverband der Deutschen Versicherungswirtschaft (Hrsg.), Was ist Versicherung?, Karlsruhe: Verlag für Versicherungswissenschaft, 38-61.

Zweifel, P. und Ghermi, P. (1990), Exclusive vs. independent agencies: A comparison of performance, in: The Geneva Papers on Risk and Insurance Theory 15(2), Sept., 171-192.

# KAPITEL 6
# Das Angebot an Versicherungsschutz

In diesem Kapitel werden die Dimensionen des Angebots an Versicherungsschutz beschrieben. Dazu gehört die Kalkulation einer Prämie (die sich allerdings am Markt möglicherweise nicht durchsetzen lässt). Die Abschnitte 6.1 und 6.2 sind der Preisbildung für Versicherungsprodukte gewidmet. Zuerst geht es um die Herleitung einer Preisuntergrenze, bei der es sich gerade noch lohnt, ein einzelnes Versicherungsprodukt anzubieten (Abschnitt 6.1). Diese Preisuntergrenze hängt in der traditionellen Prämienkalkulation von den Eigenschaften der Schadenverteilung sowie einer exogen vorgegebenen Ruinwahrscheinlichkeit (bzw. Wahrscheinlichkeit der Solvenz) ab. Hier kommen Elemente der Wahrscheinlichkeitstheorie zum Zuge. Um dagegen den Marktpreis eines Versicherungsproduktes zu bestimmen, braucht es eine Bewertung der Alternativen, die dem Versicherungskäufer (VK) bzw. dem Investor zur Verfügung stehen, und dies sind letztlich andere Anlagealternativen, die der Kapitalmarkt anbietet. Entsprechend werden im Abschnitt 6.2 Elemente der Kapitalmarkttheorie angewandt und nach der Prämie gefragt, die das VU bekommen muss, damit seine Aktien gleich wie andere rentieren.

Neben der Preisbildung ist für das Angebot die Abgrenzung der Produktpalette von grosser Bedeutung (Abschnitt 6.3): Ein VU muss sich entscheiden, ob es einen bestimmten Versicherungszweig in sein Angebot aufnehmen (oder auch daraus entfernen) will. Die Fragestellung weist seit einiger Zeit über die Grenzen der Versicherungswirtschaft hinaus: Unter welchen Bedingungen macht es wirtschaftlich Sinn, ein Versicherungsprodukt mit anderen Finanzdienstleistungen zu kombinieren (Verbundvorteile, Synergien, engl. economies of scope, besonders im Zusammenhang mit Allfinanz)?

Eine dritte Entscheidung im Zusammenhang mit dem Angebot an Versicherungsschutz betrifft den Umfang des Risikozeichnungsgeschäftes und damit die Grösse des VU. Hier steht die Frage nach möglichen Skalenvorteilen (economies of scale) im Vordergrund (Abschnitt 6.4). Die Wahrscheinlichkeitstheorie gibt Anlass zur Vermutung, dass zusätzliche Verträge zu sinkenden Kosten für Reserven gezeichnet werden können. Andere Kosten (z.B. der Koordination im Unternehmen) können diesen Grössenvorteil neutralisieren, so dass es letztlich empirischer Untersuchungen bedarf, um zur Frage der Skalenerträge zu einer klaren Aussage zu kommen.

Die Ergebnisse der Abschnitte 6.3 und 6.4 sind von erheblicher Bedeutung für die Beurteilung der sich verändernden Struktur der Versicherungsmärkte. Sollte die sich abzeichnende Zunahme der Konzentration auf Verbundvorteile oder Skalenerträge zurückgehen, so ist sie anders zu beurteilen als wenn Grösse ein Mittel ist, Marktmacht zu erlangen und zu erhalten. Um aber Marktmacht (und damit überhöhte Prämien) aufrechterhalten zu können, braucht es Markteintrittsschranken, welche potentielle Wettbewerber fernhalten. Ob es solche Markteintrittsschranken im Bereich der Versicherung gibt, hat wesentlich mit der Art der öffentlichen Regulierung zu tun, welche im Kapitel 8 eingehender behandelt wird.

## 6.1 Die klassische Prämienkalkulation

Die Prämienkalkulation gehört traditionell zu den wichtigsten Tätigkeiten in der Versicherungswirtschaft. Unter den in den deutschsprachigen Ländern vorherrschenden Bedingungen der sog. materiellen Versicherungsaufsicht war der Preiswettbewerb bis vor wenigen Jahren weitgehend ausgeschlossen. Man musste sich vielmehr auf Verbandsebene auf eine gemeinsame Prämie einigen. Zu diesem Zweck wurden in der Versicherungsmathematik eine Reihe von konkurrierenden Prämienkalkulationsprinzipien entwickelt. Den Grundlagen dieser Prinzipien ist der erste Teil dieses Abschnitts gewidmet [vgl. im Einzelnen z.B. *Busshardt et al.* (1998)].

### 6.1.1 Schadenprozess und Schadenverteilung

Die Risikotheorie der Versicherung konzentriert sich traditionell auf das Risikotransfer-Geschäft des VU und blendet das Anlagegeschäft aus. Im Zentrum der Anstrengungen steht die Beschreibung und Voraussage der Verpflichtungen, die sich aus der Risikozeichnung ergeben. Die Schäden aus dem Versichertenbestand treffen im Zeitablauf unregelmässig und in unterschiedlicher Höhe ein. Sie bilden einen stochastischen (d.h. zufallsbestimmten) Prozess, der aus zwei Komponenten besteht:

(1) Unsichere Zahl der Schäden

(2) Unsichere Höhe des jeweiligen Schadens.

Gleichzeitig zum Schadenprozess läuft jedoch ein Prämieneinnahmenprozess ab, der einfachheitshalber als nichtstochastisch aufgefasst wird. Dann ergibt sich folgendes Bild (vgl. Abbildung 6.1):

Zu Beginn der Planperiode sei ein Überschuss (engl. surplus; Eigenkapital inkl. Reserven) im Betrag von $S_0$ vorhanden. Bis zum Eintritt des ersten Schadens wirkt nur der Prämieneinnahmenprozess. Solange nimmt der Überschuss nach Massgabe der Prämie je Zeiteinheit zu, d.h. mit $(1+\lambda)\Pi$, wobei $\Pi$ die sog. faire Prämie symbolisiert[1]. Die faire Prämie deckt nur gerade den noch zu bestimmenden Erwartungswert der Schäden. Es wird demnach ein Zuschlag $\lambda$ je GE erhoben, der das Insolvenzrisiko steuern soll. Bei Eintritt des ersten Schadens fällt der Überschussprozess um den Betrag der zu begleichenden Schäden ab und folgt dann mit der gleichen Steigung an bis zum nächsten Schaden. Die senkrechte Höhe des jeweiligen Abfalls gibt die Höhe des Schadens an. Am Ende der Periode kann im Falle des oberen Prozesses (Schadenverlauf 1) an der Senkrechten der Betrag des Überschusses brutto, das Total der zu bezahlenden Schäden $L(t)$ sowie als Restgrösse der neue Betrag des Überschusses $S(t)$ abgelesen werden.

---

1. In diesem Kapitel symbolisiert $\Pi$ eine Prämie, weil $P$ für die Put-Option verwendet wird.

# 6.1 Die klassische Prämienkalkulation

**Abbildung 6.1**  Prämieneinnahmen, Schäden und Überschuss über die Zeit

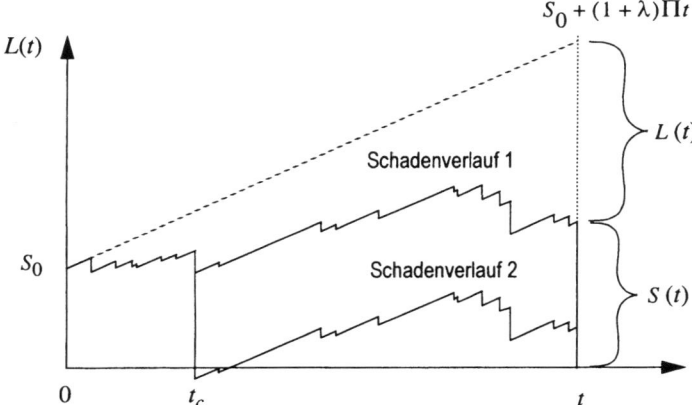

Der Schadenprozess könnte aber auch ungünstiger verlaufen, indem im Zeitpunkt $t_c$ ein extrem hoher Schaden das VU trifft (Schadenverlauf 2). Dann gerät der Überschussprozess in den negativen Bereich, was die Insolvenz (oft auch Ruin genannt) des VU anzeigt. Die Wahrscheinlichkeit der Insolvenz kann reduziert werden, indem

- der Überschuss $S_0$ in der Ausgangsperiode durch höheres Eigenkapital vergrössert wird (Parallelverschiebung des Prämienprozesses nach oben);
- der Zuschlag zur fairen Prämie höher angesetzt wird (steilerer Verlauf des Prämienprozesses).

Der Erfolg der zweiten Alternative ist aber insbesondere in liberalisierten Versicherungsmärkten **nicht garantiert**, denn die damit einhergehende Erhöhung der Prämien wird die VK nachher dazu bewegen, den Vertrag mit dem betrachteten VU zu kündigen oder zumindest den Deckungsumfang zu reduzieren. Der entscheidende Parameter ist dabei offensichtlich die Preiselastizität der Versicherungsnachfrage: Liegt sie (im Absolutwert) über Eins, nehmen die Prämieneinnahmen bei einer Verteuerung des Prämiensatzes ab statt zu. Der Prämienprozess in Abbildung 6.1 würde damit nicht steiler, sondern flacher verlaufen. Die empirische Forschung zur Versicherungsnachfrage lässt allerdings auf eher geringe Preiselastizitäten schliessen (vgl. Abschnitt 1.5).

Die zeitliche Abfolge der Schäden ist für das Insolvenzrisiko von einiger Bedeutung. Würden beispielsweise im oberen Prozess der Abbildung 6.1 die Schäden kumuliert im ersten Viertel der Beobachtungsperiode auftreten, könnte der Überschuss auch in diesem Fall eine Zeitlang einen negativen Wert annehmen, also Insolvenz anzeigen. Im folgenden soll davon ausgegangen werden, dass es dem VU möglich wäre, auf die noch zu erwartenden Prämieneinnahmen einen Kredit aufzunehmen und so diese Periode zu überbrücken. Die zeitliche Abfolge der Schäden ist damit für die Dauer der Planperiode nicht von Bedeutung. Für diese Dauer gilt also eine zu bestimmende Schadenverteilung, und die eingetretenen Schäden können als Folge aus dieser Verteilung interpretiert werden. Die zu ermittelnde Schadenverteilung soll für die Planungsperiode (z.B. ein Jahr) Gültigkeit haben.

### 6.1.1.1 Zahl der Schäden unsicher, Schadenhöhe fest

Eine wesentliche Vereinfachung für die Beschreibung der Schadenverteilung und die Bestimmung des Insolvenzrisikos ergibt sich dann, wenn die einzelnen Schäden (näherungsweise) jeweils gleich gross sind. In der Lebenversicherung würde eine Kohorte (d.h. Individuen gleichen Alters) mit einer gleich hohen Leistungssumme im Erlebensfall oder eine Sterbekasse, die im Todesfalle eine feste Leistung $I$ auszahlt, dieser Bedingung genügen.

Für den Gesamtschaden gilt dann bei $n$ Schadenereignissen

$$L_n = n \cdot I. \tag{6-1}$$

Man wird nun verlangen, dass das Insolvenzrisiko (oft auch Ruinwahrscheinlichkeit genannt) nicht mehr als $\varepsilon$ betragen soll. Dann muss umgekehrt die Wahrscheinlichkeit, dass Ausgangsüberschuss $S_0$ und Prämieneinnahmen $\Pi_\lambda [= (1+\lambda)EL_n \cdot t$, mit $t = 1]$ zusammen die Schadensumme $L_n$ übersteigen, mindestens $1 - \varepsilon$ sein:

$$Pr\{S_0 + \Pi_\lambda - L_n \geq 0\} = Pr\{L_n \leq S_0 + \Pi_\lambda\} \geq (1-\varepsilon). \tag{6-2}$$

Setzt man jetzt $L_n = n \cdot I$ ein und dividiert durch $I$, um die Zufallsvariable $n$ zu isolieren, gilt

$$Pr\left\{n \leq \frac{S_0 + \Pi_\lambda}{I}\right\} \geq (1-\varepsilon). \tag{6-3}$$

Die Zahl der Schäden $n$ darf also einen bestimmten Wert nicht überschreiten, damit das VU solvent bleibt.

Es bleibt nun noch das Problem, für die Zahl der Schäden ein **Verteilungsgesetz** zu haben. Dazu verhilft die folgende Überlegung. Man unterteile die Zeitdauer $t$ des Schadenprozesses in eine grosse Zahl $\tau$ von Zeitabschnitten, die so kurz sind, dass während ihrer Dauer entweder ein Schaden oder aber kein Schaden auftritt. Falls die Wahrscheinlichkeit $\pi$ des Schadeneintritts konstant bleibt, folgt die Zahl der Schäden der Poisson-Verteilung. Der Erwartungswert einer Poisson-verteilten Zufallsvariablen ist dementsprechend gegeben durch die in jedem Zeitabschnitt gültige Wahrscheinlichkeit des Schadensereignisses $\pi$ und die Zahl der Zeitabschnitte $\tau$, so dass

$$En = \pi \cdot \tau. \tag{6-4}$$

Die Wahrscheinlichkeit, dass die Zahl der Schäden $n$ bei einem gegebenen Erwartungswert $En$ die in der Gleichung (6-3) angegebene Schranke nicht übersteigt,

## 6.1 Die klassische Prämienkalkulation

kann aus den Tafeln der Poisson-Verteilung abgelesen werden. Die drei folgenden Fragen lassen sich dann beantworten:

- Wie gross muss der anfängliche Überschuss $S_0$ sein, um bei einem gegebenen Risikozuschlag $\lambda$ die Solvenzwahrscheinlichkeit $(1-\varepsilon)$ einhalten zu können?
- Wie gross muss der Risikozuschlag $\lambda$ und damit die Untergrenze der Prämie sein, damit bei einem gegebenen anfänglichen Überschuss $S_0$ die Solvenzwahrscheinlichkeit $(1-\varepsilon)$ eingehalten werden kann?
- Was für Konsequenzen für den nötigen anfänglichen Überschuss $S_0$ hätte eine Veränderung der geforderten Solvenzwahrscheinlichkeit $(1-\varepsilon)$?

**Beispiel 6.1**

Eine Sterbekasse mit 1000 Mitgliedern deckt die Aufwendungen im Todesfall mit einem fixen Beitrag von 2000 GE an die Hinterbliebenen. Die jährliche Mortalität der Mitglieder ist 0,01, die Prämie enthält einen Risikozuschlag von 10%. Was für ein Überschuss ist nötig, damit die Ruinwahrscheinlichkeit des Vereins 1% oder weniger beträgt?

**(1) Bestimmung des notwendigen anfänglichen Überschusses (bzw. Eigenkapitals):**
Gemäss der Gleichung (6-3) im Text muss die Zufallsvariable $n$ (Zahl der Schadenzahlungen) die folgende Bedingung erfüllen:

$$Pr\left\{n \leq \frac{S_0 + \Pi_\lambda}{I}\right\} \geq (1-\varepsilon). \tag{6-5}$$

Gemäss Beispiel gilt $En = 1000 \cdot 0{,}01 = 10$ Personen bzw. Todesfälle; $\varepsilon = 0{,}01$, und damit $1 - \varepsilon = 0{,}99$; $I = 2000$.

Aus der Tabelle zur Poisson-Verteilung (vgl. Tabelle 6.A.1 im Anhang zu diesem Kapitel) geht hervor, dass eine Poisson-verteilte Zufallsvariable mit Erwartungswert 10 mit einer Wahrscheinlichkeit von 0,993 unterhalb von 18 bleibt. Also ist $n = 18$ jene Zahl von Todesfällen, die höchstens mit einer Wahrscheinlichkeit von 1% überschritten wird, was die Insolvenz bedeuten würde. Die übrigen Grössen der Bedingung (6-5) gestalten sich aufgrund der Angaben wie folgt:

Die Prämieneinnahmen betragen

$$\begin{aligned}\Pi_\lambda &= (1+\lambda) \cdot En \cdot I \\ &= (1+0{,}1) \cdot 10 \cdot 2000 \\ &= 22000.\end{aligned} \tag{6-6}$$

Setzt man jetzt sämtliche Vorgaben in die Gleichung (6-5) ein, erhält man

$$Pr\left\{18 \leq \frac{S_0 + 22000}{2000}\right\} = 0{,}993. \tag{6-7}$$

Damit gilt im Gleichheitsfall

$$18 = \frac{S_0 + 22000}{2000}, \text{ und damit}$$

$$S_0 = 14000 = 14\ TGE\ (TGE = \text{tausend GE}). \tag{6-8}$$

Ein anfänglicher Überschuss bzw. Eigenkapital von 14 TGE würde demnach genügen, um die Solvenzwahrscheinlichkeit auf 99% zu halten.

(2) **Bestimmung des Risikozuschlags:** Dem Verein soll es lediglich gelungen sein, ein Startkapital von 10 TGE zusammenzubringen. Wie hoch müsste dann der Risikozuschlag $\lambda$ angesetzt werden, um immer noch eine Solvenzwahrscheinlichkeit von 99% zu gewährleisten?

Da $(1 - \varepsilon)$ nicht verändert wurde, gilt nach wie vor die Bedingung (6-5). Hingegen ist nun $S_0$ bekannt, während $\lambda$ zu bestimmen ist. Die Verwendung von (6-6) in der Bedingung (6-8) ergibt (in TGE)

$$18 = \frac{10 + (1 + \lambda) \cdot 10 \cdot 2}{2}.$$

Dies ergibt $(1 + \lambda) = 1,3$ und damit $\lambda = 30\%$. Da die faire Prämie unverändert 20 GE beträgt ($= 0,01 \cdot 2000$), bilden 26 GE die Preisuntergrenze, bei welcher die Sterbekasse ihre Leistung überhaupt anbieten wird, sofern sie die Solvenzwahrscheinlichkeit bei 99% halten will.

Die geforderte Erhöhung des Risikozuschlags (von 10% auf 30%) und die damit verbundene Verteuerung der Prämie könnte allerdings das eine oder andere Mitglied zum Rückzug aus der Kasse bewegen, wahrscheinlich solche, die ihr Sterberisiko (Mortalität) niedriger als andere einschätzen. Damit würde aber die jährliche Mortalität der verbleibenden Mitglieder ansteigen, und der Erwartungswert der Todesfälle *En* würde 10 Personen übertreffen.

(3) **Veränderung der geforderten Solvenzwahrscheinlichkeit:** Die Mitglieder der Kasse (oder auch die Aufsichtsbehörden) verlangen eine erhöhte Solvenzwahrscheinlichkeit, z.B. $1 - \varepsilon = 0,999$ statt $0,99$.

Die Tabelle der Poisson-Verteilung besagt, dass eine Poisson-Zufallsvariable *n* mit $En = 10$ mit Wahrscheinlichkeit von 0,9993 Werte von 21 oder weniger annimmt. Die Bestimmungsgleichung (mit dem ursprünglichen Risikozuschlag von 10%) lautet jetzt [vgl. Gleichung (6-8)]

$$21 = \frac{S_0 + 22000}{2000}$$

Die Lösung ist $S_0 = 20$ TGE.

Wie zu erwarten, bedingt die Erhöhung der geforderten Solvenzwahrscheinlichkeit eine deutliche Erhöhung des anfänglichen Überschusses. ∎

## 6.1.1.2 Schadenzahl und Schadenhöhe zufallsbestimmt

Die Schadenhöhe ist in den meisten Versicherungssparten keine feste Grösse, sondern wie die Schadenzahl zufallsbestimmt. Eine genauere Betrachtung der Abbildung 6.1 zeigt, dass während der Beobachtungsperiode viele kleine Schäden vorkommen, während grosse eher selten sind. Eine Schadenverteilung, die relativ viele kleine Schäden und wenige grössere generiert, ist die Dichtefunktion A der Tabelle 6.1 (zur Vereinfachung sollen Schäden jenseits von 3 TGE nicht vorkommen).

**Tabelle 6.1**   Konvolut zweier Schadenverteilungen (bei Unabhängigkeit)

| | | | | | | | | |
|---|---|---|---|---|---|---|---|---|
| A | $L_A$ | 0 | 1 | 2 | 3 | | | $EL_A = 1{,}0$ |
| | $\pi_A$ | 0,3 | 0,5 | 0,1 | 0,1 | | | |
| B | $L_B$ | 0 | 1 | 2 | | | | $EL_B = 0{,}8$ |
| | $\pi_B$ | 0,4 | 0,4 | 0,2 | | | | |
| A ∞ B | $L_{A\infty B}$ | 0 | 1 | 2 | 3 | 4 | 5 | |
| | $\pi_{A\infty B}$ | 0,12 | 0,20 +0,12 0,32 | 0,04 +0,20 +0,06 0,30 | 0,04 +0,04 +0,10 0,18 | 0,04 +0,02 0,06 | 0,02 | $\sum \pi_{A\infty B} = 1{,}00$ $EL_{A\infty B} = 1{,}8$ |

Die Solvenzvorgabe bezieht sich regelmässig auf das VU insgesamt und nicht auf ein einzelnes Vertragsportefeuille. Das hier betrachtete VU soll deshalb noch ein zweites Portefeuille B mit einer anderen Dichtefunktion aufweisen. Um die Schadenverteilung für das VU als Ganzes herzuleiten, muss das Konvolut der beiden Verteilungen gebildet werden.

Die Wahrscheinlichkeit, dass der Gesamtschaden aus beiden Portefeuilles Null beträgt, ergibt sich aus dem Produkt der beiden Teilwahrscheinlichkeiten (vorausgesetzt, dass Unabhängigkeit besteht, dass also $\pi_B$ nicht deshalb verändert wird, weil im Portefeuille A kein Schaden eingetreten ist). Ein Aggregatschaden von 1 dagegen kann bereits auf zwei Arten zustandekommen: $L_A = 0$ und $L_B = 1$, aber auch $L_A = 1$ und $L_B = 0$. Entsprechend müssen die Wahrscheinlichkeiten aggregiert, d.h. das Konvolut der Schadenverteilungen gebildet werden. In der Tabelle 6.1 ist dieses **Konvolut** mit $L_{A\infty B}$ symbolisiert. Für den Fall $L_{A\infty B} = 1$ errechnet sich die dazugehörige Wahrscheinlichkeit aus $\pi(A = 1) \cdot \pi(B = 0) = 0{,}5 \cdot 0{,}4 = 0{,}20$ und $\pi(A = 0) \cdot \pi(B = 1) = 0{,}3 \cdot 0{,}4 = 0{,}12$. Die Summe ergibt $\pi(L_A + L_B = 1) = 0{,}32$. Gesamtschaden-Werte von 2 und 3 TGE können sogar auf drei verschiedene Arten zustandekommen. Sind alle Möglichkeiten berücksichtigt, beträgt die Summe der Konvolut-Wahrscheinlichkeiten Eins. Es leuchtet ein, dass die Zahl der möglichen Kombinationen mit grösser werdendem Wertebereich der beiden zu aggregierenden Verteilungen rasch ansteigt, so dass Computerunterstützung notwendig wird.

Es lässt sich eine Minimalprämie errechnen, die mit einem vorgegebenen Bestand an Eigenkapital und Reserven sowie einer angestrebten Solvenzwahrscheinlichkeit vereinbar ist. Bei einer Solvenzwahrscheinlichkeit von 98% muss der Überschuss am Ende der Periode 4 TGE (vgl. Tabelle 6.1) betragen. Sind Eigenkapital und Reserven im Betrag von 1 TGE vorhanden, so müsste das VU mindestens 3 TGE Prämien aus den beiden Produkten A und B einnehmen, um das Solvenzziel zu erreichen.

Aus dem Beispiel geht klar hervor, dass sich das **Problem der Asymmetrie** der Schadenverteilung durch die Konvolutierung verschärft. Neu sind Schäden im Betrag von 4 und 5 TGE möglich, die zwar selten auftreten werden, doch nicht vernachlässigt werden dürfen. Es ist gut möglich, dass wegen der geringen Wahrscheinlichkeit von 0,02 ein Aggregatschaden von 5 GE bisher gar nicht beobachtet werden konnte. Man hätte dann alles Interesse daran, ein Verfahren zur Verfügung zu haben, das aufgrund des beobachteten Wertebereichs eine einfache Abschätzung der Wahrscheinlichkeit eines Aggregatschadens ausserhalb dieses Wertebereichs ermöglichen würde. Ein solches Verfahren stellt die Normalpotenzen-Näherung (engl. Normal Powers Approximation) dar, das nachstehend beschrieben werden soll. Andere Verfahren werden in *Kupper* (1971) beschrieben.

### 6.1.1.3 Die Normalpotenzen-Näherung

Ausgangspunkt ist die Überlegung, dass zwar insbesondere im Bereich möglicher Ausreisser die Verteilungsfunktion des Aggregatschadens nicht bekannt ist, dass aber die vorhandenen Informationen ausreichen, um näherungsweise den Erwartungswert, die Varianz und die Schiefe (die ersten drei zentralen Momente der Verteilung) zu berechnen. Die Zufallsvariable $X$ (der Aggregatschaden) soll so in eine andere Zufallsvariable $y$ transformiert werden, dass $y$ der standardisierten Normalverteilung folgt. Wahrscheinlichkeitsaussagen bezüglich $X$ können dann den Tabellen zur Normalverteilung entnommen werden.

Die Dichtefunktion des Aggregatschadens $f(X)$ in Abbildung 6.2 ist linkssteil, d.h. geringfügige Schäden sind häufig, doch es kommt mit einer geringen Wahrscheinlichkeit auch zu sehr hohen Schäden.

Vorab wird $X$ normiert auf $x = (X - \mu_x)/\sigma_x$, wobei $\sigma_x$ den Standardfehler, die Quadratwurzel von $Var(X)$, darstellt. So entsteht die immer noch linkssteile Dichtefunktion $f(x)$ der Abbildung 6.2. Der Funktionswert an der Stelle $x$ kann durch eine McLaurin- bzw. eine Taylor-Reihe approximiert werden:

$$f[x] \cong \frac{f[0]}{0!} + \frac{f'[0]}{1!} \cdot x + \frac{f''[0]}{2!} \cdot x^2 + \frac{f'''[0]}{3!} \cdot x^3 + \ldots + \frac{f^{(n)}[0]}{n!} \cdot x^n \quad . \tag{6-9}$$

Wenn man nach der 3. Potenz abbricht, wird gerade noch die Schiefe der Verteilung [symbolisiert durch $\gamma$, vgl. Gleichung (6-10)] berücksichtigt. Für die Ableitungen werden diejenigen der Normalverteilung verwendet, weil $f(x)$ nach dem Zentralen Grenzwertsatz bei grossem Stichprobenumfang gegen die Normalverteilung tendiert. Wenn jetzt $x$ durch eine normalverteilte Zufallsvariable $y$ ersetzt werden könnte, so wäre $y$ gerade $N(0,1)$-verteilt (Standard-Normalverteilung mit Erwartungswert 0 und Standardfehler 1), was den Umgang mit Tabellen erleichtert.

**Abbildung 6.2** Transformation einer beliebigen Schaden-Dichtefunktion in eine Standard-Normalverteilung

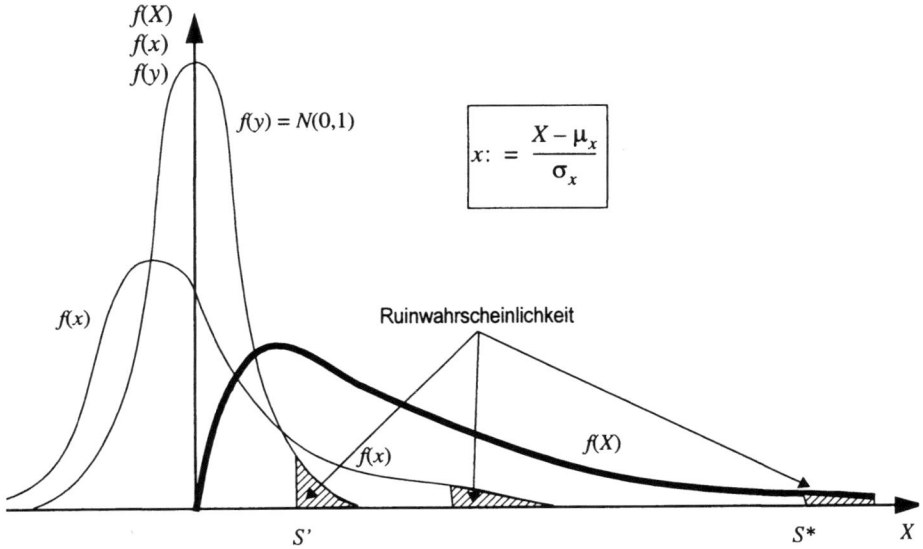

Beard et al. (1984, S. 109f.) zeigen, dass für $x \geq 1$ (d.h. im Bereich grosser Schadensummen), der entsprechende Wert von $y$ gegeben ist durch

$$y = \sqrt{\left(1 + \frac{1}{4g^2} + \frac{x}{g}\right)} - \frac{1}{2g},$$

mit $g = \frac{1}{3!}\gamma = \frac{1}{6}\gamma$, $\quad \gamma = Ex^3 = \frac{E(X-\mu_x)^3}{(\sigma_x)^3}$ , (6-10)

wobei $E(\cdot)$ den Erwartungswert darstellt.

**Beispiel 6.2**

Ein VU hat Eigenkapital und Reserven im Betrag von 100 (Mio. GE). Der Erwartungswert der Schadensumme beträgt 30, und aus dem Konvolut der Schäden lässt sich ein Standardfehler von 10 sowie eine Schiefe von 3 schätzen. Die Geschäftsleitung möchte wissen, ob sie in dieser Situation eine Solvenzwahrscheinlichkeit von 99,9% erreicht.

Zuerst erfolgt die Standardisierung auf $x$:

$$x = \frac{100 - 30}{10} = 7.$$

Der Schadenbetrag kann also den Erwartungswert um 7 Standardfehler übersteigen, bevor Eigenkapital und Reserven nicht mehr ausreichen, um die Solvenz zu gewährleisten. Die Hilfsgrösse $g$ ist gegeben durch 3/6 = 0,5, so dass die Verwendung der Formel (6-10) ergibt

$$y = \sqrt{\left(1 + \frac{1}{4 \cdot 0,5^2} + \frac{7}{0,5}\right)} - \frac{1}{2 \cdot 0,5} = 3.$$

In der genäherten Standard-Normalverteilung entspricht also $x = 100$ dem Wert $z = 3$. Die Wahrscheinlichkeit, dass eine Abweichung vom Erwartungswert um bis zu 3 Standardabweichungen vorkommt, beträgt 0,9987 bzw. 99,87% (= 0,5 + 0,49865, vgl. Tabelle 6.A.2 im Anhang zu diesem Kapitel). Die angestrebte Solvenzwahrscheinlichkeit wird also nicht ganz erreicht. ∎

Für die Ermittlung der Prämienuntergrenze ist die **umgekehrte Transformation** von Interesse. Wenn beispielsweise eine bestimmte Solvenzwahrscheinlichkeit vorgegeben ist, stellt sich die Frage nach dem dafür notwendigen Überschuss, der sich aus dem Eigenkapital und den Prämieneinnahmen zusammensetzt. *Beard et al.* (1984, S. 117) bieten für Werte von $y \geq 1$ (d.h. wiederum für den Bereich grosser Schäden) die Formel an

$$x = y + g(y^2 - 1). \tag{6-11}$$

Aus dem normierten Wert $x$ kann dann der Wert des zu deckenden Aggregatschadens durch die Rücktransformation $X = \mu_x + \sigma_x \cdot x$ gewonnen werden.

**Beispiel 6.3**

Eine sehr risikoaverse Geschäftsleitung möchte die Wahrscheinlichkeit einer Insolvenz auf 1/4 eines Promille halten. Der Erwartungswert der Schadensumme sei nach wie vor 30 (Mio. GE), der Standardfehler 10 und die Schiefe der Verteilung 3. Wie hoch muss der Überschuss sein, um dieses Solvenzziel zu erreichen?

Die Tabelle der Standard-Normalverteilung besagt, dass eine $N(0,1)$-Zufallsvariable 3,48 Standardfehler vom Erwartungswert entfernt sein muss, bis sie 99,975% (= 1 − 0,00025) aller möglichen Werte durchlaufen hat. Damit ist $y = 3,48$. Der dazugehörige $x$-

Wert ist gegeben durch

$$x = 3{,}48 + \frac{3}{6}(3{,}48^2 - 1) \cong 9 \ .$$

In der markant linkssteilen Schadenverteilung sind also Schäden zu decken, die rund 9 Standardabweichungen vom Erwartungswert entfernt liegen. Umgerechnet in absolute Grössen ergibt dies

$$X = 30 + 9 \cdot 10 = 120 \ .$$

Die Vorgabe einer Insolvenzwahrscheinlichkeit von 0,00025 bedingt demnach einen Überschuss im Betrage von 120 (Mio. GE). Bei Eigenkapital und Reserven im Betrage von beispielsweise 80 muss die Untergrenze der Prämieneinnahmen auf 40 gesetzt werden, entsprechend einem Risikozuschlag λ von 0,33. Offen bleibt auch hier die Aufteilung dieses Sollwerts auf die verschiedenen Sparten und Gruppen von VK. Diese Aufteilung erfolgt traditionell auf der Grundlage von Prämienkalkulationsprinzipien (vgl. Abschnitt 6.1.2.2). ∎

**Folgerung 6.1**     Insofern die Schadenverteilung eines VU linkssteil ist (viele unterdurchschnittliche Schäden, wenige Ausreisser nach oben), leistet die Normalpotenzen-Näherung gute Dienste zur Ermittlung von Prämienuntergrenzen, die mit bestimmten Solvenzwahrscheinlichkeiten vereinbar sind.

## 6.1.2 Risikotheorie und Prämienkalkulationsprinzipien

Die bisherigen Ausführungen zur Schadenverteilung galten für eine gegebene Anzahl von Versicherungsverträgen. In diesem Abschnitt soll die Zahl von gleichartigen Versicherungsverträgen bzw. versicherten Einheiten $n$ variiert werden. Es ergeben sich wichtige Aussagen über das sog. versicherungstechnische Risiko und letztlich die Ruinwahrscheinlichkeit, wenn $n$ gegen unendlich geht.

### 6.1.2.1 Wahrscheinlichkeitstheoretische Grundlagen

Die nachstehenden wahrscheinlichkeitstheoretischen Grundlagen sind im wesentlichen Aussagen über das Konvergenzverhalten des arithmetischen Mittels gebildet aus gleichartigen Zufallsvariablen.

Doch bereits die Realisationen einer einzigen Zufallsvariablen variieren nicht beliebig, sondern unterliegen einer Einschränkung. Dies geht aus der *Tschebyscheffschen Ungleichung* hervor. Wenn $X$ eine Zufallsvariable ist, deren Verteilungsfunktion eine endliche Varianz $\sigma^2$ (und damit Standardfehler $\sigma$) und einen endlichen Erwartungswert $\mu$ besitzt, gilt für jedes $k > 1$

$$Pr[|X - \mu| < k\sigma] \geq 1 - \frac{1}{k^2} \ . \tag{6-12}$$

Diese Ungleichung besagt, dass eine Realisation der Zufallsvariablen $X$ innerhalb $k$ Standardabweichungen von ihrem Mittelwert liegt mit einer Wahrscheinlichkeit, die mindestens so gross ist wie $1 - 1/k^2$. Für ein VU ist die Tschebyscheffsche Ungleichung von grosser Bedeutung. Denn in aller Regel gibt es keinen Grund, der Varianz eines möglichen Schadens einen unendlichen Wert zuzumessen. Sein Standardfehler $\sigma$ mag zwar gross sein, aber eine Abweichung vom Erwartungswert, die z.B. über 3 dieser Standardfehler hinausgeht, ist bereits selten und hat eine Wahrscheinlichkeit von weniger als 1/9.

Eine stärkere Aussage sollte dann möglich sein, wenn die einzelne Realisation durch das arithmetische Mittel vieler Realisationen $\bar{x}$ ersetzt wird. Tatsächlich gilt das **Gesetz der grossen Zahl**. Es seien $X_1, ..., X_n$ eine zufällige Auswahl von Realisationen einer Zufallsvariablen $X$ mit endlichem Mittelwert $\mu$ und endlicher Varianz $\sigma^2$. Dann gilt bezüglich der Zufallsvariable $\bar{x}$ (das arithmetische Mittel) für jedes $\varepsilon > 0$

$$\lim_{n \to \infty} \Pr[|\bar{x} - \mu| < \varepsilon] = 1, \text{ bzw. } \lim_{n \to \infty} \Pr[|\bar{x} - \mu| > \varepsilon] = 0. \tag{6-13}$$

In Worten: Die Wahrscheinlichkeit, dass das arithmetische Mittel ($\bar{x}$) von seinem (wahren) Erwartungswert ($\mu$) absolut um mehr als den (beliebig klein wählbaren) Betrag $\varepsilon$ abweicht, geht bei wachsender Zahl $n$ stets gegen Null.

### 6.1.2.2 Das versicherungstechnische Risiko

Mit Hilfe des Gesetzes der grossen Zahl kann man etwas über das sog. versicherungstechnische Risiko aussagen. Damit ist das Risiko gemeint, dass sich aus dem versicherungstechnischen Geschäft (auch Zeichnungsgeschäft, Risikogeschäft, Risikoportefeuille genannt) ein Verlust ergibt. Die beiden Dimensionen dieses Risikos sind wie immer die Höhe dieses Verlustes und die Wahrscheinlichkeit, mit der er auftritt. Man unterscheidet in der Literatur drei Masse des versicherungstechnischen Risikos: (1) das relative Risiko, (2) das absolute Risiko, und (3) die Ruinwahrscheinlichkeit.

(1) **Das relative versicherungstechnische Risiko.** Der Gesamtschaden eines Portefeuilles von $n$ Versicherungseinheiten in einer Periode ist gegeben durch

$$L_n = \sum_{i=1}^{n} X_i. \tag{6-14}$$

Der mittlere Schaden ist

$$\bar{x} = \frac{1}{n} \sum_{i=1}^{n} X_i, \tag{6-15}$$

und falls die Schäden unabhängig voneinander anfallen (d.h. die Kovarianzen zwischen ihnen sind Null), gilt für die Varianz von $\bar{x}$

## 6.1 Die klassische Prämienkalkulation

$$Var(\bar{x}) = \frac{1}{n^2} n\sigma^2 = \frac{\sigma^2}{n}, \tag{6-16}$$

bzw. den Standardfehler von $\bar{x}$

$$\sigma_{\bar{x}} = \frac{\sigma}{\sqrt{n}}. \tag{6-17}$$

Aus dem Gesetz der grossen Zahl [Gleichung (6-13)] folgt, wenn man für $\varepsilon$ im Sinne der Tschebyscheffschen Ungleichung $k\sigma_{\bar{x}}$ einsetzt,

$$\lim_{n \to \infty} Pr[|\bar{x}-\mu| > \varepsilon] = \lim_{n \to \infty} Pr[|\bar{x}-\mu| > k\sigma_{\bar{x}}]$$

$$= \lim_{n \to \infty} Pr\left[|\bar{x}-\mu| > k \cdot \frac{\sigma}{\sqrt{n}}\right] = 0. \tag{6-18}$$

Die Aussage dieser Gleichung lässt sich fassen in die

**Definition 6.1**     Das relative versicherungstechnische Risiko besteht für ein VU darin, dass der mittlere Schaden den Erwartungswert um mehr als das $k$-fache seines Standardfehlers übersteigen kann. Die Wahrscheinlichkeit einer solchen Diskrepanz geht allerdings mit wachsendem Risikoportefeuille gegen Null.

Division durch $\mu$ in der Gleichung (6-18) und Verwendung von (6-17) ergibt:

$$\lim_{n \to \infty} Pr\left[\left|\frac{\bar{x}-\mu}{\mu}\right| > \frac{\varepsilon}{\mu}\right] = \lim_{n \to \infty} Pr\left[\left|\frac{\bar{x}-\mu}{\mu}\right| > k\frac{\sigma_{\bar{x}}}{\mu}\right]$$

$$= \lim_{n \to \infty} Pr\left[\left|\frac{\bar{x}-\mu}{\mu}\right| > k \cdot \frac{\sigma}{\mu\sqrt{n}}\right] = 0. \tag{6-19}$$

Die Aussage dieser Gleichung lässt sich fassen in die

**Definition 6.2**     Das relative versicherungstechnische Risiko besteht für ein VU darin, dass die Abweichung des mittleren Schadens von seinem Erwartungswert relativ zum Erwartungswert das $k$-fache des sog. Variationskoeffizienten ($\sigma_{\bar{x}}/\mu$) übersteigen kann. Die Wahrscheinlichkeit einer solchen Diskrepanz geht allerdings mit wachsendem Risikoportefeuille gegen Null.

(2) **Das absolute versicherungstechnische Risiko.** Aus (6-18) erhält man mittels Durchmultiplikation mit $n$

$$\lim_{n \to \infty} Pr\left[\left|\sum_{i=1}^{n} X_i - n \cdot \mu\right| > n \cdot \varepsilon\right] = \lim_{n \to \infty} Pr\left[|L_n - n\mu| > k\sigma \cdot \sqrt{n}\right] = 0. \quad (6\text{-}20)$$

Der Gesamtschaden eines Portefeuilles gebildet aus $n$ gleichartigen Einheiten wird zwar immer wieder von seinem Erwartungswert abweichen. Die Wahrscheinlichkeit einer Abweichung, die $k\sigma \cdot \sqrt{n}$ GE übersteigt, geht für sehr grosse Portefeuilles gegen Null. Da $k$ frei wählbar ist, definiert man als absolutes versicherungstechnisches Risiko:

$$\sigma\sqrt{n} = \frac{\sigma}{\sqrt{n}} \cdot n = \sigma_{\bar{x}} \cdot n.$$

**Definition 6.3** Das absolute versicherungstechnische Risiko besteht für ein VU darin, dass der Gesamtschaden den Erwartungswert um mehr als das $n$-fache des Standardfehlers des mittleren Schadens übersteigen kann. Während die Wahrscheinlichkeit einer solchen Diskrepanz mit wachsendem Risikoportfeuille gegen Null geht, strebt ihr Betrag gegen Unendlich.

Damit wird klar, dass man sehr präzise sein muss, wenn man sagt, das "Risiko" werde im Kollektiv reduziert. Dies gilt nur für das relative, nicht für das absolute Risiko.

**Beispiel 6.4**

Ein VU erwäge den Aufbau eines Autoversicherungs-Portefeuilles und möchte das versicherungstechnische Risiko abschätzen. Es handle sich um männliche städtische Autofahrer über 25 Jahre alt, und jeder habe einen Erwartungsschaden von 500 GE und eine Standardabweichung von 800 GE (vgl. Tabelle 6.2).

**Tabelle 6.2** Versicherungstechnisches Risiko

| n | Relatives versicherungstechnisches Risiko (Definition 6.1) | Relatives versicherungstechnisches Risiko (Definition 6.2) | Absolutes versicherungstechnisches Risiko ($\sigma\sqrt{n}$) |
|---|---|---|---|
| 1 | 800 | 1,600 | 800 |
| 10 | 253 | 0,506 | 2 530 |
| 100 | 80 | 0,160 | 8 000 |
| 1 000 | 25 | 0,051 | 25 298 |
| 10 000 | 8 | 0,016 | 80 000 |
| $\infty$ | 0 | 0 | $\infty$ |

Das Poolen von Risiken ist für die Versicherungsgesellschaft vorteilhaft, weil sie das (relative) Risiko pro Versicherungsvertrag oder Police reduziert; das absolute Risiko steigt dagegen. Immerhin nimmt es mit $\sqrt{n}$ zu, die Zahl der Verträge (und damit tendenziell die Prämieneinnahmen) dagegen mit $n$. Grösse könnte im Versicherungsgeschäft gut sein! ∎

# 6.1 Die klassische Prämienkalkulation

**(3) Die Ruinwahrscheinlichkeit.** Wenn die Versicherungsgesellschaft die Prämie für einen Versicherungsvertrag erhält, wird diese in einen Reservefonds für unverdiente Prämien (nach Abzug von Aufwendungen) investiert. Die Beträge in dieser Reserve werden gehalten, um Schäden aus den Policen zu bezahlen. Am Ende der Rechnungsperiode können diese Gelder in andere Reservefonds (etwa für ausstehende Schäden oder fällige Schäden) umgeschichtet werden. Darüber hinaus gibt es Regeln für die Verteilung von Überschüssen, die entweder ausgeschüttet oder einbehalten werden können. Folglich kann die Versicherungsgesellschaft Schäden bis zum Gesamtwert ihres Eigenkapitals einschliesslich der zurückbehaltenen Überschüsse ($S$, engl. surplus) begleichen. Gesucht wird die Wahrscheinlichkeit, mit der die Schadensumme $L_n$ einen bestimmten Schwellenwert $S^*$ übersteigt (vgl. Abbildung 6.2). Doch $S^*$ kann zerlegt werden in den Erwartungswert des Gesamtschadens [$n\mu$ in der Gleichung (6-20)] und die positive Abweichung davon, $k\sigma\sqrt{n}$. Aufgrund der Gleichung (6-20) erhält man somit

$$\text{Ruinwahrscheinlichkeit} = Pr[L_n > S^*] = Pr[L_n > n\mu + k\sigma\sqrt{n}]$$
$$> 0 \quad \text{für } n < \infty \quad (6\text{-}21)$$
$$\to 0 \quad \text{für } n \to \infty.$$

**Definition 6.4**      Das versicherungstechnische Risiko im Sinne der Ruinwahrscheinlichkeit geht mit wachsendem Risikoportefeuille gegen Null. Es hängt für ein endliches Risikoportefeuille von der Schadenverteilung ab.

Während der Grenzwert der Ruinwahrscheinlichkeit gegen Null strebt unabhängig von der Verteilung der Schäden $X$, entspricht sie für endliches $n$ der Fläche unter der Dichtefunktion von $X$ jenseits der Schwelle $S^*$ (vgl. Abbildung 6.2). Offensichtlich ist diese Fläche von der Dichtefunktion (d.h. von der Art der Schadenverteilung) abhängig.

**Folgerung 6.2**      Es gibt drei Definitionen des versicherungstechnischen Risikos. Das relative Risiko nimmt mit wachsender Anzahl versicherter Einheiten ab, das absolute hingegen zu, unabhängig von der Schadenverteilung. Hingegen lässt sich die Ruinwahrscheinlichkeit nur bei Kenntnis der Schadenverteilung bestimmen.

## 6.1.3 Prämienkalkulationsprinzipien (PKP)

Die Prämienkalkulation für Einzelrisiken erfolgt mit Hilfe eines Funktionals $\Pi$, das der Zufallsvariablen $X$ eine reelle Zahl, die Prämie $\Pi(X)$ zuordnet. Dabei hängt das Prämienkalkulationsprinzip $\Pi(X)$ von der Schadenverteilung ab, oder umgekehrt: die Verteilung bestimmt das zu wählende PKP.

Dabei sollte das PKP folgende wichtige Eigenschaften besitzen:

**(a)** Die Prämie darf nicht geringer als der Schadenerwartungswert sein. Das PKP muss also erwartungswertübersteigend sein: $\Pi(X) \geq EX$.

**(b)** Die Prämie soll maximalschadenbegrenzt sein: $\Pi(X) \leq Max(X)$. Man spricht hier von der "no-rip-off"-Bedingung.

**(c)** Die Prämie soll keinen ungerechtfertigten Schwankungszuschlag enthalten; d.h. $\Pi(X) = EX$ für $X$ konstant.

Die Risikotheorie kennt eine Reihe von PKP, aus denen nur wenige vorgestellt werden sollen. Mit *Heilmann* (1987) teilen wir sie ein in (1) funktionalparametrische und (2) implizit definierte PKP.

### (1) Funktionalparametrische PKP

Ausgangspunkt ist das

**Äquivalenzprinzip:** $\Pi_0(X) = EX := \mu$.

Dem entspricht die (reine) Risikoprämie (auch faire Prämie genannt), die als Minimalprämie anzusehen ist. Der Erwartungswert $\mu$ hat jedoch die Eigenschaft, dass 50% der Fläche unter der Dichtefunktion unterhalb $\mu$ liegen, 50% der Fläche dagegen oberhalb. Bestehen kein Eigenkapital oder akkumulierte Reserven, so folgt aus dem Äquivalenzprinzip eine Ruinwahrscheinlichkeit von 50%. Eine solche Häufigkeit von Insolvenzen würde das Ende der privaten Versicherung bedeuten. Folglich muss zur (reinen) Risikoprämie ein "Sicherheitszuschlag" gefordert werden. In der Literatur wird dieser Sicherheitszuschlag als "Preis für die Risikotragung" begründet [*Karten* (1993), S. 38].

Durch einen proportionalen Zuschlag zum Erwartungswert erhält man das

**Erwartungswertprinzip:** $\Pi_1(X) = (1 + \lambda)EX$, $\lambda > 0$,

Ebenfalls auf den Erwartungswert der Schäden bauen das

**Varianzprinzip:** $\Pi_2(X) = EX + aVar(X)$, $a > 0$ und das

**Standardabweichungsprinzip:**

$\Pi_3(X) = EX + b\sigma_x$, $b > 0$, $\sigma_x = [Var(X)]^{1/2}$.

Diese drei Prinzipien gelten, trotz ihrer Einfachheit, als die praxisnahen PKP. Alle drei sind erwartungswertübersteigend. Da $\lambda$, $a$ und $b$ grundsätzlich beliebig gross gewählt werden können, sind diese drei PKP nicht maximalschadenbegrenzt; im Gegensatz zum Varianz- und Standardabweichungsprinzip erfüllt schliesslich das Erwartungswertprinzip nicht die Bedingung, keinen ungerechtfertigten Schwankungszuschlag zu erheben, weil $\lambda$ auch positiv sein kann, wenn $Var(X) = 0$.

Eine wichtige Folgerung hieraus ist allerdings: Misst man das versicherungstechnische Risiko durch das relative Mass (vgl. Definition 6.1, Abschnitt 6.1.2.2) oder die Ruinwahrscheinlichkeit (vgl. Definition 6.3), dann gehen die Zuschläge $\{\lambda, aVar(X), b\sigma_x\}$ mit zunehmender Grösse des Risikoportefeuilles $n$ zurück. Soll dieser Vorteil aus der verbesserten Risikosituation des VU an die VK weitergegeben werden, kommt es zu einem **negativen Zusammenhang** zwischen Sicherheit und Prämie: Je höher die Sicherheit, desto niedriger die vom VU geforderte Prämie.

### (2) Implizit definierte PKP

## 6.1 Die klassische Prämienkalkulation

Im Unterschied zu den funktionalparametrisch begründeten PKP beruhen die implizit definierten PKP auf entscheidungstheoretischen Vorgaben.

Das Nullnutzen-Prinzip verlangt die Existenz einer streng monoton steigenden, konkaven Risikonutzenfunktion $\upsilon(c)$, mit $\upsilon[0] = 0$; $\upsilon'(c) > 0$; $\upsilon''(c) < 0$, die einer risikoaversen Haltung des VU entspricht. Die Prämie ist dabei so zu bestimmen, dass der Erwartungsnutzen vor $(c = 0)$ und nach Übernahme des Risikos $X$ $[c = \Pi(X) - X]$ gleich ist (vgl. *Bühlmann*, 1970, S. 86):

**Nullnutzenprinzip:** $E[\upsilon(\Pi_4(X) - X)] = \upsilon[0] = 0$.

Für die gängigen Varianten der Risikonutzenfunktion (quadratisch, exponentiell) hat die Gleichung eine eindeutige Lösung $\Pi(X)$; für die Fälle, in denen aber die Lösung nicht explizit angegeben werden kann, stellt man das VU einem Individuum gleich, das die sichere Alternative dem finanziell gleichwertigen Risikoprospekt vorzieht. Wie in Abschnitt 3.2.2 gezeigt, beträgt seine maximale Zahlungsbereitschaft für Sicherheit einschliesslich der fairen Prämie

$$\Pi_4(X) \approx EX + \frac{R_A[0]}{2} Var(X), \qquad (6\text{-}22)$$

wobei der Koeffizient der absoluten Risikoaversion an der Stelle $c = 0$ auszuwerten ist. Man beachte die formale Übereinstimmung mit dem Varianzprinzip $\Pi_2(X)$.

**Verlustfunktionen-Prinzipien** gehen von der Überlegung aus, dass es zwischen dem eingetretenen Schaden $X$ und der geforderten Prämie $\Pi$ fast immer eine Diskrepanz geben wird. Je grösser die Diskrepanz $(X - \Pi)$, desto grösser der Verlust; er könnte sogar progressiv zunehmen, z.B. wenn grosse Abweichungen rasche (und damit kostspielige) Gegenmassnahmen auslösen. Eine einfache Formulierung, die allerdings positive und negative Abweichungen gleich behandelt, ist die quadratische. Falls der erwartete Verlust minimiert werden soll, ergibt sich aus der Verlustfunktion $G(X,\Pi) = e^{hX}(X - \Pi)^2$ mit $h > 0$ die Prämie nach dem sogenannten:

**Esscher-Prinzip:** $\Pi_5(X) = \dfrac{Xe^{hX}}{Ee^{hX}}$.

Dieses Prinzip heisst Esscher-Prinzip, da es mit Hilfe der sog. Esscher-Transformation hergeleitet werden kann (vgl. *Heilmann*, 1987, S. 120). Der Parameter $h$ lässt sich als Mass der Risikoaversion der Versicherungsgesellschaft interpretieren. Das Esscher-Prinzip fordert keinen ungerechtfertigten Schwankungszuschlag, ist erwartungswertübersteigend und maximalschadenbegrenzt. Der Zähler der Formel zeigt, dass die Verluste gewichtet werden: kleine Verluste werden verkleinert, grosse Abweichungen vergrössert.

Diese kurze Übersicht soll mit den folgenden vier Kritikpunkten abgeschlossen werden.

(a) Die Auswahl eines PKP bleibt **arbiträr**. So bleibt es dem Management des VU überlassen, ob und inwieweit es seine Risikoaversion in die Prämienkalkulation einfliessen lassen will. So sind die Parameter $\{\lambda, a, b\}$ der drei ersten drei PKP, welche u.a. die Risikoaversion des Managements widerspiegeln, nicht festgelegt, ebensowenig wie $R_A$ und $h$ in den beiden implizit definierten PKP.

(b) Die PKP sind rein **anbieterorientiert**; sie unterstellen, dass das VU ein Monopol innehat, dem die VK nicht einmal durch den Verzicht auf Versicherungsschutz ausweichen können. Denn es gibt keine Reaktion der VK auf unterschiedliche Prämienhöhen. Sie eignen sich deshalb nur zur Bestimmung einer (je nach Prinzip anderen) Preisuntergrenze, zu der man ein Portefeuille vorgegebener Grösse in den Risikobestand aufnehmen bzw. abgeben sollte.

(c) Die einzige betrachtete Quelle von Risiko ist die **Schadenverteilung**; ausgeblendet bleiben Erträge und Risiken aus dem Anlagegeschäft, Grössen, die für die Eigentümer eines VU von erheblicher Bedeutung sind. Es ist somit fraglich, ob diese PKP die Maximierung des Marktwertes des VU gewährleisten.

(d) Der Risikoausgleich im Kollektiv durch das Gesetz der grossen Zahl gilt als Produktionsgesetz der Versicherung. Damit läuft aber das Management des VU Gefahr, seine Tätigkeiten auf die Schaffung der **Voraussetzungen zum Risikoausgleich** zu beschränken: Zusammenfassen und Organisieren einer grossen Zahl von Risiken zu einem Kollektiv, Kalkulation von risikoadäquaten Prämien, Bildung von Reserven und Abschluss von RV-Verträgen. Andere, im 5. Kapitel beleuchtete Elemente der Versicherungstechnologie werden dadurch tendenziell vernachlässigt.

## 6.2 Kapitalmarkttheoretische Preisbildung

Mit der Liberalisierung der Versicherungswirtschaft (z.B. in Deutschland seit 1994) verlieren die in Abschnitt 6.1.3 erwähnten Kalkulationsprinzipien zusehends an Bedeutung. Denn einereits steht nach der Lockerung der Regulierung das VU vermehrt in Konkurrenz mit anderen Finanzintermediären und bietet mit dem Versicherungsvertrag ein Anlagemedium unter anderen an, das sich auf dem Kapitalmarkt behaupten muss. Das Optimierungskalkül des einzelnen Anlegers (der auch ein VU sein kann) wird zunächst auf der Grundlage von Abschnitt 4.1 rekapituliert. Dann soll eine Alternative zu den traditionellen Prämienkalkulationsprinzipien dargestellt werden, die von den Interessen eines (potentiellen) Eigentümers des VU her abgeleitet ist. Sie gewährleistet insofern, dass die Preissetzung mit der Maximierung des Marktwertes des VU kompatibel ist. Es handelt sich einerseits um das Capital Asset Pricing Model (CAPM; vgl. Abschnitt 4.1.3). Unter Wettbewerbsbedingungen bestimmt andererseits die Marktnachfrage mehr und mehr, was ein VU für seine Produkte verlangen kann. In dieser Situation können die wahrscheinlichkeitstheoretischen Grundlagen der Versicherungsmathematik nur gerade dazu herangezogen werden, eine Preisuntergrenze zu bestimmen, bei der ein VU mit einem Produkt auf den Markt kommen sollte. Die Marktprämie dagegen spiegelt die Sicherheit, mit welcher die VK damit rechnen können, die vertraglich zugesagten Leistungen zu erhalten. Dies hat mit der Aufteilung der Ansprüche an das VU zwischen Eigentümern und VK zu tun, die durch das in den Abschnitten 4.2.3 und 4.2.4 dargestellte Optionspreismodell abgebildet werden kann.

### 6.2.1 Die individuelle Portefeuille-Optimierung

Risikoaverse Kapitalanleger sind am Erwartungswert der Renditen und dem Risiko der Rendite interessiert, wobei letzteres durch die Standardabweichung $\sigma$ operationali-

## 6.2 Kapitalmarkttheoretische Preisbildung

siert wird. Ein Punkt auf der effizienten Grenze des entsprechenden $(\mu, \sigma)$-Raumes ist durch die Anteile $\{x_1, ..., x_n\}$ am Portefeuille gegeben, die für einen vorgegebenen Erwartungswert der Rendite $\bar{r}$ die Varianz $\sigma^2$ [und damit den Standardfehler $\sigma(r)$] dieser Rendite minimieren (*Markowitz*, 1959):

$$\sigma^2(r_p) = \sum_i^n x_i^2 \sigma_i^2 + 2\sum_i^n \sum_{i \neq j}^n x_i x_j \sigma_{ij} \to Min.$$

$$\text{NB: } Er_p = \sum_i x_i Er_i \geq \bar{r}_p, \quad \sum_i x_i = 1. \tag{6-23}$$

Darin ist $r_p :=$ Ertragsrate des Portefeuilles, $r_i :=$ Ertragsrate des $i$-ten Wertpapiers, $E :=$ Erwartungswertoperator und $\sigma_{ij} :=$ Kovarianz zwischen den Renditen der Wertpapiere $i$ und $j$, jeweils bezogen auf eine nicht näher definierte Periode. Man sieht, dass das Risiko eines Portefeuilles abhängt von den Standardabweichungen (Varianzen) der einzelnen Wertpapiere, deren Anteilen im Portefeuille und der Richtung und des Ausmasses der Korrelation zwischen den einzelnen Wertpapieren. Die Markowitzsche Portfoliotheorie ist für das VU in mehrfacher Hinsicht relevant.

(1) Sie gibt **Anweisungen für die Anlagepolitik** (etwa im Hinblick auf den in § 54 (1) des deutschen VAG genannten Grundsatz der angemessenen Mischung und Streuung der Kapitalanlagen).

(2) Bezogen auf die Risikozeichnungspolitik oder "liability management" zeigt sie die Effekte der **Diversifikation** auf das Risiko und den Ausgleichseffekt im Kollektiv.

(3) Sie erinnert an die durch einen bestimmten Bestand an Versicherungsverträgen induzierten Kapitalanlagemöglichkeiten und -erträge, die zur Senkung der Prämie eingesetzt werden können, um so im Wettbewerb besser bestehen zu können (sog. **cash flow underwriting**).

### 6.2.2 Das Versicherungs-CAPM

Das Capital Asset Pricing Model (CAPM) wurde im Abschnitt 4.1.3 entwickelt. Die nachstehende Argumentation baut auf der Gleichung der Wertpapiermarktlinie WML (engl. Security Market Line, SML) auf:

$$Er_i = r_f + \beta_i(Er_M - r_f) = (1 - \beta_i)r_f + \beta_i Er_M, \tag{6-24}$$

mit $r_i :=$ Rendite des Wertpapiers $i$, $r_M :=$ Rendite des Marktportefeuilles, $r_f :=$ risikoloser Zinssatz, $\beta_i :=$ Beta des Wertpapiers $i$ in bezug auf den Gesamtmarkt. Das Beta entspricht den Steigungskoeffizienten einer Regressionsgleichung mit $r_i$ als abhängiger und $r_M$ als erklärender Variablen, $r_i = \alpha_i + \beta_i \cdot r_M + \varepsilon_i$, und ist gegeben durch

$$\beta_i := \frac{\mathrm{Cov}(r_i, r_M)}{\mathrm{Var}(r_M)} = \frac{E[(r_i - Er_i)(r_M - Er_M)]}{E(r - Er_M)^2}. \tag{6-25}$$

Die Verbindung zwischen dem CAPM und der Prämienkalkulation (engl. Financial Insurance Pricing) ergibt sich aus folgender Überlegung. Die Kalkulation von Prämien (bzw. Preisen) ist eine Management-Aufgabe. Sie soll im Interesse der Eigentümer so erfolgen, dass die Eigenkapitalrendite des VU unter Berücksichtigung des Risikos den Konditionen entspricht, die allgemein auf dem Kapitalmarkt erzielt werden können. Als erstes muss entsprechend die erwartete Eigenkapitalrendite mit den zentralen Tätigkeiten des VU in Verbindung gebracht werden. Dann gilt es, die Gleichheit mit den Konditionen auf dem Kapitalmarkt als Bedingung einzuführen.

(1) **Bestimmung der erwarteten Eigenkapitalrendite:** Zuerst soll die (risikobelastete) Eigenkapitalrendite eines VU hergeleitet werden. Zum erwarteten Gewinn $EG$ trägt das Anlagegeschäft wie auch das Risikozeichnungsgeschäft bei:

$$EG \quad = \quad \underbrace{(K + k\Pi)Er_p}_{\text{Investitionsbeitrag}} \quad + \quad \underbrace{(\Pi - EL)}_{\text{Versicherungsbeitrag}}. \tag{6-26}$$

Der gesamte unsichere Ertrag eines VU setzt sich also aus den Ergebnissen des Anlage- und des Risikozeichnungsgeschäftes zusammen. Dabei bedeuten $K :=$ Eigenkapital, $\Pi :=$ Prämien und $EL :=$ Erwartungsschaden. Der Kapitalbindungskoeffizient $k$ (engl.: funds generating factor) gibt den Anteil einer Jahresprämie an, der für die Kapitalanlage zur Verfügung steht. Geht man von einem einfachen Modell aus, bei dem die Prämien am Jahresanfang fällig werden und die Schäden gleichmäßig über das Jahr verteilt anfallen, dann kann die halbe Jahresprämie angelegt werden, und $k = 0{,}5$. Viele Schäden werden erst nach einem aufwändigen Kontroll- und Bewertungsverfahren bezahlt oder werden als Renten erst in späteren Jahren fällig. Alle diese Faktoren führen dazu, dass $k$ (auch in der Schadenversicherung) grösser als 0,5 ist. Eine realistische Schätzung ist $k = 1{,}5$; d.h. die Schäden sind im Durchschnitt mit einer Verzögerung von 18 Monaten auf den Prämieneingang zu bezahlen.

Die Division durch das Eigenkapital $K$ ergibt die erwartete Eigenkapitalrendite des VU

$$Er_K := \frac{EG}{K} = \left(1 + k \cdot \frac{\Pi}{K}\right)Er_p + \left(\frac{\Pi - EL}{\Pi}\right) \cdot \frac{\Pi}{K}. \tag{6-27}$$

Die prozentuale Differenz zwischen Prämie und Erwartungsschaden kann als erwartete Rendite des Risikozeichnungsgeschäftes aufgefasst werden:

$$Er_u := \left(\frac{\Pi - EL}{\Pi}\right). \tag{6-28}$$

Damit gilt für die erwartete Eigenkapitalrendite

$$Er_K = \left(1 + k \cdot \frac{\Pi}{K}\right)Er_p + \frac{\Pi}{K} \cdot Er_u. \tag{6-29}$$

## 6.2 Kapitalmarkttheoretische Preisbildung

Der Erwartungswert der Eigenkapitalrendite lässt sich demnach zurückführen auf die erwarteten Renditen aus der Kapitalanlage und dem Risikozeichnungsgeschäft. Die Gewichtung hängt dabei vom Verhältnis der Prämieneinnahmen zum Eigenkapital ab (engl. leverage).

(2) **Gleichheit mit den Konditionen auf dem Kapitalmarkt:** Das CAPM verlangt bezüglich der vom VU ausgegebenen Aktien und damit für die erwartete Rendite des Eigenkapitals des VU [vgl. Gleichung (6-24) mit $i = K$],

$$Er_K = r_f + \beta_K(Er_M - r_f) \ . \tag{6-30}$$

Setzt man $Er_K$ gemäss (6-29) in diese Bedingung ein, erhält man

$$\left(1 + k \cdot \frac{\Pi}{K}\right)Er_p + \frac{\Pi}{K} \cdot Er_u = r_f + \beta_K(Er_M - r_f) \ . \tag{6-31}$$

Da das VU seine eigenen Kapitalanlagen auf dem gleichen Kapitalmarkt tätigt, gilt für deren erwartete Rendite ebenfalls die Wertpapierlinie (6-24):

$$Er_p = r_f + \beta_p(Er_M - r_f) \ . \tag{6-32}$$

Wie aber Gleichung (6-25) zeigt, ist das Beta stets linear in der Rendite des betrachteten Wertpapiers, denn $r_p$ geht **linear** in die Kovarianz Cov($r_p, r_M$) ein. Linearkombinationen von Renditen müssen deshalb zu entsprechenden Linearkombinationen der Betas führen. Die Gleichung (6-29) enthält eine Linearkombination von Renditen, mit Gewichtungen $(1 + k \cdot \Pi/K)$ und $(\Pi/K)$. Deshalb gilt für $\beta_K$ entsprechend

$$\beta_K = \left(1 + k \cdot \frac{\Pi}{K}\right)\beta_p + \frac{\Pi}{K} \cdot \beta_u \quad \text{mit } \beta_u := \frac{\text{Cov}(r_u, r_M)}{\text{Var}(r_M)} \ . \tag{6-33}$$

Setzt man den Ausdruck (6-32) für $Er_p$ auf der linken Seite und den Ausdruck (6-33) für $\beta_K$ auf der rechten Seite der Gleichheitsbedingung (6-31) ein, so ergibt sich

$$\left(1 + k \cdot \frac{\Pi}{K}\right)[r_f + \beta_p(Er_M - r_f)] + \frac{\Pi}{K} \cdot Er_u$$
$$= r_f + \left[\left(1 + k \cdot \frac{\Pi}{K}\right)\beta_p + \frac{\Pi}{K} \cdot \beta_u\right](Er_M - r_f). \tag{6-34}$$

Subtraktion von $\left(1 + k \cdot \frac{\Pi}{K}\right)[\beta_p(Er_M - r_f)]$ sowie von $r_f$ auf beiden Seiten ergibt

$$k \cdot \frac{\Pi}{K} \cdot r_f + \frac{\Pi}{K} \cdot Er_u = \frac{\Pi}{K} \cdot \beta_u(Er_M - r_f) \ , \tag{6-35}$$

woraus nach Division durch $(\Pi/K)$ unmittelbar die **Gleichung für das Versicherungs-CAPM** folgt:

$$Er_u = -kr_f + \beta_u(Er_M - r_f) \ . \tag{6-36}$$

Damit also das Halten von Wertpapieren des betrachteten VU für den Investor den übrigen Anlagemöglichkeiten auf dem Kapitalmarkt entspricht, sind die Prämien so zu setzen, dass der erwartete Ertrag aus dem Risikozeichnungsgeschäft ($Er_u$) eine Rendite gewährt, die der üblichen (risikoangepassten) Kapitalrendite entspricht. Die Prämien enthalten demnach die beiden folgenden Komponenten:

(a) **einen negativen Zinsabschlag**, der sich aus dem risikofreien Zinssatz und der durchschnittlichen Kapitalbindungsdauer ergibt. Die Versicherungskäufer bezahlen ja die Prämie zu Vertragsbeginn, während die Schäden im Durchschnitt $k$ Perioden später bezahlt werden, und folglich wird dem Käufer der risikofreie Zins bezahlt, den die Versicherungsgesellschaft während dieser Periode verdient.

(b) **einen Preis für das Tragen des systematischen Risikos** durch die Eigentümer des VU. Dieser Preis ist gleich dem Zeichnungs-Beta multipliziert mit der Markt-Risikoprämie. Sind also die Risikozeichnungsgewinne positiv korreliert mit dem Gesamtmarkt, verdient das VU einen positiven Risikozuschlag. Sogar bei einem positiven Risikozuschlag kann aber die Rendite des Risikozeichnungsgeschäfts im Erwartungswert durchaus negativ sein.

**Folgerung 6.3**    Das Versicherungs-CAPM besagt, dass die Prämien so gesetzt werden sollten, dass das Risikozeichnungsgeschäft im Erwartungswert eine bestimmte (oft negative) Rendite erreicht. Der Wert dieser Rendite ist gegeben durch den Preis für das Tragen des systematischen Risikos durch das VU (nach Massgabe des Beta-Faktors des Risikozeichnungsgeschäfts), abzüglich der Verzinsung des von den VK durch Vorauszahlung der Prämie bereitgestellten Kapitals.

Das CAPM behandelt also Versicherungsverträge analog zu Schuldeninstrumenten, wie sie nicht-finanzielle Gesellschaften ausgeben. Aus der Sicht der Eigentümer leiht die Versicherungsgesellschaft Gelder bei den Versicherungskäufern, investiert sie zum Zinssatz $r_f$ und zahlt die Schuld (in Form von Schadenzahlungen) $k$ Perioden später.

**Beispiel 6.5**    **Abschätzung der CAPM-Parameter für das Nichtleben-Geschäft der USA**

Für das Nichtlebengeschäft der USA gelten näherungsweise die folgenden Parameter (N. Doherty, Vorlesungsunterlagen):

$\beta_p = 0{,}3$:    Wenn die Rendite auf dem Kapitalmarkt um einen Prozentpunkt variiert, überträgt sich dies auf die Kapitalanlagen eines VU mit Faktor 0,3.

$Er_M = 0{,}1$:    Der Erwartungswert der Rendite auf dem Kapitalmarkt beträgt rd. 10% p.a. (nominal).

$r_f = 0{,}03$:    Der risikofreie Zinssatz (von Staatsanleihen) liegt bei 3% p.a.

$Er_p$:    $= 0{,}03 + 0{,}3 (0{,}1 - 0{,}03) = 0{,}051$ [Gleichung (6-32)]: Die VU erzielen bei ihren Kapitalanlagen eine durchschnittliche Rendite von 5,1% p.a.

$\beta_u = -0{,}1$:    Nimmt die Rendite auf dem Kapitalmarkt um 1 Prozentpunkt zu, verschlechtert sich die Rendite des Risikozeichnungsgeschäfts i.d.R. um 0,1 Prozentpunkt.

$k = 1{,}5$:    Schäden müssen durchschnittlich 18 Monate nach Prämieneinnahme bezahlt werden.

$\Pi/K = 2$:    Die Prämieneinnahmen erreichen etwa das Doppelte des Eigenkapitals.

## 6.2 Kapitalmarkttheoretische Preisbildung

$Er_U$ : = $-1{,}5 \cdot 0{,}03 + (-0{,}1)[0{,}07] = -0{,}052$ [Gleichung (6-36)]: Um den Investoren gleichwertige Bedingungen wie der Rest des Kapitalmarkts bieten zu können, sollte das VU eine negative Rendite von $(-)5{,}2\%$ p.a. auf dem Risikozeichnungsgeschäft erzielen, d.h. eine durchschnittliche Schadenquote von 1,052.

$Er_K$: = $[1 + (1{,}5 \cdot 2)] \cdot 0{,}051 + 2 \cdot (-0{,}052) \cdot 0{,}1$ [Gleichung (6-29)]: Die mit den Bedingungen auf dem Kapitalmarkt kompatible Eigenkapitalrendite eines VU liegt im Durchschnitt bei 10% p.a.

$\beta_K$ : = $[1 + (1{,}5 \cdot 2)] \cdot 0{,}3 + 2 \cdot (-0{,}1) \cdot 1$ [Gleichung (6-33)]: Die Rendite der VU schwankt ungefähr im Gleichschritt mit dem Kapitalmarkt. ■

Der Vergleich der Abschätzung in Beispiel 6.5 mit den vor 1994 geltenden Regelungen in Deutschland ist instruktiv. Die deutsche Versicherungsaufsicht legte bezüglich der Kraftfahrzeug-Versicherung fest, dass erst ab einem versicherungstechnischen Überschuss von 3% eine Zuweisung zu den Reserven stattzufinden hatte. Die tatsächliche Regelung war etwas komplizierter, aber sie liess jedenfalls zu, dass Renditen im Zeichnungsgeschäft von bis zu 3% vom VU als Bestandteil der Eigenkapitalrendite vereinnahmt werden durften. Verwendet man in Gleichung (6-29) diesen Grenzwert ($Er_U = 0{,}03$), für die übrigen Parameter aber die Werte aus dem Beispiel 6.5, so gilt

$$Er_K := (1 + 1{,}5 \cdot 2) \cdot 0{,}051 + 2 \cdot (0{,}03) \approx 0{,}264 = 26{,}4\%.$$

Eine 3%-ige Gewinnmarge im Risikozeichnungsgeschäft ermöglicht demnach eine sehr hohe Eigenkapitalrentabilität der VU. Die Gewinne wurden jedoch nicht ausgeschüttet, sondern den stillen Reserven zugewiesen. Dafür erhöhten sich die Kurse der Versicherungsaktien.

Das CAPM muss natürlich auch kritisiert werden, es enthält eine Reihe von sehr einfachen Annahmen. Das Modell wäre dann zu verwerfen, wenn alle die Annahmen unverzichtbar wären und damit zum Modellkern gehören würden. Dies ist aber nicht der Fall, da wesentliche Einschränkungen des CAPM im Laufe der Zeit gelockert wurden; wie etwa der risikolose Zinssatz [vgl. schon *Black* (1972)], die homogenen Erwartungen der Investoren [vgl. *Grossman* (1976) und *Williams* (1977)] oder die einperiodische Betrachtung [vgl. *Schmidt* (1985), 260-2; *Cummins* (1991)], die Marktaufspaltung [vgl. *Schneider* (1992), 528f.]. Daneben wurden Inflation, Steuern und das Insolvenzrisiko berücksichtigt [vgl. aber *Cummins* (1991)].

Bei der Anwendung des CAPM auf die Preissetzung des VU stehen die folgenden vier Probleme im Vordergrund.

(1) **Die Verwendung des "funds generating factors" $k$.** Damit soll die zeitliche Verzögerung der Schadenzahlungen gegenüber den Prämieneinnahmen abgebildet werden. Es ist in der Finanzliteratur wohlbekannt, dass man die entsprechenden Geldströme auf Gegenwartswerte abdiskontieren müsste. Damit stellt $k$ nur ein sehr grobes Mass für den Diskontierungsprozess dar.

(2) **Die Annahme, dass es keinen Ruin der Versicherungsgesellschaft gibt.** Die Beteiligung an einem VU wird bezüglich Rendite und Risiko der Beteiligung an Unternehmen gleichgestellt, die nicht Konkurs gehen können. Dabei führt gerade die

Versicherungsschuld eine signifikante Wahrscheinlichkeit des Konkurses mit sich. D.h. der Preis des Versicherungsschutzes müsste aus einem "riskanten Schulden" - Modell und nicht aus einem "risikolosen Schulden" - Modell wie dem CAPM folgen.

(3) **Divergierende mittlere Verfalldauern.** Besonders im Lebengeschäft muss ein VU darauf achten, dass seine Anlagen die gleiche mittlere Verfalldauer (engl. duration) aufweisen wie seine Schadenzahlungen. Sonst droht ein Mangel an Liquidität, der durch den Verkauf von Wertpapieren zu möglicherweise sehr ungünstigen Bedingungen behoben werden müsste, mit der Folge, dass das VU die Wertpapier-Linie kaum würde halten können.

(4) **Die Vernachlässigung der Regulierung.** Die Versicherungsgesellschaften können in vielen Ländern ihre Kapitalanlagen nicht frei wählen, sondern werden dabei mehr oder weniger streng reguliert. Folglich brauchen die VU einen höheren Ertrag im Risikozeichnungsgeschäft, um die niedrigere Rendite des Anlagegeschäfts zu kompensieren.

Das CAPM macht jedoch deutlich, dass Versicherungsgesellschaften als Finanzintermediäre angesehen werden können, weil sie ein Kapitalanlageportefeuille aus primären Wertpapieren halten und das Versicherungsprodukt als sekundäres Wertpapier herausgeben. So definieren *Gurley* und *Shaw* (1960, 192) "the principal function of financial intermediaries is to purchase primary securities from ultimate borrowers and to issue indirect debt for the portfolio of ultimate lenders", und ähnlich sieht *Pyle* (1971, 737) "the essential characteristic" eines Finanzintermediärs darin, "that it issues claims on itself and uses the proceeds to purchase other financial assets". Die VU existieren deshalb, weil sie diese Transformation von primären zu sekundären Wertpapieren zu niedrigeren Kosten vornehmen können als andere. Dazu trägt insbesondere ihre Kenntnis bezüglich des Risikozeichnungsgeschäfts (Information über Eintrittswahrscheinlichkeiten und Schadenhöhen und den Einfluss des VK auf diese Grössen) bei (vgl. die Argumente in Abschnitt 4.3). Würden demgegenüber vollkommene Versicherungs- und Kapitalmärkte unterstellt, dann müssten im Gleichgewicht alle effizienten Anlageportefeuilles auf der Kapitalmarktlinie liegen, und kein Marktteilnehmer würde ein für ihn unangemessenes Risiko tragen. Eine Risikotransformation durch Finanzintermediäre wäre dann unnötig.

### 6.2.3 Versicherungswertpapiere als Optionen

Eine Fortführung des CAPM stellen die (moderneren) Optionspreis-Modelle dar (vgl. Abschnitt 4.2). Die Berechnung des Optionspreises basiert auf einem sicheren Hedgeportefeuille, das aus einer Option und dem zugrundeliegenden Wertpapier besteht. Der Ertrag des Hedgeportefeuilles muss aufgrund der Annahme des effizienten Marktes gerade dem Ertrag aus der risikofreien Anlage entsprechen, denn sonst würden noch Arbitragemöglichkeiten bestehen. Die Bestimmung des Optionspreises ist damit unabhängig von den Präferenzen der Marktteilnehmer.

Ein Versicherungsvertrag wird dabei als bedingter Anspruch (engl. contingent claim) interpretiert, mit dem Zahlungen verbunden sind, die von anderen Vermögenswerten abhängen. Durch die Zusammenfassung aller Verträge zu einer Gesamtverpflichtung des VU **kann diese selbst als "Wertpapier"** interpretiert werden [zu dieser Sicht vgl. insbesondere *Doherty* und *Garven* (1986)]. Dazu werden das Vermögen (engl. assets, $A$) und

## 6.2 Kapitalmarkttheoretische Preisbildung

die Verbindlichkeiten (engl. liabilities, $L$) des VU als stochastische Prozesse modelliert. Zwei mögliche Verläufe solcher stochastischer Prozesse sind in den Abbildungen 6.3(a) und (b) dargestellt.

Am Ende der Rechnungsperiode, im Zeitpunkt $T$ stellt sich die Frage nach der Aufteilung der Ansprüche an die Aktiva des VU auf die Eigentümer und die Versicherungskäufer. Grundsätzlich haben die Eigentümer Anspruch auf den Überschuss der Aktiva über die Passiva und die VK auf die Passiva, d.h. die zugesagten Leistungen. Man muss allerdings zwei Zustände unterscheiden: Im einen ist das VU solvent und kann alle Ansprüche befriedigen; im andern ist es insolvent, und die VK haben Anspruch auf die Konkursmasse. Die Aufteilung der Ansprüche ist damit zustandsabhängig und lässt sich durch die folgende Formel abbilden:

$$A_T = \underbrace{\max(0, A_T - L_T)}_{\text{(Eigentümer)}} + \underbrace{L_T - \max(L_T - A_T, 0)}_{\text{(VK)}}$$

$$= \begin{cases} (A_T - L_T) + L_T, & \text{falls } A_T > L_T \\ 0 + L_T - (L_T - A_T) = A_T, & \text{falls } A_T < L_T. \end{cases}$$

(6-37)

Gilt im Fälligkeitszeitpunkt $T$ die Ungleichung $A_T > L_T$ (wie in Abbildung 6.3a), beträgt das erste Maximum der Formel $A_T - L_T$, das zweite dagegen Null. Dann ist die Aufteilung der Ansprüche wie folgt: Das VU zahlt den VK die Schäden $L_T$, und der Überschuss $(A_T - L_T)$ bleibt im Besitz der Eigentümer. Gilt dagegen im Fälligkeitszeitpunkt $L_T > A_T$ (wie in Abbildung 6.3b), dann nimmt das erste Maximum von (6-37) den Wert Null an, das zweite dagegen $L_T - A_T$. Diesmal ist die Aufteilung der Ansprüche an die Aktiva des VU wie folgt: Die Eigenkapitalgeber verlieren zwar ihren Anspruch auf den Überschuss, werden aber nicht für den vollen Wert der Überschuldung belangt, weil sie nur bis zur Höhe ihrer Einlage haften. Die VK dagegen erhalten nur $A_T$ statt $L_T$, verlieren also den Betrag $L_T - A_T$. Dies sind die im Insolvenzfall nicht befriedigten Ansprüche der VK.

Gleichung (6-37) bildet die Grundlage dafür, das VU über Optionen zu beschreiben, weil die beiden Maxima in der Grundstruktur dem Besitz einer Call- und einer Put-Option entsprechen:

$$A_T = C(A_T, L_T) + L_T - P(A_T, L_T) \tag{6-38}$$

Die Call-Option entspricht Max $(0, A_T - L_T)$. Sie gibt ihrem Eigentümer das Recht, das Wertpapier zu im vorneherein festgelegten Bedingungen zu erwerben. Dieses Recht hat schlimmstenfalls den Wert Null (wenn die Verpflichtungen die Aktiva übersteigen); in allen anderen Fällen hat es einen Wert, der mit dem Überschuss $(A_T - L_T)$ anwächst. Das Recht des VK besteht zunächst darin, die Schäden $L_T$ gemäss vertraglicher Vereinbarung bezahlt zu erhalten, abzüglich allerdings einer Put-Option in den Händen der Eigentümer des VU. Denn die Eigentümer haben das Recht, im Insolvenzfall die VK nur gerade mit den Aktiva $A_T$ zu entschädigen, sie also mit der Differenz zwischen Verpflichtungen und Aktiva $(L_T - A_T)$ zu belasten. Dies entspricht einer Put-Option, welche ihrem Eigentümer (hier: wiederum dem Eigentümer des VU) das Recht gibt, sein Wertpapier zu im vorneherein festgelegten Bedingungen zu veräussern. Dieses Recht hat im Insolvenzfall den Wert Null (wenn nämlich die Aktiva die Verpflichtungen übersteigen); dann erlaubt die Put-Option dem Eigentümer des VU, den Überschuss der Verpflichtungen über die Aktiva ($L_T - A_T$) dem VK aufzubürden. Sie hat demnach einen positiven Wert, welcher dem Marktwert des Insolvenzrisikos entspricht.

**Abbildung 6.3**  Vermögen ($A_t$) und Verbindlichkeiten ($L_t$) als stochastische Prozesse

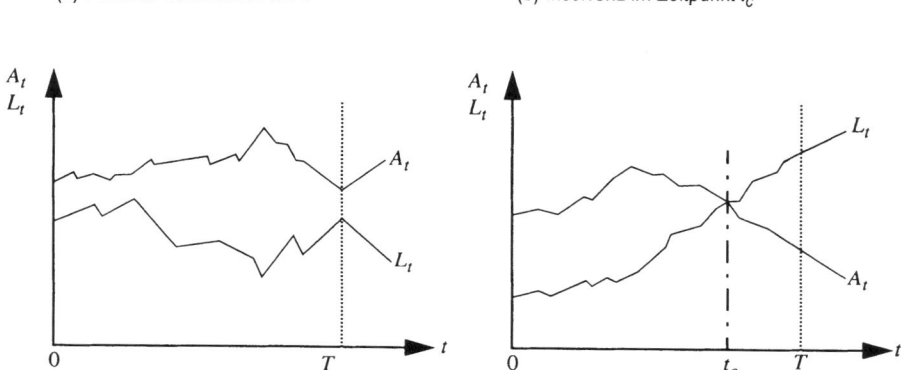

Im Zeitpunkt der Entscheidung braucht es eine **Prognose der Werte** $\{A_T, L_T\}$ auf den Zeitpunkt $T$, an welchem die Optionen ausgeübt werden (im Falle des VU ist dies das Ende der Geschäftsperiode). Diese Prognose beruht auf einer Extrapolation der Rate der Veränderung der Aktiva und Passiva. Man unterstellt dabei einen Prozess, der aus einem systematischen und einem stochastischen Teil besteht. Im Falle der Aktiva gilt

$$dA = (\mu_A A + \delta N - \theta L)dt + A\sigma_A dZ_A , \tag{6-39}$$

mit $\mu_A :=$ momentan erwartete Rendite der Assets pro Zeiteinheit, $\delta :=$ momentane Rate des Prämienzuflusses pro Vertrag, $N :=$ Anzahl der Verträge, und $\theta :=$ momentane Schadenzahlungsrate pro Geldeinheit der Liabilities. Diese Grössen verursachen eine systematische Veränderung der Aktiva von einem Zeitpunkt zum anderen ($dt$); sie wachsen durch Anlageerträge und Prämienzahlungen und sinken durch Schadenzahlungen. Dazu kommt eine zufällige Störung $dZ_A$, die immer wieder aus einer Standard-Normalverteilung gezogen werden soll (sog. Standard-Wiener-Prozess bezüglich $A$). Die Gesamtabweichung ist gegeben durch $A\sigma_A dZ_A$, mit $\sigma_A :=$ momentane Standardabweichung der Rendite auf den Aktiva und $A :=$ Wert des Aktivums am Anfang der Periode. Je grösser also die Volatilität des Aktivums und je höher sein Wert, desto stärker (ausgedrückt in GE) wirkt sich die normierte Störung $dZ_A$ aus. Insgesamt drückt $A\sigma_A dZ_A$ die Abweichung des Aktivums von der Trendlinie durch Zufallseinwirkungen aus und kann als stochastischer Störterm bezeichnet werden.

## 6.2 Kapitalmarkttheoretische Preisbildung

Für die Liabilities gilt entsprechend:

$$dL = (\mu_L L + \eta N - \theta L)dt + L\sigma_L dZ_L, \qquad (6\text{-}40)$$

mit $\mu_L :=$ momentane Wachstumsrate der Liabilities und $\eta :=$ momentane Rate des Eintritts neuer Schäden. Je grösser die zu deckenden Schäden und je grösser die Zahl der Verträge, desto rascher nehmen die Verpflichtungen des VU grundsätzlich zu; eine Verlangsamung der Zunahme ist nur durch die Bezahlung von Schäden ($\theta L$) möglich. Liabilities wachsen durch Inflation und den Eintritt neuer Schäden und sinken durch Schadenzahlungen. Dazu kommt als stochastische Abweichung $L\sigma_L dZ_L$, mit $\sigma_L :=$ momentane Standardabweichung der Liabilities pro Zeiteinheit und $dZ_L :=$ ein Zug aus der Standard-Normalverteilung (Standard-Wiener-Prozess bezüglich $L$).

Die Interdependenz zwischen Assets und Liabilities wird anhand der Verknüpfung der Standard-Wiener-Prozesse dargestellt:

$$dZ_A dZ_L = \rho_{AL} dt, \qquad (6\text{-}41)$$

mit $\rho_{AL} :=$ momentaner Korrelationskoeffizient. Wenn $\rho_{AL}$ positiv ist, sind gleichgerichtete Störungen zu erwarten, so dass $dZ_A dZ_L > 0$. Und je grösser $\rho_{AL}$, desto grösser das Produkt der beiden Störungen $dZ_A dZ_L$.

Grundsätzlich geht es darum, aus normalverteilten **Veränderungen** des Überschusses, d.h. der Zufallsvariablen $(dA - dL)$, ihren **Niveauwert** nach $T$ Perioden zu bestimmen. Dieses schwierige Problem der Integration einer Zufallsvariablen wurde erstmals von *Black* und *Scholes* (1973) gelöst [vgl. die Black-Scholes-Formel in Abschnitt 4.2.2, Gleichung (4-22)].

Verwendet man die Black-Scholes-Formel, um für den Ausgangszeitpunkt $t = 0$ statt $t = T$ zu bestimmen, erhält man

$$A_0 = \underbrace{C_0(A_T, L_T)}_{\text{(Eigentümer)}} + \underbrace{L_T e^{-rT} - P_0(A_T, L_T)}_{\text{(VK, netto)}}. \qquad (6\text{-}42)$$

Die Aktiva des VU müssen also die Ansprüche der Aktionäre sowie der VK decken. Die Call-Option ist das Recht der Aktionäre auf den Überschuss. Der Anspruch der VK ist grundsätzlich gleich dem Barwert der zu bezahlenden Schäden; davon abzuziehen ist aber der Wert des Insolvenzrisikos, d.h. der Put-Option, welche die Eigentümer im Falle der Insolvenz absichert. Die Ansprüche der VK auf Schadenzahlung werden mit dem über die Periode als konstant angenommenen Marktzinssatz $r$ auf den Zeitpunkt $t = 0$ abgezinst (Barwertfaktor $e^{-rT}$).

Das Vermögen des VU kann auch durch die Summe aus dem Überschuss (engl. surplus) $S_t = A_t - L_t$ und den (vorschüssig bezahlten) Prämieneinnahmen $\Pi$ dargestellt werden. So gilt im Zeitpunkt 0

$$A_0 = S_0 + \Pi. \qquad (6\text{-}43)$$

Da die Eigentümer in Form ihrer Call-Option Anspruch auf den Überschuss haben, muss die Prämie den in Gleichung (6-42) definierten Ansprüchen der VK entsprechen. Damit ist die mit dem **Optionspreismodell kompatible Versicherungsprämie** $\Pi^*$ gegeben durch

$$\Pi^* = L_T e^{-rT} - P_0(A_T, L_T). \tag{6-44}$$

Die Prämieneinnahmen müssen demnach die abgezinsten Schadenzahlungen vermindert um den Insolvenzput decken; dazu kommt die Call-Option, während der bestehende Überschuss abgezogen werden kann. Der Insolvenzput gibt den Marktwert des Insolvenzrisikos der Versicherungsgesellschaft an. Je höher dieses Risiko, desto grösser der Wert dieses Puts $(\partial P/\partial \sigma_L > 0)$. Daraus folgt umgekehrt, dass grössere Sicherheit der Versicherungsgesellschaft zu höheren Prämien führt - ein Ergebnis, das der risikotheoretischen Betrachtung **diametral entgegengesetzt** ist, wo mehr Sicherheit einen kleineren Zuschlag zur fairen Prämie erlaubt (vgl. Abschnitt 6.1.3).

**Folgerung 6.4**  Die Prämieneinnahmen, welche mit den in einem Versicherungswertpapier enthaltenen Optionen vereinbar sind, decken den Barwert der Schadenzahlungen abzüglich des Puts und zuzüglich des Calls auf das Wertpapier, abzüglich des Überschusses aus der Vorperiode.

Unter der Annahme eines effizienten Kapitalmarktes wird die schwer zu bestimmende zeitabhängige Wahrscheinlichkeitsverteilung der Schäden und damit das schwer einzuschätzende **Ruinrisiko irrelevant**, weil der ökonomische Wert dieses Ruinrisikos in den Marktpreisen der Optionen auf Versicherungswertpapiere sichtbar wird.

Zusammenfassend kann man argumentieren: Das Optionspreismodell operationalisiert das Gesamtrisiko durch die Volatilität der Aktiva und Passiva. Dadurch wird das gesamte Ausmass der Kurs- und Wertschwankungen, also das systematische und das unsystematische Risiko erfasst. Das Risikokonzept des Optionspreismodells berücksichtigt die Kapitalstruktur und die Risiken, denen Assets und Liabilities ausgesetzt sind, sowie deren Korrelation untereinander und mit dem Marktportefeuille. Ferner wird das Insolvenzrisiko der Versicherungsgesellschaft nicht nur statistisch erfasst, sondern ökonomisch (und marktmässig) bewertet. Man kann deshalb sagen, dass das Optionspreismodell das Bindeglied zwischen den versicherungsmathematischen, statistischen Ansätzen auf der einen Seite und den ökonomischen, kapitalmarkttheoretischen Ansätzen auf der anderen Seite bildet. Es integriert das risikotheoretische und kapitalmarkttheoretische Risikokonzept.

Allerdings basiert das Optionspreismodell auf der **zentralen Annahme**, dass das Hedgeportefeuille stets die Risikofreiheit garantiert. Dies bedeutet, dass das Mengenverhältnis der Assets zu den Hedgewertpapieren kontinuierlich an die aktuelle Marktlage angepasst werden muss. Deshalb muss von vielen "Unstetigkeiten" der realen Märkte abstrahiert werden [*Maneth* (1996), Abschnitt III.2.2.1.2.]. Das Modell ist aber in sich konsistent und lässt sich, wie *Maneth* gezeigt hat (1996, Kapitel 3), für die Berechnung des Überschusses als notwendiges Solvenzkapital heranziehen, wobei gleichzeitig der Einfluss einzelner Determinanten auf dessen Höhe bestimmt werden kann.

So bleibt als wichtigster Kritikpunkt übrig, dass das Problem der asymmetrischen Information zwischen Versicherungsmanagement, Eigenkapitalgeber und Versicherungskäufer nicht berücksichtigt wird. Darüber hinaus werden im Optionspreismodell die Versicherungsprodukte auf ihre Zahlungsstromebene reduziert. Die Interpretation von Versicherungsprodukten als reine Schuldtitel engt aber die Behandlung von Versicherungsfragen sehr stark ein, so dass wichtige Aspekte der Versicherungsmärkte nicht behandelt werden können. Sie werden im 7. Kapitel aufgegriffen.

### 6.2.4 Empirische Evidenz zum tatsächlichen Verhalten der VU

#### 6.2.4.1 Die Preisbildung des VU

Sowohl das CAPM als auch das Optionspreismodell geben eine Anweisung an das Management, wie die Prämien anzusetzen sind, damit für den Investor das Halten einer Beteiligung am VU gleichwertig ist wie das Halten der übrigen auf dem Kapitalmarkt angebotenen Wertpapiere. Ob allerdings diese Anweisungen mit dem tatsächlichen Preissetzungsverhalten der VU übereinstimmen, ist eine andere Frage; die Untersuchung von *Garven* und *d'Arcy* (1991) gibt darüber Auskunft. Die Autoren verfolgen die Rendite des Risikozeichnungsgeschäfts [definiert in Gleichung (6-28)] der US-amerikanischen Sachversicherer über den Zeitraum 1926-1985 und vergleichen sie mit den Sollwerten, die sich aus insgesamt fünf Preisbildungsregeln ergeben. Neben dem (1) CAPM und (2) der Optionspreistheorie sind dies (3) die Empfehlung der Versicherungskommissäre, (4) der Wert, der sich für das Risikozeichnungsgeschäft aus einer Sollrendite des gesamten VU ergibt, und (5) eine im Staate Massachusetts angewandte Regel, welche die Gleichheit der Barwerte der Prämie einerseits und der Schäden sowie der vom VU zu bezahlenden Steuern verlangt. Bei fast allen Regeln ergaben sich Varianten, weil z.B. die Schätzungen des Beta für das Risikozeichnungsgeschäft etwas auseinandergehen.

In der Tabelle 6.6 erscheint bei jeder Preisbildungsregel diejenige Variante, die über die gesamte Beobachtungsperiode den kleinsten Mittleren Quadratischen Fehler MQF aufweist, also die Istwerte am besten voraussagt (der MQF ist in der Fussnote zur Tabelle 6.3 definiert). Zunächst fällt an den Istwerten auf, dass die erreichte Rendite auf dem Risikozeichnungsgeschäft mit 1,32% sehr niedrig erscheint und wegen des Standardfehlers von 5,74 auch nicht von Null unterschieden werden kann. Doch bei Anwendung der CAPM-Regel (1) hätte diese Rendite sogar noch niedriger sein müssen, was mit Blick auf die Diskussion der Gleichung (6-36) nicht erstaunt. Dennoch zeichnet die CAPM-Regel den Verlauf der effektiven Rendite über den gesamten Zeitraum 1926-1985 recht gut nach mit einem MQF von 0,24. Gegen Ende der Beobachtungsperiode hingegen nimmt der MQF auf 0,58 zu, was darauf hinweisen könnte, dass sich die VU von dieser Preisbildungsregel abwandten.

Die Optionspreistheorie (2) dagegen führt zu einer Durchschnittsrendite im Risikozeichnungsgeschäft, die im Durchschnitt mit dem Istwert übereinstimmt. In den einzelnen Jahren ergeben sich jedoch durchaus Abweichungen, so dass der MQF über den Zeitraum 1926-1985 nur wenig kleiner ist als im Falle der CAPM-Preisbildung. Gegen Ende der Beobachtungsperiode schneidet die Optionspreistheorie am besten von allen Verfahren ab (MQF von 0,38).

**Tabelle 6.3** Renditen auf dem Risikozeichnungsgeschäft, Sachversicherer der USA, 1926-1985

| Istwerte und Sollwerte nach Preissetzungsregeln | Mittelwert | Standardabweichung | Mittlerer Quadratischer Fehler[a] | | |
|---|---|---|---|---|---|
| | | | 1926-85 | 1966-85 | 1976-85 |
| Istwerte | 1,32 | 5,74 | - | - | - |
| (1) CAPM | -1,11 | 4,45 | 0,24 | 0,35 | 0,58 |
| (2) Optionspreistheorie | 1,32 | 4,56 | 0,21 | 0,22 | 0,38 |
| (3) Empfehlung der Kommissäre | 4,73 | 0,06 | 0,44 | 1,00 | 1,66 |
| (4) Sollrendite VU insgesamt | 0,57 | 5,43 | 0,16 | 0,25 | 0,39 |
| (5) Gleichheit der Barwerte (Massachusetts) | -1,27 | 1,60 | 0,32 | 0,37 | 0,60 |

a. Der Mittlere Quadratische Fehler MQF ist gegeben durch $MQF = \frac{1}{N}\sum_{t=1}^{N}(r_u - \hat{r}_u)^2$
mit $r_u$: = Rendite des Risikozeichnungsgeschäfts, Istwert;
$\hat{r}_u$: = Sollwert von $r_u$, errechnet nach den Regeln (1) bis (5).
Quelle: Garven und D'Arcy (1991), Tabellen 2 und 3.

Die Empfehlungen der Kommissäre (3) hingegen hätten mit 4,73% zu einer weit höheren Rendite geführt als tatsächlich beobachtet (1,32%). Der hohe MQF gegen Ende der Beobachtungsperiode spricht zusätzlich dafür, dass die VU diesen Empfehlungen immer weniger Beachtung schenken.

Das Zurückrechnen von einer Sollrendite des VU insgesamt auf eine Rendite des Risikozeichnungsgeschäfts (4) hätte zwar zu einer niedrigeren durchschnittlichen Rendite geführt als tatsächlich ausgewiesen. Doch diese Regel zeichnet den Verlauf der Istwerte gut nach, so dass sie über den gesamten Beobachtungszeitraum den geringsten MQF von 0,16 erreicht. Im Zeitraum 1976-1985 steigt der MQF auf das Niveau der Preisbildungsregel (2) gemäss Optionspreistheorie, was vermuten lässt, dass die Regel (4) neuerdings etwas weniger verwendet wird.

Die Preisbildung aufgrund der Gleichsetzung der Barwerte (5) schliesslich hätte im Durchschnitt zu einer Rendite des Risikozeichnungsgeschäfts geführt, die mit -1,27% noch unter derjenigen aufgrund des CAPM (-1,11) gelegen hätte. Diese Regel zeichnet auch die historische Entwicklung etwa gleich gut wie das CAPM nach.

**Folgerung 6.5** Die durchschnittliche Höhe sowie die zeitliche Entwicklung der im Risikozeichnungsgeschäft erzielten Rendite US-amerikanischer Sachversicherer werden von einer Preisbildungsregel aufgrund der Optionspreistheorie ziemlich genau nachgezeichnet, von einer Preisbildungsregel aufgrund des CAPM dagegen mit etwas grösseren Abweichungen. Die Optionspreistheorie erklärt diese Rendite auch mindestens so gut wie einige theoretisch weniger begründete Preisbildungsregeln.

## 6.2.4.2 Das Risikomanagement des VU

Die Optionspreistheorie eignet sich nicht nur zur Herleitung von Preisbildungsregeln, sondern auch zur Herleitung von Regeln zum Risikomanagement des VU. Denn die betreffenden Entscheidungen verändern den Wert der Optionen, welche die Eigentümer des VU halten. Diese Zusammenhänge wurden von *Cummins* und *Sommer* (1996) beleuchtet. Die Autoren gehen von der Gleichung (6-44) aus. Sie ziehen die Verpflichtungen $L_0 = L_T e^{-rT}$ vor die Klammer, um ihre Hypothesen mit Hilfe des Verhältnisses von Aktiva zu Passiva ($x := A_0/L_0$) formulieren zu können:

$$S_0 + \Pi^* - C_0(A_0, L_0; T, r, \sigma) = L_0\left[1 - \frac{P_0}{L_0}(x, 1; T, r, \sigma)\right] \tag{6-45}$$

Die rechte Seite zeigt, dass der effektive Wert der Ansprüche der VK wesentlich vom Wert der Put-Option in den Händen der Eigentümer abhängt, der seinerseits vom Verhältnis Aktiva zu Passiva $x$, der Länge des betrachteten Zeitraums $T$, dem Marktzinssatz $r$ sowie der Standardabweichung des Überschusses $\sigma$ bestimmt wird.

Mit der Maximierung des Erwartungsgewinns ist eine bestimmte Wahrscheinlichkeit der Insolvenz (und damit der Erwartungskosten der Insolvenz) verbunden. Das Management des VU verfügt über zwei Entscheidungsvariablen, um die Wahrscheinlichkeit der Insolvenz auf dem optimalen Wert zu halten. Durch einen hohen Wert des Verhältnisses von Aktiva zu Passiva $x$ (auch etwa Deckungsquote genannt, engl. asset liability ratio) kann es dafür sorgen, dass es (fast) nie zu einer Überschuldung des VU kommt. Durch eine niedrige Volatilität des Überschusses $\sigma$ kann es zudem die Wahrscheinlichkeit von Verlusten klein halten. Dabei ist $\sigma$ gegeben durch

$$\sigma^2 := Var(A - L) = \sigma_A^2 + \sigma_L^2 - 2\rho_{AL} \cdot \sigma_A \cdot \sigma_L \tag{6-46}$$

mit $\rho_{AL}$ := Korrelationskoeffizient zwischen den Renditen der Aktiva und Passiva. Es gilt zu berücksichtigen, dass risikoaverse VK auf eine Erhöhung des Insolvenzrisikos mit einer Reduktion des nachgefragten Versicherungsschutzes reagieren. Der Marktwert des Insolvenzrisikos wird durch $P_0/L_0$, also den Wert der Put-Option in den Händen der Aktionäre je GE Verpflichtungen des VU abgebildet, was die Verbindung zum Optionspreismodell herstellt.

*Cummins* und *Sommer* (1996) stellen über den Zusammenhang zwischen den beiden Entscheidungsvariablen $\sigma$ und $x$ zwei Hypothesen auf.

**H1: $dx/d\sigma > 0$.** Das Verhältnis zwischen Aktiva und Passiva $x$ müsste zunehmen, wenn die Volatilität des Überschusses $\sigma$ höher gewählt wird. Je höher nämlich $\sigma$, desto höher der Wert der Put-Option $P_0$ für die Aktionäre (weil sie ihre Beteiligung schlimmstenfalls zum Preis von Null loswerden können, obschon die geschuldeten Schadenzahlungen die Aktiva möglicherweise weit übertreffen). Diese Veränderung bedeutet aber eine **Umschichtung der Ansprüche** von den VK zu den Eigentümern, mit der Folge, dass die VK ihre Nachfrage nach Versicherungsschutz reduzieren. Zur Korrektur kann nun das VU $x$ anheben, was den Wert der Put-Option wieder senkt (die ganze Dichtefunktion des

Überschusses wird nach rechts, in Richtung positiver Werte verschoben), so dass die negative Reaktion der Nachfrage gemildert oder sogar aufgehoben wird.

**H2: $d\sigma/dx > 0$.** Je höher das Verhältnis zwischen Aktiva und Passiva, desto geringer die Wahrscheinlichkeit der Insolvenz. Die VK honorieren dies durch eine Ausweitung ihrer Nachfrage. Dies steigert zwar den Erwartungsgewinn, doch zugleich findet eine **Umschichtung des Vermögens** des VU zu Lasten der Eigentümer statt. Denn in der Gleichung (6-45) sinkt der Wert ihrer Put-Option, wenn das Management des VU die Deckungsquote erhöht. Um den Wert des Puts wieder anzuheben, kann das Management des VU im Risikozeichnungsgeschäft, aber auch im Anlagegeschäft dafür sorgen, dass die Varianz (und damit Standardabweichung) des Überschusses $\sigma$ zunimmt.

*Cummins* und *Sommer* (1996) ziehen auch eine Alternativhypothese in Betracht, die zur Erklärung des Zusammenhangs zwischen Risiko und Deckungsquote herangezogen werden kann.

**A1:** Die Versicherungsaufsicht könnte mit ihren Sanktionen im Insolvenzfall den VU so hohe Kosten aufbürden, dass diese sich gezwungen sehen, die Insolvenzwahrscheinlichkeit auf einem (niedrigen) Niveau zu halten [*Shrieves* und *Dahl* (1992)]. Das Ergebnis wäre ebenfalls $dx/d\sigma > 0$, indem eine Zunahme der Volatilität der Überschussrendite mit einer Erhöhung des Verhältnisses zwischen Aktiva und Passiva (z.B. durch Nichterneuerung von Versicherungsverträgen) ausgeglichen werden müsste, um die Wahrscheinlichkeit einer Insolvenz nicht ansteigen zu lassen. Sollte diese Alternativhypothese A1 zutreffen, so müsste eine Variable, welche die **Stringenz der Aufsicht** abbildet, wesentlich zur Erklärung der Zusammenhänge $dx/d\sigma$ und $d\sigma/dx$ beitragen.

Ausserdem gibt es zusätzliche Hypothesen, welche diese beiden Zusammenhänge nicht erklären, aber aufgrund der Sachwalterbeziehung zwischen den Eigentümern und dem Management eines VU besondere Modifikationen voraussagen (vgl. Abschnitt 4.3.2).

**Z1:** In einem VU, wo es eine Trennung zwischen Management und Eigentümern gibt, sind die Manager im Vergleich zu den Eigentümern wenig diversifiziert. Denn ihr wirtschaftlicher Erfolg hängt weitgehend vom Erfolg dieses VU ab, während die Mehrzahl der Eigentümer neben den Aktien des betrachteten VU Wertpapiere vieler anderer Unternehmen halten dürfte. Deshalb müsste sich das Management eines solchen VU risikoaverser verhalten als aufgrund des Optionspreismodells (das ja die Sicht des Eigentümers einnimmt) zu erwarten wäre [vgl. *Mayers* und *Smith* (1988)]. Umgekehrt müsste ein VU mit einer engagierten Eigentümergruppe (z.B. Mitglieder der Gründerfamilie) bei gegebener Deckungsquote höhere Risiken eingehen bzw. bei gegebenem Risiko mit einer **niedrigeren Deckungsquote** operieren, weil das Management stärker an die Interessen der Eigentümer gebunden ist.

**Z2:** Ein VU mit einer engagierten Eigentümergruppe könnte im Gegenteil **risikoaverser** agieren als andere. Denn solche Eigentümer halten in der Regel grosse Anteile ihres Vermögens in jenem Unternehmen, dem sie nahestehen [*Fama* und *Jensen* (1983)].

- **Analyse des Zusammenhangs $dx/d\sigma$ (H1):**

Zuerst wird der Zusammenhang $dx/d\sigma$ analysiert. In der Tabelle 6.4 erscheint als abhängige Variable jedoch nicht das Verhältnis zwischen Aktiva und Passiva, sondern jenes zwischen dem Eigenkapital und den Aktiva, *K/A*, um die Vergleichbarkeit mit früheren Studien zu gewährleisten. Tatsächlich können die Eigentümer über die Aktiva des VU nur soweit verfügen, als sie durch das Eigenkapital an ihm beteiligt sind. Umgekehrt sind mit den Passiva im wesentlichen die Zahlungsverpflichtungen gegenüber den VK gemeint. Sie werden durch Prämienzahlungen begründet, die als liquide Mittel oder Kapitalanlagen auf der Aktivseite der Bilanz erscheinen. Aus diesen Gründen verhält sich *K/A* sehr ähnlich wie $x := A/L$.

**Tabelle 6.4**    Verhältnis Eigenkapital zu Aktiva, 142 amerikanische VU, 1979-1990

| Erklärende Variable | Koeffizient | *t*-Wert |
|---|---|---|
| Konstante | 1,567 | 3,843 |
| 1. Verhältnis Eigenkapital/Aktiva im Vorjahr | 0,096 | 0,584 |
| 2. Standardfehler der Überschussrendite σ | 1,891 | 2,567 |
| 3. *ln*Aktiva, Grössenindikator | -0,073 | -4,776 |
| 4. VU mit Management als engagierter Eigentümergruppe[a] | -0,099 | -2,440 |
| 5. VU mit anderer engagierter Eigentümergruppe[a] | -0,102 | -3,167 |
| 6. National tätiges Unternehmen[a] | 0,068 | 1,920 |
| 7. Unabhängiges Unternehmen[a] | -0,127 | -3,074 |
| 8. Herfindahl-Index für Konzentration innerhalb VU-Gruppe | -0,042 | -1,702 |
| 9. Im Staat New York zugelassen[a] | 0,019 | 0,702 |
| 10. Vertrieb über unabhängige Makler[a] | 0,005 | 0,135 |
| 11. Veränderung der industriellen Produktion | 0,075 | 3,197 |
| 12. Obligationenrendite | 0,001 | 1,624 |
| Bestimmtheitskoeffizient $R^2$ | 0,449 | |

a. Diese erklärende Variable = 1, falls die Eigenschaft zutrifft, = 0 sonst.
*Quelle: Cummins* und *Sommer* (1996)

Da es sich bei den Daten um Zeitreihen handelt, wurde auf Autokorrelation der Residuen geprüft. Autokorrelation konnte nicht ausgeschlossen werden, so dass der Vorjahreswert der abhängigen Variablen vom stochastischen Fehler bereinigt, d.h. mit einer Hilfsregression geschätzt werden musste. Dasselbe gilt für den Standardfehler der Überschussrendite, der ja gemäss H2 ebenfalls eine Entscheidungsvariable, d.h. eine endogene Grösse darstellt. Schliesslich wurden die Werte der abhängigen und sämtlicher erklärender Variablen eines Jahres durch das geschätzte Residuum des betreffenden Jahres dividiert, um die Auswirkung unterschiedlicher Varianzen der Störgrösse zu neutralisieren [Heteroskedastizitätskorrektur von *White* (1980)]. Die so mehrfach transformierten Daten gingen schliesslich in die multiple Regression ein, die immerhin rd. 45% der Varianz der abhängigen Variablen erklärt.

Die Schätzergebnisse können wie folgt interpretiert werden.

**(1) Verhältnis Eigenkapital/Aktiva im Vorjahr.** Durch diese Variable kann eine verzögerte Anpassung modelliert werden. Je näher ihr Regressionskoeffizient bei 1 liegt, desto stärker überträgt sich der Vorjahreswert auf den laufenden Wert, und desto langsamer erfolgt mithin die Anpassung an Impulse, die im laufenden Jahr auftreten. Da hier der Koeffizient klein und dazu statistisch nichtsignifikant ist, scheint eine solche Verzögerung bei der Anpassung jedoch kaum eine Rolle zu spielen. Vielmehr reagieren die VU offenbar noch im laufenden Jahr auf Veränderungen ihrer Entscheidungssituation.

(2) **Standardfehler der Überschussrendite.** Diese Variable entspricht $\sigma$ und wurde gemäss Formel (6-46) berechnet. Dazu braucht es die Wertveränderungen der Kapitalanlagen, die Veränderungen der Schadenzahlungen inkl. Abwicklungsaufwendungen und den Korrelationskoeffizienten zwischen diesen beiden Renditen für jedes VU der Stichprobe. Der signifikant positive Regressionskoeffizient dieser Variablen **bestätigt die Hypothese H1**. Die VU begegnen einem erhöhten Risiko ceteris paribus mit einer erhöhten Unterlegung der Aktiva mit Eigenkapital (bzw. einer höheren Deckungsquote), so wie vom Optionspreismodell vorausgesagt.

(3) *ln* **Aktiva.** Wie zu erwarten, ist der dazugehörige Koeffizient negativ: Grössere VU erreichen eine verbesserte Risikostreuung und können deshalb mit weniger Eigenkapital je GE investierter Aktiva operieren (vgl. dazu Abschnitt 6.1.2.2).

(4) **VU mit Management als engagierter Eigentümergruppe.** Der negative Koeffizient besagt, dass diese VU ceteris paribus mit weniger Eigenkapital operieren; sie verhalten sich deshalb wie in der Zusatzhypothese Z1 postuliert weniger risikoavers als die Vergleichsgruppe (das sind die VU mit breit gestreuten Aktien). Dieses Ergebnis spricht gegen Z2.

(5) **VU mit anderer engagierter Eigentümergruppe.** Einmal mehr wird Z1 durch den negativen Regressionskoeffizienten bestätigt und Z2 widerlegt. Da sein Wert vergleichbar jenem der Variablen Nr. 4 ist, kommt es offenbar nicht darauf an, wer die engagierte Eigentümergruppe bildet.

(6) **National tätiges Unternehmen.** Wegen des Effekts der regionalen Diversifikation hätte man für diese Variable ein negatives Vorzeichen erwarten können. Der positive, wenn auch knapp nichtsignifikante Regressionskoeffizient widerspricht dieser Erwartung.

(7) **Unabhängiges Unternehmen.** Da ein unabhängiges Unternehmen für die Kosten einer Insolvenz selbst aufkommen muss, dürfte es im Kapitalmarkt grundsätzlich als weniger risikobehaftet eingestuft werden als andere. Deshalb entspricht der negative Regressionskoeffizient den Erwartungen.

(8) **Herfindahl-Index für Konzentration innerhalb der VU-Gruppe.** Ein hoher Wert des Herfindahl-Index zeigt ausgeprägte Konzentration an, hier als hoher Anteil eines Unternehmens an den Nettoprämien der Versicherungsgruppe. Je höher der Indexwert, desto mehr nähert sich das betrachtete VU dem Status eines unabhängigen Unternehmens. Aufgrund der Argumentation zur Variablen Nr. 7 sollte der Regressionskoeffizient wieder negativ sein (was auch zutrifft, wenn auch ohne statistische Signifikanz).

(9) **Im Staat New York zugelassen.** Dieser Bundesstaat ist bekannt für seine besonders strikte Versicherungsaufsicht. Wenn also die Hypothese A1 zutreffen würde, wonach der Zusammenhang zwischen Eigenkapitalunterlegung $K/A$ und Volatilität der Rendite des Überschusses regulierungsinduziert ist, müsste der Regressionskoeffizient dieser Variablen anzeigen, dass der Staat New York eine besonders ausgeprägte

Anpassung von *K/A* durchsetzt, sobald σ zunimmt. Der dazugehörige Regressionskoeffizient müsste demnach positiv sein. Das ist er auch, jedoch weit entfernt von statistischer Signifikanz.

(10) **Vertrieb durch unabhängige Makler.** Die Auslagerung des Vertriebs auf unabhängige Makler hat Eigenschaften einer Risikodiversifikation für das betrachtete VU. Insofern besteht geringere Notwendigkeit, durch einen hohen Wert von *K/A* die Insolvenzwahrscheinlichkeit gering zu halten. Das erwartete negative Vorzeichen des Regressionskoeffizienten wird jedoch nicht bestätigt; vielmehr scheint kein eindeutiger Zusammenhang vorzuliegen.

(11) **Veränderung der industriellen Produktion.** Dies ist ein Indikator der konjunkturellen Lage. Bei günstiger Konjunktur steigen auch die Gewinne der VU; da sie mindestens zum Teil zum Eigenkapital geschlagen werden, müsste *K/A* ansteigen. Dieser Zusammenhang wird durch den positiven Regressionskoeffizienten bestätigt.

(12) **Obligationenrendite.** Eine erhöhte Obligationenrendite steigert unmittelbar die Gewinne aus dem Anlagegeschäft und mittelbar das Eigenkapital. Da der entsprechende Regressionskoeffizient einen *t*-Wert unterhalb der Schwelle der statistischen Signifikanz aufweist, kann dieser Zusammenhang nicht als bestätigt gelten.

- **Analyse des Zusammenhangs** $d\sigma/dx$ **(H2):**

  Die Tabelle 6.5 zeigt die Schätzergebnisse zum umgekehrten Zusammenhang $d\sigma/dx$. Die abhängige Variable ist entsprechend die Volatilität der Rendite des Überschusses. Die erklärenden Variablen sind weitgehend dieselben, mit Ausnahme der Nr. 12. Der Bestimmtheitskoeffizient zeigt an, dass diesmal sogar beinahe 90% der Varianz der abhängigen Variable erklärt werden konnten.

  Die Interpretation beschränkt sich im folgenden auf die zentralen Aussagen.

(1) **Standardfehler der Überschussrendite** σ **im Vorjahr.** Der dazugehörige Regressionskoeffizient ist wiederum klein und nichtsignifikant. Offenbar werden auch die Entscheidungen bezüglich des bei der Risikozeichnungs- und Anlagepolitik einzugehenden Risikos ohne wesentliche Verzögerung, sondern noch im gleichen Jahr gefällt, in welchem eine Veränderung im Umfeld eintritt.

(2) **Verhältnis Eigenkapital zu Aktiva.** Von dieser Grösse ein positiver Einfluss auf σ aus, wie der signifikant positive Regressionskoeffizient zeigt. Die **Hypothese H2** wird **bestätigt**. Damit ergibt sich auch aus dieser Gleichung ein wichtiger Anhaltspunkt dafür, dass das Optionspreismodell das Verhalten des Managements eines VU näherungsweise beschreiben könnte.

(4) **VU mit Management als engagierter Eigentümergruppe.** In VU, wo die Trennung zwischen Eigentümern und Management nicht sehr ausgeprägt ist, geht man offenbar höhere Risiken ein, wie von Zusatzhypothese Z1 vorausgesagt, und entgegen der Aussage von Z2.

(5) **VU mit anderer engagierter Eigentümergruppe.** Wiederum ist die Auswirkung vergleichbar zur Variablen Nr. 4, da die Regressionskoeffizienten ähnliche Werte aufweisen.

(9) **Im Staat New York zugelassen.** Das negative Vorzeichen des Regressionskoeffizienten könnte an sich die Alternativhypothese A1 stützen, doch erreicht der $t$-Wert die Signifikanzgrenze bei weitem nicht. Damit scheint die Solvenzregulierung zumindest in den USA das Risikoverhalten der VU nicht wirklich zu beeinflussen.

(11) **Veränderung des Standardfehlers der Obligationenrendite.** Im Gegensatz zur Tabelle 6.3 sollen hier Störungen im Kapitalmarkt abgebildet werden, die sich auf die Rendite des Überschusses und ihre Volatilität auswirken könnten. Der positive Regressionskoeffizient bestätigt den zu vermutenden positiven Zusammenhang.

(12) **Veränderung des Standardfehlers der Aktienrendite.** Diese erklärende Variable erfüllt den gleichen Zweck wie Nr. 11, und ihr Einfluss auf das σ der VU ist vergleichbar.

**Tabelle 6.5**   Standardfehler der Rendite des Überschusses, 142 amerikanische VU, 1979-1990

| Erklärende Variable | Koeffizient | $t$-Wert |
|---|---|---|
| Konstante | -0,156 | -2,247 |
| 1. Standardfehler der Überschussrendite σ im Vorjahr | 0,296 | 1,533 |
| 2. Verhältnis Eigenkapital/Aktiva | 0,135 | 2,161 |
| 3. *ln*Aktiva, Grössenindikator | 0,010 | 3,073 |
| 4. VU mit Management als engagierter Eigentümergruppe[a] | 0,024 | 3,017 |
| 5. VU mit anderer engagierter Eigentümergruppe[a] | 0,013 | 2,756 |
| 6. National tätiges Unternehmen[a] | -0,011 | -2,755 |
| 7. Unabhängiges Unternehmen[a] | 0,031 | 3,265 |
| 8. Herfindahl-Index für Konzentration innerhalb VU-Gruppe | 0,015 | 2,616 |
| 9. Im Staat New York zugelassen[a] | -0,004 | -1,124 |
| 10. Vertrieb über unabhängige Makler[a] | -0,004 | -1,498 |
| 11. Veränderung des Standardfehlers der Obligationenrendite | 0,017 | 2,208 |
| 12. Veränderung des Standardfehlers der Aktienrendite | 0,010 | 2,172 |
| Bestimmtheitskoeffizient $R^2$ | 0,896 | |

a. Diese erklärende Variable = 1, falls die Eigenschaft zutrifft, = 0 sonst.
*Quelle: Cummins* und *Sommer* (1996)

**Folgerung 6.6**   Das Verhalten amerikanischer VU stimmt mit den Implikationen des Optionspreismodells recht gut überein. Das Management verstärkt umgehend die Kapitalunterlegung der Aktiva, wenn es eine erhöhte Volatilität der Rendite des Überschusses anstrebt, und umgekehrt nimmt es eine erhöhte Volatilität dieser Rendite in Kauf, wenn das Verhältnis zwischen Eigenkapital und Aktiva einen hohen Wert aufweist.

Die Folgerung 6.6 gibt Anlass zur Vermutung, dass das Optionspreismodell des VU, das den Interessenkonflikt zwischen Eigentümern und VK in den Vordergrund rückt, das Risiko-Management von VU ziemlich gut erklären kann. Es trägt somit dazu bei, Einblicke in die Handhabung eines wichtigen Elements der Versicherungstechnologie zu gewinnen.

## 6.3 Verbundvorteile

Neben der Preisbildung wird das Angebot eines VU auch durch seine Leistungspalette beschrieben. Hier sind Verbundvorteile (engl. economies of scope) von grosser Bedeutung.

### 6.3.1 Verbundvorteile und Eigenschaften der Kostenfunktion

Für viele Fragestellungen genügt es vollauf, ein Unternehmen als Ein-Produkt-Firma aufzufassen. In der Versicherungswirtschaft lassen sich Fragen der Betriebsgrösse in einem homogenen Geschäftszweig unter dieser Voraussetzung untersuchen (vgl. Abschnitt 6.4).

Die Leitung eines ganzen VU dagegen muss immer wieder über die Ausgestaltung der Produktpalette entscheiden. Manche dieser Entscheidungen sind vom entweder-oder-Typ: Soll eine zusätzliche Geschäftssparte von einem andern VU übernommen werden? Soll das Kapitalanlagegeschäft weiterhin an eine Bank delegiert werden? Andere Entscheidungen sind gradueller Natur: Sollen zusätzliche Risiken gezeichnet werden, welche sich vom bisherigen Bestand unterscheiden? Soll der Vertrieb vermehrt auf angestellte Agenten umgestellt werden?

Verbundvorteile können im wesentlichen auf folgende Ursachen zurückgeführt werden, die alle die Eigenschaften eines lokalen öffentlichen Gutes haben, d.h. das Aktivum kann praktisch ohne Kosten einem zusätzlichen Nutzniesser innerhalb des Unternehmens zur Verfügung gestellt werden.

- **Managementfähigkeiten.** Die Leitung des VU, die von einem andern eine Geschäftssparte übernimmt, hat möglicherweise eine besondere Fähigkeit bei der Lösung der für diese Geschäftssparte typischen Probleme.

- **Informationsvorteile.** Bei der Zeichnung neuartiger Risiken kann das betrachtete VU vielleicht Informationen aus dem bisherigen Risikozeichnungsgeschäft für eine risikoadäquate Tarifierung verwerten.

- **Know-how.** Bei einer vermehrten Umstellung des Vertriebs auf angestellte Agenten sind die bisherigen Mitarbeiter möglicherweise in der Lage, ihre besonderen Kenntnisse der Marktverhältnisse an die neuen Kollegen weiterzugeben.

Ein erstes Beurteilungskriterium für die Existenz von Verbundeffekten sind die Auswirkungen auf die Betriebskosten. Ein guter (wenn auch nicht hinreichender) Grund, die Produktepalette zu vergrössern, ist eine "unterproportionale" Zunahme der Kosten. Genauer: es liegt eine sog. Subadditivität der Kosten vor [*Baumol, Panzar* und *Willig* (1982); *Panzar* und *Willig* (1977)]: Für alle Werte zweier Outputs $Y$ und $Z$ gilt bei Zusammenfassung der Produktion (symbolisiert durch $Y \& Z$):

$$C(Y \ \& \ Z) \leq C(Y) + C(Z) \ . \tag{6-47}$$

Angenommen, das eine Produkt werde im Umfang $y$ bereitgestellt, das andere im Umfange $z$. Ausgewertet an der entsprechenden Stelle muss für eine subadditive Kostenfunktion demnach gelten:

$$C[y \ \& \ z] \leq C[y] + C[z] \ . \tag{6-48}$$

Dabei steht die eckige Klammer für "ausgewertet an der Stelle", weil die Subadditivität an einer bestimmten Kombination von Outputs geprüft werden soll. Diese Bedingung ist zwar einleuchtend, aber nicht besonders praktisch. Denn sie verlangt strenggenommen, dass ein und dasselbe VU in zwei Zuständen beobachtet werden kann, nämlich einmal mit zwei Geschäftsfeldern $\{Y, Z\}$ in Kombination, und das anderemal bei z.B. Produktion von $Y$ im Hause selbst und Vergabe von $Z$ an Dritte. Schätzungen solcher Verbundvorteile werden im Zusammenhang mit Fusionen versucht, entbehren aber jeweils solider Grundlagen.

Es wäre deshalb von Vorteil, Verbundvorteile mit dem **Verlauf der Kostenfunktion** im Falle kontinuierlicher Variationen in Verbindung bringen zu können. Denn es gibt eine Reihe von Schätzungen von Kostenfunktionen, die kontinuierliche Veränderungen bzw. kleine Unterschiede zwischen VU abbilden.

Zu diesem Zweck greift man noch ein zweites Outputniveau für das Produkt $Y$ heraus, z.B. $y^0$ und setzt gleichzeitig das Outputniveau von $Z$ auf Null (vgl. Punkt $P$ der Abbildung 6.7). Im Punkt $P$ wird die Ungleichung (6-48) zu einer Gleichung, denn mit $Z = 0$ kann es gar keine Verbundvorteile geben. Einfachheitshalber verlaufe die Summe der Kosten bis zum Punkt $Q$ linear. Aufgrund der Ungleichung (6-48) ist bekannt, dass wegen Subadditivität die Kombination der Outputs $\{y, z\}$ geringere Kosten verursacht als ihre getrennte Bereitstellung. Damit aber der zur Kombination gehörende Punkt $C[y \ \& \ z]$ erreicht wird, muss die Kostenfunktion zwischen $Y = y^0$ und $Y = y$ an Steigung einbüssen. Im gleichen Zug nimmt auch der Output $Z$ annahmegemäss zu, nämlich von 0 auf $z$. Offenbar reflektiert die Abnahme der Steigung die Verbundvorteile, die von der Produktion von $Z$ ausgehen. Abnahme der Steigung heisst Abnahme der Grenzkosten, und damit

$$\frac{\partial}{\partial Z}\left[\frac{\partial C}{\partial Y}\right] = \frac{\partial^2 C}{\partial Z \partial Y} < 0 \ . \tag{6-49}$$

**Folgerung 6.7**   Kostenseitige Verbundvorteile liegen dann vor, wenn in einer Kostenfunktion, welche die Outputs $Y$ und $Z$ als Argumente enthält, die Grenzkosten bezüglich $Y$ mit einer Zunahme des Outputs $Z$ zurückgehen (und umgekehrt).

Der Umkehrschluss der Folgerung 6.7 geht aus der Tatsache hervor, dass in der Ungleichung (6-49) die Reihenfolge der Ableitung keine Rolle spielt.

**Abbildung 6.4** Verbundvorteile und Kostenfunktion

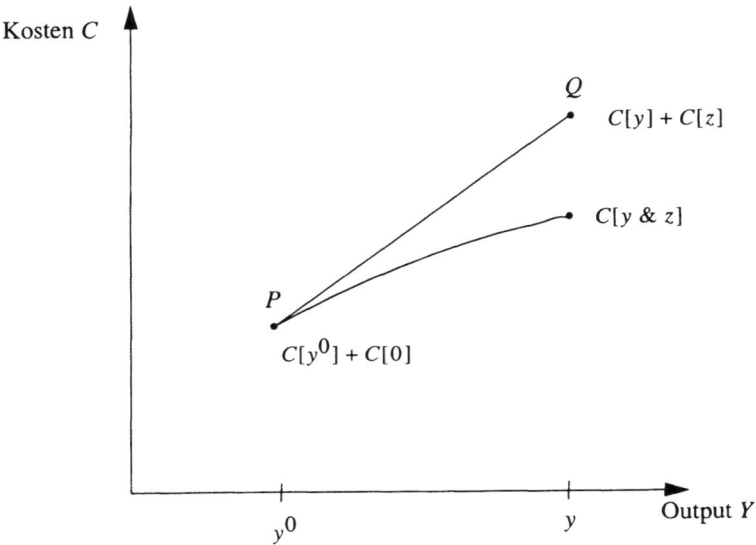

## 6.3.2 Empirische Bedeutung von Verbundeffekten

Es gibt eine ausgedehnte Literatur über Verbundeffekte bei Banken [für die USA vgl. z.B. *Pulley* und *Braunstein* (1992), für die Schweiz *Sheldon* (1993) und für Deutschland *Lang* und *Welzel* (1994)]. Die Untersuchungen beruhen wie im vorhergehenden Abschnitt dargestellt auf der Schätzung einer Kostenfunktion (welche für alle Unternehmen gültig sein soll), die an drei Stellen ausgewertet wird:

(1) Alle Outputs sind positiv (üblicherweise werden die Mittelwerte der Stichprobe verwendet). Der dazugehörige berechnete Wert $C[\cdot]$ repräsentiert die Situation eines integrierten Unternehmens.

(2) Eine Teilmenge $\{T\}$ der Outputs wird auf die Mittelwerte gesetzt. Die Komplementärmenge $\{-T\}$ zeigt jene Tätigkeiten an, auf die das fiktive Unternehmen verzichtet. *Lang* und *Welzel* (1994) bilden die Menge $\{T\}$ aus den Kundenkrediten, Interbankguthaben sowie Wertpapieren und Kasse.

(3) Die Teilmenge $\{-T\}$ der Outputs wird auf die Mittelwerte gesetzt. Damit wird ein fiktives Unternehmen gebildet, das sich auf diese anderen Geschäfte spezialisiert, bei *Lang* und *Welzel* (1994) auf das Wertpapiergeschäft im Auftrag der Kunden und den Verkauf von landwirtschaftlichen Hilfsmitteln (eine Spezialität der Genossenschaftsbanken).

*Lang* und *Welzel* (1994) führen diese Berechnung in modifizierter Form für 757 Banken des Jahres 1992 durch, nämlich für den jeweiligen Übergang von einer kleinen Bank *A* zu einer grösseren Bank *B*, um die Alternativen "Wachstum durch Integration" und "Wachstum im Rahmen der bestehenden Produktepalette" unterscheiden zu können. Sie finden in acht von zehn Grössenklassen schwach ausgeprägte Verbundvorteile, meistens jedoch von weniger als 2% der mit dem Wachstum einhergehenden Zunahme der Kosten. Dieses Ergebnis charakterisiert nach bisheriger Erkenntnis auch die Banken der USA und der Schweiz.

Eine der wenigen empirischen Untersuchungen, die auf Verbundvorteile in der Versicherungswirtschaft testen, ist diejenige von *Suret* (1991). Die Datenbasis umfasst je 50-70 kleine, mittlere und grosse (über Can$ 80 Mio. Bilanzsumme im Jahre 1986) kanadische VU über den Zeitraum 1986-1988. Der Autor unterscheidet vier Produkte bzw. Geschäftsfelder:

- Kraftfahrzeugversicherung ($y_1$)
- Sachversicherung ($y_2$)
- Haftpflichtversicherung ($y_3$)
- restliche Geschäftsfelder ($y_4$, rd. 20% der Prämieneinnahmen).

Für eine Überprüfung der Bedingung (6-49) braucht es eine Kostenfunktion, welche variable, von einem anderen als dem betrachteten Output abhängige Grenzkosten zulässt. Eine weitverbreitete solche Form ist die sog. Translog-Kostenfunktion. In ihrer Grundform enthält sie als erklärende Variablen lediglich die (Logarithmen der) Outputs selbst und Interaktionsterme, Faktorpreise und ihre Interaktionsterme sowie nochmals Interaktionsterme zwischen Outputs und Faktorpreisen. Für $n$ Outputs $y_i$ und $m$ Faktorpreise $w_k$ lautet sie

$$lnC = \alpha_0 + \sum_{i=1}^{n} \alpha_i lny_i + \sum_{k=1}^{m} \beta_k lnw_k$$
$$+ 1/2 \sum_{i=1}^{n} \sum_{j=1}^{n} \sigma_{ij} lny_i lny_j$$
$$+ 1/2 \sum_{k=1}^{m} \sum_{l=1}^{m} \delta_{kl} lnw_k lnw_l \qquad (6\text{-}50)$$
$$+ 1/2 \sum_{i=1}^{n} \sum_{k=1}^{m} \tau_{ik} lny_i lnw_k.$$

Die Outputs sind in geleisteten Schadenzahlungen gemessen (vgl. dazu Abschnitt 5.2), mit $\{y_1,...,y_4\}$ wie soeben definiert, sowie $w_1$: = durchschnittlicher Lohnsatz und $w_2$: = durchschnittliche Mietkosten für Büroraum.

## 6.3 Verbundvorteile

Gemäss *Murray* und *White* (1983) können Verbundeffekte näherungsweise am Vorzeichen des Ausdrucks

$$\alpha_i \cdot \alpha_j + \sigma_{ij} \tag{6-51}$$

erkannt werden. Ist (6-51) negativ, so liegen Verbundvorteile vor (der andere Output wirkt grenzkostensenkend); ist das Vorzeichen positiv, so sind Verbundnachteile gegeben.

Die Schätzung dieser Translog-Kostenfunktion durch *Suret* (1991) ergibt aufgrund der Koeffizienten $\{\alpha_i, \alpha_j, \sigma_{ij}\}$ folgende Aufschlüsse

- **in Bezug auf die Kraftfahrzeugversicherung ($y_1$):** In zwei von drei Jahren gehen in allen drei Grössenklassen der VU kostensteigernde Verbundeffekte von der Sachversicherung aus. Von der Haftpflicht und den restlichen Geschäftsfeldern gehen ebenfalls kostensteigernde Verbundeffekte in zwei von drei Jahren aus, doch nur bei den kleinen VU.
- **in Bezug auf die Sachversicherung ($y_2$):** Hier muss (wegen der Symmetrieeigenschaft, vgl. Folgerung 6.6) nur noch auf Einflüsse der Haftpflichtversicherung ($y_3$) und der restlichen Geschäftsfelder ($y_4$) getestet werden. Es gibt aber keine wiederholten (in wenigstens 2 von 3 Jahren auftretende) Hinweise auf Verbundeffekte.
- **in Bezug auf die Haftpflichtversicherung ($y_3$):** In zwei von drei Jahren kann ein kostensenkender Verbundeffekt mit den restlichen Geschäftsfeldern ($y_4$) statistisch erkannt werden, doch nur gerade bei den mittelgrossen VU.

Bei einer strikt spartenweisen Betrachtung ergeben sich also keine über alle Grössenklassen der VU wirksamen Verbundvorteile. Würde ein VU nach dem Baukastenprinzip elementweise je zwei Sparten kombinieren, könnte es kaum mit Synergien rechnen.

Die Entscheidungssituation eines bereits bestehenden VU ist jedoch eine andere: Es geht nur noch darum, möglicherweise eine zusätzliche Geschäftssparte hinzuzufügen. Wenn beispielsweise ein VU die letzten drei Geschäftssparten $\{y_2, y_3, y_4\}$ bereits betreibt, würde es von einem Verbundvorteil bezüglich Betriebskosten profitieren, wenn es auch (bzw. vermehrt) in der Kraftfahrzeugversicherung ($y_1$) tätig wäre? Hier lauten die Ergebnisse wie folgt:

- **Zusätzliches Engagement in der Kraftfahrzeugversicherung ($y_1$):** In VU aller Grössenklassen zeichnen sich wiederholt Verbundvorteile ab. Statistisch signifikant und damit gesichert sind sie in zwei von drei Jahren bei den grossen VU.
- **Zusätzliches Engagement in der Sachversicherung ($y_2$):** Auch hier kann man Kostenvorteile aus dem Verbund mit den übrigen drei Sparten erwarten. Statistisch signifikant ist der Effekt jedoch nur in zwei von drei Jahren, und nur bei den grossen VU.
- **Zusätzliches Engagement in der Haftpflichtversicherung ($y_3$):** Hier zeichnen sich Verbundnachteile ab, die jedoch nirgends statistisch signifikant ausfallen.
- **Zusätzliches Engagement in den restlichen Geschäftsfeldern ($y_4$):** Weder Vor- noch Nachteile des Verbunds sind zu erkennen.

**Folgerung 6.8**  Die wenige empirische Evidenz lässt im Bereich des Nichtlebengeschäfts auf sehr beschränkte Verbundvorteile schliessen. Am ehesten kann ein grosses VU auf Verbundvorteile zählen, wenn es zu den übrigen Sparten das Kraftfahrzeug- oder das Sachversicherungsgeschäft dazunimmt.

Bei der Interpretation der Folgerung 6.8 ist allerdings zu bedenken, dass die Kausalität nicht notwendig von der Unternehmensgrösse zu den Verbundvorteilen geht. Vielmehr ist denkbar, dass manche VU besser als andere in der Lage sind, diese Vorteile zu nutzen und so in die oberste Grössenklasse aufsteigen. Die Kausalität verläuft dann von den Verbundeffekten zur Grösse des Unternehmens.

### 6.3.3 Verallgemeinerte Verbundeffekte

Die Leitung eines VU wäre allerdings schlecht beraten, seine Entscheidungen bezüglich der Produktpalette allein auf Verbundeffekte bei den Betriebskosten abzustellen. Am ehesten erscheint dies bei einer organisatorischen Massnahme (wie z.B. dem Ausbau des Vertriebsnetzes mit eigenen Agenten) anzugehen. Insofern aber dieses Vertriebsnetz andere Typen von Risiken anzieht als der Vertrieb über Makler, könnte sich auch das Risikozeichnungsgeschäft ändern. Je nach den zu erwartenden Prämieneinnahmen einerseits und der Korrelation der neu zu deckenden Schäden mit denjenigen aus dem bisherigen Bestand wird der Überschuss der Aktiva über die Passiva (engl. surplus, Summe von Eigenkapital und Reserven) andere Eigenschaften aufweisen.

Die Wahl der Produktpalette wird im folgenden wie die Wahl einer Portefeuillestruktur analysiert. Die Entscheidungsvariablen sind hier die Anteile der verschiedenen Geschäftssparten am Prämienvolumen, die so gewählt werden sollen, dass für eine gegebene erwartete **"Rendite" des Überschusses** eine minimale Volatilität dieser "Rendite" erreicht wird. Die "Rendite" des Überschusses ist nichts anderes als seine prozentuale Veränderung zur Vorperiode (vgl. Abschnitt 5.9). Wenn jetzt beispielsweise die Kraftfahrzeugversicherung ($y_1$) als zusätzliche Sparte in die Produktpalette eines VU aufgenommen werden soll, so verändert diese den Überschuss, indem zusätzliche Prämieneinnahmen, Anlageerträge, aber auch Betriebskosten und Schadenzahlungen anfallen. Dieser Beitrag zum Überschuss verändert nicht nur den Erwartungswert der Überschussrendite, sondern auch ihren Standardfehler.

In der Abbildung 6.5 ist die effiziente Grenze in einem ($\mu_S$, $\sigma_S$)-Raum eingetragen, wobei $S$ für den Überschuss, $\mu_S$ für den Erwartungswert der Rendite des Überschusses und $\sigma_S$ für die Standardabweichung dieser Grösse stehen. Auf der ursprünglichen effizienten Grenze $EE'$, gebildet durch die Sparten $\{y_2, y_3, y_4\}$ sind drei mögliche, fiktive Punkte eingetragen. Dabei sollen die "Restlichen Geschäftsfelder" ($y_4$) als besonders lukrativ, dafür risikobehaftet gelten. Entsprechend nimmt deren Anteil am Prämienvolumen entlang *EE'* zu. Die aus der Sicht der Leitung des VU optimale Spartenstruktur sei {$y_2^*, y_3^*, y_4^*$}, angezeigt durch Punkt $Q^*$ auf *EE'*.

**Abbildung 6.5**  Verallgemeinerte Verbundeffekte einer zusätzlichen Geschäftssparte

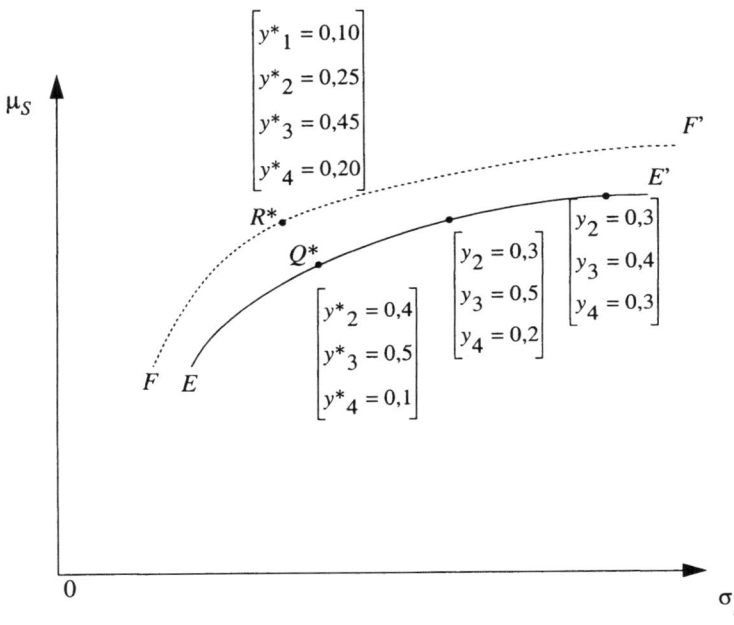

Dadurch, dass neu die Kraftfahrzeugversicherung ($y_1$) in die Produktepalette aufgenommen wird, verschiebt sich die effiziente Grenze. Falls $y_1$ lukrativ und dabei nicht allzu risikobehaftet ist, wandert *EE'* nach oben, z.B. zu *FF'*. Zur Illustration ist auf *FF'* der neue Optimalpunkt $R^*$ {$y_1^*, y_2^*, y_3^*, y_4^*$} eingetragen, der Verschiebungen in der effizienten Zusammensetzung der Geschäftssparten anzeigt. Beispielsweise würde der Anteil der neu dazugekommenen Sparte "Kraftfahrzeuge" ($y_1$) 0,10 (also 10%) betragen, unter gleichzeitiger Zunahme des Anteils von $y_4$ auf 0,20.

**Folgerung 6.9**  Die Wahl der Produktepalette eines VU lässt sich analysieren mit Blick auf die effiziente Grenze, definiert durch den Erwartungswert und den Standardfehler der "Rendite" (d.h. der prozentualen Veränderung) des Überschusses der Aktiva über die Passiva.

## 6.4 Skalenerträge

In diesem Abschnitt gilt die Aufteilung auf Geschäftsfelder bereits als optimiert (vgl. Abschnitt 6.3). Es geht demnach um die Frage, ob eine weitere Ausweitung der

Geschäftstätigkeit bei gegebener Struktur mit zunehmenden wirtschaftlichen Vorteilen, sog. Größenvorteilen oder Skalenerträgen (engl. economics of scale) verbunden ist oder nicht.

### 6.4.1 Definitionsfragen

Positive Skalenerträge liegen dann vor, wenn z.B. eine Verdoppelung aller Inputs zu mehr als einer Verdoppelung der Outputs eines Unternehmens führt. Bei Kostenminimierung und vorgegebenen Inputpreisen verdoppeln sich auch die Produktionskosten, während der Output überproportional zunimmt. Das heisst aber nichts anderes, als dass bei positiven Skalenerträgen die (jeweils minimierten) Durchschnittskosten bei einer Verdoppelung (allgemeiner: Zunahme) des Outputs zurückgehen.

Skalenerträge gelten in der Versicherungswirtschaft als **theoretisch begründet**. Denn Skalenerträge zumindest im Risikozeichnungsgeschäft folgen aus dem Gesetz der grossen Zahl, welches besagt, dass das arithmetische Mittel aus $N$ Zufallsvariablen mit einem gemeinsamen Erwartungswert $\mu$ und gemeinsamer Varianz $\sigma^2$ immer weniger um diesen Erwartungswert schwankt, wenn $n$ zunimmt (vgl. Abschnitt 6.1.2). Das arithmetische Mittel als Schätzwert des Erwartungswerts wird sozusagen immer zuverlässiger; sein Standardfehler nimmt mit $n$ ab.

Nun sollte eine Prämie, wie auch immer kalkuliert, mindestens den Erwartungswert der Schäden decken. Gelingt es dem VU, eine immer grössere Zahl von Risiken mit gleichem Erwartungswert des Schadens in sein Risikoportefeuille aufzunehmen, kann es den Erwartungswert des Schadens je Risikoeinheit aufgrund bisheriger Erfahrungen immer genauer abschätzen. Es braucht also **je GE Prämien weniger Reserven** für unvorhergesehene Schwankungen, um diesen Erwartungswert zu bilden. Das Halten von Reserven verursacht jedoch Alternativkosten insofern, als i.d.R. das Zeichnen zusätzlicher Risiken eine grössere Rendite einbringen würde als die Anlage der Mittel auf dem Geld- und Kapitalmarkt. Je grösser also der Versichertenbestand, desto kleiner wird der Kostensatz, der zur Erhaltung einer bestimmten Solvenzwahrscheinlichkeit aufgewendet werden muss.

Die Frage der Skalenerträge ist auch für die VK und die Aufsichtsbehörde von Interesse. Denn unter Wettbewerbsbedingungen wird der Absatzpreis von neu in den Markt eintretenden Konkurrenten immer wieder gedrückt, schliesslich bis zu jenem Punkt, wo der Preis gerade noch die minimalen Durchschnittskosten deckt. Alle im Markt tätigen Unternehmen werden somit durch den Wettbewerb zumindest langfristig dazu gezwungen, beim Betriebsoptimum (engl. minimum efficient scale) zu produzieren. Aus der Mikroökonomie ist bekannt, dass im Betriebsoptimum die Grenzkosten mit den Durchschnittskosten zusammenfallen. Es gilt also
$\frac{dC}{dY} = \frac{C}{Y}$, und nach Division durch $\frac{C}{Y}$

$$\frac{dC}{dY} \cdot \frac{Y}{C} := e(C, Y) = 1 \qquad \text{(Bedingung für Betriebsoptimum).} \qquad (6\text{-}52)$$

Die Elastizität der Produktionskosten in Bezug auf den Output ist im Betriebsoptimum demnach gleich Eins; eine Zunahme des Outputs um 1% geht mit einer Zunahme der

Kosten um gerade 1% einher. In Bezug auf die Versicherungsmärkte wäre somit interessant zu wissen, ob der Wettbewerb tatsächlich so ausgeprägt ist, dass sich die VU am Betriebsoptimum befinden, und falls sich nicht alle im Betriebsoptimum befinden sollten, ob positive oder negative Skalenerträge vorliegen.

Vorab sind, gerade im Zusammenhang mit VU, zwei definitorische Fragen zu klären.

- **Was soll unter den Kosten verstanden werden?**

Auf den ersten Blick wird man der Gewinn- und Verlustrechnung eines VU die Betriebskosten (also zur Hauptsache Akquisitions- und Verwaltungsaufwand) entnehmen. Korrekterweise wäre aber eine Verzinsung des im Unternehmen gebundenen Eigenkapitals hinzuzufügen. Ausserdem erfolgen immer wieder Zuweisungen an die Reserven, deren Zweck es ist, die Solvenz (und damit den Betrieb) des VU in Zukunft zu gewährleisten. In den nachstehend vorgestellten empirischen Untersuchungen werden diese beiden Kostenkomponenten vernachlässigt. Für die Ermittlung der richtigen Verzinsung des Eigenkapitals müsste man letztlich auf das CAPM (Capital Asset Pricing Model, vgl. Abschnitt 4.1.3 und 6.1.3) zurückgreifen, um festzustellen, ob die Eigentümer des VU im Hinblick auf das von ihnen getragene Risiko eine mit anderen Anlagen vergleichbare Rendite erzielen. Zuweisungen zu (und Entnahmen von) den Rückstellungen hängen massgeblich von den Erwartungen bezüglich zukünftiger Schäden ab; dies gibt der Leitung eines VU grossen Spielraum, den sie zur Beeinflussung des ausgewiesenen Gewinns verwenden kann.

- **Was soll unter dem Output verstanden werden?**

Die im Abschnitt 5.3.1 wiedergegebene Debatte über den Output eines VU soll hier nicht wiederholt werden. Die bedingte Leistungszusage stellte sich dort als das überzeugendste Outputkonzept heraus, dem im Aggregat der Verträge die Schadenzahlungen entsprechen. In der Literatur werden stattdessen häufig auch die Prämieneinnahmen für eigene Rechnung als Outputindikator verwendet. Deshalb sollen die beiden Alternativen kurz einander gegenüber gestellt werden.

(1) **Prämieneinnahmen feR als Outputindikator.** Die von einem VK bezahlte Prämie könnte seine Zahlungsbereitschaft für die verschiedenen Eigenschaften des Vertrags widerspiegeln. Aufgrund z.B. der Untersuchung von *Walden* (1985) bestehen Hinweise dafür, dass zumindest in den USA solche Eigenschaften, die insbesondere die Bedingungen abgrenzen, unter denen das VU sein Leistungsversprechen einlöst, in der Prämie ihren Niederschlag finden. Damit bestehen in Versicherungsmärkten mit ausgeprägtem Wettbewerb nicht allzu grosse Bedenken, die Prämieneinnahmen als Outputindikator zu verwenden.

Sobald jedoch Angaben aus unterschiedlichen Märkten und Zeiträumen vergleichbar gemacht werden müssen, ist es vorteilhaft, die Prämieneinnahmen in eine Preis- und Mengenkomponente aufzuspalten. Hier bietet sich die folgende Identität an (*sigma 5/95*):

$$\text{Prämieneinnahmen} \equiv \frac{\text{Prämie}}{\text{Versicherungssumme}} \cdot \text{Versicherungssumme} \quad (6\text{-}53)$$

$$\equiv \text{Prämiensatz} \cdot \text{Versicherungssumme}.$$

Die Prämie für eine Feuerversicherung betrage beispielsweise 1000 GE; sie mag sich aus einem Prämiensatz von 1 ‰ (Preiskomponente) und einer Versicherungssumme von 1 Mio. GE (Mengenkomponente) zusammensetzen. Tatsächlich hat der Prämiensatz der deutschen Industrie-Feuerversicherung im Zeitraum 1962 bis 1991 zwischen 0,8 und 1,9 ‰ variiert, während sich die Versicherungssumme vervierfachte (*sigma* 5/95). Diese Aufsplittung erfasst selbstverständlich mancherlei Änderungen der Produkte nicht, insbesondere den Ausschluss (bzw. Einschluss) gewisser Risiken in die Deckung oder eine Beschleunigung (bzw. Verlangsamung) der Schadenabwicklung.

(2) **Schadenzahlungen als Outputindikator.** Der grosse Vorteil dieses Indikators liegt darin, dass die Aggregationsproblematik entfällt; eine GE Schadenzahlung ist eine GE, unabhängig von den Wettbewerbsverhältnissen und der Geschäftspolitik des VU. Insbesondere in regulierten Märkten ist die Prämie nicht unabhängig von den Kosten des Versicherungsbetriebs, indem entsprechende Zuschläge zur fairen Prämie von der Aufsichtsbehörde genehmigt werden. Diese Abhängigkeit des gemessenen Outputs von den Kosten entfällt bei der Verwendung der Schadenzahlungen als Outputindikator [*Doherty* (1981)].

**Folgerung 6.10**     Für die Prüfung auf Skalenerträge eignen sich am ehesten die Schadenzahlungen als Indikator des Outputs eines VU. Die Prämieneinnahmen (ggf. aufgesplittet in Prämiensatz und Versicherungssumme) kommen auch in Frage, besonders in Märkten mit ausgeprägtem Wettbewerb.

## 6.4.2 Untersuchungen zu Skalenerträgen von Leben-VU

Die Frage nach Skalenerträgen im Lebengeschäft steht traditionell im Vordergrund des Interesses, weil hier die Vertragspartner des VU überwiegend Individuen sind, deren Interessen verletzt würden, wenn der Wettbewerb nur unzureichend spielt. Die Pionierstudie auf diesem Gebiet ist jene von *Houston* und *Simon* (1970). Die Daten beziehen sich auf 327 Leben-VU, die im Bundesstaat Kalifornien der USA im Jahre 1962 tätig waren. Als Outputindikator dienen die Prämieneinnahmen jenes Jahres. Um auf Skalenerträge zu prüfen, führten die Autoren den Reziprokwert der Prämieneinnahmen ($1/\Pi$) als erklärende Variable ein. Die OLS-Regression ergab folgendes Resultat:

$$AC = 0,248 + 0,454 \cdot 10^{-5} *** \frac{1}{\Pi} - 0,184*** \frac{G\Pi}{\Pi} + 0,437*** \frac{N\Pi}{\Pi} + 0,688***LR$$
$$(0,063 \cdot 10^{-5}) \qquad\qquad (0,043) \qquad\qquad (0,056) \qquad\qquad (0,121)$$

(6-54)

$R^2 = 0,53$; $N = 327$; Standardfehler in Klammern.

    $AC$:     Durchschnittskosten (Kostensatz), Betriebsaufwand inkl. Kommissionen für Agenten im Verhältnis zu Prämieneinnahmen $\Pi$;

    $\Pi$:     Prämieneinnahmen (vermutlich feR, in US$);

    $1/\Pi$:     Reziprokwert von $\Pi$;

$G\Pi/\Pi$: Anteil der Prämien aus Gruppenverträgen an den Prämieneinnahmen;

$N\Pi/\Pi$: Erstmalige Prämieneinnahmen als Anteil an den Prämieneinnahmen;

LR:     Stornorate (engl. lapse rate, Anteil stornierte Verträge am Vertragsbestand).

Dieses Ergebnis gibt Anlass zu folgender Interpretation:

- **Konstante:** Mit einem Wert von 0,248 weist die Konstante auf eine absolute Untergrenze der Durchschnittskosten AC hin. Diese Untergrenze würde erreicht, wenn $\Pi \to \infty$, wenn es keine Kollektiv- und Neuverträge gäbe und wenn die Stornorate Null wäre. Der aufgrund der Regressionsfunktion ermittelte minimale Wert von AC liegt für $\Pi \to \infty$ dagegen mit 0,37 (bzw. 37% der Prämie, vgl. Abbildung 6.6) höher, weil er mit Hilfe der Stichproben-Mittelwerte der nachstehenden Variablen berechnet wurde.

- **Reziprokwert der Prämieneinnahmen $1/\Pi$:** Der positive Koeffizient weist auf positive Skalenerträge hin. Denn je grösser die Prämieneinnahmen $\Pi$, desto kleiner $1/\Pi$, und desto geringer die Durchschnittskosten AC. Jenseits von 100 Mio. US$ verläuft die Durchschnittskostenkurve praktisch waagrecht (vgl. Abbildung 6.6). Das grösste erfasste VU, mit Prämieneinnahmen von 1700 Mio. US$, scheint mit diesem Kurvenverlauf immer noch vereinbar zu sein. Demgegenüber dürften Gleichungen mit $log\Pi$ oder $1/log\Pi$ die Skalenerträge überzeichnen, denn zur Korrektur musste für VK mit einem Prämienvolumen von mehr als 200 Mio. US$ eine kategorische Variable einführt werden, die an dieser Stelle auf Eins springt und so die Durchschnittskosten-Funktion nach oben zurückverschiebt (vgl. Abbildung 6.6).

- **Anteil der Gruppenverträge $G\Pi/\Pi$:** Je höher der Anteil der Gruppenverträge an den Prämien, desto niedriger ist der Kostensatz. Dies leuchtet insofern ein, als insbesondere die Akquisitionsaufwendungen je GE Prämie niedriger ausfallen, wenn z.B. eine ganze Betriebsbelegschaft in den Bestand aufgenommen werden kann, als wenn jeder VK einzeln angeworben werden muss. Der geschätzte Koeffizient besagt, dass ein VU mit beispielsweise 50% gegenüber einem anderen mit nur 40% Anteil Kollektivverträgen einen Kostenvorteil von 1,84 US cents [0,1 · (-0,184) = -0,0184] je US$ Prämie aufweist (unter sonst gleichen Umständen).

- **Anteil der erstmaligen Prämieneinnahmen $N\Pi/\Pi$:** Zu Anfang der Vertragsdauer fallen die Akquisitionskosten, aber auch zusätzliche administrative Aufwendungen an. Je grösser also die Bedeutung des Neugeschäfts für ein VU, desto höher der Kostensatz. Ein Differential von 10 Prozentpunkten (z.B. 50% statt 40% Prämienanteil) geht mit einer Zunahme der Durchschnittskosten um 4,4 US cents einher.

- **Stornorate LR:** Je höher der Anteil der gekündigten Verträge am Vertragsbestand, desto höher der Kostensatz, weil Kündigungen einerseits häufig auf Schadenfälle zurückgehen, deren Abwicklung mit einem Konflikt verbunden war, und andererseits die Stornierung selbst einigen Zusatzaufwand verursacht. Die Auswirkung eines Differentials von 10 Prozentpunkten ist mit 6,9 US cents je US$ Prämie recht ausgeprägt.

**Abbildung 6.6** Skalenerträge in der Lebenversicherung Kaliforniens

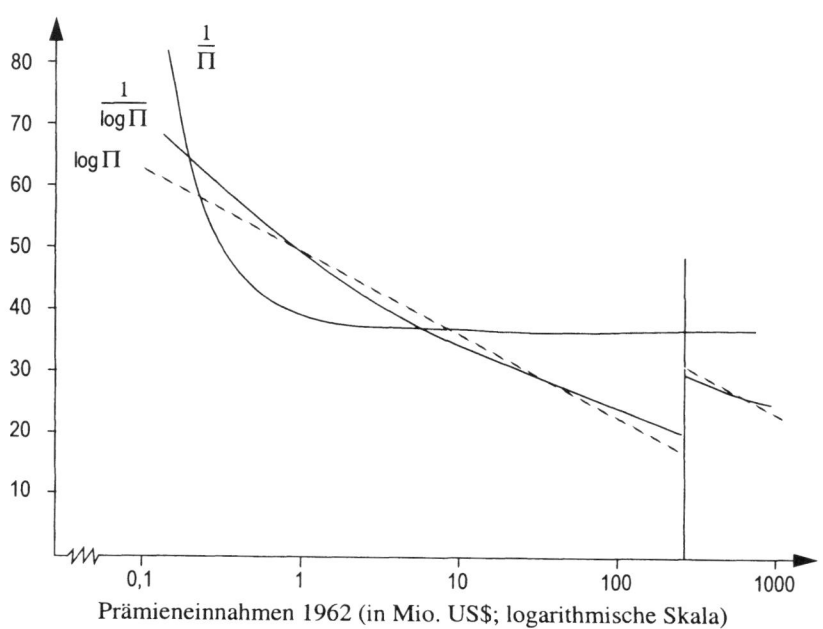

*Bemerkung:* Die Regressionen mit $1/\log \Pi$ und $\log \Pi$ enthalten eine kategorische Variable, die = 1 ist, falls $\Pi > 200$ (Mio. US\$), und = 0 sonst. Daraus ergibt sich der Sprung an der Stelle $\Pi = 200$.
*Quelle: Houston* und *Simon* (1970)

Diese und ähnliche spätere Ergebnisse [*Pritchett* ((1973), *Praetz* (1980)] sind einer Reihe von Kritikpunkten ausgesetzt [*Kellner* und *Matthewson* (1983)].

(1) **Langfristiges Überleben kleiner VU im Lebengeschäft:** Zumindest in den USA scheiden VU, die hundertmal kleiner sind als der Marktführer, während einer Beobachtungsperiode von über zehn Jahren nicht aus dem Markt aus und bleiben auch selbständig. Würden positive Skalenerträge vorherrschen, müssten in einem solchen Zeitraum Marktaustritte und Übernahmen kleiner VU beobachtet werden.

(2) **Abnahme der Konzentration:** Im Zeitraum 1961–1976 nahm die Konzentration (gemessen an den Prämieneinnahmen und unterteilt in die wichtigsten Geschäftszweige) in Kanada nicht etwa zu, sondern ab. Positive Skalenerträge müssten aber zu einer Zunahme der Konzentration führen.

(3) **Positiver Zusammenhang zwischen Grösse und Prämiensätzen:** Grosse VU müssten zumindest unter Wettbewerbsbedingungen ihre Kostenvorteile in niedrigeren Prämiensätzen weitergeben. *Kellner* und *Matthewson* (1983) fanden im Gegenteil Hinweise dahingehend, dass grosse VU höhere Prämiensätze verlangen.

(4) **Mangelnde Ausgliederung von Funktionen:** Skalenerträge zeigen sich einer Untersuchung von *Geehan* (1977) zufolge vor allem bei Funktionen, die von der Zentrale (und dort möglicherweise von der Abteilung für Kapitalanlagen) wahrgenommen werden. Wenn aber tatsächlich Skalenerträge vorliegen würden, hätte es zu einer Spezialisierung von Unternehmen auf solche Funktionen kommen müssen.

Ein Grund für die Diskrepanz zwischen den Schätzergebnissen (6-53) und Untersuchungen des Geschehens auf der Marktebene könnte aber auch in der Verwendung bestimmter Funktionstypen liegen. So hat beispielsweise die oben verwendete Funktion $AC = a + b(1/\Pi)$ die Ableitung

$$\partial AC / \partial \Pi = -b/\Pi^2,$$

deren Wert nur von $\Pi$ abhängt und keine anderen Faktoren zulässt, welche ihre Grösse modifizieren oder ihr Vorzeichen ändern könnten. In den letzten zwei Jahrzehnten sind jedoch **flexible Funktionsformen** entwickelt worden, unter ihnen die sog. Translog-Funktion, die eine Taylor-Näherung zweiten Grades in den Logarithmen der Argumente an eine beliebige Funktion darstellt. *Fecher*, *Perelman* und *Pestieau* (1991) verwenden eine solche Translog-Kostenfunktion, ohne ihr Restriktionen aufzuerlegen, die aus der Annahme der Kostenminimierung gewonnen werden könnten. Dieses Vorgehen empfiehlt sich, da immerhin 13 VU ihrer französischen Stichprobe (von durchschnittlich 84) Gesellschaften auf Gegenseitigkeit und 4 VU öffentliche Unternehmen sind. Bei ihnen würde es wenig Sinn machen, die beobachteten Gesamtkosten (welche keine Verzinsung des Eigenkapitals enthalten) als minimale Kosten zu interpretieren. Die in der Tabelle 6.6 aufgeführten kontinuierlichen erklärenden Variablen (Output $\log y$, Kostenanteil des Vertriebs $\log z$ und Prämienanteil der zedierten Rückversicherung $\log r$) erscheinen in der Translog-Kostenfunktion nicht nur linear, sondern auch quadriert und in Interaktionsform [z.B. $(\log y)(\log z)$]:

$$\log C = \alpha_0 + \sum \beta_j s_j + \alpha_1 \log y + \alpha_2 \log z + \alpha_3 \log r$$
$$+ \alpha_{11}(\log y)^2 + \alpha_{22}(\log z)^2 + \alpha_{33}(\log r)^2$$
$$+ \alpha_{12}(\log y)(\log z) + \alpha_{13}(\log y)(\log r) + \alpha_{23}(\log r)(\log z) + \varepsilon. \quad (6\text{-}55)$$

Die Firmentyp-Variablen $s_j$ definieren die Aktiengesellschaft als Referenzgruppe, die im konstanten Glied der Regression $\alpha_0$ untergeht. Der Koeffizient $\beta_1$ misst dann den systematischen Kostenunterschied zwischen den ausländischen VU und den inländischen vom Typ AG.

Die Elastizität der Kosten bezüglich des Outputs lässt sich berechnen wie folgt:

$$e(C, y) = \frac{\partial \log C}{\partial \log y} = \alpha_1 + 2\alpha_{11}\log y + \alpha_{12}\log z + \alpha_{13}\log r. \tag{6-56}$$

**Tabelle 6.6**      Gesamtkosten französischer Leben-VU, 1984-1989

| | | Variable für Output | | | |
|---|---|---|---|---|---|
| | | Bruttoprämien (1) | | Schadenzahlungen (2) | |
| Erklärende Variable | | Koeffizient | t-Wert | Koeffizient | t-Wert |
| Firmentyp | | | | | |
| AG (Referenzgruppe) | $\alpha_0$ | 2,681 | 1,6 | 8,446 | 12,9 |
| Ausländische VU[a] | $\beta_1$ | 0,431 | 4,9 | 0,128 | 1,6 |
| VU auf Gegenseitigkeit[a] | $\beta_2$ | -0,101 | -1,1 | -0,012 | -0,2 |
| Öffentliche VU[a] | $\beta_3$ | 0,196 | 0,9 | -0,295 | -1,7 |
| Output (log$y$) | $\alpha_1$ | 0,486 | 1,7 | -0,046 | -0,4 |
| Kostenanteil Vertrieb (log$z$) | $\alpha_2$ | -0,233 | -0,9 | 1,017 | 6,8 |
| Prämienanteil RV (log$r$) | $\alpha_3$ | -0,214 | -1,0 | -0,084 | -0,5 |
| (log$y$)$^2$ | $\alpha_{11}$ | 0,018 | 1,6 | 0,036 | 6,2 |
| (log$z$)$^2$ | $\alpha_{22}$ | -0,120 | -4,4 | 0,126 | 5,4 |
| (log$r$)$^2$ | $\alpha_{33}$ | -0,066 | -2,8 | -0,139 | -6,0 |
| (log$y$)(log$z$) | $\alpha_{12}$ | -0,002 | -0,1 | 0,007 | -0,5 |
| (log$y$)(log$r$) | $\alpha_{13}$ | 0,029 | 1,7 | 0,007 | 0,7 |
| (log$z$)(log$r$) | $\alpha_{23}$ | 0,091 | 2,4 | 0,146 | 4,8 |
| e(C,y) | | 0,81 | (ausl. VU) | 0,69 | (ausl. VU) |
| | | 0,96 | (öff. VU) | 1,03 | (öff. VU) |
| | | 0,845 | (insgesamt) | 0,740 | (insgesamt) |
| R$^2$ | | 0,863 | | 0,887 | |
| N | | 430 | | 428 | |

OLS-Schätzung
a. Diese erklärenden Variablen = 1, wenn das VU vom betreffenden Typ ist, und = 0 sonst.
*Quelle: Fecher, Perelman* und *Pestieau* (1991)

Offensichtlich variiert diese Elastizität in Abhängigkeit von log$y$, log$z$ und log$r$. Um einen repräsentativen Wert zu erhalten, setzt man deshalb die jeweiligen Stichprobenmittelwerte in die Formel ein. Obschon die geschätzten Regressionskoeffizienten $\{\alpha_1, \alpha_{11}, \alpha_{12}, \alpha_{13}\}$ überwiegend statistisch nicht signifikant sind (d.h. nicht eindeutig von Null unterschieden werden können, vgl. Tabelle 6.6), berechnen die Autoren in der Spalte (1) die Kostenelastizität bezüglich der Bruttoprämien. Sie erhalten $e(C,y) = 0{,}845$ für die gesamte Stichprobe. Die ausländischen VU sind mit einer Elastizität von 0,81 vermutlich am weitesten vom Betriebsoptimum entfernt, während die öffentlichen mit 0,96 kaum mehr wachsen sollten, wenn man auf Gleichung (6-56) abstellt.

In der Spalte (2) der Tabelle 6.6 wurden die Schadenzahlungen als Outputindikator verwendet. Hier erweist sich $\alpha_{11}$, der Koeffizient von (log$y$)$^2$, als hochsignifikant. Doch im übrigen müssen sich die Schätzungen der Kostenelastizitäten wiederum auf mehrere statistisch schlecht gesicherte Parameterschätzungen stützen. Für die gesamte Stichprobe liegt die Kostenelastizität bei 0,74, mit einem Minimum einmal mehr in der Gruppe der ausländischen VU (0,69) und dem Maximum in der Gruppe der öffentlichen VU (1,03).

Trotz gewisser Vorbehalte infolge mangelnder Präzision der Schätzergebnisse spricht einiges für die

**Folgerung 6.11**     Im Leben-Versicherungsmarkt Frankreichs gibt es Anzeichen dafür, dass die privaten VU ihr Betriebsoptimum noch nicht erreicht haben, dass also positive Skalenerträge im Lebengeschäft vorliegen, während die öffentlichen VU vermutlich das Betriebsoptimum überschritten haben.

### 6.4.3 Skalenerträge von Nichtleben-VU

Die in der Tabelle 6.7 wiedergegebenen Schätzergebnisse einer Translog-Kostenfunktion stammen wiederum aus der Untersuchung von *Fecher, Perelman* und *Pestieau* (1991). Hier sind die meisten Koeffizienten sehr gut von Null unterscheidbar (statistisch signifikant).

Die geschätzten Koeffizienten der ersten Spalte (Bruttoprämien als Outputindikator) illustrieren die Bedeutung der flexiblen Funktionsform. Auf der Grundlage von $\alpha_1$ (=1,028), das nur gerade den linearen Zusammenhang zwischen Output und Betriebskosten angibt, würde man auf negative Skalenerträge schliessen. Die Regressoren $(\log y)^2$ und $(\log y)(\log r)$ weisen dagegen negative Koeffizienten auf, so dass die Autoren bei der Berechnung an den jeweiligen Stichprobenmittelwerten [mittels Gleichung (6-56)] eine Kostenelastizität von 0,96 erhalten. Das Minimum liegt bei 0,94 (Vereine auf Gegenseitigkeit), das Maximum bei 0,98 (ausländische VU). Im Nichtlebengeschäft scheinen damit die Skalenerträge schwach ausgeprägt, schwächer jedenfalls als im Lebengeschäft.

Dieser Eindruck bestätigt sich, wenn man die Schadenzahlungen als Outputindikator verwendet [vgl. Tabelle 6.7, Spalte (2)]. Dann wird die Kostenelastizität auf 0,85 im grossen Durchschnitt geschätzt, mit einem Maximum von 1,05 in der Gruppe der öffentlichen VU.

**Tabelle 6.7** Gesamtkosten französischer Nichtleben-VU, 1984-1989

| | | Variable für Output | | | |
|---|---|---|---|---|---|
| | | Bruttoprämien (1) | | Schadenzahlungen (2) | |
| Erklärende Variable | | Koeffizient | t-Wert | Koeffizient | t-Wert |
| Firmentyp | | | | | |
| AG (Referenzgruppe) | $\alpha_0$ | -0,568 | -1,9 | 4,881 | 15,1 |
| Ausländische VU | $\beta_1$ | -0,119 | -5,3 | -0,367 | -9,8 |
| VU auf Gegenseitigkeit | $\beta_2$ | -0,182 | -9,5 | 0,279 | 8,6 |
| Öffentliche VU | $\beta_3$ | -0,025 | -0,3 | -0,283 | -2,4 |
| Output (log$y$) | $\alpha_1$ | 1,028 | 19,5 | 0,472 | 7,3 |
| Kostenanteil Vertrieb (log$z$) | $\alpha_2$ | -0,293 | -4,6 | -0,627 | -7,0 |
| Prämienanteil Rückvers. (log$c$) | $\alpha_3$ | 0,365 | 5,8 | 1,674 | 16,7 |
| (log$y$)$^2$ | $\alpha_{11}$ | -0,003 | -1,1 | 0,016 | 4,9 |
| (log$z$)$^2$ | $\alpha_{22}$ | -0,055 | -7,6 | -0,089 | -7,4 |
| (log$r$)$^2$ | $\alpha_{33}$ | 0,035 | 5,2 | 0,157 | 13,4 |
| (log$y$)(log$z$) | $\alpha_{12}$ | 0,031 | 5,9 | 0,065 | 8,1 |
| (log$y$)(log$r$) | $\alpha_{13}$ | -0,011 | -2,1 | -0,054 | -5,8 |
| (log$z$)(log$r$) | $\alpha_{23}$ | 0,108 | 9,8 | 0,189 | 9,3 |
| $e(C,y)$ | | 0,98 (ausl. VU) 0,95 (öff. VU) 0,96 (insgesamt) | | 0,85 (ausl. VU) 1,05 (öff. VU) 0,85 (insgesamt) | |
| $R^2$ | | 0,979 | | 0,942 | |
| N | | 1284 | | 1284 | |

OLS-Schätzung
Quelle: Fecher, Perelman und Pestieau (1991)

Damit ergibt sich Grund zur

**Folgerung 6.12** Die französische Nichtleben-Versicherung weist (mit der möglichen Ausnahme der öffentlichen VU) schwach ausgeprägte Skalenerträge auf.

## 6.4.4 Alternativen und Erweiterungen

Die bisher vorgestellten Untersuchungen gehen grundsätzlich alle von einer Produktionsfunktion aus und leiten daraus die Kostenfunktion als Abfolge von Minimalkosten-Punkten (Tangentialpunkte zwischen Isoquanten und Kostenbudget-Geraden) ab. Die Betriebskosten eines VU werden sodann im Rahmen einer Regressionsanalyse mit den Outputs und (falls bekannt) den Inputpreisen in Verbindung gebracht. Es handelt sich dabei um ein sog. parametrisches Vorgehen, weil daraus Regressionskoeffizienten als

## 6.4 Skalenerträge

geschätzte Parameter hervorgehen, die einen Rückschluss auf die Form der Kostenfunktion erlauben.

Demgegenüber erfreuen sich nichtparametrische Verfahren einer wachsenden Beliebtheit. Hier werden zunächst einfach Outputs und Inputs einander gegenübergestellt, und man versucht, die Grenze der Produktionsmöglichkeiten (die Transformationskurve) aus den Daten zu bestimmen. Als Kriterium dient die **Maximierung einer Distanzfunktion** zwischen aggregierten Inputs und Outputs. Im einfachsten Falle nur eines Outputs $Y$ und eines Inputs $X$ geht es darum, $Y$ für einen gegebenen Wert von $X$ zu maximieren, also die Distanz zwischen den beiden möglichst gross zu machen.

Die Abbildung 6.7 illustriert den Gedankengang. Die Produktionsgrenze für eine bestimmte Periode wird durch den Streckenzug $ABCDF$ genähert. Sechs der erfassten Unternehmen sollen sich auf dieser Grenze befinden. Durch das sog. Data Envelopment Analysis (DEA)-Verfahren wird ermittelt, ob ein Unternehmen ein Element der Grenze bildet oder nicht. Für das Verfahren ist Konvexität von oben entscheidend; unter dieser Voraussetzung kann man z.B. das Unternehmen $C$ herausgreifen und prüfen, ob die Grenze der Produktionsmöglichkeiten auch als Verbindungsgerade zwischen den Unternehmen $B$ und $D$ verlaufen könnte. Da der Punkt $C$ jenseits einer solchen Verbindungsgerade liegt, gehört er zur effizienten Grenze. Eine analoge Prüfung kann mit dem Punkt $B$ durchgeführt werden. Auch dieser Punkt liegt jenseits einer Verbindungsgerade zwischen $A$ und $C$ [für eine Übersicht über die Methoden der DEA vgl. *Seiford* und *Thrall* (1990)].

Das Unternehmen $M$ dagegen ist ineffizient, weil es zur Produktion einer gegebenen Menge von $\overline{Y}$ nicht $0R$, sondern $0S$ Inputeinheiten aufwendet. Das Verhältnis $0S/0R \leq 1$ (das entlang der Produktionsgrenze = 1 ist) gibt deshalb den Grad der Ineffizienz an.

Das DEA-Verfahren eignet sich offensichtlich zur Abschätzung der relativen Effizienz von VU in einem gegebenen Markt. Eine solche Abschätzung ist beispielsweise für die schweizerischen VU von *Zweifel* und *Kleeb* (1993) vorgenommen worden. Mit der gleichen Methode lassen sich aber auch ganze Länder in eine Rangfolge bringen. So bilden in einem Beitrag von *Donni* und *Fecher* (1997) die USA und Island in einer Stichprobe von 15 OECD-Ländern die Grenze der Produktionsmöglichkeiten (vermutlich vor allem, weil sie wie die Unternehmen A und F der Abbildung 6.7 die Extrempunkte sind). Als Outputs dienen die Nettoprämien im Leben und im Nichtlebengeschäft, als alleiniger Input dagegen die Zahl der Beschäftigten unter Einschluss der gebundenen Agenten. Im Durchschnitt der Jahre 1983-1991 liegen die schweizerischen VU mit einem Indexstand von 0,98 dicht an der Grenze, gefolgt von Frankreich, Grossbritannien und Deutschland (0,91). Weit zurück folgen Japan (0,59), Belgien (0,39) und Portugal (0,15). Immerhin weisen die zurückliegenden Märkte tendenziell einen rascheren Produktivitätsfortschritt auf.

Im Gegensatz zu den parametrischen Verfahren nimmt die DEA von vorneherein nichtzunehmende Skalenerträge an[2]; dafür kommt sie ohne Inputpreise aus, die meist nur sehr unzuverlässig gemessen sind. Beide Verfahren werden jedoch dem Wachstumsprozess eines VU nicht wirklich gerecht. Denn ein VU wächst, indem es ein anderes VU übernimmt oder selbst neue Gruppen von VK anspricht. In beiden Fällen ist es unwahrscheinlich, dass es sich um zusätzliche Risiken handelt, die dem bisherigen Portefeuille

---

2. Dies ist der Preis der Konvexitätsvoraussetzung, vgl. Abbildung 6.7.

genau entsprechen. Deshalb ist mit ähnlichen Effekten wie bei einer **Ergänzung der Produktpalette** (Abschnitt 6.2) zu rechnen. Die "Rendite" des Überschusses $S$ (d.h. seine prozentuale Veränderung in der Zeit) wird nach dem Wachstum einen andern Erwartungswert und eine andere Standardabweichung aufweisen als vorher. Es genügt also kaum, lediglich die Betriebskosten in Abhängigkeit vom Prämienvolumen zu analysieren oder die Grenze der Produktionsmöglichkeiten mit den Prämieneinnahmen ohne jegliche Risikobetrachtung zu identifizieren. Die effiziente Grenze müsste vielmehr auch hier in einem ($\mu_S$, $\sigma_S$)-Raum abgebildet werden. Der Zusammenhang zwischen Effizienz und Unternehmensgrösse würde sich dann daran zeigen, dass sich die effiziente Grenze der VU im Zuge des Wachstums nach oben oder nach unten verschiebt, in Analogie zur Abbildung 6.5.

**Abbildung 6.7** Näherung der Grenze der Produktionsmöglichkeiten durch das DEA-Verfahren

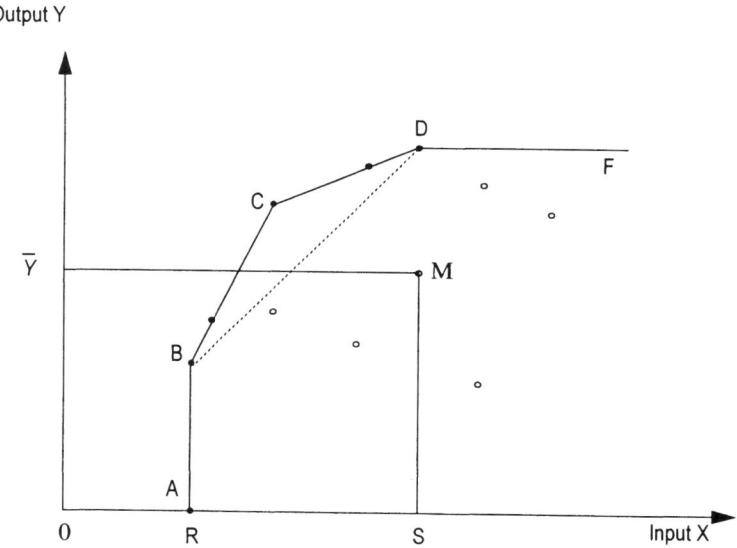

### 6.4.5 Konsequenzen für die zukünftige Marktstruktur

Insofern die Existenz von Verbundvorteilen und Skalenerträgen zumindest nicht ausgeschlossen werden kann, ist schon bei einer gegebenen Abgrenzung der nationalen Märkte mit einer Zunahme der optimalen Betriebsgrösse in den Versicherungsmärkten zu rechnen. Dieser Prozess stösst in grösseren Ländern später auf nationale Grenzen, jenseits derer insbesondere die Zeichnung zusätzlicher Risiken mit erhöhten Kosten verbunden ist. Deshalb müsste die optimale Betriebsgrösse vor der Integration in den grossen Versi-

## 6.4 Skalenerträge

cherungsmärkten **höher** liegen als in den kleinen. Wenn dieser Zusammenhang besteht, lässt er sich auf die Ebene der EU extrapolieren, denn mit der Schaffung eines einheitlichen Marktes im Bereich der Versicherungswirtschaft seit 1992 sind die Grenzen nach aussen verschoben, und das Betriebsoptimum der in Europa tätigen VU müsste sich in Richtung grösserer Werte verschieben.

Der Zusammenhang zwischen optimaler Betriebsgrösse und Grösse des nationalen Marktes wird von *Eisen* (1991) untersucht. Allerdings kann die optimale Betriebsgrösse von VU noch in keinem der 11 erfassten OECD-Länder als wirklich bekannt angenommen werden. Deshalb bietet sich an, ersatzweise Indikatoren zu verwenden, die allgemein in der industrieökonomischen Literatur entwickelt wurden. Insbesondere kommen die drei folgenden in Betracht (stets gemessen an den Nettoprämien der VU):

B1 := Durchschnittsgrösse (arithmetisches Mittel)

B2 := Mediangrösse (die eine Hälfte der VU liegt über, die andere unter diesem Wert)

B3 := Durchschnittsgrösse jener führenden VU, welche 50% des Prämienvolumens auf sich vereinigen.

**Abbildung 6.8** Optimale Betriebsgrösse (B3) und Marktgrösse, Leben (L)- und Nichtlebengeschäft (NL), 1987 (in Mio. US$)

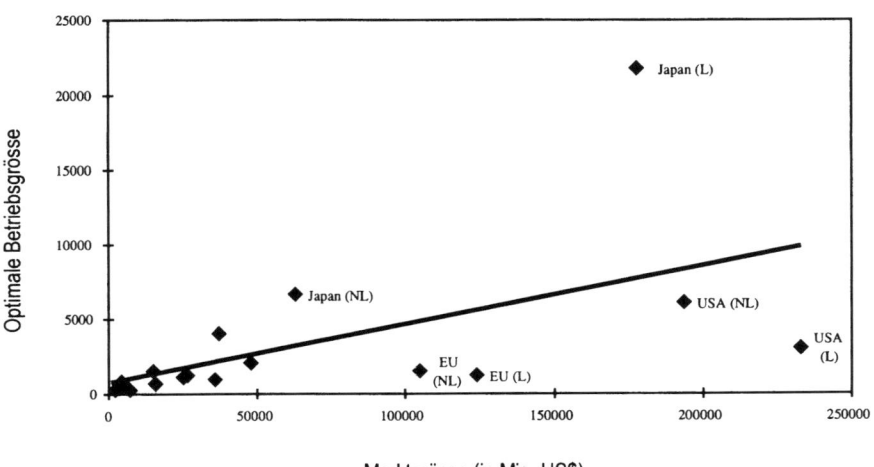

Das Ergebnis der Untersuchung hängt kaum von der Wahl des Indikators ab. Stellvertretend für die restlichen Regressionsanalysen soll der Zusammenhang zwischen B3 und der Marktgrösse (gemessen an den Prämieneinnahmen) illustriert werden, wobei jedes Land sowie die EU mit zwei Beobachtungen vertreten sind, einer für das Leben- und einer für das Nichtleben-Geschäft (vgl. Abbildung 6.8). Die Angaben beziehen sich auf das Jahr 1987.

Die geringste Grösse weisen die führenden Leben-VU Österreichs auf, mit rd. 210 Mio. US$ (nicht eingetragen), die maximale die führenden Leben-VU Japans mit damals knapp 22 000 Mio. US$. Die Marktgrösse variiert dagegen zwischen knapp 2000 und 233 Mrd. US$. Aus der Abbildung 6.8 lässt sich herauslesen, dass eine Verdoppelung der Marktgrösse mit etwas weniger als einer Verdoppelung der optimalen Betriebsgrösse einhergeht. Für ihre Marktgrösse weist die EU als Ganzes allerdings sowohl im Leben- wie auch im Nichtlebengeschäft eine deutlich "zu niedrige" Betriebsgrösse auf.

Um die zukünftige Zahl der VU in der EU abzuschätzen, könnte man das Marktvolumen durch die Durchschnittsgrösse der führenden VU (B3) dividieren. Dies würde jedoch zu einer Unterschätzung führen, denn auch kleinere bzw. weniger effiziente VU werden im integrierten Markt der EU überleben. Deshalb wird im folgenden das Marktvolumen durch die Durchschnittsgrösse (B1) aller Leben- bzw. Nichtleben-VU dividiert, so dass man das Marktvolumen mit der Zahl der bestehenden VU in Verbindung bringt. Wie die Abbildung 6.9 zeigt, nimmt die Zahl der Leben- wie auch Nichtleben-VU mit der Grösse des Marktes zu. Wegen der beiden Ausreisser Japan (mit sehr wenigen Unternehmen) und USA (2265 bzw. 3800 Unternehmen) ist die Steigung der Regressionsgeraden mit einiger Unsicherheit behaftet. Immerhin legt die Regressionsgerade nahe, dass die Zahl der Leben-VU in der EU nach der Integration zum einheitlichen Markt sogar noch etwas (auf rd. 1000) zunehmen könnte, während die Zahl der Nichtleben-VU auf 1200 zurückgehen dürfte.

**Abbildung 6.9**   Zahl der Leben- (L) und Nichtleben (NL) VU und Marktgrösse, 1987

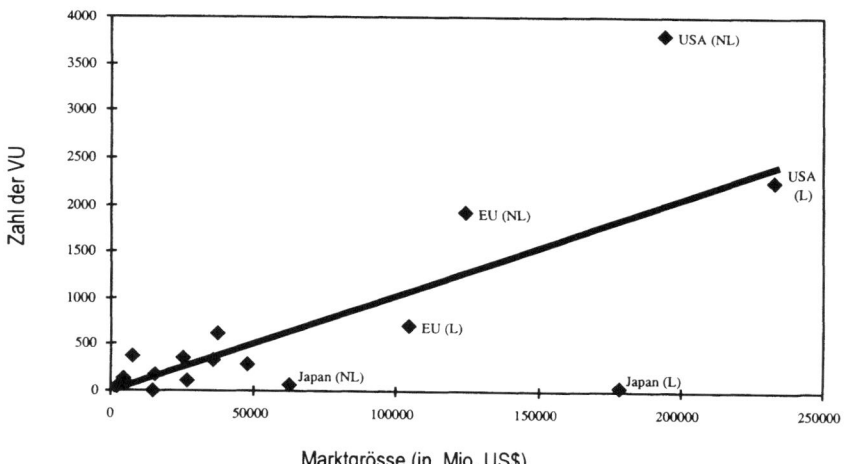

## 6.4 Skalenerträge

Insgesamt läuft diese Abschätzung auf eine Reduktion der Zahl der in der EU tätigen VU von rd. 2500 auf rd. 2200 hinaus (vgl. Abbildung 6.9). Damit zeichnet sich für die Zukunft ein gewisser Konzentrationsprozess ab. Diese Einschätzung geht allerdings von der Annahme aus, dass sowohl die EU-Kommission wie die nationalen Regierungen und Aufsichtsämter von der Zielrichtung des EU-Binnenmarktprogramms nicht abweichen (indem sie Fusionen der grössten VU begünstigen), sondern es vielmehr den Wettbewerbskräften überlassen, die effiziente Marktstruktur der europäischen Versicherungswirtschaft herbeizuführen.

**Folgerung 6.13**     Im integrierten Versicherungsmarkt der EU wird das wirtschaftliche Überleben tendenziell nur für jene VU gesichert sein, die beim Betriebsoptimum operieren. Insofern ist mit einem Konzentrationsprozess in den EU-Versicherungsmärkten zu rechnen.

## 6.5 Anhang zu Kapitel 6

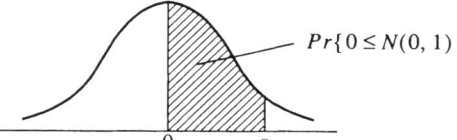

Beispiel für z = 0.64:

$Pr\{0 \leq N(0, 1) \leq 0{,}64\} = 0{,}23891$

## Tabelle 6.A.1: Fläche unter der Standardnormalverteilung (von 0 bis z)

| z | 0.00 | 0.01 | 0.02 | 0.03 | 0.04 | 0.05 | 0.06 | 0.07 | 0.08 | 0.09 |
|---|---|---|---|---|---|---|---|---|---|---|
| 0.0 | 0.00000 | 0.00399 | 0.00798 | 0.01197 | 0.01595 | 0.01994 | 0.02392 | 0.02790 | 0.03188 | 0.03586 |
| 0.1 | 0.03983 | 0.04380 | 0.04776 | 0.05172 | 0.05567 | 0.05962 | 0.06356 | 0.06749 | 0.07142 | 0.07535 |
| 0.2 | 0.07926 | 0.08317 | 0.08706 | 0.09095 | 0.09483 | 0.09871 | 0.10257 | 0.10642 | 0.11026 | 0.11409 |
| 0.3 | 0.11791 | 0.12172 | 0.12552 | 0.12930 | 0.13307 | 0.13683 | 0.14058 | 0.14431 | 0.14803 | 0.15173 |
| 0.4 | 0.15542 | 0.15910 | 0.16276 | 0.16640 | 0.17003 | 0.17364 | 0.17724 | 0.18082 | 0.18439 | 0.18793 |
| 0.5 | 0.19146 | 0.19497 | 0.19847 | 0.20194 | 0.20540 | 0.20884 | 0.21226 | 0.21566 | 0.21904 | 0.22240 |
| 0.6 | 0.22575 | 0.22907 | 0.23237 | 0.23565 | 0.23891 | 0.24215 | 0.24537 | 0.24857 | 0.25175 | 0.25490 |
| 0.7 | 0.25804 | 0.26115 | 0.26424 | 0.26730 | 0.27035 | 0.27337 | 0.27637 | 0.27935 | 0.28230 | 0.28524 |
| 0.8 | 0.28814 | 0.29103 | 0.29389 | 0.29673 | 0.29955 | 0.30234 | 0.30511 | 0.30785 | 0.31057 | 0.31327 |
| 0.9 | 0.31594 | 0.31859 | 0.32121 | 0.32381 | 0.32639 | 0.32894 | 0.33147 | 0.33398 | 0.33646 | 0.33891 |
| 1.0 | 0.34134 | 0.34375 | 0.34614 | 0.34849 | 0.35083 | 0.35314 | 0.35543 | 0.35769 | 0.35993 | 0.36214 |
| 1.1 | 0.36433 | 0.36650 | 0.36864 | 0.37076 | 0.37286 | 0.37493 | 0.37698 | 0.37900 | 0.38100 | 0.38298 |
| 1.2 | 0.38493 | 0.38686 | 0.38877 | 0.39065 | 0.39251 | 0.39435 | 0.39617 | 0.39796 | 0.39973 | 0.40147 |
| 1.3 | 0.40320 | 0.40490 | 0.40658 | 0.40824 | 0.40988 | 0.41149 | 0.41308 | 0.41466 | 0.41621 | 0.41774 |
| 1.4 | 0.41924 | 0.42073 | 0.42220 | 0.42364 | 0.42507 | 0.42647 | 0.42785 | 0.42922 | 0.43056 | 0.43189 |
| 1.5 | 0.43319 | 0.43448 | 0.43574 | 0.43699 | 0.43822 | 0.43943 | 0.44062 | 0.44179 | 0.44295 | 0.44408 |
| 1.6 | 0.44520 | 0.44630 | 0.44738 | 0.44845 | 0.44950 | 0.45053 | 0.45154 | 0.45254 | 0.45352 | 0.45449 |
| 1.7 | 0.45543 | 0.45637 | 0.45728 | 0.45818 | 0.45907 | 0.45994 | 0.46080 | 0.46164 | 0.46246 | 0.46327 |
| 1.8 | 0.46407 | 0.46485 | 0.46562 | 0.46638 | 0.46712 | 0.46784 | 0.46856 | 0.46926 | 0.46995 | 0.47062 |
| 1.9 | 0.47128 | 0.47193 | 0.47257 | 0.47320 | 0.47381 | 0.47441 | 0.47500 | 0.47558 | 0.47615 | 0.47670 |
| 2.0 | 0.47725 | 0.47778 | 0.47831 | 0.47882 | 0.47932 | 0.47982 | 0.48030 | 0.48077 | 0.48124 | 0.48169 |
| 2.1 | 0.48214 | 0.48257 | 0.48300 | 0.48341 | 0.48382 | 0.48422 | 0.48461 | 0.48500 | 0.48537 | 0.48574 |
| 2.2 | 0.48610 | 0.48645 | 0.48679 | 0.48713 | 0.48745 | 0.48778 | 0.48809 | 0.48840 | 0.48870 | 0.48899 |
| 2.3 | 0.48928 | 0.48956 | 0.48983 | 0.49010 | 0.49036 | 0.49061 | 0.49086 | 0.49111 | 0.49134 | 0.49158 |
| 2.4 | 0.49180 | 0.49202 | 0.49224 | 0.49245 | 0.49266 | 0.49286 | 0.49305 | 0.49324 | 0.49343 | 0.49361 |
| 2.5 | 0.49379 | 0.49396 | 0.49413 | 0.49430 | 0.49446 | 0.49461 | 0.49477 | 0.49492 | 0.49506 | 0.49520 |
| 2.6 | 0.49534 | 0.49547 | 0.49560 | 0.49573 | 0.49585 | 0.49598 | 0.49609 | 0.49621 | 0.49632 | 0.49643 |
| 2.7 | 0.49653 | 0.49664 | 0.49674 | 0.49683 | 0.49693 | 0.49702 | 0.49711 | 0.49720 | 0.49728 | 0.49736 |
| 2.8 | 0.49744 | 0.49752 | 0.49760 | 0.49767 | 0.49774 | 0.49781 | 0.49788 | 0.49795 | 0.49801 | 0.49807 |
| 2.9 | 0.49813 | 0.49819 | 0.49825 | 0.49831 | 0.49836 | 0.49841 | 0.49846 | 0.49851 | 0.49856 | 0.49861 |
| 3.0 | 0.49865 | 0.49869 | 0.49874 | 0.49878 | 0.49882 | 0.49886 | 0.49889 | 0.49893 | 0.49896 | 0.49900 |
| 3.1 | 0.49903 | 0.49906 | 0.49910 | 0.49913 | 0.49916 | 0.49918 | 0.49921 | 0.49924 | 0.49926 | 0.49929 |
| 3.2 | 0.49931 | 0.49934 | 0.49936 | 0.49938 | 0.49940 | 0.49942 | 0.49944 | 0.49946 | 0.49948 | 0.49950 |
| 3.3 | 0.49952 | 0.49953 | 0.49955 | 0.49957 | 0.49958 | 0.49960 | 0.49961 | 0.49962 | 0.49964 | 0.49965 |
| 3.4 | 0.49966 | 0.49968 | 0.49969 | 0.49970 | 0.49971 | 0.49972 | 0.49973 | 0.49974 | 0.49975 | 0.49976 |
| 3.5 | 0.49977 | 0.49978 | 0.49978 | 0.49979 | 0.49980 | 0.49981 | 0.49981 | 0.49982 | 0.49983 | 0.49983 |
| 3.6 | 0.49984 | 0.49985 | 0.49985 | 0.49986 | 0.49986 | 0.49987 | 0.49987 | 0.49988 | 0.49988 | 0.49989 |
| 3.7 | 0.49989 | 0.49990 | 0.49990 | 0.49990 | 0.49991 | 0.49991 | 0.49992 | 0.49992 | 0.49992 | 0.49992 |
| 3.8 | 0.49993 | 0.49993 | 0.49993 | 0.49994 | 0.49994 | 0.49994 | 0.49994 | 0.49995 | 0.49995 | 0.49995 |
| 3.9 | 0.49995 | 0.49995 | 0.49996 | 0.49996 | 0.49996 | 0.49996 | 0.49996 | 0.49996 | 0.49997 | 0.49997 |
| 4.0 | 0.49997 | 0.49997 | 0.49997 | 0.49997 | 0.49997 | 0.49997 | 0.49998 | 0.49998 | 0.49998 | 0.49998 |

## Tabelle 6.A.1: Poisson-Verteilung (kumuliert)

| n | E(n) 0.5 | 1.0 | 1.5 | 2.0 | 2.5 | 3.0 | 3.5 | 4.0 | 4.5 | 5.0 | 6.0 | 7.0 | 8.0 | 9.0 | 10.0 |
|---|---|---|---|---|---|---|---|---|---|---|---|---|---|---|---|
| 0 | 0.60653 | 0.36788 | 0.22313 | 0.13534 | 0.08208 | 0.04979 | 0.03020 | 0.01832 | 0.01111 | 0.00674 | 0.00248 | 0.00091 | 0.00034 | 0.00012 | 0.00005 |
| 1 | 0.90980 | 0.73576 | 0.55783 | 0.40601 | 0.28730 | 0.19915 | 0.13589 | 0.09158 | 0.06110 | 0.04043 | 0.01735 | 0.00730 | 0.00302 | 0.00123 | 0.00050 |
| 2 | 0.98561 | 0.91970 | 0.80885 | 0.67668 | 0.54381 | 0.42319 | 0.32085 | 0.23810 | 0.17358 | 0.12465 | 0.06197 | 0.02964 | 0.01375 | 0.00623 | 0.00277 |
| 3 | 0.99825 | 0.98101 | 0.93436 | 0.85712 | 0.75758 | 0.64723 | 0.53663 | 0.43347 | 0.34230 | 0.26503 | 0.15120 | 0.08177 | 0.04238 | 0.02123 | 0.01034 |
| 4 | 0.99983 | 0.99634 | 0.98142 | 0.94735 | 0.89118 | 0.81526 | 0.72544 | 0.62884 | 0.53210 | 0.44049 | 0.28506 | 0.17299 | 0.09963 | 0.05496 | 0.02925 |
| 5 | 0.99999 | 0.99941 | 0.99554 | 0.98344 | 0.95798 | 0.91608 | 0.85761 | 0.78513 | 0.70293 | 0.61596 | 0.44568 | 0.30071 | 0.19124 | 0.11569 | 0.06709 |
| 6 | 1.00000 | 0.99992 | 0.99907 | 0.99547 | 0.98581 | 0.96649 | 0.93471 | 0.88933 | 0.83105 | 0.76218 | 0.60630 | 0.44971 | 0.31337 | 0.20678 | 0.13014 |
| 7 | 1.00000 | 0.99999 | 0.99983 | 0.99890 | 0.99575 | 0.98810 | 0.97326 | 0.94887 | 0.91341 | 0.86663 | 0.74398 | 0.59871 | 0.45296 | 0.32390 | 0.22022 |
| 8 | 1.00000 | 1.00000 | 0.99997 | 0.99976 | 0.99886 | 0.99620 | 0.99013 | 0.97864 | 0.95974 | 0.93191 | 0.84724 | 0.72909 | 0.59255 | 0.45565 | 0.33282 |
| 9 | 1.00000 | 1.00000 | 1.00000 | 0.99995 | 0.99972 | 0.99890 | 0.99669 | 0.99187 | 0.98291 | 0.96817 | 0.91608 | 0.83050 | 0.71662 | 0.58741 | 0.45793 |
| 10 | 1.00000 | 1.00000 | 1.00000 | 0.99999 | 0.99994 | 0.99971 | 0.99898 | 0.99716 | 0.99333 | 0.98630 | 0.95738 | 0.90148 | 0.81589 | 0.70599 | 0.58304 |
| 11 | 1.00000 | 1.00000 | 1.00000 | 1.00000 | 0.99999 | 0.99993 | 0.99971 | 0.99908 | 0.99760 | 0.99455 | 0.97991 | 0.94665 | 0.88808 | 0.80301 | 0.69678 |
| 12 | 1.00000 | 1.00000 | 1.00000 | 1.00000 | 1.00000 | 0.99998 | 0.99992 | 0.99973 | 0.99919 | 0.99798 | 0.99117 | 0.97300 | 0.93620 | 0.87577 | 0.79156 |
| 13 | 1.00000 | 1.00000 | 1.00000 | 1.00000 | 1.00000 | 1.00000 | 0.99998 | 0.99992 | 0.99975 | 0.99930 | 0.99637 | 0.98719 | 0.96582 | 0.92615 | 0.86446 |
| 14 | 1.00000 | 1.00000 | 1.00000 | 1.00000 | 1.00000 | 1.00000 | 1.00000 | 0.99998 | 0.99993 | 0.99977 | 0.99860 | 0.99428 | 0.98274 | 0.95853 | 0.91654 |
| 15 | 1.00000 | 1.00000 | 1.00000 | 1.00000 | 1.00000 | 1.00000 | 1.00000 | 1.00000 | 0.99998 | 0.99993 | 0.99949 | 0.99759 | 0.99177 | 0.97796 | 0.95126 |
| 16 | 1.00000 | 1.00000 | 1.00000 | 1.00000 | 1.00000 | 1.00000 | 1.00000 | 1.00000 | 0.99999 | 0.99998 | 0.99983 | 0.99904 | 0.99628 | 0.98889 | 0.97296 |
| 17 | 1.00000 | 1.00000 | 1.00000 | 1.00000 | 1.00000 | 1.00000 | 1.00000 | 1.00000 | 1.00000 | 0.99999 | 0.99994 | 0.99964 | 0.99841 | 0.99468 | 0.98572 |
| 18 | 1.00000 | 1.00000 | 1.00000 | 1.00000 | 1.00000 | 1.00000 | 1.00000 | 1.00000 | 1.00000 | 1.00000 | 0.99998 | 0.99987 | 0.99935 | 0.99757 | 0.99281 |
| 19 | 1.00000 | 1.00000 | 1.00000 | 1.00000 | 1.00000 | 1.00000 | 1.00000 | 1.00000 | 1.00000 | 1.00000 | 0.99999 | 0.99996 | 0.99975 | 0.99894 | 0.99655 |
| 20 | 1.00000 | 1.00000 | 1.00000 | 1.00000 | 1.00000 | 1.00000 | 1.00000 | 1.00000 | 1.00000 | 1.00000 | 1.00000 | 0.99999 | 0.99991 | 0.99956 | 0.99841 |
| 21 | 1.00000 | 1.00000 | 1.00000 | 1.00000 | 1.00000 | 1.00000 | 1.00000 | 1.00000 | 1.00000 | 1.00000 | 1.00000 | 1.00000 | 0.99997 | 0.99983 | 0.99930 |
| 22 | 1.00000 | 1.00000 | 1.00000 | 1.00000 | 1.00000 | 1.00000 | 1.00000 | 1.00000 | 1.00000 | 1.00000 | 1.00000 | 1.00000 | 0.99999 | 0.99993 | 0.99970 |
| 23 | 1.00000 | 1.00000 | 1.00000 | 1.00000 | 1.00000 | 1.00000 | 1.00000 | 1.00000 | 1.00000 | 1.00000 | 1.00000 | 1.00000 | 1.00000 | 0.99998 | 0.99988 |
| 24 | 1.00000 | 1.00000 | 1.00000 | 1.00000 | 1.00000 | 1.00000 | 1.00000 | 1.00000 | 1.00000 | 1.00000 | 1.00000 | 1.00000 | 1.00000 | 0.99999 | 0.99995 |
| 25 | 1.00000 | 1.00000 | 1.00000 | 1.00000 | 1.00000 | 1.00000 | 1.00000 | 1.00000 | 1.00000 | 1.00000 | 1.00000 | 1.00000 | 1.00000 | 1.00000 | 0.99998 |

## 6.6 Übungsaufgaben

**Übungsaufgabe 6.1**

(a) Fassen Sie in jeweils maximal 3 Sätzen die wesentlichen Annahmen und Aussagen eines der Prämienkalkulationsprinzipien, des Capital Asset Pricing-Modells und des Optionspreis-Modells in ihrer Anwendung auf die Versicherungswirtschaft zusammen.

(b) Als Mitglied einer Behörde, welche die Regulierung der Versicherungswirtschaft zur Aufgabe hat, welche Alternative(n) würden Sie verwenden,

(b1) um die Höhe der verlangten Prämien zu beurteilen;

(b2) um die Reserven mit Blick auf die finanzielle Sicherheit eines VU zu beurteilen;

(b3) um zu prüfen, ob ein bestimmtes VU für seine Grösse eine "normale" Eigenkapitalquote aufweist?

**Übungsaufgabe 6.2**

(a) Beschreiben Sie vergleichend die Vor- und Nachteile der Bestimmung einer Effizienten Grenze

(a1) mit Hilfe der Schätzung einer Kostenfunktion;

(a2) mit Hilfe des Data Envelopment-Verfahrens.

(b) Ein VU werde gemäss (a1) als effizient eingestuft, nicht aber gemäss (a2). Wie kann es zu einem solchen Widerspruch kommen?

(c) Auch im Rahmen des Capital Asset Pricing-Modells wird eine Effizienzgrenze bestimmt. Wo liegt der Unterschied zu (a1) und (a2)?

(d) Sie stellen fest, dass ein VU gemäss (c) als effizient eingestuft wird, nicht aber gemäss (a1) und (a2). Weshalb könnte dies so sein?

(e) Sie stellen umgekehrt fest, dass ein VU zwar gemäss (a1) und (a2) als effizient eingestuft wird, nicht aber gemäss (c). Nennen Sie Gründe für einen solchen Widerspruch.

(f) Sie beraten das Management des VU "Star", das sich mit dem Gedanken trägt, mit dem VU "Top" zu fusionieren. Das gemeinsame VU "Topstar" erscheint nach Untersuchungen der Statistischen Abteilung effizient gemäss (a1) und (a2), jedoch als ineffizient gemäss (c). Wie lautet Ihre Stellungnahme zur geplanten Fusion?

## 6.7 Literaturhinweise

Baumol, H.J., Panzar, J.C. und Willig, R.D. (1982), Contestable Markets and the Theory of Industry Structure, New York: Harcourt Brace Jovanowitsch.

Beard, R.E., Pentikäinen, T. und Pesonen, E. (1984), Risk Theory, The Stochastic Basis of Insurance, London: Chapman and Hall.

Black, F. und Scholes, M. (1973), The pricing of options and corporate liabilities, in: Journal of Political Economy 81, 637-659.

Black, F. (1972), Capital market equilibrium with restricted borrowing, in: Journal of Business 45, 444-455.

Bühlmann, (1970), Mathematical Methods in Risk Theory, Heidelberg: Springer.

Cummins, J.D. (1991), Capital structure and fair profits in porperty-liability insurance, in: Cummins, J.D. and Derrig, R.A. (Hrsg.), Managing the Insolvency Risk of Insurance Companies, Boston: Kluwer, 295-308.

Cummins, J.D. und Sommer, D.W. (1996), Capital and risk in property-liability insurance markets, in: Journal of Banking and Finance 20, 1069-1092.

Doherty, N.A. (1981), The measurement of output and economies of scale in property-liability insurance, in: Journal of Risk and Insrurance 48 (3) (Sept.), 391-402.

Doherty, N.A. und Garven, J.R. (1986), Price regulation in property-liability insurance: a contingent claims approach, in: Journal of Finance 4(1), 1031-1050.

Donni, O. und Fecher, F. (1997), Efficiency and productivity of the insurance industry in the OECD countries, in: Geneva Papers on Risk and Insurance 22 (July), 523-535.

Eisen, R. (1971), Zur Produktionsfunktion der Versicherung, in: Zeitschrift für die gesamte Versicherungswissenschaft 60, 407-419.

Eisen, R. (1991), Market size and concentration: Insurance and the European market 1992, in: Geneva Papers on Risk and Insurance, Issues and Practice 60 (July), 263-281.

Fama, E. und Jensen, M. (1983), Separation of ownership and control, in: Journal of Law and Economics, 26, 301-325.

Fecher, E., Perelman, S.D. und Pestieau, P. (1991), Scale economies and performance in the French insurance industry, in: Geneva Papers on Risk and Insurance, Issues and Practice 60 (July), 315-326.

Garven, J.R. und D'Arcy, S. (1991), A synthesis of property-liability insurance pricing techniques, in: Cummins, J.D. und Derrig, R.A. (Hrsg.), Managing the Insolvency Risk of Insurance Companies, Boston: Kluwer, Kap. 8.

Geehan, R. (1977), Returns to scale in the life insurance industry, in: Bell Journal of Economics 8, 181-191.

Grossman, S. (1976), On the efficiency of competitive stock markets when traders have diverse information, in: Journal of Finance 31, 573-585.

Gurley, J.G. und Shaw, E.S. (1960), Money in a Theory of Finance, Washington DC: The Brookings Institution.

Heilmann, W.R. (1987), Grundbegriffe der Risikotheorie, Karlsruhe: Verlag für Versicherungswirtschaft.

Houston, D. und Simon, R. (1970), Economies of scale in financial institutions: A study in life insurance, in: Econometrica, 38, 856-864.

Karten, W. (1993), Das Einzelrisiko und seine Kalkulation, in: Asmur, W. et al. (Hrsg.), Versicherungswirtschaftliches Studienwerk, 4. Aufl., Studientext 12, Bd. 2, Wiesbaden: Gabler Verlag.

Kellner, S. und Matthewson, G.F. (1983), Entry, size, distribution, scale and scope economies in the life insurance industry, in: Journal of Business 56 (1), 25-44.

Kupper, J. (1971), Methoden zur Berechnung der Verteilungsfunktion des Totalschadens, in: Mitteilungen der Vereinigung schweizerischer Versicherungsmathematiker, Heft 2, 279-315.

Lang, G. und Welzel, P. (1994), Skalenerträge und Verbundvorteile im Bankensektor. Empirische Bestimmung für die bayerischen Genossenschaftsbanken, in: ifo Studien 40, 156-177.

Maneth M.F.F. (1996), Solvenzsicherung und Asset-Liability-Management, Karlsruhe: Verlag für Versicherungswirtschaft.

Markowitz, H. M. (1959), Portfolio Selection - Efficient Diversification of Investments, New Haven und London: Yale University Press.

Mayers, D. und Smith, C.W. (1988), Ownership structure across lines of property-liability insurance, in: Journal of Law and Economics 31, 351-378.

Murray, J.D. und White, R.W. (1983), Economics of scale and economics of scope in multiproduct financial institutions: A study of British Columbia credit unions, in: Journal of Finance 38, 887-901

Panzar, J.C. und Willig, R.D. (1977), Economies of scale in multi-output production, in: Quarterly Journal of Economics 81 (Aug.), 481-493.

Praetz, P. D. (1980), Returns to scale in the U.S. life insurance industry, in: Journal of Risk and Insurance 47 (4), 525-532.

Pritchett, S.T. (1973), Operating expenses of life insurers, 1961-1970: Implications for economies of size, in: Journal of Risk and Insurance 40 (2) (Juni), 157-165.

Pulley, L.B. und Braunstein, Y.M. (1992), A composite cost function for multiproduct firms, with an application to economies of scope in banking, in: Review of Economics and Statistics, 74, 221-230.

Pyle, D. (1971), On the theory of financial intermediation, in: Journal of Finance 26, 737-747.

Schmidt, R.H. (1985), Anmerkungen zur "Finanzierungstheoretischen Analyse der Versicherungsunternehmen und -märkte", in: Zeitschrift für die gesamte Versicherungswissenschaft 74, 95-99.

Schneider, D. (1992), Investition, Finanzierung und Besteuerung, Wiesbaden: Gabler Verlag.

Seiford, L.M. und Thrall, R.M. (1990), Recent developments in DEA, in: Journal of Econometrics 46, 7-38.

Sheldon, G. (1993), Skalenerträge, Verbundvorteile und Ineffizienz im Schweizer Bankgewerbe, in: ifo Studien 38, 351-379.

Shrieves, R.E. und Dahl, D. (1992), The relationship between risk and capital in commercial banks, in: Journal of Banking & Finance 16, 439-457

Suret, M. (1991), Scale and scope economies in the Canadian property and casualty insurance industry, in: Geneva Papers on Risk and Insurance, Issues and Practice 59 (April), 236-256.

Walden, M.L. (1985), The whole life insurance policy as an options package: an empirical investigation, in: Journal of Risk and Insurance 52 (4), 44-58).

White, H. (1980), A heteroscedasticity-consistent covariance estimator and a direct test for heteroscedasticity, in: Econometrica 48 (July), 817-838.

Williams, J.T. (1977), Capital asset prices with heterogeneous beliefs, in: Journal of Financial Economics 5, 219-239.

Zweifel, P. und Kleeb, R. (1993), Insurance, in: Zweifel, P. (Hrsg.), Services in Switzerland. Structure, Performance, and Implications of European Economic Integration, Heidelberg: Springer, 183-209.

# KAPITEL 7
# Versicherungsmärkte und asymmetrische Information

In diesem Kapitel wird eine Eigenschaft der Versicherungsmärkte aufgegriffen, die schon zuvor mehrfach zur Sprache gekommen war (z.B. in den Abschnitten 3.8, 5.5 und 5.6): Die Information ist zwischen dem VU und dem VK häufig ungleich verteilt. Während bei Märkten für persönliche Dienstleistungen der Informationsvorteil beim Anbieter angesiedelt wird (z.B. hat der Arzt einen Informationsvorsprung vor seinem Patienten), geht die Literatur bei den Finanzdienstleistungen traditionell von einem Informationsvorteil auf Seiten des Käufers aus. Es ist der Kreditnehmer und nicht die Bank, welcher die Erfolgschancen eines zu finanzierenden Projektes besser zu beurteilen vermag, und es ist der VK und nicht das VU, welcher die zukünftige Eintrittswahrscheinlichkeit eines Schadens abschätzen kann.

Diese Annahme wird in Bezug auf den Versicherungsvertrag im Abschnitt 7.1 nochmals kritisch beleuchtet. Die asymmetrische Information erweist sich als der Grund für zwei Phänomene, die in der Versicherungsökonomie seit langem bekannt sind, doch auch für die Finanzmärkte im Allgemeinen, die Arbeitsmärkte und die politische Ökonomie grosse Bedeutung haben: Moralisches Risiko und Adverse Selektion. Der Abschnitt 7.2. ist dem moralischen Risiko in seinen wichtigsten Spielarten gewidmet. Abschnitt 7.3 greift das Problem der adversen Selektion auf, während Abschnitt 7.4 einen Ausblick auf das gemeinsame Vorliegen von moralischem Risiko und adverser Selektion bietet.

## 7.1 Asymmetrische Information und ihre Konsequenzen

In der klassischen Mikroökonomie wird vollkommene Markttransparenz unterstellt: Sowohl Nachfrager wie Anbieter wissen über die Preise und Qualitätsmerkmale der für sie relevanten Güter und Leistungen Bescheid. Diese Annahme ist nicht so einschränkend, wie sie auf Anhieb erscheinen mag. In vielen Fällen sind die Kosten der Informationsbeschaffung niedrig genug, um den Akteuren eine genügende Marktübersicht zu ermöglichen. Vor dem Kauf eines Computers beispielsweise kann sich ein Konsument bei verschiedenen Händlern, aber auch bei Arbeitskollegen und Nachbarn über die Preise und Eigenschaften der verschiedenen Modelle ins Bild setzen. Allerdings wird er die Informationsgewinnung nicht weiter treiben wollen als bis zu jenem Punkt, wo deren zusätzliche Kosten den Erwartungswert des Ertrags aus der Informationsgewinnung erreichen. Damit ist es in aller Regel optimal, sich nur teilweise zu informieren, mit der Folge, dass möglicherweise eine Gruppe von Marktteilnehmern mehr weiss als die andere; die Information ist asymmetrisch verteilt.

In der Literatur zur Versicherungsökonomie wird in der Regel davon ausgegangen, dass die Versicherungskäufer (VK) mehr über ihren Risikotyp und ihr zukünftiges Verhalten wissen als das Versicherungsunternehmen (VU). Die Information gilt demnach als asymmetrisch zu Lasten des VU verteilt.

Diese Grundannahme kann durchaus kritisiert werden [*Zink* (1987), Kap. II.C]. Beispielsweise stellt sich die Frage, ob in der Lebenversicherung die VK überhaupt in der Lage sind, ihre Lebenserwartung einigermassen richtig vorauszusagen. Tatsächlich ergab eine Befragung von (damals) 51-54-jährigen Amerikanern, dass ihre subjektive Schätzung der Mortalität eine recht genaue Prognose ihrer später beobachteten effektiven Mortalität lieferte. Doch waren es nicht etwa jene Individuen mit dem hohen Sterberisiko, welche die Verträge mit hoher Deckung in der Risiko-Lebensversicherung wählten, sondern im Gegenteil jene mit dem niedrigen Sterberisiko [*Cawley* und *Philipson* (1999)]. Damit entfällt aber die Schwierigkeit, die sich für die VU aus der Informationsasymmetrie ergeben könnte, dass nämlich die als solche nicht erkennbaren „schlechten" Risiken (hier: jene mit hoher Mortalität) Verträge mit hoher Deckung wählen, ohne dafür eine überdurchschnittliche Prämie zu bezahlen, was für das VU zu Verlusten führen muss (sog. adverse Selektion, s.u. und Abschnitt 7.3). Die VK könnten sogar schlechter informiert sein als die VU; so belegen Befragungen, dass im sog. Massengeschäft die VK verschiedene Produktangebote kaum miteinander vergleichen. Dies mag auch damit zu tun haben, dass die zu gewinnende Information nicht sehr zuverlässig sein kann, würde es doch darum gehen, die zukünftige Überschussbeteiligung in der Lebenversicherung oder die Kulanz in der Sachversicherung der VU einzuschätzen.

Im Bereich der sog. Industrieversicherung der Unternehmen wäre die Markttransparenz an sich vermehrt gegeben, doch kommt es häufig zu Vertragsrevisionen und Reaktionen der VU auf Angebote von Konkurrenten, so dass letztlich die VK die Marktübersicht nur mit beträchtlichem Aufwand erreichen können. Allgemein lässt sich argumentieren, dass das Ausmass der zukünftigen Vertragserfüllung vom VK kaum besser abgeschätzt werden kann als vom VU.

Trotz dieser Vorbehalte soll im folgenden von der **Grundannahme** ausgegangen werden, dass es das VU ist, das offenbar die Kosten der Informationsgewinnung von Anfang an als prohibitiv hoch einschätzt[1]. Es soll also bezüglich eines gegebenen VK weder seinen Risikotyp kennen noch seine Anstrengungen zur Schadensvermeidung und -eindämmung beobachten können. Die VU kann also nur das Schadenereignis und die Vertragswahl (die ja auch kostenlos feststellbar ist) beobachten. Dieser Informationsnachteil des VU hat zwei Konsequenzen, moralisches Risiko und adverse Selektion.

**(1) Moralisches Risiko (engl. moral hazard, hidden action):** Der Informationsnachteil des VU macht sich erst nach dem Vertragsabschluss bemerkbar. Die Wahrscheinlichkeit des Schadeneintritts und/oder die Höhe und Dauer des Schadens hängen aber vom Verhalten des VK ab. Das VU kann jedoch das Verhalten des VK nicht beobachten, sondern nur das Ergebnis des Zusammenspiels von „Natur" und Verhalten des VK. Damit steht es dem VK offen, seine Anstrengungen zur Vermeidung des Schadenfalles oder zur Eindämmung seiner Konsequenzen etwas zurückzunehmen. Dies

---

1. Eine Ausnahme bildet der im Abschnitt 5.6 dargestellte Beitrag von *Borch* (1990) über die optimale Eindämmung von moralischem Risiko.

hat zur Folge, dass sich die Kalkulationsgrundlagen der Prämienberechnung für das VU verändern [*Arrow* (1963); *Pauly* (1974)]. Moralisches Risiko bedingt eine Erhöhung der Prämie und verteuert damit den Versicherungsschutz.[2]

(2) **Adverse Selektion (engl. adverse selection, hidden information):** Hier wirkt sich der Informationsnachteil des VU im Zeitpunkt des Vertragsabschlusses aus. Da das VU das wahre Risiko eines einzelnen VK nicht kennt, muss es einen Mischvertrag (engl. pooling contract) anbieten, dessen Prämie für den Durchschnitt der Risikotypen kalkuliert ist (sog. generelle Prämie). Dieser Mischvertrag ist für die guten Risiken zu teuer, so dass sie auf Versicherungsschutz verzichten oder von einem konkurrierenden VU durch ein auf sie zugeschnittenes Vertragsangebot abgeworben werden könnten [*Pauly* (1974), *Rothschild* und *Stiglitz* (1976)]. Dem ersten VU fehlen mehr und mehr die guten Risiken, doch wenn es die Prämie des Mischvertrags anpasst, um Verluste zu vermeiden, verstärkt es nur noch den Anreiz für die guten Risiken, abzuspringen. Mit der Zeit wird das VU insolvent, wenn es nicht schnell genug die Prämie anpasst; dann müssen die schlechten Risiken zu einem andern VU wechseln, und das Spiel beginnt von neuem.

## 7.2 Moralisches Risiko

### 7.2.1 Definition und Bedeutung des moralischen Risikos

Moralisches Risiko hat nach heutigem Verständnis wenig mit Moral, sondern vielmehr mit Verhalten (franz. les moeurs, Gepflogenheiten) zu tun. In der ökonomischen Theorie bezeichnet es jene (nicht beobachtbare) **Anpassung im Verhalten** eines Vertragspartners, die durch das Bestehen des Vertrags herbeigeführt wird. Diese Definition weist über den Bereich der Versicherungswirtschaft hinaus. Beispielsweise ist nach Ablauf der Probezeit im Beschäftigungsverhältnis damit zu rechnen, dass der nunmehr vertraglich besser gesicherte Arbeitnehmer in seinen Anstrengungen etwas nachlässt. Er kann sich dies erlauben, weil der Arbeitgeber diese Verhaltensänderung kaum je wird nachweisen können und darüber hinaus jetzt Kündigungsfristen gelten.

Im hier gegebenen Zusammenhang ist das auslösende Moment des moralischen Risikos das Bestehen eines Versicherungsvertrags. Die induzierte Anpassung des Verhaltens rührt daher, dass die Erträge einer risikobehafteten Handlungsalternative nach wie vor beim VK anfallen, die Kosten (in Form der zu deckenden Schäden) dagegen beim VU.

Es lassen sich die folgenden Formen des moralischen Risikos unterscheiden [*Zweifel* und *Manning* (2000)]:

(a) **Die Eintrittswahrscheinlichkeit des Schadens nimmt zu.** Dies kann einerseits darauf zurückgehen, dass der VK riskantere, aber auch ertragreichere Handlungsalternativen in Betracht zieht. Andererseits kann der VK kostspielige Anstrengungen zur Schadenverhütung (engl. self-protection) unterlassen. Insofern diese Anstrengungen

---

2. Moralisches Risiko hat insbesondere auch Auswirkungen auf das Preisniveau in nachgelagerten Märkten, z.B. auf die ärztlichen Tarife in den Märkten für medizinische Leistungen [vgl. *Nell* (1993)].

auf die Ursache des Schadens zielen, werden sie ätiologisch genannt (vgl. Abschnitt 2.1). Da der Effekt des moralischen Risikos hier notwendig vor dem Schadeneintritt erfolgt, spricht man von **ex ante** moralischem Risiko.

(b) **Die Höhe des Schadens nimmt zu.** Hier lassen sich drei Ausprägungen des moralischen Risikos unterscheiden:

(b1) Der VK kann wiederum vor Eintritt des Schadens palliative Anstrengungen unternehmen, welche die Schadenhöhe eindämmen (engl. self-insurance), wie z.B. die Installation von Feuerlöschern. Werden diese Anstrengungen unter dem Einfluss der Versicherungsdeckung zurückgenommen, handelt es sich um eine weitere Art des **ex ante** moralischen Risikos (vgl. auch Abschnitt 3.8).

(b2) Nach Eintritt des Schadens hat der VK in vielen Fällen nach wie vor einen Einfluss auf dessen Höhe, beispielsweise indem er einen teuren statt einen günstigen Garagisten mit der Reparatur das verunfallten Wagens beauftragt. Es handelt sich hier um **ex post** moralisches Risiko. Liegt die dabei zu verwendende Technologie fest, ist es vom **statischen** Typ.

(b3) Nach Eintritt des Schadens liegt manchmal die für die Behebung des Schadens zu verwendende Technologie noch nicht fest. Besonders im Rahmen der medizinischen Behandlung kommt es vor, dass der Versicherte die Wahl zwischen einem neuen (oft kostspieligeren) und einem traditionellen Behandlungsverfahren hat. Wählt er unter dem Einfluss der Versicherung das neuere, spricht man von **dynamischem** moralischem Risiko (ebenfalls **ex post**).

Aus der Sicht der ökonomischen Theorie haftet somit dem Begriff des moralischen Risikos weit weniger Verwerfliches an als aus der Sicht der Versicherungspraktiker. Letztlich entlastet der Versicherungsschutz den VK von den finanziellen Konsequenzen gewisser Handlungsalternativen im Schadenfall, und es entspricht lediglich dem Gesetz der Nachfrage, wenn Alternativen, die mit niedrigeren Kosten einhergehen, vermehrt gewählt werden. Anstrengungen zu Schadenverhütung- und eindämmung werden gegen Versicherungsleistungen substituiert.

Eine Dimension dieser Wahl ist allerdings auch das Abwägen zwischen legaler und krimineller Aktivität. Die Grenze zwischen den beiden Bereichen könnte durch die Nichtbeobachtbarkeit des Verhaltens verschoben werden. Der Übergang vom moralischen Risiko hin zum eigentlichen **Versicherungsbetrug** stellt für die VK nur einen kleinen Schritt dar. Die vermutete Bedeutung des Versicherungsbetrugs als Extremform des moralischen Risikos geht aus der Tabelle 7.1 hervor. Sie enthält Schätzungen, die aus einer in Florida (USA) Ende der 1980er Jahre durchgeführten Untersuchung stammen. Danach machen betrügerische Ansprüche nicht weniger als 13% der Schadenzahlungen in der Autoversicherung aus, und mehr als ein Drittel aller Rechnungen für Autoreparaturen und medizinische Behandlung, die von unter 35-jährigen Versicherten eingereicht werden, sind um rd. 50% überhöht.

Wirklich nachzuweisen wäre der Versicherungsbetrug wohl in sehr wenigen Fällen. So kommt die deutsche Polizeistatistik für das Jahr 1990 auf einen Anteil von nachweislich betrügerischen Rechnungen von lediglich 0,44% (nur Haftpflicht). Im Jahre 1996 betrug dieser Satz sogar nur 0,34%! [Gesamtverband der Deutschen Versicherungswirtschaft (1997), 122 – 123]. Ein grosser Teil der Diskrepanz zwischen den Zahlen von

## 7.2 Moralisches Risiko

**Tabelle 7.1** Die Bedeutung des Versicherungsbetrugs, Autoversicherung in Florida (USA)

| Aspekt | Häufigkeit, Ausmass |
|---|---|
| Betrügerische Ansprüche | 13% der Gesamtsumme<br>10% der Schadenmeldungen<br>8% der Prämieneinnahmen |
| Betrügerisch erhöhte Ansprüche | 38% der Reparaturrechnungen, die von 18-34-jährigen Versicherten eingereicht werden, sind um rd. 50% überhöht.<br>37% der Rechnungen für medizinische Leistungen, die von 18-34-jährigen Versicherten eingereicht werden, sind um rd. 50% überhöht. |
| Einschätzungen der Versicherten | 33% der befragten Versicherten betrachten es als zulässig, falsche Risikoangaben zu machen, um in den Genuss niedriger Prämien zu kommen.<br>50% der befragten Versicherten betrachten es als zulässig, überhöhte Reparaturrechnungen einzureichen, um so jenseits der festen Kostenbeteiligung in den Genuss von Versicherungsleistungen zu kommen. |
| Erwartete Sanktionen | 25% der befragten Versicherten glauben, dass die Angabe falscher Informationen beim Versicherungsabschluss nicht bestraft wird.<br>50% wissen, dass falsche Angaben zu einem Leistungsausschluss führen können und dass es zu einem rechtlichen Verfahren kommen kann. |

*Quelle: Mooney* und *Salvatore* (1990), zitiert in: *Dionne, Gibbens* und *Saint-Michel* (1993)

Deutschland und der Schätzung für die USA geht auf den Umstand zurück, dass nur die wenigsten (kleinen) Betrügereien aktenkundig werden. Möglicherweise ist aber die Neigung zum Versicherungsbetrug in den USA besonders ausgeprägt, indem gemäss Tabelle 7.1 nicht weniger als 50% der Versicherten angaben, sie würden es als zulässig erachten, überhöhte Reparaturrechnungen einzureichen, um so jenseits der festen Kostenbeteiligung in den Genuss von Versicherungsleistungen zu kommen.

In der nachstehenden theoretischen Darstellung soll jedoch stets die Annahme gelten, dass der Schaden zufällig eintritt und nicht vom VK in betrügerischer Absicht herbeigeführt wird.

### 7.2.2 Ex ante moralisches Risiko

#### 7.2.2.1 Ex ante moralisches Risiko bezüglich Schadenwahrscheinlichkeit

In diesem Abschnitt gelten die Versicherungsbedingungen als vorgegeben[3]. Die einzige Entscheidungsgrösse des VK sei das Ausmass der präventiven Anstrengung $V$, deren Preis auf Eins normiert sein soll, so dass mit der Anstrengung gerade auch die Ausgaben

---

3. Die Modellformulierung lehnt sich im Folgenden eng an *Breyer* und *Zweifel* (1999), Kap. 6.3 an.

für Prävention erfasst werden. Im Gegensatz zur Theorie des Kapitels 3 ist jetzt die Schadenwahrscheinlichkeit $\pi$ keine Konstante mehr, sondern hängt negativ von $V$ ab:

**Abbildung 7.1** Abnehmendes Grenzprodukt der Vorbeugung

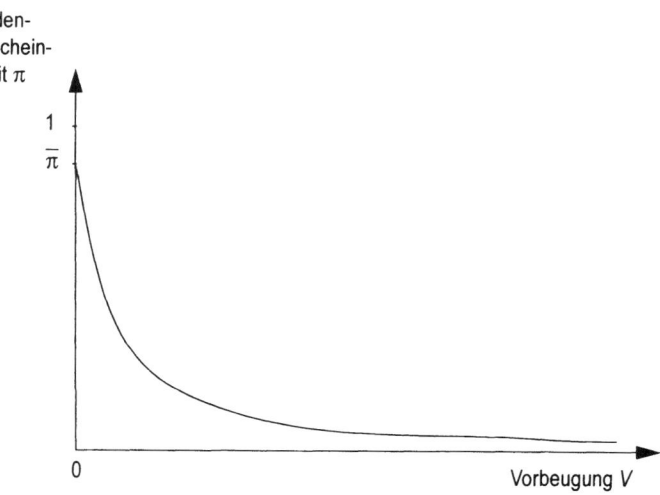

$$0 < \pi(V) < 1, \quad \pi'(V) < 0, \quad \pi''(V) > 0, \quad \pi[0] = \bar{\pi}, \quad \pi[\infty] > 0, \quad V \geq 0.\,^4 \qquad (7\text{-}1)$$

Die Abbildung 7.1 stellt den postulierten Zusammenhang graphisch dar. Ohne jegliche Vorbeugung ($V = 0$) beträgt die Schadenwahrscheinlichkeit $\bar{\pi}$. Sie sinkt mit zunehmender Prävention zunächst rasch, dann aber verlangsamt ab, ohne je auf Null zu sinken.

Einfachheitshalber sollen wiederum nur zwei mögliche Zustände unterschieden werden, und der VK maximiere seinen Erwartungsnutzen in Abhängigkeit von $V$,

$$\begin{aligned}EU(V) = {} & \pi(V) \cdot \upsilon[W_0 - V - P(I) - L + I] \\ & + \{1 - \pi(V)\} \cdot \upsilon[W_0 - V - P(I)]\end{aligned} \qquad (7\text{-}2)$$

$\upsilon(\cdot)$: Risikonutzenfunktion mit den üblichen Eigenschaften, $\upsilon'(W) > 0$, $\upsilon''(W) < 0$;

$W$: Endvermögen des Entscheidungsträgers;

$W_1$: Endvermögen bei Eintritt des Schadens $L$, $W_1 := W_0 - V - P(I) - L + I$;

$W_2$: Endvermögen ohne Eintritt des Schadens, $W_2 := W_0 - V - P(I)$;

$W_0$: Vorgegebenes Anfangsvermögen;

---

4. Mit nichtnegativen Werten von $V$ wird der Versicherungsbetrug ausgeschlossen.

## 7.2 Moralisches Risiko

*V*: Präventionsanstrengung und -aufwand;

*P(I)*:Prämie, hängt positiv vom gewählten Umfang des Versicherungsschutzes ab (s.u.);

*I*: Versicherungsleistung, Entschädigung (engl. indemnity); $I \leq L$;

*L*: Schaden, exogen.

Zur Vereinfachung werden wieder die beiden folgenden Symbole verwendet:

$$\upsilon[1] := \upsilon[W_1] = \upsilon[W_0 - V - P(I) - L + I];$$
$$\frac{d\upsilon[1]}{dV} = \frac{d\upsilon[1]}{dW} \cdot \frac{dW}{dV} = (-1)\upsilon'[1]; \tag{7-3a}$$

$$\upsilon[2] := \upsilon[W_2] = \upsilon[W_0 - V - P(I)], \quad \frac{d\upsilon[2]}{dV} = \frac{d\upsilon[2]}{dW} \cdot \frac{dW}{dV} = (-1)\upsilon'[2]; \tag{7-3b}$$

mit $\upsilon[1] \leq \upsilon[2]$. \hfill (7-3c)

Berücksichtigt man explizit die Einschränkung, dass *V* nichtnegativ definiert ist, so muss das Optimum den beiden Kuhn-Tucker-Bedingungen genügen,

$$\frac{dEU}{dV} = \pi'(V)\{\upsilon[1] - \upsilon[2]\} - \pi V \cdot \upsilon'[1] - \{1 - \pi(V)\}\upsilon'[2] \tag{7-4}$$

< 0 falls $V^* = 0$

= 0 falls $V^* > 0$.

Die Bedingungen führen zur folgenden Fallunterscheidung.

**(1)** $dEU/dV < 0$: Es handelt sich um eine **Randlösung**, hier also $V^* = 0$. Da der Erwartungsnutzen am Punkt $V = 0$ mit zunehmendem *V* bereits absinkt, würde das Optimum eigentlich bei einem negativen Wert von *V* erreicht, liegt aber wegen der Nichtnegativität bei $V^* = 0$.

**(2)** $dEU/dV = 0$: Diese Bedingung beschreibt eine **innere** Lösung, d.h. $V^*$ nimmt einen positiven Wert an.

Die innere Lösung lässt sich gut interpretieren, wenn man in der Bedingung (7-4) für die beiden letzten Summanden mit $EU'(W) := \pi \upsilon'[1] + (1 - \pi) \upsilon'[2]$ den Erwartungswert des Grenznutzens des Vermögens einführt. Man erhält dann

$$\frac{dEU}{dV} = \pi'(V)\{\upsilon[1] - \upsilon[2]\} - EU'(W) = 0. \tag{7-5}$$

Die Prävention hat einen Grenzertrag, der im ex ante-Fall in der reduzierten Wahrscheinlichkeit besteht, den Nutzenverlust $\upsilon[1] - \upsilon[2] < 0$ erleiden zu müssen (vgl. (7-3c). Diesem Grenzertrag steht ein Grenzverlust gegenüber, nämlich der Aufwand von Vermögenswerten zu Gunsten der Prävention. Da über diesen Aufwand ex ante entschieden werden muss, fällt er in beiden zukünftigen Zuständen an und muss mit dem Grenznutzen in den beiden Zuständen bewertet werden. Im inneren Optimum sind sich die Erwartungswerte von Grenzkosten und Grenznutzen gleich.

Die obige Fallunterscheidung erhält insbesondere im Falle der **vollen Versicherungsdeckung** ($I = L$) Bedeutung. Da der VK annahmegemäss nur am Vermögen interessiert ist, fallen dann die Nutzenwerte $\upsilon[1]$ und $\upsilon[2]$ zusammen, und (7-5) reduziert sich auf

$$\left.\frac{dEU}{dV}\right|_{I=L} = -EU'(W) < 0. \tag{7-6}$$

Unter diesen Bedingungen ist der Grenzertrag der Prävention von vorneherein Null, es fallen nur (die mit Nutzeneinheiten bewerteten) Grenzkosten an. Damit ist $dEU/dV < 0$, und die Prävention unterbleibt ganz. Diese Voraussage trifft auch auf Individuen zu, die risikoneutral sind. Denn die Herleitungen enthalten keine zweiten Ableitungen [so spielt beispielsweise der Koeffizient der absoluten Risikoaversion, definiert durch $R_A := -\upsilon''(W)/\upsilon'(W)$, keine Rolle].

**Folgerung 7.1**     Hängt die Risikonutzenfunktion lediglich vom Vermögen ab, so wird unabhängig von der Höhe der Risikoaversion bei voller Versicherungsdeckung der Verzicht auf präventive Anstrengungen vorausgesagt.

Die Voraussage der Folgerung 7.1 trifft dann nicht mehr zu, wenn eine Nutzendifferenz auch bei voller Versicherungsdeckung bestehen bleibt. Bei gleich hohem Vermögen mag z.B. der VK die Zustände "krank" und "gesund" im Falle der Krankenversicherung oder "ohne gewohntes Obdach" und "mit gewohntem Obdach" im Falle der Feuerversicherung unterschiedlich bewerten. Überall dort, wo die Nutzendifferenz in Gleichung (7-5) nicht nur vom Vermögen, sondern auch von anderen Bestimmungsgründen abhängt (Gesundheit, Existenz eines Zuhause; vgl. auch Abschnitt 3.5.2), kann ein gewisses Ausmass an Prävention auch bei vollständiger Versicherungsdeckung erhalten bleiben.

Kehrt man jedoch zu einer rein vermögensabhängigen Risikonutzenfunktion zurück, legt die Folgerung 7.1 die Vermutung nahe, dass zunehmende Versicherungsdeckung die Bereitschaft zur **Prävention untergräbt**. Der Zusammenhang zwischen $I$ und $V$ müsste demnach negativ sein. Diese Vermutung lässt sich im Rahmen einer komparativ-statischen Analyse überprüfen. Die notwendige Bedingung für ein inneres Optimum $dEU/dV = 0$ werde durch eine Vergrösserung der Versicherungsdeckung $dI > 0$ gestört. Nach der Anpassung (die hier in einer Änderung $dV$ besteht, weil es keine andere Entscheidungsvariable gibt), muss die Optimalbedingung wieder erfüllt sein, d.h. ihre rechte Seite wird wieder Null sein. Sowohl die Störung $dI$ wie auch die Anpassung $dV$ verändern den Erwartungswert des Grenznutzens der Prävention (der zur besseren Lesbarkeit als partielle Variation geschrieben wird), so dass gelten muss

$$\frac{\partial^2 EU}{\partial V^2} \cdot dV + \frac{\partial^2 EU}{\partial V \partial I} \cdot dI = 0. \tag{7-7}$$

Die Auflösung ergibt

$$\frac{dV}{dI} = -\frac{\partial^2 EU/\partial V \partial I}{\partial^2 EU/\partial V^2}. \qquad (7\text{-}8)$$

Dieser Ausdruck zeigt an, ob die Prävention mit steigender Versicherungsdeckung zunimmt oder abnimmt. Die hinreichende Bedingung für ein Maximum des Erwartungsnutzens $\partial^2 EU/\partial V^2 < 0$ soll einfachheitshalber als erfüllt gelten. Dann aber stimmt das Vorzeichen des Ausdrucks (7-8) mit dem Vorzeichen des Zählers überein. Aufgrund der Gleichung (7-4) lautet die gemischte Ableitung [mit $\pi' := \pi'(V), P' := P'(I)$]

$$\begin{aligned}\frac{\partial^2 EU}{\partial V \partial I} &= \pi'\{\upsilon'[1](-P'+1) - \upsilon'[2](-P') - \pi\upsilon''[1](-P'+1)\} \\ &\quad - (1-\pi)\upsilon''[2](-P') \\ &= \underbrace{\pi'\{\upsilon'[1](1-P') + \upsilon'[2]P'\}}_{(-)} - \underbrace{\pi\upsilon''[1](1-P')}_{(+)} + \underbrace{(1-\pi)\upsilon''[2]P'}_{(-)} \gtreqless 0. \quad (7\text{-}9)\end{aligned}$$

Die Summanden lassen sich wie folgt interpretieren. Beim ersten ist zu beachten, dass niemand einen Versicherungsvertrag kaufen würde, der für eine GE zusätzliche Deckung mehr als eine GE zusätzliche Prämie kostet. Deshalb gilt $(1 - P') > 0$. Mit zunehmender Versicherungsdeckung wird nun mehr Vermögen in den Zustand mit Schaden verschoben, was die Prävention ($\pi' < 0$) weniger lohnend macht. Der zweite Summand zeigt, dass das höhere Vermögen im Zustand mit Schaden wegen der Risikoaversion mit einem geringeren Grenznutzen zu bewerten ist, was die Aussage des ersten Summanden abschwächt oder sogar in ihr Gegenteil verkehrt. Der dritte Term schliesslich widerspiegelt die gleiche Überlegung, nur erhöht die Risikoaversion in schadenfreiem Zustand, wo der VK nur bezahlt und nichts erhält, den Grenznutzen des Vermögens, verstärkt also die Aussage des ersten Summanden. Ist die Risikoaversion in der Ausgangssituation schwach ($\upsilon''[1] \to 0$), so fällt der zweite Summand weg, und nur negative Terme bleiben übrig.

Insgesamt gilt aufgrund von (7-9)

$$\frac{dV}{dI} \begin{cases} \lesseqgtr 0 & \text{allgemein;} \\ < 0 & \text{bei geringer Risikoaversion in der Ausgangssituation} \end{cases} \qquad (7\text{-}10)$$

**Folgerung 7.2**     Durch zunehmende Versicherungsdeckung werden in der Regel die präventiven Anstrengungen reduziert, d.h. ex ante moralisches Risiko induziert; eindeutig dann, wenn die Risikoaversion des VK gering ist.

Es leuchtet ein, dass das VU die Prämienkalkulation den Auswirkungen des moralischen Risikos anpassen muss, um die Insolvenz zu vermeiden, auch wenn es im Einzelfall dieses Verhalten nicht beobachten kann. Soweit zusätzliche Versicherungsdeckung moralisches Risiko induziert, wird die **Prämie nicht mehr marginal fair** sein können. Dies lässt sich einfach zeigen, indem man den Wert von $P'$ untersucht. Um wenigstens die erwarteten Schadenzahlungen zu decken, muss die eingenommene Prämie der nachstehenden Bedingung genügen:

$$P(I) = \pi\{V(I)\} \cdot I. \qquad (7\text{-}11)$$

In dieser Formel ist die öffentliche Information berücksichtigt, dass die Schadenwahrscheinlichkeit von der Prävention und diese wiederum von der vereinbarten Deckung abhängt. Der Zusammenhang zwischen Prämie und Deckung ist somit gegeben durch

$$P' := \frac{dP}{dI} = \underset{(+)}{\pi\{V(I)\}} + \underset{(-)}{\frac{d\pi\{V(I)\}}{dV}} \cdot \underset{(-)}{\frac{dV}{dI}} \cdot I > \pi, \qquad (7\text{-}12)$$

wobei $dV/dI < 0$ für das soeben hergeleitete ex ante moralische Risiko steht. Der erste Summand steht für die marginal faire Prämie, der zweite jedoch für einen Zuschlag. Dieser Zuschlag fällt **um so grösser** aus,

- je effektiver die Prävention an sich wäre ($d\pi/dV$ gross im Absolutwert);
- je ausgeprägter das moralische Risiko ($dV/dI$ gross im Absolutwert);
- je höher die vereinbarte Deckung $I$ (wobei $I < L$).

Die vereinbarte Deckung wird nicht mehr die volle Deckung sein, denn dieser Zuschlag für das moralische Risiko veranlasst die VK, von sich aus auf volle Versicherungsdeckung zu verzichten.

Über den **Verlauf der Prämienfunktion** unter ex ante moralischem Risiko lässt sich noch etwas mehr aussagen, indem man ihre zweite Ableitung betrachtet:

$$P'' := \frac{d^2P}{dI^2} = \frac{d\pi}{dV} \cdot \frac{dV}{dI} + \left\{\frac{d^2\pi}{\partial V^2} \cdot \frac{dV}{dI}\right\} \cdot \frac{dV}{dI} \cdot I + \frac{d\pi}{dV}\left\{\frac{d^2V}{dI^2} \cdot I + \frac{dV}{dI}\right\}. \qquad (7\text{-}13)$$

Ordnen der Terme in $dV/dI$ und $d^2V/dI^2$ ergibt

$$P'' = \underset{(+)}{2\frac{d\pi}{dV} \cdot \frac{dV}{dI}} + \underset{(+)}{\frac{d^2\pi}{dV^2}\left(\frac{dV}{dI}\right)^2} \cdot I + \underset{(+/-)}{\frac{d\pi}{dV} \cdot \frac{d^2V}{dI^2}} \cdot I. \qquad (7\text{-}14)$$

## 7.2 Moralisches Risiko

Der erste Term ist positiv, sobald moralisches Risiko vorliegt, der zweite positiv wegen der (sinnvollen) Annahme (7-1), dass die Grenzproduktivität der Prävention mit zunehmender Präventionsanstrengung zurückgeht. Der dritte Term kann ebenfalls positiv sein, dann nämlich, wenn sich das moralische Risiko mit zunehmender Versicherungsdeckung verschärft ($d^2V/dI^2 < 0$). Insgesamt lautet das Ergebnis

$$P'' > 0, \text{ falls } \frac{d^2V}{dI^2} \begin{cases} < 0 \\ = 0 \\ > 0, \text{ aber klein.} \end{cases} \tag{7-15}$$

**Folgerung 7.3**    Ex ante moralisches Risiko bedingt einen Zuschlag zur Prämie, der in vielen Fällen mit der Versicherungsdeckung progressiv ansteigt. Damit wird eine Einschränkung der Versicherungsdeckung herbeigeführt, die den Anreiz zur Prävention verstärkt und so dem moralischen Risiko entgegen wirkt.

Es bleibt anzumerken, dass das VU in einem Wettbewerbsmarkt ohne Informationsaustausch eine progressiv ansteigende Prämie nicht durchsetzen kann [Pauly (1974)]. Denn den VK steht es frei, bereits anderswo vereinbarte Deckung zu verheimlichen, um immer wieder in den Genuss der niedrigsten Prämienstufen zu kommen. Dies kann durch das VU nur mittels eines Informationsaustausches über die kumulierte Versicherungsdeckung der VK gewährleistet werden. Offenbar ist ein reiner Preiswettbewerb mit Prävention nicht vereinbar, wie in Abschnitt 7.2.3 noch eingehender gezeigt werden wird.

### 7.2.2.2 Ex ante moralische Risiko bezüglich der Schadenhöhe

In diesem Abschnitt gilt $\pi$, die Wahrscheinlichkeit des Schadeneintritts, wieder als eine Konstante. Dafür soll es dem VK möglich sein, Vorkehrungen zu treffen, welche die Höhe des Schadens eindämmen (palliative Massnahmen). Die Entscheidung soll ex ante, d.h. vor dem möglichen Eintritt des Schadens gefällt werden, so dass wie im vorhergehenden Abschnitt die Aufwendungen für die Prävention in beiden Zuständen anfallen. Damit ergibt sich die folgende Formulierung des Entscheidungsproblems des VK:

$$EU = \pi \cdot \upsilon[W_0 - L(V) - V - P(I) + I] + (1-\pi) \cdot \upsilon[W_0 - V - P(I)],$$
$$\text{mit } L' := L'(V) < 0. \tag{7-16}$$

Im Zeitpunkt der Entscheidung sei der Versicherungsschutz wiederum festgelegt, so dass der VK nur noch die Prävention optimiert. Unter Verwendung der in (7-3a) bis (7-3c) verwendeten Symbole erhält man als notwendige Bedingung

$$\frac{dEU}{dV} = \pi \cdot \upsilon'[1](-L'-1) - (1-\pi)\upsilon'[2] \begin{cases} < 0 & \text{wenn } V^* = 0 \\ = 0 & \text{wenn } V^* > 0. \end{cases} \tag{7-17}$$

Damit es zu einer inneren Lösung mit $V^* > 0$ kommen kann, muss als notwendige Bedingung der erste Summand positiv sein, und dies bedingt $-L' > 1$: Der Grenzertrag der Prävention muss demnach gross genug sein, um ihre Grenzkosten (von Eins) hereinzuholen.

Um die Bedingung $dEU/dV = 0$ und damit $V^* > 0$ zu erfüllen, sind die Anforderungen an den Grenzertrag aber höher. Diese Vermutung ergibt sich aus der Betrachtung des Spezialfalls der vollen Versicherungsdeckung ($I = L$). In der Gleichung (7-17) gilt dann $\upsilon'[1] = \upsilon'[2]$, und man erhält unmittelbar für eine innere Lösung mit $V^* > 0$

$$-L' = \frac{1}{\pi}. \qquad (7\text{-}18)$$

Da $\pi$ in aller Regel kleine Werte annimmt, braucht es für die marginale Produktivität der Prävention bei voller Versicherungsdeckung einen Wert weit über 1, damit schadeneindämmende Anstrengungen immer noch unternommen werden. Dies bedeutet, dass unter dem Einfluss der Versicherung nur gerade die allerproduktivsten Vorkehrungen getroffen werden. Immerhin kommt es hier noch zu präventiven Anstrengungen, im Gegensatz zur Folgerung 7.1.

Wenn die Optimalbedingung (7-17) (im Fall $V^* > 0$) durch eine Zunahme der Versicherungsdeckung $dI > 0$ gestört wird, gelten analog die Gleichungen (7-7) und (7-8) der komparativen Statik, und es ist nur noch das Vorzeichen der gemischten Ableitung auf der Grundlage von (7-17) zu prüfen:

$$\frac{\partial^2 EU}{\partial V \partial I} = \pi \cdot \upsilon''[1](-L'-1)(1-P') + (1-\pi)\upsilon''[2] \cdot P' < 0. \qquad (7\text{-}19)$$
$$\quad\quad\quad (-)\quad\quad (+)\quad\quad (+)\quad\quad (+)\quad (-)\ (+)$$

Daraus folgt analog zur Bedingung (7-9) unmittelbar

$$\frac{dV}{dI} < 0, \qquad (7\text{-}20)$$

d.h. moralisches Risiko ist stets zu erwarten. Eigene präventive Anstrengungen zur Verminderung der Schadenhöhe und Versicherungsdeckung sind eindeutig Substitute [*Ehrlich* und *Becker* (1972)]. In Bezug auf das moralische Risiko gilt demnach

**Folgerung 7.4**     Ex ante moralisches Risiko, das die Schadenhöhe verändert, wird durch zusätzliche Versicherungsdeckung in der Regel verstärkt, doch auch bei voller Versicherungsdeckung nicht notwendig bis zu jenem Punkt, wo die präventive Anstrengung ganz aufhört.

### 7.2.3 Marktgleichgewicht mit ex ante moralischem Risiko

Zuerst soll das Gleichgewicht auf einem wettbewerblichen Versicherungsmarkt untersucht werden. Die Darstellung folgt im wesentlichen *Eisen* (1990).

### 7.2.3 Marktgleichgewicht mit ex ante moralischem Risiko

Zuerst soll das Gleichgewicht auf einem wettbewerblichen Versicherungsmarkt untersucht werden. Die Darstellung folgt im wesentlichen *Eisen* (1990).

In einem Versicherungsmarkt mit Preiswettbewerb und ohne Informationsaustausch zwischen den VU lässt sich eine progressiv ansteigende Prämie (in Übereinstimmung mit Folgerung 7.3) nicht durchsetzen. Es kann für eine gegebene Versicherungsleistung $I$ nur einen festen Prämiensatz $\bar{q}$ geben, auf den das einzelne VU keinen Einfluss hat, d.h. es gilt

$$\bar{P} = \bar{q} \cdot I, \text{ mit } \frac{\partial \bar{P}}{\partial I} = \bar{q}. \tag{7-21}$$

Bei freiem Marktzutritt und -austritt ist es unmöglich, im Erwartungswert einen Gewinn zu erzielen, so dass (unter Vernachlässigung der Verwaltungskosten) die auf dem Markt bezahlte Prämie gerade den Erwartungswert der Versicherungsleistung deckt:

$$EG(\bar{P}, I) = \bar{P} - \pi\{V(\bar{P}, I)\} \cdot I = 0. \tag{7-22}$$

Diese Bedingung muss weiterhin gelten, wenn die Versicherungsdeckung variiert wird; dabei ist zu berücksichtigen, dass die Präventionsanstrengung des VK sowohl unmittelbar wie auch durch die zu bezahlende Prämie (z.B. infolge eines Vermögenseffektes) tangiert wird. Jede Veränderung der Präventionsanstrengung hat aber eine Auswirkung auf die Schadenwahrscheinlichkeit. Daraus ergibt sich[5]

$$\frac{\partial EG}{\partial I} = 0: \frac{\partial \bar{P}}{\partial I} - \left\{\frac{\partial \pi}{\partial V} \cdot \frac{\partial V}{\partial \bar{P}} \cdot \frac{\partial \bar{P}}{\partial I} + \frac{\partial \pi}{\partial V} \cdot \frac{dV}{dI}\right\}I - \pi$$

$$= \bar{q} - \frac{\partial \pi}{\partial V}\left\{\frac{dV}{d\bar{P}} \cdot \bar{q} + \frac{dV}{dI}\right\}I - \pi = 0. \tag{7-23}$$

An dieser Stelle wird eine **zentrale Annahme** eingeführt: Zwar ist sich das VU des ex ante moralischen Risikos ($dV/dI < 0$) bewusst, und es geht davon aus, dass eine Prämienveränderung Einfluss auf die Prävention hat ($\partial V/\partial \bar{P} > 0$). Damit enthält aber die geschweifte Klammer positive und negative Effekte, und mangels genauerer Informationen soll das VU davon ausgehen, dass sie sich **im Durchschnitt aufheben**. Dann reduziert sich der Ausdruck in der geschweiften Klammer auf null, und für die Prämienfunktion gilt

$$\bar{q} = \pi. \tag{7-24}$$

---

5. Die Notation mit totalem Differential $dV/dI$ soll daran erinnern, dass es sich um das in (7-10) festgehaltene Ergebnis der komparativ-statischen Analyse handelt.

Unter Wettbewerbsbedingungen gibt es keine Möglichkeiten der Preisdifferenzierung nach dem Ausmass des nachgefragten Versicherungsschutzes, so dass die Prämienfunktion linear sein muss mit einer Steigung $\bar{q}$, die der Schadenwahrscheinlichkeit entspricht (marginal faire Prämie).

Im folgenden soll das resultierende Marktgleichgewicht graphisch abgebildet werden, wobei die Darstellung im $(I,P)$-Raum gebräuchlich ist. Die Gleichung der Indifferenzkurve, hergeleitet aus einer Variation von $EU = \pi \cdot \upsilon[1] + (1-\pi) \cdot \upsilon[2]$, enthält grundsätzlich auch Terme in $V$. Das Verhalten der Individuen ist durch $V(\bar{P}, I)$ in Gleichung (7-22) gegeben, und der Gesamteffekt einer Anpassung von $V$ an eine Änderung von $I$ durch den Ausdruck in der geschweiften Klammer von (7-23). Der Wert dieses Ausdrucks ist aber annahmegemäss gleich Null, so dass die Terme in $V$ vernachlässigt werden können:

$$dEU = 0 = \pi \cdot \upsilon'[1]dI - \pi \cdot \upsilon'[1] \cdot d\bar{P} - (1-\pi)\upsilon'[2]d\bar{P}. \qquad (7\text{-}25)$$

Im Marktgleichgewicht muss die Grenzrate der Substitution der Grenzrate der Transformation entsprechen, während die VU ihre Schadenzahlungen im Erwartungswert hereinholen. Die Grenzrate der Substitution folgt aus der Gleichung (7-25) und lautet

$$\frac{d\bar{P}}{dI} = \frac{\pi \cdot \upsilon'[1]}{\pi \cdot \upsilon'[1] + (1-\pi)\upsilon'[2]} > 0. \qquad (7\text{-}26)$$

Die VK sind bereit, für zusätzliche Versicherungsdeckung $dI$ eine erhöhte Prämie $d\bar{P}$ in Kauf zu nehmen. Die Grenzrate der Transformation ist gegeben durch $\pi$ in Gleichung (7-24). Die Gleichsetzung der beiden Grenzraten ergibt somit die Bedingung

$$\frac{\pi \cdot \upsilon'[1]}{\pi \cdot \upsilon'[1] + (1-\pi)\upsilon'[2]} = \pi. \qquad (7\text{-}27)$$

Nach Division der linken Seite durch $\upsilon'[1]$ im Nenner und Zähler erhält man

$$\frac{\pi}{\pi + (1-\pi)\frac{\upsilon'[2]}{\upsilon'[1]}} = \pi. \qquad (7\text{-}28)$$

Diese Bedingung kann nur erfüllt werden, wenn $\upsilon'[1] = \upsilon'[2]$. Die Gleichheit der Grenznutzen des Vermögens bedingt die Gleichheit der Vermögen in den beiden Zuständen, mithin **volle Versicherungsdeckung**. Dann besagt aber Folgerung 7.1, dass das optimale Ausmass der Prävention Null ist.

**Folgerung 7.5** Unter den Bedingungen des vollständigen Preiswettbewerbs und ohne Informationsaustausch zwischen den VU kann ein Marktgleichgewicht mit maximalem ex ante moralischem Risiko (keine Präventionsanstrengungen) nicht ausgeschlossen werden.

**Abbildung 7.2** Gleichgewicht auf einem wettbewerblichen Versicherungsmarkt mit ex ante moralischem Risiko

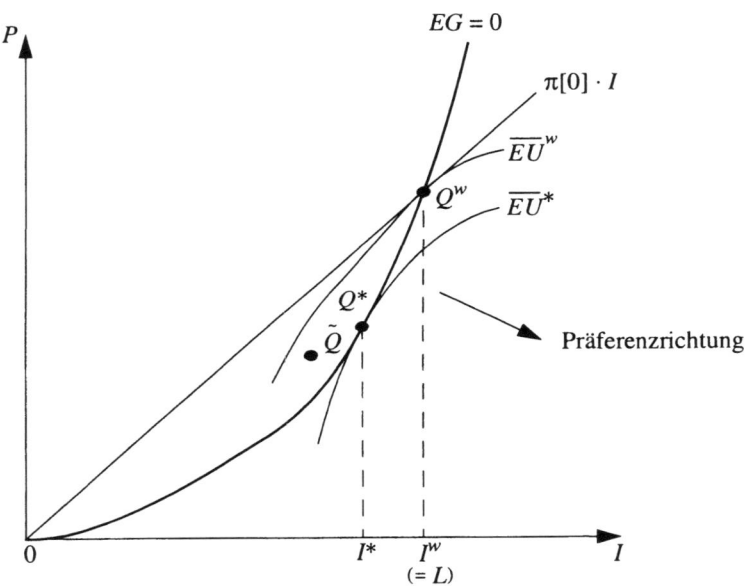

In der Abbildung 7.2 wird das resultierende Gleichgewicht charakterisiert. Einerseits sind zwei Indifferenzkurven eingezeichnet, die im $(I, P)$-Raum steigend verlaufen. Denn für zusätzliche Versicherungsdeckung nehmen die VK eine erhöhte Prämie in Kauf. Dabei hat $\overline{EU}^*$ ein höheres Niveau als $\overline{EU}^w$.

Wenn es die Asymmetrie der Information nicht gäbe, würde die Marktprämie nach wie vor der Bedingung $EG = 0$ genügen müssen. Doch die VU würden ihre Prämien in der Regel progressiv mit der Versicherungsdeckung $I$ anheben, um dem moralischen Risiko entgegenzuwirken, wie in Gleichung (7-12) gezeigt. Die VK würden ihr Optimum auf diesem Lokus suchen und beispielsweise den Punkt $Q^*$ erreichen. Die optimale Deckung liegt damit unter der Vollversicherung, ist dafür aber mit einem niedrigen Prämiensatz verbunden.

Unter wettbewerblichen Bedingungen (Preiswettbewerb, kein Informationsaustausch zwischen VU) ist die Prämienfunktion (wie eingangs gezeigt) linear, und sie verläuft vergleichsweise steil, weil gemäss Folgerung 7.1 unter diesen Bedingungen mit dem Wegfall sämtlicher Prävention zu rechnen ist. Ein **Gleichgewicht** verlangt zunächst, dass sich diese Gerade und die Indifferenzkurve tangieren. Zusätzlich muss in jedem Punkt aber auch der Lokus $EG = 0$ die resultierende Prämienfunktion schneiden. Das Gleichgewicht hat folgende Eigenschaften:

- Die Grenzraten der Substitution und Transformation stimmen überein [vgl. Bedingung (7-27)], so dass es sich für die VK um ein mögliches Optimum handelt.

- Punkte auf der Prämienfunktion $\pi[0] \cdot I$ und unterhalb von $Q^w$ sind mit einem positiven Erwartungsgewinn verbunden, so dass einerseits die bisherigen VU einen Anreiz haben, zusätzliche Versicherungsdeckung anzubieten und andererseits Markteintritte erfolgen, die ebenfalls zu einer Ausweitung der Zeichnungskapazität führen.

- Punkte auf der Prämienfunktion $\pi[0] \cdot I$ und oberhalb von $Q^w$ kommen deshalb nicht in Frage, weil die VU im Erwartungswert Verluste erzielen würden und Überversicherung vorläge.

Der Punkt $Q^w$ ist zwar ein Gleichgewicht, ist aber in aller Regel **kein globales Optimum**. Ein Punkt wie $Q$ würde sowohl für die VK als auch für die VU eine Verbesserung gegenüber $Q^w$ darstellen. Doch dies würde systematische Gewinne auf Seiten der VU bedingen, die durch Markteintritte weggewaschen würden, und die VK müssten ihrerseits ihre präventiven Anstrengungen erhöhen, wozu sie unter asymmetrischer Information keinen Anreiz haben. Damit sind aber die **beiden Theoreme der Wohlfahrtsökonomie** [(1) ein Wettbewerbsgleichgewicht ist Pareto-optimal, und (2) eine Pareto-effiziente Allokation ist ein Wettbewerbsgleichgewicht] **verletzt**. Falls eine dritte Stelle (insbesondere die Regierung) zusätzliche Informationen über das Verhalten der VK hätte, könnte ihr Eingriff zu einer Pareto-Verbesserung führen [*Arnott* und *Stiglitz* (1990)].

**Folgerung 7.6**      Ex ante moralisches Risiko in einem Versicherungsmarkt mit Preiswettbewerb stellt die Existenz eines Gleichgewichts nicht in Frage; doch das Gleichgewicht ist nicht Pareto-optimal und durch zu wenig Prävention gekennzeichnet.

Die durch ex ante moralisches Risiko verursachten Wohlfahrtsverluste werden allerdings durch die Folgerung 7.6 etwas übertrieben dargestellt. Zum einen dürften sich die in einem Markt tätigen VU bewusst sein, dass eine Annäherung an die volle Versicherungsdeckung das ex ante moralische Risiko akut werden lässt. Das Risiko, eine zu niedrige Prämie zu kalkulieren nimmt zu, und damit die Tendenz, die Prämie um einen progressiven Risikozuschlag zu ergänzen. Gegeben, dass bereits ein Verband existiert, sind die zusätzlichen Kosten gering, ihn mit der Durchführung eines **Informationsaustausches** zu beauftragen. Die teilnehmenden VU brauchen nur zu wissen, ob ein bestimmter VK bei anderen VU bereits Deckung beschafft hat, und wie hoch der Umfang der Deckung insgesamt ist. Die Identität dieser anderen VU muss dabei nicht preisgegeben werden, so dass die gegebene Information keinen Rückschluss auf die Geschäftspolitik von Konkurrenten erlaubt. Allerdings muss dieser Austausch zwangsweise erfolgen, weil es für jedes VU lohnend wäre, die Information nicht weiterzugeben und dafür eine marginal höhere Prämie für diese Teildeckung zu verlangen. An sich kennen die Versicherungsgesetze der wichtigen Versicherungsmärkte das Verbot der Überversicherung (auch Bereicherungsverbot genannt; vgl. Abschnitt 10.3.1). Trotzdem kommen bei der Schadenabwicklung immer wieder Fälle der Überversicherung zum Vorschein [*Eisen* (1990)].

Soweit ein solcher Informationsaustausch durchgesetzt werden kann, eröffnen sich Möglichkeiten zur Setzung einer nichtlinearen Risikoprämie. Der Umstand, dass ein VU die Präventionsanstrengung $V$ des VK nicht beobachten kann, wird es dann nicht mehr daran hindern, näherungsweise die vermuteten Effekte in Rechnung zu stellen. Dies gilt namentlich für das moralische Risiko [$dV/dI < 0$ in Gleichung (7-23)]. Diese Überlegungen sprechen dafür, dass zwar stets Fehlabschätzungen vorkommen werden, welche das Pareto-Optimum $Q^*$ der Abbildung 7.2 unerreichbar machen; doch andererseits werden doch immer wieder Verträge angeboten, die besser als das Wettbewerbsgleichgewicht $Q^W$ sind.

### 7.2.4 Empirische Evidenz zum ex ante moralischen Risiko

Ex ante moralisches Risiko ist aufgrund von Versicherungsdaten nicht leicht zu erfassen. Denn das VU beobachtet auch den Eintritt eines Schadens nicht unmittelbar, sondern erhält nur dann davon Kenntnis, wenn der VK sich dazu entschliesst, einen Schaden anzumelden. Diese Entscheidung wird von Nutzen-Kosten-Abwägungen beeinflusst, die manchmal (wie in Abschnitt 7.2.1 dargelegt) einen Betrug vorteilhaft erscheinen lassen können. Wenn aber die Meldung im Zusammenhang mit einem grossen Schaden anfällt, dessen Ursache mit einigem Aufwand abgeklärt wird, so dürfte die Messung der Häufigkeit einigermassen zuverlässig sein.

Diese Bedingung trifft auf die Fahrhabefeuer-Versicherung in der Schweiz in hohem Masse zu. Sie ist eine von privaten VU angebotene Ergänzung zur Gebäudefeuer-Versicherung, die in der Mehrzahl der Kantone eine Pflichtversicherung darstellt. Ansprüche auf Leistungen unter dem Titel der Fahrhabe (also Einrichtungen und Mobiliar) können praktisch nur dann geltend gemacht werden, wenn es zu einem Brand des Gebäudes kam, und diese Brände werden sehr genau untersucht.

Die Arbeit von *Bonato* (1999), welche Vertragsdaten eines schweizerischen VU auswertet, kann deshalb von der Annahme ausgehen, dass die dem VU vorliegenden Schadenmeldungen den Eintritt der Schäden mit hoher Zuverlässigkeit wiedergeben. Unter den VK sind hier keine Haushalte, sondern Unternehmen zu verstehen. Die zu erklärende Grösse ist DSCH, eine Variable, die den Wert Eins annimmt (und Null sonst), wenn eine Meldung bezüglich Feuerschaden an der Fahrhabe eines VK vorliegt. Dabei wird DSCH als **Realisierung der Wahrscheinlichkeit** $\pi$ interpretiert, dass ein Schaden eintritt. Jeder VK hat seinen eigenen Wert von $\pi$, der asymptotisch gegen Null geht, wenn die betrachteten Risikofaktoren gegen das Auftreten eines Schadens sprechen. Umgekehrt nähert sich $\pi$ asymptotisch dem Wert Eins, wenn die Risikofaktoren den Schadeneintritt extrem begünstigen. Bei Anwendung des Probit-Verfahrens [*Greene* (1997), Kap. 19.4] gilt die Annahme, dass die Werte von $\pi$ auf einer sigmoiden Funktion liegen, die der Verteilungsfunktion (kumulierte Dichtefunktion) der Normalverteilung entspricht. Wird einem VK aufgrund seiner Risikofaktoren ein Wert von $\pi \geq 0,5$ zugeordnet, so erhält DSCH den Wert Eins; liegt das errechnete $\pi$ unter 0,5, so gilt DSCH = 0. Diese abhängige Variable wird mit rd. 40 erklärenden Variablen in Verbindung gebracht. Das Probit-Verfahren wählt die Koeffizienten der erklärenden Variablen ähnlich wie in einer Regressionsanalyse so, dass die Wahrscheinlichkeit maximal wird, die beobachtete Stichprobe gezogen zu haben (Maximum Likelihood-Verfahren).

**Tabelle 7.2**  Ex ante moralisches Risiko in der Feuerfahrhabe-Versicherung, Schweiz 1993 - 1995

| | Abhängige Variable: DSCH = 1, falls Schaden, = 0 sonst | | | | | |
|---|---|---|---|---|---|---|
| | Nur Information des laufenden Jahres | | | Mit Information über Schäden der 3 Vorjahre | | |
| Erklärende Variable (Auszug, vgl. Text) | Koeffizient | t-Wert | Margin. Effekt | Koeffizient | t-Wert | Margin. Effekt |
| VSF | 0,04*** | 4,03 | 0,001 | 0,02*** | 3,57 | 0,001 |
| SORIF | 0,29** | 2,34 | 0,004 | 0,12 | 0,94 | 0,005 |
| DOGFV | -0,38*** | -2,77 | -0,005 | -0,30*** | -2,73 | -0,014 |
| ANRIYF | 0,07** | 2,11 | 0,001 | 0,07** | 2,11 | 0,003 |
| DRJAF | -- | -- | -- | 1,28*** | 7,61 | 0,058 |
| korr. LR-Index | 0,060 | | | 0,071 | | |
| Beobachtungen | 18 525 | | | 14 430 | | |
| Zahl VK | 9 046 | | | 7 092 | | |

VSF: = Versicherungssumme Feuerfahrhabe in $10^5$ sFr.; SORIF: = Zahl der versicherten Sonderrisiken (Feuer); DOGF: = 1, falls betreffenden Kanton eine Feuerversicherung für Gebäude obligatorisch vorgeschrieben ist, = 0 sonst; ANRIYF: Andere, freiwillig versicherte Fahrhaberisiken [Wasser, Glas, Diebstahl, Betriebsunterbrechung (Feuer)]; DRJAF: = Anteil der 3 Vorjahre mit Schaden.
Quelle: *Bonato* (1999), Abschnitt 9.1.3 (Tabelle 9.2) und Abschnitt 9.2.2 (Tabelle 9.5)

In der Tabelle 7.2 sind Ausschnitte aus den Schätzergebnissen zweier solcher Probit-Gleichungen für den Zeitraum 1993-1995 wiedergegeben. Der linke Block zeigt Teile einer Schätzung, die nur Informationen des jeweils betrachteten Jahres verwendet. Der rechte Block weist denselben Ausschnitt an erklärenden Variablen aus, mit der einen Ergänzung, dass die Schätzung mit DRJAF (Anteil der Jahre mit Feuerschäden in drei Vorjahren) die Schadenerfahrung mit einbezieht. Die nicht aufgeführten erklärenden Variablen sind überwiegend vom kategorischen Typ, um die Zugehörigkeit zu einer Gruppe von Unternehmen anzugeben. So werden die drei Schadenjahre, sieben Regionen, sechs Kundentypen und neun Wirtschaftszweige unterschieden.

Zunächst soll der linke Block der Tabelle 7.2 kommentiert werden. Die statistische Anpassung ist nicht sehr gut; dies geht aus dem Wert des korrigierten Likelihood Ratio-Indexes hervor (korr. LR-Index). Der Wert der Zielfunktion aus der Maximierung der Wahrscheinlichkeit, die beobachtete Stichprobe gezogen zu haben, ist nur gerade 6% niedriger, als wenn man diese Maximierung ohne sämtliche erklärenden Variablen durchgeführt hätte[6].

---

6. Die Korrektur des Indexes bezieht sich auf die Zahl der sog. Freiheitsgrade, d.h. die Zahl der unabhängigen, nicht durch die Schätzung einer Restriktion unterworfenen Beobachtungen. Da grundsätzlich jeder geschätzte Parameter einen Freiheitsgrad kostet, bleiben von den 18 525 Beobachtungen noch rd. 18 485 Freiheitsgrade übrig.

Da die Probit-Verfahren nichtlinear sind, können die geschätzten Koeffizienten nicht unmittelbar als marginale Veränderungen der Schadenwahrscheinlichkeit $\pi$ interpretiert werden. Vielmehr ist ein Transformationsverfahren nötig, wobei die Mittelwerte der erklärenden Variablen verwendet werden. Die berechneten marginalen Effekte auf $\pi$ sind in einer gesonderten Spalte rechts von den $t$-Werten ausgewiesen.

Die vier herausgegriffenen Regressoren stehen in einer Beziehung zur Frage der Prävention bzw. des ex ante moralischen Risikos. Die dazugehörigen geschätzten Koeffizienten lassen sich wie folgt interpretieren:

- **Versicherungssumme Feuerfahrhabe VSF (in 0,1 Mio. Sfr. gemessen):** Je höher VSF, desto umfangreicher die Versicherungsdeckung $I$, und desto stärker könnte moralisches Risiko wirken, insbesondere weil bei Unternehmen die Risikoaversion etwas weniger ausgeprägt sein dürfte als bei (weniger diversifizierten) Individuen (vgl. Folgerung 7.1). Im Gegensatz zum theoretischen Modell ist aber der Schaden $L$ keine feste Grösse. Ein hoher Wert von VSF könnte deshalb auch einen (möglicherweise überproportional) höheren möglichen Schaden anzeigen, so dass der VK in Tat und Wahrheit mit zunehmendem Wert von VSF eine vergrösserte Kostenbeteiligung trägt. Der partielle Zusammenhang zwischen DSCH und VSF könnte somit sogar negativ statt positiv ausfallen. Gegen eine solche Vermutung spricht allerdings der Umstand, dass die Anzahl der versicherten Fahrhaberisiken als gesonderte erklärende Variable auftritt (s.u., ANRIYF). Eine hohe Zahl anderer gedeckter Risiken (wie Diebstahl, Betriebsunterbrechung) lässt in der Regel auf einen hohen Wert auch des Gebäudes schliessen. VSF und ANRIYF sind dann als Indikatoren des unbekannten möglichen Schadens zu verstehen. Insofern müsste ein hoher Wert von VSF eben doch für einen hohen Wert der Versicherungsdeckung $I$ bei gegebenem Schaden $L$ stehen, und ein positiver partieller Zusammenhang mit DSCH liesse auf ex ante moralisches Risiko schliessen.
Diese Interpretation wird durch die Eintragungen der Tabelle 7.2 gestützt. Denn VSF und ANRIYF stehen beide in einer signifikant positiven Beziehung mit der Schadenwahrscheinlichkeit $\pi$. Der marginale Effekt von VSF erscheint mit 0,001 gering. Er besagt jedoch, dass Objekte mit einer Versicherungssumme von zusätzlich 1 Mio. sFr. immerhin ein um 0,01 (= 10 · 0,001) erhöhtes $\pi$ aufweisen, also 0,028 statt 0,018 im Durchschnitt der Stichprobe.

- **Anzahl versicherter Feuer-Sonderrisiken SORIF:** Je grösser die Zahl der gedeckten Sonderrisiken, desto grösser die Zahl der Möglichkeiten, Ansprüche an das VU geltend zu machen. Die Anreizwirkung ist damit eine ähnliche wie die einer Erhöhung der Versicherungsdeckung $I$, mit der Konsequenz des ex ante moralischen Risikos. Da die VK Unternehmen sind, könnte jedoch SORIF auch die Komplexität der Einrichtungen widerspiegeln. Je komplexer die versicherten betrieblichen Einrichtungen, desto grösser die Zahl der in der Variablen DSCH zusammengefassten Risikoprozesse. Deshalb könnte sich ein positiver Zusammenhang zwischen SORIF und DSCH ergeben, ohne dass notwendigerweise ex ante moralisches Risiko im Spiel ist.
Der statistisch signifikante positive Koeffizient von SORIF ist demnach mit dem Verdacht auf ex ante moralisches Risiko vereinbar, doch könnte auch die blosse Komplexität des versicherten Objekts den Ausschlag geben. Da SORIF höchstens den Wert 3 annimmt, ist die Zunahme von DSCH auf maximal 0,012 (= 3 · 0,004) begrenzt.

- **Präsenz einer obligatorischen Gebäude-Feuerversicherung DOGFV:** In der Mehrzahl der schweizerischen Kantone besteht eine Pflichtversicherung der Gebäude, und es ist zu vermuten, dass dort den VK (z.B. in der Form von baulichen Vorschriften) mehr Prävention aufgezwungen wird, als sie selbst gewählt hätten. Eine Substitutionsbeziehung zwischen diesen beobachtbaren und den nicht beobachtbaren Präventionsanstrengungen ist nicht auszuschliessen, so dass die Schadenwahrscheinlichkeit im Bereich der Fahrhabe höher als in den anderen Kantonen liegen könnte. Andererseits bestehen zwischen Gebäude und Fahrhabe enge technologische Beziehungen: Mobiliar und Einrichtungen bleiben ebenfalls von Schaden verschont, wenn dank der Vorbeugung das Gebäude nicht brennt.

  Der signifikant negative Koeffizient von DOGFV stützt diese zweite Vermutung. Die Wahrscheinlichkeit eines Feuerschadens an der Fahrhabe ist in den Kantonen mit Versicherungspflicht für Gebäude um einen halben Prozentpunkt (0,005) niedriger als sonst. Die Eindämmung des moralischen Risikos schwappt also von der öffentlichen Pflichtversicherung auf die private Versicherung über.

- **Anzahl versicherter Fahrhaberisiken ANRIYF:** Die Risiken Wasser, Glas, Diebstahl und Betriebsunterbrechung können freiwillig zusätzlich versichert werden. Bei gegebener Versicherungssumme weist diese Variable auf eine erhöhte Komplexität des Gebäudes hin. Sie erlaubt andererseits die oben vorgebrachte eindeutige Interpretation von VSF als erhöhte Versicherungsdeckung. Das geschätzte Vorzeichen ist positiv, wie zu erwarten.

Der rechte Block der Tabelle 7.2 gibt über eine Schätzung (mit verringertem Stichprobenumfang) Auskunft, in welcher die Schadenerfahrung der drei Vorjahre mit berücksichtigt wird. Die Variable DRJAF zeigt an, wie gross der Anteil der Jahre mit mindestens einem Schaden während der drei Vorjahre ist; sie nimmt also die Werte {0, 0,33, 0,67, 1} an. Diese Information trägt signifikant zur Erklärung von DSCH bei. Noch wichtiger erscheint jedoch die Tatsache, dass der geschätzte marginale Effekt von VSF gleich gross bleibt (0,001). Dies spricht dafür, dass das laufende Schadengeschehen nicht nur auf versteckte Eigenschaften des VK (die schon früher bestanden und sich in DRJAF niederschlagen) zurückgeführt werden kann, sondern dass zusätzliche Versicherungsdeckung ganz im Sinne des moralischen Risikos einen eigenständigen Einfluss ausübt.

**Folgerung 7.7**   Die schweizerische Fahrhabe-Feuerversicherung dürfte in einem geringen Ausmass einem ex ante moralischen Risiko ausgesetzt sein. Zugleich zieht sie einen Vorteil aus den Präventionsanstrengungen, die den VK von der obligatorischen Gebäude-Feuerversicherung auferlegt werden.

## 7.2.5 Ex post moralisches Risiko am Beispiel der Arbeitsunfähigkeit

Ex post moralisches Risiko besteht dann, wenn der VK nach dem Eintritt des Schadens einen Einfluss auf die Höhe des Schadens hat. Dies ist in jenen Versicherungsbranchen möglich, wo die Versicherungsleistung nicht von vorneherein feststeht, sondern mit der Höhe des Schadens zunimmt, also namentlich in der Kranken- und Haftpflichtversicherung. Dort setzt das VU allerdings auch spezialisierte Sachwalter ein, die dazu beitragen sollen, den Aufwand einzugrenzen. In der Krankenversicherung ist dies grundsätzlich die Aufgabe des Arztes, der sich allerdings auch als Sachwalter seines Patienten versteht.

Diese **Doppelrolle des Arztes** eröffnet dem Versicherten die Möglichkeit, nach einem Sachwalter zu suchen, der in besonderem Masse auf seine Wünsche eingehen wird. *Dionne* und *St-Michel* (1991) wenden dieses Argument auf die Entscheidungssituation eines verunfallten Beschäftigten an, der einen Arzt sucht, welcher ihn möglichst lange krankschreibt.

Je länger die zu erreichende Dauer der bescheinigten Arbeitsunfähigkeit ($e$), desto grössere Suchkosten $C$ muss der Beschäftigte aufwenden. Andererseits ist eine höhere Dauer der Arbeitsunfähigkeit deshalb von Interesse, weil dann bei einem Tageslohnsatz $l$ das zu ersetzende Arbeitseinkommen $le$ zunimmt, von dem ein Anteil $\alpha$ ($0 < \alpha < 1$) von der Unfallversicherung vergütet wird. Mit Wahrscheinlichkeit $\rho$ sind die Bemühungen des Versicherten allerdings vergeblich, und er findet keinen Arzt, der ihn krankschreibt.

Unter der Voraussetzung der Maximierung des Erwartungsnutzens in Abhängigkeit vom Vermögen lautet das Entscheidungsproblem des Beschäftigten demnach

$$\max_{e} EU(W) = \rho \cdot \upsilon\{W_0 - C(e)\} + (1-\rho) \cdot \upsilon\{W_0 + \alpha le - C(e)\} \qquad (7\text{-}29)$$

$C$: Kosten der Suche, hängen positiv von der zu erzielenden Dauer der Arbeitsunfähigkeit $e$ ab ($dC/de > 0$ und $dC^2/de^2 > 0$);

$e$: Dauer der Arbeitsunfähigkeit und des Bezugs von Tagegeldern;

$\upsilon(\cdot)$: Risikonutzenfunktion mit $\upsilon' > 0$, $\upsilon'' < 0$;

$l$: Lohnsatz des Beschäftigten;

$W_0$: Ausgangsvermögen, vorherbestimmt;

$\alpha$: Anteil des Arbeitseinkommens, der bei Unfall bezahlt wird, $0 < \alpha < 1$.

Die notwendige Bedingung für ein inneres Optimum lautet

$$\frac{\partial EU}{\partial e} = 0 = -\rho \cdot \upsilon'[W_0 - C(e)]\frac{dC}{de} + (1-\rho)\upsilon'[W_0 + \alpha le - C(e)]\left(\alpha l - \frac{dC}{de}\right), \qquad (7\text{-}30)$$

wobei $\upsilon'[\cdot]$ anzeigen soll, dass der Grenznutzen des Vermögens jeweils für das entsprechende Endvermögen ausgewertet werden soll. Der erste Summand gibt den in Nutzeneinheiten bewerteten Erwartungswert der Grenzkosten der Suche nach einem willigen Arzt an. Der zweite Summand entspricht dem Erwartungswert des Grenzertrags dieser Suche, der in der Lohnfortzahlung bei Unfall abzüglich der zusätzlichen Suchkosten besteht.

Das ex post moralische Risiko äussert sich in diesem Zusammenhang darin, dass mit zunehmendem Erstattungssatz ($d\alpha > 0$) der Beschäftigte möglicherweise versuchen könnte, eine **längere Dauer der Arbeitsunfähigkeit** herauszuholen ($de > 0$, so dass $d\alpha/de > 0$). Um diese Frage abzuklären, fasst man $d\alpha$ als einen exogenen Impuls auf, der die

Bedingung (7-30) stört. Um diese Störung auszugleichen, kann der Beschäftigte annahmegemäss lediglich *e* um den Betrag *de* anpassen (komparative Statik). Da die Bedingung (7-30) nach Störung und Anpassung wieder erfüllt sein muss, summieren sich die Effekte der beiden Veränderungen auf Null, und es gilt

$$\frac{\partial^2 EU}{\partial e}de + \frac{\partial^2 EU}{\partial e \partial \alpha}d\alpha = 0. \tag{7-31}$$

Diese Bedingung kann nach *de/dα* aufgelöst werden:

$$\frac{de}{d\alpha} = -\frac{\frac{\partial^2 EU}{\partial e \partial \alpha}}{\frac{\partial^2 EU}{\partial e^2}} \gtreqless 0. \tag{7-32}$$

Bei **ex post moralischem Risiko** müsste das Ergebnis *de/dα* > 0 lauten.

Die Bedingung zweiter Ordnung für ein Maximum der Zielfunktion ist $\partial^2 EU/\partial e^2 < 0$, und so stimmt das Vorzeichen von *de/dα* mit dem Vorzeichen von $\partial^2 EU/\partial e \partial \alpha$ überein. Verwendet man das Symbol $C' := dC/de$, so lautet diese gemischte Ableitung aufgrund von (7-30)

$$\begin{aligned}\frac{\partial^2 EU}{\partial e \partial \alpha} &= (1-\rho)v''[W_0 + \alpha le - C(e)] \cdot le \cdot (\alpha l - C') \\ &\quad + (1-\rho)v'[W_0 + \alpha le - C(e)]l.\end{aligned} \tag{7-33}$$

Dieser Ausdruck lässt sich mit dem Mass der absoluten Risikoaversion $R_A := -v''[\cdot]/v'[\cdot]$ (mit den Ableitungen ausgewertet am Endvermögen, vgl. Abschnitt 3.2) in Verbindung bringen, wenn man $v'$ ausklammert:

$$\begin{aligned}\frac{\partial^2 EU}{\partial e \partial \alpha} &= (1-\rho)v' \cdot l \cdot \left\{\frac{v''}{v'}e(\alpha l - C') + 1\right\} \\ &= (1-\rho)v' \cdot l \cdot \{1 - R_A \cdot e(\alpha l - C')\}.\end{aligned} \tag{7-34}$$

Dieser Ausdruck ist **positiv**, wenn der Beschäftigte risikoneutral ist, d.h. wenn $R_A = 0$. Ist er dagegen risikoavers ($R_A > 0$), so muss zunächst das Vorzeichen von $(\alpha l - C')$ abgeklärt werden. Hier ist davon auszugehen, dass der Grenzertrag in Form eines zusätzlichen versicherten Tageslohns ($\alpha l$) mehr ausmachen dürfte als die Grenzkosten dafür, einen Tag mehr Arbeitsunfähigkeit herauszuholen ($C'$). Die Differenz ($\alpha l - C'$) kann also als positiv angenommen werden, mit der Konsequenz, dass das Vorzeichen von (7-34) nicht eindeutig ist. Der Ausdruck (7-34) kann immer noch positiv ausfallen, wenn nämlich $R_A \cdot e(\alpha l - C') < 1$. Damit gilt

$$\frac{de}{d\alpha} > 0, \quad \text{falls} \quad \begin{cases} R_A = 0 \\ R_A < \dfrac{1}{e(\alpha l - C')} \end{cases} \tag{7-35}$$

**Risikoneutrale** und **wenig risikoaverse** Beschäftigte werden demnach ein ex post moralisches Risiko aufweisen. Wenn dieser Effekt gegeben ist, fällt er überdies wegen der Gleichung (7-34) dann markant aus, wenn die Erfolgswahrscheinlichkeit $(1 - \rho)$ gross ist. Dies könnte dahin interpretiert werden, dass es dem Arzt leicht fällt, dem Wunsch des Beschäftigten zu entsprechen, insbesondere weil die Symptome nicht eindeutig auf ein bestimmtes Leiden zurückschliessen lassen. Rückenschmerzen gehören vermutlich zu dieser Kategorie.

**Folgerung 7.8**   Im Zusammenhang mit der Arbeitsunfähigkeit ist um so eher mit ex post moralischem Risiko zu rechnen, je geringer die Risikoaversion des Beschäftigten und je höher die Erfolgswahrscheinlichkeit beim Versuch, die Versicherungsleistungen zu erhöhen.

### 7.2.6 Empirische Evidenz zum ex post moralischen Risiko

Für die Untersuchung von moralischem Risiko eignen sich obligatorische Versicherungen mit Monopolcharakter, weil sonst Unterschiede im Vertragsangebot bestimmte Risikotypen anziehen würden, so dass Schadenhäufigkeit und -umfang von Risikoselektionsprozessen mit bestimmt sein könnten (vgl. Abschnitt 7.3). Eine solche obligatorische Versicherung ist die „Commission des accidents du travail Québec" (Kanada), die Leistungen an am Arbeitsplatz erkrankte oder verunfallte Beschäftigte ausrichtet. *Dionne* und *St-Michel* (1991) waren in der Lage, Daten dieses öffentlichen Versicherers über den Zeitraum 1978-1982 zu analysieren. Von besonderer Bedeutung ist die Tatsache, dass sich Unfalltypen nach dem Ausmass unterscheiden lassen, in welchem der Arzt als dazwischen geschalteter Sachwalter die Informationsasymmetrie zu Gunsten des Versicherers verringert. Diese Unterscheidung eröffnet den Autoren zusätzliche Testmöglichkeiten der in Abschnitt 7.2.5 dargestellten Theorie. Die zu erklärende Grösse ist die **Dauer des Tagegeldbezugs**, die in logarithmische Form gebracht wurde, um die Linkssteilheit der Verteilung zu mildern.

Die Autoren unterscheiden zweimal zwei Kategorien (vgl. Tabelle 7.3): Der Unfall kann leicht oder schwer sein (*MI* für minor, *MA* für major), und die Diagnose des Arztes ist (1) leicht zu stellen und zu überprüfen oder (2) schwer zu stellen und zu überprüfen. Diese zweite Unterscheidung bezieht sich auf die Beobachtbarkeit des Sachverhalts, wobei die Kategorie (2) dem moralischen Risiko mehr Raum lässt als die Kategorie (1). Mit Blick auf die Ausführungen zur Gleichung (7-34) könnte man auch sagen, dass für den Beschäftigten die Wahrscheinlichkeit $(1 - \rho)$, sich vom Arzt für die Dauer von $e$ Tagen arbeitsunfähig schreiben zu lassen, in der Kategorie (2) grösser ist als in der Kategorie (1). Falls ex post moralisches Risiko vorliegt, müsste es demnach in der Kategorie (2) besonders markant sein. Die Autoren formulieren entsprechend die beiden folgenden Hypothesen.

**Tabelle 7.3** Zuordnung von Diagnosen zu Kategorien der Beobachtbarkeit

| Schwere des Unfalls | Beobachtbarkeit | |
|---|---|---|
| | Gegeben, da Diagnose des Arztes leicht zu überprüfen (1) | Wenig gegeben, da Diagnose des Arztes schwer zu überprüfen (2) |
| leicht: *MI* (minor) | $MI_{1a}$, $MI_{1b}$, $MI_c$ (3 Diagnosen: Quetschung, kleine Amputation, Schürfung) | $MI_{2a}$, $MI_{2b}$ (2 Diagnosen: Rückenschmerzen mit und ohne Verletzung) |
| schwer: *MA* (major) | | $MA_{2a}$, $MA_{2b}$ (2 Diagnosen: Wirbelsäule mit und ohne Verletzung) |

**H1:** Bei **gleicher Schwere** des Unfalls müsste der Effekt zusätzlicher Versicherungsdeckung (d.h. das ex post moralische Risiko) in jenen Fällen besonders ausgeprägt sein, wo die Diagnose schwer zu stellen und zu überprüfen ist [hohe Erfolgswahrscheinlichkeit (1 − ρ)]. Die Wirkungen auf die Dauer des Tagegeldbezugs müssten dem Muster folgen: $b(MI_2) > b(MI_1)$ und $b(MA_2) > b(MA_1)$. Hierbei steht $b(\cdot)$ für den Absolutwert des zur Variablen gehörenden Regressionskoeffizienten, der die Wirkung des entsprechenden Sachverhalts auf die Dauer der Arbeitsunfähigkeit anzeigt. Das Subskript steht für die beiden Diagnosekategorien (vgl. Tabelle 7.3).

**H2:** Bei **gleicher Beobachtbarkeit** (Schwierigkeit der Diagnosestellung und -überprüfung) sollte die Schwere des Unfalls keine Rolle spielen [gleiche Erfolgswahrscheinlichkeit (1 − ρ)]. Die Wirkungen auf die Dauer des Tagegeldbezugs müsste damit dem Muster folgen: $b(MI_1) = b(MA_1)$ und $b(MI_2) = b(MA_2)$.

In die Kategorie $MI_1$ (leicht überprüfbar) werden eingeordnet (a) Quetschung, (b) Amputation ohne bleibende Behinderung und (c) Schürfung. Nimmt also z.B. die erklärende Variable $MI_{1a}$ den Wert Eins an, so handelt es sich um eine kleinere Verletzung, die vom Arzt leicht diagnostiziert werden kann, konkret um eine Quetschung. In allen anderen Fällen weist die Variable $MI_{1a}$ den Wert Null auf.

Zur Kategorie $MI_2$ (schwer überprüfbar) gehören (a) Rückenschmerzen im Zusammenhang mit einer Rückenverletzung und (b) Rückenschmerzen ohne das Vorliegen einer Rückenverletzung. Wenn beispielsweise $MI_{2b} = 1$ gilt, so handelt es sich um eine geringfügige Gesundheitsstörung, wobei sich die entsprechende Diagnose des Arztes schlecht überprüfen lässt, wie dies bei Rückenschmerzen zutrifft. Gemäss Hypothese H1 müsste der Sprung von Null auf Eins bei dieser Variablen mit einem **deutlich höheren Wert der Bezugsdauer** von Tagegeldern einhergehen.

In der Kategorie $MA_1$ gibt es nur eine Zuordnung, nämlich die Knochenbrüche. Zur Kategorie $MA_2$ zählen (a) Wirbelsäulenschäden mit Rückenverletzung und (b) Wirbelsäulenschäden ohne Rückenverletzung. Wenn also die Variable $MA_{2a}$ den Wert Eins annimmt, so zeigt sie eine schwere Beeinträchtigung der Gesundheit an, durch Diagnose jedoch schlecht überprüfbar ist (was auf Schäden an der Wirbelsäule zutreffen dürfte). Auch hier ist mit einem **erhöhten Wert der Bezugsdauer** von Tagegeldern zu rechnen.

## 7.2 Moralisches Risiko

**Tabelle 7.4**   Dauer des Tagegeldbezugs (*lnDAUER*) Québec, 1978 - 1982

| Koeff. | Erklärende Variable | Referenzkategorie: $MI_{1b}$ | Referenzkategorie: $MI_{1c}$ |
|---|---|---|---|
| $b_0$ | Konstante | -1,114* (-2,688) | -2,059* (-4,914) |
| $b_1$ | ALPHA (= 1: hohe Deckung) | -0,012 (-0,142) | 0,015 (0,165) |
| $b_2$ | ln (Alter) | 0,524* (10,602) | 0,524* (10,602) |
| $b_3$ | ln (Jahreseinkommen) | 0,140* (2,984) | 0,140* (2,984) |
| $b_4$ | Mann (= 1) | -0,050 (-0,919) | -0,050 (-0,919) |
| $b_5$ | $MI_{1a}$ (Quetschung) | -0,168* (-2,092) | 0,777* (9,242) |
| $b_6$ | ALPHA · $MI_{1a}$ | 0,045 (0,407) | 0,017 (0,147) |
| $b_7$ | $MI_{1b}$ (kleine Amputation) | -- | 0,945* (10,220) |
| $b_8$ | ALPHA · $MI_{1b}$ | -- | -0,027 (-0,217) |
| $b_9$ | $MI_{1c}$ (Schürfung) | -0,945* (-10,220) | -- |
| $b_{10}$ | ALPHA · $MI_{1c}$ | 0,027 (0,217) | -- |
| $b_{11}$ | $MA_1$ (Knochenbruch) | 1,246* (11,405) | 2,191* (19,565) |
| $b_{12}$ | ALPHA · $MA_1$ | -0,049 (-0,329) | -0,077 (-0,496) |
| $b_{13}$ | $MI_{2a}$ (Rückenschmerzen mit Verletzung) | 0,040 (0,431) | 0,985* (10,330) |
| $b_{14}$ | ALPHA · $MI_{2a}$ | 0,363* (2,883) | 0,336* (2,542) |
| $b_{15}$ | $MI_{2b}$ (Rückenschmerzen ohne Verletzung) | -0,473* (-5,379) | 0,472* (5,178) |
| $b_{16}$ | ALPHA · $MI_{2b}$ | 0,152 (1,258) | 0,124 (0,981) |
| $b_{17}$ | $MA_{2a}$ (Wirbelsäule m.Verl.) | 0,342* (3,637) | 1,287* (13,251) |
| $b_{18}$ | ALPHA · $MA_{2a}$ | 0,520* (4,022) | 0,492* (3,643) |
| $b_{19}$ | $MA_{2b}$ (Wirbelsäule o.Verl.) | 0,197 *(2,068) | 1,142* (11,618) |
| $b_{20}$ | ALPHA · $MA_{2b}$ | 0,028 (0,217) | 0,001 (0,005) |

\* Statistisch signifikant mit Irrtumswahrscheinlichkeit von 5% oder weniger. *t*-Werte in Klammern.
Nicht gezeigt werden 10 Regressionskoeffizienten, die Unterschiede zwischen den Regionen und den Wirtschaftsbranchen erfassen sollen.
Quelle: Dionne und St-Michel (1991)

Der Umfang der Versicherungsdeckung wird durch die Variable ALPHA abgebildet. Sie nimmt dann den Wert 1 an, wenn die Deckung vergleichsweise grosszügig ist, entspricht also nicht genau der theoretischen Grösse $\alpha$ des Abschnitts 7.2.5, die kontinuierlich definiert ist. Wegen einer Gesetzesänderung am 1.1.1979 zugunsten von Beschäftigten mit geringerem Einkommen trifft ALPHA = 1 in zwei Fällen zu:

**(1)** das Bruttoeinkommen des Unfallopfers liegt unter 9000 CN$, und der Beobachtungszeitpunkt ist nach dem 1.1.1979;

(2) das Bruttoeinkommen des Unfallopfers liegt über 9000 CN$, doch der Beobachtungszeitpunkt ist vor dem 1.1.1979 (vor diesem Datum genossen die Höherverdienenden umfangreicheren Versicherungsschutz).

Die Tabelle 7.3 enthält die Ergebnisse von zwei OLS-Regressionen.

In der linken Spalte dient die Gruppe $MI_{1b}$ (Unfallopfer mit kleiner Amputation) als Referenzkategorie; die Koeffizienten der übrigen versicherungsbezogenen Variablen zeigen demnach den Unterschied zu dieser Gruppe. In der rechten Spalte bildet die Gruppe $MI_{1c}$ (Unfallopfer mit Schürfungen) die Referenzkategorie. Der Vergleich der beiden Spalten zeigt, dass der geschätzte Einfluss von Alter, Einkommen und Geschlecht gänzlich unabhängig von der Wahl der Referenzkategorie ist. So lässt der Koeffizient von $ln$(Alter) darauf schliessen, dass ein um 10% erhöhtes Alter unter sonst gleichen Umständen mit einer Verlängerung der Bezugsdauer um 5,2% einhergeht.

Das Alter gehört zu einer ersten Gruppe von erklärenden Variablen, zusammen mit dem Jahreseinkommen, dem Geschlecht und der Versicherungsdeckung. Die zweite Gruppe umfasst die leicht diagnostizierbaren Gesundheitsschäden der Kategorie (1), jeweils auch in Interaktion mit der Versicherungsdeckung (s.u.). Die dritte Gruppe von erklärenden Variablen schliesslich enthält die schwer diagnostizierbaren Gesundheitsschäden der Kategorie.

Was das **ex post moralische Risiko** betrifft, sind die folgenden Ergebnisse von Bedeutung.

- **Erfassung des Versicherungseinflusses:** Der Koeffizient von $ALPHA$ ($b_1$) ist statistisch nicht signifikant. Daraus darf jedoch nicht geschlossen werden, dass die Versicherungsdeckung keine Bedeutung habe. Denn $ALPHA$ taucht in Verbindung mit den Unfallkategorien als sog. Interaktionsvariable auf. Greift man z.B. die Kategorie $MA_{2a}$ heraus, so lautet der entsprechende Ausschnitt der Regressionsgleichung:

$$ln\,DAUER = b_0 + b_1 \cdot ALPHA + .... + b_{17} \cdot MA_{2a} + b_{18} \cdot ALPHA \cdot MA_{2a} + \varepsilon. \quad (7\text{-}36)$$

Darin sind $b_0$, $b_1$ sowie $b_{17}$, $b_{18}$ die zu schätzenden Regressionskoeffizienten; gemäss Tabelle 7.3 (dritte Spalte) wird beispielsweise $b_{18}$ auf 0,520 geschätzt. Die Formulierung (7-36) entspricht der Hypothese, dass das Vorliegen der Verletzung vom Typ $MA_{2a}$ je nach Versicherungsschutz einen anderen Effekt hat. Wenn man nämlich (7-36) partiell nach $MA_{2a}$ ableitet, erhält man

$$\frac{\partial\,ln\,DAUER}{\partial MA_{2a}} = b_{17} + b_{18} \cdot ALPHA. \quad (7\text{-}37)$$

Das ex post moralische Risiko müsste sich demnach in einem positiven Vorzeichen des Koeffizienten $b_{18}$ niederschlagen: Bei grosszügiger Versicherungsdeckung gilt $ALPHA = 1$, und eine Verletzung vom Typ $MA_{2a}$ (Wirbelsäulenschaden mit Rückenverletzung) wirkt sich auf die Dauer des Taggeldbezugs stärker aus als bei eingeschränkter Versicherungsdeckung.

## 7.2 Moralisches Risiko

- **Test der Hypothese H1:** Diese Hypothese besagt, dass der Versicherungseinfluss z.B. im Falle der Beeinträchtigung $MA_{2a}$ grösser sein müsste als im leichter diagnostizierbaren Gegenstück $MA_{1a}$. Wie mit den Gleichungen (7-36) und (7-37) gezeigt, kommt der Versicherungseinfluss in dem zur Interaktionsvariablen gehörenden Koeffizienten zum Ausdruck. Zu vergleichen ist also $b_{18} = 0{,}520$ (gehörend zu ALPHA · $MA_{2a}$) mit $b_{12} = -0.049$ (dieser Koeffizient gehört zu ALPHA · $MA_{1a}$). Da der erste Koeffizient im Gegensatz zum zweiten signifikant von Null verschieden ist, muss der Koeffizient von ALPHA · $MA_{2a}$ demnach grösser sein als derjenige von ALPHA · $MA_{1a}$. Hätte man die Koeffizienten $b_{18}$ und $b_{12}$ der rechten Spalte miteinander verglichen, wäre man zum gleichen Ergebnis gekommen. In der Notation der Hypothese H1 **stützt** dies die Behauptung $b(MA_2) > b(MA_1)$.

In der Kategorie der leichten Unfälle ($MI$) kommt man zum gleichen Ergebnis. Der Koeffizient von ALPHA · $MI_{2a}$ beispielsweise (dritte Spalte) beträgt $b_{14} = 0{,}363$ und ist statistisch gut von Null unterscheidbar. Er ist damit grösser als der Koeffizient von ALPHA · $MI_{1a}$, der $b_6 = 0{,}045$ beträgt und aufgrund seines niedrigen $t$-Werts statistisch von Null nicht unterscheidbar ist. Auch bei den übrigen möglichen Vergleichen legen statistische Tests die Vermutung $b(MI_2) > b(MI_1)$ nahe, d.h. der Versicherungseinfluss ist in der Kategorie (2) der Unfälle **grösser** als in der Kategorie (1).

Insgesamt darf die Hypothese H1 als **bestätigt** betrachtet werden: Ex post moralisches Risiko kommt sowohl bei leichten wie auch bei schweren Verletzungen dann zum Tragen, wenn die ärztliche **Diagnose nicht leicht gestellt und überprüft** werden kann. Der Arzt trägt in diesen Fällen wenig zum Abbau der Informationsasymmetrie bei, was die Erfolgschancen [$(1 - \rho)$ in der Gleichung (7-34)] steigert.

- **Test der Hypothese H2:** Diese Hypothese besagt, dass innerhalb der gleichen Kategorie der Beobachtbarkeit der Versicherungseinfluss derselbe sein sollte **unabhängig** davon, ob es sich um eine schwere ($MA$) oder eine leichte ($MI$) Verletzung handelt. Zu vergleichen sind also z.B. die Werte $b_{14} = 0{,}363$ (gehörend zu ALPHA · $MI_{2a}$) und $b_{18} = 0{,}520$ (gehörend zu ALPHA · $MA_{2a}$). Beide sind zwar statistisch signifikant von Null verschieden, doch ihre Standardfehler sind so gross, dass sie sich nicht statistisch erkennbar unterscheiden. Analoge Ergebnisse gelten bei den anderen Vergleichsmöglichkeiten, so dass in der Notation der Hypothese H2 die Behauptung $b(MI_1) = b(MA_1)$ und $b(MI_2) = b(MA_2)$ aufrecht erhalten werden kann.

Damit darf auch die Hypothese H2 als **bestätigt** gelten: Die Fallschwere bzw. allgemeiner der Typ des Schadens hat vermutlich nichts mit dem Ausmass des ex post moralischen Risikos zu tun. Fasst man die Ergebnisse zu den beiden Hypothesen H1 und H2 zusammen, so sprechen sie dafür, dass ex post moralisches Risiko wie von der Theorie vorausgesagt nicht von der Art oder dem Ausmass des Schadens (hier: schwerer bzw. leichter Unfall), sondern vom **Grad der Beobachtbarkeit** durch den Versicherer (hier: schwer zu stellende und zu überprüfende ärztliche Diagnose bzw. leicht zu stellende und überprüfende Diagnose) abhängt.

**Folgerung 7.9**    Es bestehen klare Anzeichen von ex post moralischem Risiko, wenn (wie in der Untersuchung der Unfallversicherung von Quebec) die Beobachtbarkeit des Sachverhalts als eigener Einflussfaktor unterschieden werden kann.

## 7.3 Adverse Selektion

Die asymmetrische Information hat nicht nur Konsequenzen nach dem Vertragsabschluss in Form des moralischen Risikos, sondern auch im Zeitpunkt des Vertragsabschlusses. Insofern die VK über ihr Risiko mehr wissen als das VU, können sich "schlechte" Risiken bei einem bestimmten VU ansammeln und sein wirtschaftliches Überleben gefährden. Dieser Sachverhalt wird adverse Selektion genannt, und er kann sogar dazu führen, dass es auf einem privaten Markt gar kein stabiles Gleichgewicht gibt. Eine solche weitreichende Schlussfolgerung ergibt sich jedoch nur, wenn die Betrachtung auf eine Periode eingeschränkt wird, so dass die VU keine Gelegenheit haben, aus der Erfahrung zu lernen. Die mehrperiodige Betrachtung wird in der zweiten Hälfte dieses Abschnitts aufgegriffen.

### 7.3.1 Adverse Selektion in einperiodiger Betrachtung

Die Darstellung des Problems folgt dem berühmten Aufsatz von *Rothschild* und *Stiglitz* (1976). Es werden zwei Risikogruppen unterschieden, "gute" Risiken mit geringer Schadenwahrscheinlichkeit $\pi^g$ und "schlechte" Risiken, mit höherer Schadenwahrscheinlichkeit $\pi^s$. Hingegen sollen sich die beiden Gruppen nicht in der Höhe des Schadens $L$ unterscheiden. Zwar könnten sich grundsätzlich auch VK mit einem hohen Wert von $L$ in bestimmten Verträgen ansammeln, doch gilt dies weniger als Problem, weil das VU notfalls eine Obergrenze bezüglich seiner Leistung $I$ in den Vertrag aufnehmen und so die Komponente "Schadenhöhe" des Schadenprozesses kontrollieren kann. Eine Auflage bezüglich der Schadenwahrscheinlichkeit ist dagegen kaum vorstellbar, so dass diese Komponente des Schadenprozesses der Kontrolle des VU entzogen bleibt. Einfachheitshalber soll auch das Ausgangsvermögen nicht vom Risikotyp abhängen.

Im folgenden sei ein repräsentatives gutes Risiko herausgegriffen. Sein Erwartungsnutzen (wie üblich definiert lediglich über zwei Zustände) ist gegeben durch

$$EU^g = \pi^g \cdot \upsilon(W_0 - P^g - L + I^g) + (1 - \pi^g) \cdot \upsilon(W_0 - P^g) \tag{7-38}$$

$I^g$:    Versicherungsleistung, gewährt durch einen Vertrag für ein gutes Risiko;

$L$:    Höhe des Schadens, unabhängig vom Risikotyp;

$\upsilon(\cdot)$:    Risikonutzenfunktion, mit Vermögen als alleinigem Argument;

$W_0$:    Ausgangsvermögen, exogen, unabhängig vom Risikotyp;

$P^g$:    Prämie eines Vertrages für ein gutes Risiko;

$\pi^g$:    Schadenwahrscheinlichkeit des guten Risikos.

## 7.3 Adverse Selektion

Damit sind die Werte des Endvermögens in den beiden Zuständen gegeben durch

$$W_1^g := W_0 - P^g - L + I^g;$$
$$W_2^g := W_0 - P^g. \qquad (7\text{-}39)$$

Für die nachfolgende grafische Illustration ist die Indifferenzkurve dieses Individuums von Interesse. Sie ist definiert durch einen konstanten Erwartungsnutzen; d.h. die Veränderung des Erwartungsnutzens, ausgelöst durch Veränderungen der beiden Endvermögen, muss Null sein:

$$dEU^g = \pi^g \cdot \frac{\partial v}{\partial W_1^g} \cdot dW_1^g + (1 - \pi^g) \cdot \frac{\partial v}{\partial W_2^g} \cdot dW_2^g = 0. \qquad (7\text{-}40)$$

Damit ist die Steigung der Indifferenzkurve (vgl. $\overline{EU^g}$ in Abbildung 7.3) gegeben durch

$$\frac{dW_1^g}{dW_2^g} = -\frac{1-\pi^g}{\pi^g} \cdot \frac{\partial v / \partial W_2^g}{\partial v / \partial W_1^g} = -\frac{1-\pi^g}{\pi^g} \cdot \frac{v'[2]}{v'[1]}. \qquad (7\text{-}41)$$

Wie üblich ist diese Steigung (bzw. die Grenzrate der Substitution zwischen den beiden Endvermögen) gegeben durch das Verhältnis der mit der Eintretenswahrscheinlichkeit gewichteten Grenznutzen.

Neben dem guten Risiko gibt es annahmegemäss auch das schlechte. Die Steigung seiner Indifferenzkurve beträgt analog

$$\frac{dW_1^s}{dW_2^s} = -\frac{1-\pi^s}{\pi^s} \cdot \frac{\partial v / \partial W_2^s}{\partial v / \partial W_1^s} = -\frac{1-\pi^s}{\pi^s} \cdot \frac{v'[2]}{v'[1]}. \qquad (7\text{-}42)$$

Da die Schadenswahrscheinlichkeit des schlechten Risikos vergleichsweise gross ist ($\pi^s > \pi^g$), muss die Indifferenzkurve des **schlechten** Risikos im Absolutwert durchwegs **flacher** verlaufen als diejenige des guten, so dass sie sich nur einmal schneiden (engl. single crossing property; trifft sie zu, so ist der Risikotyp eindeutig definiert [vgl. *Kreps* (1990), 638-645 und 661-674]).

Der Unterschied in der Steigung lässt sich insbesondere an der Sicherheitsgeraden ($W_1 = W_2$) ablesen. Denn wenn das Endvermögen in den beiden Zuständen gleich gross ist, muss auch sein Grenznutzen gleich gross sein, und so reduziert sich die Gleichung (7-41) im Falle des guten Risikos auf

$$\frac{dW_1^g}{dW_2^g} = -\frac{1-\pi^g}{\pi^g}, \text{ wenn } W_1^g = W_2^g. \qquad (7\text{-}43)$$

Die Entscheidungssituation des VU unter den Bedingungen der asymmetrischen Information kann wie folgt dargestellt werden. Das VU sei an der Maximierung des Erwartungsgewinns interessiert. Unter den Bedingungen der asymmetrischen Information kennt es aber die Schadenwahrscheinlichkeiten der beiden Risiken nicht, sondern bestenfalls den Durchschnittswert auf Grund der Anteile der guten Risiken ($g$) und der schlechten Risiken ($1 - g$):

$$\bar{\pi} = g \cdot \pi^g + (1-g) \cdot \pi^s. \tag{7-44}$$

Entsprechend kann es nur Verträge mit einer **gemeinsamen generellen Prämie** und einem **gemeinsamen Umfang der Versicherungsleistung** $I$ anbieten. Mit Wahrscheinlichkeit $\bar{\pi}$ fallen demnach Prämien und Versicherungsleistung an, mit der Gegenwahrscheinlichkeit $1 - \bar{\pi}$ dagegen nur die Prämieneinnahme. Wenn je versichertes Risiko Kosten im Betrag von $C$ zu decken sind, so lautet die Bedingung für ein wirtschaftliches Überleben

**Abbildung 7.3**  Unmöglichkeit eines vereinenden Gleichgewichts

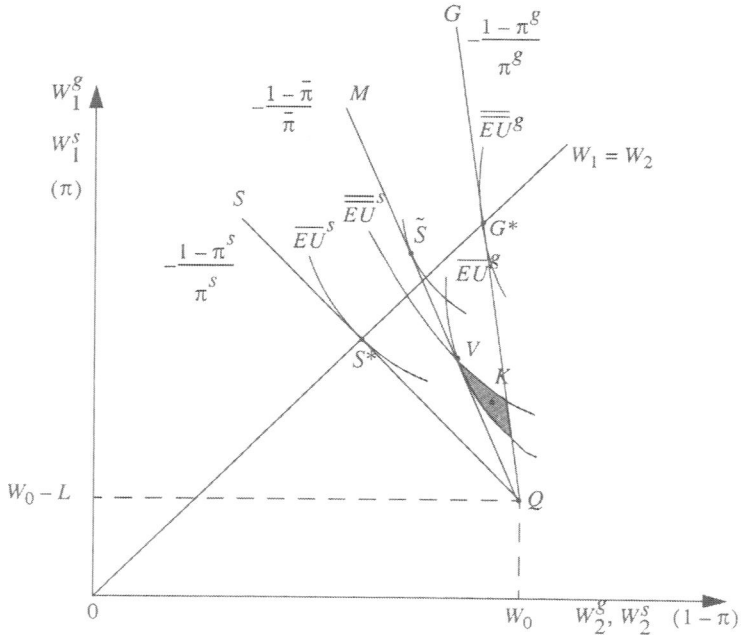

$$EG = \bar{\pi} \cdot (P - I) + (1 - \bar{\pi}) \cdot P - C \geq 0. \tag{7-45}$$

## 7.3 Adverse Selektion

Jetzt wird eine Vertragsvariation (erhöhte Versicherungsleistung $I$, dafür höhere Prämien $P$) untersucht, welche den Erwartungsgewinn auf einem bestimmten Niveau belässt. Die Verwaltungskosten sollen von diesen Veränderungen nicht tangiert werden ($dC = 0$), so dass gilt

$$dEG = \bar{\pi} \cdot (dP - dI) + (1 - \bar{\pi}) \cdot (dP) = 0. \qquad (7\text{-}46)$$

Diese Bedingung lässt sich in den ($W_1$, $W_2$)-Raum der VK überführen, wodurch der Vergleich mit den Ergebnissen (7-41) und (7-42) möglich wird. Es gilt

$$dP - dI = -dW_1; \quad dP = -dW_2. \qquad (7\text{-}47)$$

Im Zustand mit Schaden vermindert zwar eine Prämienerhöhung das Endvermögen, doch ist der Effekt um die Erhöhung der Versicherungsleistung zu korrigieren. Im schadenfreien Zustand dagegen läuft jede Erhöhung der Prämie auf eine Reduktion des Endvermögens hinaus. Setzt man die Gleichungen (7-47) in die Bedingung (7-46) ein, so erhält man

$$dEG = \bar{\pi}(-dW_1) + (1 - \bar{\pi})(-dW_2) = 0, \qquad (7\text{-}48)$$

was die folgende Steigung im ($W_1, W_2$)-Raum ergibt:

$$\frac{dW_1}{dW_2} = -\frac{1 - \bar{\pi}}{\bar{\pi}} = -\left[\frac{1}{\bar{\pi}} - 1\right]. \qquad (7\text{-}49)$$

Die letzte Bedingung zeigt, dass die Steigung der Versicherungslinie bei einem Mischvertrag **zwischen den beiden Steigungen** liegen muss. Denn es gilt $\pi^s > \bar{\pi} > \pi^g$ und damit für die Absolutbeträge der Steigungen die inverse Reihenfolge

$$\frac{1}{\pi^s} - 1 \leq \frac{1}{\bar{\pi}} - 1 \leq \frac{1}{\pi^g} - 1 \qquad (7\text{-}50)$$

und folglich

$$\frac{1 - \pi^s}{\pi^s} \leq \frac{1 - \bar{\pi}}{\bar{\pi}} \leq \frac{1 - \pi^g}{\pi^g}. \qquad (7\text{-}51)$$

Die Abbildung 7.3 illustriert die Interaktion eines VU mit den VK unter den Bedingungen der adversen Selektion. Es handelt sich dabei um ein VU, das mit mindestens einem anderen in Wettbewerb steht. Die drei Budgetgeraden erscheinen mit den in Gleichung (7-51) hergeleiteten Rangfolge der Steigungen als *QS* für die schlechten Risiken, *QG* für die guten Risiken und *QM* für den Mischvertrag auf der Grundlage der durchschnittlichen Schadenwahrscheinlichkeit $\bar{\pi}$. Wäre die Information über diese Wahrscheinlichkeiten **öffentlich**, so würde das VU risikogerecht tarifieren (was es unter Wettbewerbsbedingungen auch tun müsste). Da das Argument unabhängig von irgendwelchen Zuschlägen zur Prämie gilt, werden im folgenden durchwegs faire Prämien unterstellt. Entsprechend würde das gute Risiko die volle Deckung bei $G^*$, das schlechte dagegen volle Deckung bei $S^*$ wählen. Weil auch die konkurrierenden VU mit den gleichen $\pi$-Werten kalkulieren, stellt diese Lösung ein **Gleichgewicht** dar. Es ist Pareto-optimal, denn jedes der beiden Risiken erreicht sein Optimum und könnte nur durch eine Subvention der Prämie bessergestellt werden, die allerdings das andere Risiko schlechter stellen müsste.

Doch die Information über die $\pi$-Werte ist annahmegemäss **privat**, d.h. nur den VK, nicht aber dem VU bekannt. Deshalb bietet das betrachtete VU Verträge auf der Grundlage von $\bar{\pi}$ an, d.h. seine Verträge sind Mischverträge (engl. pooled contracts) entlang der Budgetgerade $QM$. Bei diesem Mischvertrag werden zunächst die folgenden **Verhaltensweisen vorausgesagt**:

- Das schlechte Risiko kauft Überversicherung. In der Abbildung 7.3 bietet ihm die Budgetgerade $QM$ "zu günstige" Versicherungsbedingungen, und die Folge ist ein Optimum bei Punkt $S$.

- Das gute Risiko begnügt sich mit teilweiser Deckung. Die Budgetgerade ist für das gute Risiko nicht mehr fair, und entsprechend reduziert es seine Versicherungsdeckung (auf Punkt $V$ in der Abbildung 7.3).

Da beide Verträge die Nullgewinn-Bedingung im Erwartungswert erfüllen, könnte das VU die Überversicherung des schlechten Risikos auf sich beruhen lassen. Da jedoch der VK vom Eintritt des Schadens profitieren würde, wäre dem moralischen Risiko (das hier sonst nicht betrachtet wird) Tür und Tor geöffnet. Die Versicherungsnachfrage der schlechten Risiken muss demnach rationiert werden, beispielsweise auf den Umfang, den die guten Risiken von sich aus wählen. Dies ist der Punkt $V$ der Abbildung 7.3.[7]

Dieses **vereinende Gleichgewicht** (engl. pooled equilibrium) kann jedoch von einem Konkurrenten mit dem Vertrag $K$ im schattierten Bereich der Abbildung 7.3 angegriffen werden:

- der konkurrierende Vertrag $K$ bietet den guten Risiken weniger Deckung zu günstigeren Prämien als der vereinende Vertrag $V$;

- $K$ wird von den guten Risiken gegenüber $V$ präferiert;

- die schlechten Risiken dagegen präferieren den Mischvertrag gemäss Punkt $V$.

Es gelingt also dem Konkurrenten, die guten Risiken zu sich herüberzuziehen und so im Erwartungswert einen Gewinn zu erzielen, während die schlechten Risiken beim betrachteten VU bleiben. Aus dessen Sicht passiert adverse Selektion. Damit verschiebt sich die Zusammensetzung des Versichertenbestands in Richtung schlechte Risiken, und Mischverträge entlang $QM$ machen im Erwartungswert Verlust.

---

7. Die nachstehenden Überlegungen beziehen sich auf den Umstand, dass die beiden Risikotypen unterschiedliche Grenzraten der Substitution aufweisen, was nicht nur im Punkt $V$, sondern überall auf der Budgetgeraden $QM$ zutrifft.

## 7.3 Adverse Selektion

**Folgerung 7.10** Bei einperiodiger Betrachtung kann ein vereinendes Gleichgewicht stets von einem konkurrierenden Versicherungsunternehmen angegriffen werden und hat deshalb keinen Bestand.

Allerdings bleibt die Frage offen, ob der Konkurrent den Mischvertrag wirklich angreifen wird, sobald er etwas über die eine Periode hinausplant. Wie *Wilson* (1977) zu bedenken gibt, wird nämlich das angegriffene VU **reagieren**, indem es den verlustbringenden Vertrag $V$ zurückzieht. Besteht der betrachtete Markt nur gerade aus zwei VU, so landen nun auch alle schlechten Risiken beim Anbieter von $K$, der sich somit der gesamten Versichertenpopulation gegenüber sieht. Dann gilt für ihn die Budgetgerade $QM$ für die Nullgewinnbedingung im Erwartungswert, d.h. der Vertrag $K$ verursacht Verluste. Verteilen sich die schlechten Risiken dagegen auf viele andere VU, so kommt der Anbieter von $K$ mit seiner "Jagd nach den guten Risiken" davon. Das Modell von *Rothschild* und *Stiglitz* (1976) liefert demnach eine angemessene Beschreibung von Versicherungsmärkten mit niedriger KOnzentration. Es hängt also von der Marktform ab, ob der in der Folgerung 7.10 genannte Angriff auf ein vereinendes Gleichgewicht tatsächlich erfolgt oder nicht. Zumindest bei einem Duopol wird dieser Angriff unterbleiben.

**Folgerung 7.11** Bei vorausschauendem Verhalten der Unternehmen und hoher Konzentration auf dem Versicherungsmarkt bleibt ein vereinendes Gleichgewicht erhalten (Reaktions-Gleichgewicht nach *Wilson*).

Kehrt man jedoch zu einer streng einperiodigen Betrachtung zurück, so gilt Folgerung 7.10 uneingeschränkt, und das betrachtete VU steht vor dem Problem, sein wirtschaftliches Überleben gegenüber möglichen Angriffen von Konkurrenten zu sichern. Dies bedingt letztlich, dass es einen Mechanismus findet, der dafür sorgt, dass die beiden Risikotypen **selbsttätig die ihnen angemessenen Verträge wählen**. Die "Jagd nach den guten Risiken" zwingt das VU, deren Interessen wahrzunehmen, d.h. das nachstehende Optimierungsproblem zu lösen [angepasst aus *Eisen* (1986)]:

$$\underset{\substack{P^g, I^g \\ P^s, I^s}}{Max} \quad EU^g = \pi^g \cdot \upsilon[W_0 - L - P^g + I^g] + (1 - \pi^g)\upsilon[W_0 - P^g] \tag{7-52}$$

$$\text{NB:} \quad \begin{aligned} &\pi^s \cdot \upsilon[W_0 - L - P^s + I^s] + (1 - \pi^s)\upsilon[W_0 - P^s] \\ &\geq \pi^s \cdot \upsilon[W_0 - L - P^g + I^g] + (1 - \pi^s)\upsilon[W_0 - P^g] \end{aligned} \tag{7-53}$$

$$\pi^s \cdot \upsilon[W_0 - L - P^s + I^s] + (1 - \pi^s)\upsilon[W_0 - P^s] \geq \upsilon[W_0 - \pi^s \cdot L] \tag{7-54}$$

$$P^i = \pi^i L, \quad i = s, g. \tag{7-55}$$

Die Zielfunktion besagt, dass die Prämien und Versicherungsleistungen für beide Risikotypen so zu gestalten sind, dass der Erwartungsnutzen eines (repräsentativen) guten Risikos maximiert wird. Die Nebenbedingung (7-53) ist dabei die entscheidende (Anreizkompatibilität): Ihre linke Seite gibt den Erwartungsnutzen eines schlechten Risikos wieder, das zu den ihm angemessenen Bedingungen $\{P^s, I^s\}$ versichert wird. Auf der rechten Seite steht der Erwartungsnutzen des schlechten Risikos, das jedoch in den Genuss der für die guten Risiken zugeschnittenen Versicherungsbedingungen $\{P^g, I^g\}$ kommt. Nur wenn es sich für das schlechte Risiko lohnt, den "schlechten" Versicherungsvertrag zu akzeptieren, kann eine **Wanderung** zu den guten Risiken **vermieden** werden. Die Nebenbedingung (7-54) verlangt, dass die schlechten Risiken von sich aus Versicherungsdeckung kaufen. Der Erwartungsnutzen auf der linken Seite muss deshalb mindestens so gross sein wie der sichere Nutzen, der sich ergibt, wenn das Individuum den Schaden mit Erwartungswert $\pi^s \cdot L$ selbst trägt. Insofern die Prämien als fair angenommen werden, wird mit dieser Nebenbedingung auch gerade die volle Deckung gewährleistet. Die fairen Prämien werden durch die Bedingungen (7-55) verlangt, wobei sich auch jeder der beiden Verträge im Erwartungswert selbst tragen muss.

Die Lösung dieses Optimierungsproblems ist ein Paar **trennender Verträge** (engl. separating contracts). Sie sind in der Abbildung 7.5 durch das Punktepaar $\{S^*, T\}$ dargestellt und haben folgende Eigenschaften:

- Die schlechten Risiken erhalten **volle Deckung** zu der ihnen angemessenen hohen Prämie. Damit sind die Bedingungen (7-54) und (7-55) erfüllt. Der Vertrag $T$ stellt sie nicht besser als der Vertrag $S^*$, so dass sie (gerade noch) bei $S^*$ bleiben werden, in Übereinstimmung mit (7-53).

- Die guten Risiken werden **rationiert** und erhalten weniger Deckung als sie zu der ihnen angemessenen niedrigen Prämie an sich wünschen. Zusätzliche Deckung entlang der Budgetgerade $QG$ über den Vertrag $T$ [der die Zielfunktion (7-52) unter der Nebenbedingung maximiert] hinaus ist aber nicht möglich, weil ein solches Vertragsangebot die schlechten Risiken anlocken würde. Die guten Risiken erleiden insofern einen **negativen externen Effekt**, der informationsbedingt von den schlechten Risiken verursacht wird.

Im Falle von nur zwei Risikogruppen kann man sich den Suchprozess des VU etwa so vorstellen. Es bietet einen Vertrag mit voller Deckung an, erhöht aber dessen Prämie so lange, bis die VK abzuspringen drohen. Ist der Punkt $S^*$ erreicht, kennt das VU die Schadenwahrscheinlichkeit $\pi^s$ der schlechten Risiken. Aus dem Durchschnittswert $\overline{\pi}$ kann es sodann auf den Wert von $\pi^g$ für die guten Risiken zurückschliessen. Dies erlaubt die Entwicklung eines zweiten Vertragsangebots für die guten Risiken mit entsprechend günstigen Prämien aber niedriger Deckung. Wer diesen zweiten Vertrag wählt, ist mit Bestimmtheit ein gutes Risiko. Der Deckungsumfang kann schliesslich bis zu jenem Punkt angehoben werden, wo die Käufer des Vertrags mit voller Deckung umsteigen wollen. Dieses Verfahren steht jedem VU im Markt offen, und es führt jedesmal zur gleichen Lösung, weil die beiden Versicherungstypen durch ihre Schadenwahrscheinlichkeiten $\{\pi^g, \pi^s\}$ und den Verlauf der Indifferenzkurven $\{\overline{EU^g}, \overline{EU^s}\}$ vollständig charakterisiert sind. Das Vertragspaar $\{S^*, T\}$ kommt demnach als trennendes Gleichgewicht in Frage.

Der Suchprozess gestaltet sich jedoch bereits bei drei Risikotypen deutlich schwieriger. Das zusätzliche Angebot für die mittleren Risiken muss so ausgestaltet werden, dass es ihnen einerseits keinen Anlass gibt, eben doch den für die guten Risiken bestimmten Vertrag zu wählen (was eine eher niedrige Prämie und hohe Deckung bedingt), andererseits aber die schlechten Risiken nicht anzieht (was eine hohe Prämie und niedrige Dek-

## 7.3 Adverse Selektion

kung bedingt). So weist denn auch *Riley* (1979) nach, dass es bei einem Kontinuum von Risikotypen und einer Dichtefunktion ohne besondere Häufungspunkte nicht möglich ist, trennende Verträge zu entwickeln.

Schliesslich kann dieser trennende Vertrag wieder **von einem Herausforderer angegriffen** werden. Ein anderer trennender Vertrag kommt dafür nicht in Frage, weil jede Besserstellung der guten Risiken (die man anzuziehen sucht) über $T$ hinaus auch die schlechten Risiken anlocken würde. Doch ausgerechnet ein Mischvertrag könnte das Gleichgewicht aufbrechen. Wenn der Anteil der guten Risiken in der Versichertenpopulation hoch genug ist, verläuft die Budgetgerade $QM'$ so steil, dass sie die durch $T$ verlaufende Indifferenzkurve der guten Risiken schneidet. Dann aber zieht ein Vertrag wie $H$ der Abbildung 7.4 auch die guten Risiken vom trennenden Vertrag $T$ ab. Intuitiv kann man sagen, dass es bei einem so hohen Anteil guter Risiken eine beträchtliche Erhöhung der Versicherungsleistungen für diese guten Risiken einkalkuliert werden kann, ohne die Durchschnittsprämie wesentlich anzuheben.

**Abbildung 7.4** Möglichkeit eines trennenden Gleichgewichts dank Selbstselektion

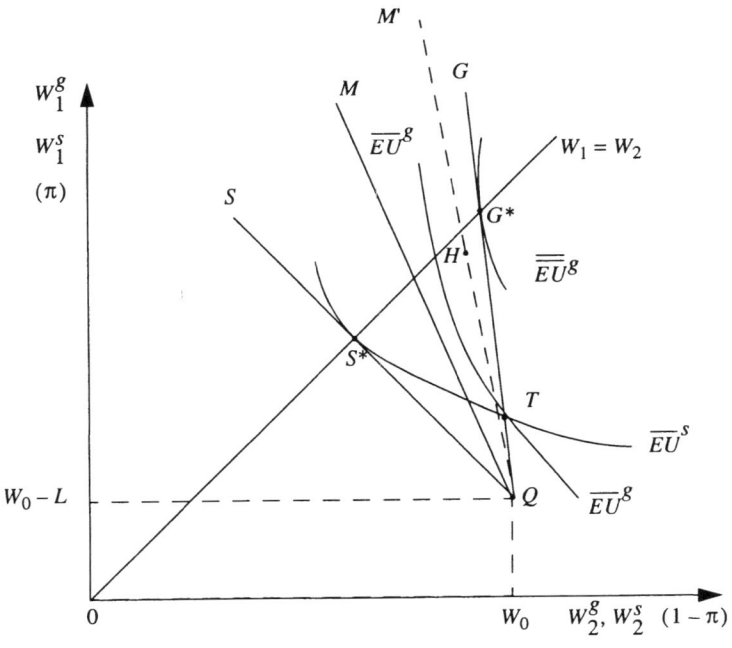

**Folgerung 7.12**   Ein trennendes Gleichgewicht besteht bei zwei Risikotypen aus einem Vertrag mit voller Deckung und hoher Prämie für die schlechten Risiken und einem Vertrag mit teilweiser Deckung und

niedriger Prämie für die guten Risiken. Es kann allerdings mit einem Mischvertrag angegriffen werden, sofern der Anteil der guten Risiken in der Versichertenpopulation hoch ist.

Nun gilt aber für einen Mischvertrag die Folgerung 7.10, die besagt, dass ein solcher Mischvertrag selbst wieder von einem Konkurrenzangebot ausgestochen werden kann. Damit scheint auf Versicherungsmärkten gar **kein stabiles Gleichgewicht** denkbar zu sein. Doch sobald man eine gewisse Voraussicht im Sinne *Wilsons* zulässt, kann man sich umgekehrt fragen, ob überhaupt mit einem Herausforderer zu rechnen ist, der versuchen würde, ein trennendes Gleichgewicht aus den Angeln zu heben. Zunächst muss er damit rechnen, selbst wieder angegriffen zu werden. Darüber hinaus zeigt aber ein Blick auf die Abbildung 7.5, dass der Vertrag $H$ für die schlechten Risiken sehr attraktiv wäre. Sobald demnach das angegriffene VU sein Vertragspaar $\{S^*, T\}$ aus dem Markt zurückziehen würde, müsste sich die Zusammensetzung der Versichertenpopulation für den Herausforderer ändern, und $H$ würde im Erwartungswert Verluste verursachen. Aus diesem Grunde kann ein trennendes Gleichgewicht durchaus Bestand haben, und es kann sich für ein VU lohnen, es mit dem oben beschriebenen Suchprozess systematisch anzunähern.

### 7.3.2 Zur empirischen Bedeutung der adversen Selektion

Die Voraussage des vorhergehenden Abschnitts (Folgerung 7.10) war die, dass ein vereinendes Gleichgewicht auf einem Versicherungsmarkt grundsätzlich aufgebrochen werden kann. Dabei war ein aktiver Herausforderer unterstellt, der die Vor- und Nachteile eines Angriffs abwägen müsste. Der Entmischungsprozess könnte allerdings durch äussere Umstände in Gang kommen.

Ein eindrückliches Beispiel für einen solchen Entmischungsprozess ohne aktiven Herausforderer liefert die Erfahrung der Kollektiv-Krankenversicherung der Universität Harvard [*Cutler* und *Reber* (1998)].

Harvard schliesst zu Gunsten seiner Beschäftigten Verträge mit Krankenversicherern ab, die jeden Interessenten aufnehmen müssen. Grundsätzlich werden so vereinende Verträge durchgesetzt. Die Beschäftigten können aber ihrerseits zwischen sechs Varianten $A$ bis $F$ wählen (vgl. Tabelle 7.5). Vor der Reform von 1995 hatten 85% der Einzelpersonen den teuersten Vertrag (A) mit praktisch uneingeschränkter Arztwahl und wenig Überwachung des ärztlichen Behandlungsstils gewählt. Dieser Vertrag kostete US$ 2773 jährlich (Familienverträge, hier nicht gezeigt, rund das Doppelte). Die billigsten Verträge (E) und (F) dagegen kosteten rd. US$ 820 weniger. Sie sind beide vom Typ der Health Maintenance Organization, schränken also die Arztwahl auf die teilnehmenden Ärzte ein, die ihrerseits insbesondere Krankenhauseinweisungen nur nach Rücksprache mit der Organisation vornehmen dürfen. Der Beitrag der Beschäftigten zum teuersten Vertrag betrug vor der Reform US$ 555, zu dem billigsten hingegen rd. US$ 250. Für knapp 300-320 US$ mehr konnte sich so ein Mitarbeiter von Harvard statt eines der billigsten den teuersten Vertrag leisten.

Betrachtet man die gesamte Menge aller medizinischen Verfahren, so bietet Vertrag (A) den VK Zugang zu deren Gesamtmenge, (E) und (F) dagegen nur zu einer Teilmenge; die ausgeschlossenen Verfahren müssten vom VK selbst bezahlt werden. Der Übergang

## 7.3 Adverse Selektion

von (E, F) zu (A) kommt deshalb näherungsweise einer Ausweitung der Versicherungsleistungen gleich, die offensichtlich vom Arbeitgeber massiv subventioniert wurde.

Der Aufwand für diese Subventionen wurde als nicht mehr tragbar eingeschätzt, so dass auf Anfang 1995 für den teuersten Vertrag neu ein Beitrag des Beschäftigten von US$ 1152 erhoben wurde. Für die billigsten Verträge wurden die Beiträge nur leicht angehoben, so dass der Übergang von (E, F) zu (A) statt auf 300-320 jetzt auf 756-768 US$ zu stehen kam. Damit wurde die zusätzliche Versicherungsleistung des Vertrags (A) massiv verteuert.

**Tabelle 7.5**      Krankenversicherung der Universität Harvard, Reform von 1995

| | | Bruttoprämie US$ | Differenz zu (A) | Nettoprämie für den Beschäftigten | | | |
|---|---|---|---|---|---|---|---|
| | | | | Alt | Differenz zu (A) | Neu | Differenz zu (A) |
| (A) | Teuerster Vertrag | 2773 | -- | 555 | -- | 1152 | -- |
| (E) | Zweitbilligster Vertrag | 1957 | 816 | 235 | 320 | 396 | 756 |
| (F) | Billigster Vertrag | 1945 | 828 | 253 | 302 | 384 | 768 |

Quelle: *Cutler* und *Reber* (1998)

Die Abbildung 7.5 zeigt die Auswirkung dieser Verteuerung auf das vom Vertrag (A) gebildete vereinende Gleichgewicht. Vor der Reform liegt der vereinende Vertrag $V^a$ auf der Budgetgeraden $QM^a$. Die Käufer des Vertrags (A) werden vereinfachend in gute Risiken (steile Indifferenzkurve $\overline{EU}^{g,a}$) und schlechte Risiken (flache Indifferenzkurve $\overline{EU}^{s,a}$) eingeteilt. Die schattierte Fläche zeigt an, dass es an sich die Möglichkeit für einen konkurrierenden Vertrag gegeben hätte, die guten Risiken zu sich herüberzuziehen. Die Verträge (E, F) entsprechen diesem Konkurrenzprodukt; sie bieten eingeschränkte Versicherungsleistung zu einer reduzierten Nettoprämie für den VK (vgl. Punkt $K$ der Abbildung 7.5). Die Nachteile dieses Vertrags wurden jedoch in der Ausgangssituation von den guten Risiken als zu schwerwiegend eingeschätzt, so dass sie nicht abwanderten.

Nach der Reform gilt für den vereinenden Vertrag (A) die ungünstigere Budgetgerade $QM^n$ [die Nettoprämien für (E) und (F) wurden ebenfalls etwas angehoben, was jedoch zur Vereinfachung vernachlässigt wird]. Diese Veränderung bewirkt, dass eine Alternative (K), die den Verträgen (E) und (F) entspricht, ohne das Dazutun ihrer Anbieter für die guten Risiken attraktiv wird. Dies führt zu folgenden **Voraussagen**:

- der teuerste Vertrag (A) verliert Mitglieder an (E, F);
- bei den Abwanderern handelt es sich um gute Risiken.

Diese Voraussagen werden von den Angaben über die „Wanderungsbewegungen in der Krankenversicherung der Universität Harvard" der Mitglieder voll bestätigt (vgl. Tabelle 7.6). Zur Vereinfachung werden die Verträge (B) bis (D) ausgeblendet und nur die Wanderungen zwischen (A) und (E, F) untersucht. Von jenen Beschäftigten, die 1994 den teuersten Vertrag hatten, waren nach der Reform noch 85% übriggeblieben. Ihr Durchschnittsalter betrug hohe 50 Jahre, und ihre Behandlungskosten nahmen den Indexwert

**Abbildung 7.5**  Die Reform von 1995 als Auslöser der adversen Selektion

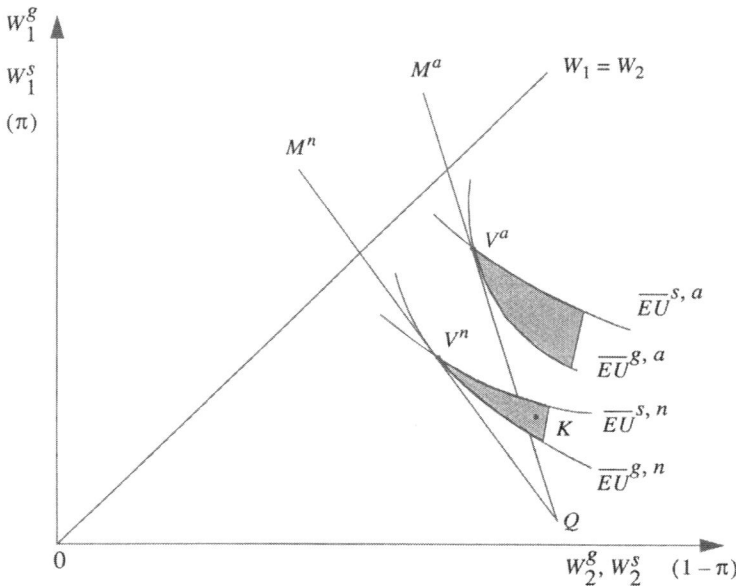

1,16 an, d.h. sie lagen 16% über dem Durchschnitt aller Beschäftigten. Dagegen waren 15% zu den günstigen Verträgen (E, F) abgewandert, mit einem Durchschnittsalter von lediglich 46 Jahren und einem Kostenindex von 1,09.

**Tabelle 7.6**  Wanderungsbewegungen in der Krankenversicherung der Universität Harvard

|  | Mitgliedschaft 1994 | | | |
|---|---|---|---|---|
|  | (A): Teuerster Vertrag | | (E, F): 2 billigste Verträge | |
| Mitgliedschaft 1995 | (A) | (E, F) | (E, F) | (A) |
|---|---|---|---|---|
| Anteile 1995 | 85% | 15% | 99% | 1% |
| Durchschnittsalter[a] | 50 | 46 | 41 | 46 |
| Index Behandlungskosten[b] | 1,16 | 1,09 | 0,96 | 1,09 |

Anmerkungen:
a. Die Unterschiede im Durchschnittsalter sind statistisch signifikant (Irrtumswahrscheinlichkeit 0,05) zwischen Mitgliedern, die wechseln und nicht wechseln
b. Mittelwert für alle Einzelpersonen und alle Familien getrennt auf 1,00 gesetzt.
*Quelle: Cutler* und *Reber* (1998)

Abwanderungen aus den Verträgen (E, F) kamen dagegen kaum vor. Nur 1% der VK wechselte zum teureren, aber umfassenderen Angebot A, und die Abwanderer waren deutlich älter und verursachten mehr Kosten als jene, die bei (E, F) blieben. Als Reaktion auf die verschlechterte Zusammensetzung des Versichertenbestands hob der Anbieter von A die Prämien um real 16% an. Die Abwanderung der guten Risiken setzte sich fort, mit der Folge, dass 1997 der Entscheid fiel, den Vertrag (A) in dieser Form **nicht mehr anzubieten**.

Durch diesen Entscheid konnte Harvard zwar 5-8% Prämien einsparen. Doch Befragungen von *Cutler* und *Reber* (1998) ergaben, dass diese Reduktion im wesentlich durch einen Gewinnrückgang bei den teilnehmenden VU finanziert wurde. Aus einer solchen Umverteilung resultiert **kein gesamtwirtschaftlicher Vorteil**. Dazu müsste eine Verhaltensanpassung der VK und Ärzte vorliegen, die zu einem niedrigen Ressourcenverbrauch in der medizinischen Behandlung führt. Für eine solche Verhaltensanpassung liegen jedoch kaum Anzeichen vor.

**Abbildung 7.6**   Tote Last im Aggregat infolge erhöhter Nettoprämie

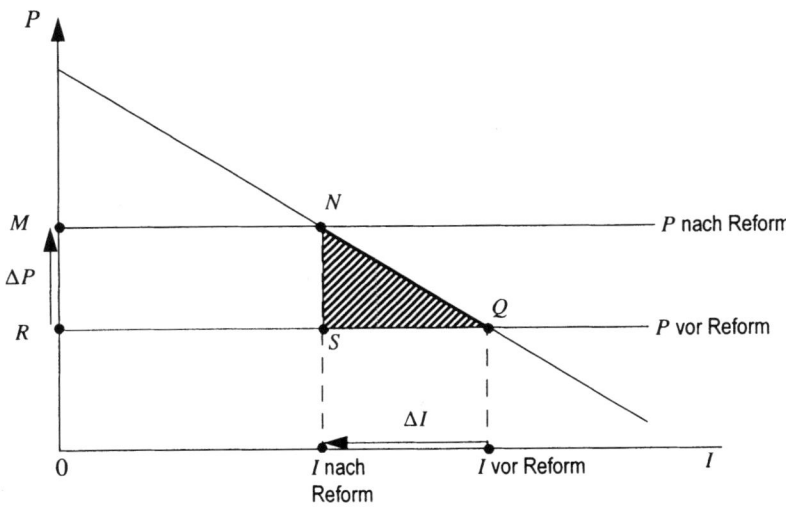

MNQR:  Verlust an Konsumentenrente infolge Verteuerung des Versicherungsschutzes um $\Delta P$;
MNSR:  Zusätzliche Beitragseinnahmen des Versicherers;
NQS:   Tote Last.

Hingegen bewirkte die adverse Selektion den Verlust der Vertragsvariante (A), für die durchaus eine Nachfrage bestand. Man kann die dadurch verursachte **tote Last** als Nettoverlust an Konsumentenrente abschätzen. Wenn     die bewirkte Preisveränderung und     die Mengenveränderung symbolisieren, gilt (vgl. Abbildung 7.6)

Tote Last je VK = $\frac{1}{N}\left[\frac{1}{2} \cdot \Delta P \cdot \Delta I\right]$. (7-56)

Die Autoren schätzen, dass es insgesamt eine Verteuerung des Vertrags (A) um US$ 2000 bedurft hätte, um ihn zum Verschwinden zu bringen. Da der Marktanteil von A von 20% der Beschäftigten auf Null fiel, beträgt $\Delta I = 0{,}2 \cdot N$. Damit errechnet sich der Effizienzverlust auf

$$\text{Tote Last je VK} = \frac{1}{N}\left[\frac{1}{2} \cdot 2000 \cdot 0{,}2 \cdot N\right],$$
$$= US\$\ 200, \quad (7\text{-}57)$$

das sind immerhin 4-5% der Krankheitskosten von US$ 4300 je VK. Diese Zahl stellt wahrscheinlich eine Überschätzung dar, standen doch die VK nach der Streichung des Vertrags (A) nicht ohne Versicherungsschutz da, sondern konnten unter den übrigen Alternativen wählen. Andererseits ist jedoch davon auszugehen, dass einige sehr kränkliche Beschäftigte von Harvard Prämiensteigerung von weit mehr als US$ 2000 hingenommen hätten, um den Vertrag (A) beibehalten zu können.

**Folgerung 7.13**  Die Erfahrung der Krankenversicherung der Universität Harvard legen die Vermutung nahe, dass vereinende Gleichgewichte auch ohne das Dazutun eines VU in der Rolle eines Herausforderers innerhalb weniger Jahre aufgebrochen werden können. Die sozialen Kosten der adversen Selektion können dabei mehrere Prozente der Versicherungsleistung betragen.

### 7.3.3 Adverse Selektion in mehrperiodiger Betrachtung

Sobald die Betrachtung auf mehrere Perioden ausgedehnt wird, besteht für die VU die Möglichkeit, im Verlauf der Zeit aus dem Schadenverlauf der VK zu lernen. Sie können immer genauer auf die wahren Schadenwahrscheinlichkeiten verschiedener Gruppen von VK zurückschliessen. Ein monopolistisches VU, das nicht fürchten muss, dabei die guten Risiken zu verlieren, kann langfristig eine vollkommene Kategorisierung der Risiken erreichen. Die damit verbundene sog. **Erfahrungstarifierung** (engl. experience rating) führt schliesslich im Prinzip dazu, dass jede Klasse die ihr angemessene faire Prämie bezahlt, mit der Folge, dass volle Versicherungsdeckung gewählt und somit eine erstbeste Lösung erreicht wird [*Dionne* und *Lasserre* (1985)].

Dieser Lernprozess soll im folgenden unter der Voraussetzung eines Wettbewerbsmarktes dargestellt werden, was der Erfahrungstarifierung des betrachteten VU gewisse Einschränkungen auferlegt. Die Darstellung stützt sich auf den Beitrag von *Dionne* und *Doherty* (1994).

Zunächst lässt sich grundsätzlich die Menge der in Frage kommenden Verträge einschränken. Denn ein Problem, das sich bei den trennenden Verträgen des Abschnitts 7.3.1 stellt, ist die Tatsache, dass die Wahl des Vertrags Information generiert, die zur Effizienz-

## 7.3 Adverse Selektion

steigerung verwendet werden könnte. Die guten Risiken sind ja im Punkt $T$ der Abbildung 7.5 in Abschnitt 7.3.1 rationiert. Im Moment, wo sie sich als gute Risiken durch die Vertragswahl zu erkennen gegeben haben, haben sie ein Interesse daran, zu den für sie geltenden Bedingungen **zusätzlichen** Versicherungsschutz zu kaufen. Kommt das VU diesem Wunsch entgegen, handelt es sich allerdings ein Problem ein. Punkte oberhalb von $T$ sind für schlechte Risiken attraktiv. Sie könnten demnach zunächst den Vertrag für die guten Risiken kaufen in der Erwartung, in einer Nachverhandlung in den Genuss der Bedingungen zu kommen, die für die guten Risiken gelten. Verträge, die nicht **nachverhandlungssicher** (engl. renegotiation proof) sind, kommen jedoch als Bestandteile eines stabilen Gleichgewichts letztlich nicht in Frage. Insofern muss aus diesem Grund das Gleichgewicht auf einem Versicherungsmarkt einer zusätzlichen Nebenbedingung genügen, sobald die Betrachtung auf mehr als eine Periode ausgedehnt wird.

Andererseits hat das VU tatsächlich nicht nur die Vertragsgestaltung mit Prämie und Versicherungsdeckung in einer Periode als Instrumente, um der adversen Selektion zu begegnen. Vielmehr besteht die Möglichkeit, am Ende der ersten Vertragsperiode festzustellen, ob ein Schaden eingetreten ist, und auf Grund dieser **zusätzlichen Information** die Verträge neu zu gestalten. Das VU betreibt also eine Erfahrungstarifierung, bindet sich andererseits für zwei Perioden (Jahre).

Die Abbildung 7.7 zeigt die Entscheidungsmöglichkeiten der VK, die ihnen vom VU angeboten werden. Im ersten Jahr bietet das VU einerseits einen konventionellen Vertrag für die schlechten Risiken mit Leistungen $I^s$ und Prämie $P^s$ an. Um den guten Risiken soweit wie möglich entgegen zu kommen (d.h. deren Deckung nicht unnötig zu rationieren), wird der Vertrag $(I^s, P^s)$ die **volle Deckung gewähren** müssen. Die Alternative ist ein Vertrag mit Erfahrungstarifierung; er ist vorderhand ein Mischvertrag mit Leistungen $I^m$ und Prämie $P^m$, weil ein Anteil $(1-x^s)$ der schlechten Risiken ebenfalls die Erfahrungstarifierung wählen wird. Denn sie sichern sich so die Chance, später in den Genuss der auf die guten Risiken zugeschnittenen Leistungen und Prämien $I^g$ und $P^g$ zu kommen. Ein trennender Vertrag zu Beginn kommt auch deshalb nicht in Frage, weil er gar nicht nachverhandlungssicher wäre.

Noch im Verlauf der Periode 1 kann das VU feststellen, ob ein Schaden $L$ oder kein Schaden $N$ eingetreten ist. Gegeben, dass ein Schaden eingetreten ist, werden die VK generell in die Kategorie der schlechten Risiken eingestuft (in tatsächlichen Erfahrungstarifen geschieht dies lediglich mit einer Wahrscheinlichkeit, die aufgrund der Schadenerfahrung festgelegt wird).

Im zweiten Jahr muss das VU das folgende Optimierungsproblem lösen, um die **guten Risiken zu behalten** und das finanzielle Gleichgewicht aufrecht zu erhalten (vgl. Tabelle 7.7). Da die guten Risiken stets zur Konkurrenz abwandern können, muss das betrachtete VU sie möglichst gut stellen. Dies ist die Aussage der nachstehenden Zielfunktion:

$$\underset{P^{sN}, P^{gN}, I^{gN}}{Max} \quad EU^g = \pi^g \cdot \upsilon^g[W_0 - L + I^{gN}] + (1-\pi^g)\upsilon^g[W_0 - P^{gN}] \quad (7\text{-}58)$$

Als gutes Risiko gelten im Rahmen der Erfahrungstarifierung nur jene, die im Vorjahr keinen Schaden aufweisen; entsprechend bezahlen sie in der zweiten Periode die Prämie

**Abbildung 7.7** Entscheidungsabfolge im Zusammenhang mit der Erfahrungstarifierung

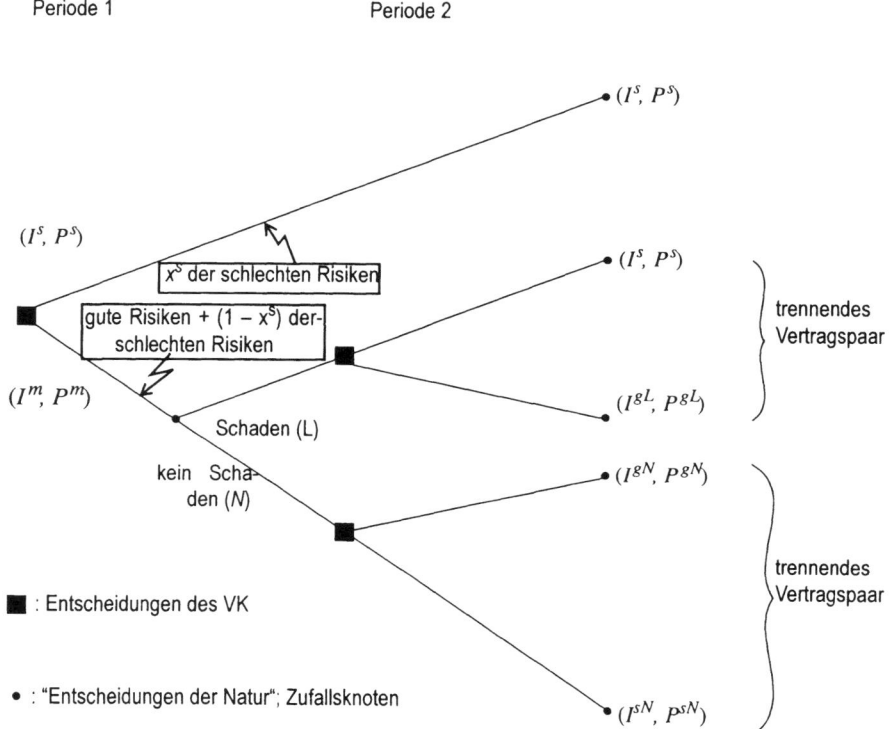

$P^{gN}$ und würden im Schadenfall Leistungen im Umfang von $I^{gN}$ erhalten. Diese beiden Grössen sind denn auch als Entscheidungsvariablen aufgeführt. Was die schlechten Risiken anbetrifft, kann nur noch die Prämie $P^{sN}$ festgelegt werden; die dazugehörige Versicherungsleistung ergibt sich aus der Nullgewinnbedingung im Erwartungswert. Im Gegensatz zur sonst üblichen Formulierung wird hier übrigens angenommen, dass die Prämie nur im Zustand ohne Schaden zu entrichten ist; sie muss einfach entsprechend höher angesetzt werden. Schliesslich trägt zur Verdeutlichung die Risikonutzenfunktion $\upsilon(\cdot)$ das Superskript $g$, obschon grundsätzlich nur das Endvermögen als Argument betrachtet wird, so dass $\upsilon^g(\cdot) = \upsilon^s(\cdot) = \upsilon(\cdot)$.

Die nachstehende Nebenbedingung gewährleistet, dass die schlechten Risiken, die im ersten Jahr keinen Schaden aufweisen, **bei dem auf sie zugeschnittenen Vertrag bleiben**. Die linke Seite von (7-59) in Tabelle 7.7 gibt den Wert ihrer Risikonutzenfunktion an für den Fall, dass sie die für das schlechte Risiko gültige Prämie bezahlen, auch wenn sie keinen Schaden (N) aufwiesen:

## 7.3 Adverse Selektion

**Tabelle 7.7** Optimierungsproblem bei Erfahrungstarifierung (Schadenfreiheit in der 1. Periode)

$$\max_{P^{sN}, P^{gN}, I^{gN}} EU^g = \pi^g \cdot \upsilon^g[W_0 - L + I^{gN}] + (1 - \pi^g)\upsilon^g[W_0 - P^{gN}] \quad (7\text{-}58)$$

$$\text{NB: } \upsilon^s[W_0 - P^{sN}] \geq \pi^s \cdot \upsilon^s[W_0 - L + I^{gN}] + (1 - \pi^s) \cdot \upsilon^s[W_0 - P^{gN}] \quad (7\text{-}59)$$

$$(1 - \pi^g)P^{gN} - \pi^g I^{gN} \geq \overline{T}^{gN}(x^s) \quad (7\text{-}60)$$

$$\upsilon^s[W_0 - P^{sN}] \geq \upsilon^s[W_0 - \overline{P}^{sN}(x^s)] \quad (7\text{-}61)$$

$I^{gN}$: Versicherungsdeckung der 2. Periode, offeriert den guten Risiken ohne Schaden in der 1. Periode

$P^{sN}$: Prämie der 2. Periode, bezahlt von den schlechten Risiken, ohne Schaden in der 1. Periode

$\overline{P}^{sN}$: Für die 2. Periode bei Schadenfreiheit kalkulierte und den schlechten Risiken in Aussicht gestellte Prämie, $d\overline{P}^{sN}/dx^s < 0$

$\overline{T}^{gN}$: Transfer an gute Risiken ohne Schaden, „Prämienrückerstattung für Schadenfreiheit", hängt davon ab, wie gross der Anteil der schlechten Risiken $x^s$ ist, die bereits in der 1. Periode "aussortiert" sind; $d\overline{T}^{gN}/dx^s > 0$

$x^s$: Anteil der schlechten Risiken, die den Vertrag ohne Erfahrungstarifierung wählen

$$\upsilon^s[W_0 - P^{sN} + I^s] \geq \pi^s \cdot \upsilon^s[W_0 - L + I^{gN}] + (1 - \pi^s) \cdot \upsilon^s[W_0 - P^{gN}]. \quad (7\text{-}59)$$

Auf der rechten Seite gibt die Schadenwahrscheinlichkeit $\pi^s$ sowie die Risikonutzenfunktion $\upsilon^s(\cdot)$ an, dass es sich nach wie vor um das schlechte Risiko handelt, diesmal jedoch in der Situation, wo es die Vertragsbedingungen für die guten Risiken $\{I^{gN}, P^{gN}\}$ in Anspruch nehmen würde. Solange die Ungleichung erfüllt ist, werden somit die schlechten Risiken den Vertrag für die guten Risiken nicht infiltrieren.

Die nächste Nebenbedingung besagt, dass die Vergünstigung, die den guten Risiken im Rahmen der Erfahrungstarifierung bei Schadenfreiheit gewährt wird, durch den Überschuss der Prämie über die Versicherungsleistung **im Erwartungswert finanziert** werden muss; zudem kann ein solcher Überschuss nur von den guten Risiken her kommen. Die Vergünstigung $\overline{T}^{gN}$ hängt positiv von $x^s$ ab: Je höher $x^s$, desto erfolgreicher war die Vorsortierung durch den Alternativvertrag ohne Erfahrungstarifierung, und desto weniger schlechte Risiken sind im Vertrag mit Erfahrungstarifierung unerkannt vorhanden:

$$(1 - \pi^g)P^{gN} - \pi^g I^{gN} \geq \overline{T}^{gN}(x^s). \quad (7\text{-}60)$$

Die letzte Nebenbedingung schliesst Nachverhandlungen aus:

$$\upsilon^s[W_0 - P^{sN}] \geq \upsilon^s[W_0 - \bar{P}^{sN}(x^s)].\tag{7-61}$$

Wenn es sich herausstellt, dass es im ersten Jahr zu keinem Schaden gekommen ist, müssen die schlechten Risiken mindestens so gut gestellt sein, wie ihnen im ersten Jahr vom VU zugesagt worden war. Diese Zusage hiess, dass bei Schadenfreiheit die Prämie im zweiten Jahr $\bar{P}^{sN}$ betragen werde, wobei diese Prämie um so niedriger angesetzt werden konnte, je erfolgreicher die Vorsortierung im ersten Jahr war. In dieser Bedingung spiegelt sich die einseitige Bindung des VU, dass nämlich im Rahmen der Erfahrungstarifierung die Prämie so gesetzt werden würde, dass auch schlechte Risiken bereit sein würden, den Vertrag zu verlängern.

Die Abbildung 7.8 illustriert die Lösung dieses Optimierungsproblems. Nicht explizit betrachtet werden die VK, die in der 1. Periode einen Schaden aufwiesen. Ihnen werden vergleichsweise ungünstige trennende Verträge angeboten. Der Vertrag mit voller Deckung und hoher Prämie ($I^s$, $P^s$) soll wie in der 1. Periode die schlechten Risiken anziehen [$S_L*(I^s, P^s)$ in der Abbildung 7.8]. Die guten Risiken, die in der 1. Periode das Pech hatten, einen Schaden zu haben, werden einem Vertrag ($I^{gL}$, $P^{gL}$) mit eingeschränkten Leistungen doch günstiger Prämie den Vorzug geben ($G^L$ in der Abbildung 7.8).

Alle jene, die im ersten Jahr keinen Schaden aufweisen, erhalten eine Vergünstigung im zweiten Jahr. Sie wird ausgedrückt als Geldzahlung an die schlechten Risiken (vgl. die Differenz zwischen $S_N*$ und $S_L*$), die man sich als Prämienrückerstattung vorstellen kann. Nur darf diese Rückerstattung den Preis zusätzlicher Versicherungsleistung nicht verändern, weil sonst ein Anreiz für Nachverhandlungen geschaffen würde (die schlechten Risiken würden ein Interesse an Überdeckung erhalten). Die Besserstellung der schlechten Risiken erlaubt es jedoch, die **Rationierung der guten Risiken zu lockern** (vgl. die Differenz zwischen $G_N$ und $G_L$ in der Abbildung 7.8). Sie erhalten für die gleiche Prämie ebenfalls zusätzliche Deckung[8].

Doch unter den Empfängern dieser Vergünstigung befinden sich nach wie vor schlechte Risiken, die in Zukunft hohe Erwartungsschäden aufweisen. Um das finanzielle Gleichgewicht zu bewahren, muss das VU im ersten Jahr den Mischvertrag mit einem Zuschlag belasten (Punkt $V$ auf der Versicherungsgeraden $Q_M M$ in Abbildung 7.8). Dieser Zuschlag trifft aber auch die guten Risiken; damit sie den Erfahrungstarif wählen, müssen sie im zweiten Jahr die Vergünstigung erhalten. Dabei darf ihre Rate der Gegenwartspräferenz nicht allzu hoch sein (doch dieser Aspekt wird hier der Einfachheit halber vernachlässigt).

In der Abbildung 7.8 ist der Fall eines hohen Zuschlags in der 1. Periode eingezeichnet. Während des ersten Jahres gilt das vereinende Gleichgewicht $V$ entlang $Q^M M$. Der Übersichtlichkeit halber ist es so gewählt, dass **alle guten Risiken** auf den Vertrag mit Erfahrungstarifierung **umsteigen** ($G_L$ im Vergleich zur steilen Indifferenzkurve durch $V$). Der eingezeichnete Mischvertrag ist aber bei der Vorsortierung der Risiken insofern nicht

---

8. In der Praxis erhält der VK denselben Deckungsumfang nachträglich günstiger. Man beachte aber, dass ihm üblicherweise für zusätzlichen Versicherungsschutz die volle und nicht eine reduzierte Prämie in Rechnung gestellt wird. In der Abbildung 7.8 kommt es also zu keiner Drehung der Budgetgeraden $Q^E G$. Die einfachste Möglichkeit, den Vorteil für die guten Risiken abzubilden, ist demnach die Bewegung von $G_L$ zu $G_N$ auf der unveränderten Budgetgeraden.

## 7.3 Adverse Selektion

**Abbildung 7.8** Mischvertrag und nachherige Erfahrungstarifierung

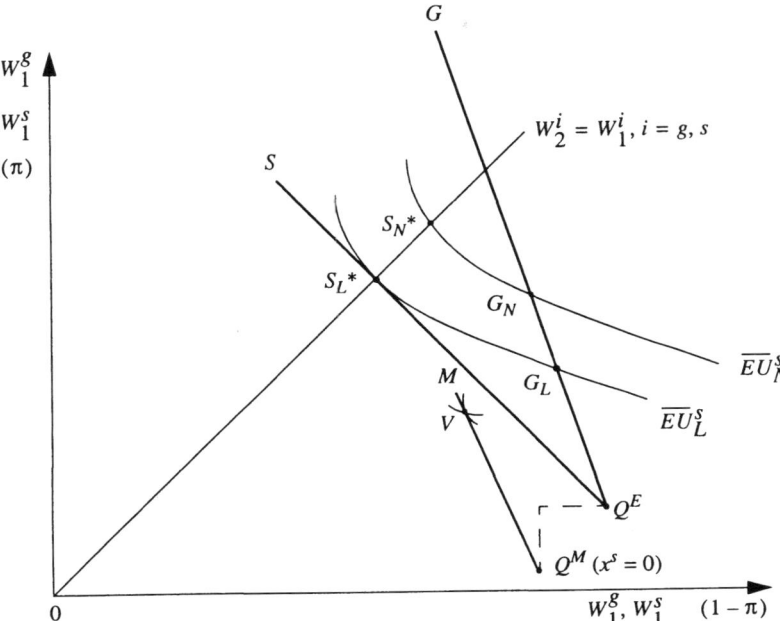

erfolgreich, als auch sämtliche schlechten Risiken zum Vertrag mit Erfahrungstarifierung hinüberwechseln würden ($G_L$ im Vergleich zur flachen Indifferenzkurve durch $V$). Ein optimaler Grad der Vorsortierung würde offenbar eine höhere Versicherungsdeckung im Mischvertrag bedingen. Dies würde mehr schlechte Risiken zum Verbleib im Mischvertrag bewegen ($x^s$ höher); andererseits müssten die guten Risiken erhöhte Nachteile im ersten Jahr in Kauf nehmen, weil erhöhte Deckung (zu den Bedingungen des Mischvertrags) nicht in ihrem Interesse ist. Immerhin kommt volle Deckung von vorneherein nicht in Frage, weil sonst die schlechten Risiken im trennenden Gleichgewicht Überdeckung anstreben würden.

Insgesamt gehen aus der Abbildung 7.8 die **folgenden Eigenschaften** der Vertragskonfiguration hervor:

(a) im ersten Vertragsjahr besteht ein **Mischvertrag** mit teilweiser Deckung, im zweiten Jahr dagegen trennende Verträge;

(b) die trennenden Verträge des zweiten Jahres bieten **volle Deckung** für schlechte und (nach wie vor) **teilweise** Deckung für die guten Risiken;

(c) es erfolgt eine **Erfahrungstarifierung** im zweiten Jahr, die bei Schadenfreiheit beiden Risikotypen eine Vergünstigung gewährt; unabhängig von der Schadenerfahrung sind die Vertragspaare trennend;

(d) die Vergünstigung für die schadenfreien schlechten Risiken wird durch einen **Zuschlag** auf den Mischvertrag im ersten Jahr finanziert;

(e) im Gleichgewicht erzielt das VU **positive** Erwartungsgewinne im ersten Jahr und negative Erwartungsgewinne im zweiten Jahr.

Da jedes VU mit dieser Konfiguration aus dem Schadenverlauf private Informationen gewinnt, wandern die VK nicht ab, solange die guten Risiken den Zuschlag des ersten Jahres zurückerhalten [Bedingung (7-60)] und die schlechten Risiken die Zusagen über die Weiterführung des Vertrags zu vorher ausgehandelten Bedingungen eingelöst sehen [Bedingung (7-61)]. Solange alle VU in einem Markt ihr Optimum im Rahmen dieser Vertragskonfiguration finden, gibt es demnach keinen Grund für ein einzelnes VU, davon abzuweichen. Insofern bildet die Konfiguration ein Nash-Gleichgewicht.

**Folgerung 7.14**     Auf einem Versicherungsmarkt ist ein Gleichgewicht möglich, in welchem die erste Vertragsperiode einen Mischvertrag, die zweite Periode dagegen trennende Vertragspaare nach Massgabe der Schadenerfahrung aufweist (Erfahrungstarifierung). Gute und schlechte Risiken sind mindestens gleich gut gestellt wie ohne Erfahrungstarifierung und besser gestellt bei Schadenfreiheit in der ersten Periode.

### 7.3.4 Empirische Evidenz zum Erfahrungstarifierungsmodell

Besonders die Eigenschaft (e) der vor der Folgerung 7.14 beschriebenen Vertragskonfiguration steht im Widerspruch zu anderen Modellvarianten. In *Kunreuther* und *Pauly* (1985) beispielsweise sind die VK kurzsichtig und lassen sich deshalb auf ein Vertragsangebot ein, das dem VU erlaubt, in der zweiten Periode einen Erwartungsgewinn zu erzielen. Das VU legt sich nicht auf eine spätere Prämienhöhe fest [die Nebenbedingung (7-61) fällt weg] und kann so den Umstand ausnützen, dass es private Information über den Schadenverlauf gewonnen hat.

Wenn umgekehrt die Erfahrungstarifierung typischerweise mit der einseitigen Verpflichtung des VU einhergeht, den Vertrag zu festen Bedingungen weiterzuführen, müsste die **erste** Vertragsperiode "**zu teuer**" sein. Denn die Prämie enthält einen Zuschlag, welcher die Vergünstigung für die VK ohne Schaden in den folgenden Vertragsjahren finanzieren soll. Legt sich dagegen das VU nicht entsprechend fest und hält dank seiner Information über die Schadenerfahrung seine VK "gefangen", müsste die Prämie in den **späteren** Vertragsjahren zu teuer sein.

Ein direkter Test dieser Voraussage ist auf der Grundlage öffentlich zugänglicher Daten nicht möglich. Denn die VU melden den Aufsichtsbehörden nur Durchschnittswerte und nicht nach Vertragsjahr geordnete Werte. *Dionne* und *Doherty* (1994) behelfen sich deshalb mit folgender Überlegung. Weist ein VU ein rasch wachsendes Prämienvolumen auf, so sind neu abgeschlossene Verträge stärker vertreten. Das Leistung-Preis-Verhältnis eines solchen VU müsste demnach vergleichsweise ungünstig ausfallen. Dieses Verhältnis wird durch die bezahlten Schäden im Verhältnis zu den gebuchten Prämien ($L/P$) abgebildet.

## 7.3 Adverse Selektion

Allerdings gibt es auch andere Gründe, weshalb bei einem schnell wachsenden VU der Wert von L/P eher niedrig sein könnte. Wie in Abschnitt 6.4.2 dargelegt, ist das Neugeschäft verhältnismässig aufwändig. Eine weitergehende Aussage lässt sich aber dann machen, wenn man die VU nach ihrer Risikozeichnungspolitik unterscheidet. Die Folgerung 7.14 des vorhergehenden Abschnitts hält fest, dass die Erfahrungstarifierung gerade auch im Interesse der guten Risiken ist; sie lockert im Verlaufe der Zeit die Rationierung der Deckung, welche trennende Verträge überhaupt möglich macht. Ist nun ein VU mit seinen Bemühungen zu Gunsten der guten Risiken erfolgreich, müsste sich dies in einem niedrigen Schaden je Risikoeinheit ausdrücken. Die negative Beziehung zwischen L/P und Prämienwachstum müsste von daher z.B. bei jenen Autoversicherern ausgeprägt sein, die sich durch niedrige Schäden je Fahrzeug und Jahr auszeichnen.

Die zu prüfende Hypothese lautet demnach

$H_0$: Zwischen dem Verhältnis bezahlte Schäden/Prämien und dem Prämienwachstum ist bei jenen VU ein markanter negativer Zusammenhang zu erwarten, welche die Erfahrungstarifierung als Instrument zur Selektion guter Risiken verwenden und deshalb niedrige Schäden je versicherte Risikoeinheit aufweisen.

In der Tabelle 7.8 erscheint als die zu erklärende Variable das Verhältnis der bezahlten Schäden über die Jahre 1986-1988 im Verhältnis zu den über die Jahre 1985-1987 gebuchten Nettoprämien (also nach Rückversicherung) von insgesamt 82 VU, die in Kalifornien die Kfz-Versicherung betreiben. Von ihnen weisen 20 einen niedrigen Schaden je Fahrzeug auf, 30 dagegen einen hohen. In jeder der drei Gruppen wird L/P mit dem Prämienwachstum und zwei zusätzlichen erklärenden Variablen in Verbindung gebracht. Angesichts des niedrigen Bestimmtheitskoeffizienten ($R^2 = 0,01$) in der Regression mit den Beobachtungen der mittleren Gruppe werden deren Ergebnisse im folgenden nicht kommentiert.

- **Prämienwachstum:** Tatsächlich gibt es in der Stichprobe keinen eindeutigen Zusammenhang zwischen L/P und dem Prämienwachstum, abgesehen von jener Gruppe von VU, die sich durch einen niedrigen Schaden je Fahrzeug auszeichnet. Dies ist ein Ergebnis, das die Hypothese $H_0$ **klar stützt**. Der Effekt ist zudem nicht vernachlässigbar: Ein Prämienwachstum von 10 Prozentpunkten (0,1) über dem Durchschnitt lässt das L/P-Verhältnis um geschätzte 0,09 Punkte zurückgehen, dies im Vergleich zu einem Stichprobenmittelwert von 1,01. Bei den VU mit hohem Schaden je Fahrzeug dagegen ist ein solcher Zusammenhang nicht erkennbar.

- **Agenturvertrieb:** Diese Variable nimmt den Wert Eins an, wenn das VU seine Produkte über angestellte Agenten vertreibt; sonst ist sie Null. Zumindest in den USA schreibt man dieser Vertriebsform (namentlich im Vergleich zu den Maklern) Kostenvorteile zu, die sich in einer niedrigeren Prämie und damit einem erhöhten Wert von L/P auswirken könnten (vgl. dazu Abschnitt 5.4.3). Diese Erwartung wird in den beiden interessierenden Teilgruppen der VU nicht bestätigt.

- **Einstufung durch A.M. Best:** Dieses Unternehmen hat sich auf die Sammlung und Auswertung von Versicherungsdaten spezialisiert und publiziert ähnlich wie Moody's für die Banken eine Einstufung. Ein VU, das die Note AAA erreicht, gilt als finanziell äusserst gesund. Seinen Verpflichtungen stehen in grossem Umfange

**Tabelle 7.8** Verhältnis Schäden 1986-88/Prämien 1985-87, Kfz-VU in Kalifornien

| Erklärende Variable | Schaden je Fahrzeug[b] | | |
|---|---|---|---|
| | niedrig | mittel | hoch |
| Konstante | 0,919** | 1,2085** | 0,833** |
| | (5,651) | (5,956) | (5,842) |
| Prämienwachstum | 0,906** | 0,0686 | 0,0209 |
| | (-2,309) | (0,724) | (1,76) |
| Agenturvertrieb= 1 | 0,0689 | -0,0911 | 0,1447 |
| | (0,808) | (-1,306) | (1,016) |
| Einstufung durch A.M. Best[a] | 0,0430 | -0,0726 | 0,0863 |
| | (0,683) | (-1,098) | (1,617) |
| $\bar{R}^2$ (OLS) | 0,12 | 0,01 | 0,19 |
| N | 20 | 32 | 30 |

a. Die Einstufungen haben numerische Entsprechungen, z.B. AAA = 9, AA = 8. Die erklärende Variable ist die Quadratwurzel des Werts.
b. *t*-Werte in Klammern.
** Koeffizient von Null verschieden mit 1% Irrtumswahrscheinlichkeit
*Quelle: Dionne* und *Doherty* (1994)

Aktiva gegenüber, so dass umfangreiche Einnahmen aus dem Kapitalanlagegeschäft fliessen. Dies erlaubt ihm, die Prämien im Risikozeichnungsgeschäft niedriger als andere anzusetzen (sog. cash flow underwriting). Eine günstige Benotung nach A.M. Best müsste demnach mit einem hohen Verhältnis L/P einhergehen. Auch diese Erwartung wird nicht bestätigt.

Insgesamt wird die zentrale Voraussage $H_0$ des Modells "Erfahrungstarifierung mit bindender Zusage des VU" gestützt, dies im Unterschied zur Alternative "Erfahrungstarifierung ohne bindende Zusage des VU". Da die übrigen, an sich gut begründeten Voraussagen bezüglich Vertragsform und finanziellen Status des VU nicht bestätigt werden, müssen diese Ergebnisse als vorläufige Bestätigung eingestuft werden.

**Folgerung 7.15**   Es gibt erste Evidenz, die mit dem Modell der Erfahrungstarifierung mit einseitiger Bindung des VU bezüglich späterer Vertragsperioden vereinbar ist, nicht jedoch mit dem Modell der Erfahrungstarifierung ohne solche Bindung.

### 7.3.5 Adverse Selektion und moralisches Risiko in Kombination

Die Fragen der optimalen Vertragsgestaltung und des Gleichgewichts auf Versicherungsmärkten bedingen bereits einen nicht unerheblichen formalen Aufwand, wenn jeweils nur die eine Problematik der asymmetrischen Information zugelassen wird. Insofern erstaunt es wenig, dass die Analyse noch nicht weit fortgeschritten ist, wenn es um den gleichzeitigen Einfluss von adverser Selektion und moralischem Risiko geht.

## 7.3 Adverse Selektion

Einer der wenigen Beiträge auf diesem Gebiet stammt von *Stewart* (1994). Die Autorin trifft die grundsätzliche Annahme, dass ein schlechtes Risiko aus zwei Gründen eine hohe Schadenwahrscheinlichkeit $\pi^s$ aufweist:

(1) $\pi^s[V = 0]$ ist hoch, d.h. bevor der Einfluss der Prävention $V$ zum Tragen kommt, weist das schlechte Risiko einen hohen Ausgangswert von $\pi^s$ auf;

(2) $C'(V)$ ist hoch, d.h. das schlechte Risiko hat auch den Nachteil, für eine gegebene Reduktion von $\pi^s$ einen hohen Aufwand an Prävention tragen zu müssen. Dadurch wird es daran gehindert, sich durch eine grosse präventive Anstrengung in ein gutes Risiko zu verwandeln.

Unter diesen Voraussetzungen akzentuiert moralisches Risiko den Unterschied zwischen guten und schlechten Risiken zusätzlich. Damit kann nach wie vor ein Gleichgewicht auf dem Versicherungsmarkt mit der Existenz trennender Verträge in Verbindung gebracht werden. Um Nachverhandlungen auszuschliessen, muss den schlechten Risiken nach wie vor volle Deckung angeboten werden. Damit entfällt aber jeder Anreiz zur präventiven Anstrengung (vollständiges ex ante moralisches Risiko). Hingegen ergibt sich ein Unterschied bei den guten Risiken. Bei ihnen hat die Reduktion der Versicherungsdeckung, die zur Konstruktion des trennenden Gleichgewichts nötig ist, die **willkommene Nebenwirkung**, dass mehr Prävention induziert wird. Da sie gemäss Annahme (2) zudem besonders niedrige Grenzkosten der Prävention zu tragen haben, ist der Effekt so ausgeprägt, dass die Trennung der Verträge das ex ante moralische Risiko bei ihnen bereits zum Verschwinden bringt. Oder umgekehrt formuliert: Die Notwendigkeit, insbesondere bei den guten Risiken das moralische Risiko einzudämmen, verlangt eine Reduktion der Versicherungsdeckung, die bereits genügen kann, um trennende Verträge herbeizuführen. Nimmt man also das Problem des moralischen Risikos in Angriff, kann sich das Problem der adversen Selektion **abschwächen** oder sogar ganz auflösen.

Von daher ist die Vermutung zumindest glaubhaft, dass die durch moralisches Risiko und adverse Selektion verursachten Effizienzverluste subadditiv sind. Es erscheint also nicht zulässig, privaten Versicherungsmärkten ohne Korrektur für Doppelzählung die sich aus dem moralischen Risiko und der adversen Selektion ergebenden Effizienzverluste zuzuordnen.

Umgekehrt lässt sich daraus auch eine Aussage über den Effizienzgewinn ableiten, den eine Sozialversicherung als Alternative zur Privatversicherung erreichen dürfte. Die Sozialversicherung löst das Problem der adversen Selektion durch den Versicherungszwang, gepaart mit der Organisation als öffentliches Monopol. Da trennende Verträge nicht mehr nötig sind, spricht nichts gegen einheitliche Versicherungsbedingungen für alle Risikotypen. Die ermöglichte zusätzliche Versicherungsdeckung für die guten Risiken untergräbt jedoch deren Anreiz zur Eindämmung des moralischen Risikos. Hier trägt also die Lösung des Problems "adverse Selektion" nicht zur Lösung des anderen Problems "moralisches Risiko" bei, im Gegenteil. Insofern ist von einer **Schmälerung des möglichen Effizienzgewinns** durch Sozialversicherung auszugehen, wenn beide Probleme der asymmetrischen Information in Betracht zu ziehen sind.

Die Subadditivität der Effizienzverluste auf privaten Versicherungsmärkten basiert allerdings auf den beiden obengenannten Annahmen, die den Risikotyp unter allen

Umständen festschreiben. Ob dies den Tatsachen entspricht, muss zur Zeit dahingestellt bleiben!

## 7.4 Übungsaufgaben

**Übungsaufgabe 7.1**

(a) Die Untersuchung von *Dionne* und *St-Michel* (1991) an Hand der Bescheinigungen von Arbeitsunfähigkeit in Québec gilt als eine der überzeugendsten Belege für die Existenz von ex post moralischem Risiko. Warum könnte dies so sein? Inwiefern handelt es sich hier nicht um ex ante moralisches Risiko?

(b) Im Text wird der Hypothesentest am Beispiel der Koeffizienten $b_{18}$ und $b_{12}$ sowie $b_{14}$ und $b_{18}$ der Tabelle 7.4 durchgeführt. Sind Sie in der Lage, gleichwertige Tests mit zwei anderen Paaren von Koeffizienten durchzuführen? Kommen Sie zum selben Ergebnis? Warum (nicht)?

(c) Die empirische Evidenz in (a) bezieht sich auf eine öffentliche Monopolversicherung in Kanada. Lassen sich die Ergebnisse der Untersuchung übertragen
  (c1) auf eine öffentliche Monopolversicherung für arbeitsbedingte Invalidität (in einem andern Industrieland)?
  (c2) auf öffentliche Versicherungen für arbeitsbedingte Invalidität, die im Wettbewerb miteinander stehen?
  (c3) auf eine private Monopolversicherung für arbeitsbedingte Invalidität?
  (c4) auf private Versicherungen für arbeitsbedingte Invalidität, die im Wettbewerb miteinander stehen?
  Begründen Sie jedesmal Ihre Einschätzung.

(d) Was halten Sie aufgrund Ihrer Antworten zu (c) als wichtiger für die Eindämmung des ex post moralischen Risikos,
  (d1) den Unterschied privat/öffentlich;
  (d2) den Unterschied Wettbewerb/Monopol?

**Übungsaufgabe 7.2**

(a) Beschreiben Sie in Worten in max. 5 Sätzen jene Ausprägung der asymmetrischen Information, die zu Instabilität auf einem Versicherungsmarkt führen kann. Handelt es sich dabei um eine Spielart des moralischen Risikos oder um die adverse Selektion?

(b) Nennen Sie wenigstens zwei Massnahmen der staatlichen Versicherungsregulierung, die Ihnen geeignet erscheinen, um die drohende Instabilität zu vermeiden. Begründen Sie Ihre Empfehlung.

(c) Sollte die Regulierung (und damit Vereinheitlichung) der Prämiensätze, welche die herkömmliche Versicherungsregulierung in vielen Industrieländern kennzeichnet, Ihrer Ansicht nach zu den in (b) genannten Massnahmen gehören? Können Sie Gründe dafür nennen, dass eine Vereinheitlichung der Prämiensätze die Entmischung der Risiken sogar anheizen könnte?

(d) Nennen Sie wenigstens zwei Massnahmen, die auch von den privaten Parteien im Markt ergriffen werden könnten, um dem Problem der möglichen Instabilität in

Folge adverser Selektion zu begegnen. Wie schätzen Sie deren Wirksamkeit, aber auch deren Wirtschaftlichkeit im Vergleich zu den in (b) genannten Alternativen der staatlichen Regulierung ein?

## 7.5 Literaturhinweise

Arnott, R. und Stiglitz, J.E. (1990), The welfare effects of moral hazard markets, in: Loubergé, H. (Hrsg.), Risk, Information and Insurance, Boston: Kluwer.

Arrow, K.J. (1963), Incertainty and the welfare economics of medical care, in: American Economic Review 53, 941-973.

Breyer, F. und Zweifel, P. (1999), Gesundheitsökonomie, 3. Aufl., Heidelberg: Springer Verlag.

Cawley, J. und Philipson, T. (1999), An empirical examination of information barriers to trade in insurance, in: American Economic Review 89(4), Sept., 827-846.

Cutler, D.M. und Reber, S.J. (1998), Paying for health insurance: the trade-off between competition and adverse selection, in: Quarterly Journal of Economics 113 (May), 433-466.

Dionne, G. und Lasserre, P. (1985), Adverse selection, repeated insurance contracts and announcement strategy, in: Review of Economic Studies 50, (Oct.), 719-723.

Dionne, G. und St-Michel, P. (1991), Workers' compensation and moral hazard, in: Review of Economics and Statistics LXXXIII (2) (May), 236-244.

Dionne, G. und Doherty, N.A. (1994), Adverse selection, commitment, and renegotiation: Extension and evidence from insurance markets, in: Journal of Political Economy 102 (2), 209-235.

Ehrlich, I. und Becker, G.S. (1972), Market insurance, self-insurance and self-protection, in: Journal of Political Economy 80, 623-648.

Eisen, R. (1986), Wettbewerb und Regulierung in der Versicherung. Die Rolle der asymmetrischen Information, in: Schweiz. Zeitschrift für Volkswirtschaft und Statistik, 122 (3), 339-358.

Eisen, R. (1990), Problems of equilibria in insurance markets with asymmetric information, in: H. Loubergé (Hrsg.), Risk, Information and Insurance, Boston: Kluwer, 123-141.

Gesamtverband der Deutschen Versicherungswirtschaft (1997), Jahrbuch 1997, Karlsruhe: Verlag Versicherungswirtschaft.

Greene, W.H. (1997), Econometric Analysis, 3. Aufl., Upper Saddle River NY: Prentice Hall.

Kreps, D.M. (1990), A Course in Microeconomic Theory, Princeton: Princeton University Press, 638-645 und 661-674.

Kunreuther, H. und Pauly, M.V. (1985), Market equilibrium with private knowledge: an insurance example, in: Journal of Public Economics 26 (Apr.), 269-288.

Mooney, S.F. und Salvatore, J.M. (1990), Insurance Fraud Project: Report on Research, Florida Insurance Center, zitiert in: Dionne, G., Gibbens, A. und Saint-Michel, P. (1993), Analyse économique de la fraude, in: Risques 16, (Oct.-Déc.), 9-34.

Nell, M. (1993), Versicherungsinduzierte Verhaltensänderungen von Versicherungsnehmern, Karlsruhe: Verlag Versicherungswirtschaft.

Pauly, M.V. (1974), Overinsurance and public provision of insurance: The role of moral hazard and adverse selection, in: Quarterly Journal of Economics 88, 44-62.

Riley, J.G. (1979), Informational equilibrium, in: Econometrica 47 (2), 331-359.

Rothschild, M. und Stiglitz, J.E. (1976), Equilibrium in competitive insurance markets: an essay on the economics of imperfect information, in: Quarterly Journal of Economics 90, 629-650.

Stewart, J. (1994), The welfare implications of moral hazard and adverse selection in competitive insurance markets, in: Economic Inquiry 32 (Apr.), 193-208.

Wilson, C.A. (1977), A model of insurance markets with incomplete information, in: Journal of Economic Theory 16 (2), Dec., 167-207.

Zink, H. (1987), Zur Rolle der Marktintransparenz in Versicherungsmarktmodellen. Auswirkungen asymmetrisch verteilter unvollständiger Information auf Marktlösungen, Frankfurt am Main: Athenäum.

Zweifel, P. und Manning, W.G. (2000), Moral hazard and consumer incentives in health care, in: Newhouse, J.P. und Culyer, A.J. (Hrsg.), International Handbook of Health Economics, Amsterdam: North Holland, Kap. 8.

# KAPITEL 8

# Die Regulierung der Versicherungswirtschaft

Dieses Kapitel geht auf eine Tatsache ein, die bis zu diesem Punkt weitgehend ausgeblendet wurde: Die Versicherungswirtschaft gehört traditionell zu den stark regulierten Branchen der Wirtschaft. Für die Begründung dieser Regulierung wurden besonders im deutschsprachigen Raum eine Reihe von Argumenten vorgebracht, die im Abschnitt 8.1 dargestellt werden. Ihre genauere Analyse zeigt allerdings, dass sich die gleichen Ziele mit weit weniger einschneidenden Massnahmen erreichen liessen. Der Abschnitt 8.2 ist sodann einer Übersicht über verschiedene Regulierungssysteme gewidmet, wobei die Entwicklung in der Europäischen Union (EU) besonderes Interesse verdient. Im Abschnitt 8.3 werden drei Regulierungstheorien dargestellt, die sich an den beobachteten Unterschieden zwischen den nationalen Versicherungsmärkten überprüfen lassen. Der Abschnitt 8.4 schliesslich wirft die Frage nach den Auswirkungen der Versicherungsregulierung auf. Er enthält auch einen einfachen Test, der darüber Auskunft gibt, ob die Regulierung ihre Zielsetzung, die Interessen der VK zu schützen, tatsächlich erreicht oder nicht.

## 8.1 Begründung der Regulierung der Versicherungswirtschaft

### 8.1.1 Zielsetzung der Regulierung

Die Regulierung der Versicherungswirtschaft wird zur Hauptsache mit dem Argument des Konsumentenschutzes begründet, wobei die Sicherung der Ansprüche der VK an die VU in den Vordergrund gerückt wird. Denn in den späten Jahren des 19. Jahrhunderts war es insbesondere in Deutschland zu einer Reihe von Konkursen von VU gekommen. Nun bildet allerdings das Ausscheiden aus dem Markt die endgültige Sanktion der Marktwirtschaft gegenüber einem Unternehmen, dessen Produkte ein ungünstiges Preis-Leistungs-Verhältnis aufweisen. Die Kosten dieses Ausscheidens müssten allein die Eigentümer des Unternehmens tragen. Diese Bedingung ist im Falle des VUs aber nicht erfüllt, weil die VK durch den Konkurs Forderungen auf zukünftige bedingte Leistungen verlieren, die besonders im Lebengeschäft beträchtliche Ausmasse erreichen können. Diese VK (bzw. ihre Familien) haben oft kein Einkommen und werden der öffentlichen Fürsorge zur Last fallen. Deshalb bürdet ein insolventes VU dem Rest der Gesellschaft **externe Kosten** auf.

Das Argument, dass die Insolvenz eines VU zu externen Kosten führt, ist noch zwingender im Falle der Haftpflichtversicherung. Bei ihr bildet die Schädigung eines Dritten im Rahmen eines Unfalls den Ausgangspunkt. Diese externen Kosten sollen durch das

Haftpflichtrecht internalisiert werden. Da die Internalisierung durch Bezahlung des Schadens die wirtschaftliche Existenz des Schädigers in vielen Fällen vernichten würde, wird ihm durch die Haftpflichtversicherung ermöglicht, das Risiko von Haftungsansprüchen gegen die Bezahlung einer Prämie abzuwälzen. Wenn nun aber das VU seinen Verpflichtungen nicht nachkommen kann, ist die Funktionsfähigkeit des ganzen Internalisierungsmechanismus gefährdet.

Das grundsätzliche Ziel der Regulierung kann in dieser Situation sein,

(A) Die Insolvenz von VU zu verhindern und so diese externen Kosten schon gar nicht entstehen zu lassen; oder

(B) eine Insolvenz des VU nicht auszuschliessen, doch die damit verbundenen externen Kosten einzudämmen.

Die Zielformulierung (A) bedeutet zwar, dass im Falle des Erfolges die externen Kosten der Insolvenz auf Null reduziert werden. Ihre Verfolgung bringt andererseits Effizienzverluste mit sich, weil für unwirtschaftliche VU die Sanktion des Konkurses entfällt. Die Zielformulierung (A) begünstigt die sog. **materielle Aufsicht**, d.h. eine fortdauernde Regulierung des Verhaltens der VU im Markt. Die sog. **formelle Aufsicht** geht weniger weit und entspricht eher der Zielformulierung (B). Eine weitergehende Charakterisierung der beiden Regulierungstypen folgt im Abschnitt 8.2.1; zunächst sollen die Argumente zugunsten eines regulatorischen Eingriffs des Staates in die Versicherungsmärkte gewürdigt werden.

## 8.1.2 Begründung der materiellen Versicherungsaufsicht

Die Variante (A) der Zielformulierung der Regulierung setzte sich um die Jahrhundertwende in Deutschland durch, doch auch Österreich, die Schweiz und die skandinavischen Länder folgten der Auffassung, Insolvenzen von VU müssten um jeden Preis vermieden werden. Der Schutz des VK wird mithin zum Schutz des Versicherungswesens als Institution (*Finsinger*, 1983, 1. Kap.). Besonders in Deutschland entfaltete sich eine (im angelsächsischen Raum nicht bekannte) **Lehre von den Besonderheiten** der Versicherungsmärkte, die insgesamt ein Marktversagen in der Versicherungswirtschaft begründen sollen (vgl. *Hollenders*, 1985). Die fünf wesentlichen Argumente sind in der Tabelle 8.1 zusammengefasst (vgl. auch *Eisen*, 1989).

(1) **Kapazitätsargument.** Das Argument geht dahin, das Risikoportefeuille könne zu sinkenden Grenzkosten vergrössert werden, was eine Tendenz zur ruinösen Konkurrenz bedeutet. Es fusst auf dem Gesetz der grossen Zahl, das seinerseits impliziert, dass die Kosten für Schwankungsrückstellungen mit zunehmender Grösse des Risikoportefeuilles zurückgehen (vgl. Abschnitt 6.1.2.2). Doch aus der letztlich massgebenden Sicht des Eigentümers eines VU ist der Tradeoff zwischen erwarteter Rendite und Gesamtrisiko relevant, und dieses Gesamtrisiko nimmt mit wachsendem Risikoportefeuille zu. Aus dem Argument müsste zudem eine starke Tendenz zur Konzentration folgen, die jedoch gemäss den in Abschnitt 6.4.2 genannten Untersuchungen nicht zu beobachten ist.

## 8.1 Begründung der Regulierung der Versicherungswirtschaft

(2) **Kalkulationsargument.** Weder die herkömmlichen Prämienkalkulationsprinzipien (Abschnitt 6.1.3) noch die kapitalmarktorientierte Preissetzung (Abschnitt 6.2) können ausschliessen, dass eine unwahrscheinliche Häufung von Grossschäden das VU in die Insolvenz treibt. Insofern sind die Kalkulationsunterlagen stets unsicher. Doch sind unsichere Kalkulationsgrundlagen auch in anderen Branchen gegeben, wo weniger die Aufwandseite als die Ertragsseite z.b. infolge einer schwankenden Nachfrage Risiken ausgesetzt ist. So muss der Eigentümer einer Eisdiele seine Preise in einer Weise kalkulieren, dass er einen extrem kalten Sommer finanziell überlebt. Der Konkurs eines VU hat zugegebenermassen schwerwiegendere Konsequenzen als der Konkurs einer Eisdiele, doch stehen in der Versicherungswirtschaft die im Abschnitt 8.1.3 genannten Lösungen zur Entschärfung des Problems zur Verfügung.

**Tabelle 8.1** Besonderheiten der Versicherungsmärkte in der deutschsprachigen Literatur

| Argument | Sachbehauptungen | Erwartete Marktwirkungen |
|---|---|---|
| Kapazitätsargument | Nahezu unbegrenzte Vermehrbarkeit des Angebots an Versicherungsprodukten | Tendenziell gleichgewichtslose Versicherungsmärkte; Gefahr der Unterschreitung der (kalkulierten) Risikoprämien; Gefahr der ruinösen Konkurrenz |
| Kalkulationsargument | Unsicherheit der Kalkulationsgrundlagen; versicherungstechnisches Risiko des Misslingens des Ausgleichs im Kollektiv | Gefahr der Unterschreitung der (kalkulierten) Risikoprämien; Gefahr von Versicherungskonkursen |
| Transparenzargument | Komplexität und Abstraktheit der Versicherungsprodukte; Trägheit, intellektuelle Defizite der Versicherungsnachfrager | Geringe Transparenz der Versicherungsmärkte; generelle Funktionsunfähigkeit des Preis- und Qualitätswettbewerbs |
| Mit- und Rückversicherungsargument | Mit- und Rückversicherung zur Deckung grosser Risiken erfordern Absprachen über Prämien und Versicherungsbedingungen | Ohne Absprachen Gefahr unzureichenden Angebots von Risikodeckungskapazitäten |
| Sicherheitsargument | Versicherungswirtschaft besitzt wegen sozialer und gesamtwirtschaftlicher Funktionen ein höheres Allgemeininteresse; Gläubigerschutz der Versicherten erfordert Sicherheit ihrer Ansprüche und geniesst Vorrang gegenüber Wettbewerbszielen | Gefahr unerwünschter Konkurse von Versicherungsunternehmen und, wegen ihrer Vertrauensanfälligkeit, des Zusammenbruchs grosser Bereiche der Versicherungswirtschaft |

*Quelle: Hollenders* (1985, S. 90 ff.)

(3) **Transparenzargument.** Tatsächlich ist der Versicherungsvertrag ein vergleichsweise komplexes Produkt, das dem Käufer den Vergleich zwischen den Angeboten nicht leicht macht. Die Markttransparenz ist deshalb häufig nicht gegeben. Es handelt sich auch um ein Produkt, dessen Qualität (und über die Sicherheit der Ansprüche des VK hinaus) recht schwer zu beurteilen ist (vgl. *Bellez*, 2002). Doch in solchen Fällen kann sich ein Anbieter dadurch auszeichnen, dass er einen besonders einfachen Vertrag entwickelt. Da er die mit der Interpretation des Vertrags verbundenen

Risiken übernimmt, wird er einen höheren Preis je Deckungseinheit verlangen müssen. Doch wenn der Mangel an Transparenz von den VK als ein so schwerwiegendes Problem wahrgenommen wird, müssten sie für seine Lösung auch eine entsprechende Zahlungsbereitschaft aufweisen. Transparenz kann auch durch einen spezialisierten Berater bzw. Makler geschaffen werden. Die Nachfrage nach Transparenz müsste sich wiederum in der Zahlungsbereitschaft für solche Dienstleistungen niederschlagen. Schliesslich wäre der blosse Gedanke an Allfinanzprodukte, die sich durch noch grössere Komplexität auszeichnen, von den VU nicht aufgegriffen worden, wenn die Komplexität der Versicherungsprodukte bereits jetzt zu gross gewesen wäre.

(4) **Mit- und Rückversicherungsargument.** Dahinter steht hier, dass die beiden weit verbreiteten Mittel der Risikoteilung, die Mitversicherung und die Rückversicherung, eine Kooperation zwischen VU und Rückversicherer notwendig machen. So müssen sich Erstversicherer und Rückversicherer z.B. über die Arbeitsteilung bei der Schadenabwicklung verständigen. Doch dies ist Teil der Vertragsaushandlung und von einer Absprache zwischen Konkurrenten zu unterscheiden. Die Mitversicherung hingegen, also die Aufsplittung eines grossen Risikos auf mehrere teilnehmende VU, bedingt eine Einigung bezüglich Prämien und Bedingungen zwischen Konkurrenten. Solche fallweisen Absprachen gibt es aber auch in andern Branchen (z.B. als Konsortien in Bauprojekten); sie sind unbedenklich, solange die einzelnen Unternehmen frei über ihre Teilnahme entscheiden können. Eine zwingende Regulierung der Prämien und Bedingungen durch die staatliche Aufsichtsbehörde mit dem Ziel, dieses „Marktversagen" zu heilen, erfolgt dagegen nicht fallweise und hat deshalb viel stärkere Auswirkungen.

(5) **Sicherheitsargument.** Danach besteht ohne Regulierung die Gefahr unerwünschter Konkurse (vgl. Tabelle 8.1). Neuere Forschungsergebnisse stellen das Sicherheitsargument jedoch grundsätzlich in Frage. *Rees, Gravelle* und *Wambach* (1998) zeigen, dass ein Management, das den Erwartungswert des VU maximiert, genügend Reserven halten wird, um eine Insolvenz auszuschliessen. Die zentrale Voraussetzung ist die, dass die Schadenverteilung nach oben „ausdünnt" und bei einem endlichen Schaden den Wert 0 annimmt. Dann aber gilt das Ergebnis nicht nur bei vorgegebener Prämie, sondern auch bei wohlinformierten VK, welche eine positive Ruinwahrscheinlichkeit in ihre Entscheidung einfliessen lassen würden. Die Aufgabe der Regulierungsbehörde könnte sich demnach auf die Verbreitung von Information über die Insolvenzwahrscheinlichkeiten beschränken.

Aber auch wenn die Behörde nicht davon ausgeht, dass die VU Insolvenzen im Eigeninteresse vermeiden, sondern die Ansprüche der VK sicherstellen will, um externe Kosten zu vermeiden, folgt daraus nicht zwingend die Zielformulierung (A). Man kann auch der Zielformulierung (B) folgen und dafür sorgen, dass die VK auch im Insolvenzfalle ihre Ansprüche nicht verlieren (eine Reihe von möglichen Lösungen wird im Abschnitt 8.1.3 dargestellt). Zudem hat ein Überschwappen des Vertrauensverlusts von einem VU auf das andere weit weniger gravierende Konsequenzen als im Falle der Banken. Im Zuge eines Bankenruns hat das Publikum je nach Kontentyp die Möglichkeit, den Vertrag mit sofortiger Wirkung zu kündigen, indem es die Guthaben abzieht. Ein Versicherungsvertrag kann zwar auch gekündigt werden, doch ohne die Folge eines unmittelbaren Liquiditätsabflusses. Der Ausfall der Prämieneinnahmen erfolgt erst Wochen oder Monate später, was dem VU Zeit zur Auflösung oder Umschichtung seiner Aktiva gibt.

**Folgerung 8.1**   Die insbesondere in Deutschland vorgebrachten Argumente zur Besonderheit von Versicherungsmärkten und Versicherungsprodukten vermögen ein Marktversagen und damit auch eine Regulierung im Sinne des Zieles A nicht wirklich zu begründen.

Interessanterweise nehmen diese Argumente auch nicht Bezug auf jene theoretischen Überlegungen, welche die Möglichkeit eines Marktversagens als Folge der asymmetrischen Information aufzeigen, nämlich moralisches Risiko und adverse Selektion.

- **Moralisches Risiko:** Wie in Abschnitt 7.2 gezeigt, gefährdet moralisches Risiko die Existenz eines Gleichgewichts unter Wettbewerbsbedingungen nicht. Allerdings wird (unter ziemlich weitgehenden Annahmen) die Abwesenheit von präventiven Anstrengungen vorausgesagt. Dieser Umstand kann als negativer externer Effekt interpretiert werden, weil er den Erwartungsschaden des VU erhöht, was sich in erhöhten Prämien aller Versicherter niederschlägt [vgl. *Strassl* (1988), 3. Kap.]. Der so verursachte Effizienzverlust muss allerdings gegen den durch die Regulierung verursachten Effizienzverlust abgewogen werden (vgl. Abschnitt 8.5). Überdies werden die Marktteilnehmer selbst versuchen, diesen Verlust zu mindern. So können die VU Prämienabschläge bei Schadenfreiheit anbieten und so präventive Anstrengungen ermutigen. Diese Art der Erfahrungstarifierung bildet zwar das wahre Risiko nur näherungsweise ab; dafür steht die dazu notwendige Information nach einiger Zeit zur Verfügung. Das damit verbundene Problem besteht darin, dass ein VU damit die guten Risiken zu sich herüberziehen könnte, was für seine Konkurrenten adverse Selektion bedeuten würde.

- **Adverse Selektion:** Die Entmischung der Risiken kann ein stabiles Gleichgewicht auf den Versicherungsmärkten verhindern (vgl. Abschnitt 7.3), was als Marktversagen aufzufassen ist. Doch auch hier gibt es eine Alternativlösung in Form des **Risikostrukturausgleichs**, der den Wettbewerb weit weniger einschränkt als die Prämien- und Produktregulierung der materiellen Versicherungsaufsicht. Mit der Schaffung eines Fonds für den Risikostrukturausgleich kann man den VU von vornherein den Anreiz nehmen, schlechte Risiken abzulehnen und gute anzuziehen. Das VU muss die Struktur seines Risikoportefeuilles offenlegen und wird für einen überdurchschnittlich hohen Anteil guter Risiken mit einer Ausgleichszahlung belastet. Umgekehrt erhält das VU mit den überdurchschnittlich vielen schlechten Risiken eine Subvention aus dem Fonds. Diese Lösung wurde in Deutschland und in der Schweiz gewählt, um in der sozialen Krankenversicherung einen Wettbewerb zwischen den Krankenkassen zu ermöglichen, der nicht mit einem Kampf um die guten Risiken, sondern mit niedrigen Beiträgen und neuen Produkten ausgetragen werden soll.

**Folgerung 8.2** Die Antiselektion von Risiken kann ein Marktversagen begründen. Mit dem Risikostrukturausgleich steht allerdings eine Lösung zur Verfügung, die den Preis- und Produktwettbewerb nicht unterbindet.

### 8.1.3 Möglichkeit einer lediglich formellen Versicherungsaufsicht

Die formelle Versicherungsaufsicht geht von der Variante (B) der in Abschnitt 8.1.1 vorgestellten Zielformulierung aus, wonach die Insolvenz des VU als Möglichkeit zugelassen wird, die dadurch entstehenden externen Kosten jedoch eingedämmt werden sollen. Dabei stehen Möglichkeiten im Vordergrund, diese Kosten zu internalisieren, d.h. ihrem Verursacher aufzubürden. Auf eine Überwachung des Verhaltens der VU im Markt wird dagegen verzichtet im Sinne einer lediglich formellen Aufsicht. Mindestens die folgenden Instrumente stehen dazu zur Verfügung.

(1) **Rückversicherung.** Das VU kann verpflichtet werden, eine bestimmte Quote der zu erwartenden Schadenzahlungen rückzuversichern. Damit wird sichergestellt, dass zumindest ein Teil der Ansprüche der VK garantiert ist, ausser der RV sei selbst insolvent. Diese Massnahme internalisiert die externen Kosten der Insolvenz, indem das VU mit hohem Insolvenzrisiko eine höhere RV-Prämie entrichten muss als das VU mit geringem Insolvenzrisiko. Allerdings dürften sich Konflikte an der Frage entzünden, wie hoch die RV-Quote im Interesse des VK anzusetzen sei, wobei in Zukunft die in Abschnitt 6.2.3 angesprochene Optionspreisbewertung eines Versicherungsvertrags vermehrt zum Zuge kommen könnte.

(2) **Sicherungsfonds.** Das VU kann verpflichtet werden, einen Sicherungsfonds aufzubauen. Nach einer Reihe von Jahren wird es daraus mindestens teilweise die Ansprüche der VK selbst decken können. Da die Mittel des Sicherungsfonds im Insolvenzfalle verlorengehen, hat das VU ein Eigeninteresse an der Vermeidung der Insolvenz (vgl. Abschnitt 6.2.3). Es handelt sich hier um ein klassisches Internalisierungsverfahren, das allerdings nicht kostenlos ist. Denn der Sicherungsfonds bindet Mittel, die im Risikozeichnungsgeschäft einen höheren Ertrag abwerfen würden. Dies fällt bei neugegründeten VU besonders ins Gewicht; insofern stellt der Sicherungsfonds eine Markteintrittsschranke dar.

(3) **Übernahme der schlechten Risiken durch ein konkurrierendes VU.** Ein VU, das schlechte Risiken anzieht, geht dem Konkurs entgegen. Damit steht ein ganzes, allerdings ungünstig strukturiertes Risikoportefeuille zur Disposition. Es ist nicht ausgeschlossen, dass ein anderes VU diesen Bestand übernimmt. Denn die Akquisitionskosten sind im Versicherungsgeschäft hoch. Deshalb wird ein VU, das wachsen will, neben der Hereinnahme zusätzlicher Risiken durch den teuren Aussendienst auch die Übernahme eines ganzen Versichertenbestandes als Alternative prüfen. Es könnte dabei durchaus im Interesse seiner Eigentümer handeln. Der erwartete Überschuss $E(A_t - L_t)$ des VU mag zwar sinken, doch sollten die Schäden des zu übernehmenden Risikoportefeuilles negativ mit den bisherigen Risiken korrelieren, so sinkt $Var(L_t)$ und damit ceteris paribus auch $\sigma^2 = Var(A_t - L_t)$. Für ein risikoaverses Management stellt dies einen zusätzlichen Grund für eine Übernahme dar. Die Aktionäre dagegen sind an einer Reduktion von $\sigma$ zunächst nicht interessiert, weil dadurch der

Wert ihrer Call- wie auch ihrer Put-Option zurückgeht [vgl. Gleichung (6-42) sowie die Ausführungen in Abschnitt 6.2.4]. Vom Rückgang des Werts ihrer Put-Option profitieren allerdings die VK. Die damit verbundene Ausweitung der Versicherungsnachfrage könnte $E(A_t - L_t)$ so sehr anheben, dass die damit verbundene Wertsteigerung der Call-Option die anderen Effekte überschattet. Die Übernahme der Risiken eines insolventen VU kann damit den Interessen des Managements wie auch der Eigentümer des akquirierenden VU entgegenkommen.

(4) **Gemeinsame Sicherungseinrichtung.** Das VU kann verpflichtet werden, einer von allen VU getragenen Sicherungseinrichtung beizutreten. Da ein gleichzeitiger Konkurs mehrerer VU unwahrscheinlich ist, ist in der Regel die volle Vergütung der Ansprüche der VK gewährleistet [für eine nähere Beschreibung vgl. *Finsinger, Hammond* und *Tapp* (1985)]. Diesem Vorteil stehen Probleme des moralischen Risikos und der adversen Selektion gegenüber. Das Management eines VU ist insofern dem **moralischen Risiko** ausgesetzt, als es im Wissen, dass im Falle eines Konkurses die Ansprüche der VK durch Zahlungen vor allem anderer VU befriedigt würden, die Ruinwahrscheinlichkeit etwas höher belassen könnte als unter anderen Umständen. Damit würden Konkurse häufiger, was im Extremfall auch die gemeinsame Sicherungseinrichtung in die Zahlungsunfähigkeit treiben würde.
Das Problem der **Antiselektion** dürfte ebenfalls eine Rolle spielen. Einerseits könnten die Konsumenten Billigverträge von finanziell schlecht abgesicherten VU kaufen im Bewusstsein, dass ihre Ansprüche im Konkursfall eben doch gedeckt würden. Zusätzlich aber könnte ein Markt mit gemeinsamer Sicherungseinrichtung "Investoren" besonders anziehen, die von vorneherein nur die Prämie einkassieren wollen und an eine Bezahlung der Schäden gar nicht denken.
Zur Eindämmung dieser Effekte stehen allerdings die im Kapitel 5 dargestellten Instrumente der Versicherungstechnologie zur Verfügung. Insbesondere ist es der Sicherungseinrichtung unbenommen, das Insolvenzrisiko der angeschlossenen VU abzuschätzen und die zu leistenden Zahlungen entsprechend abzustufen. Ein VU mit hohem Risiko muss die Belastung in den Prämien weitergeben und kann deshalb nicht so ohne weiteres Billigverträge anbieten. Betrügerische Investoren könnten daran erkannt werden, dass sie die entsprechenden Zahlungen zu vermeiden suchen. Darüber hinaus ist an Rating-Agenturen zu denken, die VU mit hohem Risiko erkennen und entsprechend bewerten. Damit könnte der Beitrag jedes einzelnen VU auch von diesem Rating abhängig gemacht werden.

(5) **Sicherung mit Steuergeldern.** Eine letzte Möglichkeit, die Konsequenzen der Insolvenz eines VU abzufedern, besteht darin, die Ansprüche der VK mit Steuergeldern zu decken, etwa wie bei den Opfern von Naturkatastrophen. Sie mag auf den ersten Blick unrealistisch erscheinen, ist aber im Bereich der nuklearen Haftpflicht verwirklicht, indem bei einem Grossunfall in einem Kernkraftwerk jenseits eines je nach Land unterschiedlichen Schwellenwertes Schadenzahlungen aus öffentlichen Mitteln geleistet würden [ohne die am sog. Nuklearpool beteiligten VU erst insolvent werden zu lassen; vgl. *Tyran* und *Zweifel* (1993)]. Dass eine solche Lösung Probleme der asymmetrischen Information in besonderem Masse heraufbeschwört, liegt auf der Hand. Im Falle der nuklearen Haftpflicht versuchen die Behörden denn auch, moralisches Risiko auf Seiten der Werkbetreiber mit umfangreichen technischen Sicherheitsvorschriften zu unterbinden.

**Folgerung 8.3** Für eine lediglich formelle Versicherungsaufsicht stehen eine Reihe von Massnahmen zur Verfügung, unter denen auch solche, die eine Internalisierung der durch eine Insolvenz verursachten externen Kosten bewerkstelligen (Zwang zur Rückversicherung und zur Teilnahme an Sicherungsfonds). Probleme der asymmetrischen Information sind vor allem bei der gemeinsamen Sicherungseinrichtung und der Sicherung mit Steuergeldern zu erwarten.

## 8.2 Übersicht über die Regulierungssysteme

### 8.2.1 Instrumente der Regulierung

Die Instrumente der Regulierung der Versicherungswirtschaft lassen sich den beiden im Abschnitt 8.1 unterschiedenen Intensitätsstufen der Regulierung zuordnen, der formellen und der materiellen Aufsicht.

(1) **Formelle Aufsicht.** Hier begnügt sich die Behörde damit, den Markteintritt und -austritt zu regulieren. Sie prüft insbesondere, ob die Bedingungen für eine Versicherungtätigkeit erfüllt sind. Die Instrumente sollen dem VU ein Eigeninteresse an einer niedrigen Insolvenzwahrscheinlichkeit vermitteln. Dazu gehören die folgenden:

- ein genügendes Eigenkapital zur Gründung des Unternehmens;
- ein besonderer Sicherungsfonds (gespeist durch Rückstellungen), um die Ansprüche der VK sicherzustellen;
- mindestens ein Mitglied der Leitung des VU, das eine ordnungsgemässe Abwicklung der Geschäfte gewährleisten soll (i.d.R. ein Versicherungsmathematiker);
- die Bereitstellung von Informationen, die belegen, dass die Bedingungen für den Markteintritt auch weiterhin eingehalten werden.

Diese Art der Regulierung kennzeichnet die EU-Mitgliedsländer Grossbritannien und Irland. Länder wie Australien, Neuseeland und Südafrika lassen sich ebenfalls diesem Typ zuordnen.

(2) **Materielle Aufsicht.** Im Rahmen der materiellen Aufsicht reguliert die Behörde auch die Tätigkeit der VU nach ihrem Markteintritt. Zu den Instrumenten gehören hier

- *die Preisregulierung.* Sie stützt sich zentral auf das Transparenzargument des Abschnitts 8.1.2: Weil die VK nicht in der Lage sind, den Versicherungsvertrag richtig zu interpretieren, fehlt ihnen auch die Marktübersicht. Damit besteht die Gefahr der Übervorteilung, und um ihr zu begegnen, setzt die Behörde Höchstpreise fest, möglicherweise ergänzt durch eine Gewinnregulierung wie im Falle Deutschlands bis 1994 [vgl. *Finsinger* (1983) und das Beispiel 6.5 in Abschnitt 6.2.2]. Anderseits gilt es aufgrund des Sicherheitsarguments dafür zu sorgen, dass die Ansprüche der VK bleibend erfüllt werden können. Da dieses Ziel durch die gänzliche Vermeidung von Insolvenzen erreicht werden soll [Formulierung (A) des Abschnitts 8.1.1] müssen die Einnahmen des VU nicht nur den Erwartungswert der Schäden, sondern auch die realisierten Schadenzahlungen möglichst immer übersteigen. Bei einer kleinen Preiselastizität der Nachfrage eignet sich dazu das Hochhalten der Prämiensätze, was die Behörde veranlasst, auch Mindestpreise festzusetzen. Im Extremfall mündet deshalb die Preisregulierung in einen Einheitspreis für einen bestimmten Vertragstyp, was den Preiswettbewerb endgültig zum Erliegen bringt.

- *die Produktregulierung.* Wenn die VU nicht mit dem Preis VK an sich ziehen dürfen, werden sie versuchen, es mit anderen Dimensionen des Produkts zu tun. Sie betreiben Produktdifferenzierung. Versicherungsverträge eignen sich dazu vorzüglich, gilt es doch, versicherte Ereignisse und Konsequenzen zu definieren, Versicherungssummen, feste und variable Selbstbehalte festzulegen, die Schadenabwicklung mehr oder weniger rasch zu gestalten, einen Grad der Kulanz zu wählen, Prämienrabatte bzw. -rückerstattungen bei Schadenfreiheit abzustufen, einen technischen Zinssatz zu wählen, zu dem die Sparkomponente der Lebenversicherungsprämie aufgezinst wird und eine allfällige zukünftige Überschussbeteiligung in Aussicht zu stellen. Alle diese Differenzierungen vermindern jedoch die Marktübersicht und müssen deshalb von der Aufsichtsbehörde unterbunden werden. Aus diesem Grunde ist es notwendig, die Preisregulierung durch die Produktregulierung zu ergänzen, mit der Folge, dass Produktinnovationen erschwert werden. Die Behörde kann eine Produktinnovation nur dann zulassen, wenn sie von sämtlichen VU eingeführt wird. Nur so ist die Markttransparenz weiterhin gewährleistet. Produktinnovationen werden jedoch von den Unternehmen in der Absicht lanciert, Marktanteile und Gewinne zu steigern. Diese Absicht wird durchkreuzt, wenn die Konkurrenten über entsprechende Vorhaben schon im voraus informiert werden müssen. Die Produktregulierung lässt demnach die Kosten der Produktinnovation ansteigen und reduziert zugleich deren Erträge. Damit unterbleibt die Innovation in vielen Fällen.

- *die Regulierung der Kapitalanlagen.* Ein VU kann in seinem Risikozeichnungsgeschäft die Prämieneinnahmen stets über den Schadenzahlungen halten, bei der Kapitalanlage dagegen Verluste erleiden, die seine Solvenz gefährden. Im Rahmen der materiellen Aufsicht werden zur Vermeidung von Insolvenzen gewisse Formen der Kapitalanlagen ausgeschlossen, andere (insbesondere das Halten von Staatspapieren) dagegen vorgeschrieben. Dadurch entfällt eine Reihe von Diversifikationsmöglichkeiten, so dass eine vorgegebene erwartete Rendite des Überschusses $\mu = Er_S$ bei gegebener Varianz $\sigma^2 = Var(r_S)$ nicht mehr erreicht werden kann (vgl. Abschnitt 5.9). Die effiziente Grenze im ($\mu$, $\sigma$)-Raum verschiebt sich nach innen und unten. Da mit einem niedrigen Wert von $Er_S$ negative Renditen des Überschusses wahrscheinlicher werden, läuft die Regulierung der Kapitalanlage sogar Gefahr, das Insolvenzrisiko zu vergrössern statt zu verkleinern [*Eisen, Müller* und *Zweifel* (1992)].

**Folgerung 8.4**   Die Regulierung der Preise, Produkte und Kapitalanlagen gehört zur materiellen Versicherungsaufsicht. Damit wird der Wettbewerb mit dem Preis und der Produktinnovation erschwert und gewisse effiziente Portefeuilleallokationen ausgeschlossen.

## 8.2.2  Unterschiedliche nationale Systeme der Regulierung

Die Regulierung der Versicherungswirtschaft unterscheidet sich recht stark in den einzelnen Ländern. Am einen Ende des Spektrums steht Neuseeland, wo seit 1985 nur gerade eine kommentierte Jahresrechnung eingefordert wird, aber die Festlegung von Prämien, Produkten und Anlagepolitik weitestgehend den VU überlassen werden [*Adams* und *Tower* (1994)].

Die USA nehmen eine Zwischenstellung ein. Der McCarran-Ferguson Act von 1945 überträgt die Kompetenz zur Regulierung grundsätzlich den Bundesstaaten [*Abraham* (1995), 97]. Das Hauptziel der Regulierung ist die **Sicherstellung der Solvenz**, wobei das Verhältnis der Prämieneinnahmen zum Überschuss (engl. premium-to-surplus ratio, auch leverage) als Indikator dient. Damit wird aber das Anlagegeschäft nicht erfasst, und so ist es 1992 zu einer Ergänzung durch einen Vergleich der Anlagen (gewichtet mit einem Index des Risikos) mit dem Eigenkapital der VU gekommen (Risk-Based Capital Guideline der National Association of Insurance Commissioners) [*Abraham* (1995), 99-100].

Daneben kennen Bundesstaaten in den USA teils unterschiedlich strenge Systeme der Prämienregulierung, teils freie Prämiengestaltung mit oder ohne Benachrichtigung der Behörde. Die regulierten Prämien werden mitunter nicht so angesetzt, dass sie Solvenz gewährleisten, sondern der Schutz der Konsumenten vor überhöhten Prämien steht im Vordergrund.

Eine Besonderheit der USA liegt ferner im Umstand, dass die Gerichte einen grossen Spielraum bei der Interpretation von Gesetzen haben. Dies gibt ihnen die Möglichkeit, auch eine Neuinterpretation des Versicherungsvertrags vorzunehmen. Berühmt ist die Klausel bezüglich Umweltschäden, die durch einen plötzlichen und zufälligen Ausfluss von Schadstoffen (engl. sudden and accidental) zustandekommen. Die Gerichte begannen, "sudden" mit "unerwartet" gleichzusetzen, mit der Folge, dass die VU auch bei schleichenden Umweltverschmutzungen Zahlungen leisten mussten.

Am andern Ende des Spektrums stehen die "germanischen" Spielarten der Versicherungsregulierung [Deutschland, Österreich, Schweiz, aber auch die skandinavischen Länder; vgl. *Zweifel* (1994)].

## 8.2.3  Die Regulierung der Versicherungsmärkte in der EU

Die durch die EU gesetzten regulatorischen Rahmenbedingungen ersetzen mehr und mehr die nationalen Regulierungen der Mitgliedstaaten, darunter Deutschlands und Österreichs. Auch die Gesetzgebung in der Schweiz steht unter ihrem Einfluss, weil der bilaterale Versicherungsvertrag von 1992 eine weitgehende Angleichung der Rechtsvorschriften mit sich bringt.

Die Europäische Kommission verfolgt die Schaffung eines Einheitlichen Europäischen Marktes für Versicherung. Sie kann sich dabei auf die Art. 52 (Recht auf Niederlassung) und 59 (freier Dienstleistungsverkehr) der Römischen Verträge stützen [*Merkin* und *Rodger* (1997), Kap. 1].

Diese beiden Freiheiten sollen es einem in der EU etablierten VU erlauben, (1) sich in jedem Mitgliedsland niederzulassen, um dort seine Produkte zu verkaufen, aber auch (2) seine Produkte von einem beliebigen Standort innerhalb der EU aus in einem anderen Mitgliedsland zu vertreiben. Der entsprechende Gesetzgebungsprozess wurde nach 30 Jahren per 1. Juli 1994 offiziell abgeschlossen. Er lässt sich durch eine Abfolge von Richtlinien darstellen (vgl. auch Tabelle 8.2).

Die Rückversicherungs-Richtlinie bildete einen Vorläufer. Die Mitgliedstaaten der EU (damals EWG) wurden aufgefordert, diskriminierende Auflagen gegenüber Rückversicherungsunternehmen (RVU) aus anderen Mitgliedsländern aufzuheben. RVU mit Sitz in einem EU-Land haben seither das Recht, eine Niederlassung zu betreiben oder aber direkt ihre Produkte in einem andern EU-Land zu verkaufen. Die Rückversicherung (RV) eignete sich deshalb für den ersten Schritt, weil sie in den meisten Industrieländern ohnehin vergleichsweise wenig reguliert ist.

Die 1. Generation der Richtlinien befasste sich mit dem Marktzugang, ohne im übrigen Fragen der Regulierung von Prämien und Produkten anzugehen. Die Spartentrennung zwischen Leben- und Nichtlebengeschäft wird festgeschrieben, obschon dies aus portfoliotheoretischer Sicht einen Effizienzverlust bedeutet. Für die Eigentümer des VU fällt die Volatilität des Überschusses unnötig hoch aus, weil **Risikodiversifikationsmöglichkeiten entfallen**, wodurch das β des Risikozeichnungsgeschäfts [$β_u$ der Gleichung (6-33) in Abschnitt 6.2.1] zunimmt. Dafür müssten sie gemäss Gleichung (6-36) durch eine höhere Rendite im Risikozeichnungsgeschäft entschädigt werden. Dies aber bedeutet höhere Prämiensätze zum Nachteil der VK. Hingegen ist die Spartentrennung für die Versicherungsaufsicht von Vorteil, die so die Rückstellungen für zukünftige Schäden den Bereichen Leben und Nichtleben zuordnen kann und von der Anforderung befreit ist, Quersubventionierungen z.B. der Nichtlebenprämien durch Rückstellungen im Lebengeschäft zu erkennen.

Die 2. Generation der Richtlinien führt die Dienstleistungsfreiheit ein, jedoch nur eingeschränkt im Lebengeschäft. Damit ist gemeint, dass das Geschäft z.B. in Deutschland akquiriert werden darf, ohne dass dort eine Niederlassung besteht. Die Einschränkung besagt, dass die Initiative zum Geschäft nicht vom VU, sondern vom VK ausgehen muss.

In der 3. Generation der Richtlinien werden das Leben- und das Nichtlebengeschäft einander **gleichgestellt**. Ein EU-Versicherer darf seit 1994 in einem beliebigen Mitgliedsland Verträge auch mit Privatkunden abschliessen. Dabei muss er sich lediglich an die Regulierung in seinem Sitzland halten (sog. Heimatlandprinzip). Da die Niederlassungsfreiheit die Wahl des Sitzlandes zulässt, können die VU der EU die materielle Aufsicht umgehen.

**Tabelle 8.2**   Die Liberalisierung der Versicherungsmärkte in der EU

| Norm | Jahr/Code | Inhalt |
|---|---|---|
| Rückversicherungs-Richtlinie | 1964 62/225 | Niederlassungsfreiheit und Dienstleistungsfreiheit für RVU der EU |
| **1. Generation Versicherungs-Richtlinien** | | |
| Erste Nichtleben-Richtlinie | 1973 73/239 | Ohne Kfz-V. Anmeldung der Niederlassung im Gastland, doch keine Diskriminierung; Festlegung der Solvabilitätsspanne; genügend Rückstellungen in lokaler Währung |
| Erste Leben-Richtlinie | 1979 79/267 | Gleiche Niederlassungsbedingungen wie Nichtleben; Spartentrennung zu Nichtleben |
| **2. Generation der Versicherungs-Richtlinien** | | |
| Mitversicherungs-Richtlinie | 1978 78/473 | Nichtdiskriminierende Teilnahme von VU aus der EU an der Mitversicherung ohne Erlaubnis des Gastlandes |
| Entscheidungen des Europäischen Gerichtshofs | 1983/84 z.B. 205/84 | Gastland kann eine Niederlassung der eigenen Regulierung unterwerfen (z.B. Europäische Kommission gegen Deutschland) |
| Zweite Nichtleben-Richtlinie | 1988 88/357 | Dienstleistungsfreiheit für grosse Risiken (ab 12,8 Mio ECU und 250 Beschäftigte). Für Massenrisiken Rechtsprechung des Gastlandes massgebend; gilt auch für Kfz-V |
| Zweite Leben-Richtlinie | 1990 90/619 | Dienstleistungsfreiheit nur, falls VK die Initiative zum Vertrag ergreift; sonst Erlaubnis des Gastlandes nötig |
| **3. Generation der Versicherungs-Richtlinien** | | |
| Dritte Nichtleben-Richtlinie | 1992 92/49 | Materielle Auflagen bezüglich Vertrag und Prämie nicht mehr zulässig; einheitliche europäische Zulassung; keine Unterscheidung zwischen grossen und Massenrisiken mehr; Gastland darf im Interesse des Gemeinwohls eingreifen |
| Dritte Leben-Richtlinie | 1992 92/96 | Analog zur Nichtleben-Richtlinie |
| Inkraftsetzung des Einheitlichen Marktes für Versicherung | 1.7.1994 | Übergangsfristen für Spanien (Ende 1996) sowie Griechenland und Portugal (Ende 1998); Überwachung der Einhaltung durch die Versicherungskommission |
| Versicherungsbilanz-Richtlinie | 1991 91/674 | Verlangt die Ausgliederung des RV-Geschäfts sowie des Anlagegeschäfts in Gewinn- und Verlustrechnung sowie Bilanz von VU |

*Quelle: Merkin* und *Rodger* (1997), Kap. 1

### 8.2.4 Die Regulierung der Versicherungsmärkte in Deutschland, Österreich und der Schweiz

Die Ähnlichkeit der drei Länder in Bezug auf die Regulierung der Versicherung geht bereits aus der Benennung der Gesetze hervor. Alle drei kennen ein Versicherungsaufsichtsgesetz, und Deutschland und Österreich ein Versicherungsvertragsgesetz (das in der Schweiz neuerdings in ein Schadensversicherungsgesetz und ein Lebensversicherungsgesetz aufgespaltet ist). Alle drei Länder kannten die materielle Aufsicht und haben sie seit 1990 in Übereinstimmung mit der EU gelockert bzw. aufgegeben. Österreich ging 1995 voran, Deutschland folgte 1997, während in der Schweiz eine Anpassung nur im Nichtle-

**Tabelle 8.3** Gesetzliche Grundlagen der Regulierung in drei Ländern

| Deutschland | | |
|---|---|---|
| Versicherungsaufsichtsgesetz VAG 1901 | rev. 1992 rev. 1997 | Genehmigungspflicht für Kranken-Versicherungen und Pensionskassen |
| Versicherungsvertragsgesetz | rev. 1994 | |
| Gesetz über Allgemeine Vertragsbedingungen | rev. 1994 | Beendigt materielle Aufsicht |
| Verordnung über Kapitalunterlegung von VU | rev. 1996 | Führt Solvabilitätsspanne ein |
| Verordnung über Rechnungslegung der VU | rev. 1994 | Verlangt die Ausscheidung von RV- und Kapitalanlagegeschäft |
| **Österreich** | | |
| Versicherungsvertragsgesetz VersVG 1959 | rev. 1995 | |
| Versicherungsaufsichtsgesetz VAG 1975 | | |
| VAG-Novelle 1992 | 1.1.1994 | Spartentrennung |
| VAG-Novelle 1994 | 1.9.1994 | Garantiefonds |
| Revision des VersVG 1995 | 1995 | Revision beendet materielle Aufsicht, Kündigungsmöglichkeit nach 3 Jahren |
| VAG-Novelle 1996 | 1.8.1996 | Zusätzliche Informationspflichten des VU zu Gunsten VK, Auflagen bez. Gewinnbeteiligung in der Lebensversicherung |
| **Schweiz** | | |
| Versicherungsaufsichtsgesetz VAG 1885 | rev. 1979 | Sieht materielle Aufsicht vor |
| Kautionsgesetz 1919 | | Verlangt von ausländischen VU eine Kaution |
| Sicherstellungsgesetz 1930 | | Sicherungsfonds für inländische VU |
| Aufsichtsverordnung 1931 | | Höchstgrenzen für Kapitalanlage-Kategorien |
| Abkommen EU/Schweiz für Nichtleben-V. | 1.1.1995 | Beidseitige Nichtdiskriminierung von Niederlassungen von Nichtleben-VU |
| Schadenversicherungsgesetz SchVG | 1.1.1993 | Wegfall der Genehmigungspflicht, dafür Solvabilitätsspanne; gebundenes Vermögen, Anlagebeschränkungen |
| Schadenversicherungsverordnung | 1.10.1993 | Genehmigungspflicht bleibt; Solvabilitätsspanne, Sicherungsfonds, Anlagebeschränkungen |
| Lebensversicherungsgesetz LeVG | 1.1.1994 | |
| Lebensversicherungsverordnung LeVV | 1.1.1994 | |

*Quellen:* OECD (1998), Competition and related regulative issues in the insurance industry: Germany, Paris: DAFFE/CLP/WPZ/WD (98)24; Verband der Versicherungsunternehmen Österreichs (1996), Der österreichische Versicherungsmarkt, Wien; *Witzel, R.* (1998), Betriebswirtschaftliche Versicherungslehre, Teil 1, Vorlesungsmanuskript.

benbereich (Schadenversicherung) erfolgte, wo seit 1995 das Abkommen EU/Schweiz gilt. Im Lebenbereich dagegen bleibt vorderhand die Genehmigungspflicht; vgl. zusammenfassend Tabelle 8.5.

**Folgerung 8.5**     Die internationalen Unterschiede zwischen den Regulierungssystemen der Versicherungswirtschaft wurden vor allem innerhalb der EU geringer. Insbesondere haben Deutschland und Österreich die materielle Aufsicht beendet, währenddem sie die Schweiz im Lebengeschäft beibehält.

## 8.3 Drei konkurrierende Regulierungstheorien

Im vorhergehenden Abschnitt wurden erhebliche länderspezifische Unterschiede der Versicherungsregulierung festgestellt. Da es sich stets um die gleichen Wirtschaftszweige handelt, sind solche Unterschiede nicht zu erwarten. Jedenfalls sprechen sie gegen die Vermutung, dass die im Abschnitt 8.1.2 genannten Besonderheiten der Versicherungsmärkte (die grundsätzlich international gültig sein müssten) den Ausschlag für die Regulierung geben. Es fällt auch auf, dass ähnliche offizielle Ziele mit sehr unterschiedlichen Mitteln angestrebt werden. So nennt z.B. *Meier* (1991) folgende fünf offiziellen Ziele der amerikanischen Regulierung, die vermutlich auch auf andere Staaten zutreffen dürften:

(1) Überwachung der Solvenz;

(2) Gewährleistung fairer Handelspraktiken;

(3) Kontrolle des Marktzugangs;

(4) Stabilität der Prämien;

(5) Soziale Ziele.

In den USA werden diese Ziele zur Hauptsache mit den Mitteln der formellen Versicherungsaufsicht angestrebt, wobei einzelne Bundesstaaten durchaus Elemente der materiellen Aufsicht kennen (z.B. Prämienregulierung in der Kfz-Versicherung Kaliforniens). Die neuseeländischen Behörden (vgl. Abschnitt 8.2.2) dagegen setzen lediglich Mittel der formellen Aufsicht ein. Diese Unterschiede rufen nach einer Theorie der Regulierung, die zwar Allgemeingültigkeit beansprucht, aber bei der Anwendung auf die Versicherungswirtschaft mit den Beobachtungen übereinstimmt.

Es lassen sich **drei Theorien der Regulierung** unterscheiden [*Peltzman* (1976)]: (1) Regulierung im öffentlichen Interesse; (2) die Vereinnahmung durch die zu regulierende Branche und (3) die Existenz eines Marktes für Regulierungsleistungen. Diese Theorien sollen im Folgenden dargestellt und auf ihren Erklärungsgehalt geprüft werden.

### 8.3.1 Regulierung im öffentlichen Interesse

Ausgangspunkt ist ein Marktversagen, das korrigiert werden muss. Im Bereich der Versicherungswirtschaft bietet sich die Insolvenz insbesondere einer im Lebengeschäft tätigen VU als Beispiel eines Marktversagens an (andere Beispiele könnten aufgrund der Besonderheitenargumente des Abschnitts 8.1.2 genannt werden): Die VK sind zuwenig informiert, um z.b. feststellen zu können, dass die Rückstellungen nicht ausreichen, um den zukünftigen Verpflichtungen nachzukommen. Das Land sieht sich überraschend einer Gruppe von überwiegend älteren Menschen gegenüber, die zwar für ihr Rentnerdasein Vorsorge trafen, aber wegen der Insolvenz des VU ohne Mittel dastehen. In dieser Situation greift die Regierung ein und trifft Vorkehrungen, um Insolvenzen zu vermeiden. Die Regulierung erfolgt demnach im öffentlichen Interesse.

Diese Theorie wirft die folgenden Probleme auf.

- **Mangelnde Abgrenzung von Marktversagen:** Damit auf einem Markt die Preise ihre Funktion wahrnehmen können, Knappheit anzuzeigen, müssen sie variieren können. Demgegenüber lässt die Zielsetzung "Stabilität der Prämien" (Nr. 4 oben) darauf schliessen, dass solche Variationen als Marktversagen aufgefasst werden. Offenbar liegt es weitgehend im Ermessen der beteiligten Parteien zu entscheiden, was ein Marktversagen darstellt.

- **Mangelnde Erklärung der Wahl der Instrumente:** Die Theorie von der Regulierung im öffentlichen Interesse vermag kaum eine Aussage darüber zu machen, welche Mittel zur Erreichung der Ziele eingesetzt werden. So bleibt offen, unter welchen Umständen sich die Regierung mit einer Regulierung des Marktzugangs begnügt oder aber zur Regulierung der Prämien schreitet.

- **Mangelnde Anreize zum unterstellten Verhalten:** Es bleibt unklar, was für Motive die Mitglieder der Regierung und der Verwaltung dazu bringen sollen, nachhaltig den (ohnehin schwer zu definierenden) öffentlichen Interessen zu dienen. Vielmehr besteht die Vermutung, dass sie nicht zuletzt auch eigene Interessen verfolgen, die mit dem öffentlichen Interesse nicht unbedingt in Einklang zu stehen brauchen.

### 8.3.2 Vereinnahmung durch den regulierten Wirtschaftszweig

Diese Sicht der Regulierung ist von *Posner* (1974) in die Diskussion eingebracht worden. Sie erinnert an die marxistische Auffassung, dass sich die Kapitalisten in Wirtschaft und Gesellschaft stets durchsetzen werden. Wenn es aber einem regulierten Wirtschaftszweig gelingt, die Überwachungsbehörde zu ihrem Vorteil zu vereinnahmen, werden dadurch nicht zuletzt auch Kapitalisten geschädigt, die in andern Wirtschaftszweigen tätig sind und z.B. überhöhte Preise bezahlen müssen. Offenbar setzen sich die Interessen jener Unternehmenseigentümer durch, die sich zu geringen Kosten organisieren lassen (*Olson*, 1965). Ausserdem dürfte es von Vorteil sein, der regulierenden Behörde fachspezifisches Wissen anbieten zu können. Mit der Vereinnahmung (engl. capture) werden *Stigler* (1971) zufolge zwei Ziele verfolgt, der Schutz vor Wettbewerb durch Aussenseiter sowie die Erlangung von Subventionen.

Auch diese Sicht hat noch einen **Schwachpunkt**. Sie unterstellt, dass sich Regierung und Verwaltung ohne weiteres vereinnahmen lassen würden. Unter diesen Umständen ist schwer einzusehen, weshalb es je zu einer Bewegung in Richtung Deregulierung kommen könnte.

### 8.3.3 Angebot und Nachfrage auf dem Regulierungsmarkt

Diese Verallgemeinerung geht auf *Stigler* (1971) und namentlich *Peltzman* (1976) zurück. Als Anbieter von Regulierung treten Regierung und Verwaltung auf. Sie wägen Vor- und Nachteile zusätzlicher Regulierung ab. Dabei verfolgt die Regierung das Ziel der Wiederwahl, zu dem der regulierte Wirtschaftszweig insbesondere mit Wahlkampfspenden beitragen kann. Der Vorteil zusätzlicher Regulierung liegt für die Verwaltung und ihre Direktoren in der Möglichkeit, dem Amt mehr Macht und Prestige zu vermitteln und durch seine Vergrösserung zusätzliche Aufstiegschancen zu schaffen. Auf der Kostenseite besteht vor allem für die Politiker die Gefahr, dass die Stimmbürger die regulierungsbedingten **Effizienzverluste** zu spüren bekommen und deshalb bei der nächsten Wahl zu einem Herausforderer überlaufen. Dadurch, dass z.B. Mindestprämien vorgeschrieben werden, kommen Versicherungsverträge nicht zustande, die sonst abgeschlossen worden wären. Dies bedeutet einen Effizienzverlust, der bei einer Intensivierung der Regulierung zunimmt.

Insofern **steigen die Grenzkosten** der Regulierung für Regierung und Verwaltung an, und es braucht einen erhöhten "Preis" der Regulierung (im Sinne von Vorteilen aus zusätzlicher Regulierungsintensität), damit sich Regierung und Verwaltung auf mehr Regulierung einlassen (vgl. die ansteigende Angebotsfunktion der Abbildung 8.1).

Die **Nachfrage nach Regulierung** geht einerseits von einem Teil der VK aus, nämlich denjenigen, bei einer risikoadäquaten Prämienkalkulation hohe Prämiensätze bezahlen müssten, oder von VK, die infolge einer Insolvenz des VU im Schadenfall keine Leistung erhielten. Eine zweite Nachfragergruppe bilden die VU, welche sich von der Regulierung verminderten Wettbewerbsdruck versprechen. Wie üblich kann man davon ausgehen, dass beide Gruppen für die ersten Schritte von Regierung und Verwaltung bereit wären, einen hohen Preis zu bezahlen, wobei ihre Zahlungsbereitschaft für zusätzliche Anstrengungen in dieser Richtung absinkt. Die Nachfragefunktion verläuft also fallend; ihre Lage hängt u.a. von der Struktur der Versicherungsmärkte ab.

*Adams* und *Tower* (1994) bemerken, dass in einem Land wie Neuseeland, wo die grössten fünf VU rd. 70% des Prämienvolumens einnehmen, die Nachfrage nach Regulierung auf Seiten der Versicherungswirtschaft generell niedrig sein dürfte, etwa wie $N_0$ in der Abbildung 8.1. Denn die führenden VU haben es gar nicht nötig, Verwaltung und Regierung für ihre Ziele einzuspannen, fällt es ihnen doch leicht, z.B. Absprachen bezüglich des Umgangs mit Aussenseitern zu treffen und auch durchzusetzen. Dieser Sachverhalt könnte erklären, weshalb das Gleichgewicht $Q^*$ auf dem neuseeländischen Versicherungsmarkt eine geringe Regulierungsintensität $R^*$ mit sich bringt. Zudem erscheint der "Preis" der Regulierung mit $p^*$ ebenfalls niedrig. Dieser Preis ist nichts anderes als die Vorteile, welche sich Verwaltung und Regierung bei einer Intensivierung der Regulierung versprechen (da ja sonst ihre zusätzlichen Kosten nicht gedeckt würden). Die zu deckenden Grenzkosten sind aber noch niedrig, und damit auch die Gesamtkosten der Regulierung. Dieser Vorteil ist allerdings gegen den Effizienzverlust abzuwägen, der sich aus der **Monopolisierung des Marktes** durch abgestimmtes Verhalten der wenigen Grossen ergeben könnte.

In einem anderen Land mag die Nachfrage nach Regulierung der Versicherungswirtschaft vergleichsweise ausgeprägt sein kann (vgl. $N_1$ in der Abbildung 8.1). Ein weniger konzentrierter Markt könnte ein Grund sein, aber auch eine Reihe von Insolvenzen, bei denen viele VK zu Schaden kamen. Dann würde sich ein Gleichgewicht bei $Q^{**}$ einstellen, mit höherer Regulierungsintensität $R^{**}$ und einem höheren Preis $p^{**}$.

**Abbildung 8.1**  Der Markt für Regulierung

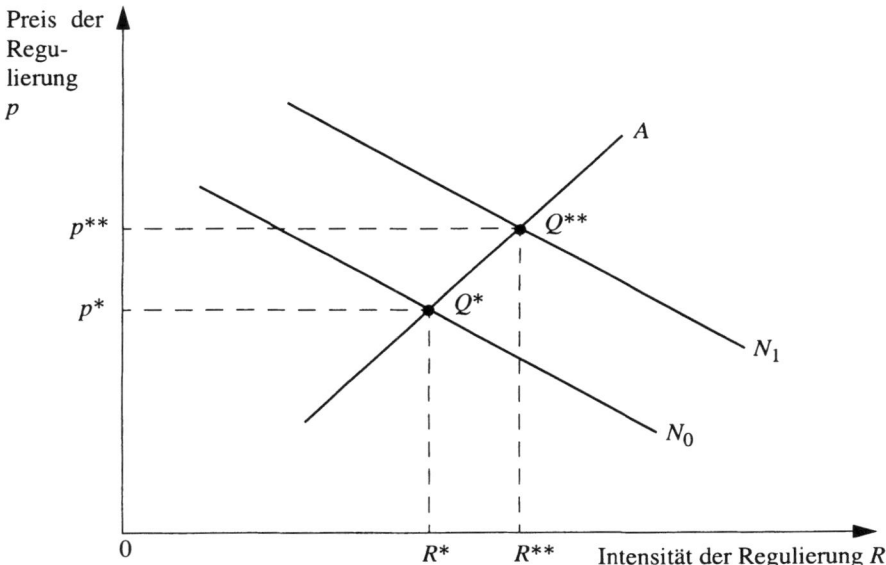

Im Gegensatz zur Theorie der Vereinnahmung im vorhergehenden Abschnitt kann das Marktmodell auch erklären, wie es zu einem **Interesse an Deregulierung** kommen kann. So mag die Nachfrage von $N_1$ auf $N_0$ zurückgehen, weil einige VU kostensparende Innovationen durchgeführt haben und deshalb für das Halten ihrer Marktanteile nicht mehr auf den Schutz der öffentlichen Regulierung angewiesen sind. Entsprechend erscheint ihnen eine reduzierte Regulierungsintensität (wie $R^*$) optimal. Bei der ursprünglichen Intensität $R^{**}$ dagegen übersteigen die Grenzkosten des Angebots durch Regierung und Verwaltung (Angebotsfunktion $A$) die marginale Zahlungsbereitschaft der VU (gemäss $N_0$), so dass aus der Sicht dieser Unternehmen ein Effizienzverlust entsteht. Ein zweiter Anstoss zur Deregulierung kann davon herrühren, dass die Regierung die Kosten der Regulierung höher einschätzt als zuvor. Exportfirmen mögen sich beispielsweise über die hohen Kosten der Geschäftstätigkeit beklagen und diese ein Stück weit auf überhöhte Versicherungsprämien zurückführen. Dies würde bedeuten, dass die Regierung die (Grenz)Kosten der Regulierung höher einschätzt als bisher. In der Abbildung 8.1 würde sich damit die Angebotsfunktion nach oben verschieben (nicht gezeigt), mit der Folge, dass die als optimal angesehene Regulierungsintensität zurückgehen müsste (aber gleichzeitig teurer würde).

### 8.3.4 Empirisch überprüfbare Implikationen

Insgesamt formulieren *Adams* und *Tower* (1994) sechs Hypothesen, die sich aus dem Marktmodell der Versicherungsregulierung ergeben, aber aus den konkurrierenden Theorien des öffentlichen Interesses und der Vereinnahmung der Regulierungsbehörde nur zum Teil hergeleitet werden könnten.

**H1.** Krisen (insbesondere Insolvenzen) führen zu einer Erhöhung der Nachfrage und damit zu einer erhöhten Regulierungsintensität (unter sonst gleichen Umständen). Die Theorie des öffentlichen Interesses führt zu derselben Voraussage, nicht aber die Theorie der Vereinnahmung.

**H2.** In stark regulierten Versicherungsmärkten sind die Akteure auf dem Markt für Regulierung aktiver und "hochgerüstet". Dies geht aus dem Umstand hervor, dass diese Gruppen ihre (starke) Nachfrage nach Regulierung zum Ausdruck bringen müssen, was eine schlagfertige Organisation und Lobbyingaktivitäten voraussetzt. Die beiden anderen Erklärungen machen dazu keine Aussage.

**H3.** Kleine, professionelle Gruppen setzen sich auf dem Markt für Regulierung besser durch als disperse. Die VK des Massengeschäfts mögen beispielsweise eine geringe Präferenz für Regulierung haben ($N_0$ in Abbildung 8.1). Durchsetzen werden sich aber kleine Gruppen mit homogenen Interessen, für die die Organisation einer Lobby keine grossen Kosten verursacht und die deshalb ihre Präferenz für Nachfrage $N_1$ zum Ausdruck bringen werden. Dieser Unterschied wird auch vorausgesagt, wenn man von der Vereinnahmung der Regulierungsbehörde als Erklärung ausgeht.

**H4.** In regulierten Märkten gibt es viele kleine VU. Dies ist eine Verallgemeinerung der Erfahrung Neuseelands, wo einige wenige grosse VU mächtig genug sind, um gewisse Spielregeln durchzusetzen. Diese Aussage folgt aus keiner der beiden anderen Theorien.

**H5.** Stark regulierte Länder haben eine aufwändige Bürokratie für die Regulierung der VU. Diese Hypothese folgt unmittelbar aus der Abbildung 8.1. Wenn die hohe Regulierungsintensität aufgrund der ausgeprägten Nachfrage $N_1$ zustandekommt, bildet der Gleichgewichtspunkt $Q^{**}$ eine Situation ab, in der die Grenzkosten der Regulierung (und damit erst recht die Gesamtkosten) bereits hoch sind. Diese hohen Gesamtkosten spiegeln sich in einer aufwändigen Bürokratie. Auch diese Aussage folgt aus keiner der beiden anderen Theorien.

**H6.** Stark regulierte Märkte sind durch hohen Aufwand für Lobbies gekennzeichnet. Diese Hypothese geht zumindest mittelbar aus dem Marktmodell der Regulierung hervor. Je höher nämlich die Regulierungsintensität, desto grössere Vermögenswerte stehen im allgemeinen auf dem Spiel. Deshalb lohnt es sich für die Betroffenen, erhebliche Mittel zu investieren, um die Ausgestaltung der Regulierung in ihrem Sinne zu beeinflussen. Diese Aussage lässt sich weder aus der Theorie des öffentlichen Interesses noch der Vereinnahmung der Regulierungsbehörde herleiten.

Eine systematische Überprüfung dieser Hypothesen steht zur Zeit noch aus. Doch insgesamt scheinen sie zur Erklärung der zwischenstaatlichen Unterschiede in der Regulierung der Versicherungsmärkte beizutragen.

**Folgerung 8.6**   Sowohl die Theorie von der Regulierung im öffentlichen Interesse wie auch die Theorie von der Vereinnahmung durch den regulierten Wirtschaftszweig können eine Reihe von Phänomenen der Regulierung der Versicherungsmärkte schlecht erklären. Den grössten Erklärungsgehalt dürfte die Theorie von einem Markt für Regulierung aufweisen.

Im nachstehenden Abschnitt wird einfachheitshalber die Intensität der Regulierung als vorgegeben aufgefasst und lediglich nach den Auswirkungen der Regulierung gefragt. Dieses Vorgehen ist nicht ganz korrekt, denn es ist zu vermuten, dass z.B. die Regulierung eine wenig konzentrierte Marktstruktur begünstigt, woher dann eine Rückwirkung insofern zu erwarten ist, dass keine dominanten Oligopolisten existieren, welche die öffentliche Regulierung durch ihre eigene, private substituieren können. Dennoch ist es für die Darstellung vorteilhaft, solche Rückwirkungen zunächst auszublenden.

## 8.4 Die Auswirkungen der Versicherungsregulierung

### 8.4.1 Unterschiede zwischen den Bundesstaaten der USA

Die USA eignen sich besonders gut zur Überprüfung von Hypothesen bezüglich der Versicherungsregulierung, weil diesbezüglich erhebliche Unterschiede zwischen den Bundesstaaten bestehen (vgl. Abschnitt 8.1). Sie bilden sozusagen ein natürliches Experiment, was *Frech* und *Samprone* (1980) in ihrer Pionierstudie ausnützen. Sie greifen dazu die Versicherungszweige "Kraftfahrzeug-Haftpflicht" und "Kraftfahrzeug-Kasko" heraus. Vor dem Hintergrund sowohl der Vereinnahmungs- wie auch der Markttheorie der Regulierung (vgl. Abschnitt 8.3) ist zu erwarten, dass sich in den strenger regulierten Bundesstaaten die Versicherungswirtschaft mit ihrem Interesse an Verminderung des Preiswettbewerbs durchsetzen konnte. Da aber die einzelnen VU nach wie vor Marktanteile gewinnen möchten, engagieren sie sich verstärkt im **Nichtpreis-Wettbewerb**.

Dies hat zur Folge, dass in den strenger regulierten Bundesstaaten nicht nur der Preis der Versicherung höher ist, sondern auch die Grenzkosten, dies infolge des Nichtpreis-Wettbewerbs, der langfristig den durch die Regulierung ermöglichten Zusatzgewinn der VU zunichte macht (vgl. Abbildung 8.2). Der Teil (a) zeigt den Fall, wo dieser Nichtpreiswettbewerb aus der Sicht der Nachfrager zu keiner Produktverbesserung führt, welche ihre marginale Zahlungsbereitschaft erhöhen würde. Die Nachfragefunktion ist demnach die gleiche ($N$) unabhängig davon, ob Regulierung vorliegt oder nicht. Unter diesen Bedingungen kommt es zu einer maximalen Wohlfahrtseinbusse, ausgedrückt durch den Verlust an Konsumentenrente (vgl. die schraffierte Fläche). Die aggregierte gewährte Versicherungsdeckung beträgt entsprechend $I^r$ statt des unter Wettbewerbsbedingungen erreichbaren Ausmasses $I^w$.

**Abbildung 8.2** Auswirkungen der Versicherungsregulierung

(a) keine Produktverbesserung durch Nichtpreis-Wettbewerb

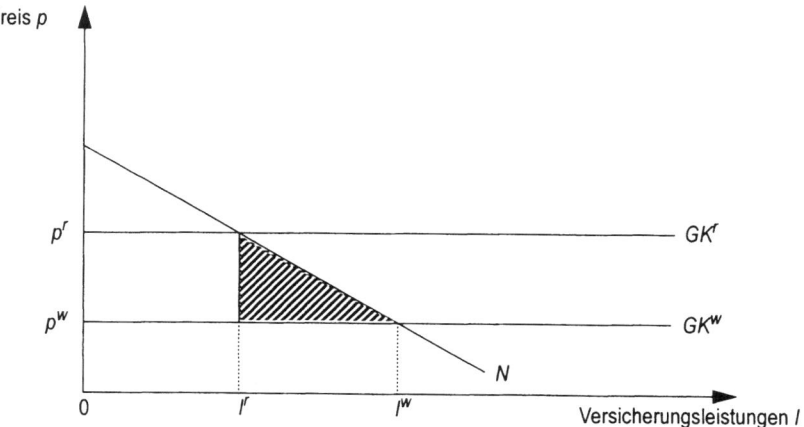

(b) ausgleichende Produktverbesserung durch Nichtpreis-Wettbewerb

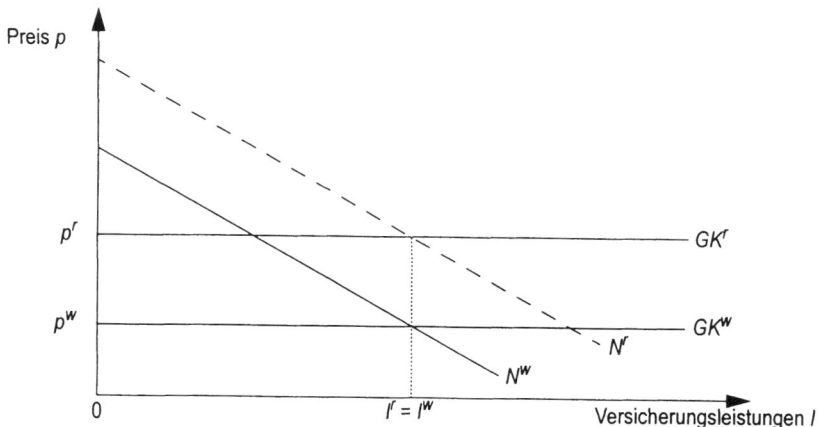

$p^r$ : Preis bei Regulierung
$p^w$ : Preis bei Wettbewerb
$I^r$ : Versicherungsleistung bis Regulierung
$I^w$ : Versicherungsleistung ohne Regulierung

## 8.4 Die Auswirkungen der Versicherungsregulierung

Der durch die Regulierung induzierte Nichtpreiswettbewerb könnte jedoch zu Produktverbesserungen führen, die von den VK tatsächlich geschätzt werden. Dies würde sich in einer Verschiebung der Nachfragefunktion nach aussen (zu $N'$) ausdrücken. Es kommt dann zu keiner Wohlfahrtseinbusse, wenn die Zunahme der marginalen Zahlungsbereitschaft der VK genau der Zunahme der Grenzkosten entspricht. Die Marktversorgung mit Versicherungsdeckung ist dann unter Wettbewerbs- und Regulierungsbedingungen die gleiche [$I^r = I^w$, vgl. Teil (b) der Abbildung 8.2].

Aus dem Umstand, dass im Jahre 1973 manche Bundesstaaten der USA die Kraftfahrzeugversicherung regulierten, andere dagegen nicht, lässt sich ein verblüffend einfacher **Test auf die Wirkung der Regulierung** ableiten: Falls in den regulierten Bundesstaaten die Nachfragefunktion unter sonst gleichen Umständen weiter aussen verläuft, induziert die Regulierung eine Produktverbesserung, welche den an sich zu erwartenden Verlust an Konsumentenrente ausgleicht (oder sogar überkompensiert!).

Verläuft dagegen die Nachfragefunktion in den regulierten Bundesstaaten gleich wie in den nicht regulierten, so bringt die Regulierung dieser Versicherungssparten nichts als Verschwendung mit sich.

Als abhängige Variable verwenden *Frech* und *Samprone* (1980) – in Übereinstimmung mit den im Abschnitt 6.4.1 angestellten Überlegungen – die Schadenzahlungen $L$ je Kopf der Bevölkerung im Jahr 1973. Als Preisvariable dient ihnen das Verhältnis zwischen Prämienvolumen und Schadenzahlungen *PV/L*. Für diese Wahl spricht, dass die VK als Gruppe das von ihnen aufgewendete Prämienvolumen teilweise als Schadenzahlungen zurückerhalten. Bezeichnet man mit $\lambda$ den Zuschlag zur fairen Prämie, so gilt pro Kopf der Bevölkerung

$$\frac{PV}{L} = \frac{\pi \cdot L(1+\lambda)}{L} = \pi(1+\lambda). \qquad (8\text{-}1)$$

Je höher also *PV/L*, desto höher der Zuschlag zur fairen Prämie und desto höher auch der Preis der Versicherungsdeckung.

Mit der Wahl von *PV/L* als abhängiger Variablen handeln sich die Autoren jedoch ein Problem ein. Denn die Versicherungsdeckung (die ihrerseits durch $L$ dargestellt wird), soll vom Preis abhängig gemacht werden. Es gilt also $L = f(..., PV/L)$, was leicht zu einer Überschätzung der Preisreagibilität der Nachfrage führen könnte. Denn wenn z.B. infolge eines Messfehlers $L$ zu hoch angegeben wird, nimmt umgekehrt *PV/L* einen zu niedrigen Wert an. Wird dagegen $L$ zu niedrig angegeben, dann steht *PV/L* mit einem zu hohen Wert zu Buche. Um diese Verzerrung zu vermeiden, verwenden die Autoren den Wert der Preisvariablen vom Vorjahr. Zusätzlich wird das Einkommen je Kopf als erklärende Variable verwendet, die einerseits die finanziellen Möglichkeiten der VK im betreffenden Bundesstaat wiedergibt, andererseits aber auch ihren Informationsstand nähern soll.

Für die Haftpflichtversicherung lautet die Regressionsgleichung (*t*-Werte in Klammern):

$$I = 50{,}34^{***} - 24{,}03^{***}\, P_{-1} + 0{,}0033^{**}\, Y - 2{,}25 \cdot REG \tag{8-2}$$
$$\phantom{I =\,}(6{,}34)\quad\ (-6{,}59)\qquad\ \ (3{,}74)\qquad\ (-1{,}72)$$

$N = 51$; $R^2 = 0{,}63$; $F = 27{,}2$; *(**,***): Signifikanz auf dem 0,05 (0,01, 0,001) Niveau.

Für die Kaskoversicherung lautet die Regressionsgleichung:

$$I = 33{,}38^{***} - 14{,}52^{***}\, P_{-1} + 0{,}0014^{*}\, Y + 0{,}17 \cdot REG \tag{8-3}$$
$$\phantom{I =\,}(7{,}44)\quad\ (-5{,}34)\qquad\ \ (2{,}09)\qquad\ (0{,}18)$$

$N = 51$; $R^2 = 0{,}39$; $F = 10{,}1$; *(**,***): Signifikanz auf dem 0,05 (0,01, 0,001) Niveau.

$I$: Umfang der Versicherungsdeckung je Kopf, ausgedrückt durch die Schadenzahlungen je Kopf;

$P_{-1}$: Preis der Versicherung im Vorjahr, ausgedrückt durch das Prämienvolumen im Verhältnis zu den Schadenzahlungen;

$Y$: Durchschnittseinkommen je Kopf;

$REG$: Dummyvariable, = 1 falls der betreffende Bundesstaat die beiden Versicherungszweige reguliert, = 0 sonst.

Die beiden geschätzten Funktionen erscheinen glaubwürdig. Die Preiselastizität (berechnet an den Stichproben-Mittelwerten von $I$ und $P_{-1}$) beträgt –1,7 für die Haftpflichtversicherung und –1,6 für die Kaskoversicherung. Höheres Durchschnittseinkommen geht mit einem Mehr an durchschnittlicher Schadenzahlung (und damit Versicherungsdeckung) einher.

Von zentraler Bedeutung sind jedoch Vorzeichen und statistische Signifikanz des Koeffizienten der Regulierungsvariablen $REG$. Im Falle der Haftpflichtversicherung ist der Koeffizient negativ, d.h. man könnte vermuten, die Nachfragefunktion $N^r$ der Abbildung 8.2 verlaufe in den strenger regulierten Bundesstaaten sogar weiter innen als in den nichtregulierten. Allerdings erreicht der Koeffizient die übliche Signifikanzgrenze nicht. Im Falle der Kaskoversicherung spricht alles dafür, dass die Nachfragefunktion durch die Regulierung und den von ihr induzierten Nichtpreiswettbewerb nicht verändert wird. Damit scheint der im Teil (a) der Abbildung 8.2 gezeigte Fall zuzutreffen, wo die Regulierung lediglich die Grenzkosten des Versicherungsgeschäfts erhöht.

**Folgerung 8.7**   Der durch die Regulierung der Kraftfahrzeugversicherung (Haftpflicht und Kasko) induzierte Nichtpreiswettbewerb verursachte in den USA Mitte der 1970er Jahre Wohlfahrtsverluste.

Die Autoren beziffern diesen Wohlfahrtsverlust auf 3,68 US$ je Kopf in der Haftpflichtversicherung und 1,44 US$ je Kopf in der Kaskoversicherung, dies zu Preisen von 1973. Ausserdem schätzen sie, dass in den regulierten Bundesstaaten die Schadenzahlungen rund 5 bzw. 2,25 US$ niedriger ausfielen als in den nicht regulierten (vgl. $I^w$ und $I^r$ in der Abbildung 8.2).

## 8.4 Die Auswirkungen der Versicherungsregulierung

Eine spätere Untersuchung von *Pauly, Kunreuther* und *Kleindorfer* (1986) prüfte anhand von Daten der Jahre 1975–1980, ob die Schadenquoten *L/PV* in den regulierten Bundesstaaten unter sonst gleichen Umständen niedriger ausfallen als in den nicht regulierten. Die Autoren kamen zum Schluss, dass die Regulierung die Schadenzahlungen im Verhältnis zur Prämie anhebt, im Gegensatz zu *Frech* und *Samprone* (1980). Dieses Ergebnis wurde gestützt von *Harrington* (1987), der die Regulierung mit einer Erhöhung der Schadenquote um 3 bis 5 Prozentpunkte in Verbindung bringt.

Dies führt *Grabowski, Viscusi* und *Evans* (1989) zur Vermutung, dass sich der Markt für Versicherungsregulierung in den USA im Verlauf der 1970er Jahre verändert haben könnte. Denn in jener Dekade nahmen die Prämien der Kraftfahrzeugversicherung nicht nur nominal, sondern auch real (d.h. im Vergleich zu den übrigen Dienstleistungen und Konsumgütern) markant zu. Dies führte zu **Protesten von Seiten der Konsumenten**, die offenbar genügend politisches Drohpotential auf sich vereinigten, um eine Neuorientierung der Regulierung zu erzwingen. Im Marktmodell der Regulierung (vgl. Abbildung 8.1) stehen hinter der Nachfrage nach Regulierung ein Teil der Konsumenten und die VU, wobei im Regelfall die Interessen der VU die Stossrichtung der Regulierung bestimmen. In den USA der späteren 1970er Jahre scheinen dagegen im Gefolge des "consumerism" (unter Anführung von Ralph Nader) die Interessen einer Mehrheit der VK den Ausschlag gegeben zu haben. Entsprechend begannen in einigen Bundesstaaten die Regulierungsbehörden vermehrt, auf die Prämienhöhe Einfluss zu nehmen; in anderen Bundesstaaten dagegen erfolgte eine Deregulierung.

Statt wie die Mehrzahl der bisherigen Untersuchungen die Staaten nur in solche mit und ohne Versicherungsregulierung einzuteilen, verwenden *Grabowski, Viscusi* und *Evans* (1989) zusätzlich Ergebnisse einer Befragung von Versicherungsmanagern. Die Manager äusserten sich über die **Strenge der Regulierung** in den 30 grössten Bundesstaaten. Mit einer Stichprobe, welche den Zeitraum 1975-1981 umfasst, untersuchen die Autoren die Preissetzung in der Haftpflichtversicherung und kommen zu folgendem Ergebnis (Standardfehler in Klammern):

$$P = 1{,}954 - 4{,}9 \cdot 10^{-5}{***}\, PCI - 0{,}029 \cdot WAGE$$
$$(0{,}085) \quad (1{,}5 \cdot 10^{-5}) \quad\quad (0{,}023) \tag{8-4}$$

$$- 0{,}121{***}\, NOFAULT - 0{,}064{**}\, REG - 0{,}105{**}\, STRING$$
$$(0{,}021) \quad\quad\quad (0{,}021) \quad\quad (0{,}037)$$

$N = 180$; $R^2 = 0{,}39$; * (**,***): Signifikanz auf dem 0,05 (0,01, 0,001) Niveau.

- *P:* Preis der Haftpflichtversicherung, Prämienvolumen/Schadenzahlungen;
- *PCI:* Einkommen je Kopf [entspricht *Y* bei *Frech* und *Samprone* (1980)];
- *WAGE:* Durchschnittslohnsatz von Beschäftigten in der Produktion;
- *NOFAULT:* = 1, falls im Schadenfall der Schuldige im betreffenden Bundesstaat nicht ermittelt werden muss, = 0 sonst;
- *REG:* = 1, falls der Bundesstaat im betrachteten Jahr die Versicherung reguliert, = 0 sonst;

*STRING*: =1, falls der Bundesstaat durch extrem strenge Regulierung auffällt, = 0 sonst.

Zusätzlich wurden Dummyvariablen verwendet, die im betreffenden Jahr den Wert 1 annehmen und 0 sonst. Die Schätzergebnisse lassen sich wie folgt interpretieren:

- **Einkommen und Preis:** Es fällt auf, dass die Haftpflichtversicherung in Bundesstaaten mit hohem Durchschnittseinkommen (*PCI*) nicht etwa teurer, sondern billiger ist. Die Autoren führen dies auf den höheren Informationsstand einer wohlhabenden Bevölkerung zurück. Ein hoher Informationsstand bedeutet demnach eine ausgeprägte Preiselastizität der Nachfrage, und je ausgeprägter diese Elastizität, desto kleiner der monopolistische Preiszuschlag zu den Grenzkosten. Diese Grenzkosten werden durch den durchschnittlichen Lohnsatz (*WAGE*) abgebildet, doch der dazugehörige Koeffizient ist negativ statt positiv und bleibt deutlich unter der üblichen Signifikanzgrenze zurück.

- **Bedingungen der Versicherungsleistung:** Eine Spezialität im Recht einiger Bundesstaaten ist die Bestimmung, dass die Versicherungsleistung unabhängig vom Verschulden zu erfolgen hat (*NOFAULT*). Durch den Verzicht auf die Abklärung der Verschuldensfrage können die VU in erheblichem Umfange auf juristischen Aufwand verzichten und so Abwicklungskosten einsparen. Allerdings ist mit einer Verstärkung des moralischen Risikos auf Seiten des VK zu rechnen, wenn die Schadenzahlung ohne die Prüfung eines Verschuldens (d.h. eines Mangels präventiver Anstrengungen) erfolgt. Das damit verbundene moralische Risiko dürfte die Schadenzahlungen hinauftreiben, die dann aber ihrerseits Prämienanpassungen auslösen. Die Höhe des Preises, definiert als Prämienvolumen/Schadenzahlungen, müsste jedoch ansteigen, wirkt doch moralisches Risiko wie ein **Zuschlag auf die faire Prämie** (vgl. Abschnitt 7.2). Der Einsparungseffekt überwiegt allerdings und macht aufgrund des Koeffizienten von *NOFAULT* netto rd. 12 Prozentpunkte aus, so dass der Durchschnittspreis der Versicherung unter sonst gleichen Umständen von beispielsweise 150 Prozent auf 138 Prozent der Schadenzahlungen zurückgeht.

- **Regulierungswirkung:** Die Wirkung der Regulierung ist gemäss der obigen Regressionsgleichung eindeutig. In den Bundesstaaten mit Regulierung (*REG* = 1) liegt der Preis der Haftpflichtversicherung rd. 6 Prozentpunkte niedriger als sonst. Praktisch derselbe Effekt lässt sich in der Schadenversicherung (hier nicht gezeigt) erkennen. Nochmals um 10 Prozentpunkte **niedriger** liegt der Preis der Versicherung in den besonders strikt regulierten Bundesstaaten (es handelt sich um Massachusetts, New Jersey und North Carolina).

Die neue Ausrichtung der Versicherungsregulierung in den USA auf Niedrighalten der Prämien hat dieser Untersuchung zufolge einen erkennbaren Effekt. Allerdings werden die Versicherungsmärkte nicht mehr als Wettbewerbsmärkte abgebildet [wie noch von *Frech* und *Samprone* (1980) unterstellt]. Vielmehr gelten sie als durch Absprachen soweit geschlossen, dass für die Gesamtheit der VU ein monopolistischer Preissetzungsspielraum besteht, der durch die Regulierungsbehörde eingeschränkt wird. Die Alternativhypothese zu dieser Interpretation geht dahin, dass die beobachteten Preise in den nichtregulierten Bundesstaaten **zumindest näherungsweise Wettbewerbspreise** darstel-

## 8.4 Die Auswirkungen der Versicherungsregulierung

len, die in den regulierten Bundesstaaten unter ihren Gleichgewichtswert gedrückt werden.

*Grabowski, Viscusi* und *Evans* (1989) sind in der Lage, diese Alternativhypothese zu überprüfen. In den USA besteht für die Autohaftpflicht kein Kontrahierungszwang auf Seiten der Versicherer. Dies hat zur Folge, dass manche Fahrer zu den üblichen Bedingungen keinen Versicherungsschutz finden können. Sie werden einer Auffangeinrichtung (engl. pool of assigned risks) zugewiesen. Hat nun die Regulierung der Versicherung zur Folge, dass der Durchschnittspreis **unter den Gleichgewichtspreis** gedrückt wird, so müsste in den regulierten Bundesstaaten der Anteil der in den Pool zugewiesenen Risiken am Gesamtbestand besonders gross sein. Denn ein gegebener Zuschlag für besonders schlechte Risiken geht von einem niedrigen Basiswert aus und genügt dann nicht mehr, um die zu erwartenden Schäden zu decken.

Die nachstehende Regressionsgleichung gibt Auskunft über den Ausgang dieses Tests (Standardfehler in Klammern):

$$Z = 0{,}062 - 0{,}892^* \, YMALE + 0{,}036 \cdot URBAN + 1{,}6 \cdot 10^{-4**} \, INJURY \quad (8\text{-}5)$$
$$(0{,}054) \quad (0{,}358) \quad\quad (0{,}031) \quad\quad (5{,}5 \cdot 10^{-5})$$

$$- 0{,}013^* \, COMPLIAB - 0{,}002 \cdot LIABONLY + 0{,}026^{**} \, JOINT$$
$$(0{,}006) \quad\quad\quad (0{,}009) \quad\quad\quad (0{,}010)$$

$$+ 0{,}043^* REINSURE + 0{,}010 \cdot REG + 0{,}170^{***} STRING$$
$$(0{,}019) \quad\quad\quad (0{,}006) \quad\quad (0{,}017)$$

$N = 240$; $R^2 = 0{,}75$; *($^{**}$,$^{***}$): Signifikanz auf dem 0,05 (0,01, 0,001) Niveau

- Z: Anteil der Risiken, welche der Auffangeinrichtung (Pool) zugewiesen wurden;
- YMALE: Anteil der jungen männlichen Fahrer (unter 25 Jahre) am Versichertenbestand;
- URBAN: Anteil des Verkehrsaufkommens in städtischen Gebieten;
- INJURY: Zahl der Autounfälle mit Verletzten;
- COMPLIAB: = 1, falls der Bundesstaat zwingend eine Autohaftpflichtversicherung verlangt (engl. compulsory liability insurance), = 0 sonst;
- LIABONLY: = 1, falls die Auffangeinrichtung lediglich Haftpflichtdeckung gewährt, = 0 sonst;
- JOINT: = 1, falls die VU gemeinsam Beiträge an die Deckung des Defizits der Auffangeinrichtung entrichten, = 0 sonst (d.h. jedes VU ist administrativ für eine Anzahl zugewiesener Risiken zuständig, gemäss seinem Marktanteil);
- REINSURE: = 1, falls die VU jedes Risiko akzeptieren müssen, dafür aber aus einer Rückversicherung entschädigt werden, = 0 sonst (d.h. jedes VU ist administrativ für eine Anzahl zugewiesener Risiken zuständig, gemäss seinem Marktanteil);

*REG*:    = 1, falls der Bundesstaat im betrachteten Jahr die Versicherung reguliert, = 0 sonst;

*STRING*:    =1, falls der Bundesstaat durch extrem strenge Regulierung auffällt, = 0 sonst.

Wiederum ist eine Reihe von Jahresdummies hier nicht ausgewiesen. Die Ergebnisse legen die folgende Interpretation nahe:

- **Eigenschaften der Versicherungspopulation:** Die erklärenden Variablen *YMALE*, *URBAN* und *INJURY* beschreiben die Risikoqualität der jeweils versicherten Population. Man würde erwarten, dass Gruppen mit erhöhtem Risiko die Zahl der Zuweisungen zur Auffangeinrichtung erhöhen würden; dies trifft deutlich für die Anzahl der Unfälle mit Verletzten zu. Es scheint in Bezug auf junge männliche Fahrer aber nicht zuzutreffen, vielleicht weil die VU lieber einige Jahre lang überhöhte Schäden in Kauf nehmen, als Interessenten dieser Gruppe abzuweisen und dann mit hohen Kosten wieder zu akquirieren.

- **Rahmenbedingungen bezüglich Versicherung:** Zwei weitere Regressoren (*COMPLIAB*, *LIABONLY*) geben die Rahmenbedingungen wieder, die im betrachteten Bundesstaat herrschen. Dort, wo die Haftpflichtversicherung obligatorisch ist (*COMPLIAB* = 1), ist der Anteil der zugewiesenen Risiken um 1 Prozentpunkt höher als anderswo unter sonst gleichen Umständen (also z.B. 6% statt 5%). Der Umstand, dass den Zugewiesenen nur gerade Haftpflichtdeckung vermittelt wird (*LIABONLY* = 1), hat dagegen keinen statistisch erkennbaren Effekt.

- **Organisation der Zuweisung:** Wenn die VU gemeinsam Spezialunternehmen für die nicht genehmen Risiken betreiben (*JOINT* = 1), haben sie offenbar verstärkten Anlass, diese Risiken dorthin zu überweisen. Ein noch stärkerer Anreiz in diese Richtung geht von der Rückversicherungslösung (*REINSUR* = 1) aus, bei der die VU für unerwünschte Risiken eine Ausgleichszahlung erhalten.

- **Einfluss der Regulierung:** Der blosse Umstand, dass ein Bundesstaat die Haftpflichtversicherung reguliert (*REG* = 1), bedeutet offenbar noch nicht zwingend, dass die Zuweisungsquote höher als anderswo liegt; der entsprechende Koeffizient ist zwar positiv wie erwartet, erreicht jedoch die Signifikanzgrenze nicht. Jene drei Bundesstaaten hingegen, die mit ihren Auflagen besonders weit gehen (*STRING* = 1), sind auch jene mit besonders vielen Zuweisungen: Hier liegt die Quote um volle 17 Prozentpunkte höher als sonst.

**Folgerung 8.8**    Seit den 1970er Jahren hat sich die Versicherungsregulierung in den USA verstärkt an der Niedrighaltung der Prämien ausgerichtet, in einigen wenigen Bundesstaaten bis zu dem Punkt, wo die VU bei der Haftpflichtversicherung weniger gute Risiken markant häufiger an eine Auffangeinrichtung überweisen.

## 8.4.2 Unterschiede zwischen europäischen Staaten

Für fünf EU-Länder mit unterschiedlichen Regulierungssystemen sammelten *Finsinger* und *Schmidt* (1994) Prämienangebote für eine Gruppe homogener Versicherungsprodukte. Es handelt sich dabei um eine reine Risiko-Lebensversicherung (also ohne Sparkomponente) für Frauen und Männer im Alter von 25, 35 und 45 Jahren und mit einer Vertragsdauer von 5 und 10 Jahren, also insgesamt 12 Produkte. Die Prämien gelten stets für das Jahr 1988. Auf diese Weise sollte es möglich sein, Qualitätsunterschiede, die bei der Aggregation zum Prämienvolumen eines ganzen Landes zu Problemen führen könnten, weitgehend zu vermeiden.

Die Autoren beziehen sich auf eine Reihe von Studien, die zum Schluss kommen, dass von den fünf betrachteten Ländern Deutschland, Frankreich und Italien am Ende der 1980er Jahre immer noch als mehr oder weniger stark reguliert zu gelten haben ($REG = 1$), während die Niederlande und Grossbritannien durch weitgehend offene Versicherungsmärkte gekennzeichnet sind ($REG = 0$). Über die 12 Produkte und 5 Länder präsentieren sie die folgende OLS-Schätzung ($t$-Werte in Klammern):

$$ln(PREM) = \underset{(27,02)}{13,86^{***}} + \underset{(8,96)}{0,48^{***}\ REG} + \underset{(7,65)}{0,39^{***}\ HERF} - \underset{(-16,09)}{2,07^{***}\ ln(LIFEEXP)} \qquad (8\text{-}6)$$

PREM: Prämie für eine reine Risiko-Lebensversicherung in 12 Tarifklassen, in ECU;

REG: Regulierungsindikator, = 1 für Deutschland, Frankreich und Italien, = 0 für Grossbritannien und die Niederlande;

HERF: Herfindahl Konzentrationsindex, Summe der quadrierten Marktanteile der VU im betreffenden EU-Land;

LIFEEXP: Lebenserwartung bei Geburt.

Die Ergebnisse dieser Regressionsgleichung lassen sich wie folgt interpretieren:

- **Regulierungseinfluss:** Es besteht die starke Vermutung, dass zumindest in den wichtigen EU-Ländern die Regulierung der Versicherung die Prämien hoch hält. Dies geht aus dem statistisch hochsignifikanten, positiven Koeffizienten von *REG* hervor. In den regulierten Ländern ist die Prämie für eine reine Risiko-Lebensversicherung unter sonst gleichen Umständen rd. 61% höher (exp[0,48] / exp[0] = 1,61/1) als in nicht regulierten Ländern.

- **Einfluss der Konzentration:** Theoretisch ist nicht ganz eindeutig, ob mit einer erhöhten Konzentration der Produktpreis zu- oder abnehmen sollte. Hinter einem hohen Wert des Herfindahl-Indexes (*HERF*) könnte sich eine oligopolistische Marktstruktur verbergen, deren Protagonisten sich heftige Preiskonkurrenz liefern. Andererseits erleichtert die Marktführerschaft von einigen wenigen Unternehmen die Durchsetzung von Preisabsprachen. Offenbar überwiegt in den betrachteten EU-Ländern dieser zweite Effekt. Der Index *HERF* nimmt beispielsweise bei einem Übergang von 5 auf 4 gleich grosse Unternehmen von 0,2 auf 0,25, d.h. um 0,05 Punkte zu. Diese Zunahme würde ln(*PREM*) um 0,0195 (= 0,39 · 0,05) oder knapp 2% anheben. Dies ist wenig im Vergleich zum Regulierungseinfluss; die Deregulierung der europäischen Versicherungsmärkte müsste demnach trotz wahrscheinlicher Zunahme der Konzentration einen Rückgang der Prämien bewirken.

- **Einfluss der Lebenserwartung:** Da die Vertragsdauer auf 5 und 10 Jahre beschränkt ist, bedeutet eine hohe Lebenserwartung eindeutig eine niedrige Eintrittswahrscheinlichkeit des Schadens. Das VU ist bei einer Risiko-Lebensversicherung nur im Todesfall, nicht aber im Erlebensfall leistungspflichtig; deshalb müsste sich eine hohe Lebenserwartung in einer niedrigen Prämie auswirken. Die hohe Elastizität von −2,07 bestätigt diese Erwartung: In einem Markt mit 10% höherer Lebenserwartung sind die Prämien unter sonst gleichen Umständen rd. 20% niedriger als sonst.

**Folgerung 8.9**   Die Regulierung der europäischen Versicherungswirtschaft hat zumindest im Lebengeschäft für wichtige europäische Länder und bis Ende der 1980er Jahre den Effekt einer markanten Prämienerhöhung.

### 8.4.2.1 Auswirkungen der deutschen Regulierung

Die deutsche Regulierungsbehörde, das Aufsichtsamt für das Versicherungswesen in Berlin, hielt sich bis 1994 an die Variante (A) der Zielformulierung (vgl. Abschnitt 8.1.1), wonach Insolvenzen von VU von vorneherein zu verhindern sind. Im Rahmen der materiellen Versicherungsaufsicht verfolgte das Aufsichtsamt dieses Ziel durch hohe Prämien. Um aber die VK vor Übervorteilung zu schützen, bestand überdies die Auflage, sie an den Gewinnen der VU zu beteiligen. Diese Regulierung besteht seit 1994 nicht mehr und ist insofern von historischem Interesse. Immerhin ist es lehrreich, die Verzerrungen zu kennen, welche sie während der Dauer ihrer Gültigkeit mit sich brachte; zudem wirken viele der alten Regulierungsmassnahmen bis heute nach.

Die Prämienregulierung schuf die Möglichkeit zu grossen Gewinnen. Denn bereits die erwarteten Schäden gingen **überhöht** in die Prämienkalkulation ein, indem ein einzelnes VU in seiner Kalkulation nicht unter den Branchendurchschnitt gehen durfte. Zu dieser "fairen" Prämie war der zu erwartende Verwaltungs- und Vertriebsaufwand, ein Sicherheitszuschlag und (in manchen Versicherungszweigen) 3% Umsatzrendite zu schlagen.

So galt beispielsweise für die Kfz-Haftpflichtversicherung folgende Regelung: Blieb die tatsächlich erreichte Rendite auf dem Prämienvolumen unter 3%, so konnte das VU den Gewinn einbehalten. Bei einer Umsatzrendite zwischen 3 und 6% dagegen war es gehalten, den ganzen Gewinn an die VK auszuschütten. Bei einer Umsatzrendite zwischen 6 und 15% waren zwei Drittel des Gewinns abzuführen, während jenseits von 15% der Gewinn wieder vollumfänglich einbehalten werden konnte.

In seiner Untersuchung geht *Finsinger* (1983a, 1983b, 67) auf diese schwer nachvollziehbaren Einzelheiten nicht ein. Stattdessen nimmt er vereinfachend an, dass es einen Schwellenwert $\alpha$ der Umsatzrendite gibt, der nicht überschritten werden soll. Als massgebender Wert dürfte für die VU mehrheitlich $\alpha = 0,03$ (die "erlaubten" 3% Umsatzrendite) gegolten haben. Die Regulierung setzte demnach die Restriktion

$$\frac{PV - A}{PV} \leq \alpha \qquad (8\text{-}7)$$

## 8.4 Die Auswirkungen der Versicherungsregulierung

*PV*: Prämienvolumen;

*A*: anrechenbare Aufwendungen (Schadenzahlungen, Verwaltungsaufwand).

Für ein gewinnstrebiges VU gestaltet sich somit die Entscheidungssituation wie folgt:

$$\max_{\{e\}} \quad PV - A - rK \tag{8-8}$$

NB: $PV - A \leq \alpha PV$

*e*: Menge von Entscheidungsvariablen;

*r*: Kapitalnutzungskosten;

*K*: eingesetztes Kapital inkl. Rückstellungen.

Unter den möglichen Entscheidungsvariablen $\{e\}$ greift *Finsinger* zwei heraus: **(1) Marketing und Werbung** lassen sowohl das Prämienvolumen *PV* wie auch die Aufwendungen *A* zunehmen. Die Zunahme von *PV* lockert jedoch die Nebenbedingung in (8-8), so dass der an sich interessierende Gewinnbeitrag (*PV* − *A*) ebenfalls ansteigen kann. Durch einen intensiven Einsatz von Marketing und Werbung konnten demnach die deutschen VU ihr Gewinnziel besser erreichen. **(2) Ein Mehreinsatz von Kapital** könnte grundsätzlich den gleichen Effekt haben, weil zusätzliche Rückstellungen auf eine besonders niedrige Insolvenzwahrscheinlichkeit schliessen lassen, was das Prämienvolumen *PV* erhöhen müsste. Als Alternative zur Bildung von Rückstellungen eignet sich jedoch die Beschaffung von **Rückversicherungsdeckung** noch besser, weil die RV-Prämien als anrechenbarer Aufwand *A* gelten. Die regulierten VU sollten demnach die Rückversicherung RV besonders intensiv nutzen.

Diese beiden Verhaltensanpassungen werden für gewinnstrebige VU (Aktiengesellschaften, AG) vorausgesagt. In Deutschland existieren jedoch noch zwei andere Unternehmensformen, der genossenschaftliche Versicherungsverein auf Gegenseitigkeit (VVaG) sowie öffentliche Versicherungsunternehmen (öV). Beiden gemeinsam ist, dass sie kein Gewinnziel verfolgen, so dass das aus der Ungleichung (8-7) hergeleitete Kalkül auf sie weniger zutreffen sollte. Daraus lassen sich die beiden folgenden Hypothesen gewinnen.

**H1:** Die AG unter den deutschen VU weisen einen höheren Kostensatz als die VVaG und die öV auf, weil sie mehr für Werbung und Marketing aufwenden.

Diese Hypothese wird durch eine Regressionsanalyse mit den Angaben von 75 VU **bestätigt**. Die geschätzten Koeffizienten lassen bei den AG auf einen Kostensatz von 22% statt durchschnittlich 21% schliessen (vgl. Tabelle 8.4). Die VVaG dagegen stechen mit einem Kostensatz von lediglich 18% heraus. Diese Unterschiede sind mit einer Irrtumswahrscheinlichkeit von 1% oder weniger statistisch signifikant. Darüber hinaus zeigt *Finsinger* (1983b, S. 91ff), dass die Kostendifferenz auf die Verwaltungskosten zurückgeführt werden kann, die zu einem wesentlichen Teil aus Vertriebsaufwendungen bestehen.

Allerdings erweist sich die Vertriebsform als ebenso wichtige (und statistisch sogar noch signifikantere) Bestimmungsgrösse des Kostensatzes. Dies stimmt mit den Ausführungen in Abschnitt 5.4 überein, wo die **Wahl der Vertriebsart** als eines wichtigen Elements der Versicherungstechnologie behandelt wird. Doch der Unterschied bezieht sich hier nicht auf unabhängige Makler im Vergleich zu angestellten Agenten, sondern auf denjenigen zwischen zentralem und dezentralem Agentensystem, weil es unabhängige Makler im Kfz-Haftpflichtgeschäft in Deutschland damals kaum gab.

**Tabelle 8.4**   Kostensätze von 75 deutschen VU mit Kfz-Haftpflicht-Geschäft, 1980

| Erklärende Variable | Geschätzte Abweichung vom Mittelwert von 21%[a] | Irrtumswahrscheinlichkeit |
|---|---|---|
| Unternehmensform: | | |
| Aktiengesellschaft | + 1%-Punkt | |
| Verein auf Gegenseitigkeit | - 3%-Punkte | $p < 0{,}01$ |
| Öffentliches Unternehmen | - 1%-Punkt | |
| Vertriebsform: | | |
| Zentralisierte Verkaufsbüros | - 4%-Punkte | $p < 0{,}001$ |
| Netz mit vielen Agenten | + 1%-Punkt | |

$R^2 = 0{,}32$
a. Aufgrund des geschätzten Regressionskoeffizienten zur entsprechenden kategorischen Variablen (= 1, falls Merkmal zutrifft, = 0 sonst)
Quelle: Finsinger (1983a)

**H2:** Die AG unter den deutschen VU zedieren einen grösseren Anteil an ihrem Prämienvolumen an die Rückversicherung als die VVaG und die öV, behalten also einen geringeren Anteil auf eigene Rechnung.

Diese Hypothese wird durch eine Regressionsanalyse mit den Angaben von 81 deutschen VU ebenfalls **bestätigt**. Die abhängige Variable ist der nicht an die RV zedierte Anteil des Prämienvolumens, der insbesondere bei den öffentlichen Unternehmen mit geschätzten 87% weit über dem Mittelwert von 64% liegt (vgl. Tabelle 8.5). Dieser Unterschied könnte allerdings auch darauf zurückzuführen sein, dass die öV auf den Staat als Gewährsträger abstellen, der die Aufgabe eines RV übernimmt, was ihnen erlauben würde, mit weniger RV-Deckung auszukommen. Diese alternative Erklärung trifft jedoch auf die VVaG nicht zu, und auch sie behalten einen deutlich höheren Anteil am Prämienvolumen zurück als die AG. Die niedrige Selbstbehaltsquote der AG dürfte demnach etwas mit der Verzerrung ihrer Anreize durch die Versicherungsaufsicht zu tun haben.

Die Vertriebsform erscheint ebenfalls unter den erklärenden Variablen. Sie könnte insofern einen indirekten Einfluss auf die Entscheidung bezüglich RV haben, als zentralisierte Verkaufsbüros zu einer geographischen Schwerpunktbildung führen, die ihrerseits die Gefahr von positiv korrelierten Einzelrisiken (sog. Kumul- oder Klumpenrisiken) mit sich bringen. Damit ist eine **Zunahme der Varianz der Schadensumme** verbunden, und gemäss den Ausführungen in Abschnitt 5.7 müsste dies die Nachfrage nach RV erhöhen. Die Tabelle 8.5 weist aber im Gegenteil darauf hin, dass die Verwendung zentralisierter

**Tabelle 8.5**  Nichtzedierter Anteil am Prämienvolumen von 81 deutschen VU mit Kfz-Haftpflicht-Geschäft, 1980

| Erklärende Variable | Geschätzte Abweichung vom Mittelwert von 64%[a] | Irrtumswahrscheinlichkeit |
|---|---|---|
| Unternehmensform: | | |
| Aktiengesellschaft | – 4%-Punkte | |
| Verein auf Gegenseitigkeit | + 12%-Punkte | $p < 0{,}03$ |
| Öffentliches Unternehmen | + 23%-Punkte | |
| Vertriebsform: | | |
| Zentralisierte Verkaufsbüros | – 5%-Punkte | $p < 0{,}29$ |
| Netz mit vielen Agenten | + 1%-Punkt | |

$R^2 = 0{,}14$
a. Aufgrund des geschätzten Regressionskoeffizienten zur entsprechenden kategorischen Variablen (= 1, falls Merkmal zutrifft, = 0 sonst)
Quelle: Finsinger (1983a)

Verkaufsbüros mit einer niedrigeren Selbstbehaltsquote am Prämienvolumen einhergeht; allerdings ist der entsprechende Regressionskoeffizient statistisch nicht signifikant.

Die beiden in den Hypothesen H1 und H2 beschriebenen Effekte laufen auf einen Kostennachteil der AG hinaus, der unter sonst gleichen Bedingungen auf die Prämienhöhe durchschlagen muss. Tatsächlich kann *Finsinger* (1983a) am Beispiel der Prämien für Wagen der unteren Mittelklasse nachweisen, dass die AG geschätzte 2,5% über dem Mittelwert, die öV hingegen nicht weniger als 14,6% darunter liegen.

**Folgerung 8.10**  Es bestehen deutliche Anzeichen dafür, dass die Gewinnregulierung als Teil der deutschen materiellen Versicherungsaufsicht bis zu ihrer Abschaffung die Anreize der gewinnstrebigen VU in einer Weise verzerrte, dass sie zu höheren Kosten und Prämien als ihre nicht gewinnstrebigen Konkurrenten produzierten.

Diese Folgerung stimmt bedenklich, weil sie auf die Möglichkeit hinweist, dass Auflagen, die zumindest offiziell dem Ziel des Konsumentenschutzes dienen, gegenteilige Auswirkungen haben können. Üblicherweise erwartet man vom Gewinnstreben der Unternehmen, dass es Anstrengungen fördert, die Kosten niedrigzuhalten. Unter dem Druck des Wettbewerbs muss zudem der Kostenvorteil früher oder später an die Konsumenten weitergegeben werden. Hier scheint demgegenüber eine Auflage bezüglich der Verwendung des Gewinns zu Gunsten der VK gerade die gewinnstrebigen VU in einem Masse beeinflusst zu haben, dass ihr Produkt die VK teurer zu stehen kommt als dasjenige des öffentlichen Konkurrenten, dem man sonst eher Unwirtschaftlichkeit unterstellt hätte.

## 8.5 Übungsaufgaben

### Übungsaufgabe 8.1

(a) Bei der Erklärung der Regulierung von Versicherungsmärkten lassen sich Argumente der Effizienzsteigerung im öffentlichen Interesse, aber auch Argumente der politischen Ökonomie (Vereinnahmung der Regulatoren, Markt für Regulierung) heranziehen. Beschreiben Sie die zentralen Elemente dieser Alternativen in je max. 3 Sätzen.

(b) Sie sind im Management des deutschen VU "Star" und tragen sich mit dem Gedanken, das britische VU "Top" zu übernehmen. Erklären Sie die herkömmlichen Unterschiede in der Versicherungsaufsicht Deutschlands und Grossbritanniens. Warum ist es für Ihren Übernahmeentscheid wichtig, diese Unterschiede zu kennen?

(c) Ist es für Ihren Übernahmeentscheid auch wesentlich zu wissen, ob in einem oder beiden der betrachteten Märkte die Regulierung eher auf den Wunsch nach Effizienzsteigerung, die Vereinnahmung der Regulatoren oder auf einen Markt für Regulierung zurückgeht? Begründen Sie Ihre Antwort.

(d) Die Kompetenz zur (De)Regulierung der EU-Versicherungsmärkte geht mehr und mehr auf die EU-Kommission über. Welche der drei Alternativen für die Erklärung der Regulierung trifft auf die EU-Kommission am ehesten zu? Begründen Sie Ihre Ansicht.

### Übungsaufgabe 8.2

(a) Bei ihrer Untersuchung einiger europäischer Versicherungsmärkte finden *Finsinger* und *Schmidt* (1994), dass sich ln(PREM) durch REG, HERF und ln(LIFEEXP) statistisch recht gut erklären lässt (vgl. Abschnitt 8.4.2). Was bedeutet die abhängige Variable? Was könnte der Grund dafür sein, sie in logarithmische Form zu bringen?

(b) Was bedeuten die verwendeten erklärenden Variablen? Warum erscheinen sie in der Regressionsgleichung?

(c) Was für eine Hypothese wird getestet, wenn man das Vorzeichen und die statistische Signifikanz von REG prüft? Was bedeutet demnach die Tatsache, dass der Koeffizient von REG + 0,48 beträgt und statistisch signifikant ist?

(d) Deutschland ist in der Stichprobe enthalten. Zu welcher Kategorie in Bezug auf REG gehört Deutschland? Österreich? Die Schweiz? Wie müssten sich demnach gemäss (c) die für diese Länder vorausgesagte Prämienniveaus mit dem Durchschnitt der EU-Länder vergleichen?

(e) Die Untersuchung basiert auf Daten des Jahres 1988. Würde eine gleiche Untersuchung mit Daten nach dem Jahr 2000 dieselben Ergebnisse zeitigen? Begründen Sie Ihre Antwort.

## 8.6 Literaturhinweise

Adams, M.B. und Tower, G.D. (1994), Theories of regulation: Some reflections on the statutory supervision of insurance companies in anglo-american countries, in: Geneva Papers on Risk and Insurance. Issues and Practice 71 (April), 156-177.

Abraham, K.S. (1995), Insurance Law and Regulation: Cases and Materials, 2. Aufl., Westbury NY: The Foundation Press, 36-37.

Atchinson, B.K. (1997), Remarks on the American risk based capital model, in: Geneva Papers on Risk and Insurance 82 (Jan.), 60-68.

Bellez, A. (2002), Qualität als Aspekt des Versicherungsproduktes, Diss. Universität Frankfurt (M).

Eisen, R. (1989), Regulierung und Deregulierung in der deutschen Versicherungswirtschaft, in: Zeitschrift für die gesamte Versicherungswirtschaft 78(2), 157-175.

Eisen, R., Müller, W. und Zweifel, P. (1992), Wettbewerb und Verbraucherschutz auf dem Versicherungsmarkt, in: EG '94 und Versicherungsmärkte, Schriften zur Unternehmungsführung 45, 19-36.

Finsinger, J. (1983a), The performance of property line insurance firms under the German regulatory system, in: Journal of Theoretical and Institutional Economics/Zeitschrift für die gesamte Staatswissenschaft 139, 473-489.

Finsinger, J. (1983b), Versicherungsmärkte. Frankfurt: Campus.

Finsinger, J., Hammond, E. und Tapp, J. (1985), Insurance: Competition or Regulation? Reprint No. 19, London: Institute for Fiscal Studies.

Finsinger, J. und Schmidt, F.A. (1994), Prices, distribution channels, and regulatory intervention in European insurance markets, in: Geneva Papers on Risk and Insurance, Issues and Practice 70 (Jan.), 22-36.

Frech, H.E. III und Samprone, J.C. Jr. (1980), The welfare loss of excess nonprice competition: The case of property-liability insurance regulation, in: Journal of Law and Economics, XXI, 429-440.

Gabrowski, H., Viscusi, W.K. und Evans, W.N. (1989), Price and availability tradeoffs of automobile insurance regulation, in: Journal of Risk and Insurance 56, 275-299.

Harrington, S.E. (1987), A note on the impact of auto insurance rate regulations, in: Review of Economics and Statistics 69, (Feb.), 166-170.

Hollenders, Ch. (1985), Die Bereichsausnahme für Versicherungen nach § 102 GWB, Baden-Baden: Nomos.

Konrath, N. (1996), Solvency of insurance undertakings and financial groups, in: Geneva Papers on Risk and Insurance 78 (Jan.), 22-35.

Meier, K.J. (1991), The politics of regulation, in: Journal of Risk and Insurance 58 (4), 700-713.

Merkin, R. und Rodger, A. (1997), EC Insurance Law, London: Longman.

Olson, M. (1965), The Logic of Collective Action, Boston: Harvard University Press.

Pauly, M., Kunreuther, H. und Kleindorfer, P. (1986 ), Regulation and quality competition in the U.S. insurance industry, in: J. Finsinger und M. Pauly (Hrsg.), The Economics of Insurance Regulation, London: Macmillan, 65-107.

Peltzman, S. (1976), Towards a more general theory of regulation, in: Journal of Law and Economics 19, 211-240.

Posner, R.A. (1974), Theories of economic regulation, in: Bell Journal of Economics and Management Science 5 (2), 335-358.

Rees, R., Gravelle, H. und Wambach, A. (1999), Regulation of insurance markets, in: Geneva Papers on Risk and Insurance Theory 24(1), (June), 55-68.

Stigler, G.J. (1971), The theory of economic regulation, in: Bell Journal of Economics and Management Science, 2 (3), 3-21.

Tyran, J.-R. und Zweifel, P. (1993), Environmental risk internalization through capital markets (ERICAM): The case of nuclear power, in: International Review of Law and Economics 13, 431-444.

Zweifel, P. (1994), EEA (European Economic Area) and insurance in the EFTA countries, in: Sveriges Riksbank (Hrsg.), Financial Integration in Western Europe, Occasional Paper 10, 93-99.

# KAPITEL 9
# Soziale Sicherung und Sozialversicherung

Dieses Kapitel ist der Sozialen Sicherung und ihrem Zusammenspiel mit der Privatversicherung (PV), gewidmet. Nach einer kurzen Übersicht über die Bedeutung der Sozialversicherung (SV) wird in Abschnitt 9.2 die Frage aufgeworfen, weshalb es überhaupt eine SV gibt. Mit Blick auf die Tatsache, dass im Bereich der Personenversicherung die SV ein mindestens viermal so hohes Beitragsvolumen wie die PV abwickelt (vgl. Tabelle 9.2), mag die Frage nach dem Warum der Sozialversicherung allerdings müssig erscheinen. Als möglicher Grund wird auf das Marktversagen der PV hingewiesen. Doch kann man damit auch das überaus rasche Wachstum der SV mit einem sich über die Zeit verschärfenden **Marktversagen** erklären? Offenbar lässt sich die SV nicht nur als effizienzsteigerndes Instrument auffassen; vielmehr scheint sie auch ein Instrument in den Händen politischer Entscheidungsträger zu sein.

Der Abschnitt 9.3 orientiert über die Zweige der SV in Deutschland, Österreich und der Schweiz. Dabei zeigt es sich, dass zwar im grossen und ganzen Übereinstimmung in Bezug auf die Deckung der wichtigsten Risiken besteht, andererseits deren Abgrenzung doch unterschiedlich erfolgt. Im stückweisen Aufbau der jeweiligen nationalen Systeme dürften sich Eigenheiten des jeweiligen historischen und politischen Prozesses spiegeln.

Gerade wegen des schrittweisen und wenig systematischen Ausbaus der SV in den betrachteten Ländern besteht die Befürchtung, dass das Zusammenspiel zwischen den verschiedenen Zweigen der SV einerseits und der PV und der SV andererseits nicht dem Optimum aus der Sicht des Konsumenten oder Stimmbürgers entsprechen könnte. Deshalb wird in Abschnitt 9.4 zunächst ein einfaches, aus der Portfoliotheorie (4. Kapitel) hergeleitetes **Kriterium** entwickelt, um die Leistung eines Sicherungssystems als eines Ganzen beurteilen zu können. Die Anwendung dieses Kriteriums auf aggregierte Daten lässt Spielraum für erhebliche Effizienzsteigerungen vermuten.

In Abschnitt 9.5 kommen die **gesamtwirtschaftlichen Auswirkungen** der Sozialversicherung zur Sprache. Dabei stehen die Faktormärkte (Angebot an und Nachfrage nach Arbeit und Kapital) im Vordergrund, denn die meisten Zweige der SV überlassen die Verwendung der erhaltenen Leistungen dem einzelnen, haben also höchstens indirekt Einfluss auf die Struktur der Nachfrage auf den Produktmärkten. Nur gerade die Krankenversicherung knüpft ihre Leistungen an eine Bedingung bezüglich der Verwendung (hauptsächlich für medizinische Leistungen); im Extremfall kommt sie unmittelbar für die entsprechenden Aufwendungen auf (sog. Sachleistungsprinzip). Grundsätzlich sind die mit der SV in Verbindung gebrachten Auswirkungen auch bei der PV zu erwarten. Doch während sich in der PV immer wieder relativ wenige Individuen für einen bestimmten Vertrag entscheiden, dessen Bedingungen zudem auf deren besondere Umstände zugeschnitten sind, werden in der SV üblicherweise per Dekret grosse Teile der Bevölkerung einheitlichen Regelungen unterworfen. Solche Impulse dürften in der Gesamtwirtschaft weitreichende Anpassungen auslösen, die sich zum Teil als externe Effekte (und damit als Effizienzverluste) auffassen lassen.

## 9.1 Bedeutung der Sozialversicherung

Die Soziale Sicherung setzt sich nach dem Verständnis im deutschen Sprachgebiet aus der Sozialversicherung (SV) und einer Reihe von Massnahmen zusammen, die mit dem Begriff „**Sozialhilfe**" umschrieben werden können, wie Wohngeld, Kindergeld, Ausbildungsbeiträge („Bafög" in Deutschland), aber auch besondere Steuervorteile. Diese Sozialhilfe gewährt bestimmten sozialen Gruppen und/oder sozial Benachteiligten ein Mindestmass an lebensnotwendigen Mitteln, wobei die Bezugsberechtigung häufig an einen Bedürfnisnachweis geknüpft ist. Die Unterscheidung zwischen SV und Sozialhilfe wird allerdings international unterschiedlich gehandhabt. Deshalb zeigt die Tabelle 9.1 die Gesamtheit der Sozialausgaben als Anteil am Bruttoinlandsprodukt (BIP).

**Tabelle 9.1**   Sozialausgaben einiger OECD-Länder in % des BIP

| Land | 1980 | 1985 | 1990 | 1995 | 1997 |
|---|---|---|---|---|---|
| Deutschland | 23,4 | 24,3 | 22,9 | 27,2 | 26,6 |
| Österreich | 22,6 | 24,3 | 24,1 | 26,8 | 25,4 |
| Schweiz[b] | 14,8 | 15,9 | 16,3 | 20,9 | 22,4 |
| Frankreich | 23,5 | 27,0 | 26,9 | 29,6 | 29,6 |
| Grossbritannien | 18,4 | 21,2 | 19,6 | 23,1 | 21,6 |
| Italien | 18,4 | 21,4 | 24,0 | 26,0 | 26,9 |
| Japan | 10,4 | 11,3 | 11,3 | 14,0 | 14,4 |
| USA | 13,5 | 13,7 | 14,2 | 16,4 | 16,0 |

*Quelle:* OECD Social Expenditure Database 1980-1997

Deutschland gehört seit der Wiedervereinigung zu den Spitzenreitern der OECD-Länder, hinter Frankreich, das knapp 30% des BIP für Sozialausgaben verwendet. Am unteren Ende der Skala befinden sich Japan mit minimalen 14% und die USA mit 16% Anteil am BIP.

Eines haben alle aufgeführten Länder gemeinsam: Zwischen 1980 und 1997 nahm der Anteil der Sozialausgaben überall zu. Besonders ausgeprägt ist diese Entwicklung in Italien (von 18% auf 27%); sie gilt ähnlich für alle südlichen EU-Länder (Griechenland, Portugal, Spanien; in Tabelle 9.1 nicht aufgeführt). Diese Zunahme ist vermutlich in den nördlichen EU-Staaten einfach früher erfolgt; sie bildet damit ein Phänomen, das der Erklärung bedarf (vgl. Abschnitt 9.2).

Allgemein gibt es in den Industrieländern **zwei Grundkonzeptionen** der Sozialpolitik. Die deutsche Konzeption geht auf *Bismarck* zurück; sie legt das Schwergewicht auf die Finanzierung der Sozialausgaben durch Beiträge insbesondere der Arbeitnehmer. Die

## 9.1 Bedeutung der Sozialversicherung

andere Konzeption ist die englische und ist mit dem Namen *Beveridge* verbunden. Sie gibt tendenziell der Steuerfinanzierung den Vorzug. Besonders klar wird dieser Unterschied am Beispiel der sozialen Krankenversicherung: Während in Deutschland die Krankenkassen einen Beitragssatz in Prozenten des Arbeitseinkommens erheben, erhält der National Health Service Grossbritanniens seine Mittel aus dem Budget der Regierung.

Die Sozialhilfe wird im folgenden nicht weiter behandelt, weil sie keine Versicherung darstellt und im Vergleich zur SV weniger ins Gewicht fällt. Hier geht es vielmehr darum, das Zusammenwirken, die Parallelen und Unterschiede zwischen der PV und der SV aufzuzeigen. Eine wichtige Parallele besteht darin, dass in beiden Versicherungsarten ein (im Falle der SV häufig abgeschwächter) Zusammenhang zwischen Beiträgen (bzw. Prämien) und Leistungen im Schadenfall besteht.

Die SV ist für sich genommen so bedeutend, dass sie sich zumindest in den Industrieländern nicht mehr wegdenken lässt. Wie Tabelle 9.2 aufzeigt, lenkt sie beispielsweise in den Niederlanden mit ihren Einnahmen bis zu 40% des Bruttoinlandproduktes (BIP) um. In Deutschland, Frankreich und Grossbritannien stabilisiert sich dieser Anteil bei 30%. In Spanien dagegen (und ähnlich in Portugal und Griechenland) nimmt die Bedeutung der SV nach wie vor zu. Die Situation in den "stabilisierten" Ländern wie Deutschland und Frankreich muss auch hier das Ergebnis eines **eindrücklichen Wachstumsprozesses** sein, der innerhalb eines Jahrhunderts von einem Anteil nahe Null des BIP zu einem Anteil von über 25% geführt hat.

Tabelle 9.2  Anteil der Sozial- und der Privatversicherung am BIP einiger EU-Länder

| Land | Einnahmen der Sozialversicherung in % des BIP | | | Einnahmen der Privatversicherung (nur Leben) in % des BIP | |
|---|---|---|---|---|---|
| | 1980* | 1990 | 1996 | 1990 | 1996 |
| Deutschland | 30,1 | 27,1 | 30,9 | 2,2 | 2,65 |
| Frankreich | 27,0 | 28,0 | 31,0 | 3,1 | 5,9 |
| Grossbritannien | 25,7 | 25,6 | 29,5 | 6,2 | 7,3 |
| Italien | 24,4 | 24,6 | 25,9 | 0,7 | 1,4 |
| Niederlande | 39,6 | 36,9 | 35,7 | 4,2 | 5,0 |
| Spanien | 15,7 | 20,5 | 22,4 | 0,9 | 2,3 |

\* 1980 nur beschränkt vergleichbar
Quellen:  Europäische Sozialstatistik, OECD Social Expenditure Database; Sigma der Schweizer Rück, verschiedene Ausgaben

Im Vergleich dazu ist der **Anteil der PV gering**, wenn das Prämienvolumen des Lebengeschäfts als Massstab herangezogen wird. Nicht einmal in Grossbritannien, einem der wichtigsten europäischen Versicherungsmärkte, kommt die PV auch nur entfernt an die SV heran (Prämieneinnahmen Leben von rd. 7% des BIP im Vergleich zu 30% des BIP). Sogar in Grossbritannien erscheint die SV nach diesem Massstab über viermal so gross wie die PV, und in Italien und Spanien erscheint die PV im Vergleich zur SV als beinahe vernachlässigbar.

Zwischen privater und sozialer Versicherung scheint demnach eine **Substitutionsbeziehung** zu bestehen. Tatsächlich ist damit zu rechnen, dass eine von der SV vorgegebene, von den Individuen als übermässig empfundene Deckung von Risiken dazu führt, dass im Bereich ausserhalb der SV ein erhöhtes Risiko gesucht wird, was die Nachfrage nach privatem Versicherungsschutz reduzieren müsste [*Schulenburg* (1986)]. Eine solche Verdrängungswirkung kann auch von der Sozialhilfe ausgehen. Das von ihr garantierte Mindesteinkommen dürfte das Interesse am Abschluss einer privaten Pflegeversicherung geschwächt haben, mit der Folge, dass in Deutschland eine Pflichtversicherung für das Pflegerisiko eingeführt wurde [*Buchholz* und *Wiegard* (1992)].

Ein umgekehrter Einfluss, von der PV auf die SV, kann vernachlässigt werden, soweit er die Nachfrage betrifft. Denn wenn jemand seine Versicherungsnachfrage durch die PV gedeckt sehen sollte, kann er in der Regel den Versicherungsschutz bei der SV nicht entsprechend reduzieren. Aus Gründen, die in Abschnitt 9.2 dargestellt werden, kennt die Sozialversicherung in aller Regel ein **Einheitsprodukt**, was dem Mitglied nicht erlaubt, seinen Präferenzen Ausdruck zu geben.

Die Beziehungen zwischen Privat- und Sozialversicherung sind auch struktureller Natur. Private Versicherungsmärkte können infolge asymmetrischer Information problematische Eigenschaften aufweisen (insbesondere die adverse Selektion, vgl. Abschnitt 7.3), die sich durch eine einheitliche Pflichtversicherung vermeiden lassen. Dabei braucht die PV nicht notwendig durch die SV ersetzt zu werden, sondern die eine kann die andere in einer Art und Weise ergänzen, die eine Effizienzsteigerung ermöglicht [*Dahlby* (1981)].

## 9.2 Warum gibt es die Sozialversicherung?

In der ökonomischen Literatur gibt es zwei hauptsächliche Erklärungen für die Existenz einer SV.

(1) **Die SV als eine effizienzsteigernde Institution.** Die SV stellt einen sehr weitgehenden regulierenden Eingriff in die Versicherungsmärkte dar. Damit ein solcher Eingriff effizienzsteigernd sein kann, müsste er ein Marktversagen beheben. Die wichtigsten Gründe für ein Marktversagen im vorliegenden Zusammenhang sind übermässige Gegenwartspräferenz der Individuen, altruistische Motivation, sowie adverse Selektion und Transaktionskosten [für einige zusätzliche Gründe für ein Marktversagen privater Versicherung vgl. *Schönbäck* (1980), Teil B].

(2) **Die SV als Instrument in den Händen von Politikern und Bürokraten.** Die SV eignet sich ausgezeichnet zur Umverteilung von Einkommen und Naturalleistungen (z.B. medizinische Leistungen durch die soziale Krankenversicherung). Dies macht sie für Politiker, die eine (Wieder)Wahl als Mitglieder der Regierung oder des Parlaments anstreben, interessant, weil sie ihren Wählern Vorteile zukommen lassen können. Aber auch die öffentliche Verwaltung kann sich von der SV Vorteile versprechen.

Diese beiden Erklärungen sollen zunächst dargestellt, zugleich aber daraufhin geprüft werden, ob sie Aussagen nicht nur zur Existenz, sondern auch zum Wachstum der SV erlauben.

### 9.2.1 Die Sozialversicherung als effizienzsteigernde Institution

#### 9.2.1.1 Übermässige Gegenwartspräferenz als Grund eines Marktversagens

Als mögliches Marktversagen wird verbreitet angeführt, die meisten Leute hätten eine "zu hohe" Gegenwartspräferenz, d.h. sie würden in der Zukunft liegende Erträge und Kosten subjektiv "zu stark" diskontieren [vgl. z.B. *Petersen* (1989), Kap. VI]. Deshalb seien sie nicht bereit, in jungen Jahren beispielsweise einen Lebensversicherungsvertrag abzuschliessen, der ihnen im Alter eine Leibrente gewähren würde. Sie würden auch das Risiko hoher Gesundheitsaufwendungen im Alter unterschätzen und deshalb von sich aus keine Krankenversicherung abschliessen.

Dieses Argument unterstellt, dass die Politiker, die über die Einführung der SV abstimmen, die richtige Gegenwartspräferenz kennen. Es lässt sich (anders als zu Bismarcks Zeiten in Deutschland) in einer Demokratie nicht so leicht aufrechterhalten. Denn die Individuen müssen Politiker wählen, die ihnen eine niedrigere Gegenwartspräferenz aufzwingen. Sie müssten also als **Stimmbürger** aus irgendwelchen Gründen eine niedrigere Gegenwartspräferenz aufweisen denn als **Konsumenten**. Eine solche Diskrepanz leuchtet nicht ohne weiteres ein; sie könnte aber Ausfluss der Tatsache sein, dass Politiker in der Lage sind, mittels der SV ein Produkt bereitzustellen, das von der PV nicht angeboten werden kann.

Ein solches Produkt stellt möglicherweise ein Leistungsversprechen zugunsten noch nicht geborener Nachkommen dar, die unabhängig von ererbten Fähigkeiten und angeborenen Behinderungen auf eine minimale wirtschaftliche Versorgung zählen können. Die Eltern dieser **ungeborenen Generation** erhalten die Gewähr, dass ihre Nachkommen nicht in der untersten Schicht einer allzu ungleichen Einkommensverteilung leben werden. Insofern die Nachkommen selbst für diesen Versicherungsschutz aufkommen sollen, würde ein solcher Vertrag an eine Schuldknechtschaft erinnern und wäre im Rahmen der Privatversicherung kaum vorstellbar [*Sinn* (1996)]. Ein solcher „Generationenvertrag" mit niedriger Gegenwartspräferenz kann nur von der Staatsgewalt durchgesetzt werden.

Das Argument ist nicht ganz überzeugend, da grundsätzlich auch die Eltern für den Versicherungsbeitrag zur PV aufkommen könnten. Sollte die Prämie für Teile der jetzigen Generation zu hoch ausfallen, so könnte sie mit Subventionen reduziert werden. Die entscheidende Schwierigkeit scheint eher die Unmöglichkeit zu sein, Ungeborene in genügend genaue Risikoklassen einzuteilen und insbesondere, sie nach der Geburt einer „Erfahrungstarifierung" zu unterwerfen. Diese Unmöglichkeit wiederum leistet der **adversen Selektion** Vorschub (vgl. Abschnitt 7.3). So erweist sich letztlich nicht so sehr die übermässige Gegenwartspräferenz, sondern vielmehr die asymmetrische Information als ein Grund des Marktversagens (vgl. dazu ausführlicher Abschnitt 9.2.1.3). Das Ausmass dieses Marktversagens müsste jedoch im Verlauf der Zeit zugenommen haben, um das Wachstum der SV erklären zu können.

### 9.2.1.2 Altruistische Motivation als Grund eines Marktversagens

Das Argument, dass SV als Mittel zur Behebung eines Marktversagens im Zusammenhang mit altruistischer Motivation aufgefasst werden kann, geht auf *Culyer* (1980, 98-105) zurück. Ein reiches Individuum $R$ sei von der Armut von $A$ negativ betroffen, wobei diese Armut auf einen versicherbaren Schaden zurückzuführen sei. Wäre die Armut von $A$ nämlich permanenter Natur, könnte sich $R$ zu einem Geschenk entschliessen. Um die negative Externalität zu beheben, ist $R$ bereit, für die Prämie einer Versicherung zu Gunsten von $A$ aufzukommen. Die (vermutlich abnehmende) marginale Zahlungsbereitschaft von $R$ zu Gunsten von $A$ ist in der Abbildung 9.1 als $MZB_{R,A}$ eingetragen.

Daneben gibt es selbstverständlich auch die marginale Zahlungsbereitschaft des $R$ für sich selbst, $MZB_{R,R}$, die wohl höher sein dürfte als diejenige zu Gunsten von $A$. Da es sich bei der Versicherungsdeckung von $A$ um ein öffentliches Gut handelt, wird **Nichtausschliessbarkeit** angenommen, d.h. die zu stellende Frage lautet nicht wie bei privaten Gütern, "Wieviel Deckung fragen bei einem gegebenen Preis Individuen nach, die miteinander um das Gut konkurrieren?", sondern: "Wieviel Zahlungsbereitschaft besteht für eine vorgegebene Menge des öffentlichen Guts?" Dieser zweiten Fragestellung entspricht die Vertikaladdition von $MZB_{R,R}$ und $MZB_{R,A}$, die im gebrochenen Streckenzug $MZB_{R,R+A}$ resultiert.

**Abbildung 9.1** Versicherung eines Armen als öffentliches Gut

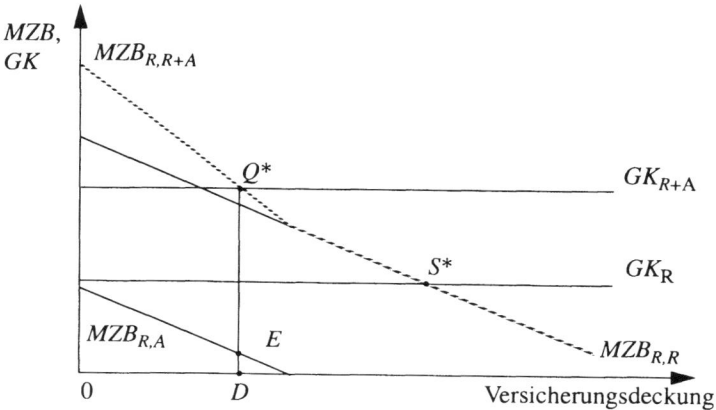

Die Grenzkosten zusätzlicher Deckung $GK$ seien konstant und je Versicherten gleich gross (moralisches Risiko und Risikounterschiede werden also vernachlässigt). Der Punkt

$Q^*$ zeigt das soziale Optimum an, wo die aggregierte marginale Zahlungsbereitschaft gerade noch die aggregierten Grenzkosten deckt. Dies entspricht einer Versicherungsdekkung $0D$ sowohl für $R$ als auch für $A$, finanziert durch Beiträge des $R$ zu Gunsten von $A$ ($DE$) sowie für sich selbst ($EQ^*$).

Diese Lösung wird jedoch kaum auf freiwilliger Basis zustandekommen. Andere reiche Individuen werden nämlich ihre Zahlungsbereitschaft nicht offenbaren wollen in der Hoffnung, dass $R$ die Finanzierung des öffentlichen Guts "Entlastung von der armutsverursachten negativen Externalität" vollumfänglich übernehmen wird. Sie werden sich also als sog. **Trittbrettfahrer** verhalten. $R$ wird diesen Sachverhalt durchschauen und seine Zahlungsbereitschaft ebenfalls nicht offenlegen wollen. Um dennoch die positive Externalität aus der Versicherung von $A$ einzuheimsen, könnten sich die reichen Mitglieder der Gesellschaft darauf einigen, eine **Pflichtversicherung für die Armen** einzuführen. Einerseits unterwerfen sich die Reichen der Pflicht, diese Versicherung mit ihren Beiträgen (wohl nach Massgabe ihrer vermuteten marginalen Zahlungsbereitschaft, mit Einkommen oder Vermögen als möglichen Indikatoren) zu finanzieren oder mindestens zu subventionieren. Andererseits müssen sich die Armen verpflichten, das Versicherungsgeschenk der Reichen anzunehmen (weil sonst die negative Externalität weiterbestehen würde).

Das Modell sagt also eine Pflichtversicherung für jedermann voraus, mit einer für alle festgelegten Grunddeckung (im Umfang von $0D$ in Abbildung 9.1). Die Reichen werden darüber hinaus private Zusatzdeckung kaufen (das Optimum für $R$ selbst ist der Punkt $S^*$ in Abbildung 9.1). Dies führt zur

**Folgerung 9.1** Altruismus im Verbund mit Trittbrettfahren kann die Existenz einer Pflichtversicherung mit einheitlicher Deckung erklären, wobei die Wohlhabenden zusätzliche Deckung privat beschaffen.

Dieses Modell vermag demnach die Existenz sowie gewisse Eigenschaften heutiger SV zu erklären. Hingegen muss es die Frage offenlassen, warum die SV ein solch markantes Wachstum erfahren hat, ausser man wolle eine Ausbreitung altruistischer Motivation ins Spiel bringen.

### 9.2.1.3 Adverse Selektion als Marktversagen

In Abschnitt 7.3 wurde dargestellt, wie asymmetrische Information das VU dazu veranlassen kann, einen Mischvertrag anzubieten, der für die guten Risiken ungünstig ist, so dass sie von einem Konkurrenten abgeworben werden können. Im Endergebnis ist ein Gleichgewicht auf den privaten Versicherungsmärkten möglicherweise nicht mehr gewährleistet. Die Externalität geht diesmal auf die Existenz nicht armer, sondern „schlechter" Risiken zurück, welche die nicht erkannten „guten" Risiken veranlasst, entweder überhöhte Prämien zu bezahlen (Mischvertrag) oder aber eine Beschränkung der Versicherungsdeckung in Kauf zu nehmen (trennende Verträge). Eine Pflichtversicherung kann diese Externalität mindestens teilweise internalisieren und so effizienzsteigernd wirken.

Die Abbildung 9.2 folgt dem Argument von *Dahlby* (1981). Die beiden Risikotypen $g$ (gut) und $s$ (schlecht) mögen den gleichen Ausstattungspunkt $Q$ im Raum der bedingten

Ansprüche ($W_1$, $W_2$) haben. Sie sollen sich also in Bezug auf ihr Vermögen nicht unterscheiden (um den Unterschied zur Argumentation im vorhergehenden Abschnitt zu betonen, wo es Einkommens-, doch keine Risikounterschiede gab). Eine risikoneutrale PV kann Vermögen aus dem schadenfreien Zustand ($W_1$) in den Zustand mit Schaden ($W_2$) im Falle eines guten Risikos nach Massgabe der sog. Versicherungsgeraden mit Steigung (im Absolutwert) $(1 - \pi^g)/\pi^g$ übertragen, wobei $\pi^g$ die Schadenwahrscheinlichkeit symbolisiert (vgl. Abschnitt 7.3). Da die schlechten Risiken eine grössere Wahrscheinlichkeit haben, einen Schaden aufzuweisen ($\pi^s > \pi^g$), verläuft ihre Versicherungslinie flacher. Sie können unter trennenden Verträgen eines privaten VU keine bessere Situation als jene erreichen, die durch den Punkt $H^*$ (volle Deckung zu risikogerechter Prämie) angezeigt wird.

Um die Risikotrennung zu erreichen, wird das private VU den guten Risiken nicht mehr Deckung als die durch den Punkt $S$ angegebene anbieten können. Denn die schlechten Risiken werden nicht von $H^*$ auf $S$ übergehen wollen (die Indifferenzkurve $\overline{EU^s}$ geht durch beide Punkte). Unter gewissen Bedingungen, die in Abschnitt 7.3 ausgeführt werden, bildet demnach das Vertragspaar $\{H^*, S\}$ ein **trennendes Gleichgewicht**. Die guten Risiken, denen es annahmegemäss nicht möglich ist, sich als solche zu erkennen zu geben, werden dabei benachteiligt, weil sie nicht volle Deckung (Punkt $L^*$) haben können, sondern bei $S$ rationiert werden.

Man stelle sich jetzt eine Pflichtversicherung vor, welche ihren Beitrag auf der Grundlage der Anteile guter und schlechter Risiken kalkuliert (einfachheitshalber je 50%). Deshalb kann diese SV beispielsweise Deckung im Umfang von $QQ'$ zu einer Durchschnittsprämie anbieten, ohne ihr finanzielles Gleichgewicht zu gefährden. Der neue Ausstattungspunkt, bei dem das private VU ansetzen kann, ist somit $Q'$. Wieder wird es versuchen, für seine Zusatzdeckung ein trennendes Gleichgewicht zu etablieren. Das entsprechende Vertragspaar ist in der Abbildung 9.2 mit $\{H^{**}, S'\}$ eingetragen. Damit geht aber eine **Pareto-Verbesserung dank der SV** einher:

- Die schlechten Risiken stellen sich besser, denn sie erhalten bei $H^{**}$ wiederum volle Deckung, doch zu **günstigeren Bedingungen**. Sie ziehen einen Vorteil daraus, dass sie den durch die SV bereitgestellten Anteil zu einer Prämie erhalten, die für den Durchschnitt aus guten und schlechten Risiken kalkuliert wurde.

- Die guten Risiken stellen sich aber auch besser, zumindest im gezeigten Beispiel. Punkt $S'$ zeigt einen höheren Erwartungsnutzen an als der vorherige Punkt $S$ (mit Niveau $\overline{EU^g}$). Der Umstand, dass SV und PV zusammen die Rationierung der guten Risiken lockern (weil die schlechten Risiken dank der SV eine attraktivere Alternative haben) ist **genügend vorteilhaft**, um den Nachteil mehr als auszugleichen, der sich daraus ergibt, dass sie in der SV einen Beitrag entrichten müssen, der für den Durchschnitt kalkuliert wurde. Je geringer der Anteil schlechter Risiken in der Bevölkerung, desto eher wird es demnach zu einer Paretoverbesserung auch für die guten Risiken kommen können.

**Folgerung 9.2**   Beim Vorliegen von adverser Selektion kann teilweise Deckung durch die SV zu einer Effizienzsteigerung und damit Pareto-Verbesserung für gute und schlechte Risiken führen.

## 9.2 Warum gibt es die Sozialversicherung?

**Abbildung 9.2**  Paretoverbesserung durch SV bei adverser Selektion

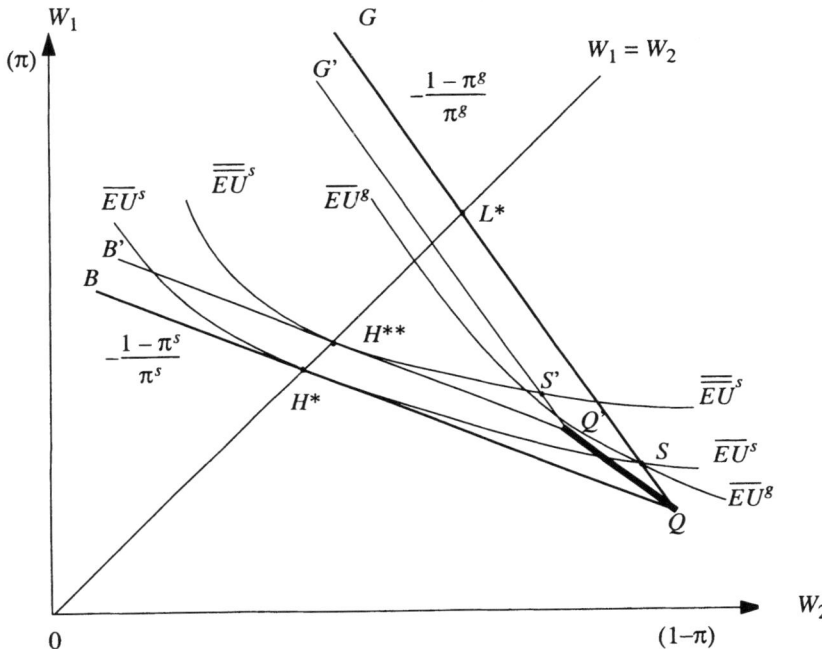

In der Folgerung 9.2 ist von **teilweiser Deckung** durch die SV die Rede. Tatsächlich dürfte eine vollständige Deckung durch die SV in der Regel nicht im Interesse der guten Risiken sein. Je umfassender die Deckung durch die SV, desto schwerer wiegt der Nachteil, dass die Prämien für das durchschnittliche Risiko kalkuliert sind. Demgegenüber besagt die Kurvatur der Indifferenzkurve, dass zusätzliche Versicherungsdeckung zu niedrigeren Prämien angeboten werden müsste, um von Interesse zu sein.

### 9.2.1.4 Transaktionskosten als Marktversagen

Versicherungsschutz wird nie zu fairen Prämien angeboten, denn die Prämie muss neben dem Erwartungsschaden zumindest die Verwaltungs- und Vertriebskosten decken. Wegen des versicherungstechnischen Risikos erhebt das VU zudem üblicherweise einen Risikozuschlag auf den Erwartungsschaden (vgl. dazu Abschnitt 6.3). Diese Verteuerung des Versicherungsschutzes führt dazu, dass die VK lediglich Teildeckung nachfragen oder auf die Deckung eines Risikos überhaupt verzichten[1].

---

1. Für einen frühen Beitrag zu den Auswirkungen von Transaktionskosten auf Umfang und Struktur der Versicherungsnachfrage vgl. *Boland* (1965).

Dieses Ergebnis kann insofern als Marktversagen interpretiert werden, als die SV eine kostengünstigere Alternative bereitstellt. In der Form einer monopolistischen, einheitlichen Pflichtversicherung kennt die SV **keine Vertriebskosten**. Überdies geniesst sie vielfach eine Staatsgarantie, so dass sie kein versicherungstechnisches Risiko zu tragen hat und ohne einen Risikozuschlag auskommen kann. Der von der SV erhobene Beitrag kommt so der fairen Prämie ziemlich nahe, was für die Mitglieder gegenüber der PV auf eine Wohlfahrtssteigerung hinauslaufen könnte. Allerdings ist zu beachten, dass die SV auch Individuen zur Beschaffung von Versicherungsschutz zwingt, die auf ihn trotz günstiger Bedingungen **verzichtet** hätten. Ausserdem schreibt sie regelmässig einen Mindestschutz vor, der manchen Individuen zu weit geht. Und schliesslich nimmt ihre Einheitlichkeit auf Unterschiede zwischen den Präferenzen der Individuen keine Rücksicht und passt sich an deren Veränderung in der Zeit nur mit Verzögerung an.

Hingegen könnte die SV durchaus ein Marktversagen lindern, wenn die **Transaktionskosten risikospezifisch** anfallen. Die wirtschaftspolitische Debatte dreht sich regelmässig um das Problem, dass schlechte Risiken im Rahmen der PV Schwierigkeiten haben, genügend Deckung zu erhalten[2]. Ein Grund für dieses Marktversagen könnte sein, dass die VU, auch wenn sie schlechte Risiken als solche erkennen könnten, doch nicht in der Lage wären, ihre Schadenwahrscheinlichkeit (und damit ihre risikogerechte Prämie) zu kalkulieren[3]. Tatsächlich steht ja der feste Schaden $L$ stellvertretend für eine Schadenverteilung, die in der Regel erheblich linkssteil ist, wobei die schlechten Risiken nicht nur häufiger Schäden erleiden, sondern auch die grossen Schäden verursachen, die jedoch so selten sind, dass ihre Eintretenswahrscheinlichkeit $\pi^s$ kaum geschätzt werden kann. Diese Unsicherheit bezüglich $\pi^s$ führt zu einem erhöhten Insolvenzrisiko, das vom VU üblicherweise mit einem Sicherheitszuschlag abgefangen wird. Damit entstehen risikospezifische Transaktionskosten, die proportional zum Umfang der Versicherungsdeckung sein mögen.

In der Abbildung 9.3 wird vereinfachend angenommen, dass die guten Risiken keinen solchen Sicherheitszuschlag zu tragen haben, während den schlechten Risiken ein Vertrag mit Zuschlag angeboten wird (vgl. die Versicherungsgerade $QB''$). Unter diesen Bedingungen wird sich das schlechte Risiko für eine Teildeckung entscheiden oder sogar auf Versicherungsschutz ganz verzichten. In der Abbildung 9.3 ist mit dem Punkt $Q$ diese zweite Möglichkeit dargestellt. Dies hat aber zur Folge, dass ein privates VU gar keine trennenden Verträge auf den Markt bringen kann, denn die schlechten Risiken würden den Vertrag für die guten Risiken auch im Falle minimaler Deckung kaufen (Punkt $S$ dominiert Punkt $Q$ in der Abbildung 9.3, indem $\overline{EU}^s$ einen höheren Erwartungsnutzen für die schlechten Risiken anzeigt als $\overline{EU}^s$).

Der Vorteil der SV in dieser Situation ist, dass sie **keinen Zuschlag für das Insolvenzrisiko** erheben muss. Die Zwangsmitgliedschaft erlaubt es ihr, die Beiträge stets so

---

2. Diese Sorge steht im Gegensatz zu dem im vorhergehenden Abschnitt beschriebenen Problem, wonach von den schlechten Risiken informationsbedingt ein negativer externer Effekt auf die guten Risiken ausgeht, mit der Folge, dass die guten Risiken für Versicherungsschutz (im Falle des Mischvertrages) überhöhte Prämien bezahlen müssen oder aber (im Falle der trennenden Verträge) in Bezug auf Versicherungsschutz rationiert werden.
3. Das nachstehende Argument ist eine abgeänderte Version des Modells von *Newhouse* (1996).

## 9.2 Warum gibt es die Sozialversicherung?

**Abbildung 9.3** Risikospezifische Transaktionskosten und Pareto-Verbesserung durch SV

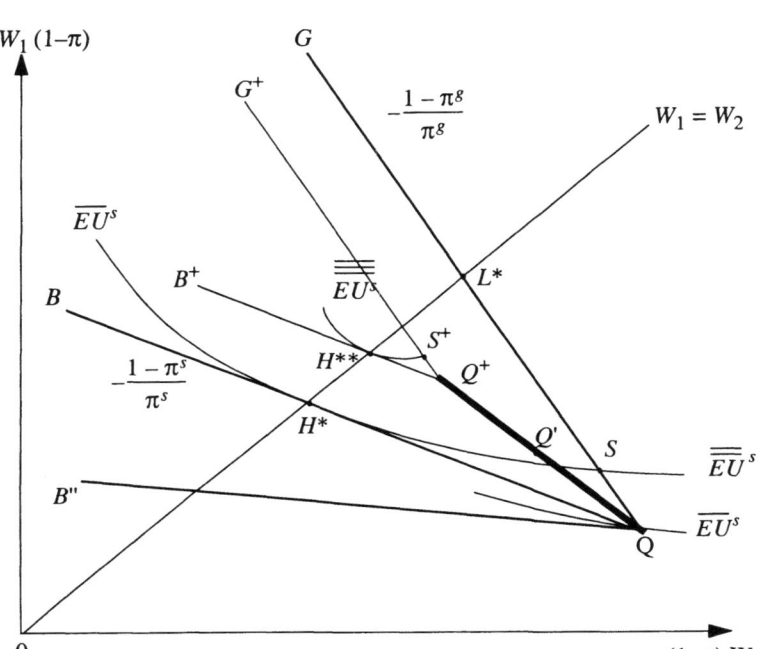

weit anzuheben, dass die Beitragseinnahmen die Ausgaben decken. Damit ist die Versicherungsgerade $QB$ (ohne Risikozuschlag) für die SV relevant, und bei hälftigem Anteil der schlechten Risiken wird sie Versicherungsschutz gemäss der Geraden $QQ'$ anbieten können. Allerdings wird dieses Ausmass der Deckung das private VU immer noch mit grossen Schäden konfrontieren. Beim Deckungsumfang $QQ^+$ hingegen könnte es den Sicherheitszuschlag reduzieren, im Extremfall sogar auf Null. Einfachheitshalber wird dieser Extremfall in der Abbildung 9.3 dargestellt (Versicherungslinie $Q^+B^+$). Unter diesen Bedingungen kaufen **auch die schlechten Risiken** die private Zusatzversicherung und sichern sich vollumfänglich ab. In der Abbildung 9.3 erreichen sie so statt $H^*$ den Punkt $H^{**}$ mit Erwartungsnutzen $\overline{\overline{EU}}^s$. Die guten Risiken hingegen erhalten den trennenden Vertrag $S^+$ angeboten, der möglicherweise gegenüber $Q^+$ eine Verbesserung darstellt (in der Abbildung 9.3 nicht gezeigt).

**Folgerung 9.3** Die Unfähigkeit der PV, die Schadenwahrscheinlichkeit der schlechten Risiken genügend genau einzuschätzen, begründet risikospezifische Transaktionskosten. Sie können durch die SV verringert werden, was die Möglichkeit einer Pareto-Verbesserung eröffnet.

Ob risikospezifische Transaktionskosten das **Wachstum** der SV erklären können, erscheint fraglich. Dieses Wachstum geht nicht zuletzt auf die Einführung der kollektiven Altersvorsorge zurück. In der privaten Lebensversicherung gibt es aber keinen technologischen Wandel, der (wie in der Kranken- und Haftpflichtversicherung) die Schadenbeträge nach oben verschiebt. Die Unsicherheit bezüglich der Schadenwahrscheinlichkeit $\pi^s$ bezieht sich demnach kaum auf rasch steigende Beträge, begründet also keine Zunahme der Transaktionskosten, die durch eine Ausweitung der SV-Deckung ausgeglichen werden müssten.

### 9.2.1.5 Moralisches Risiko als Einschränkung

Die Pflichtversicherung trägt zwar zur Lösung des Problems der adversen Selektion bei, verschärft dafür jedoch das andere Problem der asymmetrischen Information, dasjenige des moralischen Risikos. Wie im Abschnitt 7.2 gezeigt, besteht eine Massnahme gegen moralisches Risiko darin, die Prämie mit zunehmender Versicherungsdeckung überproportional anzuheben. Überdies lässt sich während der Vertragsdauer feststellen, ob Schäden eintreten oder nicht, was Information über die wahre Schadenwahrscheinlichkeit bedeutet. In Versicherungsbranchen mit einer gewissen Häufigkeit der Schäden kennen deshalb die privaten VU die Erfahrungstarifierung.

Solche Prämiendifferenzierungen scheinen aber dem Wesen der SV zu widersprechen. Die Voraussage der Abbildung 9.1 war, dass die Leistungen der SV für Arm und Reich dieselben sein würden, und in den Abbildungen 9.2 und 9.3 bietet der Mischvertrag der SV gleichen Leistungsumfang für gute und schlechte Risiken. Diese Gleichheit der Leistungen passt schlecht zu einer Differenzierung der Beiträge, die erst bei der privaten Zusatzversicherung greifen.

Die mangelnde Differenzierung der Beiträge zur SV nach dem Risiko sowie die Tendenz zur Vollversicherung fördern jedoch das moralische Risiko. Damit kann die SV eine Verschlechterung der gesamten Risikosituation bewirken.

### 9.2.2 Die Sozialversicherung als Instrument in den Händen politischer Entscheidungsträger

### 9.2.2.1 Theoretischer Hintergrund

In den fünfziger Jahren begannen einzelne Forscher, die ökonomische Theorie auf das Verhalten von politischen Entscheidungsträgern anzuwenden [*Downs* (1957), *Mueller* (1989), *Olson* (1965), *Niskanen* (1971)]. Ihre Grundhypothese besagt, dass Mitglieder von Regierungen, Parlamenten, Verwaltungen und Interessengruppen ihr Eigeninteresse genauso verfolgen wie die Konsumenten und Produzenten auf Märkten. So möchten beispielsweise die Mitglieder der Regierung an der Macht bleiben, und dazu müssen sie eine Wahl gewinnen. Wahlen kann man nicht zuletzt dadurch für sich entscheiden, dass man Einkommen und Vermögen zu Gunsten seiner eigenen Wähler (und zu Lasten der Wähler konkurrierender Kandidaten) umverteilt. Dazu eignet sich die SV aus zwei Gründen ausgezeichnet:

- Jede Versicherung stellt einen Mechanismus der **Umverteilung von Vermögen** dar, nämlich von jenen vielen, die zwar ihre Prämie bezahlen, doch keinen Schaden erleiden, zu jenen wenigen, die einen Schaden erlitten haben. Diese Umverteilung wird durch den Zufall gesteuert, ist mithin unsystematisch. Doch für Politiker ist es ein Leichtes, die Umverteilung mit **systematischen Elementen** wie Einkommen und Vermögen anzureichern, ohne dass die Benachteiligten im Einzelfall dies wahrnehmen können. Umverteilung durch Steuern ist demgegenüber leicht erkennbar und ruft deshalb mehr Widerstand hervor.

- Insofern ein gewisser Altruismus im Spiel ist (vgl. Abschnitt 9.2.1.2), kann der Politiker sogar auf die **Wünschbarkeit** einer systematischen Umverteilung durch die SV hinweisen. Demgegenüber dienen die Steuern zunächst einmal der Finanzierung des Staatsapparates; es besteht für den Steuerzahler keine Gewähr, dass damit Leistungen für Arme, die sich keine Versicherung leisten können, finanziert werden.

Allgemeiner kann die SV als das (etwas extreme) Ergebnis des Angebots und der Nachfrage nach öffentlicher Regulierung aufgefasst werden (vgl. Abschnitt 8.3). Da das Angebot an öffentlicher Regulierung von den politischen Entscheidungsträgern bereitgestellt wird, liegt die Vermutung nahe, dass die Existenz und Ausgestaltung der SV nicht zuletzt auch deren Interessen widerspiegeln müsste.

**Folgerung 9.4** Die Schaffung einer SV kann als Ergebnis des Zusammenspiels von Angebot und Nachfrage auf dem Markt für Regulierung aufgefasst werden. Deshalb liegt die Vermutung nahe, dass ihre Existenz und Ausgestaltung weitgehend von den Interessen der politischen Entscheidungsträger bestimmt werden.

### 9.2.2.2 Das Interesse der Regierung an einer SV

Leider gibt es nur wenige empirische Untersuchungen, welche die Hypothese prüfen, dass die SV als Instrument zur Sicherung der (Wieder)Wahl von Regierungen eingesetzt wird. Eine Voraussetzung für den Einsatz dieses Instruments müsste sein, dass vermehrte Leistungen der SV die **Popularität** der entsprechenden Regierung erhöhen. *Schneider* (1986) fand Belege dafür, dass die Regierungen Australiens, Deutschlands und der USA an Popularität gewannen, wenn sie den Anteil der SV-Aufwendungen an den gesamten öffentlichen Ausgaben erhöhten. Die betreffende Elastizität ist (im Absolutbetrag) vergleichbar derjenigen in Bezug auf die Arbeitslosenquote, die neben dem Einkommenswachstum als die wichtigste Bestimmungsgrösse der Popularität gilt. Eine Erhöhung der SV-Leistungen um 10% (also z.B. von 30% auf 33%) wirkt demnach auf die Popularität etwa so günstig wie eine Reduktion der Arbeitslosenquote um 10% (also um 5% auf 4,5%).

Für die Niederlande bestehen Hinweise darauf, dass die öffentlichen Ausgaben im allgemeinen, die SV-Aufwendungen aber im besonderen von der Regierung mit Blick auf die Wahlen eingesetzt werden. *Van Dalen* und *Swank* (1996) bringen die Anteile der SV-Ausgaben am Bruttoinlandsprodukt (BIP) mit den Wahlterminen in Verbindung. In der Tabelle 9.3 nimmt die Variable WAHL$_e$ dann den Wert 1 an, wenn im betreffenden Jahr

**Tabelle 9.3**  Ausgaben für die SV zur Sicherung der (Wieder)Wahl in den Niederlanden

| | Abhängige Variable: Regierungsausgaben (% des BIP, logarithmiert) | | | | | |
|---|---|---|---|---|---|---|
| | Öffentliche Güter | | | Quasi-öffentliche Güter | | Transfers |
| | Verteidigung | Infrastruktur | Öffentliche Verwaltung | Ausbildung | Gesundheit | Sozialversicherung |
| Anteil Altersbevölkerung | - | - | - | - | 3,461** | 3,521* |
| Anteil Jugendbevölkerung | - | - | - | 1,495** | -4,863** | 4,245** |
| Arbeitslosenquote | 0,728 | - | - | - | 1,926** | 3,143** |
| WAHL$_e$ | 0,065** | - | - | - | - | - |
| WAHL$_n$ | 0,010 | - | - | - | - | - |
| WAHL$_{en}$ | - | 0,102** | - | 0,045** | - | - |
| WAHL$_{ven}$ | - | - | 0,091** | - | - | 0,122** |
| Autoregressive Terme | 4 | 1 | 1 | 0 | 3 | 3 |
| Beobachtungszeitraum | 1957-93 | 1954-93 | 1954-93 | 1953-93 | 1956-93 | 1957-92 |
| $\bar{R}^2$ | 0,985 | 0,951 | 0,982 | 0,989 | 0,998 | 0,994 |

Nicht aufgeführt sind die folgenden erklärenden Variablen: Einkommen, relative Preise der Ausgabenkategorien, Bevölkerungsgrösse, ideologische Ausrichtung des Kabinetts und Zeittrend. OLS-Schätzung; *(**) geben statistische Signifikanz auf dem 0,10 (0,05)-Niveau an.
$\bar{R}^2$: korrigierter Bestimmtheitskoeffizient.
Quelle: Van Dalen und Swank (1996).

eine Wahl zu erwarten war (manchmal wurde der Wahltermin wegen politischer Krisen verschoben). Analog symbolisiert WAHL$_{ven}$ die drei Jahre vor, während und nach einer fälligen (Wieder)Wahl. Die Regressionskoeffizienten der Tabelle 9.3 legen die folgenden Schlüsse nahe:

- Während der drei Jahre im **Umfeld einer Wahl** liess die Regierung den Anteil der SV-Ausgaben am BIP um cet. par. 13 Prozent **ansteigen**, also auf z.B. 17% statt 15% des BIP. Dies geht aus dem Koeffizienten der Variablen WAHL$_{ven}$ im Betrage von 0,122 hervor. Wenn man die Logarithmustransformation rückgängig macht, erhält man näherungsweise $e^{0.122}/e^0 = 1,129$ oder einen Effekt von 13% [unter Vernachlässigung der Retransformationsprobleme, vgl. *Kennedy* (1989)].

- **Keine andere Komponente** der öffentlichen Ausgaben wird so sehr für die Wiederwahl eingesetzt wie die SV-Ausgaben. Von den verschiedenen WAHL-Variablen kommt der Koeffizient von $WAHL_{en}$ in der Gleichung für die Infrastrukturausgaben mit 0,102 dem Koeffizienten von SV (0,122) noch am nächsten.

### 9.2.2.3 SV als Instrument in den Händen anderer politischer Entscheidungsträger

Da es zu den entsprechenden spezifischen Themen keine empirischen Untersuchungen zu geben scheint, werden lediglich die theoretischen Argumente kurz dargestellt.

- **Parlamentarier und SV.** Auch Parlamentarier müssen Wahlen gewinnen; zu diesem Zweck werden sie ihre Zeit im Parlament so verwenden, dass sie auf grösstmögliche politische Unterstützung zählen können [*Crain* (1979)]. Eine Gesetzesvorlage, die eine Pflichtversicherung vorsieht, kann durchaus die Unterstützung der PV finden, sofern sie als Anbieter zugelassen bleiben und für sie die Vorteile der Ausweitung der Nachfrage die Nachteile aufwiegen, die sich aus der praktisch unvermeidlichen Regulierung ergeben (Prämienobergrenzen, Einschränkung der Prämiendifferenzierung, Verbot der Risikoselektion)[4].

  Meistens ist jedoch die Schaffung einer SV mit der Gründung eines **monopolistischen öffentlichen Anbieters** verbunden. Aber auch eine solche Vorlage braucht den Parlamentarier nicht unbedingt die Unterstützung der PV zu kosten, wenn risikospezifische Transaktionskosten tatsächlich eine wichtige Rolle spielen (vgl. Abschnitt 9.1.1.4). Denn die Übernahme der grossen Schäden durch die SV kann es den PV erlauben, ihre Zuschläge für die Vermeidung von Insolvenz so weit zu senken, dass schlechte Risiken Deckung kaufen. Sollte sich die PV gegen den Parlamentarier wenden, so hat er immer noch die Chance, die verlorene Unterstützung durch jene der öffentlichen Verwaltung wettzumachen; dieses Argument gilt nicht nur im Zusammenhang mit der Schaffung, sondern insbesondere auch mit dem Ausbau der SV.

- **Öffentliche Verwaltung und SV.** Im Unterschied zur Regierung ist die öffentliche Verwaltung keiner Wiederwahlbedingung unterworfen. Seit der grundlegenden Untersuchung von *Niskanen* (1971) gelten Einkommen, Prestige und Macht als Motive der Amtsleiter. Alle drei werden durch die Schaffung, aber auch durch den Ausbau der SV gefördert, besonders wenn die Durchführung der Pflichtversicherung nicht an private Anbieter delegiert, sondern zur Aufgabe der Regierung gemacht wird [vgl. *Eisen* und *Schrüfer* (1986) für den Fall der Krankenversicherung]. Denn unter diesen Umständen ergeben sich **Beschäftigungsmöglichkeiten** für viele Unterstellte (was die Schaffung mehrerer Hierarchiestufen ermöglicht und zur Mehrung von Einkommen, Prestige und Macht beiträgt).

---

4. Ein gutes Beispiel hierfür ist die Einführung der Pflege-Pflichtversicherung in Deutschland; vgl. *Eisen* (1999).

**Folgerung 9.5** Es spricht einiges dafür, die Sozialversicherung als ein Instrument in den Händen politischer Entscheidungsträger zu sehen. Insbesondere erklärt das Interesse der öffentlichen Verwaltung nicht nur die Existenz, sondern die Tendenz zum Ausbau der Sozialversicherung.

## 9.3 Überblick über die Sozialversicherungszweige

### 9.3.1 Gliederungsmerkmale der SV in drei Ländern

Die Nachfrage nach Versicherungsschutz ist eine Möglichkeit, den Schwankungen der Aktiva zu begegnen. Diese Schwankungen werden ihrerseits durch eine Reihe von Impulsen (Diebstahl, Feuer, Krankheit) ausgelöst. In der Privatversicherung (PV) unterscheidet man zunächst nach der betroffenen Aktivaklasse, d.h. Leben und Nichtleben. Die Sozialversicherung (SV) beschränkt sich dagegen auf den Ausgleich von nichtmarktlichen Aktiva, also Gesundheit und Humankapital (Arbeitsfähigkeit, Ausbildungsstand). Als Gliederungsmerkmal für die Zweige der SV bieten sich demnach die verschiedenen Impulse als Auslöser der Schwankungen an (vgl. Tabelle 9.4).

Die wichtigsten **Impulse** werden in Deutschland, Österreich und der Schweiz übereinstimmend definiert. So löst ein bestimmtes Alter (offiziell 60 – 65 Jahre, tatsächlich deutlich niedriger) Leistungen der Gesetzlichen Rentenversicherung, der Pensionsversicherung und der Alters- und Hinterbliebenenversicherung aus. Doch sind je nach Land auch andere Zweige der SV für den Impuls "Alter" zuständig. So kennt Deutschland eine besondere Landwirtschaftliche Altershilfe und für die Bergleute eine Knappschaftliche Rentenversicherung. Überdies haben die Angehörigen der freien Berufe das Recht, eine eigene Berufsständische Versorgung aufzubauen, während in der Schweiz sowohl die Alters- und Hinterbliebenenversicherung wie auch die Betriebliche Vorsorge die ganze erwerbstätige Bevölkerung mit einschliesst. In Österreich ist die Gliederung nach Berufsgruppen noch stärker ausgeprägt, indem je eine Alterssicherung die Arbeiter, Angestellten, die im Gewerbe und die in der Landwirtschaft Beschäftigten sowie die Beamten zusammenfasst.

Umgekehrt ist insbesondere in der Schweiz bei gewissen Impulsen **ungeklärt, welcher Zweig** der SV zuständig ist. Der Eintritt einer Krankheit beispielsweise kann Leistungen der sozialen Krankenversicherung, aber auch dreier anderer Zweige auslösen, je nachdem, ob die Krankheit z.B. im Zusammenhang mit einem Unfall steht oder umgekehrt zur Invalidität führt. Am ehesten noch ist in Deutschland ein Zweig der SV eindeutig einem bestimmten auslösenden Impuls zugeordnet.

Diese Unterschiede weisen darauf hin, dass die in Abschnitt 9.2.1 diskutierten Möglichkeiten der Effizienzsteigerung vielleicht die Existenz der SV, nicht aber ihre konkrete Ausgestaltung begründen können. Diese scheint vielmehr die Eigenheiten des **politischen Prozesses** widerzuspiegeln. In Österreich waren offenbar ständestaatliche Auffassungen bis weit ins 20. Jahrhundert so weit verbreitet, dass sich im Parlament nur für eine entsprechende Lösung eine Mehrheit finden liess. In der Schweiz hingegen unterliegen Bundesgesetze dem Referendum, falls sich dafür eine genügende Anzahl Bürger mit ihrer Unterschrift dafür ausspricht. Um also ein Gesetz zu einem bestimmten Zweig der SV

## 9.3 Überblick über die Sozialversicherungszweige

**Tabelle 9.4** Übersicht über die Sozialversicherung in drei Ländern

| Impuls | Deutschland | Österreich | Schweiz |
|---|---|---|---|
| Alter | Gesetzliche Rentenversicherung GRV<br>Betriebliche Altersvorsorge BAV<br>Berufsständische Versorgung<br>Landwirtschaftliche Altershilfe AdL | Pensionsversicherung<br>- der Arbeiter<br>- der Angestellten<br>- der Gewerblichen Wirtschaft<br>- der Bauern<br>Beamtenversorgung | Alters- und Hinterbliebenenversicherung AHV<br>Betriebliche Vorsorge BV |
| Arbeitslosigkeit | Gesetzliche Arbeitslosenversicherung GAV | Arbeitslosenversicherung ALV | Arbeitslosenversicherung ALV |
| Erwerbsausfall bei Armeedienst | (integriert in GRV und GPfV) | | Erwerbsersatzordnung EO |
| Familienlasten | Kindergeldgesetz, Erziehungsgeldgesetz | Familienlastenausgleichsfonds FLAF | Familienzulagen FZ |
| Invalidität | Gesetzliche Rentenversicherung GRV | (integriert in Pensionsversicherung bzw. Heeresversorgung) | Invalidenversicherung IV<br>Betriebliche Vorsorge BV<br>Unfallversicherung UV<br>Militärversicherung MV |
| Krankheit | Gesetzliche Krankenversicherung GKV | Krankenversicherungen<br>Unfallversicherung<br>Heeresversorgung<br>Pensionsversicherung | Krankenversicherung KV<br>Militärversicherung MV<br>Unfallversicherung UV<br>Invalidenversicherung IV |
| Tod | Gesetzliche Rentenversicherung GRV<br>Gesetzliche Krankenversicherung GKV | Pensionsversicherung | Krankenversicherung KV<br>Militärversicherung MV<br>Unfallversicherung UV<br>Invalidenversicherung IV |
| Unfall | Gesetzliche Unfallversicherung GUV | (integriert in Pensionsversicherung bzw. Heeresversorgung) | Krankenversicherung KV<br>Militärversicherung MV<br>Unfallversicherung UV |
| Pflegebedürftigkeit | Gesetzliche Pflegeversicherung GRfV | Bundespflegegesetz (Sozialhilfe, nicht V) | Alters- und Hinterbliebenenversicherung AHV |

*Quellen: Gesellschaft für Versicherungswirtschaft und- gestaltung (1996), 2-7*
*Tálos und Wörister (1994), 94, 142, 155, 156, 237*
*Zweifel, Bonato und Zaborowski, (1996), 23*

dem Stimmbürger schmackhaft zu machen, hatte der Gesetzgeber die Tendenz, zusätzliche Leistungsversprechen bezüglich eines verwandten Impulses aufzunehmen, also z.B. den Impuls "Unfall" auch in der Kranken- und Militärversicherung anzusprechen.

## 9.3.2 Bedeutung der Zweige der Sozialversicherung

Die nachstehende Tabelle 9.5 weist noch einmal (wie in Tabelle 9.1) die Sozialausgaben insgesamt in verschiedenen OECD-Ländern aus, doch diesmal in einer Gliederung, die einen Rückschluss auf die Bedeutung der einzelnen Zweige der SV erlaubt. Dabei ist zu beachten, dass die Leistungen der Betrieblichen Altersvorsorge (die zur Sozialversicherung gezählt wird, wenn sie als Pflichtversicherung besteht) in der Tabelle 9.5 fehlen.

Umgekehrt erscheinen in der Tabelle auch Ausgaben, die der **Sozialhilfe** zuzurechnen sind, wie Dienstleistungen zu Gunsten von Familien (Geldwert von Naturalleistungen) und Unterstützung beim Wohnen (Wohngeld). Die Korrektur nach unten macht aber in Deutschland, Österreich und in der Schweiz höchstens einen Prozentpunkt des BIP aus.

Im Vergleich zunächst dieser drei Länder wendet gemäss Spalte 14 der Tabelle 9.5 Deutschland den **grössten Anteil** des BIP für Leistungen der SV (ohne Berufliche Altersvorsorge) auf. Dafür mitverantwortlich sind die hohen Aufwendungen für die Aktive Arbeitsmarktpolitik sowie der Arbeitslosenversicherung. Mit Blick auf die hohe Arbeitslosenquote (vor allem auch in den Neuen Bundesländern) kommt dieser Unterschied nicht überraschend. Erstaunlich ist hingegen die Tatsache, dass die Altersrenten (Spalte 1) einen Anteil am BIP beanspruchen, der mindestens einen Prozentpunkt niedriger liegt als in den beiden andern Ländern. Dafür lässt die deutsche SV den Hinterbliebenen sehr viel mehr zukommen als insbesondere die schweizerische (Spalte 6).

**Tabelle 9.5** Sozialausgaben in einigen OECD-Ländern in % des BIP, 1997

|   | Altersrenten | Invalidenrenten | Arbeitsunfälle | Krankengeld | Pflegeleistungen | Hinterlassenenrenten | Familienunterstützung | Familiendienstleistungen | Aktive Arbeitsmarktpolitik | Arbeitslosigkeit | Gesundheit | Wohnung | Anderes | Insgesamt |
|---|---|---|---|---|---|---|---|---|---|---|---|---|---|---|
|   | (1) | (2) | (3) | (4) | (5) | (6) | (7) | (8) | (9) | (10) | (11) | (12) | (13) | (14) |
| D | 10,5 | 1,1 | 0,3 | 0,3 | 0,8 | 0,5 | 0,6 | 0,8 | 1,2 | 1,5 | 8,1 | 0,2 | 0,6 | 26,6 |
| A | 10,1 | 1,4 | 0,2 | 0,2 | 0,5 | 2,8 | 2,0 | 0,6 | 0,5 | 0,9 | 5,8 | 0,1 | 0,3 | 25,4 |
| CH | 6,9 | 1,4 | 1,6 | 0,2 | 0,3 | 0,3 | 1,1 | - | 0,8 | 1,3 | 7,3 | 0,1 | 1,2 | 22,4 |
| F | 10,7 | 1,0 | 0,3 | 0,5 | 0,7 | 1,6 | 1,6 | 1,3 | 1,4 | 1,9 | 7,4 | 1,0 | 0,4 | 29,6 |
| GB | 6,4 | 2,8 | 0,0 | 0,2 | 0,6 | 0,8 | 1,0 | 1,3 | 0,4 | 0,5 | 5,7 | 1,8 | 0,2 | 21,6 |
| I | 13,2 | 1,5 | - | 0,7 | 0,2 | 2,9 | 0,5 | 0,3 | 1,0 | 0,8 | 5,7 | 0,0 | 0,0 | 26,9 |
| J | 5,5 | 0,3 | 0,2 | 0,1 | 0,3 | 1,1 | 0,2 | 0,3 | 0,1 | 0,5 | 5,7 | - | 0,2 | 14,4 |
| USA | 5,6 | 0,9 | 0,1 | 0,2 | 0,0 | 1,0 | 0,3 | 0,3 | 0,2 | 0,3 | 6,5 | - | 0,6 | 16,0 |

*Quelle:* OECD Social Expenditure Database

Ein klarer Unterschied zeigt sich auch zwischen Österreich und der Schweiz in Bezug auf die Familienpolitik. Zählt man hier die Hinterbliebenenrenten mit dazu, so wendet dafür Österreich beinahe 6% seines BIP auf, die Schweiz dagegen kaum 2% (Spalten 6 bis 8). Im übrigen sind sich die drei Länder einigermassen ähnlich, insbesondere in Bezug auf die sozialen Aufwendungen für das Gesundheitswesen.

Diese Ähnlichkeit ist viel weniger bei den übrigen herausgegriffenen OECD-Ländern zu beobachten. Japan und die USA bilden eine **Gruppe für sich**, die durch eine wesentlich niedrigere Sozialausgabenquote auffällt. Dies geht auf eine weit geringere Bedeutung der staatlichen Altersvorsorge (Spalte 1), den praktischen Verzicht auf eine aktive Arbeitsmarktpolitik (Spalte 9) und geringere Ausgaben der Arbeitslosenversicherung (Spalte 10) zurück. Grossbritannien folgt diesem Muster, was die Altersrenten betrifft, stimmt aber bei den übrigen Positionen ziemlich mit den kontinentaleuropäischen Ländern überein.

Insgesamt zeichnet sich in Kontinentaleuropa die folgende **Rangordnung** der Zweige der SV ab. An erster Stelle steht die soziale Alterssicherung. Sie wird gefolgt von der Krankenversicherung, die wesentlich zur Finanzierung der sozialen Gesundheitsausgaben beiträgt. An dritter Stelle steht in aller Regel die Arbeitslosenversicherung, an vierter, die Invaliditätsversicherung. Die übrigen Zweige der SV bewegen überwiegend weniger als 1% des BIP.

**Folgerung 9.6**     Der wichtigste Zweig der Sozialversicherung ist in den Industrieländern die Altersvorsorge, gefolgt von der Krankenversicherung, der Arbeitslosenversicherung und ggf. Invaliditätsversicherung. Japan und die USA (aber auch Griechenland, Portugal und Spanien) unterscheiden sich durch eine wesentlich geringere Bedeutung insbesondere der Altersvorsorge.

## 9.4 Anforderungen an eine effiziente Sozialversicherung

Der Versuch, die Effizienz der Sozialversicherung (SV) zu beurteilen, hat eine längere Tradition. Dabei stand stets die Altersvorsorge im Vordergrund, weil sie in den Industrieländern die meisten Mittel, gemessen an den bezahlten Beiträgen, beansprucht. Ausserdem kann die Altersvorsorge einzelwirtschaftlich wie eine Kapitalanlage betrachtet werden: Einzahlungen in der Gegenwart stehen Auszahlungen in Zukunft gegenüber.

In diesem Abschnitt wird daher zuerst aufgezeigt, wie die Effizienz der sozialen Altersvorsorge (in Deutschland also der Gesetzlichen Rentenversicherung) im Vergleich zur Alternative der Privatversicherung (PV) beurteilt werden kann. Da es sich um einen Renditevergleich handelt, liegt der zweite Schritt nahe: Aus der Sicht des Individuums sind die **Ansprüche** an private und soziale Versicherer wie **Aktiva** zu betrachten, die je ihre erwarteten Renditen und Volatilitäten aufweisen. Der besondere Zweck dieser Versicherungsansprüche besteht darin, die Volatilität der versicherten Aktiva zu reduzieren. Insofern das gesamte Sicherungssystem (in seinem Zusammenspiel zwischen privater und sozialer Versicherung) diese Aufgabe wahrnimmt, kann es als effizient bezeichnet werden.

## 9.4.1 Die Effizienz der Alterssicherung

Da die Altersvorsorge über die SV erheblich Mittel bindet, die auch für andere Zwecke (insbesondere die Alterssicherung über die PV) eingesetzt werden könnten, warfen die Ökonomen schon bald einmal die Frage nach der Effizienz der einen im Vergleich zur andern Alternative auf: Falls ein Individuum nur an seinem eigenen zukünftigen Konsum interessiert ist, läuft der Effizienzvergleich auf einen **Renditevergleich** hinaus: es müsste jenem System den Vorzug geben, das seine Beiträge mit der höheren Rendite verzinst. Dieses System wäre Pareto-superior, da grundsätzlich alle Individuen durch seine relative Effizienz bessergestellt wären.

Man könnte nun meinen, dass die soziale Alterssicherung eine Rendite von Null aufweist, mindestens sofern sie auf dem Umlageverfahren beruht. Im Umlageverfahren werden ja die einbezahlten Beiträge umgehend dazu verwendet, um den Rentnern Leistungen auszurichten. Demgegenüber werden im Kapitaldeckungsverfahren die Beiträge auf dem Kapitalmarkt angelegt und mit Zins und Zinseszins als Leistungen vergütet.

Bereits *Samuelson* (1958) zeigte nun aber, dass auch das Umlageverfahren eine positive Rendite, unter Umständen sogar einen besonders hohen "biologischen" Zinssatz aufweisen kann, der auf das Wachstum der erwerbstätigen Bevölkerung zurückgeht. Die Darstellung des Arguments folgt hier *Breyer* (1990, Kap. 2). Herausgegriffen wird ein repräsentatives Individuum, das am Konsum während der Phase seiner Erwerbstätigkeit ($c_t$) sowie seinen finanziellen Möglichkeiten während der Ruhestandsphase ($z_{t+1}$) interessiert sein soll:

$$U_t = U(c_t, z_{t+1}). \tag{9-1}$$

Jede der beiden Phasen dauere einfachheitshalber eine Periode, und alle Parameter (Lohnsatz, Zinssatz, Wachstum der Zahl der Erwerbstätigen, Pensionierungsalter) sind fest vorgegeben. Der Konsum während der Erwerbstätigkeit ist die Differenz aus dem Nettoarbeitseinkommen und dem Sparen:

$$c_t = w_t \cdot (1 - b_t) - s_t. \tag{9-2}$$

Darin ist $b_t$ der Beitragssatz als Anteil des Lohneinkommens $w_t$, der an die Alterssicherung (unabhängig von ihrer Ausgestaltung) abgeführt werden muss. Andere Abzüge (insbesondere Steuern) sowie Zuschläge aus Vermögenseinkommen werden ausgeblendet.

Die Konsummöglichkeiten der Ruhestandsperiode $z_{t+1}$ setzen sich aus zwei Komponenten zusammen. Einerseits hat das Individuum Ansprüche an den Träger der Altersvorsorge im Betrag von $x_{t+1}$; andererseits werden seine Ersparnisse verzinst zum Satz $r_{t+1}$ (d.h. dem Zinssatz, der am Ende der ersten Periode gelten wird):

$$z_{t+1} = x_{t+1} + (1 + r_{t+1}) \cdot s_t \tag{9-3}$$

Die ausbezahlte Leistung hängt vom Typ der Alterssicherung ab. Im Falle des **Kapitaldeckungsverfahrens** (K), das für die PV typisch ist, in der SV dagegen nur im Rahmen etwa der Betrieblichen Altersvorsorge Verwendung findet, werden die Beiträge angelegt.

## 9.4 Anforderungen an eine effiziente Sozialversicherung

Da dies auf demselben Kapitalmarkt wie für die Ersparnisse geschieht, wird auch der gleiche Zinssatz realisiert [vgl. Gleichung (9-3)]:

$$x^K_{t+1} = (1 + r_{t+1}) \cdot b_t \cdot w_t. \tag{9-4}$$

Im **Umlageverfahren** gestaltet sich der Zusammenhang zwischen Beiträgen und erzielter Rente völlig anders. Zusätzliche Mittel für Leistungen stehen dann zur Verfügung, wenn sich die Zahl der Beitragszahler oder der Lohnsatz in der Zwischenzeit vergrössert hat. Da sich die Zahl der Beitragszahler weitgehend parallel mit der Zahl der Erwerbstätigen entwickelt, steht $m_t$ für die Wachstumsrate der Erwerbstätigen. In der Ausgangsperiode $t$ mögen beispielsweise 100 Erwerbstätige Beiträge für den Lebensunterhalt von 100 Rentnern entrichtet haben. Die gleichen Beiträge, aber entrichtet in der Periode $t+1$ von 105 Erwerbstätigen ($m_t = 0{,}05$) reichen aus, den in der Zwischenzeit zu Rentnern gewordenen 100 Individuen 5% mehr Leistungen je Kopf zukommen zu lassen. Die gleiche Wirkung hätte ein Anstieg der Lohnsätze um 5%, der mit $g_t$ symbolisiert wird. Deshalb gilt für das repräsentative Individuum im Umlageverfahren ($U$)

$$x^U_{t+1} = b_t \cdot w_t \cdot (1 + m_t)(1 + g_t). \tag{9-5}$$

Die Rendite eines Verfahrens ist allgemein gegeben durch den Überschuss der späteren Leistungen über die bezahlten Beiträge, also

$$1 + i_{t+1} = x_{t+1}/(b_t \cdot w_t), \text{ und damit } i_{t+1} = x_{t+1}/(b_t \cdot w_t) - 1. \tag{9-6}$$

Für den nachstehenden **Renditevergleich** sollen der Zinssatz $r$ sowie die Wachstumsraten der Erwerbstätigen $m$ und des Lohnsatzes $g$ konstant sein, um den oben geschilderten einfachsten Fall abzubilden. Angewendet auf das Kapitaldeckungsverfahren folgt dann aus den Gleichungen (9-4) und (9-6)

$$i^K_{t+1} = r, \tag{9-7}$$

d.h. die Rendite des Verfahrens $K$ entspricht der Rendite einer Anlage auf dem Kapitalmarkt. Angewendet auf das Umlageverfahren $U$ ergibt die Division der Gleichung (9-5) durch ($b_t \cdot w_t$) und Einsetzen in die Gleichung (9-6)

$$i^U_{t+1} = (1 + g) \cdot (1 + m) - 1. \tag{9-8}$$

Da $m$ und $g$ beide niedrige Werte aufweisen, kann ihr Produkt vernachlässigt werden, so dass sich Gleichung (9-8) vereinfacht zu

$$i^U_{t+1} = 1 + g + m + mg - 1 \approx g + m. \tag{9-9}$$

Obschon also im Umlageverfahren kein Kapitalstock entsteht, weisen die Beiträge zur SV dennoch eine Rendite in Form eines "biologischen Zinssatzes" auf. Diese einigermassen überraschende Einsicht ist *Aaron* (1966) zu verdanken, der sie als "**Sozialversicherungsparadox**" bezeichnete.

**Folgerung 9.7**     Die Beiträge zur Alterssicherung im Umlageverfahren weisen einen "biologischen Zinssatz" auf, welcher der Summe der Wachstumsrate der Erwerbstätigen und des Lohnsatzes entspricht (Sozialversicherungsparadox).

Wenn das repräsentative Individuum tatsächlich nur am Konsum während der Erwerbstätigkeit und den Konsummöglichkeiten während des Ruhestands interessiert ist [vgl. Gleichung (9-1)] und die Beiträge zur Alterssicherung dieselben sind, entscheidet der Betrag von $x_{t+1}$ darüber, welchem System es den Vorzug geben wird. Dieser Betrag hängt seinerseits von der Rendite des Systems ab. Damit gilt ($m$, $g$: Wachstumsraten der erwerbstätigen Bevölkerung bzw. des Lohnsatzes, $r$: Zinssatz):

**Folgerung 9.8**     $m+g > r$. Das Umlageverfahren ist dem Kapitaldeckungsverfahren (und damit der privaten Altersvorsorge) überlegen.

                              $m+g < r$. Das Umlageverfahren kann dem Kapitaldeckungsverfahren unterlegen sein. (Die Aussage ist nicht eindeutig, denn der Nutzenverlust der Anfangsgeneration, die bei einem Übergang vom Umlageverfahren zum Kapitaldeckungsverfahren den Kapitalstock aufbauen muss, ist dann in den Vergleich miteinzubeziehen).

Das hier verwendete einfache Modell ist in verschiedener Hinsicht ergänzungsbedürftig:

(1) **Die Lebensdauer der Individuen ist unsicher.** Wenn die Individuen kein Vererbungsmotiv haben, ändert sich jedoch an der Folgerung 9.8 nichts, weil der Nutzen gemäss (9-1) nur gerade durch den Erwartungsnutzen ersetzt werden muss. *Breyer* (1990, Abschnitt 3.2) zeigt aber darüber hinaus, dass auch das Vererbungsmotiv am Ergebnis nichts ändert, weil das Individuum in beiden Systemen den gewünschten Transfer an die Nachkommen mit Hilfe seiner Ersparnis finanziert.

(2) **Das Pensionierungsalter ist von der Alterssicherung abhängig.** Eine höhere Rente senkt das Pensionierungsalter und reduziert so das Volkseinkommen (vgl. dazu Abschnitt 9.5.1.1). Insofern ursprünglich das Umlageverfahren eine höhere Rente ermöglicht, wird dieser Effizienzvorteil durch den Rückgang des Volkseinkommens untergraben.

(3) **Der Lohnsatz ist von der Alterssicherung abhängig.** Eine höhere Rente reduziert das Pensionierungsalter und damit das Arbeitsangebot, bewirkt also eine Verteuerung der Arbeit, so dass (mindestens kurzfristig) das Volkseinkommen niedriger ausfällt [*Breyer* (1990), Abschnitt 6.3]. Insofern das Umlageverfahren eine höhere Rendite ermöglicht, ist also wiederum mit einem gegenläufigen Effekt zu rechnen, der seinen möglichen Effizienzvorteil untergräbt.

Die Folgerung 9.8 erweist sich damit als robust gegenüber Veränderungen, welche sozusagen versicherungstechnisch sind. Sobald allerdings insbesondere der Zusammenhang zwischen Rentenhöhe und Arbeitsangebot berücksichtigt wird, ist eher ein Effizienznachteil des Umlageverfahrens (und damit im wesentlichen der Alterssicherung durch die SV) zu vermuten. Nicht in Rechnung gestellt ist dabei die Tatsache, dass der Zinssatz am Kapitalmarkt $r$ und die implizierte Verzinsung im Umlageverfahren (namentlich die Lohnwachstumsrate $g$) schwanken. Sind die beiden negativ korreliert, so kann die Verwendung beider Systeme einen Diversifikationseffekt erzielen und so die Effizienz steigern. Dieser Gedanke wird im nächsten Abschnitt aufgegriffen.

### 9.4.2 Eine kapitalmarktorientierte Beurteilung der Effizienz

#### 9.4.2.1 Versicherungsansprüche als Komponenten des Portefeuilles

Im Kapitel 4 wurde die Leistung eines VU unter dem Gesichtspunkt eines Investors beurteilt, für den das Halten einer Versicherungsaktie eine Alternative zum Halten anderer Aktiva darstellt. Doch man kann sich auch den Gesichtspunkt des VK zu eigen machen und fragen, ob ein Versicherungsvertrag in Bezug auf Erwartungswert und Volatilität der Rendite in ein effizientes Portefeuille gehört oder nicht. Die Beiträge mögen zwar deterministisch sein, doch die Versicherungsleistungen sind notwendigerweise **stochastisch**, werden sie doch durch zufällige Ereignisse ausgelöst. Deshalb ist die Rendite eines Versicherungsvertrags eine Zufallsgröße.

Die Folgerung 9.7 des vorhergehenden Abschnitts macht darüber hinaus deutlich, dass nicht nur Ansprüche an die PV, sondern auch solche an die SV eine Rendite aufweisen. Nicht nur dies: Die Ansprüche an die SV haben ebenfalls eine gewisse **Volatilität**. Dafür gibt es mindestens vier Gründe:

(1) In der SV werden Leistungen wie in der PV nur bei **Eintritt eines Zufallsereignisses** (z.B. vorzeitiger Tod in der Alterssicherung) ausbezahlt.

(2) Die Leistungen sind grundsätzlich **nominal** definiert. Anpassungen an die zukünftige Entwicklung der Inflationsrate unterliegen in der SV dem Risiko politischer Entscheidungsprozesse, was den Realwert der Leistungen unsicher werden lässt.

(3) Durch **politische Entscheidungen** können die Leistungen allgemein nach oben oder unten verändert werden.

(4) Wie in der PV brauchen die Leistungen der SV nicht immer dem Betrag zu entsprechen, den der Versicherte erwartete. Je nach **Erfüllung bestimmter Voraussetzungen** fallen die Zahlungen niedriger oder höher aus als erwartet.

Rendite und Volatilität charakterisieren deshalb sämtliche Zweige der PV und der SV. Beispielsweise lässt sich die Gesetzliche Unfallversicherung wie eine **Kapitalanlage** beschreiben, stehen doch einer Folge von Einzahlungen an die SV mit einer gewissen Wahrscheinlichkeit zukünftige Leistungen gegenüber. Dasselbe Argument gilt sogar für die Krankenversicherung, weil mit einer gewissen Wahrscheinlichkeit zukünftige Erkrankungen eintreten werden, die medizinische Aufwendungen in einem bestimmten Geldbetrag nach sich ziehen.

Die Abbildung 9.4 illustriert das Zusammenspiel von PV und SV bei der Bestimmung der effizienten Grenze in einem ($\mu$, $\sigma$)-Raum (vgl. Abschnitt 4.1.2). Andere Aktiva werden zur Vereinfachung vernachlässigt; insbesondere soll es keine risikofreie Alternative geben. Ein voll informiertes Individuum, das sich seinen Versicherungsschutz frei zusammenstellen könnte, würde annahmegemäss die Effizienzgrenze $EE$ erreichen. Je nach Massgabe seiner Risikoaversion würde es darauf eine Kombination wie $C^{**}$ mit der entsprechenden Menge an Versicherungsverträgen der PV wählen. Durch das Hinzutreten der SV wird $EE$ allerdings ersetzt durch zwei spezifische Effizienzgrenzen, nämlich $E_p E_p$ für die PV und $E_s E_s$ für die SV. Diese beiden Effizienzgrenzen werden wie folgt modifiziert:

- Zumindest bei unvollkommenem Kapitalmarkt kann das Individuum von der SV angebotene Verträge über **hohe Summen** nicht mehr in seinem Budget unterbringen. Denn Mittel, die vorher für den Kauf von Verträgen der PV zur Verfügung standen, werden von der SV beansprucht. Die PV kann ihrerseits gewisse Vertragskombinationen nur noch ergänzend anbieten, weil die Pflichtversicherung besteht. Damit verläuft für das Individuum die effiziente Grenze, die zur Teilmenge der von der PV angebotenen Verträge gehört, niedriger und konkaver (vgl. $E_p E_p)^5$.

- Die SV ihrerseits ist ebenfalls durch eine **eigene Effizienzgrenze** $E_s E_s$ charakterisiert. Für einzelne Individuen, die durch die SV subventioniert werden (schlechte Risiken, wohlorganisierte Wählergruppen; vgl. Abschnitt 9.1) mag die effiziente Grenze der SV sogar oberhalb der von der PV angebotenen ursprünglichen Grenze $EE$ verlaufen. Die folgenden drei Gründe sprechen jedoch dafür, dass die Effizienzgrenze $E_s E_s$ für ein repräsentatives Individuum zwar nach innen, aber auch nach unten verschoben ist, so wie in Abbildung 9.4 gezeigt.

(1) **Unvollständiges Pooling der Risiken:** In der SV sind die verschiedenen Zweige in der Regel als je ein Ergebnis des politischen Prozesses entstanden. Eine Zusammenfassung verschiedener Sparten in eine Branche kommt deshalb nicht in Betracht, auch wenn sie im Lichte der Portfoliotheorie angezeigt wäre. Damit stehen der SV weniger Möglichkeiten der Aufteilung und Zusammenfassung von Risiken zur Verfügung. Die zur SV gehörende Effizienzgrenze $E_s E_s$ wird deshalb in der Regel **niedriger und konkaver** verlaufen, dafür weiter innen, weil z.B. die im vorhergehenden Abschnitt angesprochene "biologische Rendite" $g$ (die nur die SV aufweisen kann) eine geringere Volatilität aufweist als der Kapitalmarkt. Aus der Sicht des Individuums kann die Grenze $E_s E_s$ schliesslich zu seinem Punkt degenerieren, wenn nämlich der Deckungsumfang für jedes von der SV gedeckte Risiko vorgeschrieben ist, so dass überhaupt keine Wahlfreiheit besteht.

(2) **Eingeschränkte Anlagemöglichkeiten der SV:** Wegen des vorherrschenden Umlageverfahrens stehen der SV Mittel für die Kapitalanlage nur kurzfristig zur Verfügung. Ausserdem sind die zulässigen Anlageformen typischerweise noch mehr eingeschränkt als in der PV (meist Schuldverschreibungen des Staates). Beides drückt auf die im Mittel erreichbare Rendite der Anlagen und damit auf die für das Individuum über die SV erreichbare Rendite.

---

5. Zur Auswirkung solcher Ausschlussrestriktionen vgl. *Boller* (1994).

## 9.4 Anforderungen an eine effiziente Sozialversicherung

(3) **Keine Währungsdiversifikation:** Sowohl Beiträge wie auch Zahlungen erfolgen in der SV ausnahmslos in nationaler Währung, was das Individuum einer Diversifikationsmöglichkeit beraubt. So könnte ein deutscher Angestellter ein Interesse daran haben, seine Altersrente in Schweizer Franken ausbezahlt zu bekommen, weil er seinen Ruhestand in der Schweiz zu verbringen gedenkt. Aus seiner Sicht entfallen einmal mehr gewisse Diversifikationsmöglichkeiten, was $E_s E_s$ **näherungsweise linear macht** [vgl. Abbildung 4.2(d) in Abschnitt 4.1.2].

**Abbildung 9.4**   PV und SV als Komponenten eines individuellen Portefeuilles

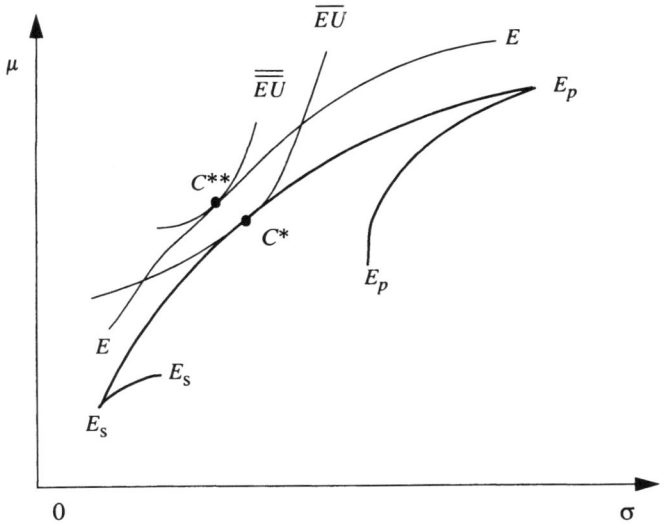

Die Kombination zweier Portefeuilles, die zunächst separat zusammengestellt wurden, ergibt die kombinierte Effizienzgrenze $E_s E_p$ (vgl. Abbildung 4.3 in Abschnitt 4.1.2). Das eingeschränkte Optimum sei der Punkt $C^*$, der für ein repräsentatives Individuum aus den oben genannten Gründen öfters ein geringeres Niveau des Erwartungsnutzens gewährleisten wird als das $C^{**}$ bei vollständiger Wahlfreiheit.[6]

**Folgerung 9.9**   Aus der Sicht eines repräsentativen Individuums als VK und Mitglied der Sozialversicherung haben die Komponenten des Versicherungsportefeuilles auf Seiten der PV wie auch der SV erwartete Renditen und Volatilitäten. Daraus resultiert eine kombinierte Effiziente Grenze im $(\mu, \sigma)$-Raum.

---

6. Im Gegensatz zur Abbildung 9.4 mag ein stärker risikoscheues Individuum die Kombination mit der Sozialversicherung $C^*$ vorziehen.

## 9.4.2.2 Ein einfacher Test auf Effizienz von PV und SV

Die Folgerung 9.9 legt die Frage nahe, ob die Zahlungsströme der PV und SV so gestaltet sind, dass sie es den Individuen erlauben, die kombinierte effiziente Grenze $E_s E_p$ der Abbildung 9.4 zu erreichen. Im folgenden wird unter vereinfachten Bedingungen ein Test hergeleitet. Dabei werden allfällige Unterschiede zwischen den Renditen der verschiedenen Branchen auf Seiten der PV und SV vernachlässigt. Was die PV betrifft, so müssen ihre Produkte tendenziell die **gleiche erwartete Rendite** aufweisen wie andere Anlagemöglichkeiten. Anderseits erzielen die umlagefinanzierten Zweige der SV ihre "biologische Rendite" aus dem Wachstum der Erwerbsbevölkerung, ggf. ergänzt durch eine Zunahme der Lohnsätze. Diese Gesamtrendite ($g + m$ der Folgerung 9.8) wird in manchen Zeiten die Rendite auf dem Kapitalmarkt ($r$, im Erwartungswert $\mu$) übersteigen, in anderen darunter bleiben. Es gibt keinen empirischen Grund, hier langfristig eine Diskrepanz anzunehmen.

Unter diesen Annahmen hat das ganze Sicherungssystem bestehend aus PV und SV nur noch die Aufgabe, die Volatilität der zu schützenden Aktiva zu minimieren. Dies würde verlangen, dass die Aktiva nach Berücksichtigung der *erwarteten* Leistungen nicht mehr variieren. Über die Versicherungszweige hinweg sollten demnach die unerwarteten Abweichungen in den Versicherungsleistungen unkorreliert sein, falls die Aktiva im übrigen bereits keine Volatilität mehr aufweisen. Sollten die Aktiva auch nach Zahlung der erwarteten Leistungen noch positiv korreliert sein, müsste dies durch **negative Korrelationen der unerwarteten Komponenten** gemildert werden.

Einiges spricht dafür, dass die Aktiva des Individuums auch nach Zahlung der erwarteten Versicherungsleistungen positiv korreliert sind:

- Die drei Kategorien der Aktiva (Gesundheit, Humankapital, marktgängiges Vermögen, vgl. Abschnitt 1.1) sind vor Versicherung tendenziell positiv korreliert. So führt eine gesundheitliche Einbusse leicht zu einem Verlust von Fähigkeiten und über das Arbeitseinkommen von Vermögen.

- Diese positive Korrelation bleibt auch nach der Ausrichtung der erwarteten Versicherungsleistungen erhalten: Die Gesundheitseinbusse als solche wird von der Krankenversicherung nicht ausgeglichen, Einkommenseinbussen z.B. infolge Arbeitslosigkeit nur zum Teil.

Der **Test auf Effizienz** des Sicherungssystems gestaltet sich demnach folgendermassen:

$H_0$. Falls die Abweichungen vom Erwartungswert der Leistungen negativ korreliert sind, tragen PV und/oder SV zur Effizienz des Sicherungssystems bei. Sind hingegen die Abweichungen vom Erwartungswert der Leistungen positiv korreliert, geht vom Sicherungssystem eine Tendenz zur Verstärkung der Schwankungen in den Aktiva der Individuen aus.

Dieser Test wurde von *Eisen* und *Zweifel* (1997) an aggregierten Daten aus Deutschland und der Schweiz durchgeführt. Als unerwartete Komponente der Versicherungsleistung wurden die jährlichen Abweichungen von einem Trendwert der Zahlungen errechnet, und zwar für jeden Zweig der PV und der SV.[7] Daran schloss sich die Berech-

## 9.4 Anforderungen an eine effiziente Sozialversicherung

**Tabelle 9.6** Korrelationen der Trendabweichungen in den Leistungen der PV und SV

| Privatver-sicherung | Sozialversicherung | | | | | | | | | |
|---|---|---|---|---|---|---|---|---|---|---|
| | Deutschland, 1975 - 1993 | | | | | Schweiz, 1970 - 1990 | | | | |
| | GRV | BAV | GKV | GUV | ALV | AHV (GRV) | IV | EL | SKV | SUVA |
| PLV | 0,27 | -0,08 | 0,26 | 0,39 | 0,25 | 0,68* | 0,78* | 0,44* | 0,89* | 0,78* |
| PKV | 0,79* | -0,72* | 0,56* | 0,92* | 0,63* | 0,72* | 0,76* | 0,36 | 0,86* | 0,86* |
| PUV | -0,41 | 0,28 | -0,15 | -0,41 | -0,26 | 0,28 | 0,41 | -0,01 | 0,28 | -0,03 |
| PHV | 0,43 | -0,25 | 0,16 | 0,54* | 0,08 | -- | -- | -- | -- | -- |
| PIV | -- | -- | -- | -- | -- | 0,49* | 0,56* | 0,33 | 0,75* | 0,66* |

GRV: Gesetzliche Rentenversicherung (in der Schweiz AHV: Alters- und Hinterbliebenen-Versicherung)
BAV: Betriebliche Altersvorsorge (in der Schweiz Teil der privaten Lebensversicherung)
EL: Ergänzungsleistungen zur AHV und IV (nur Schweiz)
IV: Invalidenversicherung (nur Schweiz)
GKV: Gesetzliche Krankenversicherung (in der Schweiz SKV: Soziale Krankenversicherung)
GUV: Gesetzliche Unfallversicherung (in der Schweiz SUVA: Schweizerische Unfallversicherungsanstalt)
ALV: Arbeitslosenversicherung (nur Deutschland; in der Schweiz erst seit 1978 obligatorisch)
PLV: Private Lebensversicherung
PKV: Private Krankenversicherung
PUV: Private Unfallversicherung
PHV: Private Haftpflichtversicherung (nur Deutschland)
PIV: Private Invalidenversicherung (nur Schweiz)

nung der paarweisen Korrelationskoeffizienten an. Die Ergebnisse der Untersuchung sind in der Tabelle 9.6 ausgewiesen.

Zur Illustration sei die Private Krankenversicherung (PKV) herausgegriffen, die es in beiden Ländern in ähnlicher Form gibt. Damit das Sicherungssystem die Volatilität der geschützten Aktiva niedrig hält, müssten unerwartet niedrige Leistungen z.B. der Gesetzlichen Krankenversicherung (GKV) durch besonders grosszügige Leistungen anderswo – z.B. der PKV – ausgeglichen werden.[8]

Dies trifft aber in Deutschland nicht zu, indem der Korrelationskoeffizient der Trendabweichungen den statistisch signifikanten Wert von +0,56 annimmt. Im Falle der deutschen PKV ergibt sich nur gerade im Zusammenspiel mit der Beruflichen Altersvorsorge BAV ein signifikant negativer Korrelationskoeffizient. Hier könnte man also sagen: Wenn

---

7. Die Beitragszahlungen sind in der Regel gut voraussehbar, tragen also zur Stochastik wenig bei. Deshalb wurden sie nicht berücksichtigt.
8. Der Ausgleich zwischen unerwarteten Abweichungen der Leistungen könnte selbstverständlich auch innerhalb der PV bzw. der SV erfolgen. Dies ist aber überwiegend nicht der Fall [für Einzelheiten vgl. *Eisen* und *Zweifel* (1997)].

jemand durch die Betriebliche Altersvorsorge im Bereich der SV besonders schlecht bedient wurde, erhält er **tendenziell einen Ausgleich** durch zusätzliche Leistungen der PKV. Im übrigen überwiegen jedoch die positiven Korrelationen die negativen.

Noch ungünstiger präsentiert sich das Bild im Falle der Schweiz. Hier gibt es zwischen der PKV und fünf Zweigen der SV (aus Datengründen ohne Arbeitslosenversicherung) keinen einzigen negativen Korrelationskoeffizienten. Die positiven Korrelationskoeffizienten dominieren noch stärker als im Falle Deutschlands.

**Folgerung 9.10** Zumindest in Deutschland und in der Schweiz gleichen die Zweige der PV zufällige Schwankungen in den Leistungen der SV nicht aus (und umgekehrt). Das Zusammenspiel der beiden Komponenten könnte damit in beiden Ländern effizienter gestaltet werden.

Gegen diese Folgerung gibt es einen gewichtigen **Einwand**. Die verwendeten aggregierten Daten lassen u.U. den Schluss auf eine positive Korrelation zu, die auf individueller Ebene gar nicht gegeben ist [*Schlesinger* (1997)].

So könnten die Leistungen der Gesetzlichen und der Privaten Krankenversicherung in Deutschland für die einzelnen VK durchaus negativ korreliert sein. Wenn aber eine grosse Grippewelle durchs Land zieht, steigt in beiden Versicherungszweigen die Zahl der Krankheitsfälle an, und es ergibt sich eine positive Korrelation der aggregierten Leistungen.

Ein entsprechender falscher Rückschluss von den aggregierten Beobachtungen auf die individuellen Sachverhalte lässt sich nicht wirklich ausschliessen. Deshalb wären Beobachtungen von Individuen, der von ihnen erlittenen Schadenfälle sowie der erhaltenen Leistungen der SV und der PV, je unter verschiedenen Titeln, von grossem Interesse.

## 9.5 Gesamtwirtschaftliche Auswirkungen der Sozialversicherung

Die gesamtwirtschaftlichen Auswirkungen der Sozialversicherung sind konjunktureller und struktureller Natur. Im Konjunkturabschwung verhindert namentlich die Arbeitslosenversicherung, dass die Entlassenen ihr Einkommen gänzlich verlieren und trägt so durch die teilweise Erhaltung ihrer Kaufkraft zur Stabilisierung der Wirtschaftsentwicklung bei [für nähere Ausführungen vgl. z.B. *Brümmerhoff* (1996, 25. Kap.)]. Im folgenden stehen - im Einklang mit der mikroökonomischen Ausrichtung dieses Buches - die strukturellen Auswirkungen der Sozialversicherung im Vordergrund. Sie gehen grundsätzlich auf das **moralische Risiko** zurück, denn das andere Hauptproblem der asymmetrischen Information, die **adverse Selektion**, wird durch eine monopolistische Zwangsversicherung gelöst. Moralisches Risiko besagt, dass die Entscheidungen der Individuen anders ausfallen, wenn sie deren finanzielle Konsequenzen dank des Versicherungsschutzes nicht mehr im vollen Umfange zu tragen haben. Insbesondere werden sie in ihren Anstrengungen zur Prävention des versicherten Ereignisses etwas nachlassen. Dies trifft zu unabhängig davon, ob das Versicherungsverhältnis durch einen privatrechtlichen Versicherungsvertrag oder eine öffentlichrechtliche Verfügung begründet wird. Insofern sind von der Privatversicherung (PV) und von der Sozialversicherung (SV) die gleichen gesamtwirtschaftlichen Auswirkungen zu erwarten.

Trotzdem dreht sich die Debatte in erster Linie um die Verhaltensänderungen, die von der SV, und nicht um jene, die von der PV ausgelöst werden. Dafür scheinen im wesentlichen die folgenden vier Gründe verantwortlich zu sein.

(1) **Umfang der bewegten Mittel:** Wie aus Abschnitt 9.1 hervorgeht, ist im Bereich der Personenversicherung das Beitragsvolumen der SV mindestens viermal höher als jenes der PV. Die Wahrscheinlichkeit, dass die SV erkennbare Effekte auslöst, ist von daher vergleichsweise gross.

(2) **Umfang des betroffenen Personenkreises:** Als Pflichtversicherung erfasst die SV alle oder fast alle Bürger eines Landes. Der Anreiz zur Verhaltensanpassung wirkt somit grundsätzlich auf alle Individuen, während ein Unternehmen der PV meist nur einen mehr oder weniger grossen Ausschnitt der Bevölkerung beeinflusst.

(3) **Gleichheit der Anreize:** Die in Abschnitt 9.1 dargelegte Gleichheit der Leistungen in der SV hat zur Folge, dass alle Versicherten grundsätzlich denselben Anreizen ausgesetzt sind. So lange die Präferenzen nicht sehr heterogen sind, erhöht auch dieser Umstand die Wahrscheinlichkeit, dass die Verhaltensanpassungen zu messbaren Auswirkungen auf gesamtwirtschaftlicher Ebene werden.

(4) **Externe Effekte:** Moralisches Risiko des einzelnen lässt Aufwendungen für Schäden und Schadenabwicklung und damit letztlich die Versicherungsprämien für alle ansteigen. Das moralische Risiko wird so zu einem negativen externen Effekt. In der PV wird man allerdings versuchen, diesen externen Effekt einzudämmen bzw. die externen Kosten des moralischen Risikos dem Verursacher anzulasten. Progressiver Prämienanstieg für zusätzliche Deckung, Selbstbeteiligung des Versicherten im Schadenfall und Beitragsrückerstattung bei Schadenfreiheit sind einige Instrumente zur Internalisierung des moralischen Risikos. Diese Instrumente stehen der SV in aller Regel nicht zur Verfügung, so dass die externen Kosten des moralischen Risikos kaum internalisiert werden.

In diesem Abschnitt kommen eine Reihe von **gesamtwirtschaftlichen Auswirkungen** der SV zur Sprache. Hin und wieder erfolgt auch ein Versuch, diese Auswirkungen zu beziffern. Diese Schätzungen zeigen die sozialen (d.h. gesellschaftlichen) Kosten auf, die mit der betrachteten Einführung oder Veränderung der SV verbunden sind. Die entscheidende Grösse bilden jedoch die **externen Kosten**, welche Versicherte unter dem Einfluss des moralischen Risikos dem Rest der Versichertenpopulation aufbürden. Diese externen Kosten sind möglicherweise nicht sehr gross: Wenn beispielsweise jemand vorzeitig in Pension geht, trägt er die damit verbundene Einkommenseinbusse mindestens zum Teil selber; als externe Kosten bleiben jene Leistungen der SV übrig, die über den versicherungsäquivalenten Betrag hinausgehen.

Es würde zu weit gehen, die gesamtwirtschaftlichen Auswirkungen sämtlicher Zweige der SV darzustellen. Im folgenden werden deshalb jene herausgegriffen, die besonders massive oder auch vielschichtige Auswirkungen haben, nämlich die Alterssicherung, die Krankenversicherung und die Arbeitslosenversicherung. Diese drei Zweige haben in den meisten Industrieländern gemeinsam, dass sie über Abgaben auf das Lohneinkommen finanziert werden. Sie treiben damit einen Keil zwischen den Bruttolohn und Nettolohn zuzüglich des Werts erworbener Ansprüche an die SV. Der **Substitutionseffekt** zusätzlicher SV-Abgaben auf das Arbeitsangebot ist eindeutig negativ. Doch eine Senkung des

Nettolohnsatzes hat auch einen **Einkommenseffekt** in Form einer verminderten Nachfrage nach dem Gut "Freizeit", was einer Zunahme des Arbeitsangebots gleichkommt. Der Gesamteffekt ist damit theoretisch offen, und empirische Untersuchungen kommen denn auch zu unterschiedlichen Ergebnissen [für eine Übersicht vgl. *Blundell* (1992)]. Deshalb werden diese gemeinsamen, durch die Finanzierung der SV verursachten Auswirkungen im folgenden nicht mehr weiter untersucht. Im Vordergrund stehen vielmehr die Anreize, die von den Leistungen der SV ausgehen.

### 9.5.1 Auswirkungen der Alterssicherung

Die soziale Alterssicherung beeinflusst vermutlich das Arbeitsangebot. Einerseits reduziert sie mit ihren Beiträgen den Nettolohnsatz; andererseits dürfte sie mit ihren Leistungen die Lebensarbeitszeit verändern. Darüber hinaus kommt sie einem Zwangssparen gleich, mit der wahrscheinlichen Folge, dass sie das private Sparen mindestens teilweise verdrängt, mit möglichen Auswirkungen auf den Kapitalmarkt. Ganz im Sinne des moralischen Risikos kann man schliesslich auch argumentieren, dass die Zahlung einer Altersrente (statt einer Kapitalsumme im Zeitpunkt des Rücktritts) die Kosten der Langlebigkeit reduziert und so zur Alterung der Bevölkerung beiträgt.

#### 9.5.1.1 Auswirkungen der Altersvorsorge auf den Arbeitsmarkt

Aus theoretischer Sicht spricht einiges dafür, dass die staatliche Altersvorsorge (engl. Social Security) durch ihre Leistungen den Pensionierungszeitpunkt verschieben und damit die Lebensarbeitszeit beeinflussen könnte. Eine Untersuchung, welche die von der amerikanischen Social Security ausgehenden finanziellen Anreize besonders klar herausarbeitet, ist diejenige von *Burtless* (1986).

Die Abbildung 9.5 stellt das Abwägen zwischen Arbeitseinkommen (bzw. potentiellem Konsum) und Freizeit in modifizierter Form dar, indem die Freizeit durch das Input „zusätzliche Arbeitszeit infolge späteren Rücktritts aus dem Erwerbsleben" ersetzt wird. Auch ohne Social Security würden die Konsummöglichkeiten in der Ruhestandsphase nach Massgabe der Geraden *AB* steigen. Dahinter steht die **Annahme**, dass Teile des Arbeitseinkommens gespart werden, wobei die Verzinsung einfachheitshalber vernachlässigt wird. Schon vor dem niedrigstmöglichen offiziellen Pensionierungsalter nehmen die Konsummöglichkeiten mit Social Security entlang *CD* ausgeprägter als entlang *AB* zu, weil die zusätzlichen Beitragsjahre die Ansprüche an die Altersvorsorge rasch anwachsen lassen. Dieser Effekt ist zwischen Alter 62 und 65 besonders ausgeprägt (Strecke *DE*), denn die Weiterarbeit wird speziell honoriert.

9.5 Gesamtwirtschaftliche Auswirkungen der Sozialversicherung

**Abbildung 9.5** Anreize zur Wahl des Pensionierungszeitpunkts, Social Security der USA

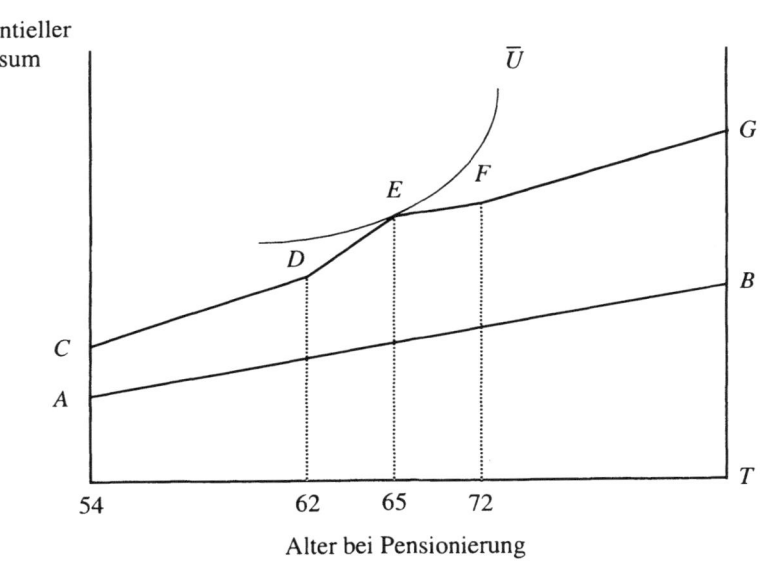

T: Sichere Lebensdauer
AB: Budgetbeschränkung ohne staatliche Altersvorsorge (Social Security)
CDEFG: Budgetbeschränkung mit staatlicher Altersvorsorge (Social Security)

*Quelle: Burtless (1986)*

Zwischen Alter 65 und 72 werden weiterhin erzielte Arbeitseinkommen teilweise mit den Ansprüchen an die Social Security verrechnet, mit der Folge, dass die Konsummöglichkeiten in der (aufgeschobenen) Ruhestandsphase nur noch wenig zunehmen (Strecke EF). Ab Alter 72 hingegen gilt diese teilweise Verrechnung nicht mehr.

Da potentieller Konsum als ein Gut, höheres Alter bei Pensionierung dagegen wegen der zusätzlichen Arbeitsleistung als Ungut aufzufassen sind, lassen sich die Präferenzen der Beschäftigten mit ansteigenden Indifferenzkurven darstellen. Beim Punkt E (Rentenalter 65) müssten sich die Rentenzugänge häufen, denn er kommt als Optimalpunkt für Individuen mit unterschiedlichen Grenzraten der Substitution in Frage. Demgegenüber würde das Optimum des Individuums ohne Social Security irgendwo auf AB liegen, in Abhängigkeit von seinen Präferenzen.

Tatsächlich findet sich in einer Stichprobe von mehr als 4000 Männern, die im Zeitraum 1969 bis 1979 im Zweijahresrhythmus befragt worden waren, eine Häufung bei

Punkt *E*. Da in diesem Zeitraum Änderungen an der Leistungsformel vorgenommen wurden, kann *Burtless* (1986) auch prüfen, ob das **Rücktrittsalter** auf diese Veränderungen reagiert. Die Effekte sind statistisch signifikant, doch erweisen sie sich als vergleichsweise gering. Insbesondere sind sie nicht gross genug, um das Absinken der Erwerbsquote der älteren Amerikaner seit dem zweiten Weltkrieg erklären zu können.

Der verwendete Modelltyp hat den Nachteil ziemlich einschränkender Annahmen. Insbesondere trifft das Individuum seinen Rücktrittsentscheid ein für allemal in Kenntnis seines zukünftigen Arbeitseinkommens, der Rentenzahlungen und insbesondere auch seines Gesundheitszustands. Demgegenüber bildet das **Optionswertmodell** den Entscheidungsprozess in der Zeit ab. Durch den Verzicht auf die Pensionierung im Zeitpunkt $t$ lässt sich der Beschäftigte die Option eines Rücktritts in den Zeitpunkten $t + 1$, $t + 2$,... offen. Wenn es in der Zukunft einen Rücktrittszeitpunkt $t + n$ gibt, der einen höheren erwarteten Nutzen als der Rücktritt im Zeitpunkt $t$ verspricht, wird der Beschäftigte den Rücktritt hinausschieben. Dabei beruht seine Entscheidung auf den im Zeitpunkt $t$ verfügbaren Informationen (vgl. Abbildung 9.6).

Das Optionswertmodell wurde von *Stock* und *Wise* (1990) auf die Personaldaten eines grossen Unternehmens angewendet. So war es ihnen möglich, nicht nur die Leistungen der Social Security, sondern auch der Beruflichen Altersvorsorge zu erfassen. In der Stichprobe der rd. 1500 Mitarbeiter stellte sich heraus, dass die Regelungen der **staatlichen** Social Security einen deutlich **geringeren** Einfluss auf die Pensionierungsentscheidung aufwiesen als die Regelungen der Betrieblichen Altersvorsorge.

In Deutschland wurde das Optionswertmodell von *Börsch-Supan* (1992) an 479 Rentnern des Sozioökonomischen Panels von 1984 untersucht, die zwischen dem 60. und 70. Altersjahr in Rente gegangen waren. Die abhängige Variable nimmt für ein bestimmtes Rücktrittsalter den Wert Eins an, wenn der Rücktritt in jenem Altersjahr erfolgt, und ist gleich Null sonst. Sie bildet somit einen Indikator der nicht beobachteten Wahrscheinlichkeit, im betreffenden Altersjahr in Pension zu gehen (Logit-Schätzung). Da die Individuen vom Panel jedoch nur einmal erfasst werden, geht die Dynamik des Optionswertmodells verloren. Dennoch erweist sich der Optionswert einer aufgeschobenen Pensionierung als hochsignifikante Variable bei der Erklärung des Übertritts in den Ruhestand: Je **höher** der mit dem Aufschub verbundene Optionswert, desto **geringer** ist unter sonst gleichen Bedingungen die Wahrscheinlichkeit der Pensionierung.

Etwas detaillierter sollen schliesslich die Ergebnisse einer schweizerischen Untersuchung dargestellt werden, die das Pensionierungsverhalten der Mitglieder dreier grosser Pensionskassen untersucht. Das Besondere an der Studie von *Baldenweg-Bölle* (1998) ist die Tatsache, dass für jedes Mitglied ab Alter 57 der Verlauf des potentiellen Konsums bei einem Rücktrittsalter zwischen 60 und 65 Jahren rekonstruiert werden konnte. Auf diese Weise liess sich die **Dynamik des Optionswertmodells** genau erfassen (vgl. Abbildung 9.6). Dabei schloss die Autorin den Nutzen der zusätzlichen Freizeit bei vorzeitigem Rücktritt in den jeweiligen Optionswert ein. Sie folgte *Stock* und *Wise*, die den Grenznutzen von Renteneinkommen, das keinen Arbeitseinsatz verlangt, auf das 1,66-fache des Arbeitseinkommens schätzen.

Die bedingte Logit-Schätzung nach *McFadden* ergibt einen Anteil richtig vorausgesagter Pensionierungszeitpunkte von 56% (bei sechs möglichen Zeitpunkten), was den nachstehenden zusammenfassenden Aussagen einige Glaubwürdigkeit verleiht:

**Abbildung 9.6** Unterstellter Entscheidungsprozess im Optionswertmodell (Schweiz, um 1995)

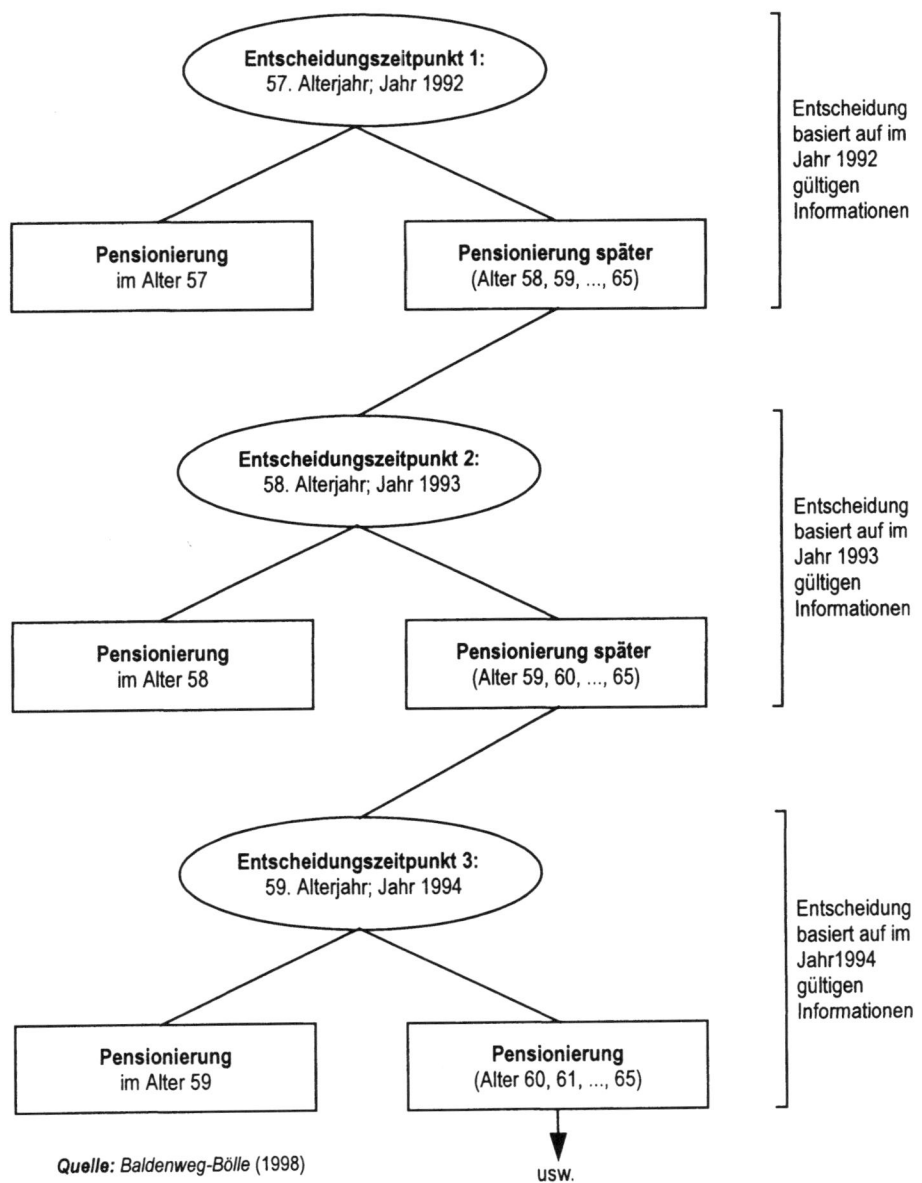

- Je **höher** der maximal erreichbare Optionswert bei Pensionierung, desto **unwahrscheinlicher** ceteris paribus ist der Rücktritt. Dies spricht gegen die Hypothese, dass die Versicherten jenen Zeitpunkt für ihren Rücktritt wählen, an dem sie den maximalen Vorteil herausholen können. Möglicherweise liefert die Firmentreue (die mit dem Optionswert korreliert) eine Erklärung für dieses überraschende Ergebnis.
- Je **rascher** die Zunahme des maximalen Optionswerts im Vergleich zum Rücktrittsalter 60, desto **höher** die Wahrscheinlichkeit der Pensionierung.
- Das Rücktrittsalter 65 ist nach wie vor die **Norm**.

**Folgerung 9.11**  Untersuchungen aus den USA stützen die Auffassung, dass von der sozialen Alterssicherung systematische Einflüsse in Richtung früheres Pensionierungsalter ausgehen. Deutsche und schweizerische Untersuchungen bestätigen diese Vermutung mindestens teilweise.

Mit der vorzeitigen Pensionierung brauchen allerdings keine externen Kosten für den Rest der Versicherten verbunden zu sein. Denn es ist zumindest denkbar, dass die damit verbundene Reduktion des Arbeitsangebots **in früheren Jahren durch Mehrarbeit** ausgeglichen wird. Für den Fall der Social Security in den USA können *Burkhauser* und *Turner* (1978) auf aggregierter Ebene zeigen, dass zwischen der Wochenarbeitszeit von 25- bis 64-jährigen Männern und den zu erwartenden Leistungen der Social Security ein positiver Zusammenhang besteht. Sie schätzen diesen Effekt als markant genug ein, um den Stillstand in der Verkürzung der Arbeitswoche seit dem zweiten Weltkrieg mit dem Ausbau der staatlichen Altersvorsorge erklären zu können.

Das "Vorholen" durch Mehrarbeit in früheren Jahren müsste sich entsprechend in zusätzlichen Ansprüchen an die SV niederschlagen. Zumindest aus der schweizerischen Studie geht jedoch klar hervor, dass die Leistungen der drei Pensionskassen über den versicherungstechnisch angezeigten Wert hinausgehen. Insofern ist doch damit zu rechnen, dass von der Tendenz zur vorzeitigen Pensionierung negative **externe Effekte** auf die übrigen Mitglieder der jeweiligen Pensionskasse ausgehen.

### 9.5.1.2 Auswirkungen auf den Kapitalmarkt

Die soziale Altersvorsorge könnte durch ihren Einfluss auf das private Sparen Auswirkungen insbesondere auf das Angebot an Kapital haben. Denn grundsätzlich substituieren die Leistungen der SV die Leistungen, die vom ersparten Vermögen erbracht würden.

Doch ob es stets zu dieser Substitution kommt, ist fraglich. Die Abbildung 9.7 zeigt ein einfaches Zweigüter-Modell mit $c_0 :=$ Konsum während der Erwerbsphase und $c_1 :=$ Konsum während der Ruhestandsphase. Ohne die soziale Altersvorsorge würde die Budgetgerade $AB$ mit Steigung $(1+r)$ gelten, wobei $r$ den realen Zinssatz angibt. Denn Ersparnisse während der Erwerbsphase werden auf dem Kapitalmarkt mit einer bestimmten Rendite verzinst. Der ursprüngliche Ausstattungspunkt $E$ ist durch das Einkommenspaar $\{y_0, y_1\}$ gegeben, wobei $y_1$ das Einkommen während der Ruhestandsphase darstellt, das von der Sozialhilfe gewährt wird.

## 9.5 Gesamtwirtschaftliche Auswirkungen der Sozialversicherung

Mit der Einführung einer Pflichtversicherung für die Altersvorsorge ändert sich die Budgetbeschränkung. Denn vom Einkommen $y_0$ muss das Individuum seinen SV-Beitrag $FE$ abführen. Während der Ruhestandsphase richtet die SV dafür Leistungen im Betrage von $FG$ aus. Dies widerspiegelt die Annahme, dass die SV im Kapitaldeckungsverfahren die gleiche Rendite erzielt wie private Anleger oder dass sie im Umlageverfahren die gleiche "biologische Rendite" über das Wachstum der Lohnsumme erreicht (vgl. Abschnitt 9.4.1).

Bei der Beurteilung der Auswirkungen der SV sind zwei Fälle zu unterscheiden:

**(1) Hohe beabsichtigte Ersparnis.** Das betrachtete Individuum wählt aufgrund seiner Präferenzen den Punkt $R^*$ mit niedrigem Konsum in der Erwerbsphase. Seine Ersparnis bleibt dieselbe; es wird nur insofern betroffen, als es einen Teil davon an die SV abführt. Beim Kapitaldeckungsverfahren wird die ausgewiesene gesamtwirtschaftliche Ersparnis nicht berührt. Beim Umlageverfahren ist sie um die Beiträge zur SV geringer, ohne aber eine Verhaltensanpassung auszulösen, bleibt doch der Konsum in der Periode 0 unverändert.

**(2) Niedrige beabsichtigte Ersparnis.** Das Individuum strebt Punkt $Q^*$ als Optimum an. Nach Einführung der SV ist jedoch wegen der neuen Budgetbeschränkung $AEFGB$ der Punkt $Q^*$ nicht mehr ohne weiteres erreichbar. Es zeichnen sich drei Anpassungsmöglichkeiten ab:

- Das Individuum wählt neu den Eckpunkt $G$. Es reduziert seinen Konsum in der Erwerbsphase, um den Beitrag zur SV zu finanzieren. Die **Gesamtersparnis** nimmt demnach zu; im Kapitaldeckungsverfahren wird sie als Sparen der SV ausgewiesen, im Umlageverfahren nimmt sie dagegen die Form von Einnahmen und Ausgaben der SV an. Hingegen verschwindet die beabsichtigte private Ersparnis im Betrag von $(y_0 - c_0^*)$.

- Das Individuum möchte neu den Eckpunkt $E$ wählen, also sein Einkommen während der Erwerbsphase in vollem Umfang konsumieren. Daran wird es allerdings durch den Einkommensabzug an die SV gehindert und auf Eckpunkt $G$ zurückgedrängt. Die **Gesamtersparnis** nimmt wiederum zu, wobei die private Ersparnis verschwindet.

- Das Individuum hält am Optimum $Q^*$ fest. Dies bedingt, dass es sich verschuldet im Betrag von $c_0^* - y_0^n$. Wenn der Kapitalmarkt (wie hier unterstellt) vollkommen ist, kann es aus den Leistungen $GF$ den Kredit samt Verzinsung zurückzahlen. Dieser Verschuldung steht allerdings nach wie vor die Ersparnis der SV im Betrage von $(y_0 - y_0^n)$ gegenüber, die **Gesamtersparnis** nimmt einmal mehr zu.

In allen Fällen wird der Konsum durch die Einführung der SV zumindest nicht gesteigert, sondern eher zurückgedrängt, um die Beiträge zur SV zu finanzieren. Im Kapitaldeckungsverfahren wird daraus eine Ersparnis der Sozialversicherung, und die gesamtwirtschaftliche Ersparnis steigt durch den erzwungenen Konsumverzicht an. Im Umlageverfahren dagegen werden die Beiträge verwendet, um die Leistungen an die Rentnergeneration zu finanzieren. Sofern das Umlageverfahren jedoch die gleiche "Rendite" wie der Kapitalmarkt erzielt, stellt sich der einzelne Erwerbstätige dadurch nicht schlechter.

Insgesamt fällt es schwer, aus der Verhaltensanpassung des Einzelnen negative externe Effekte herzuleiten. Sofern der Rückgang des privaten Sparens einen Einkommensverlust in Zukunft mit sich bringen sollte, wird dieser Nachteil **von den Versicherten selbst** getragen.

Dennoch sorgte eine Untersuchung von *Feldstein* (1974) mit aggregierten Daten der USA für grosses Aufsehen. Der Autor konstruierte eine Variable "Ansprüche an die Social Security" und führte sie als zusätzliche erklärende Grösse in eine Konsumfunktion ein. Denn diese Ansprüche sind Teil des Vermögens, und Vermögen ist nichts anderes als ein zukünftiger Einkommensstrom. In der Abbildung 9.7 würde zu einem gegebenen Wert des laufenden Einkommens $y_0$ ein höherer Wert des zukünftigen Einkommens $y_1$ gehören; zusätzliches Vermögen verschiebt die Budgetgerade $AB$ nach aussen und induziert i.d.R. einen höheren Konsum in der Erwerbsphase. Tatsächlich kam *Feldstein* zum Schluss, dass die Konsumneigung bezüglich "SV-Vermögen" etwa um die Hälfte grösser ist als jene

**Abbildung 9.7** Soziale Altersvorsorge, Sparen und private Ersparnis

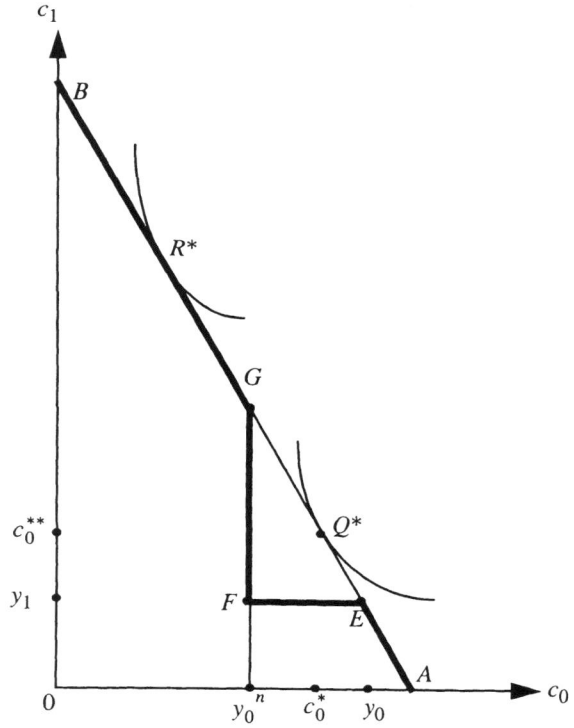

bezüglich privatem Vermögen (rund 0,025 statt 0,012). Daraus leitete er die Schätzung ab, dass das **private Sparen** nur rd. die Hälfte des Betrags erreicht, den es ohne SV aufweisen würde.

Diese Schätzung war jedoch zur Hauptsache einem Fehler bei der Kalkulation der Variablen "SV-Vermögen" zu verdanken (*Leimer* und *Lesnoy*, 1982). Die Autoren weisen aber auch darauf hin, dass die aggregierten Daten junge Individuen enthalten, die ihre Konsumentscheidungen mit Blick auf Bedingungen in der SV trafen, die bis zu 40 Jahre später galten. Damit erhält die Hypothese darüber, wie Erwartungen gebildet werden, entscheidendes Gewicht, und die Ergebnisse unterscheiden sich sehr je nach verwendeter Hypothese. Offensichtlich eignen sich Zeitreihendaten nicht für die empirische Überprüfung dieses Zusammenhangs.

Untersuchungen mit Querschnittdaten lassen hingegen vermuten, dass die Ansprüche an die SV andere Vermögensformen mindestens teilweise substituieren. Dabei ist es sinnvoll, zwischen der versicherungstechnischen Komponente dieser Ansprüche und einem Überschuss (der z.B. durch einen hohen "biologischen Zinssatz" ermöglicht wird) zu unterscheiden [*Kotlikoff* (1979)]. Der Autor fand, dass jeder US$ der versicherungstechnischen Komponente mit einer Reduktion der anderen Vermögenspositionen um 0,67 US$ einhergeht. Statistisch kaum gesichert ist hingegen sein Befund, dass die Über-schusskomponente die privaten Aktiva nicht etwa reduziert, sondern um US$ 0,24 ansteigen lässt.

Eine auch schon etwas ältere Untersuchung an schweizerischen Daten von abhängig Beschäftigten kommt zum Ergebnis, dass Beiträge an die staatliche Altersvorsorge ziemlich genau Franken um Franken das persönliche Sparen verdrängen [*Oberhänsli* (1983)]. Die Beiträge an die Berufliche Altersvorsorge hingegen verdrängen privates Sparen nur ungefähr zur Hälfte, möglicherweise wegen der Unklarheit darüber, ob das Mitglied bei einem Wechsel des Arbeitgebers Anspruch auf Leistungen nach Massgabe seiner eigenen Beiträge oder der Beiträge insgesamt haben würde. Da diese Komponente das Kapitaldeckungsverfahren verwendet, bewirkt sie eine **Zunahme der gesamtwirtschaftlichen Ersparnis** (wie für die Mehrzahl der Fälle in Abbildung 9.7 vorausgesagt).

**Folgerung 9.12**   Die soziale Altersvorsorge reduziert das private Sparen wahrscheinlich, wobei die Komponente mit Kapitaldeckungsverfahren die gesamtwirtschaftliche Ersparnis ansteigen lassen könnte. Diese Auswirkungen lassen sich jedoch kaum als externe Effekte qualifizieren.

### 9.5.1.3   Andere Auswirkungen der Alterssicherung

Neben den Auswirkungen auf den Arbeits- und Kapitalmarkt könnte die Alterssicherung noch andere Auswirkungen haben, die vielleicht etwas überraschend anmuten.

- **Alterssicherung und Kinderzahl:** Besonders mit Bezug auf Entwicklungsländer ist das Argument bekannt, dass Kinder die nicht vorhandene soziale Alterssicherung ersetzen. Umgekehrt könnte man erwarten, dass ein Ausbau der Alterssicherung zu einer Reduktion der Kinderzahl führt. Diesen Gedankengang hat *Felderer* (1992) wie folgt formalisiert.

Ein Haushalt sei am Konsum während der Erwerbsphase $c_t$, am Konsum während der Ruhestandsphase $c_{t+1}$ sowie an der Zahl der Nachkommen $e_t$ interessiert. Insofern maximiert er die folgende Nutzenindexfunktion

$$\max \; U = U(c_t, c_{t+1}, e_t). \tag{9-10}$$

Jedes Kind verursacht jedoch Kosten im Betrag von $q_t$, und vom Arbeitseinkommen (Arbeitsangebot exogen, auf Eins gesetzt) wird der Beitrag $b_t$ abgezogen. Schliesslich wird vom Haushalt erwartet, dass er seine Eltern unterstützt (im Betrag von $B_t$). Die Budgetrestriktion lautet mithin

$$\text{NB:} \quad c_t + q_t \cdot e_t = w_t(1 - b_t) - B_t. \tag{9-11}$$

In der Ruhestandsphase leistet jedes Kind seinen Beitrag zur Unterstützung der Eltern ($B_{t+1}$). Dazu kommen noch die Leistungen der SV, $z_{t+1}$. Die Budgetrestriktion wird so zu

$$c_{t+1} = B_{t+1} \cdot e_t + z_{t+1}. \tag{9-12}$$

Man kann ohne komparativ-statische Untersuchung durchkommen, wenn man davon ausgeht, dass sich jede Erhöhung des Beitragssatzes $b_t$ in einer Reduktion des Konsums **in beiden Phasen niederschlägt**. Damit gilt: $\partial c_{t+1} / \partial b_t < 0$. Die Differenzierung der Budgetrestriktion (9-12) ergibt dann

$$\frac{\partial c_{t+1}}{\partial b_t} = B_{t+1} \cdot \frac{\partial e_t}{\partial b_t} < 0. \tag{9-13}$$

Daraus folgt unmittelbar

$$\frac{\partial e_t}{\partial b_t} < 0. \tag{9-14}$$

Eine Erhöhung der Beiträge zur SV zwingt demnach den Haushalt zum Sparen. Eine Möglichkeit, dies zu tun, besteht in der **Reduktion der Kinderzahl** $e_t$ [vgl. Gleichung (9-11)], eine andere, den Konsum in beiden Perioden zu senken. Dazu trägt gemäss Gleichung (9-13) eine Reduktion der Kinderzahl ebenfalls bei.

Ob dieser Wirkungszusammenhang in den Industrieländern mit ausgebauter sozialer Alterssicherung noch so gegeben ist, bleibe dahingestellt. Die Leistungen der SV $z_{t+1}$ haben die Unterstützungsbeiträge $B_{t+1}$, welche die Kinder früher leisteten, vollständig substituiert. Mit $B_{t+1} = 0$ kann jedoch die Ungleichung (9-13) nicht mehr erfüllt werden, und es lässt sich keine Aussage über $\partial e_t / \partial b_t$ mehr machen.

- **Alterssicherung und Lebenserwartung:** Die soziale Altersvorsorge nimmt durchweg die Form von Renten an, die bis ans Lebensende ausbezahlt werden. Ausserdem sind die Beiträge nicht nach der Lebenserwartung der Versicherten

## 9.5 Gesamtwirtschaftliche Auswirkungen der Sozialversicherung

abgestuft. Damit sind die Bedingungen für moralisches Risiko erfüllt, indem der Versicherte einen abgeschwächten Anreiz hat, den Schaden zu vermeiden oder einzugrenzen. Unter dem "Schaden" ist in diesem Zusammenhang das weitere Überleben des Versicherten zu verstehen, denn nur dadurch kommt er in den Genuss der Leistungen der SV.

*Philipson* und *Becker* (1998) kontrastieren diesen Sachverhalt mit den Bedingungen in der PV. Falls eine Leibrente ausgerichtet wird, klärt das VU ab, ob der VK Eigenschaften hat, die auf eine lange Lebenserwartung hinweisen. Durch höhere Prämien für Langlebige könnte es das **moralische Risiko internalisieren**, indem Langlebige weniger Versicherungsschutz kaufen würden und deshalb dem moralischen Risiko weniger ausgesetzt wären.[9]

Die andere Variante, die Auszahlung einer Kapitalsumme, erzwingt eine Abwägung auf Seiten des Versicherten. Einerseits kann er die erhaltenen Mittel und seine Zeit in Vermögen (und damit letztlich Konsummöglichkeiten) investieren. Er wird dann je Zeiteinheit viel konsumieren, sein Vermögen aufbrauchen und deshalb wenig unternehmen, um sein Leben zu verlängern. Andererseits könnte er die erhaltenen Mittel in lebensverlängernde Massnahmen (insbesondere medizinische Leistungen) investieren. Dann aber müsste er seinen Konsum erheblich einschränken, um auch am Ende seines verlängerten Lebens etwas zu beissen zu haben.

Die Abbildung 9.8 zeigt die entsprechenden Transformationskurven. Zusätzliche Konsumausgaben je Zeiteinheit sind bei Auszahlung einer Kapitalsumme nur mit einem **Verzicht auf Lebenserwartung** vereinbar, weil sonst die finanziellen Mittel fehlen (Transformationskurve $KK'$). Dies stimmt grundsätzlich schon auch im Falle der Altersrente; doch indem der Versicherte für ein zusätzliches Lebensjahr optiert (d.h. mit Prävention und medizinischen Leistungen die Wahrscheinlichkeit eines zusätzlichen Lebensjahrs maximiert), erhält er dafür von der SV die Rente, so dass sein Vermögensopfer vergleichsweise klein ausfällt. Die mit der SV-Altersrente verbundene Transformationskurve $RR'$ ermöglicht demnach eine längere maximale Lebensdauer und verläuft flacher als die mit der Kapitalauszahlung verbundene $KK'$.

Der Referenzpunkt sei $Q^*$, der unter beiden Versicherungsmodalitäten erreichbar wäre und als Optimum für zwei Typen von Individuen (dargestellt durch zwei Indifferenzkurvensysteme) in Frage kommt. Der eine Typ ($I$) würde allerdings $K^*$ der Lösung $Q^*$ vorziehen und der Kapitalauszahlung den Vorzug geben. Im Rahmen der geltenden SV-Altersvorsorge steht diese Alternative aber gar nicht zur Verfügung; dieses Individuum bleibt somit bei $Q^*$. Beobachtet wird lediglich die Wahlhandlung des anderen Typs ($J$), der sich zugunsten einer Altersrente, verbunden mit **erhöhter Lebenserwartung**, entscheidet (Punkt $R^*$ der Abbildung 9.8).

Eine höhere Altersrente müsste dieses zweite Optimum $R^*$ attraktiver machen und mithin das moralische Risiko zu Gunsten der Lebensverlängerung **verstärken**. Tatsächlich können die Autoren zeigen, dass in den USA von 100 männlichen Angestellten der

---

9. In Europa herrschen dagegen kombinierte Lebenverträge vor: Sowohl im Erlebensfall wie im Falle des vorzeitigen Todes wird eine Zahlung des VU fällig. Da der vorzeitige Tod früher eintritt, geht die entsprechende Zahlung weniger stark diskontiert ins Kalkül des VU ein. Es wird deshalb bei diesem Vertragstyp Faktoren, welche Lebenserwartung erhöhen, eher als Vorteil einschätzen.

**Abbildung 9.8** Transformationskurven bei Altersrente und bei Auszahlung eines Kapitals

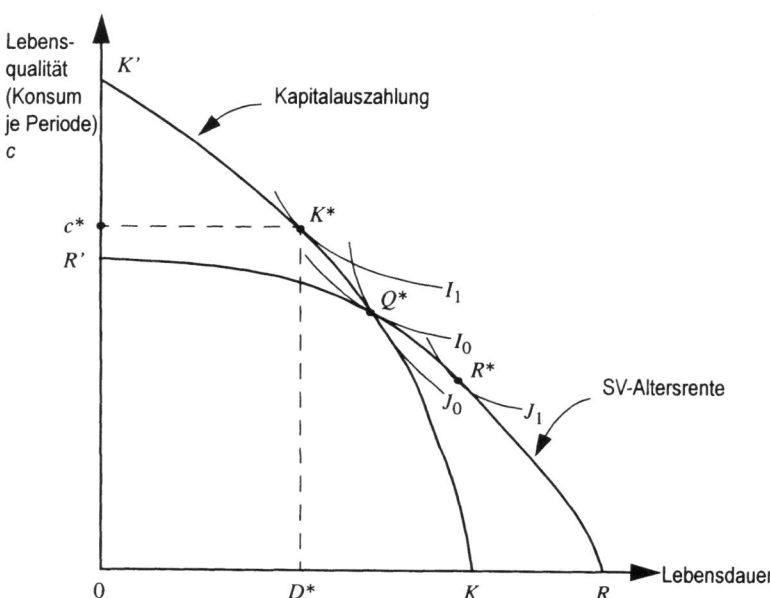

Bundesverwaltung mit Alter 57 rd. 42 das Alter 80 erreichen, sofern sie eine **niedrige** Altersrente von monatlich US$ 1000 oder weniger beziehen. Hingegen erreichen rd. 60 das Alter 80, sofern sie eine **hohe** Rente von US$ 3000 oder mehr erhalten. Auch wenn dieser Unterschied zum Teil auf Unterschiede in der Ausbildung, der Art der beruflichen Tätigkeit, Rasse und Lebensstil zurückgeführt werden kann, liefert er doch vorläufige empirische Evidenz zu Gunsten eines zusätzlichen moralischen Risikos, das von der Ausgestaltung der sozialen Alterssicherung ausgeht.

Die soziale Alterssicherung dürfte auch indirekt dazu beitragen, dass der **Einsatz medizinischer Leistungen** eher im Interesse der Lebensverlängerung als zur Verbesserung der Lebensqualität erfolgt. Diese Tendenz würde durch die Krankenversicherung noch verstärkt, die Gegenstand des nachfolgenden Abschnitts ist.

### 9.5.2 Auswirkungen der sozialen Krankenversicherung

Auch von der Krankenversicherung ist zu erwarten, dass sie moralisches Risiko induziert, insbesondere weil der VK nach Eintritt des Schadens dessen Höhe beeinflussen kann [vgl. die Fälle (b2) und (b3) des Abschnitts 7.2.1)]. Zur Vereinfachung soll das moralische Risiko auf Seiten der Anbieter von Gesundheitsgütern ausgeklammert bleiben,

## 9.5 Gesamtwirtschaftliche Auswirkungen der Sozialversicherung

obschon sich auch deren Verhalten unter dem Einfluss der Krankenversicherung ändert. Das moralische Risiko des VK lässt sich modellmässig wie folgt zeigen [adaptiert aus *Breyer* und *Zweifel* (1999), Abschnitt 6.5]. Im **Zustand der Krankheit** gehen die medizinischen Leistungen $M$ (die als Input zur Erlangung eines besseren Gesundheitszustands dienen) und das für den Konsum verfügbare Einkommen $y$ in die Nutzenindexfunktion ein. Einfachheitshalber sollen die medizinischen Leistungen den Preis von Eins haben, so dass sie gerade mit den Behandlungsausgaben zusammenfallen:

$$U = U(M, y) = U(M, Y_0 - P - M + I(M)), \text{ mit } y := Y_0 - P - M + I(M). \quad (9\text{-}15)$$

Das Nettoeinkommen $y$ ist gegeben durch ein vorgegebenes Bruttoeinkommen $Y_0$ abzüglich der für die Krankenversicherung bezahlten Prämie $P$ und der Ausgaben für medizinische Behandlung $M$, zuzüglich der Leistungen der Krankenversicherung $I$, die von den Ausgaben $M$ abhängen. Zunächst soll die Prämie auf Änderungen in $M$ nicht reagieren; Erfahrungstarifierung ist ausgeschlossen. Die PV, zum Teil aber auch die SV, erstattet nicht den ganzen Betrag von $M$ zurück, sondern nur den Anteil $\alpha$ (mit $\alpha :=$ Kostenerstattung):

$$I(M) = \alpha \cdot M, \text{ mit } I'(M) = \alpha \quad (0 \leq \alpha \leq 1). \quad (9\text{-}16)$$

Die Bedingung erster Ordnung bezüglich des Einsatzes medizinischer Leistungen lautet wegen $y = Y_0 - P - (1 - \alpha) \cdot M$

$$\frac{dU}{dM} = \frac{\partial U}{\partial M}\{M, Y - P - (1-\alpha)M\} - (1-\alpha) \cdot \frac{\partial U}{\partial y}\{M, Y - P - (1-\alpha) \cdot M\} = 0, \quad (9\text{-}17)$$

wobei die geschweiften Klammern daran erinnern sollen, dass die partiellen Differentiale Funktionen von $M$ und insbesondere $\alpha$ sind.

Moralisches Risiko manifestiert sich darin, dass eine **Erhöhung** des Satzes der Kostenerstattung ($d\alpha > 0$) die Inanspruchnahme medizinischer Leistungen **steigert** ($dM > 0$). Es geht also darum, das Vorzeichen von $dM/d\alpha$ in der Umgebung des Optimums gemäss Gleichung (9-17) zu ermitteln. Zu diesem Zweck wird die Bedingung erster Ordnung durch den Impuls $d\alpha$ gestört. Da die Optimumbedingung auch nach der Störung wieder erfüllt sein muss, ist die rechte Seite der nachstehenden Gleichung gleich Null:

$$d\left(\frac{dU}{dM}\right) = \frac{\partial^2 U}{\partial M^2} \cdot dM + \frac{\partial^2 U}{\partial M \partial \alpha} \cdot d\alpha = 0. \quad (9\text{-}18)$$

Die linke Seite besagt, dass die Wirkung der Störung auf den Grenznutzen durch die Anpassung von $M$, der einzigen hier betrachteten Entscheidungsvariablen, ausgeglichen werden muss. Diese Gleichung lässt sich nach $dM/d\alpha$ auflösen:

$$\frac{dM}{d\alpha} = -\frac{\partial^2 U / \partial M \partial \alpha}{\partial^2 U / \partial M^2}. \quad (9\text{-}19)$$

Die hinreichende Bedingung $\partial^2 U/\partial M^2 < 0$ für ein Maximum soll als erfüllt gelten, d.h. der Grenznutzen zusätzlicher medizinischer Leistungen nimmt mit steigenden Leistungen ab. Dann ist für das Ergebnis das Vorzeichen des Zählers von (9-19) entscheidend. Aus der Gleichung (9-17) erhält man

$$\frac{\partial^2 U}{\partial M \partial \alpha} = -\frac{\partial^2 U}{\partial M \partial y} \cdot M - (1-\alpha) \cdot \frac{\partial^2 U}{\partial y^2} \cdot M - \frac{\partial U}{\partial y}. \tag{9-20}$$

Die beiden letzten Terme sind positiv, der erste dagegen nur, falls $\partial^2 U/\partial M \partial y > 0$. Der Grenznutzen zusätzlicher medizinischer Leistung müsste demnach mit zunehmendem Einkommen zunehmen - eine plausible Annahme, wenn man bedenkt, dass die meisten Konsummöglichkeiten nur bei guter Gesundheit den vollen Nutzen stiften. Daraus folgt

$$\frac{dM}{d\alpha} > 0, \quad \text{falls} \quad \frac{\partial^2 U}{\partial M \partial y} > 0. \tag{9-21}$$

Eine Erhöhung des Kostenerstattungssatzes würde also die Menge beanspruchter medizinischer Leistungen steigen lassen: moralisches Risiko ist zu erwarten.

Die überzeugendste **empirische Evidenz** stammt aus dem Health Insurance Experiment [*Newhouse* et al. (1993)]. In der zweiten Hälfte der 1980er-Jahre teilte die RAND Corporation rd. 2000 Familien verschiedenen Versicherungsalternativen zu. RAND kaufte den Familien das Recht der Vertragswahl ab um zu verhindern, dass gesunde Individuen Verträge mit niedriger Kostenerstattung wählen (so wie im Abschnitt 7.3 vorausgesagt). Verträge mit niedriger Kostenerstattung könnten sonst niedrige medizinische Aufwendungen aufweisen, weil sie die **guten Risiken anziehen**, und nicht, weil sie das moralische Risiko eindämmen. Die Varianten unterschieden sich in Bezug auf die Sätze der Kostenbeteiligung $(1 - \alpha)$; sie sahen Kostenbeteiligungen von 0%, 25%, 50% und 95% vor, mit einer Obergrenze von US$ 1000 je Jahr und Familie. Eine letzte Variante verlangte 95% Kostenbeteiligung ambulant, keine Kostenbeteiligung stationär und US$ 150 Obergrenze je Familienmitglied ("Individueller Selbstbehalt").

Die Evidenz ist eindrücklich: Mit steigender Kostenbeteiligung geht die Wahrscheinlichkeit der Inanspruchnahme medizinischer Leistungen **systematisch zurück**, ebenso die ambulanten Ausgaben und die Zahl der Arztkontakte (vgl. Tabelle 9.7). Bei der Wahrscheinlichkeit von (einer oder mehrerer) Hospitalisationen ist das Muster bis zur Kostenbeteiligung von 50% eindeutig, währenddem bei den stationären Ausgaben kein statistisch signifikanter Unterschied zwischen den Vertragsvarianten besteht. Die Ausgaben insgesamt nehmen wiederum mit steigender Kostenbeteiligung ab. Die Elastizität der Nachfrage nach medizinischen Leistungen in Bezug auf den Satz der Kostenbeteiligung ist nicht Null, sondern wird von *Newhouse* et al. auf rd. − 0.2 veranschlagt. Umgekehrt ausgedrückt: mit einem steigenden Erstattungssatz $\alpha$ geht eine erhöhte Nachfrage nach medizinischen Leistungen einher, wie in Gleichung (9-21) vorausgesagt.

Da die soziale Krankenversicherung Vertragsvarianten mit unterschiedlichen Sätzen der Selbstbeteiligung üblicherweise nicht zulässt, muss man in den europäischen Ländern auf Erfahrungen der privaten Krankenversicherung zurückgreifen. Für Deutschland liegt

## 9.5 Gesamtwirtschaftliche Auswirkungen der Sozialversicherung

eine Untersuchung von *Zweifel* (1992) aufgrund der Angaben dreier VU vor. Die Verteilung der ambulanten Aufwendungen wurde nur dort untersucht, wo die VK einen finanziellen Anreiz hatten, die Rechnungen einzureichen (also insbesondere jenseits eines festen Selbstbehalts). An einer Abfolge von Schwellenwerten wurde geprüft, ob z.B. eine Kostenbeteiligung von 20% die Wahrscheinlichkeit senkt, dass der Rechnungsbetrag den jeweiligen Schwellenwert überschreitet. Solche dämpfenden Effekte waren tatsächlich bis zu Beträgen von 1000 DM (Preisbasis 1985) zu erkennen.

Noch stärkere Anreizwirkungen gingen jedoch von Verträgen mit fester und insbesondere abgestufter **Beitragsrückgewähr bei Schadenfreiheit** (sog. Bonusoptionen) aus.

**Tabelle 9.7** Inanspruchnahme medizinischer Leistungen pro Kopf und Jahr im Health Insurance Experiment

| Vertragstyp | Wahrsch. von Inanspruchnahme | Ausgaben ambulant[a] | Anzahl Arztkontakte | Wahrsch. von Hospitalisationen | Ausgaben stationär[a] | Ausgaben insgesamt[a] |
|---|---|---|---|---|---|---|
| Ohne Kostenbeteiligung | 86,8% | 446 | 4,55 | 10,3% | 536 | 982 |
| 25% Kostenbeteiligung | 78,7% | 341 | 3,33 | 8,4% | 489 | 831 |
| 50% Kostenbeteiligung | 77,2% | 294 | 3,03 | 7,2% | 590 | 884 |
| 95% Kostenbeteiligung | 67,7% | 266 | 2,73 | 7,9% | 413 | 679 |
| Individueller Selbstbehalt | 72,3% | 308 | 3,02 | 9,6% | 489 | 797 |

a. In US$ von 1991
Anmerkung: Alle Unterschiede zwischen den Vertragstypen sind statistisch signifikant (Irrtumswahrscheinlichkeit 0,02), mit Ausnahme der stationären Ausgaben.
Quelle: *Newhouse* et al. (1993), S. 41 (Table 3.2)

Dieser Verstärkungseffekt der Erfahrungstarifierung kann ins obige Modell wie folgt aufgenommen werden. Unter Vernachlässigung der zeitlichen Verzögerung zwischen Inanspruchnahme $M$ und höherer Prämie in den Folgejahren wird die Gleichung (9-15) verändert, indem man statt der vorgegebenen Prämie $P$ die Funktion $P(M)$ einführt, mit $P' := dP/dM > 0$. Die Bedingung erster Ordnung wird dann analog zu (9-17) zu

$$\left.\frac{dU}{dM}\right|_{P'>0} = \frac{\partial U}{\partial M}\{M, Y - P(M) - (1-\alpha)M\}$$
$$- (1 - \alpha + P') \cdot \frac{\partial U}{\partial y}\{M, Y - P(M) - (1-\alpha)M\} = 0. \qquad (9\text{-}22)$$

Der für das Schlussergebnis entscheidende Ausdruck (9-20) mit $P' = 0$ verschiebt sich durch den zusätzlichen Term $P' > 0$ noch vermehrt in Richtung positiver Werte:

$$\left.\frac{\partial^2 U}{\partial M \partial \alpha}\right|_{P'>0} = \frac{\partial^2 U}{\partial M \partial y} \cdot M - (1-\alpha+P')\frac{\partial^2 U}{\partial y^2} \cdot M + \frac{\partial U}{\partial y} > \left.\frac{\partial^2 U}{\partial M \partial \alpha}\right|_{P'=0}. \qquad (9\text{-}23)$$

Insofern also Verträge Kostenbeteiligung enthalten (prozentuale Selbstbehalte, aber auch feste Selbstbehalte, da sie für geringe Beträge α = 0 setzen), wird ihre Wirkung durch Bonusoptionen u.ä. **verstärkt**. Genau diese Verstärkungseffekte lassen sich in der Studie von *Zweifel* (1992) nachweisen.

Auf gesamtwirtschaftlicher Ebene kann man sagen, dass der Verzicht auf Kostenbeteiligung im Rahmen der SV die Aufwendungen für das Gesundheitswesen vergrössert. Damit ist ein negativer externer Effekt insofern verbunden, als die Verursacher diese Kosten auf den Rest der Versicherten abwälzen können; sie beteiligen sich durch die höheren Beitragssätze mit erheblicher Verzögerung und nur sehr partiell daran.

**Folgerung 9.13**   Die Existenz von moralischem Risiko in der sozialen Krankenversicherung kann zwar nicht nachgewiesen, muss aber aufgrund des Health Insurance Experiment und Erfahrungen privater Krankenversicherer vermutet werden. Die gesamtwirtschaftlichen Auswirkungen können weitgehend als externe Kosten aufgefasst werden.

### 9.5.3 Auswirkungen der Arbeitslosenversicherung

Die Arbeitslosigkeit (ALV) lässt sich als ein Zusammenspiel zwischen einem Zufluss in und einem Abfluss aus der Arbeitslosigkeit und dem sich ergebenden Bestand auffassen [für einen Überblick über die Arbeitsmarktmodelle, die den theoretischen Hintergrund für die nachstehenden Ausführungen abgeben, vgl. *Eisen* (1997)].

- **Zufluss zur Arbeitslosigkeit:** Die Arbeitslosenversicherung kann den Übergang vom Zustand "beschäftigt" zum Zustand "arbeitslos" auf zwei Arten wahr-scheinlicher machen.

    (1) Einerseits ist mit moralischem Risiko auf Seiten des **Beschäftigten** zu rechnen. Da die finanziellen Konsequenzen der Arbeitslosigkeit nicht voll von ihm getragen werden müssen, könnte er die Anstrengungen etwas reduzieren, die es zum Erhalt der Anstellung braucht, wie Pünktlichkeit, Fleiss, bis hin zur Liebedienerei gegenüber dem Vorgesetzten.

    (2) Andererseits sind auch die **Unternehmen** einem moralischen Risiko ausgesetzt. Besonders Entlassungen im grösseren Ausmass sind nicht ohne Kosten. In der Regel muss ein Sozialplan aufgestellt werden, dessen Leistungen in einem Substitutionsverhältnis mit den Leistungen der Arbeitslosenversicherung stehen. Die Existenz der Arbeitslosenversicherung dürfte deshalb die Anstrengungen zur Vermeidung von Entlassungen schwächen, ausser die allfälligen Beiträge des Unternehmens steigen infolge der Entlassung an, um das erhöhte Risiko zu reflektieren.

- **Abfluss aus der Arbeitslosigkeit**: Hier ist das moralische Risiko beim Arbeitnehmer zu suchen. Je grosszügiger die Arbeitslosenversicherung, desto mehr Zeit darf die Suche nach einer neuen Beschäftigung in Anspruch nehmen. Damit geht die Wahrscheinlichkeit des Übergangs in die Erwerbstätigkeit, bezogen z.B. auf ein Quartal, zurück. Die verlängerte Suchdauer könnte allerdings auch zu einer besseren Übereinstimmung der Qualifikationen mit den Anforderungen am neuen Arbeitsplatz führen, so dass der erzielte Lohnsatz höher ausfallen müsste. Die Verlangsamung des Abflusses ist deshalb nicht nur als Nachteil zu werten.

- **Bestand an Arbeitslosen**: Da die ALV den Zufluss zur Arbeitslosigkeit begünstigt und den Abfluss verlangsamen dürfte, könnte sie zu einer Verlängerung der Verweildauer im Zustand der Arbeitslosigkeit beitragen.

In ihrer Übersicht machen *Atkinson* und *Micklewright* (1991) allerdings darauf aufmerksam, dass die behaupteten Auswirkungen der Arbeitslosenversicherung auf Zuflüsse und Abflüsse von einer vereinfachten Sicht der Dinge ausgehen.

Insbesondere wird das Arbeitslosengeld nur unter bestimmten Bedingungen gewährt, mit der Folge, dass 1988 in den USA und in Grossbritannien mehr als ein Drittel der Arbeitslosen keine Leistungen bezogen. Vom Arbeitslosengeld ist allerdings die Arbeitslosenhilfe als Teil der öffentlichen Fürsorge zu unterscheiden, welche nach der Aussteuerung eintritt. Nur schon aus diesen Gründen ist die Übertragung der Erfahrungen von einem Land aufs andere problematisch.

Ausserdem lässt sich aus der Betrachtung der beiden Flussgrössen kein Rückschluss auf das Ausmass der **Beschäftigung** ziehen. Denn es gibt auch Zuflüsse und Abflüsse aus der Nichtbeschäftigung. So können sich Hausfrauen dafür entscheiden, in den Arbeitsmarkt einzutreten. Dabei kann die Aussicht auf mögliche spätere Leistungen der ALV eine positive Wirkung auf die Beschäftigung ausüben. Diese Flüsse sind im Falle Deutschlands von einer vergleichbaren Grössenordnung wie jene in die und aus der Arbeitslosigkeit [*Burda* und *Wyplosz* (1994)].

Die empirische Forschung hat sich vor allem auf den Zusammenhang zwischen der Arbeitslosenversicherung und dem Abfluss aus der Arbeitslosigkeit konzentriert. Doch die Evidenz aus Individualdaten weist auf **geringe Effekte** hin. So schätzt beispielsweise *Meyer* (1990) für die USA, dass eine Zunahme der Arbeitslosengeldquote (also von 50 auf 60% des versicherten Lohnes) die Dauer der Arbeitslosigkeit um 1,5 Wochen ansteigen lässt. Für Grossbritannien erhält *Nickell* (1990) ähnliche Ergebnisse.

Aus Deutschland liegt die Untersuchung von *Hujer* und *Schneider* (1989) vor, die die Angaben des Sozioökonomischen Panels auswerteten. Sie brachten die Dauer der Arbeitslosigkeit nicht mit der Arbeitslosengeldquote, sondern mit dem Übergang von der ALV zur Arbeitslosenhilfe, deren Leistungen geringer sind, in Verbindung. Überraschenderweise fanden sie, dass bei zunehmender Nähe zum Übergangszeitpunkt die Wahrscheinlichkeit der Wiederbeschäftigung nicht etwa zunimmt, sondern **zurückgeht**. Die Autoren interpretieren dies als Folge des Umstands, dass mit der Zeit nur noch schwer vermittelbare Personen im Bestand der Arbeitslosen zurückbleiben.

Für die Schweiz gibt es eine Untersuchung mit 2000 Beobachtungen aus den Jahren 1993 und 1994 [*Schmid* und *Rosenbaum* (1995), Kapitel C.4]. Die Autoren erhalten einen negativen partiellen Zusammenhang zwischen der Wahrscheinlichkeit des Abgangs aus der Arbeitslosigkeit und der Höhe des sog. Taggelds als einer Dimension der Leistungen der ALV. Der geschätzte Koeffizient ist allerdings gemäss den üblichen Kriterien nicht signifikant. Hochsignifikant (Irrtumswahrscheinlichkeit p < 0,001) erweist sich demgegenüber die Zunahme der Anspruchswahrscheinlichkeit nach 170 und 250 Tagen (zwei gesetzliche Obergrenzen). Dies spricht **gegen moralisches Risiko** und wie bei *Hujer* und *Schneider* (1989) für die Vermutung, dass die Kausalbeziehung umgekehrt laufen könnte: Bei längerer Anspruchsdauer besteht die betrachtete Grundgesamtheit vermehrt aus schwer vermittelbaren Personen, die mittels der verwendeten erklärenden Variablen (Alter, Geschlecht, Nationalität, Sprachgruppe und Qualifikationsstufe) nicht als solche identifiziert werden können.

**Folgerung 9.14**     Es gibt gute theoretische Gründe für die Vermutung, dass die Arbeitslosenversicherung die Dauer der Arbeitslosigkeit verlängert und damit den Bestand an Arbeitslosen vergrössert. Doch die empirischen Untersuchungen weisen auf geringe Effekte hin.

### 9.5.4 Der optimale Umfang der Sozialversicherung

Bei der Darstellung der Auswirkungen der SV stand immer wieder das moralische Risiko als eine negative Nebenwirkung im Vordergrund. Wie am Beispiel der Krankenversicherung in Abschnitt 9.5.2 gezeigt, kann das moralische Risiko durch Kostenbeteiligung, d.h. eine Einschränkung der Versicherungsdeckung, eingedämmt werden. Durch die Betonung der Problematik des moralischen Risikos wird umgekehrt der Eindruck erweckt, der Deckungsumfang der SV sei durchweg zu gross. Diese Vermutung kann jedoch am Test des Abschnitts 9.4.2.2 nicht überprüft werden, weil es dort nicht um den Umfang der durch die SV gewährten Deckung, sondern um das Zusammenspiel der verschiedenen Deckungen im Interesse der Volatilitätsminimierung ging. Deshalb ist dieser Abschnitt einem Beitrag von *Anderson* (1994) gewidmet, der am Beispiel der amerikanischen Arbeitslosenversicherung (ALV) den optimalen Umfang eines Zweigs der SV zu ermitteln sucht. Dabei wird die Optimalität aus der Sicht der Beschäftigten als VK definiert.

Ausgangspunkt der Überlegungen ist die aus dem Abschnitt 3.5.1 bekannte Gleichung (3-44) der Versicherungslinie

$$\frac{dW_1}{dW_2} = -\frac{1-\pi}{\pi} \left[ \text{und damit} \quad \frac{dW_2}{dW_1} = -\frac{\pi}{1-\pi}, \text{ s.u.} \right]. \tag{9-24}$$

Hier steht $W_1$ für das Vermögen im Schadenfall (hier: Leistungen der ALV) und $W_2$ für das Vermögen ohne Schaden (hier: Lohneinkommen). Die rechte Seite der Gleichung zeigt, zu welchen Bedingungen ein VU bestenfalls (d.h. bei fester Schadenhöhe und fester Schadenwahrscheinlichkeit, also ohne moralisches Risiko) eine Prämienzahlung im Zustand ohne Schaden ($dW_2$) in eine Nettozahlung im Zustand mit Schaden ($dW_1$) umwandeln kann. Je niedriger die Schadenwahrscheinlichkeit $\pi$, desto grösser kann die Zahlung im Schadenfall sein. Im Optimum des VK ist die linke Seite der Gleichung (9-24), die Grenzrate der Substitution zwischen den Vermögensbeträgen in den beiden Zuständen gleich der rechten Seite. Wenn es gelingen würde, diese Grenzrate der Substitution zu ermitteln, könnte man die linke und die rechte Seite der Gleichung einander gegenüberstellen. Ist die linke Seite der Gleichung (9-24) im Absolutwert **grösser** als die rechte, so verlangen die VK offenbar mehr Nettoleistung für die aufgewendete Prämie, als der Versicherer ihnen anbietet. Dies bedeutet, dass der Umfang der ALV **reduziert werden müsste**. Ist umgekehrt die linke Seite kleiner als die rechte, so ist dies ein Hinweis darauf, dass die Versicherungsdeckung ausgedehnt werden sollte.

Im folgenden soll die marginale Zahlungsbereitschaft für Versicherungsschutz betrachtet werden; sie ist durch $dW_2/dW_1$, also den Reziprokwert der Optimalbedingung (9-24) gegeben. Bei der Anwendung auf die ALV sind allerdings vier Anpassungen der Gleichung nötig, die zur Gleichung (9-25) führen.

**(1)** Es ist zu berücksichtigen, dass bei einem marginalen **Steuersatz auf das Einkommen** von $t^e$ 1 GE zusätzliche Beiträge an die ALV das verfügbare Vermögen um lediglich $(1 - t^e) \cdot 1$ GE senkt. Umgekehrt bedeutet demnach das Opfer von $dW_1$ GE an Lohneinkommen (das hier an die Stelle des Vermögens tritt) einen zusätzlichen Beitrag von $dW_2/(1 - t^e)$ GE an die ALV.

**(2)** Die **Leistungen** der ALV unterliegen ebenfalls der Einkommenssteuer, wenn auch in den USA der 1980er Jahre zu einem niedrigeren marginalen Satz von $t^u$. Um also zusätzliches Einkommen im Schadenfall im Betrag von $dW_2$ GE zur Verfügung zu haben, muss der Versicherte von der ALV den Betrag $dW_1/(1 - t^u)$ erhalten.

**(3)** Auch die ALV als Teil der SV kann nicht ohne einen **Zuschlag** für die Kosten der Verwaltung $\lambda$ auskommen.

**(4)** Ein Versicherer, der solvent bleiben will, muss auch das **moralische Risiko** mit einem Prämienzuschlag einrechnen. Dieser Zuschlag wird mit $m$ symbolisiert und entspricht einerseits der erhöhten Wahrscheinlichkeit der Arbeitslosigkeit, andererseits ihrer verlängerten Dauer. Aufgrund amerikanischer Forschungsergebnisse veranschlagt *Anderson* (1994) die beiden Komponenten auf je 0,26. Der Zuschlag für moralisches Risiko kommt somit insgesamt auf $m = 0,52$ Dollar je im Schadenfall zu leistenden Dollar zu stehen. Nach diesen Anpassungen wird 9-24) zur Gleichung

$$\frac{dW_2/(1-t^e)}{dW_1/(1-t^u)} = -\frac{\pi \cdot (1+\lambda+m)}{(1-\pi)}, \qquad (9\text{-}25)$$

deren rechte Seite angibt, wieviel Prämie ein wirtschaftlich kalkulierender Versicherer verlangen muss, um netto 1 GE vom Zustand "beschäftigt" in den Zustand "arbeitslos" transferieren zu können. Aus der Sicht des Individuums wird daraus

$$\frac{dW_2}{dW_1} = -\frac{\pi(1+\lambda+m)(1-t^e)}{(1-\pi)(1-t^u)}. \qquad (9\text{-}26)$$

Die linke Seite der Gleichung (9-26) widerspiegelt die **marginale Zahlungsbereitschaft** für ein gesichertes Arbeitseinkommen. Diese Zahlungsbereitschaft äussert sich auf dem Arbeitsmarkt. Denn dort müssen die Beschäftigten für eine erhöhte Sicherheit des Arbeitsplatzes einen ceteris paribus niedrigeren Lohnsatz in Kauf nehmen. Umgekehrt müssten in Branchen mit höherem Beschäftigungsrisiko für sonst gleiche Arbeitsleistung höhere Löhne bezahlt werden. Dieser Zusammenhang wird allerdings durch die Existenz der ALV abgeschwächt, denn die ALV mildert die finanziellen Konsequenzen der Arbeitslosigkeit. Insofern schlägt sich die marginale Zahlungsbereitschaft für Einkommenssicherung durch die ALV in den beobachteten Lohnsätzen nieder.

Das Beschäftigungsrisiko (nachstehend: RISK) wird als Anteil der arbeitslosen Tage an einem auf 250 Arbeitstage normierten Jahr definiert. Damit geht die **Dauer** der Arbeitslosigkeit in die Definition ein, was sinnvoll erscheint, weil die Leistungen der ALV ebenfalls während einer bestimmten Zeitdauer ausgerichtet werden. Das so definierte Beschäftigungsrisiko variierte im Zeitraum 1980-1987 zwischen den Wirtschaftszweigen der USA in erheblichem Ausmass: In der Landwirtschaft betrug es bis zu 16% (40 von 250 Tagen), während es in den Finanzdienstleistungen mit rd. 3% am geringsten war. Sein Durchschnittswert beträgt 4,8% (RISK = 0,048).

Dem Autor standen rd. 25 000 Beobachtungen von abhängig Beschäftigten zur Verfügung, welche die Jahre 1984-1986 umfassten. Die von ihm hauptsächlich verwendete OLS-Schätzung lautet

$ln$ WAGE =     Konstante                                                              (9-27)

+ 0,74$^+$ ·RISK

− 2,04* ·(RISK ·REPL.RATE)

+ 0,00027*** ·LOST WORKDAYS

− 0,29*** ·FEMALE

− 0,05*** ·NON-WHITE

+ 5 Variablen für Erfahrung und Ausbildung

+ 6 Variablen für Stadt/Land, Gewerkschaft, Landesteile

+ 5 Variablen für Berufsgruppen

[+ (*; ***): Statistisch signifikant auf dem 0,1 (0,05; 0,001)-Niveau]

| | |
|---|---|
| $ln$ WAGE | Logarithmus des Stundenlohnsatzes zu Preisen von 1981, nach Steuern; |
| RISK | Durchschnittlicher branchenspezifischer Anteil der arbeitslosen Tage an einem auf 250 Arbeitstage normierten Jahr; |
| REPL.RATE | Arbeitslosengeldsatz, Verhältnis zwischen Leistungen der ALV und Lohnsatz, beidesmal nach Steuern (engl. replacement rate) |
| LOST WORKDAYS | Verlorene Arbeitstage je 100 Beschäftigte infolge Krankheit oder Unfall; |
| FEMALE | = 1, falls das Individuum weiblich, = 0 sonst; |

NON-WHITE = 1, falls das Individuum nichtweiss, = 0 sonst.

Dieses Schätzergebnis lässt sich wie folgt interpretieren:

- **RISK:** Ein höheres Risiko der Arbeitslosigkeit muss mindestens der Tendenz nach durch einen erhöhten Lohnsatz abgegolten werden. Dies geht aus dem knapp signifikanten positiven Koeffizienten von RISK hervor.
- **RISK · REPL.RATE:** Das Produkt dieser beiden Variablen bildet den Sicherungseffekt der ALV ab. Denn ein gegebenes Arbeitsplatzrisiko wird durch die ALV je nach Höhe des Arbeitslosengeldsatzes gemildert. Der zu diesem Produkt gehörende Regressionskoeffizient ist denn auch signifikant negativ. Dieser Effekt ist in der Stichprobe so ausgeprägt, dass ein höherer Wert von RISK insgesamt nicht mehr mit einem höheren, sondern einem niedrigeren Wert des Lohnsatzes einhergeht.
- **LOST WORKDAYS:** Die Quote der infolge Krankheit und Unfall verlorenen Tage je 100 Arbeitstage bildet offenbar einen guten Indikator der branchenspezifischen Risiken am Arbeitsplatz. Ein höheres Risiko muss mit Blick auf den positiven Regressionskoeffizienten wiederum mit einem höheren Lohnsatz abgegolten werden. Allerdings ist gut vorstellbar, dass dieser Effekt durch eine Versicherung (hier: die Betriebsunfallversicherung) ebenfalls abgeschwächt oder sogar in sein Gegenteil verkehrt würde.
- **FEMALE:** Frauen erzielen einen um rd. 30% niedrigeren Lohnsatz als Männer, auch nachdem der Einfluss von Erfahrung und Ausbildung berücksichtigt wurde. Dies ist näherungsweise die Aussage des Regressionskoeffizienten von –0,29, der die relative Veränderung anzeigt, die mit dem Sprung des Regressors von 0 auf 1 einhergeht[10].
- **NON-WHITE:** Der Einfluss der Rasse auf die bezahlten Lohnsätze ist statistisch gut gesichert, doch von einer nicht sehr grossen quantitativen Bedeutung.

Die Abwägung zwischen dem bezahlten Lohnsatz $l$ und der durch die ALV gewährleisteten Sicherheit des Arbeitseinkommens lässt sich aus der Gleichung (9-27) herleiten, indem man feststellt, um wieviele GE der Lohnsatz zurückgeht ($dW_2$), wenn die ALV mit einer zusätzlichen Leistung $dl$ von 1 GE das Einkommen bei Arbeitslosigkeit anhebt ($dW_1$). Der Rückgang des Lohnsatzes stellt die **subjektive Zahlungsbereitschaft** der Beschäftigten für mehr Einkommenssicherheit dar.

Die Ermittlung dieses Zusammenhangs bedingt eine Reihe von impliziten Ableitungen. Darin gilt $A := RISK \cdot REPL.RATE$, d.h. $A$ steht für den Einfluss der ALV:

$$\frac{dW_2}{dW_1} = \frac{40 \cdot dl}{dl} = \frac{40 \cdot \partial l}{\partial \ln l} \cdot \frac{\partial \ln l}{\partial A} \cdot \frac{\partial A}{\partial (l/40l)} \cdot \frac{\partial (l/40l)}{\partial l}$$

$$= 40l \cdot (-2,04) \cdot 0.048 \cdot 1 \cdot \frac{1}{40l} = -0.098.$$

(9-28)

---

10. Diese Abschätzung aufgrund lediglich des Regressionskoeffizienten vernachlässigt den Umstand, dass es sich bei der Logarithmierung (zu *ln*WAGE) um eine nichtlineare Transformation handelt, die zu einem Problem der Rücktransformation führt [für Einzelheiten vgl. *Kennedy* (1989)].

Die einzelnen Schritte können wie folgt erklärt werden:

(1) Die Grösse $dW_2$ wird dem zusätzlichen Wochenarbeitseinkommen $40 \cdot dl$ im beschäftigten Zustand gleichgesetzt, das sich aus der Variation des bezahlten Lohnsatzes $dl$ und einer 40-Stunden-Woche ergibt.

(2) Die Grösse $dW_1$ wird einer zusätzlichen GE Versicherungsdeckung $dI$ durch die ALV gleichgesetzt.

(3) Da der Lohnsatz in der Gleichung (9-27) logarithmiert erscheint, muss zunächst nach $lnl$ abgeleitet werden, wobei die Regel $\partial lnl/\partial l = 1/l$ bzw. $\partial l/\partial lnl = l$ angewendet wird.

(4) Die Veränderung $dl$ äussert sich in einer Veränderung von $A$, die ihrerseits auf eine Veränderung des Arbeitslosengeldsatzes REPL.RATE im Produkt RISK · REPL.RATE zurückgeführt werden kann. Deshalb geht die partielle Ableitung über den Regressionskoeffizienten im Betrag von −2,04 multipliziert mit dem Durchschnittswert von RISK von 0,048 in die Berechnung ein.

(5) Die Leistung $A$ der ALV ist die in GE gemessene Leistung $I$ im Verhältnis zu einem wöchentlichen Arbeitseinkommen von $40l$, so dass die Ableitung von $A$ nach $I/40l$ genau Eins ergibt.

(6) Die Veränderung der Arbeitslosengeldquote $\partial (I/40l)$ muss schliesslich auf die Veränderung der Versicherungsleistung $\partial I$ in GE zurückgeführt werden, mit dem Ableitungsergebnis $(1/40l)$.

Die Berechnung der Gleichung (9-28) führt zum **Ergebnis**, dass die Beschäftigten bereit waren, für 1 Dollar zusätzliche ALV-Leistung auf 9–10 cents des Lohnsatzes zu verzichten. Damit steht ein Schätzwert für die linke Seite der Gleichung (9-26) zur Verfügung, der dem Schätzwert der rechten Seite (beruhend auf den bekannten Werten von $\pi$, $\lambda$, $m$, $t^e$ und $t^u$) gegenübergestellt werden kann. Im Durchschnitt stimmen die beiden Seiten sehr genau überein; d.h. die auf dem Arbeitsmarkt offenbarte marginale Zahlungsbereitschaft **entspricht** den Versicherungsbedingungen. Der Umfang der Versicherung erscheint somit **optimal**. Aber auch innerhalb der unterschiedenen Gruppen (z.B. Männer, Frauen; Weisse, Nichtweisse) beträgt die Abweichung höchstens 3%. Sie erreicht mit 8% ihren höchsten Wert im Bundesstaat West Virginia; die dort Beschäftigten haben eine marginale Zahlungsbereitschaft für Einkommenssicherheit, die etwas hinter der Prämie zurückbleibt, die ein effizienter Versicherer fordern müsste. Der Deckungsumfang der ALV ist dort demnach etwas zu hoch.

**Folgerung 9.15** In der Arbeitslosenversicherung der USA entspricht der Deckungsumfang weitgehend dem Optimum aus der Sicht der Beschäftigten. Sie sind auf dem Arbeitsmarkt bereit, in Form eines niedrigeren Lohnsatzes jene Prämie für Einkommenssicherheit zu entrichten, die von einem wirtschaftlich kalkulierenden Versicherer gefordert würde.

Da die in der Folgerung genannte wirtschaftliche Kalkulation die Wirkung des moralischen Risikos mit einschliesst, wird für die USA die Vermutung widerlegt, der Deckungsumfang der ALV sei wegen des moralischen Risikos zu hoch. Diese Schlussfolgerung lässt sich allerdings nicht so ohne weiteres auf europäische Länder übertragen. Denn der Arbeitslosengeldsatz betrug in den USA mitte der 1980er Jahre rd. 43% [*Anderson* (1994)], im Vergleich zu 65% (bei Kindern in der Familie: 75%) in Deutschland [*Hujer* und *Schneider* (1989)] und 70% (bei Kindern in der Familie: 80%) in der Schweiz der 1990er-Jahre [*Schmid* und *Rosenbaum* (1995), 114]. Ob die marginale Zahlungsbereitschaft für Einkommenssicherheit in diesen Ländern so viel höher ist als in den USA, dass auch diese Deckungsumfänge als optimal gelten können, muss dahingestellt bleiben.

## 9.6 Übungsaufgaben

**Übungsaufgabe 9.1**

(a) Bei der Erklärung der Existenz der Sozialversicherung (SV) werden effizienzbezogene Argumente herangezogen; daneben gibt es aber auch die Argumentation der politischen Ökonomie. Erklären Sie die beiden Alternativen in je max. 3 Sätzen.

(b) Wie lauten die Implikationen der beiden Argumentationen in Bezug auf den Umfang der SV? Welche ist mit den tatsächlichen Beobachtungen besser vereinbar?

(c) Wie lauten die Implikationen der beiden Argumentationen in Bezug auf die Entwicklung der SV? Welche ist mit den tatsächlichen Beobachtungen besser vereinbar?

(d) Ist es auch möglich, aus den beiden Argumentationen Voraussagen über die Struktur der SV herzuleiten? Sind diese Voraussagen mit den tatsächlichen Beobachtungen vereinbar?

(e) Welche der beiden Erklärungen der SV halten Sie abschliessend als die glaubwürdigere?

**Übungsaufgabe 9.2**

(a) Bei der Betrachtung der Auswirkungen der Sozialversicherung (SV) auf den Kapitalmarkt wurde angenommen, die SV mit dem Umlageverfahren und das private Sparen erzielten bei der Altersvorsorge die gleiche Rendite. Erklären Sie, unter welchen Bedingungen diese Annahme zutrifft, und ob sie zur Zeit realistisch erscheint.

(b) eben Sie neu vor, das private Sparen

(b1) erziele eine höhere Rendite als die SV;

(b2) erziele eine niedrigere Rendite als die SV,

und leiten Sie die Voraussagen über das Ausmass des privaten Sparens aus dem Zweigüter-Modell des Abschnitts 9.5.2.1 her.

(c) Erweist sich die in (a) getroffene Annahme gleicher Renditen als wesentlich oder nicht?

## 9.7 Literaturhinweise

Aaron, H. (1966), The social insurance paradox, in: Canadian Journal of Economics and Political Science 32, 371-374.

Anderson, D.A. (1994), Compensating wage differentials and the optimal provision of unemployment insurance, in: Southern Economic Journal 60(3), 644-656.

Atkinson, A.B. und Micklewright, J. (1991), Unemployment compensation and labor market transitions: a critical review, in: Journal of Economic Literature 29 (Dec.), 1679-1727.

Baldenweg-Bölle, U. (1998), Kollektive Altersvorsorge und flexibles Rentenalter in der Schweiz. Empirische Untersuchung des Einflusses der kollektiven Altersvorsorge auf den Zeitpunkt des Übertritts in den Ruhestand bei flexibler Ausgestaltung des Rücktrittsalters, Berlin: P. Lang.

Blundell, R. (1992), Labour supply and taxation: A survey, in: Fiscal Studies 13, 15-40.

Boland, V.F. (1965), Uncertainty and the welfare economics of medical care: comment, in: American Economic Review 55, 1172-1173.

Boller, H.P. (1994), The impact of solvency constraints on prices and demand in competitive insurance and assets markets, Preprint I/94, Universität Karlsruhe: Lehrstuhl für Versicherungswissenschaft.

Börsch-Supan, A. (1992), Population aging, social security design, and early retirement, in: Journal of Institutional and Theoretical Economics/Zeitschrift für die gesamte Staatswissenschaft 148 (4), 533-557.

Breyer, F. (1990), Ökonomische Theorie der Alterssicherung, München: Vahlen.

Buchholz, W. und Wiegard, W, (1992), Allokative Ueberlegungen zur Reform der Pflegevorsorge, in: Jahrbücher für Nationalökonomie und Statistik 209, 441-457.

Burda, M.C. und C. Wyplosz (1994), Gross labor market flows in Europe, in: European Economic Review 38, 1287-1915.

Burkhauser, R.V. und Turner, J.A. (1978), A time-series analysis on social security and its effect on the market work of men at younger ages, in: Journal of Political Economy 86 (4), 704-715.

Burtless, G. (1986), Social security, unanticipated benefit increases, and the timing of retirement, in: Review of Economic Studies 53, 781-805.

Crain, M. (1979), Cost and output in the legislative firm, in: Journal of Legal Studies 8 (3), 607-621.

Downs, A. (1957), An Economic Theory of Democracy, New York: Harper & Row.

Eisen, R. und Schrüfer, K. (1986), Gesundheitsleistungen: Märkte, Wahlen oder Bürokraten, in: G. Gäfgen (Hrsg.); Ökonomie des Gesundheitswesens, Berlin: Duncker & Humblot, 207-220.

Eisen, R. (1997), Reformüberlegungen zur Arbeitslosenversicherung, in: Hauser, R. (Hrsg.), Reform des Sozialstaats I. Arbeitsmarkt, soziale Sicherung und soziale Dienstleistungen, Berlin: Duncker &Humblot, 46-75.

Eisen, R. und Zweifel, P. (1997), Überlegungen zur optimalen Kombination unterschiedlicher Versicherungsprodukte über die Zeit, in: Männer, L. (Hrsg), Langfristige Versicherungsverhältnisse. Ökonomie, Technik, Institutionen, Karlsruhe: Verlag Versicherungswirtschaft, 355-378.

Felderer, B. (1992), Does a public pension system reduce savings rates and birth rates?, in: Journal of Institutional and Theoretical Economics/Zeitschrift für die Gesamte Staatswissenschaft 148, 312-325.

Feldstein, M.S. (1974), Social security, induced retirement, and aggregate capital accumulation, in: Journal of Political Economy 82 (5), 906-926.

Gesellschaft für Versicherungswirtschaft und -gestaltung (1996), Elemente eines Systems der Sozialen Sicherung unter den Bedingungen einer Sozialen Marktwirtschaft. Das Beispiel Bundesrepublik Deutschland. Köln: Vollmer, 2-7

Hujer, R. und Schneider, H. (1989), The analysis of labor market mobility using panel data, in: European Economic Review 33 (2/3), 530-536.

Kennedy, P.E. (1989), Estimation with correctly interpreted dummy variables in semilogarithmic equations, in: American Economic Review 71 (2), 801.

Kotlikoff, L.J. (1979), Testing the theory of social security and life-cycle accumulation, in: American Economic Review 69 (June), 396-411.

Leimer, D.R. und S. Lesnoy (1982), Social security and private saving: New time-series evidence", in: Journal of Political Economy 90 (June), 606-642.

Meyer, B.D. (1990), Unemployment insurance and unemployment spells, in: Econometrica 58 (4), 7575-782.

Mueller, D.C. (1989), Public Choice II, Cambridge: Cambridge University Press.

Nickell, S. (1979), Estimating the probability of leaving unemployment, in: Econometrica 47, 1249-1266.

Newhouse, J.P. (1996), Reimbursing health plans and health providers; efficiency in production versus selection, in: Journal of Economic Literature XXXIV (Sept.), 1236-1263.

Newhouse, J.P. et al. (1993), Free for All? Lessons from the RAND Health Insurance Experiment. Cambridge, MA: Harvard University Press.

Niskanen, W.A. (1971), Bureaucracy and Representative Government, Aldine: Chicago.

Oberhänsli, U. (1983), Substitutionswirkungen zwischen persönlichen Ersparnissen und der kollektiven Altersvorsorge in der Schweiz, in: Schweiz. Zeitschrift für Volkswirtschaft und Statistik 119, 117-137.

Olson, M. (1965), The Logic of Collective Action. Cambridge: Cambridge University Press.

Petersen, H.G. (1989), Sozialökonomik, Stuttgart: Kohlhammer.

Philipson, T.J. und Becker, G.S. (1998), Old-age longevity and mortality-contingent claims, in: Journal of Political Economy 106 (3), 551-573.

Samuelson, P.A. (1958), An exact consumption-loan model of interest with or without the contrivance of money, in: Journal of Political Economy 66, 467-482.

Schlesinger, H. (1997), Mikro-Korrelationen versus Makro-Korrelationen und die zukünftige Versicherungsdeckung, in: Männer, L. (Hrsg.), Langfristige Versicherungsverhältnisse. Oekonomie, Technik, Institutionen, Karlsruhe: Verlag Versicherungswirtschaft, 379-386.

Schmid, H. und Rosenbaum, E.F. (1995), Arbeitslosigkeit und Arbeitslosenversicherung aus ökonomischer Sicht, Bern: Haupt Verlag.

Schneider, F. (1986), The influence of political institutions on social security policies: A public choice view, in: J.-M. von der Schulenburg (ed.), Essays in Social Security Economics, Berlin: Springer, 13-31.

Schönbäck, W. (1980), Subjektive Unsicherheit als Gegenstand staatlicher Intervention, Frankfurt: Campus.

Schulenburg, J.-M. Graf v. d. (1986), Optimal insurance purchasing in the presence of compulsory insurance and uninsurable risks, in: Geneva Papers on Risk and Insurance 11 (38)

Sinn, H.-W. (1996), Social insurance, incentives and risk taking, in: International Tax and Public Finance 3, 259-280.

Stock, J.A. und Wise, D.A. (1990), Pensions, the option value of work, and retirement, in: Econometrica 58 (5), 1151-1180.

Tálos, E. und Wörister, K. (1994), Soziale Sicherung im Sozialstaat Österreich: Entwicklung - Herausforderungen - Srukturen, Baden-Baden: Nomos, 94, 142, 155, 156, 237.

Van Dalen, H.P. and Swank, O.A. (1996), Government spending cycles: Ideological or opportunistic?, in: Public Choice 89, 183-200.

Yfantopoulos, J. (1991), Financing of social security in the E.C., in: Pieters, D. (ed.), Social Security in Europe, Miscellanea of the Erasmus Programme of Studies Relating to Social Security in the European Communities, Brüssel: Bruylant, 217-237

Zweifel, P. und Breyer, F. (1999), Gesundheitsökonomie, 3. Aufl., Heidelberg: Springer Verlag.

Zweifel, P. mit Waser, O. (1992), Bonus Options in Health Insurance. Dordrecht: Kluwer.

Zweifel, P., Bonato D. und Zaborowski, Ch. (1996), Soziale Sicherung von morgen. Ein Vorschlag für die Schweiz, Bern: Haupt

# KAPITEL 10

# Herausforderungen an das Sicherungssystem

In diesem Kapitel kommen absehbare zukünftige Entwicklungen zur Sprache, die Veränderungen im bestehenden Sicherungssystem der Industrieländer nach sich ziehen werden. Diese Anpassungen betreffen die Privatversicherung (PV), die Sozialversicherung (SV) sowie das Zusammenspiel der beiden Komponenten. Dabei ist grundsätzlich der Anpassungsbedarf im Falle der PV geringer einzuschätzen als bei der SV. Denn die nachstehend genannten Veränderungen der Rahmenbedingungen müssen, sofern sie zu einer Veränderung des Risikoverhaltens bei den VK führen, von den privaten VU (zumindest unter Wettbewerbsbedingungen) umgehend zur Kenntnis genommen werden. Mit der Neugestaltung der Versicherungsprodukte und -preise müssen die Anbieter den veränderten Präferenzen und Handlungsmöglichkeiten der VK entgegenkommen, sonst droht der Verlust von Marktanteilen im Risikozeichnungsgeschäft und entgangene Ertragschancen im Anlagegeschäft. Verzögerungen bei der Anpassung sind allerdings dann zu erwarten, wenn der Wettbewerb nicht voll spielt. Dies trifft wohl auf die europäische Versicherungswirtschaft noch für einige Zeit zu, weil die bis 1994 dominierende materielle Regulierung nachwirkt (vgl. Abschnitt 8.2.1).

Wenn sich infolge verzögerter Anpassung ein **Problemdruck** aufbaut, wird er als Herausforderung wahrgenommen. Der Aufbau eines Problemdrucks ist wiederum im Bereich der SV wahrscheinlicher als im Bereich der PV. Reformen der SV werden in repräsentativen Demokratien im Parlament, in direkten Demokratien vom Stimmvolk beschlossen. Die Einheitlichkeit der Bedingungen in der SV bringt es mit sich, dass jede mögliche Lösung den Präferenzen gewisser Bevölkerungsgruppen zuwiderläuft. Das Finden einer Mehrheit zu Gunsten einer Anpassung der SV im Parlament kostet deshalb Zeit. In direkten Demokratien braucht es zusätzlich die Bestätigung des Parlamentsentscheids durch eine Abstimmung, deren Vorbereitung nochmals Zeit beansprucht. Während dieser Zeit nimmt der Problemdruck meistens zu, und die Herausforderung wird akuter.

Die Abschnitte dieses Kapitels sind vier solchen Herausforderungen gewidmet. Sie werden als Herausforderungen an das Sicherungssystem als Ganzes aufgefasst, d.h. sowohl die PV als auch die SV müssen ihr begegnen. Dabei besteht allerdings die Möglichkeit, dass in der einen Komponente des Systems Anpassungsmöglichkeiten bestehen, die in der anderen fehlen. Es könnte dann zu einer **veränderten Arbeitsteilung** zwischen PV und SV kommen.

Die Darstellung beginnt mit Veränderungen, die auf alle Länder durchschlagen. Da ist zunächst die **Globalisierung der Wirtschaftsbeziehungen** zu nennen (Abschnitt 10.1), die für das Risikozeichnungs- wie auch das Kapitalanlagegeschäft der VU relevant ist. Die national ausgerichtete SV scheint auf den ersten Blick weniger betroffen, doch mittelbar kann die Globalisierung bei ihr zu Finanzierungsproblemen führen. Eine zweite durchgreifende Herausforderung ist der **Wandel in Wissenschaft und Technologie**. Insbesondere wird die Wissenschaft in absehbarer Zeit genetische Information bereitstellen, und die VK werden vor der Frage stehen, ob sie diese Information beschaffen und ggf. dem VU zur Verfügung stellen wollen. Der Abschnitt 10.2 geht aber auch auf die Konsequenzen ein, welche der technologische Wandel bei der Übertragung und Verarbeitung von Information haben dürfte. **Veränderte rechtliche Rahmenbedingungen** stellen ebenfalls eine Herausforderung für die VU dar. Das Augenmerk liegt im Abschnitt 10.4 auf dem Deregulierungsprogramm der EU, obschon auch die World Trade Organisation (WTO) neue Regeln für den Handel mit Versicherungsprodukten aufgestellt hat. Abschnitt 10.4 befasst sich mit dem Problem der sog. **Katastrophenrisiken**. Die von Erdbeben und Sturmschäden, aber auch von Menschen verursachten Grossschäden in den USA und anderswo verursachten Schäden könnten in Zukunft die Grenze von 100 Mrd. US$ und damit die Zeichnungskapazität der PV erreichen (vgl. Abschnitt 1.2). Im Zuge der oben angesprochenen Globalisierung der Wirtschaftsbeziehungen sind europäische Rückversicherer, aber auch (über Beteiligungen) Erstversicherer von dieser Entwicklung betroffen.

Als eher nationales Problem werden dagegen die in Abschnitt 10.5 dargestellten **demographischen Veränderung**en gesehen, auch wenn sie in den Industrieländern ähnlich ablaufen. Sie betreffen die Personenversicherung und könnten die Arbeitsteilung zwischen PV und SV in erheblichem Ausmass verändern.

## 10.1 Globalisierung der Wirtschaftsbeziehungen

Die Integrationsbemühungen der EU und die Schaffung der WTO haben nicht nur die Handelshemmnisse reduziert, sondern die weitgehende Gleichbehandlung inländischer und ausländischer Produzenten im Innern zumindest der Industrieländer mit sich gebracht. Dies ruft nach Anpassungen bei der Versicherung der Unternehmen wie auch der Personen [vgl. *Bernheim* (1998)].

### 10.1.1 Globalisierung und Versicherung von Unternehmen

Die Globalisierung der Wirtschaftsbeziehungen geht nicht zuletzt darauf zurück, dass ein Unternehmen mit im Vergleich zu früher deutlich niedrigeren Kosten einen Produktions-, Vertriebs- oder Verwaltungsstandort in einem andern Land eröffnen kann. Die Vielzahl der Standorte eröffnet ihm aber zusätzliche Möglichkeiten der internen Risikodiversifikation (vgl. dazu Abschnitt 4.2). Der Auslöser eines Schadenprozesses im Land A tangiert nur die dort investierten Aktiva, nicht aber die in B, C und D investierten Aktiva des Unternehmens. Ausserdem ist die Konjunkturentwicklung zwischen der EU, Nordamerika und dem pazifischen Raum nach wie vor unterschiedlich genug, so dass sich die Aktiva und Passiva eines geographisch diversifizierten Unternehmens nur teilweise korreliert entwickeln.

## 10.1 Globalisierung der Wirtschaftsbeziehungen

Damit kann sich ein Unternehmen mit vielen Standorten das **Gesetz der grossen Zahlen** und die Möglichkeiten der Diversifikation zunutze machen und intern einen Risikoausgleich im Kollektiv herbeiführen. Als VK wird es dann aber an das VU noch vermehrt nur jene Risiken abgeben,

- die hochgradig positiv korreliert sind;
- die vom Unternehmen selbst nur zu hohen Kosten eingedämmt werden können;
- deren Schadenverteilung besonders schlecht abgeschätzt werden kann;
- die nur zu hohen Kosten auf den Kapitalmarkt abgewälzt werden können (vgl. Abschnitt 10.4).

Die angezeigten Massnahmen der Leitung eines VU lassen sich aus den Ausführungen der Kapitel 5 und 6 herleiten, immer unter der Bedingung, dass die Interessen der Eigentümer wahrgenommen werden sollen.

(1) **Verstärkung der Risikoauslese.** Jene Risiken, die von global tätigen Unternehmen zur Zeichnung angeboten werden, dürften sich von den übrigen in ihrem Beitrag zum Erwartungsgewinn systematisch unterscheiden. Im Abschnitt 5.5.2 wurde gezeigt, dass die Anstrengungen eines VU zur Risikoauslese unter sonst gleichen Umständen dann hoch sein sollten, wenn die Gewinnbeiträge differieren.

(2) **Erhöhung der Deckungsquote, d.h. der Aktiva im Vergleich zu den Verpflichtungen.** Die positive Korreliertheit der angebotenen Risiken lässt die Varianz des Überschusses, $Var(A - L)$, ceteris paribus ansteigen ($A$: Aktiva, $L$: Verpflichtungen gegenüber den VK). Auf Grund der Optionspreistheorie und insbesondere der Ausführungen in Abschnitt 6.2.3 erhöht dies den Wert der Put-Option der Eigentümer und reduziert den effektiven Wert der Ansprüche der VK. Um die negative Nachfragereaktion insbesondere der bisherigen VK abzufangen, müsste das Management im Interesse der Aktionäre die Deckungsquote anheben.

(3) **Umstrukturierung des Risikoportefeuilles.** Die Risiken des global tätigen Unternehmens X mögen zwar unter sich positiv korreliert sein, sie können aber mit den Risiken eines anderen Unternehmens Y immer noch negativ korrelieren. Das Management eines VU kann diesen Umstand benützen, um $Var(A - L)$ zu reduzieren (und im Interesse der Eigentümer die Deckungsquote zu senken), sofern es X und Y versichert.

(4) **Umstrukturierung der Kapitalanlagen.** Der Anstieg von $Var(A - L)$ kann auch dadurch vermieden werden, dass die Investitionen vermehrt in Aktiva erfolgen, deren Erträge die Schwankungen bei den Schadenzahlungen auszugleichen vermögen.

Da die Versicherung der Unternehmen nicht zum Geschäftsbereich der SV gehört, wird die SV von der Globalisierung auch nicht direkt betroffen (aber s.u.).

### 10.1.2 Globalisierung und Versicherung von Personen

Auch die Personenversicherung wird von der Globalisierung der Wirtschaftsbeziehungen mittelbar betroffen. Die internationale Geschäftstätigkeit bedingt internationale Mobilität [*van den Berghe* (1998)]. Da die Leistungen der nationalen SV auf absehbare Zeit unterschiedlich bleiben werden, schafft diese Mobilität eine Nachfrage nach individuellen ergänzenden Versicherungsprodukten. Die SV ist mit ihrem Einheitsprodukt nicht in der Lage, diese Nachfrage zu befriedigen; doch auch die PV ist herausgefordert, denn sie müsste für jeden Markt grundsätzlich ein **eigenes ergänzendes Produkt** bereitstellen[1].

Hingegen setzt die Globalisierung die SV in den betroffenen Ländern zusätzlichen Problemen aus. Die erleichterte Migration der Arbeitskräfte kann dazu führen, dass im Zielland die Lohnsätze (und damit die finanzierbaren Leistungen der auf dem Umlageverfahren beruhenden SV) zurückgehen [*Wildasin* (1991)]. Dieser Effekt wird dadurch verstärkt, dass die Lohnsätze vor allem der weniger Qualifizierten unter Druck geraten, während die besser Qualifizierten profitieren, wodurch die PV begünstigt wird.

Darüber hinaus beeinflussen die international tätigen Unternehmen mit der Wahl ihrer Standorte die Beschäftigung in den einzelnen Ländern, indem sie eine Migration der Arbeitsplätze statt der Beschäftigten auslösen. Doch von der Beschäftigung im Land hängen die Beitragszahlungen an die nationale SV ab. Da die PV diesen Migrationen leichter folgen kann, müsste die Globalisierung die Arbeitsteilung zwischen PV und SV zu Gunsten der PV verschieben.

**Folgerung 10.1**   Die Globalisierung der Wirtschaftsbeziehungen verändert die Eigenschaften der von den Unternehmen zur Zeichnung angebotenen Risiken; den Versicherungsunternehmen der PV stehen jedoch die angemessenen Instrumente der Versicherungstechnologie zur Verfügung. In der Personenversicherung begünstigt die Globalisierung die PV gegenüber der SV.

## 10.2 Wandel in Wissenschaft und Technologie

Neue Erkenntnisse der Wissenschaft können unmittelbar von Bedeutung sein, weil sie das Verhalten der relevanten Akteure verändern. Ein schlagendes Beispiel stellt im Bereich der Versicherungswirtschaft die Verbreitung genetischer Information dar. Zusätzlich führt die heutige Informationstechnologie dazu, dass Informationen aller Art rascher und zu geringeren Kosten verfügbar gemacht werden können. Auch dieser Wandel ist für die Versicherungswirtschaft von Bedeutung.

### 10.2.1 Genetische Information

Die zukünftige Verfügbarkeit genetischer Informationen wird es ermöglichen, die Erkrankungen und die Lebenserwartung eines Individuums einigermassen genau vorauszusagen. Offensichtlich würden die im Kapitel 7 behandelten Probleme der asymmetrischen Information schlagartig abgebaut, soweit sie die adverse Selektion betreffen, denn das VU wüsste über den Risikotyp zumindest im Leben- und Krankenversicherungsgeschäft Bescheid. Die Frage ist nur, ob die VK einen Vorteil aus dieser Information ziehen werden, wenn sie dem VU ebenfalls zur Verfügung stehen würde. Je nachdem werden die

---

1. Innerhalb der EU können zwar die Ansprüche an die SV des Heimatlandes immer mehr auch ausserhalb der Landesgrenzen eingelöst werden (vgl. Abschnitt 8.2.3), doch die Durchsetzung dieses Rechts ist noch mit erheblichen Kosten verbunden.

VK sich mehr oder weniger stark dagegen wehren, dass genetische Information überhaupt verfügbar gemacht wird. Möglicherweise könnten sie sich auch von der PV überhaupt abwenden und der SV den Vorzug geben, wo es zu keiner Differenzierung der Beiträge nach Risikotyp kommt.

Dieser Frage sind *Doherty* und *Posey* (1998) nachgegangen[2]. Sie unterscheiden neben guten und schlechten zusätzlich **uninformierte** Risiken, die sich aber einem Gratistest unterziehen lassen können, welcher sie zu guten oder schlechten Risiken macht. Den schlechten Risiken stehen allerdings präventive Möglichkeiten offen, welche die Schadenwahrscheinlichkeit $\pi^s$ (zu verstehen als Sterbe- oder Erkrankungswahrscheinlichkeit) senken. Die Annahmen sind in den Gleichungen (10-1a bis 10-1c) zusammengefasst.

$$\pi^{s\prime}(V) < 0, \pi^{s\prime\prime}(V) > 0 \tag{10-1a}$$

$$\pi^s[\infty] > \pi^u > \pi^g > 0 \tag{10-1b}$$

$$\pi^u = \rho\pi^g + (1-\rho)\pi^s[0], \text{ mit} \tag{10-1c}$$

$\pi^i$: Schadenwahrscheinlichkeiten, $i = s, u, g$ (schlecht, uninformiert, gut);

$V$: Präventionsaufwand;

$\rho$: Anteil der guten Risiken in der Versichertenpopulation.

Der erste Ausdruck (10-1a) besagt, dass die Präventionsmöglichkeit nur zur Verfügung steht, wenn der VK als schlechtes Risiko feststeht. Dann aber gelten abnehmende Grenzerträge. Sie sind ausgeprägt genug, dass ein schlechtes Risiko in dieser Kategorie verbleibt, auch wenn es unendlich grosse präventive Anstrengungen $V$ unternähme [Annahme (10-1b)]. Die mittlere Kategorie bilden die uninformierten, das andere Extrem die guten Risiken. Wie genau die uninformierten Risiken einzustufen sind, geht aus der Annahme (10-1c) hervor. Die uninformierten Risiken gelten als **repräsentativ** für die gesamte Versichertenpopulation, indem ihre Schadenwahrscheinlichkeit dem gewichteten Mittelwert der guten und der schlechten Risiken entspricht, wobei die letzteren noch keinen Präventionsaufwand betrieben haben sollen.

Die Abbildung 10.1 illustriert diese Annahmen. Die drei Risikotypen sind durch drei Indifferenzkurven unterschiedlicher Steilheit dargestellt. Die Indifferenzkurve des uninformierten Risikos hat eine (absolute) Steigung, die annahmegemäss zwischen derjenigen des guten und des schlechten Risikotyps liegt. Dabei tätigten jene, die auf Grund der genetischen Information als schlechte Risiken erkannt worden waren, bereits (in einem noch festzulegenden Umfang) Präventionsausgaben. Ihre Indifferenzkurve $\overline{EU^s}[V^*]$ hat sich deshalb derjenigen der anderen Risikotypen angeglichen; doch gemäss Annahme (10-1b) bleibt der Unterschied in der Schadenwahrscheinlichkeit auch bei beliebig hohem Präventionsaufwand bestehen. Dies bedeutet, dass sich die Indifferenzkurven verschiedener Risikotypen zwar schneiden können, doch paarweise nur einmal (single crossing property).

---

2. Vgl. zu dieser Thematik auch *Strohmenger* und *Wambach* (1999), die jedoch von vorneherein unterstellen, dass es für die mit dem Gentest entdeckte Krankheit eine Behandlungsmöglichkeit gibt (was nicht der Fall zu sein braucht und von einiger Bedeutung ist; vgl. Folgerung 10.2).

Da die als schlecht erkannten Risiken sowohl im Zustand mit Schaden ($W_1$) wie auch im schadenfreien Zustand (Vermögen $W_2$) Ausgaben für Prävention tätigen, verschiebt sich ihr Ausgangspunkt von $Q$ zu $Q'$.

Da die genetische Information dem VU zur Verfügung steht, können die (als fair vorausgesetzten) Prämien gemäss wahrem Risiko kalkuliert werden, so dass jeder Risikotyp volle Deckung wählen wird (Punkte $S^*$, $U^*$ und $G^*$). Die Frage, die sich stellt, ist die: Ist es für ein uninformiertes Individuum von Vorteil, den sicheren Punkt $U^*$ zu verlassen und an der **Lotterie $\{S^*, G^*\}$ teilzunehmen**? Dabei ist das Element $G^*$ der Lotterie leicht zu beschreiben: Das Individuum kauft sich volle Deckung zur günstigen, für gute Risiken kalkulierten Prämie. Entscheidend ist offenbar die Komponente $S^*$, deren Eigenschaften davon abhängen, wieviel Prävention das Individuum aufwenden wird im Moment, wo es sich als schlechtes Risiko herausstellen sollte.

**Abbildung 10.1** Optimalsituationen eines guten, uninformierten und schlechten Risikos

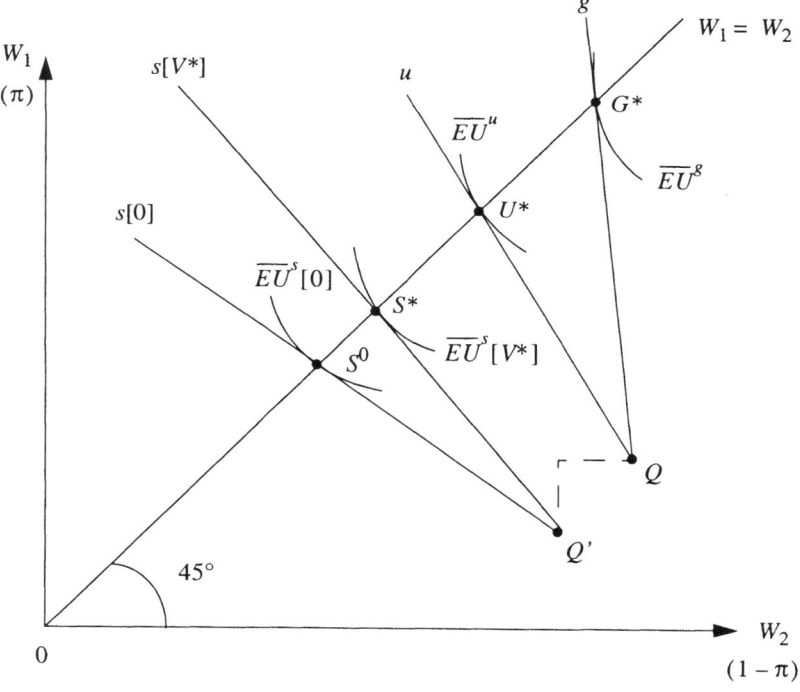

Der Punkt $S^*$ wird durch ein Wertepaar $\{I_n^s, V^*\}$ charakterisiert, das die optimale Versicherungsdeckung sowie die optimale Prävention wiedergibt. Dabei steht $I_n^i$ für die **Nettoleistung** der Versicherung im Schadenfall, also nach Abzug der Prämie: $I_n^i = I - P$, je für das gute, schlechte und uninformierte Risiko ($i = g, s, u$). Die Steigung der Budgetgeraden ist für die drei Risikotypen gegeben durch

## 10.2 Wandel in Wissenschaft und Technologie

$$\left(\frac{dW_1}{dW_2}\right)^i = -\left(\frac{1-P}{P}\right)^i = -\left(\frac{I_n}{P}\right)^i = -\left(\frac{1-\pi}{\pi}\right)^i, \quad i = g, s, u. \tag{10-2}$$

Dies erlaubt, die Prämie auf die gewählte Nettoleistung zurückzuführen:

$$P^i = \left(\frac{\pi}{1-\pi}\right)^i \cdot I_n^i. \tag{10-3}$$

Damit stellt sich für jemand, der als schlechtes Risiko erkannt wird ($i = s$), das Optimierungsproblem wie folgt:

$$\underset{I_n^s, V}{\text{Max } EU} = \pi^s(V) \cdot \upsilon[W_0 - L + I_n^s] + (1 - \pi^s(V)) \cdot \upsilon\left[W_0 - \frac{\pi^s(V)}{1-\pi^s(V)} \cdot I_n^s\right] - V, \tag{10-4}$$

$EU$: Erwartungsnutzen;

$\pi^s$: Schadenwahrscheinlichkeit des schlechten Risikos, hängt von Prävention $V$ ab;

$L$: Schaden, fest vorgegeben;

$I_n^s$: Nettoleistung (nach Prämienzahlung) im Falle eines schlechten Risikos.

Der Aufwand für die Prävention $V$ muss vor dem Eintritt des Schadens erfolgen und ist deshalb zustandsunabhängig. Er ist deshalb einfachheitshalber nicht in die Risikonutzenfunktion integriert, sondern als Abzug (in Nutzeneinheiten) aufgeführt. Die notwendige Bedingung für ein inneres Optimum bezüglich der **Versicherungsdeckung** ($I_n^{s*} \geq 0$) lautet

$$\frac{\partial EU^s}{\partial I_n^s} = \pi^s(V) \cdot \upsilon'[W_0 - L + I_n^s] + (1 - \pi^s(V)) \cdot \frac{\pi^s(V)}{1-\pi^s(V)} \cdot (-1) \cdot \upsilon'[W_0 - P^s] = 0; \tag{10-5}$$

darin symbolisiert $\upsilon'[W_0 - P_s]$ den Grenznutzen des Vermögens im schadenfreien Zustand gemäss Gleichung (10-4). Daraus folgt unmittelbar

$$\upsilon'[W_0 - L + I_n^s] = \upsilon'[W_0 - P^s], \tag{10-6}$$

d.h. der Grenznutzen des Vermögens, ausgewertet an den beiden Stellen mit Schaden und ohne Schaden, ist im Optimum gleich gross. Da die Risikonutzenfunktion nur vom Vermögen abhängt, bedeutet diese Bedingung auch gleich hohes Vermögen in den beiden Zuständen und damit volle Deckung.

Die notwendige Bedingung für ein inneres Optimum in Bezug auf die **Prävention** ergibt nach Anwendung der Regel für die Ableitung eines Quotienten

$$\frac{\partial EU^s}{\partial V} = \pi^{s\prime}[V^*] \cdot \upsilon[W_0 - L + I_n^s] - \pi^{s\prime}[V^*] \cdot \upsilon[W_0 - P^s]$$
$$+ (1 - \pi^s)\upsilon'[W_0 - P^s]\left\{\frac{-\pi^{s\prime}[V^*](1 - \pi^s) + \pi^s\{-\pi^{s\prime}[V^*]\}}{(1 - \pi^s)^2}\right\} \cdot I_n^s - 1 = 0. \qquad (10\text{-}7)$$

Nach Ausklammern von $\pi^{s\prime}[V^*]$ erhält man

$$\pi^{s\prime}[V^*]\left\{\upsilon[W_0 - L + I_n^s] - \upsilon[W_0 - P^s] - \frac{1}{1 - \pi^s}I_n^s \cdot \upsilon'[W_0 - P^s]\right\} = 1. \qquad (10\text{-}8)$$
$\quad(-) \qquad\qquad\qquad (0) \qquad\qquad\qquad\qquad\qquad (-)$

Rechts stehen die **Grenzkosten der Präventionsausgaben**, die sich auf 1 GE belaufen. Der erwartete Grenzertrag auf der linken Seite setzt sich aus zwei Komponenten zusammen. Zum einen ist dies die Grenzproduktivität der Prävention, die darin besteht, dass die Schadenwahrscheinlichkeit reduziert wird ($\pi^{s\prime}([V^*] < 0)$). Die zweite Komponente zeigt die Bewertung dieser Verschiebung in Nutzeneinheiten. Zum einen handelt es sich um die (zunächst negative) Nutzendifferenz zwischen den Zuständen mit und ohne Schaden, die allerdings wegen der vollen Versicherungsdeckung auf Null reduziert wird. Zum andern kommt es zu einer Verbilligung der Prämie, die mit dem Grenznutzen des Vermögens zu bewerten ist.

Die Bedingung (10-8) legt das optimale Ausmass der Prävention implizit über den optimalen Wert der Grenzproduktivität, $\pi^{s\prime}[V^*]$ fest. Wenn jedoch ein genetischer Defekt gefunden wurde, für den es **keine erfolgversprechende Vorkehrungen** gibt, gilt $\pi^{s\prime}[V^*] = 0$, und die Bedingung (10-8) **lässt sich nicht erfüllen**. Da der Grenznutzen der Prävention mit dem Wert von Null von Anfang an hinter den Grenzkosten von Eins zurückbleibt, ist es optimal, die Prävention zu minimieren, d.h. auf Null zu reduzieren. Umgekehrt kann man sagen, dass die Grenzproduktivität für alle (insbesondere auch für kleine) Werte von $V$ einen genügend grossen Absolutwert annehmen muss, damit die Bedingung (10-8) erfüllt ist und es zu einer optimalen Lösung $V^* > 0$ kommt.

Nachdem der Optimalpunkt $S^*$ der Abbildung 10.1 durch das Wertepaar $\{I_n^s*, V^*\}$ beschrieben ist, lässt sich die entscheidende Frage abklären: ob denn für ein uninformiertes Risiko **ein Interesse an genetischer Information** bestehen könnte, die sowohl ihm selbst wie auch dem VU bekannt ist. Der private Wert der Information für die Uninformierten ist durch einen Nutzenvergleich gegeben:

$$N = \rho \cdot \upsilon[G^*, \pi^g] + (1 - \rho)\{\upsilon[S^*, \pi^s[V^*]] - V^*\} - \upsilon[U^*, \pi^u] \qquad (10\text{-}9)$$

$N$:     Wert der genetischen Information;

$G^*$:    Optimalpunkt des guten Risikos (vgl. Abbildung 10.1);

$S^*$:    Optimalpunkt des schlechten Risikos nach Aufwendung von Prävention im Umfang von $V^*$ (vgl. Abbildung 10.1);

$U^*$: Optimalpunkt des uninformierten Risikos (vgl. Abbildung 10.1);

$\rho$ : Anteil der guten Risiken in der Versicherungspopulation.

Die ersten beiden Summanden der Gleichung (10-9) geben den Erwartungsnutzen einer Lotterie wieder. Da der Anteil der guten Risiken $\rho$ beträgt, wird ein (fehlerfreier) genetischer Test dazu führen, dass ein uninformiertes Risiko, das ja gemäss Annahme (10-1c) repräsentativ für die Versichertenpopulation ist, mit eben dieser Wahrscheinlichkeit als gutes Risiko erkannt wird. Wird es dagegen als schlechtes Risiko erkannt, ist in Rechnung zu stellen, dass ein Präventionsaufwand erfolgen wird, der zwar zu einer verbesserten Position $S^*$ führt, doch auch den Betrag $V^*$ kostet. Diese **Lotterie** wird in der Gleichung (10-9) mit dem **sicheren Nutzen** verglichen, den der Verbleib im Zustand der Uninformiertheit gewährt.

Dieser Vergleich lässt sich noch etwas instruktiver darstellen, indem man berücksichtigt, dass der Übergang von $U^*$ zu $S^*$ in Abbildung 10.1 über die Zwischenstation $S^0$ führt, wo das Individuum zwar als schlechtes Risiko feststeht, doch noch nicht in Prävention investiert hat. Der Risikonutzen jener Situation sei mit $\upsilon[S^0, \pi^s[0]]$ symbolisiert. Addiert und subtrahiert man $(1-\rho) \cdot \upsilon[S^0, \pi^s[0]]$, so erhält man

$$N = (1-\rho)\{\upsilon[S^*, \pi^s[V^*]] - V^* - \upsilon[S^0, \pi^s[0]]\}$$
$$(+)$$
$$+ (1-\rho) \cdot \upsilon[S^0, \pi^s[0]] + \rho \cdot \upsilon[G^*, \pi^g] - \upsilon[U^*, \pi^u].$$
$$(-)$$
(10-10)

Der Wert der genetischen Information setzt sich damit aus zwei Komponenten zusammen.

(1) **Wert der Behandlungsoption:** Das uninformierte Individuum wird mit Wahrscheinlichkeit $(1-\rho)$ als schlechtes Risiko erkannt. Damit wird es zunächst auf den Risikonutzen $\upsilon[S^0, \pi^s[0]]$ zurückgeworfen. Doch die Information eröffnet ihm auch die Möglichkeit, seine Schadenwahrscheinlichkeit durch den Aufwand von Prävention von $\pi^s[0]$ auf $\pi^s[V^*]$ zu reduzieren. Sofern $V^*$ positiv ist, muss die ganze erste Komponente positiv sein. Denn damit $V^* > 0$ gilt, muss gemäss Bedingung (10-7) der Grenznutzen zusätzlicher Prävention, ausgehend von $V = 0$, positiv gewesen sein. Ein positiver Wert von $V^*$ verlangt aber, dass überhaupt eine erfolgversprechende Behandlungsmöglichkeit für die genetisch bedingte Krankheit existiert.

(2) **Der Wert des Übergangs in die Informationslotterie:** Dies sind die letzten drei Terme der Gleichung (10-10). Einerseits beschreiben sie den Erwartungsnutzen, der sich daraus ergibt, dass das uninformierte Individuum mit Wahrscheinlichkeit $(1-\rho)$ den niedrigen Risikonutzen eines schlechten Risikos vor Präventionswirkung erzielt, mit Wahrscheinlichkeit $\rho$ dagegen den eines guten Risikos mit entsprechend niedriger Prämie. Dieser Erwartungsnutzen ist zu vergleichen mit dem sicheren Nutzen im Zustand der Uninformiertheit. Für ein risikoaverses Individuum ist diese zweite Komponente stets negativ.

**Folgerung 10.2** Der Wert genetischer Information, die auch dem VU bekannt wird, ist zweideutig. Die uninformierten Risiken (die am Anfang die gesamte Versichertenpopulation ausmachen) werden einer Unsicherheit bezüglich ihres Risikostatus ausgesetzt, die sie aus Gründen der Risikoaversion ablehnen. Nur wenn es für die genetisch bedingten Krankheiten eine Behandlungsmöglichkeit gibt, die zudem genügend erfolgversprechend ist, hat die genetische Information einen privaten Wert.

Diese Folgerung wird durch eine amerikanische Befragung mittelbar bestätigt [*Singer* (1991)]. Während beinahe zwei Drittel der Befragten genetische Tests vor der Geburt im allgemeinen begrüssten, lehnten 92% ihre Verwendung zur Ermittlung des Geschlechts ab. Dieser Unterschied könnte darauf zurückzuführen sein, dass es gegen den „Defekt" des falschen Geschlechts keine Behandlungsmöglichkeit gibt.

*Doherty* und *Posey* (1998) verallgemeinern das Argument für den Fall, dass der VK das Ergebnis des Tests vor dem Versicherer geheim halten kann. Die VU werden dann Erwartungen darüber haben, ob sich die VK die Information beschaffen oder nicht, und im Gleichgewicht müssen diese Erwartungen mit dem tatsächlichen Verhalten der VK übereinstimmen. Sie zeigen, dass (sobald eine Behandlungsmöglichkeit existiert) die Alternative "Test durchführen" vorgezogen wird. Doch sogar wenn die Information für die VK keinen privaten Wert haben sollte, trägt sie zum Funktionieren der Selbstselektion der Risiken bei und ermöglicht es dem VU, im Rahmen trennender Verträge die guten Risiken besser zu stellen. Denn die ausgelöste Präventionsanstrengung macht die schlechten Risiken zu besseren Risikotypen, die ihren Vertrag mit Volldeckung erst aufgeben, wenn der für die guten Risiken konzipierte Vertrag schon eine ziemlich weitgehende Deckung vorsieht (vgl. dazu Abschnitt 7.3).

Von den beiden Modellvarianten ist aber wohl die zuerst gezeigte mit der **öffentlichen Information** die relevante, denn die VK werden davon ausgehen, dass die VU auf der "Jagd nach den guten Risiken" versuchen, an die genetische Information heranzukommen. Die Ausführungen haben gezeigt, dass die Information nur dann einen positiven Wert aus privater Sicht haben kann, wenn eine genügend wirkungsvolle Präventionsmöglichkeit existiert. Die Herausforderung an das VU besteht offensichtlich darin, jene genetischen Tests auszulesen, denen sich eine vielversprechende Behandlungsinitiative anschliesst. Ausserdem müssen manche Individuen bei ihrem Entscheid beraten werden. Denn bis zu diesem Punkt wurde von den **Entscheidungskosten** abstrahiert, die aber erheblich ins Gewicht fallen dürften. Wenn jemand sich dem Test unterzieht, könnte die Information lauten: "Sie werden mit einiger Wahrscheinlichkeit im Alter von 50 Jahren an Krebs erkranken." Diese Person müsste wohl ihre Entscheidungen bezüglich der noch gewünschten Kinder sowie ihrer Aktiva neu überdenken. Lohnt es sich noch, ins Gesundheitskapital zu investieren, zusätzliche Fähigkeiten zu erwerben und das marktgängige Vermögen aufzubauen? Diesbezügliche Beratung kann dazu beitragen, die Kosten der Entscheidung zu verringern und so Uninformierte dazu zu bringen, sich zu informieren.

Die Verfügbarkeit genetischer Information könnte letztlich zu einer Zuwendung der VK zur SV führen. Insbesondere Lebensversicherungs- und Krankenversicherungsverträge mit ihrer langen Vertragsdauer enthalten implizit auch eine Versicherung gegen eine zukünftige Verschlechterung des Risikotyps. Die genetische Information würde hierzu eine ziemlich gesicherte Aussage erlauben, so dass diese Komponente des Versicherungsvertrags auf eine Subvention der zukünftig schlechten Risiken hinauslaufen würde. Eine solche Quersubvention ist jedoch unter wettbewerblichen Bedingungen kaum möglich. Eine einheitliche, ohne Risikounterscheidung arbeitende SV könnte unter diesem Gesichtspunkt ein Produkt anbieten, das von der PV nicht bereitgestellt würde (vgl. die Argumentation in Abschnitt 9.2.1.1).

### 10.2.2 Informationsübertragung und -verarbeitung

Während die Kosten der Informationsproduktion in der Forschung nicht wesentlich sinken, gehen die Kosten der Informationsübermittlung und -verarbeitung dank der neuen Informationstechnologie rasch zurück. Diese Entwicklung hat Konsequenzen (1) für das Risk Management der Unternehmen als potentielle VK in Bezug auf die Informationen und (2) das Risk Management von informationsgesteuerten Produktionsprozessen.

**VK1. Risk Management von Informationen:** Da die Gewinnung von Information nicht viel kostengünstiger geworden ist, behält die Information als solche ihren Wert, und die Unternehmen als potentielle VK werden sie weiterhin als ein Aktivum behandeln, das es gegen Beeinträchtigung zu schützen gilt. Niedrige Kosten des Zugangs zu und der Übermittlung von Information bedeuten aber, dass dem Diebstahl wenig Hindernisse entgegenstehen. Die Unternehmen können dem erhöhten Risiko nur beschränkt mit Risikotransfer, d.h. einer verstärkten Nachfrage nach Versicherungsschutz begegnen. Denn zumindest für eine volle Deckung würde dies bedeuten, dass der VK gegenüber dem VU den Wert dieser Information angeben müsste, was ohne die Offenlegung der Information selbst kaum möglich ist. Die Versicherungsnachfrage wird sich deshalb auf teilweise Deckung eher standardisierter Information, wie beispielsweise Daten aus dem Rechnungswesen, beschränken müssen. Dennoch gibt es in Deutschland seit 1989 eine Versicherung gegen Hackerschäden [Mehl (1998)]. Sie deckt die beobachtbaren Folgen des Verlusts von Informationen wie die Betriebsunterbrechung, nicht aber den Verlust der Informationen an sich.

**VK2. Risk Management von informationsgesteuerten Produktionsprozessen:** Hier führen die Neuerungen der Informationstechnologie zu einer beschleunigten Ablösung bisheriger Produktionsprozesse. Da die Identifikation und Einschätzung von Schadensprozessen einen gleichbleibenden Prozessablauf bedingt, hat das Unternehmen weniger Möglichkeiten, selbst Risiken einzuschätzen und Risikominderung zu betreiben. Die Alternative des Risikotransfers wird deshalb attraktiver. Für das VU bedeutet dies einmal mehr ein Angebot von Risiken, deren Schadenwahrscheinlichkeit $\pi$ besonders schwer abschätzbar ist. Die zusätzliche Nachfrage nach Versicherungsdeckung wird es deshalb zunächst nur zu höheren Prämien befriedigen können.

Doch auch die VU profitieren von den neuen Möglichkeiten im Bereich der Informationstechnologie:

**VU1. Senkung der Vertriebskosten:** Das Sprichwort "all business is local" gründete auf dem Umstand, dass der Abschluss eines Versicherungsvertrags mit einem Austausch von Information verbunden ist, der sich traditionell am besten durch den persönlichen Kontakt zwischen VK und Vertriebsmitarbeiter oder Makler bewerkstelligen liess. Dieser Austausch lässt sich zunehmend elektronisch organisieren, und in absehbarer Zeit dürfte ein wesentlicher Teil der Verträge über das Internet abgeschlossen werden [*Bernheim* (1998)]. Dies erübrigt in vielen Fällen die Einrichtung einer Agentur am Ort, was den internationalen Handel mit Versicherungsprodukten wesentlich verbilligen wird. Insofern begünstigt die Entwicklung der Informationstechnologie die Globalisierung der Handelsbeziehungen allgemein und im Bereiche der Versicherungswirtschaft im besonderen (vgl. Abschnitt 10.1).

**VU2. Strukturierung und Steuerung des Risikoportefeuilles:** Die Klassifikation der Risiken hat nicht zuletzt den Zweck, den Erwartungsschaden (der die Untergrenze für die Prämie bildet) möglichst genau zu bestimmen. Der Schaden wird demnach in eine systematische, von den Einflussfaktoren bestimmte Komponente und in eine Zufallskomponente zerlegt. Bei $k$ bestimmenden Faktoren $X_1, \ldots X_k$ sowie einer mit ihnen nicht korrelierten Zufallsgrösse $\varepsilon$ gilt dann in linearer Näherung

$$L = a_0 + a_1 X_1 + a_2 X_2 + \ldots + a_k X_k + \varepsilon, \tag{10-11}$$

mit $a_0, a_1, \ldots a_k$: zu bestimmende Koeffizienten, welche die Einflussstärke wiedergeben.

Da der Erwartungswert von $\varepsilon$ als Null angenommen wird, gilt für den Erwartungsschaden

$$EL = a_0 + a_1 X_1 + a_2 X_2 + \ldots + a_k X_k. \tag{10-12}$$

Aus dem Vergleich von (10-11) und (10-12) geht hervor, dass die Abweichung ($L - EL$) durch $\varepsilon$ gegeben ist. Gelingt es also, den systematischen Teil so zu bestimmen, dass die Streuung von $\varepsilon$ [angezeigt z.B. durch $Var(\varepsilon)$] minimal wird, so minimiert man auch die Abweichung ($L - EL$) [und damit $Var(L)$] und kann so die Sicherheitszuschläge zur Prämie klein halten.

Traditionell haben sich die VU allerdings damit begnügt, eine Risikoklassifikation nach einigen wenigen, üblicherweise vom Verband vorgegebenen Merkmalen (z.B. $X_1$ = Alter, $X_2$ = Beruf) vorzunehmen. Zur Illustration soll nur gerade der letzte Faktor vernachlässigt worden sein. Dies bedeutet, dass in der Gleichung (10-11) der Einfluss des Faktors $X_k$ zur stochastischen Komponente geschlagen wird:

$$L = a_0 + a_1 X_1 + a_2 X_2 + \ldots + a_{k-1} X_{k-1} + \tilde{\varepsilon},$$

mit $\tilde{\varepsilon} = a_k X_k + \varepsilon$. \hfill (10-13)

Damit gilt

$$Var(\tilde{\varepsilon}) = Var(\varepsilon) + 2a_k Cov(\varepsilon, X_k) + a_k^2 Var(X_k)$$
$$> Var(\varepsilon), \text{ weil annahmegemäss } Cov(\varepsilon, X_k) = 0. \tag{10-14}$$

Damit ergibt sich, dass die Vernachlässigung eines Risikofaktors zu **unnötig hohen Risikozuschlägen** in der Prämie führt. Die neuen Möglichkeiten der Informationstechnologie erlauben heute, jedes Risiko als separate Beobachtung zu erfassen und sämtliche (bekannten) Risikofaktoren in die Prämienberechnung aufzunehmen. Jene VU, welche so vorgehen, gewinnen einen Wettbewerbsvorteil [für einen umfassenden Überblick über die Methode der Schadenkostenprognose vgl. *Busshart, Maneth* und *Eisen* (1998)].

Eine zweite, wichtige Möglichkeit besteht auch im systematischen Aufspüren von **nicht korrelierten oder sogar negativ korrelierten Risiken**. Soweit die Prämien die Schadeneinflüsse $\{X_1, \ldots X_k\}$ richtig wiedergeben, entscheidet nur noch der Term $\varepsilon$ in Gleichung (10-11)) über den Beitrag von $L$ zur Varianz des Überschusses des VU, $Var(A - L)$. Die (bspw. im Rahmen einer multivariaten Regressionsanalyse) errechneten Werte von $\varepsilon$ (die Residuen) bilden eine Dichtefunktion $f(\hat{\varepsilon})$ mit einer bestimmten Varianz. Die gleiche Analyse lässt sich für einen anderen Markt wiederholen und wiederum die Dichtefunktion $g(\hat{\varepsilon})$ der Residuen bestimmen. Mit Hilfe der heutigen Informationstechnologie lässt sich ohne Schwierigkeit das Konvolut der beiden Dichtefunktionen errechnen (vgl. Abschnitt 6.1.1.2 für ein einfaches Beispiel). Die Konvolut-Verteilung weist ihre eigene Varianz auf. Liegt sie niedriger als im ersten Risikoportefeuille, so wird die Varianz des Überschusses durch die Hereinnahme des zweiten Risikoportefeuilles reduziert.

Bei der Akquisition eines anderen VU wäre in Zukunft der Datensatz mit den Schäden und den Merkmalen der sie verursachenden VK einzufordern und mit dem bestehenden Risikoportefeuille das Konvolut zu bilden. Analog lässt sich der Aufbau des eigenen Risikoportefeuilles steuern. Lässt ein bestimmtes Teilportefeuille die Varianz der Konvolut-Verteilung markant ansteigen, gibt dies einen Hinweis darauf, dass dieses Portefeuille abgestossen werden sollte. Dadurch lassen sich die Schwankungsrückstellungen reduzieren.

**Folgerung 10.3**   Der durch die neue Informationstechnologie erleichterte Diebstahl von Information ist nur beschränkt versicherbar, und die verkürzte Lebensdauer informationsgesteuerter Prozesse verteuert die Versicherungsdeckung. Die Alternative „Risiko selbst tragen" braucht jedoch für den VK nicht notwendigerweise attraktiver zu werden, wenn es gelingt, die neue Informationstechnologie zur Kostensenkung im Vertrieb und zur Reduktion der Schwankungsrückstellungen im VU zu nutzen.

## 10.3 Veränderte rechtliche Rahmenbedingungen

### 10.3.1 Konstituierende Elemente des Versicherungsvertragsrechts

Gemäss den im Kapitel 8 gewonnenen Erkenntnissen (vgl. Folgerung 8.6) gibt es einen Markt für Versicherungsregulierung, woraus folgt, dass Veränderungen auf der Angebots- oder der Nachfrageseite immer wieder zu einer veränderten Regulierungsintensität führen können. Es ist damit nicht ausgeschlossen, dass Wellen der Regulierung und Deregulierung grundsätzlich sämtliche Dimensionen des Versicherungsvertrags erfassen. Immerhin lassen sich *Rea* (1993) zufolge mindestens **vier Dimensionen** des Versicherungsvertrags ausmachen, die **langfristig Bestand** haben dürften, weil sie der Vermeidung negativer externer Effekte dienen und deshalb effizienzfördernd sind.

(1) **Vorliegen eines versicherungswürdigen Interesses.** In aller Regel wird verlangt, dass der VK Eigentümer der zu versichernden Sache ist. Würde man ihm nämlich erlauben, eine Versicherung bezüglich eines Dritten Z abzuschliessen, würde ein Interesse beim VK entstehen, den Schadenfall beim Eigentum von Z herbeizuführen. Damit würde aber ein auf Z einwirkender negativer externer Effekt geschaffen. Dieser externe Effekt gilt dann als internalisiert, wenn zwischen dem VK und Z eine vertragliche Vereinbarung bezüglich des Kaufs von Versicherung besteht.

(2) **Verbot der Überversicherung.** Damit soll die extreme Form des moralischen Risikos vermieden werden. Der VK hat bei Überversicherung den eindeutigen Anreiz, den Schaden herbeizuführen. Der negative externe Effekt besteht darin, dass das VU die Prämien auch für andere, sich nicht so verhaltende VK erhöhen muss.

(3) **Der Grundsatz von Treu und Glauben.** Die VK sind gehalten, die zur Prämienkalkulation notwendige Information zur Verfügung zu stellen. Da dies die Reduktion der in der Prämie enthaltenen Sicherheitszuschläge ermöglicht, profitieren nicht nur die guten, sondern auch die schlechten Risiken, und es liegt eine Pareto-Verbesserung vor.

(4) **Ausschluss der absichtlichen Handlung.** Wenn jemand einen Schaden absichtlich herbeiführt, besteht einige Wahrscheinlichkeit, dass er damit auch das Eigentum eines Dritten Z tangiert. Auch wenn Z versichert ist, wird er in aller Regel noch Kosten selbst tragen müssen (z.B. Organisation einer Reparatur, Informationskosten bei der Suche nach Ersatz). Somit könnte der VK dem Dritten Z externe Kosten aufbürden; dazu soll der Versicherungsvertrag keinen Anreiz geben.

Diese vier Eigenschaften legen jedoch den Versicherungsvertrag in vielen anderen Dimensionen nicht fest und lassen der Veränderung der rechtlichen Rahmenbedingungen insbesondere im Zuge der (De)Regulierung weiten Raum. Namentlich bleibt das Ausmass der Preis- und Produktregulierung weitgehend offen, so dass auch in Zukunft mit einer variablen Regulierungsintensität gerechnet werden muss, wie in der Folgerung 8.6 vorausgesagt. Die Erfahrungen mit der Bankenaufsicht weisen darauf hin, dass eine Phase der Reregulierung nicht ausgeschlossen werden kann. Der vermehrte Einsatz derivativer Instrumente hat vielen Banken grosse Verluste beschert, und er gilt als destabilisierend, auch wenn entsprechende Untersuchungen diese Vermutung nicht bestätigt haben. In dieser Situation könnte die Nachfrage nach Regulierung zunehmen, was ceteris paribus eine Tendenz zur Verstärkung der Regulierungsintensität auslösen müsste [*Zimmermann* (1997)].

## 10.3.2 Konsequenzen der Deregulierung im Rahmen der EU

Mit dem Abschluss der Uruguay-Runde 1997 verlangt die World Trade Organization (WTO) einen nichtdiskriminierenden Zugang ausländischer Wettbewerber zu den Versicherungsmärkten, was auf eine Senkung der Regulierungsintensität hinausläuft. Doch die entscheidenden Anstösse gehen von der Umsetzung des 1994 abgeschlossenen Liberalisierungsprogramms der EU aus (vgl. Abschnitt 8.2.3). Die (wenig überraschende) Konsequenz ist ein Rückgang der Prämien bei gleichbleibendem Schadenaufwand und damit ein **Druck auf die Margen.** Diese Einschätzung des Präsidenten des Bundesaufsichtsamts für das Versicherungswesen dürfte von der Branche in jenen EU-Ländern, welche die materielle Regulierung aufgeben mussten, geteilt werden [*Müller* (1997)].

Die gleichen Erwartungen werden in den USA gehegt; der Druck auf die Margen geht dort jedoch eher davon aus, dass die Steuerbefreiung der individuellen Altersvorsorge auf die Produkte von Unternehmen ausserhalb der Versicherung ausgedehnt wurde [*Santomero* (1997)].

Diese Herausforderung betrifft wesentlich die Angebotsdispositionen der VU, und entsprechend stellen sich die im Kapitel 6 aufgeworfenen Fragen der Gestaltung der Produktpalette (Verbundeffekte) und des Umfangs der Geschäftsfelder innerhalb des Unternehmens (Skaleneffekte).

- **Verbundeffekte:** Zunächst geht es um die Frage, ob ein VU, das verschiedene Geschäftsfelder in sich vereint, ein gegebenes Geschäftsvolumen zu niedrigeren Vertriebs- und Verwaltungskosten abwickeln kann als ein vergleichbares anderes (Verbundvorteile im engeren Sinne). Die im Abschnitt 6.2.2 aufgeführte empirische Evidenz zu den Auswirkungen auf die Kostensätze von VU lässt nun vermuten, dass Verbundvorteile im engeren Sinne **nicht sehr ausgeprägt** sein dürften, mit Ausnahme der grossen VU. Dazu kommen mögliche Verbundeffekte im weiteren Sinne, da sich das VU auf Grund verbesserter Diversifikation im Kapitalmarkt als attraktivere Anlagealternative präsentieren kann (Abschnitt 6.3.3). Die wenige vorhandene Evidenz lässt allerdings keine Aussage darüber zu, ob diese Verbundvorteile durch Fusionen oder durch Wachstum innerhalb des bestehenden VU zustande kommen. Da der Aufbau eines zusätzlichen Geschäftsfelds Zeit braucht, geben die Leitungen der VU oft der **Fusion** den Vorzug, weil sie davon ausgehen, dass die Raschheit des Handelns im integrierten Versicherungsmarkt der EU einen besonderen Ertrag abwerfen werde. Solange der Übergang zu grösseren, integrierten Märkten einerseits rasch erfolgt und andererseits nach wie vor eine Anpassung der Produkte an national unterschiedliche rechtliche Rahmenbedingungen erfordert, erscheint das Argument glaubhaft, dass Fusionen die angemessene Reaktion auf die Deregulierung im Rahmen der EU darstellen.

- **Skaleneffekte:** Wenn eine Ausdehnung bestehender Geschäftsfelder zu unterproportional ansteigenden Kosten möglich ist, so stellt die "Flucht in die Grösse" eine angebrachte Reaktion auf sinkende Margen im Risikozeichnungsgeschäft dar. Die in den Abschnitten 6.4.2 und 6.4.3 präsentierte Evidenz gibt Grund zur Vermutung, dass **beschränkte Skalenerträge** sowohl bei der Leben- wie auch der Nichtlebenversicherung vorliegen dürften. Sie gibt jedoch keinen Hinweis darauf, ob der kostengünstigere Weg zur Erlangung dieser Vorteile über die Fusion oder das Wachstum im Rahmen des bestehenden Unternehmens führt. Die Waage neigt sich wiederum zu Gunsten der Fusion, wenn die Schnelligkeit des Vorgehens von Bedeutung ist.

**Folgerung 10.4**      Die "Flucht in die Grösse" als Reaktion auf die absehbare Deregulierung der Versicherungsmärkte ist in beschränktem Masse zielführend, wobei Skalenerträge als Begründung etwas besser gesichert sind als Verbundvorteile. Das Abwägen zwischen der Fusion und dem unternehmensinternen Wachstum wird auf absehbare Zeit zu Gunsten der Fusion erfolgen.

## 10.4 Vermehrte Katastrophenrisiken

### 10.4.1 Das „Value at Risk"-Konzept als neues Element der Versicherungstechnologie

Der Begriff der Katastrophe ist schillernd. So weist *Zeckhauser* (1996) darauf hin, dass der Flugzeugabsturz der USAIR bei Pittsburgh im Sommer 1994, der 130 Menschen das Leben kostete, als Katastrophe wahrgenommen wurde, die rd. 1000 Verkehrstoten auf den Strassen der gleichen Woche dagegen nicht. Die grösste denkbare Katastrophe ist nach wie vor ein nuklearer Schlagabtausch. Interessanterweise versagen aber gerade hier die sonst verfügbaren Instrumente zur Verhinderung oder der Linderung von Katastrophen, nämlich die Haftung, die Versicherung, und die öffentliche Regulierung im Interesse der Sicherheit. Keine Regierung der Welt übernimmt die Haftung für einen Krieg, die Versicherer schliessen kriegerische Ereignisse als Auslöser von Schäden regelmässig aus (Klausel der "höheren Gewalt"), und die öffentliche Regulierung schränkt den Handlungsspielraum von Privaten, jedoch nicht von Trägern politischer Mandate ein.

**Naturkatastrophen** nehmen hier eine Zwischenstellung ein: Sie werden nicht von Menschenhand ausgelöst, und die zu bezahlenden Schäden waren bis Ende der 1980er Jahre zwar gross, aber nicht gigantisch. Besonders in den USA haben aber seit Beginn der 1990er Jahre die Zahl und Schwere der Naturkatastrophen markant zugenommen. Der geschätzte versicherte Höchstschaden (engl. maximum probable loss) erreicht den Wert von 100 Mrd. US\$; diesem Betrag steht das Haftungskapital der gesamten Schadenversicherungsbranche der USA (inkl. 20 Mrd. Rückversicherung) von rd. 200 Mrd. US\$ gegenüber [*SwissRe* (1996); vgl. auch Abschnitt 1.1].

Die **prägende Eigenschaft** dieser Risiken ist die Tatsache, dass sie zwar sehr selten auftreten, dafür aber Ausmasse annehmen, welche einen Erstversicherer (EV) leicht in die Insolvenz treiben könnten. Die Abbildung 10.2 illustriert diese Eigenschaft. Die abgetragene Zufallsvariable ist die Differenz zwischen Aktiva *($A_T$)* und Verpflichtungen *($L_T$)* am Ende der Planungsperiode. Darüber sind zwei Dichtefunktionen $f(A_T - L_T)$ [$f_0(\cdot)$: ohne Rückversicherungsdeckung, $f_1(\cdot)$: mit Rückversicherungsdeckung (RV)] definiert, die wegen der Schiefe der Schadenverteilung erhebliche Rechtssteilheit aufweisen (vgl. Abschnitt 6.1.1.3). Bei Katastrophenrisiken besteht demnach eine sehr hohe Wahrscheinlichkeit, dass das VU gar keine oder eine minimale Schadenzahlung leisten muss; anderseits kann es (zumindest ohne RV-Deckung) zu Schadenzahlungen kommen, welche die Existenz des VU bedrohen. Im folgenden sei definiert:

$M_0 :=$ Wahrscheinlichster Wert des Nettovermögens ($= A_T - L_T$) ohne RV;

$M_1 :=$ Wahrscheinlichster Wert des Nettovermögens mit RV;

$Z_0 :=$ Schwellenwert des Nettovermögens im Zeitpunkt $T$ ($= A_T - L_T$) ohne RV;

$Z_1 :=$ Schwellenwert des Nettovermögens im Zeitpunkt $T$ mit RV (vgl. Abb. 10.2).

Nicht die (in Abbildung 10.2 nicht eingetragenen) Erwartungswerte sollen als Referenzwerte dienen, sondern die Modalwerte $\{M_0, M_1\}$ weil sie dem äusserst wahrscheinlichen Normalzustand ohne Schaden entsprechen.

## 10.4 Vermehrte Katastrophenrisiken

In neuerer Zeit kommt bei der Einschätzung von Katastrophenrisiken vermehrt ein Instrument zum Einsatz, das sich bereits früher im Bankensektor bewährt hat: „Value at risk" (VaR; ein deutscher Ausdruck ist nicht geläufig). Damit ist jener Betrag gemeint, den man während einer bestimmten Zeitperiode mit einer vorgegebenen Wahrscheinlichkeit verlieren kann. Wie aus Abbildung 10.2 hervorgeht, folgt das Konzept der VaR unmittelbar aus der statistischen Testtheorie. Die schattierten Flächen geben jeweils die Wahrscheinlichkeit von 1% an, mit welcher die Zufallsvariable $(A_T - L_T)$ den Schwellenwert $Z_0$ bzw. $Z_1$ unterschreitet. Oder umgekehrt ausgedrückt: Die Schwellenwerte $(Z_0, Z_1)$ sind so gewählt, dass die Wahrscheinlichkeit, mit welcher $(A_T - L_T)$ den jeweiligen Wert unterschreitet, genau 1% beträgt.

**Abbildung 10.2** Dichtefunktionen von Katastrophenrisiken und "Value at Risk"

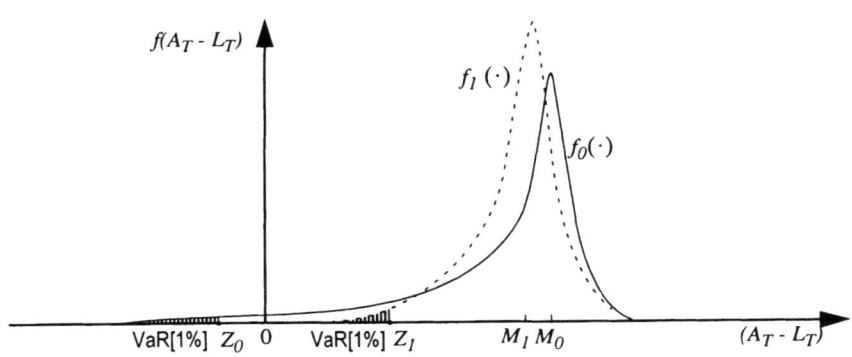

Die „Value at Risk" kann im Falle der Dichtefunktion $f_0$ als der Verlust im Betrag $(M_0 - Z_0)$ aufgefasst werden, der mit einer bestimmten kleinen Wahrscheinlichkeit auftritt (in Abbildung 10.2 z.B. 1%). Ein solcher Verlust könnte durch einen Katastrophenschaden herbeigeführt werden und würde im gewählten Beispiel die Insolvenz des VU bedeuten $(A_T - L_T < 0)$.

Durch den Kauf von Rückversicherung (RV) kann das VU die Grossschäden auf den Rückversicherer abwälzen. Durch diese Aktion wählt es eine neue Dichteverteilung, eingetragen als $f_1(A_T - L_T)$. Diese Dichteverteilung zeigt an, dass dadurch sehr grosse Schadenzahlungen so unwahrscheinlich werden, dass sich der kritische Wert $Z_1$ in den Bereich positiver Überschüsse $(A_T - L_T > 0)$ verschiebt. Dank RV reduziert sich demnach die Value at Risk auf $(M_1 - Z_1)$ und zeigt dadurch an, dass die durch die Dichtefunktion $f_1(A_T - L_T)$ dargestellte Risikosituation günstiger sei. Ihr Modalwert $M_1$ liegt allerdings niedriger als $M_0$ (ohne RV), weil das VU ja unter allen Umständen die RV-Prämie bezahlen muss. Insofern ist **nicht klar**, ob ein risikoaverses Management nach den Kriterien der stochastischen Dominanz zum ersten oder zum zweiten Grade (first-degree stochastic dominance und second-degree stochastic dominance, vgl. Abschnitt 3.3) auf die Verteilung $f_1(\cdot)$ übergehen, also RV-Deckung kaufen sollte.

Aus der Abbildung 10.2 geht auch hervor, dass das Konzept „Value at Risk" die **Kenntnis der Dichtefunktionen** $f_0(\cdot)$ und $f_1(\cdot)$ verlangt. Wie in Abschnitt 6.1.1.2 dargelegt wurde, existieren für Dichtefunktionen, welche z.B. für die Sachversicherung typisch sind, kaum Verteilungsgesetze. Die Schwellenwerte $Z_0$ und $Z_1$ lassen sich aber dennoch abschätzen, indem man die Normal Power-Approximation verwendet, also die Dichtefunktionen $f_0(\cdot)$ und $f_1(\cdot)$ näherungsweise in Standard-Normalverteilungen überführt (vgl. Abschnitt 6.1.1.3). Die Grenzwerte $Z_0$ und $Z_1$, die von einer solchen $N(0,1)$-Zufallsvariablen mit einer Wahrscheinlichkeit von 1% unterschritten werden, lassen sich aus den im Anhang zu Kapitel 6 abgedruckten Tabellen bestimmen.

Allerdings müssen für die Anwendung der Normal Power-Approximation die Parameter $E(A_T - L_T)$, $Var(A_T - L_T)$ und $\sigma^3(A_T - L_T)$ geschätzt werden, also der Erwartungswert, die Varianz und die Schiefe des Überschusses. Die Schätzung dieser Parameter ist mit erheblichen Schwierigkeiten verbunden, weil

- Katastrophenrisiken **so selten** auftreten, dass sich auch diese drei Parameter aus vergangenen Beobachtungen kaum zuverlässig ermitteln lassen;

- die Wahrscheinlichkeitsverteilung der Katastrophenrisiken sich möglicherweise über die Zeit **ändert**, werden doch extreme Grossschäden immer häufiger (vgl. Abschnitt 1.2);

- sich damit auch die **Korrelationen** der Katastrophenrisiken mit den **übrigen** Komponenten des Risikoportefeuilles, welche für mögliche Diversifikationseffekte von entscheidender Bedeutung sind (vgl. Abschnitt 4.2), über die Zeit ändern.

Damit erweist sich „Value at Risk" als eine Möglichkeit, die Eigenschaften von Katastrophenrisiken auf einfache Art zu beschreiben. Diesem Vorteil stehen aber auch Nachteile wie die mangelnde Verbindung zur stochastischen Dominanz und damit zur Risikoaversion des Entscheidungsträgers gegenüber: Es ist nicht klar, dass der risikoaversere Entscheidungsträger die Verteilung mit der geringeren „Value at Risk" wählt [für eine eingehendere Darstellung und Kritik des Konzepts vgl. *Dowd* (1998)].

## 10.4.2 Spezielle Problematik der Rückversicherung von Katastrophenrisiken

Bei Katastrophenschäden im Betrag von 100 Mrd. US$ und mehr kommen die Erstversicherer nicht ohne Rückversicherung (RV) aus, und so bildet die Zeichnungskapazität der RV den limitierenden Faktor der Zeichnungskapazität von Katastrophenrisiken.

Dies führt zur Frage, warum denn die RV ihre Zeichnungskapazität im Verlauf der 1990er Jahre nicht der Nachfrage entsprechend angepasst haben. Eine erste Antwort verweist auf Zuschläge von mindestens 60% zur fairen Prämie in der RV [vgl. *Doherty* (1997)].

Zuschläge dieser Höhe lassen auf erhebliche Transaktionskosten in der Beziehung zwischen Erstversicherer (EV) und RV schliessen. Tatsächlich ist gerade im Zusammenhang mit Katastrophenrisiken mit erheblichem moralischen Risiko auf beiden Seiten zu rechnen [einen Überblick über mögliche Erklärungen gibt *Froot* (1999)].

- **Ex ante moralisches Risiko beim EV:** Im Abschnitt 7.2 wird ex ante moralisches Risiko mit einem Rückgang der Prävention beim VK gleichgesetzt. Die Prävention des EV besteht in der sorgfältigen Auswahl der gezeichneten Risiken. Der Anreiz dazu wird durch die Existenz der RV-Deckung tendenziell unterhöhlt. Katastrophenrisiken im besonderen nehmen Schadenhöhen an, bei denen praktisch feststeht, dass der RV wird leisten müssen. Deshalb ist der Betrag der RV-Leistung im Vergleich zu einem gegebenen Schaden in der Regel hoch. Dies führt insbesondere bei VK mit wenig Risikoaversion (insbesondere gut diversifizierte EV) tendenziell zu einer Verstärkung des moralischen Risikos. Dem wird der RV mit einem (i.d.R. progressiv zunehmenden) Zuschlag zur Prämie begegnen (vgl. Abschnitt 7.2.2.1).

- **Ex ante moralisches Risiko beim RV:** Aus der Anwendung der Optionspreistheorie auf das VU in Abschnitt 7.5.3 geht hervor, dass die Eigentümer eines VU nach geltendem Recht der Industrieländer für Verluste nur soweit haften, als ihre Aktien wertlos werden; an einem negativen Überschuss sind sie nicht beteiligt. Dies gilt auch für die RV und bedeutet, dass der RV nach Abschluss des Vertrags seine Anstrengungen zur Erhaltung der Solvenz vermindern kann. So ist es in den USA nach den durch den Hurrikan "Andrew" verursachten Katastrophenschäden zu Insolvenzen von RV gekommen [vgl. *SwissRe* (1998)].

- **Ex post moralisches Risiko beim EV:** Hier geht es darum, dass der VK nach Eintritt des Schadens durch seine Entscheidungen die Höhe des Schadens beeinflussen kann (analog zur Intensität der medizinischen Behandlung im Falle der Krankenversicherung in Abschnitt 9.5.2). Im vorliegenden Zusammenhang sind Bemühungen zur Eindämmung der Schadensumme nicht unbedingt im Interesse der EV. Vielmehr ziehen sie erheblichen Vorteil aus der grosszügigen Abwicklung eines Katastrophenschadens, die sie in den Medien und in der Mund-zu-Mund-Propaganda als besonders kulant erscheinen lässt. Dieses moralische Risiko ist i.d.R. dann besonders ausgeprägt, wenn es keine oder nur eine geringe prozentuale Beteiligung des EV gibt (vgl. nochmals Abschnitt 9.5.2).

Diese Überlegungen liefern eine Erklärung dafür, dass die Versicherungswirtschaft der Herausforderung „vermehrte Katastrophenrisiken" nur beschränkt mit den herkömmlichen Instrumenten der Versicherungstechnologie begegnen kann.

### 10.4.3 Finanzmärkte als Alternative zur Versicherung

In den 1990er Jahren sind für Katastrophenrisiken alternative Absicherungsmöglichkeiten über Finanzmärkte geschaffen worden (engl. Alternative Risk Transfer, ART). Am bekanntesten sind die PCS Cat Insurance Options des Chicago Board of Trade. Die Verträge sind standardisiert und leicht handelbar. Das moralische Risiko auf Seiten des EV entfällt, weil die Höhe der im Schadenfall zu entrichtenden Leistung nicht von den Angaben eines einzelnen EV, sondern vom Stand eines von den Vertragsparteien gewählten Schadenindexes abhängig gemacht wird.

Seit Ende 1996 existiert auch CATEX, eine Spezialbörse für den Austausch von Katastrophenrisiken. Im Gegensatz zu den Cat Insurance Options fliesst kein zusätzliches Kapital in diese Spezialbörse, sondern EV und RV bieten Verpflichtungen und Guthaben, die durch Teile ihrer Portefeuilles ausgelöst werden, zum Kauf bzw. Verkauf an. Sie können so die Zahlungsströme optimieren und **mit weniger Rückstellungen** auskommen, was ihre Zeichnungskapazität erhöht.

Analog zu den Banken in den 1980er Jahren versuchen die VU, Risiken zu verbriefen, d.h. direkt auf dem Kapitalmarkt anzubieten (engl. securitization). So haben die "Winterthur"-Versicherungen 1997 eine Obligationenanleihe lanciert, deren Coupon invers von der Höhe der Hagelschäden abhängt [*Zimmermann* (1997)]. Eine radikalere Version desselben Gedankens ist ein Hedge auf den Verpflichtungen des VU. Bei Eintritt eines Katastrophenschadens muss das VU seine Obligationen weder bedienen noch zurückzahlen. Damit wird aber nicht das grundlegende Problem gelöst, dass nämlich das VU zur Fortführung der Geschäfte vor allem neues Eigenkapital braucht. Deshalb besteht nochmals eine andere Möglichkeit darin, eine **Put-Option auf die eigenen Aktien** zu schreiben: Das VU erkauft sich das Recht, bei Eintritt eines Katastrophenschadens Aktien zu im Voraus festgelegten Bedingungen abzugeben.

Allen diesen Alternativen ist gemeinsam, dass sie die Definition des Katastrophenschadens und die Höhe der zu leistenden Zahlung dem Einfluss des RV und insbesondere des EV entziehen. Der Einfluss des moralischen Risikos wird dadurch neutralisiert und die **Kosten der Vertragsüberwachung gesenkt**. Denn der EV trägt jetzt die höheren Schäden infolge einer weniger sorgfältigen Zeichnungspolitik (ex ante) selbst. Aber auch das moralische Risiko auf Seiten des RV wird eingedämmt: Wenn er übermässige Risiken zeichnet, welche seine Solvenz gefährden, schlägt sich dies im Kurs der Katastrophen-Wertpapiere nieder.

Gerade mit Blick auf die drohende Insolvenz des RV im Falle eines Katastrophenschadens hat der ART schliesslich auch Vorteile für die VK. Bei diesen handelt es sich um Individuen und Unternehmen mit beschränkten Diversifikationsmöglichkeiten; ihre Nachfrage nach Versicherungsschutz ist demnach von Risikoaversion beeinflusst. OHne ART müssen sie mit einem sog. **Ausfallrisiko** rechnen: Mit einer gewissen Wahrscheinlichkeit kann der EV die vertragliche Leistung nicht erbringen, weil der RV insolvent wurde. Die Alternative zur risikobehafteten Ausgangssituation besteht dann nicht mehr in vollkommener Sicherheit, sondern in einer anderen risikobehafteten Situation mit niedriger Schadenwahrscheinlichkeit $\pi$ (statt $\pi = 0$) und um die Prämie reduzierten Vermögens. Die Zahlungsbereitschaft für Versicherungsschutz in Form der Risikoprämie geht dadurch zurück (vgl. Abschnitt 3.2.1). Mit ART wird das Ausfallrisiko verringert, und die Zahlungsbereitschaft für Versicherungsschutz dieser VK nimmt zu (*Richter*, 1991).

Andererseits fallen für die VU erhebliche Transaktionskosten bei der Aufsetzung des Vertrags an, namentlich wenn Risiken verbrieft werden sollen. Der Grund dafür liegt in der fehlenden Standardisierung der Produkte, welche Verkäufer und Käufer zu einer detaillierten Analyse ihrer Eigenschaften zwingt. Bei fortgeschrittener Standardisierung wie im Falle der PCS Cat Insurance Options wird sich diese Form des ART in Zukunft vermehrt verbreiten. Denn auf Grund der Erfahrungen des Zeitraums 1985-1995 weisen diese Optionen hervorragende Eigenschaften als Kapitalanlage auf [Näheres dazu in *SwissRe* (1996)].

## 10.4 Vermehrte Katastrophenrisiken

**Abbildung 10.3** Globale effiziente Portefeuilles mit und ohne Katastrophenrisiken, 1985–1995

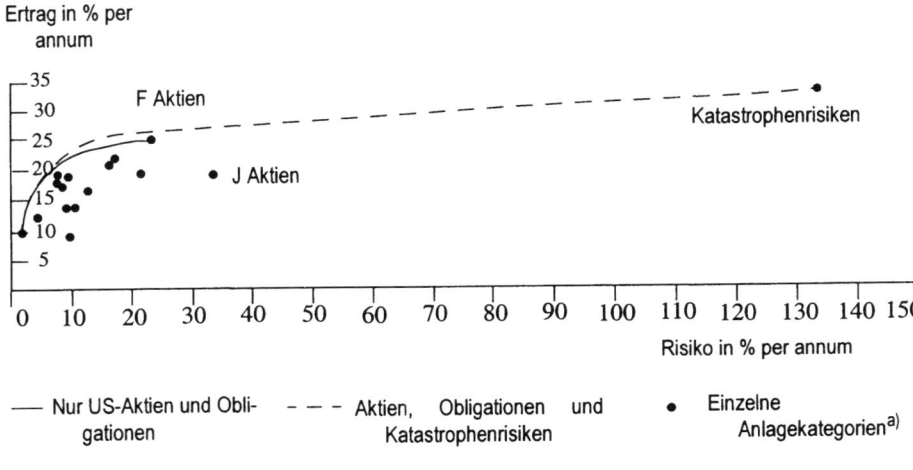

― Nur US-Aktien und Obligationen    - - - Aktien, Obligationen und Katastrophenrisiken    • Einzelne Anlagekategorien[a]

[a] Wichtigste Aktien- und Bondindizes der Finanzmärkte USA, J, UK, D, F, CH und CND
Zeitperiode: 1985 – 1995
Quelle: SwissRe (1996).

In der Abbildung 10.3 sind zwei Effizienzgrenzen im $(\mu, \sigma)$-Raum dargestellt. Schliesst man die Katastrophenrisiken aus, so ergibt sich eine Grenze, deren Endpunkte durch Obligationen der US-Bundesregierung (minimale Volatilität) und französische Aktien (maximale erwartete Rendite) gebildet wird. Die Aufnahme von PCS Cat Insurance Options verschiebt die Effizienzgrenze nach oben. Der Grund für die markante Effizienzverbesserung liegt darin, dass der Eintritt einer Naturkatastrophe mit den anderen Faktoren, welche die Rendite von Wertpapieren beeinflussen (insbesondere erwartete zukünftige Gewinne und Zinssätze) **nicht korreliert** ist.

Um diesen Vorteil zu realisieren, muss der Investor allerdings eine Volatilität in Kauf nehmen, die rd. sechsmal höher ist als diejenige der nächstbesten Anlagealternative (französische Aktien). Er muss sich weit von den vertrauten Rendite-Risiko-Kombinationen entfernen. Dazu kommt, dass die in der Abbildung 10.3 eingetragenen Positionen Schätzungen darstellen, die mit unterschiedlicher Unsicherheit behaftet sind. Jede Veränderung des Beobachtungszeitraums würde diese Positionen verschieben. Die zu erwartenden Verschiebungen sind jedoch im Falle der PCS Cat Insurance Options erheblich grösser als bei den übrigen Kategorien von Wertpapieren, deren Kurs nicht von seltenen Ereignissen gigantischen Ausmasses abhängt. Dieses **erhöhte Irrtumsrisiko** ist vermutlich ein Grund dafür, dass sich die neuen Finanzierungsinstrumente nicht so rasch durchsetzen.

**Folgerung 10.5** Um Katastrophenrisiken auch in Zukunft versicherbar zu erhalten, werden die Erstversicherer in Zukunft vermehrt auf Finanzierungsinstrumente des Kapitalmarkts zurückgreifen müssen, welche im Vergleich zum herkömmlichen Rückversicherungs-Vertrag weniger moralisches Risiko aufweisen. Diese Alternative ist allerdings ebenfalls mit hohen Transaktionskosten der Produktentwicklung belastet, die erst mit zunehmender Standardisierung zurückgehen werden.

## 10.5 Demographischer Wandel

Unter dem demographischen Wandel soll in diesem Abschnitt nicht nur die Veränderung der Zusammensetzung der Bevölkerung nach Alter und Geschlecht, sondern auch nach anderen strukturellen Merkmalen wie Zivilstand und Ausbildung verstanden werden. Nach einem ersten Teilabschnitt, welcher der Alterung als der hervorstechendsten Eigenschaft des demographischen Wandels gewidmet ist, wird deshalb in einem zweiten Teilabschnitt auf Entwicklungen eingegangen, die zu einer **grösseren Heterogenität** der Ansprüche der VK führen.

### 10.5.1 Alterung der Bevölkerung

Auf der mikroökonomischen, individuellen Ebene bedeutet die Alterung der Bevölkerung eine Verlängerung der zu erwartenden Lebensdauer. Dafür wird traditionell die Lebenserwartung bei Geburt als Indikator verwendet. Doch da heutzutage beinahe 90% einer Kohorte das Pensionierungsalter erleben, rückt vermehrt die **Restlebenserwartung** nach der Pensionierung in den Vordergrund des Interesses. Denn steigt die Restlebenserwartung an, muss der Lebensunterhalt eines Rentners über eine längere Zeitdauer hinweg finanziert werden. Die damit verbundenen Probleme, aber auch neuartige Lösungsmöglichkeiten (namentlich der Aufbau einer „vierten Säule" durch Teilzeitarbeit im Rentenalter) ist Gegenstand einer Folge von Veröffentlichungen der Genfer Vereinigung (http://genevaassociation.org/four_pillars.htm).

Aus der Tabelle 10.1 geht hervor, dass in Deutschland und Österreich die Restlebenserwartung z.B. einer 60jährigen Frau Mitte der 1990er Jahre zwischen 22 und 23 Jahren betrug. Ähnliche Werte gelten auch für Frankreich, Grossbritannien und Italien. In allen betrachteten europäischen Ländern hat überdies die Restlebenserwartung um 3,5 Jahre (Männer: 2,6 Jahre) und mehr zugenommen. Diese Zunahme bedeutet jedoch nicht zwingend eine erhöhte Nachfrage nach Versicherung, könnte ihr doch durch eine zusätzliche Bildung von Ersparnissen während der Phase der Erwerbstätigkeit begegnet werden. Doch das maximal erreichbare Lebensalter steigt ebenfalls an, und damit in aller Regel die **Varianz der Restlebensdauer**. Dazu kommt, dass gegen Ende des Lebens das **Risiko der Pflegebedürftigkeit** zunimmt, mit erheblichen Kostenfolgen insbesondere im Falle eines Heimaufenthaltes [für einen Überblick über die Problematik und Lösungsmöglichkeiten der Pflegesicherung vgl. *Eisen* (1999)]. Dies macht die Versicherungslösung gegenüber der Ersparnisbildung attraktiv, aber nur in der Form einer Altersrente (mit Zuschlag im Falle der Pflegebedürftigkeit), nicht in Form der Auszahlung der Versicherungssumme im Erlebensfall (wo der VK das Risiko eines „überlangen" Lebens selbst tragen müsste).

**Tabelle 10.1** Restlebenserwartung im Alter von 60 Jahren, 1960 und 1996

| Land | Männer | | | Frauen | | |
|---|---|---|---|---|---|---|
| | 1960 | 1996 | Δ *) | 1960 | 1996 | Δ *) |
| Deutschland | 15,5 | 18,4 | 2,9 | 18,5 | 22,5 | 4,0 |
| Österreich | k.A. | 18,8 | k.A. | k.A. | 22,8 | k.A. |
| Schweiz | 16,2 | 20,5 | 4,3 | 19,2 | 24,9 | 5,7 |
| Frankreich | 15,6 | 19,7 | 4,1 | 19,5 | 24,9 | 5,4 |
| Grossbritannien | 15,0 | 18,5 | 3,5 | 18,9 | 22,4 | 3,5 |
| Italien | 16,7 | 19,3 | 2,6 | 19,3 | 23,7 | 4,4 |

*) Δ : Veränderung in Jahren
Quelle: Eurostat (1999), Schweiz. Bundesamt für Statistik

Diese Mehrnachfrage wird für beide Komponenten des Sicherungssystems zu einer Herausforderung. Die PV muss vermehrt Leibrenten statt der gemischten Lebensversicherung (mit Auszahlung der Versicherungssumme im Erlebensfall) anbieten. Zum einen sieht sie sich dabei allerdings mit dem Problem der negativen Auslese konfrontiert, weil VK, die erwarten lange zu leben, dieses Produkt besonders nachfragen werden. Wie in Abschnitt 9.5.1.3 dargelegt, könnten jedoch Leibrenten das von der SV induzierte **moralische Risiko** weiter verstärken, das darin besteht, dass der VK vermehrt Anstrengungen zur Lebensverlängerung unternimmt. Die VU würden sich in einer schwierigen Lage befinden, können sie doch kaum ausgleichende Vertragsanreize zur Verkürzung der Restlebensdauer schaffen:

- Die Eindämmung des moralischen Risikos durch **Kontrollen** (etwa im Sinne von Abschnitt 5.6) verbietet sich, weil darin ein Anschlag auf das Recht auf (langes) Leben gesehen würde.
- Die Erhebung von **Prämienzuschlägen** für **moralisches Risiko** (vgl. Abschnitte 5.6 und 7.2.2.1) würde die VK während der Phase ihrer Erwerbstätigkeit treffen und ihr Verhalten während der Ruhestandsphase vermutlich wenig beeinflussen.
- Die **Verstärkung der Kostenbeteiligung** in der Krankenversicherung (vgl. Abschnitt 9.5.2) müsste sich gezielt auf die medizinischen Interventionen zur (blossen) Lebensverlängerung richten, die jedoch kaum je im vorneherein als solche ausgeschieden werden können.

Da das moralische Risiko also kaum eingedämmt werden könnte, dürfte es sich bei der Leibrente um ein Versicherungsprodukt handeln, das durch erhebliche risikospezifische Unterschiede im Beitrag zum Erwartungsgewinn gekennzeichnet ist. Dann aber werden die VU (gemäss den Ausführungen in Abschnitt 5.5.2) vermehrt zur **Risikoauslese** Zuflucht nehmen, um jene Risiken zu vermeiden, die z.B. von der genetischen Disposition her besonders langlebig und damit kostspielig sein dürften. Weil aber keine Behandlung dieses „Defekts" angeboten wird, ist nicht zu erwarten, dass die potentiellen VK genetische Information freiwillig zur Verfügung stellen werden (vgl. Abschnitt 10.2.1).

Insgesamt verschärft die zunehmende Restlebenserwartung die Problematik der asymmetrischen Information und insbesondere der Risikoselektion, was in einen Wettbewerbsnachteil der PV zu münden scheint.

Doch eine zunehmende Restlebenserwartung stellt auch die SV vor Probleme. Zwar wird der im Abschnitt 9.4.1 dargestellte Renditevergleich zwischen dem für die SV typischen Umlageverfahren und dem für die PV typischen Kapitaldeckungsverfahren nicht direkt berührt. Denn sowohl die Erträge auf Grund der "biologischen Rendite" des Umlageverfahrens wie auch jene auf Grund der Rendite auf dem Kapitalmarkt müssen jetzt für eine verlängerte Ruhestandsphase ausreichen. Doch die Anpassung der Beiträge an die verlängerte Ruhestandsphase ist bei der SV nicht ohne weiteres gewährleistet. Die zur Zeit Begünstigten könnten versucht sein, einen Mehrheitsentscheid herbeizuführen, der die Bürde der Anpassung auf spätere Generationen verlagert.

Gelingt dies wegen der Mehrheitsverhältnisse im Parlament (bzw. in der Bevölkerung im Falle einer direkten Demokratie) nicht oder nur teilweise, so müssen die Leistungen je Zeitperiode gekürzt werden. Die SV wird aber so zu einer Versicherung, die ihr Leistungsversprechen **nur mit einer gewissen Wahrscheinlichkeit** einhält. Die Zahlungsbereitschaft eines risikoaversen Individuums für einen solchen Versicherungsschutz ist ceteris paribus kleiner als für Versicherungsschutz ohne ein solches Risiko. Die SV kann deshalb in Folge der Alterung der Bevölkerung an Attraktivität verlieren.

**Folgerung 10.6** Die Zunahme der mittleren und insbesondere der maximalen Restlebenserwartung erhöht die Nachfrage nach Versicherungsschutz. Die Privatversicherung sieht sich mit einer Verschärfung von Problemen der asymmetrischen Information konfrontiert, die Sozialversicherung mit der Schwierigkeit, zugesagte Leistungen auch wirklich einzuhalten. Damit ist unklar, ob sich die zukünftige Arbeitsteilung zu Gunsten der Privatversicherung verschieben wird.

## 10.5.2 Vermehrte Individualisierung der Versicherungsnachfrage

Personen, die in einem Haushalt zusammenleben, gewähren sich häufig einen gewissen Versicherungsschutz auf Gegenseitigkeit. Dies geht aus dem folgenden Beispiel hervor. A und B haben je eine Wahrscheinlichkeit von 20%, zu verunfallen. Sie leben zusammen und sind bereit, sich gegenseitig finanziell auszuhelfen, falls es zu einem Unfall kommt. Diese Zusage kann dann nicht eingelöst werden, wenn A und B gleichzeitig verunfallen. Bei Unabhängigkeit beträgt jedoch die Wahrscheinlichkeit dieses kombinierten Ereignisses lediglich 0,04 oder 4% ($0{,}2 \cdot 0{,}2 = 0{,}04$). Die Notwendigkeit, eine Unfallversicherung abzuschliessen, ist demnach für A und B zusammen deutlich geringer als für A und B je individuell.

Der Anteil der allein lebenden Personen nimmt aber in den Industrieländern stetig zu. Dies zeigt die Tabelle 10.1, wonach Männer im Rentenalter im Durchschnitt mindestens vier Jahre vor den Frauen sterben. **Frauen** werden sich deshalb in Zukunft vermehrt auf ein Leben als Einzelperson einrichten und ihren Versicherungsschutz entsprechend ausgestalten wollen. In Frankreich und Grossbritannien gibt es denn auch bereits Versicherungsverträge, die speziell auf Frauen zugeschnitten sind (Wall Street Journal Europe, 13.11.1998, 12). Insbesondere kann der Versicherungsvertrag als Sicherheit bei einer Kreditaufnahme dienen. In den Industrieländern werden Frauen dank ihrer verbesserten Ausbildung und damit Chancen auf dem Arbeitsmarkt viel häufiger als früher in die Lage kommen, z.B. eine eigene Wohnung auf diese Art zu finanzieren. Mit verbesserter Ausbildung geht auch erhöhte (internationale) Mobilität einher, die zur Differenziertheit der Nachfrage nach Versicherung beiträgt [*Schulte-Noelle* (1994)].

Die PV ist grundsätzlich sehr gut in der Lage, auf solche Veränderungen der Nachfrage einzugehen. Beispielsweise könnte ein Lebensversicherungsvertrag die ausbezahlte **Versicherungssumme** nach dem Alter und der Zahl der Kinder **abstufen**. Die Situation eines überlebenden Haushaltsvorstands, der noch fünfzehn Jahre lang für Kinder sorgen muss, verlangt eine andere finanzielle Kompensation als jene, wo die Ausbildung der Kinder bereits abgeschlossen ist. Die Kalkulation einer Risikoprämie für eine bedingte Leistung verlangt allerdings Kenntnis von Mortalitätsraten in Abhängigkeit nicht nur von Alter und Geschlecht, sondern auch der Zahl und des Alters der Kinder. Diese Information könnte aus der multivariaten Analyse der Absterbeordnung, etwa im Rahmen der in Abschnitt 9.9.5.1 vorgestellten Verweildaueranalyse, gewonnen werden. Dieses Beispiel zeigt, dass die Entwicklung solch differenzierter Produkte mit erheblichem Aufwand für die Informationsgewinnung verbunden sein kann.

Zwar kennt die SV durchaus auch Leistungsdifferenzierungen, welche die Lebensumstände der Versicherten berücksichtigen. So sind bei der Arbeitslosenversicherung die Leistungen der SV i.d.R. nach der Zahl der zu versorgenden Kinder abgestuft. Auf die individuellen Präferenzen der Versicherten kann die SV hingegen kaum eingehen, weil sie sonst ihre Umverteilungsaufgabe nicht mehr wahrnehmen könnte.

**Folgerung 10.7**    Die zu erwartende fortschreitende Individualisierung der Versicherungsnachfrage kommt der Privatversicherung entgegen. Die Entwicklung von entsprechend differenzierten Produkten kann jedoch einen erheblichen Aufwand bedingen.

## 10.6   Schlussbetrachtungen

Die in den Abschnitten 10.1 bis 10.5 aufgegriffenen Herausforderungen lassen erkennen, dass die Nachfrage nach Sicherung in Zukunft eher noch zunehmen dürfte. Als erstes ist allerdings zu prüfen, ob sich daraus eine zukünftige Nachfrage nach Versicherung ergeben wird, ohne zunächst zwischen den Alternativen PV und SV zu unterscheiden. In diesem Zusammenhang sind die beiden folgenden Punkte von Bedeutung.

(1) **Versicherung als eine effizienzsteigernde soziale Erfindung:** Ein Individuum oder ein Unternehmen, das jahrelang Versicherungsprämien bezahlt hat, ohne je in den Genuss von Leistungen zu kommen, mag zwar am Beitrag der Versicherung zur Effizienz der Wirtschaft zweifeln. Unter den Bedingungen von Risiko ist jedoch eine Maximierung von Nutzen und Gewinn nicht im Einzelfall, sondern nur im Erwartungswert möglich. Es kommt so notwendig zu Abweichungen zwischen dem reali-

sierten Ergebnis und dem angestrebten Optimum. Der relevante Bewertungsmassstab ist demnach jener ex ante, d.h. im Zeitpunkt der Entscheidung unter Risiko. Und in diesem Zeitpunkt erweitert Versicherung die Menge der Instrumente des Risikomanagements sowohl von Haushalten als auch von Unternehmen. Aber es gibt neben der Versicherung noch andere soziale Erfindungen, die als Substitut der Versicherung in Frage kommen.

(2) **Versicherung als eine von mehreren Möglichkeiten der Diversifikation von Risiko:** Ein Haushalt ist in seinen Möglichkeiten, Risiken zu diversifizieren, beschränkt. Ein Leistungsversprechen auf Gegenseitigkeit innerhalb der heutigen Familie (vgl. Abschnitt 10.5.2) umfasst zu wenige Individuen, um das Gesetz der grossen Zahl voll wirksam werden zu lassen (vgl. Abschnitt 6.1.2.1). Einem Haushalt, aber auch einem kleineren Unternehmen steht es auch nicht offen, Ansprüche auf seine Aktiva zu verbriefen und so auf dem Kapitalmarkt zu plazieren. Dafür sind die Transaktionskosten (Definition der Verkaufsbedingungen, Kotierung an der Börse, Werbung) zu hoch. Als Intermediär zur Risikodiversifikation bleibt die Versicherung übrig.

Den Eigentümern eines grösseren Unternehmens dagegen bieten sich ganz andere Möglichkeiten, ihre Risiken zu diversifizieren. Sie können ihr Engagement am Unternehmen auf ihre Aktien beschränken und sich ein Marktportefeuille zusammenstellen. Ein Problem bleibt nur dann bestehen, falls die Rendite des Unternehmens mit der Rendite des Marktportefeuilles zu stark positiv korreliert ist. In dieser Situation kann die Beschaffung von Versicherung zur Risikodiversifikation beitragen. Dabei könnte das Unternehmen grundsätzlich auch der SV den Vorzug geben, wenn es z.B. darum geht, Haftungsansprüche von Seiten der Beschäftigten oder Dritten schon gar nicht entstehen zu lassen, weil die SV für die Schäden aufkommt. Ein prominentes Beispiel dafür ist die soziale Unfallversicherung.

Ob die Nachfrage nach Versicherung in Zukunft in höherem oder geringerem Masse durch die PV gedeckt werden wird, hängt somit von ihrem Preis-Leistungsverhältnis im Vergleich zu den Alternativen ab. Um dieses Verhältnis günstig zu gestalten, stehen dem VU (im Unterschied zum Träger der SV) ein reichhaltiges Instrumentarium zur Verfügung.

(3) **Einsatz der Versicherungstechnologie zur Verbesserung der Wettbewerbsfähigkeit:** Die Instrumente der Versicherungstechnologie, von der Wahl des Vertriebssystems bis hin zur Unterlegung der Aktiva des VU mit Eigenkapital, können eingesetzt werden, um den in Abschnitt 10.1 bis 10.5 aufgezeigten Herausforderungen zu begegnen. Um als Unternehmen überleben zu können, muss das VU allerdings in der Lage sein, im Wettbewerb um Kapital zu bestehen. Insofern muss der Einsatz der Versicherungstechnologie im Interesse der Eigentümer erfolgen.

Dies gilt insbesondere auch für Entscheidungen, die das Insolvenzrisiko des Versicherers berühren. Mit Blick auf den nachstehenden Ausblick auf Fragen der Versicherungsregulierung soll hier festgehalten werden, dass bei zunehmender Informiertheit der VK die Eigentümer der VU ein Eigeninteresse an einem niedrigen Insolvenzrisiko haben werden. Denn die Zahlungsbereitschaft für „unsichere Versicherung" ist (erheblich) geringer als für Leistungsversprechen, die unter allen Umständen eingelöst werden. Wie die VU die in den Abschnitten 10.1 bis 10.5 auf-

## 10.6 Schlussbetrachtungen

gezeigten Herausforderungen meistern können, hängt wesentlich von der Regulierung dieses Wirtschaftszweigs ab. Zwei Empfehlungen lassen sich aus dem vorliegenden Werk vergleichsweise unmittelbar ableiten.

(4) **Aufhebung der Spartentrennung in der Versicherung:** Das Gebot der Spartentrennung datiert aus einer Zeit, als verhindert werden musste, dass im Lebengeschäft aufgebaute Reserven zur Reduktion von Prämien im Nichtlebengeschäft verwendet werden. Bereits die gemeinsame Kalkulation und Publikation der jeweiligen Risikoprämie (s. Punkt 5) würde solches Verhalten zumindest erheblich erschweren. Zudem bedeutet eine solche Verschiebung der Reserven eine Minderung der Ansprüche der VK zu Gunsten der Put-Option in den Händen der Eigentümer. Wenigstens bei jenen VU, auf deren Aktien Optionen existieren, würde demnach der Wert der Put-Option ansteigen, so dass der Kapitalmarkt die Umwidmung der Reserven verraten würde.

Umgekehrt könnten die VK aus der Aufhebung der Spartentrennung erhebliche Vorteile ziehen. Denn infolge der Spartentrennung müssen zur Zeit die VK das Risiko sich kumulierender Kostenbeteiligungen auf sich nehmen. Treten beispielsweise ein Haftpflichtfall und eine Erkrankung im gleichen Zeitraum auf, können sich die Kostenbeteiligungen zu hohen Beträgen summieren. Zur Zeit ist es einem VU jedoch nicht möglich, kombinierte Leben- und Nichtlebenverträge mit einer gemeinsamen Obergrenze der Kostenbeteiligung anzubieten. Der VK würde bei einem kombinierten Vertrag die ersten paar tausend GE selbst bezahlen unabhängig von der Art des Schadens. Jenseits dieses Schwellenbetrags könnte dann (abgesehen von Problemen mit moralischem Risiko) volle Deckung angeboten werden. Die Volatilität des resultierenden Vermögens könnte so erheblich gesenkt und der Sicherungseffekt der PV insgesamt verbessert werden.

(5) **Aufrechterhaltung des Preiswettbewerbs:** Diese Maxime ist in der Versicherungswirtschaft weniger akzeptiert als in der übrigen Wirtschaft. Im Risikozeichnungsgeschäft wird stets die Gefahr des ruinösen Wettbewerbs gesehen, der den Preis unter die Risikoprämie drückt, mit der Folge, dass die Solvenz der VU nicht mehr gewährleistet ist. Wie die Ausführungen in Abschnitt 8.2.1 zeigen, zieht andererseits der Versuch, den Preiswettbewerb auszuschalten, die Regulierung der Versicherungsprodukte nach sich. Dies gilt unabhängig davon, ob diese Regulierung von einer staatlichen Instanz oder von einer mit entsprechenden Machtmitteln ausgestatteten Verbandszentrale ausgeht. Jede auferlegte Vereinheitlichung der Produkte würde aber die PV ihrer Fähigkeit berauben, rasch auf die oben angesprochenen Herausforderungen zu reagieren.

Der Konflikt zwischen Solvenzsicherung einerseits und Preis- und Produktwettbewerb andererseits lässt sich jedoch mindestens ein Stück weit entschärfen durch zwei sich bedingende Vorkehrungen:

- **Pooling von Versicherungsdaten:** Kleinere VU verfügen nicht über eine genügend grosse Versichertenpopulation, um z.B. die in Abschnitt 10.2.2 skizzierte Ermittlung der Risikoprämie in Abhängigkeit von allen massgebenden Einflussfaktoren durchführen zu können; manche Kombinationen von Eigenschaften kommen zu selten vor, um eine zuverlässige Schätzung des Zusammenhangs zu ermöglichen. Deshalb erlaubt auch die EU (im Rahmen einer Gruppenfreistellungsverordnung) das gemeinsame Führen einer Schadenstatistik.

- **Verbot der Preisabsprache bezüglich der Bruttoprämie:** Sogar wenn einige VU ihre Risikoprämie gemeinsam kalkulieren, schliesst das den Preiswettbewerb nicht aus, denn sie unterscheiden sich immer noch in der Höhe namentlich ihrer Verwaltungskostenzuschläge. Durch das Verbot der Absprache bezüglich Bruttoprämien bleibt der Preiswettbewerb erhalten.

Zugegebenermassen wird es für die Wettbewerbsbehörde alles andere als einfach sein, Preisabsprachen zwischen VU, die bei der statistischen Auswertung zusammenarbeiten, zu verhindern. Der Versuch, Kooperation dort zuzulassen, wo sie nützt und dort zu verbieten, wo sie Dritte mit Kosten belastet, dürfte aber den Aufwand wert sein!

## 10.7 Literaturhinweise

Bernheim, A. (1998), Challenges in insurance markets, in: Geneva Papers on Risk and Insurance 23 (No. 89, Oct.), 479-489.

Busshart, M., Maneth, M.F.F. und Eisen, R. (1998), Schadenkostenprognose, Wiesbaden: Gabler.

Doherty, N.A. und Posey, L.L. (1998), On the value of a checkup: adverse selection, moral hazard and the value of information, in: Journal of Risk and Insurance 65 (2), 189-211.

Doherty, N.A. (1997), Innovations in managing catastrophic risks, in: Journal of Risk and Insurance 64 (4), 713-718.

Dowd, K. (1998), Beyond Value at Risk. The New Science of Risk Management, New York: J. Wiley & Sons.

Eisen, R. (1999), Alternativen der Pflegesicherung: Ergebnisse eines europäischen Vergleichs, in: Hauser, R. (Hrsg.), Alternative Konzeptionen der sozialen Sicherung, Berlin: Duncker & Humblot, 94-119.

Eurostat (1996), Statistik kurzgefasst, Bevölkerung und soziale Bedingungen, 6, Luxemburg. Abgedruckt in: Enquête-Kommission "Demographischer Wandel" (1998), Zweiter Zwischenbericht, Bonn: Drucksache 13/11460, 53.

Froot, K.A. (1999), Introduction, in: Froot, K.A. (Hrsg.), The Financing of Catastrophe Risk, Chicago: University of Chicago Press, 1-22.

Mehl, C. (1998), Insurability of risks on the information highway, in: Geneva Papers on Risk and Insurance 23, (No 89, Oct.), 103-111.

Müller, H. (1997), Die Entwicklung des deregulierten Versicherungsmarkts aus Sicht der Versicherungsaufsicht, Vortrag an den Versicherungsrechtstagen 1997, München: Institut für Management.

Rea, S.A. (1993), The economics of insurance law, in: International Review of Law and Economics 13, 145-162.

Richter, A. (2001), Moderne Finanzinstrumente im Rahmen des Katastrophen-Risk-Managements - Basisrisiko versus Ausfallrisiko. Working Papers on Risk and Insurance No. 3, Hamburg: Universität Hamburg.

Santomero, A. M. (1977), Insurers in a changing competitive financial structure, in: Journal of Risk and Insurance 64 (4), 727-732.

Schulte-Noelle, H. (1994), Challenges for insurers in the nineties, in: Geneva Papers on Risk and Insurance, 19 (No. 72), 287-303.

Singer, E. (1991), Public attitudes toward genetic testing, in: Population Research and Policy Review 10, 235-255.

Strohmenger, R. und Wambach, A. (1999), Gentests und ihre Auswirkungen auf Versicherungsmärkte, in: Zeitschrift für Wirtschafts- und Sozialwissenschaften 119, 121-149.

SwissRe (1996), Risikotransfer über Finanzmärkte: Neue Perspektiven für die Absicherung von Katastrophenrisiken in den USA?, in: Sigma 5.

SwissRe (1998), Der globale Rückversicherungsmarkt im Zeichen der Konsolidierung, in: Sigma 9.

Van den Berghe, L. (1998), Shaping the future of the insurance sector, in: Geneva Papers on Risk and Insurance 23 (No. 89, Oct.), 506-518.

Wildasin, D.E. (1991), Income redistribution in a common labor market, in: American Economic Review 81, 757-774.

Zeckhauser, R. (1996), The economics of catastrophes, in: Journal of Risk and Uncertainty 12, 113-140.

Zimmermann, H. (1997), Innovationsprozesse im Finanz- und Risikomanagement, Working Paper 97-70, St. Gallen: Universität St. Gallen.

# Abbildungsverzeichnis

| | | |
|---|---|---|
| Abbildung 1.1 | Beschäftigte in deutschen Versicherungsunternehmen nach Versicherungsarten (in 1000) | 9 |
| Abbildung 1.2 | Versicherungsbeiträge im Vergleich zum BIP | 12 |
| Abbildung 1.3 | Beitrag der Versicherungswirtschaft zur Wohlfahrt unter Wettbewerbsbedingungen | 14 |
| Abbildung 1.4 | Beitrag der Versicherungswirtschaft zur Wohlfahrt unter Monopolbedingungen | 15 |
| Abbildung 1.5 | Leben-Prämien und Einkommen im Ländervergleich | 21 |
| Abbildung 1.6 | Nichtleben-Prämien und Einkommen im Ländervergleich | 22 |
| Abbildung 1.7 | Versicherungsdurchdringung und Monetarisierungsquote | 23 |
| Abbildung 1.8 | Westdeutsche Industrie-Feuerversicherung, 1962 – 1991 | 26 |
| Abbildung 1.9 | Ablaufdiagramm und Überblick | 27 |
| Abbildung 2.1 | Zufallsvariable mit nur negativen Werten (a) und mit negativen und positiven Werten (b) | 35 |
| Abbildung 2.2 | Veränderung der Überlebenskurve am Beispiel Deutschlands (Frauen) | 36 |
| Abbildung 2.3 | Risiken in der Schweiz, 1985, gemäss Sicherheitsskala von Urquhart und Heilmann | 39 |
| Abbildung 2.4 | Beziehung zwischen objektiver und subjektiver Risikoquantifizierung | 40 |
| Abbildung 2.5 | Konkave Risikonutzenfunktion | 45 |
| Abbildung 3.1 | Konstruktion der Risikonutzenfunktion | 65 |
| Abbildung 3.2 | Risikoprämie, Sicherheitsprämie und Sicherheitsäquivalent | 68 |
| Abbildung 3.3 | Risikoprämie und Sicherheitsprämie | 70 |
| Abbildung 3.4 | Stochastische Dominanz ersten Grades (FDSD) | 76 |
| Abbildung 3.5 | Stochastische Dominanz zweiten Grades (SDSD) | 78 |
| Abbildung 3.6 | Weder F(X) noch G(Y) ist SDSD | 78 |
| Abbildung 3.7 | Entwicklung des Koeffizienten der relativen Risikoaversion, 1950 – 1980 (Schweiz) | 81 |
| Abbildung 3.8 | Indifferenzkurven bei binärem Risikoprospekt | 83 |
| Abbildung 3.9 | Optimaler Versicherungsschutz bei fairer Prämie | 85 |
| Abbildung 3.10 | Versicherung bei unersetzlichen Gütern | 90 |
| Abbildung 3.11 | Optimaler Versicherungsschutz bei unfairer Prämie | 92 |
| Abbildung 3.12 | Verzicht auf Versicherungsschutz infolge zu hohen fixen Zuschlags zur Prämie | 93 |
| Abbildung 3.13 | Versicherungsnachfrage und Risikoaversion | 96 |
| Abbildung 3.14 | Schadenminderung und Marktversicherung | 111 |
| Abbildung 4.1 | Geschätzte erwartete Renditen und Standardabweichungen | 130 |
| Abbildung 4.2 | Korrelationen zwischen Renditen und Portefeuilles | 133 |
| Abbildung 4.3 | Portefeuilles gebildet aus Portefeuilles und Effizienzgrenze | 135 |
| Abbildung 4.4 | Effizienzgrenze und Kapitalmarktlinie | 136 |
| Abbildung 4.5 | Korrelationen zwischen den Ertragsraten von zwei Wertpapieren und dem Marktportefeuille | 138 |
| Abbildung 4.6 | Bewertung eines einzelnen Wertpapiers A | 140 |

| | | |
|---|---|---|
| Abbildung 4.7 | Die Wertpapiermarktlinie | 142 |
| Abbildung 4.8 | Aufspaltung der Rendite eines Wertpapiers in Faktoren | 144 |
| Abbildung 4.9 | Hedging durch Termingeschäfte | 147 |
| Abbildung 4.10 | Darstellung einer Devisenoption | 150 |
| Abbildung 4.11 | Wert einer Call-Option (C) am Fälligkeitstag (Basispreis 50 GE) | 151 |
| Abbildung 4.12 | Wert einer Put-Option (P) am Fälligkeitstag (Basispreis 50 GE) | 152 |
| Abbildung 5.1 | Anwendung der Portfolio-Optimierung auf den Überschuss $S$ | 221 |
| Abbildung 6.1 | Prämieneinnahmen, Schäden und Überschuss über die Zeit | 231 |
| Abbildung 6.2 | Transformation einer beliebigen Schaden-Dichtefunktion in eine Standard-Normalverteilung | 237 |
| Abbildung 6.3 | Vermögen und Verbindlichkeiten als stochastische Prozesse | 254 |
| Abbildung 6.4 | Verbundvorteile und Kostenfunktion | 267 |
| Abbildung 6.5 | Verallgemeinerte Verbundeffekte einer zusätzlichen Geschäftssparte | 271 |
| Abbildung 6.6 | Skalenerträge in der Lebenversicherung Kaliforniens | 276 |
| Abbildung 6.7 | Näherung der Grenze der Produktionsmöglichkeiten durch das DEA-Verfahren | 282 |
| Abbildung 6.8 | Optimale Betriebsgrösse und Marktgrösse, Leben- und Nichtlebengeschäft, 1987 (in Mio. US$) | 283 |
| Abbildung 6.9 | Zahl der Leben- und Nichtleben VU und Marktgrösse, 1987 | 284 |
| Abbildung 7.1 | Abnehmendes Grenzprodukt der Vorbeugung | 298 |
| Abbildung 7.2 | Gleichgewicht auf einem wettbewerblichen Versicherungsmarkt mit ex ante moralischem Risiko | 307 |
| Abbildung 7.3 | Unmöglichkeit eines vereinenden Gleichgewichts | 322 |
| Abbildung 7.4 | Möglichkeit eines trennenden Gleichgewichts dank Selbstselektion | 327 |
| Abbildung 7.5 | Die Reform von 1995 als Auslöser der adversen Selektion | 330 |
| Abbildung 7.6 | Tote Last im Aggregat infolge erhöhter Nettoprämie | 331 |
| Abbildung 7.7 | Entscheidungsabfolge im Zusammenhang mit der Erfahrungstarifierung | 334 |
| Abbildung 7.8 | Mischvertrag und nachherige Erfahrungstarifierung | 337 |
| Abbildung 8.1 | Der Markt für Regulierung | 363 |
| Abbildung 8.2 | Auswirkungen der Versicherungsregulierung | 366 |
| Abbildung 9.1 | Versicherung eines Armen als öffentliches Gut | 386 |
| Abbildung 9.2 | Paretoverbesserung durch SV bei adverser Selektion | 389 |
| Abbildung 9.3 | Risikospezifische Transaktionskosten und Pareto-Verbesserung durch SV | 391 |
| Abbildung 9.4 | PV und SV als Komponenten eines individuellen Portefeuilles | 405 |
| Abbildung 9.5 | Anreize zur Wahl des Pensionierungszeitpunkts, Social Security der USA | 411 |
| Abbildung 9.6 | Unterstellter Entscheidungsprozess im Optionswertmodell (Schweiz, um 1995) | 413 |
| Abbildung 9.7 | Soziale Altersvorsorge, Sparen und private Ersparnis | 416 |
| Abbildung 9.8 | Transformationskurven bei Altersrente und bei Auszahlung eines Kapitals | 420 |

# Abbildungsverzeichnis

Abbildung 10.1 Optimalsituationen eines guten, uninformierten und schlechten Risikos ... 442

Abbildung 10.2 Dichtefunktionen von Katastrophenrisiken und "Value at Risk" ... 453

Abbildung 10.3 Globale effiziente Portefeuilles mit und ohne Katastrophenrisiken, 1985–1995 ... 457

# Tabellenverzeichnis

| | | |
|---|---|---|
| Tabelle 1.1 | Die 20 schwersten (teuersten) Katastrophen der Jahre 1970-2001 | 5 |
| Tabelle 1.2 | Zusammenfassung der Grossschäden 2001 nach Schadenkategorien | 6 |
| Tabelle 1.3 | Anzahl der Erst- und Rückversicherer | 8 |
| Tabelle 1.4 | Beschäftigte in Versicherungsunternehmen | 8 |
| Tabelle 1.5 | Beschäftigte in den Versicherungsunternehmen Deutschlands nach Arbeitsbereichen (in 1000) | 10 |
| Tabelle 1.6 | Brutto-Beitragseinnahmen der Erstversicherer (Mio. US$) | 11 |
| Tabelle 1.7 | Wertschöpfungsanteile der Versicherungen und Banken am BIP | 13 |
| Tabelle 1.8 | Kapitalanlagebestände nach Versicherungszweigen (Mio. US$) | 18 |
| Tabelle 1.9 | Kapitalanlagen der Versicherer nach Anlagearten (Mio. US$) | 18 |
| Tabelle 1.10 | Der Welt-Versicherungsmarkt (Bruttobeiträge, Mio. US$) | 21 |
| Tabelle 1.11 | Preis- und Einkommenselastizitäten der Versicherungsnachfrage | 25 |
| Tabelle 2.1 | Tödlich Verunglückte im Strassenverkehr Deutschlands, 1970 – 1993 | 37 |
| Tabelle 2.2 | Tödlich Verunglückte nach Art der Verkehrsbeteiligung in Deutschland, 1980 – 1993 | 38 |
| Tabelle 2.3 | Entscheidungsmatrix | 44 |
| Tabelle 2.4 | Studien zur Wertung des Lebens ausserhalb des Arbeitsmarktes | 53 |
| Tabelle 3.1 | Entscheidungsmatrix | 63 |
| Tabelle 3.2 | Prämienfunktion und individuelle Versicherungsnachfrage | 94 |
| Tabelle 3.3 | Zustandswahrscheinlichkeiten bei Existenz nichtversicherbaren Risikos | 104 |
| Tabelle 3.4 | Zwei Risiken und optimale Versicherungsnachfrage | 107 |
| Tabelle 4.1 | Realisierte Renditen der drei Firmen und eines Portefeuilles | 129 |
| Tabelle 4.2 | Merkmale von Kauf- und Verkaufsoptionen auf eine Währung | 148 |
| Tabelle 4.3 | Auszahlungen am Fälligkeitstag einer Call-Option auf eine Aktie | 151 |
| Tabelle 4.4 | Auszahlungen am Fälligkeitstag einer Put-Option | 152 |
| Tabelle 4.5 | Auszahlungen am Fälligkeitstag einer Kombination von Transaktionen | 153 |
| Tabelle 4.6 | Determinanten des Wertes von Aktienoptionen | 154 |
| Tabelle 4.7 | Geschätzte Werte von , rd. 1800 amerikanische VU, 1974 – 1986 | 162 |
| Tabelle 5.1 | Bilanz eines VU, 1997 (in Mio. GE) | 171 |
| Tabelle 5.2 | Gewinn- und Verlustrechnung eines VU, 1997 (in Mio. GE) | 177 |
| Tabelle 5.3 | Zielhierarchie von VU | 181 |
| Tabelle 5.4 | Umsatzrentabilität und Prämienwachstum als Ziele von VU, 1985 – 1994 | 182 |
| Tabelle 5.5 | Instrumente der Versicherungstechnologie im Überblick | 188 |
| Tabelle 5.6 | Verwaltungskostenanteil an den Prämieneinnahmen von 46 VU, USA 1978-1990 | 192 |
| Tabelle 5.7 | Betriebsaufwendungen von 46 VU mit unterschiedlichen Vertriebsarten, USA 1978-1990 | 193 |
| Tabelle 5.8 | Auszahlungen an den VK und das VU | 203 |
| Tabelle 5.9 | Ein optionstheoretisches Modell der Nachfrage nach Rückversicherung | 210 |

Tabelle 5.10 Nachfrage nach Rückversicherung amerikanischer
 Erstversicherer (REINS), 1980-1989 217
Tabelle 5.11 Der Einfluss der Leistungsverpflichtungen auf die optimale
 Anlagepolitik 222
Tabelle 6.1 Konvolut zweier Schadenverteilungen (bei Unabhängigkeit) 235
Tabelle 6.2 Versicherungstechnisches Risiko 242
Tabelle 6.3 Renditen auf dem Risikozeichnungsgeschäft, Sachversicherer
 der USA, 1926-1985 258
Tabelle 6.4 Verhältnis Eigenkapital zu Aktiva, 142 amerikanische VU, 1979-1990 261
Tabelle 6.5 Standardfehler der Rendite des Überschusses, 142
 amerikanische VU, 1979-1990 264
Tabelle 6.6 Gesamtkosten französischer Leben-VU, 1984-1989 278
Tabelle 6.7 Gesamtkosten französischer Nichtleben-VU, 1984-1989 280
Tabelle 7.1 Die Bedeutung des Versicherungsbetrugs, Autoversicherung in
 Florida (USA) 297
Tabelle 7.2 Ex ante moralisches Risiko in der Feuerfahrhabe-Versicherung,
 Schweiz 1993 - 1995 310
Tabelle 7.3 Zuordnung von Diagnosen zu Kategorien der Beobachtbarkeit 316
Tabelle 7.4 Dauer des Tagegeldbezugs (lnDAUER) Québec, 1978 - 1982 317
Tabelle 7.5 Krankenversicherung der Universität Harvard, Reform von 1995 329
Tabelle 7.6 Wanderungsbewegungen in der Krankenversicherung der
 Universität Harvard 330
Tabelle 7.7 Optimierungsproblem bei Erfahrungstarifierung (Schadenfreiheit
 in der 1. Periode) 335
Tabelle 7.8 Verhältnis Schäden 1986-88/Prämien 1985-87, Kfz-VU
 in Kalifornien 340
Tabelle 8.1 Besonderheiten der Versicherungsmärkte in der
 deutschsprachigen Literatur 349
Tabelle 8.2 Die Liberalisierung der Versicherungsmärkte in der EU 358
Tabelle 8.3 Gesetzliche Grundlagen der Regulierung in drei Ländern 359
Tabelle 8.4 Kostensätze von 75 deutschen VU mit Kfz-Haftpflicht-
 Geschäft, 1980 376
Tabelle 8.5 Nichtzedierter Anteil am Prämienvolumen von 81 deutschen
 VU mit Kfz-Haftpflicht-Geschäft, 1980 377
Tabelle 9.1 Sozialausgaben einiger OECD-Länder in % des BIP 382
Tabelle 9.2 Anteil der Sozial- und der Privatversicherung am BIP einiger
 EU-Länder 383
Tabelle 9.3 Ausgaben für die SV zur Sicherung der (Wieder)Wahl in den
 Niederlanden 394
Tabelle 9.4 Übersicht über die Sozialversicherung in drei Ländern 397
Tabelle 9.5 Sozialausgaben in einigen OECD-Ländern in % des BIP, 1997 398
Tabelle 9.6 Korrelationen der Trendabweichungen in den Leistungen der
 PV und SV 407
Tabelle 9.7 Inspruchnahme medizinischer Leistungen pro Kopf und
 Jahr im Health Insurance Experiment 423
Tabelle 10.1 Restlebenserwartung im Alter von 60 Jahren, 1960 und 1996 459

# Stichwortverzeichnis

## A

Adverse Selektion 295, 320, 340
Agent 190, 195
    abhängiger 189, 191, 192, 195, 196
    angestellter 189, 191, 194, 196, 339
    -urvertrieb 339, 340
Agentur 192, 195, 196
    -system 192
Akquisition 188
Allais-Paradoxon 114
Allokation
    pareto-effiziente 308
    von Risiken 16
Allrisk-Versicherung 103
Alters- und Hinterbliebenenversicherung 396, 397
Altersrenten 398
Alterssicherung 417, 418, 420, 433
    und Kinderzahl 418
Altersvorsorge 398, 402, 407, 408, 410, 412, 414
    Auswirkungen auf den Arbeitsmarkt 410
    Auswirkungen auf den Kapitalmarkt 414
    betriebliche 397
Angebot
    an Versicherungsschutz IX, 229
Anlage
    -erfolg 221
    -ertrag 211
    -fonds 174
    -formen 174, 215
    -geschäft 211, 212, 223
    kurzfristige 171
    -politik 170, 184, 219, 222
    -rendite 184, 214, 215
    -risiko 200, 206
    -strategie 169
    von Überschüssen und Reserven 169
Anreizkompatibilitätsbedingung 190
Anthropologie 42
Antiselektion 353
    -sprozesse 50

Äquivalenzprinzip 244
Arbeit
    -geber 9, 295, 329
    -nehmer 53, 295
    -seinkommen 33, 313
    -sfähigkeit 2
    -slosigkeit 3, 19, 50
    -smarkt 50, 53, 293
    -splatz 52
    -studien 53
    -sunfähigkeit 312, 316
    -sunfall 39
Arbeitslosenversicherung 408, 409, 424, 425, 426, 430, 433
    Auswirkungen der 424
asset liability ratio 259
ätiologisch 47
Aufsicht
    materielle 11
Autoversicherung 296, 297

## B

Beitragszahler 401
Bernoulli-Prinzip 44, 62, 63, 64, 105, 112
Betrieb
    -sgrösse 265, 284
        optimale 282, 283
    -soptimum 272
Beveridge 383
Bilanz 170
Binomialverteilung 69
BIP-Elastizität 24
Bonusoptionen 423, 424
Brutto
    -erträge 174
    -prämien 173, 194, 195, 215, 217
    -schäden 207, 209
Bruttoinlandprodukt (BIP) 10, 13

## C

CAPM 246, 247, 249, 252, 257, 258, 273
    -Parameter 250
    -Preissetzung 257
    -Regel 257
CARA 98, 100
cash flow underwriting 340

contingency charge 91
CRRA 80

**D**

DARA 80, 98, 100
Data Envelopment Analysis (DEA) 281
Deckung 172, 178, 219
   -sgrad 220
   -skapital 171, 172, 175, 224
   -squote 439
   volle 105
   vollständige 85
demographischer Wandel 458, 465
Deregulierung 361, 363, 369, 373, 379
Deutschland 8, 9, 11, 13, 14, 17, 18, 20, 21, 24, 25, 29
direct writers 189
Diversifikation 247
   der Aktiva 123
   eines Portfeuilles 139
   maximaler Grad 139
   Risikodiversifikation 127
   -seffekt 128, 131, 161
   Selbstdiversifikation 156
   -smöglichkeiten VIII, 123, 462
   Versicherungsdiversifikation 156
Dominanz
   -axiom 112, 113
   -prinzip 112
   selektive 43
   stochastische 43, 78, 454
      ersten Grades (FDSD) 75, 76
      zweiten Grades (SDSD) 78
DRRA 80
Durchschnittskosten 272

**E**

economies of scale 229
Effizienz
   -gewinn 341
   relative 281
   -steigerung 332
   -verlust 332, 341
Eier 124
Eigenkapital 230
   -geber 253
   -quote 289
   -rendite 248
   -unterlegung 262
Eigentum
   -srechte 19
Einkommen
   Arbeitseinkommen 33
   Kapitaleinkommen 33
   -seffekt 410
   -selastizität 20, 25
Elastizität 25
   BIP-Elastizität 24
   der Produktionskosten 272
   Einkommenselastizität 20, 25
   Kostenelastizität 278
   Preiselastizität 24, 25
Ellsberg-Paradoxon 113
Entscheidung
   -sproblem 44
   -sregel 52
   -ssituationen 44
   -stheorie
      formale 1
   -sträger 47
   unter Risiko 45
Erfahrung 35
   persönliche 41
   -starifierung 337
   subjektive 36
Erwartung
   Lebenserwartung 35
   -sgewinn 50
   -snutzen 44, 59
   -snutzenkriterium 61
   -snutzen-Maximierung 59
   -snutzentheorem 63
   -snutzen-Theorie 116, 117
   -snutzungsregel 63
   -sschaden 42, 69
   -swert 43, 45
   -swertprinzip 244
Erwerbseinkommen 11
Esscher-Prinzip 245
EU-Theorem 116
Evolution 42
exclusive agents 189
Existenzunsicherheit 16
Expected Utility Theorem 63

Externe Effekte 382, 409, 414, 416, 417
Externe Kosten 347, 350, 352, 354

**F**

Fahrhabefeuer-Versicherung 309, 312
Farny, D. 178
FDSD-Kriterium 75, 76, 77
Fehl
   -einschätzung
      systematische 41
   -investition 41
   -verhalten
      menschliches 4
Feuerversicherung 300
Financial Insurance Pricing 248
Finanz
   -intermediär 252
Formalziel 178
funds generating factors 251
Fusion 266

**G**

Garven, J.R. 209
Gebäude-Feuerversicherung 309, 312
Gegenwartspräferenz 384, 385
Geldmenge 22
Gesamt
   -wirtschaft 50
Gesamtersparnis 415
Gesamtleistungsrechnung 13
Gesamtverband der Deutschen Versicherungswirtschaft (GDV) 9, 10, 13
Gesetz
   der grossen Zahl 240, 241, 246, 272
Gesundheit
   -sbehörde 51
   -sbereich 50
   -skapital 33
Gewinn 173, 179, 182, 190
   -anteil 175
   -beitrag 198, 199
   Erwartungsgewinn 178, 181, 198, 199
   -maximierung 169, 178, 180
   realisierter 174
   -rechnung 169, 170, 171, 172, 173, 177, 178
   -regulierung 354, 377
   -strom 178, 180, 181
   -verlauf 175
   -ziel 180, 181
Gewissheit
   -sgerade 83
Giffen-Gut 101
Gleichgewicht 327
   finanzielles 333
   Nash-Gleichgewicht 338
   stabiles 333
   trennendes 326, 327, 337
   vereinendes 324, 328, 332, 336
Globalisierung 437, 438, 439, 440, 448
Grenzertrag
   der Prävention 300
Grenzkosten 52
   -kurve 13, 52
Grenznutzen 54
   abnehmender 116
Grenzrate
   der Substitution 86, 306, 321
   der Transformation 86, 306
Gross
   -risiken 4
   -schäden 6
   -tanker 4
Gruppen
   -verträge 275
Gut
   Giffen-Gut 101
   unersetzliches 87, 90

**H**

Haftpflichtversicherung 312
Häufigkeit
   geschätzte 40
   relative 35, 39
   wahrgenommene 40
health 4
hidden action 294
hidden information 295
Humankapital 2, 27

**I**

independent agent 189, 194
Indifferenz
   -beziehungen 72

-kurven 82, 83
-relation 87
Industrie
   -versicherung 294
Information 293
   asymmetrische 293, 308, 320, 341
   fehlende 1
   öffentliche 302
   private 338
   -saspekt 4
   -saustausch 306
   -sbeschaffung 293
   -sgewinnung 202, 293
   -smanko 28
   -snachteil 294
   -sstand 4
   -sstruktur 1
   -stechnologie 29
   -svorsprung 293
   -svorteil 265, 293
Insolvenz 231, 238
   -fall 253
   -put 256
   -risiko 230, 231, 256
   -wahrscheinlichkeit 239, 260
Instrumente
   risikopolitische 50
Invalidenversicherung 397, 407
IRRA 80

## K

Kalkulationsargument 349
Kapazitätsargument 348, 349
Kapital
   -akkumulation 16
   -akkumulationsfunktion 17
   -anlage 17
   -ansammlung 19
   -bildung 19
   -bindungskoeffizient 17
   -deckungsverfahren 400, 401, 402, 415, 417
   -einkommen 33
   -fonds 17
   Humankapital 27
   -markt 17
   -markttheorie 28

-mobilisierungsfunktion 18
-stock 18
-ströme 17
-versicherung 17
-versorgung 17
Kartell 14
Katastrophen
   Einsturz 6
   Festland-Verkehr 6
   Luft-/Raumfahrt 6
   man-made 4, 6
   Natur 4, 6
   -reserven 17
   -risiken 29
   -schäden 4
   Schiffahrt 6
   -zuschläge 17
Kinderzahl 418
Know-how 265
Kollektiv-Krankenversicherung 328
Konkavität 45
Konrad, K. 117
Konsum
   -güter 33
   -studien 53
Konsumenten
   -rente 13
   -schutz 347, 377
   -wünsche 9
Kontinuierlichkeit 112
Konvexität 281
Konzentration
   -sprozess 285
Korrelation 124
   perfekte 137
   -skoeffizient 125, 131, 133
   vollkommene negative 132, 133
   vollkommene positive 131, 133
   zwischen Renditen und Portfeuilles 133
Kosten
   -beiträge 192
   -beteiligung 197
   des Disnutzens 54
   -differential 192, 197
   Durchschnittskosten 272
   -elastizität 278

-entwicklungen 7
Faktorkosten 14
-funktion 102, 265, 266, 267, 281, 289
  Translog 268, 279
Grenzkosten 52, 54
Kosten-Nutzen-Analyse (KNA) 50
Kosten-Wirksamkeits-Analyse 51
-minimierung 272
-nachteil 194
Opportunitätskosten 41, 101
Personalkosten 9
Produktionskosten 7
-satz 183
-theorie 227
Transaktionskosten 16, 49
Unannehmlichkeitskosten 54
-vergleich 192
-vorteil 183
Zeitkosten 54
Kosten-Nutzen-Analyse (KNA) 50
Kosten-Wirksamkeits-Analyse 51
Krankenversicherung 300, 312, 329, 332
  gesetzliche 397, 407
  -sschutz 80
Krankheit 19, 396, 397, 408, 421, 428, 429
Kulanz 169, 188
Kuppelproduktion 19

L

Laffont, J.J. 120
Leben
  -sdauer 402, 411, 419
  -serwartung 35, 418, 419
  -sversicherung 81, 91, 385, 392, 407
liability management 247
loss ratio 174
Lotterie 3, 61

M

Machina, M.J. 120
Makler 189, 191, 192, 195, 196, 197
  unabhägige 189
  unabhängige 195
  -vertrieb 194

Management
-fähigkeiten 265
Mark
-tversagen 348
Markowitz-Portfoliotheorie 142
Markt
-aufspaltung 251
-austritt 276
-eintrittsschranken 230
-führer 276
-gleichgewicht 305, 306
-grösse 283
-macht 229
-portefeuille 247
-Risikoprämien 250
-struktur 282, 285
-transparenz 294
-versagen 348, 350, 351, 360, 361
-versicherung 110, 111, 117
-volumen 284
-zinssatz 255
Massnahmen
  der Risikoteilung
    individuelle 48
    kollektive 48
  Risikominderung 48
  risikopolitische 47
  schadenbezogene (palliative) 47, 48
  ursachenbezogene (ätiologische) 47
mean-preserving spread 75
Menegenrisiko 50
Mikroökonomie 272
Mindestlohngesetzgebung 50
minimum efficient scale 272
Minimum-Varianz-Portefeuille 222
Mischvertrag 295, 323, 337
Möglichkeit
  -smenge 62
  -sräume
    individuelle 81
Monetarisierungsquote 22
Monopol 14
-bedingungen 15
-versicherung 343
Monopolisierung 362
-sgrad 15
moral hazard 294

Mortalität 294

## N

Nachverhandlung 333, 335, 341
Nash-Gleichgewicht 338
Netto
   -einkommen 195
   -ergebnis 182
   -kapitalerträge 174
   -prämien 192, 194, 206, 211, 214, 215, 329, 339
      -einnahmen 214
   -rendite 220
   -verzinsung 182, 184
Nichtpreis-Wettbewerb 365, 368
non-expected-utility 61
Normal Powers Approximation 236
Normalpotenzen-Näherung 236, 239
Normalverteilung 107
Nullgewinn-Bedingung 324
Nullnutzen-Prinzip 245
Nutzen
   Erwartungsnutzen 44
   Grenznutzen 54
   Risikonutzenfunktion 40

## O

Opportunitätskosten 41, 101
Option
   -spreis 252
   -modell 252, 264
   -theorie 257, 258
Ordnung
   vollständige 112
Österreich 8, 10, 11, 13, 14, 17, 20, 21, 29
Ostgeschäft 183

## P

palliativ 47
Paradoxon
   Allais-Paradoxon 114
   Ellsberg- Paradoxon 113
Pareto-Optimum 309
Paretoverbesserung 388, 389
Pensionierungsalter 400, 402, 410, 414
Pensionsversicherung 397
Pentikäinen, T. 226

Pflichtversicherung 309, 312
Policen 171, 209
   -gebühren 173, 174
Politische Ökonomie 293
pooled contracts 324
pooled equilibrium 324
pooling contracts 295
Portfolio
   -Optimierung 143
   -theorie 124, 135
      Markowitz 142
Präferenz 87, 112, 116
   -funktion 116, 117
      nicht-EU 117
   -konzept 76
   -ordnung 63, 67, 77
   -relation 61, 62, 112
   -unterschiede 116
Präferenzen 112, 117
Prämien 3, 177, 231
   -abschläge 197
   an Rückversicherer 173
   -anpassungsklauseln 188
   -anteil 173, 194, 277
   -bestand 196
   Bruttoprämien 173, 177, 194, 195, 206, 210, 215, 217
   -differenzierung 392, 395
   Durchschnitts 28
   -einnahmen 30, 34, 171, 173, 174, 175, 189, 192, 193, 195, 210, 212, 216, 231, 322
   -einnahmenprozess 219
   -erhöhung 323
   erzielbare 207
   faire 84, 85, 106, 169, 207, 324, 326
   -formel 208
   -funktion 205, 302
   für eigene Rechung 174
   -höhe 207, 246
   -kalkulation 28, 197, 206, 243, 302
      -sprinzipien 239, 243, 289
   Nettoprämien 192, 194, 206, 210, 214, 215, 329, 339
      -einnahmen 214
   -prozesses 231

-regulierung 199
risikoadäquate 246
Risikoprämien 67, 70
-rückerstattung 336
Rückversicherungsprämien 207, 211, 217
-satz 24, 231, 305
Sicherheitsprämien 67, 70
-übertrag 171, 172, 174
unfaire 91, 92
-untergrenze 238
vermittelte 196
-volumen 24, 179, 182, 183, 184, 185, 189, 216, 218, 270, 338
-wachstum 179, 182, 183, 189, 195, 196, 339
-zahlung 172, 185
-zufluss 254
-zuschlag 96, 197
Prävention 108, 169, 202, 203, 204, 205, 298
   -sanstrengung 299, 303, 305, 306
Preis 25
   -absprache 464
   -Nachfragefunktion 96
   risiko 50
   -setzung 188, 229
      -sregel 257, 258
      -sverhalten 257
   -stabilisierung 48
   -wettbewerb 464
   -zusagen 48
Preiselastizität 24, 25
principal-agent relationship 190, 201
Prinzip
   Äquivalenzprinzip 244
   Erwartungswertprinzip 244
   Esscher-Prinzip 245
   Nullnutzenprinzip 245
   Standardabweichungsprinzip 244
   Verlustfunktionen-Prinzip 245
Privatversicherung 341, 381, 383, 385, 396, 399, 408
Produkt
   -palette 229
Produktion

Kuppelproduktion 19
-seinheiten 11
-sfunktion 280
-sgesetz 246
-sgrenze 281
-skosten 7, 272
-smöglichkeiten 281
-sprozess 19
-swert 11
Produktivität
   -sfortschritt 281
Produzenten
   -rente 13
Psychologie 42

## R

rank dependent expected utility 116, 117
Rationierung 336, 339
RDEU-Theorie 116
Reaktion
   anomale 99
   normale 99
Rechnung 172, 173, 174, 189, 195, 200, 206, 215, 216, 224
   Gesamtleistungsrechnung 13
   Gesamtrechnung (VRG) 13
   -slegung 28, 170, 178, 182, 219
   -swesen 169
Regierung 384, 392, 393
   Interesse an SV 393
   -sausgaben 394
Regulierung 252, 343, 348, 350, 351, 354, 356, 357, 358, 360, 365, 374, 377
   Auswirkungen der 365
   der Kapitalanlagen 355
   deutsche 374
   gesetzliche Grundlagen 359
   im öffentlichen Interesse 360
   in der EU 356
   Instrumente der 354
   Kompetenz zur 356
   materielle 25
   öffentliche 7, 230
   Prämien- 356, 360, 374
   Preis- 354, 355
   Produkt- 355
   -sbehörde 350

-sintensität 362
-smarkt 362
-ssysteme 354
-stheorie 360, 361
Strenge der 369
-swirkung 370
Rendite-Risiko-Kombinationen 457
Renditevergleich 399, 400, 401
renegotiation proof 333
Rentenversicherung
   gesetzliche 397, 407
Risiken
   mehrere 103
   Poolen der 404
Risiko VII, 2, 33, 59
   -abgrenzung 188
   -adversion 33
   -allokation 16
   -ausgleich 246
   -ausgleichsfonds 351, 352
   -auslese 28, 170, 198, 439, 459
   -aversion 42, 45, 59, 82, 169, 245,
      300, 454, 455
      abnehmende absolute (DARA)
         80, 98, 100
      abnehmende relative (DRRA) 80
      absolute 71, 72, 314
      konstante absolute (CARA) 98,
         100
      konstante relative (CRRA) 80,
         82
      partielle 74
      relative 72, 73, 79
      steigende relative (IRRA) 80
      zunehmende absolute 99, 100
   -begriff 34
   -bestand 246
   -beurteilung 72
   -bewertung 42
   -bewusstsein 60
   -charakteristika 125
   Definition des Risikos 33
   des Gesamtschadens 124
   -diversifikation 127, 201, 209, 263,
      438, 462
   -diversifikations-Effekte 201
   -eigenschaften 125

-einheit 124, 125, 339
-faktoren 309
Feuerrisiko 125
-geschäft 186
-gruppen 320
Hintergrundrisiko 103
Insolvenzrisiko 230, 231
-konzept 256
-kosten 49
-management 2, 33, 47, 127, 259
-mass 37
-meidung 47
Mengenrisiko 50
-merkmale 41, 198
Messung des Risikos 35
-minderung 3
moralisches 16, 28, 124, 175, 201,
   293, 294, 295, 340, 455,
   456
   dynamisches 296
   ex ante 296, 297, 301, 303, 304,
      308, 309, 341
   ex post 296, 312, 314, 315
-neigung 81
-neutralität 169, 202
-niveau 53
-nutzen 42
-nutzenfunktion 2, 33, 43, 45, 55,
   60, 245, 298, 313
   konkave 83
-nutzentheorie 127
-politik 2, 28, 42, 47, 49, 61, 108
-portefeuille 49, 188, 240, 241, 454
-präferenzen 42, 52
-prämie 59, 67, 68, 70, 118, 179,
   309
   reine 92, 94
-prävention 47
Preisrisiko 50
-prospekt 60, 245
-prozesse 311
-qualität 28
-reduktion 54, 128
relatives 243
Restrisiko 127
-scheu 42
-selektion 188, 189, 460

-selektionsprozesse 315
-situation 1, 44, 61, 127, 453
Sterblichkeitsrisiko 52
-streuung 48
systematisches 250
-teilung 48
-teilungsmechanismen 48
-theorie 230
-toleranz 80, 222
-transfer 48, 49, 188, 206, 209, 230
-transformation 252
-übernahme 48, 178
-überwälzung 48
-verhalten 264
-vernichtung 48
-verschiebungen 48
versicherungstechnisches 243
   absolutes 242
-vorbeugung 124
-wahrnehmung 33, 40, 42
-zeichnung 230
-zeichnungsgeschäft 174, 229, 340, 451
-zeichnungsgewinne 250
-zeichnungspolitik 175, 188, 247, 339
-zuschlag 233, 250, 308
Rückstellungen
   versicherungstechnische 172
Rücktrittsalter 412, 414, 433
Rückversicherung 8, 169, 170, 172, 176, 188, 194, 205, 209, 217, 339, 352, 354, 375, 376
   fakultative 207
-quote 173
Quoten-Rückversicherung 207
Schadenexzedenten-RV 209
-sdeckung 187, 206, 207
-sgeschäft 206
-sleistung 172
-smarkt 205, 466
-snachfrage 214
-spartner 207
-sprämien 206, 207, 208
-squote 211
-s-Richtlinie 357, 358
Summenexzedenten-RV 208

-sverträge 206, 208
-svertragsformen 208
-unternehmen 173

S

Sachleistungsprinzip 381
Sachversicherung 172, 189, 216, 218
-szweige 216
Sachverwalter-Theorie 191
Sachwalter
-beziehung 190, 201
-problematik 191
Sachziel 178
safety loading 91
Sankt-Petersburg-Paradoxon 43
Schaden
-abwicklung 28, 188, 192
-aufwand 174, 175, 211
-begrenzung 48
-behandlungskosten 174
-behebung 13
-betrag 19
-eintritt 170, 201
-eintrittswahrscheinlichkeit 48, 224
-ereignis 175, 185
-erledigung 169
-fall 172, 173, 179, 201, 202
-forschungszentren 16
-häufigkeit 172
-herabsetzung 48
-höhe 172, 214
-kategorie 6
-potential 7
-produzenten 34
-prognose 188
-prozess 214, 216
-quote 174, 183
-regulierung 206
-rückstellungen 172, 174, 175, 178, 224
-satz 174
-summe 209
-sversicherungsgesetz 358
-swahrscheinlichkeit 198
-ursachenforschung 16
-verhütung 206
-verhütungsmassnahmen 3, 19, 47

-verlauf 197
versichert 5
-versicherung 9
-verteilung 102, 118, 206, 207
-wahrscheinlichkeiten 200
-zahlung 13, 34, 170, 175, 185, 194, 195, 198
schaden
  -eindämmend 16
  -mindernd 16, 30
  -reduzierend 30
Schadenexzedenten-Rückversicherung 209
Schadenzahlungen 198
Schwänze 75
Schweiz 8, 10, 11, 13, 14, 17, 18, 20, 21, 29
SDSD-Kriterium 77, 78
second-best-Lösung 93
Seitwälzung 48
Selbst
  -behalt 93
  -beteiligung 102
  -diversifikation 156
  -selektion 327, 446
  -tragen 48
  -versicherung 48, 72, 110
Selektion
  adverse 28, 197, 295, 320, 340, 351, 440
  Anti-Selektion 352, 353
  -sprozesse 50
  -sanstrengungen 198
  -saufwendungen 198
  -smöglichkeiten 200
self-insurance 48, 117
self-protection 48
Sicherheit 1
  Existenzsicherheit 16
  -säquivalent 65, 66, 68, 118
  -sargument 349, 350, 354
  -sgerade 95, 96
  -slinie 83, 89, 117
  -sprämien 67, 68, 70
  -szuschlag 17, 91
Sicherungsfonds 352, 354, 359
Skalen

-erträge 229, 271, 272, 274, 279, 280
-vorteile 229
Solidarität 19
Solvenz 172, 179, 180, 207, 229
  -kapital 188, 256
  -regulierung 264
  -überwachung 179
  -vorgabe 235
  -vorschriften 224
  -wahrscheinlichkeit 233, 238
  -ziel 238
Sozial
  -ausgaben 382, 398
  -quote 399
  -hilfe 382, 383, 384, 398
Sozialpolitik
  Grundkonzeptionen 382
Sozialversicherung 341, 381, 383, 384, 396, 402, 405, 408, 415
  als effizienzsteigernde Institution 385
  als Instrument politischer Entscheidungsträger 392
  Bedeutung der 382
  gesamtwirtschaftliche Auswirkungen 408
  Gliederungsmerkmale 396
  optimaler Umfang 426
  -sparadox 402
  -szweig 396
  Übersicht 397
Soziologie 42
Spartenmix 183
Spielsituation 1
Staatsentlastung 19
Stakeholder-Ansatz 180
Standardabweichungsprinzip 244
Sterblichkeitsrisiko 52
Stetigkeitsaxiom 112
Stornorate 275
Stückkostenkurve 14
Subadditivität 341
Subsidiarität 19
Substitute 110
Substitutionseffekt 409
Summenexzedenten-RV 208

Sure-Thing Prinzip 112, 113
**T**
Teilnahmebedingung 190
Transaktionskosten 16, 49, 384, 390, 391, 392, 395
   als Marktversagen 389
   risikospezifische 391
Transformation
   Esscher-Transformation 245
   -skurve 281, 419, 420
Transitivität 112
Translog-Kostenfunktion 279
Transparenzargument 349, 354
**U**
Überleben
   -skurve 36
   -swahrscheinlichkeit 41
   -swunsch 42
Überschuss 230
   brutto 230
   -prozess 230
Umlageverfahren 400, 401, 402, 403, 415, 432
Unabhängigkeit
   -saxiom 112
Unannehmlichkeitskosten 54
Unfall 19
Unfallversicherung 313, 320, 397, 403, 407
   Betriebs- 429
Unsicherheit 1, 34
   Grad der 1
   primäre 1
   sekundäre 1
**V**
Van Derhei, J. 192
Verbund
   -effekte 269, 270
   -nachteile 269
   -vorteile 266, 269, 270
Vereinnahmung 360, 361, 363, 364, 365, 378
Verhalten
   -sexperiment 82
Verlust 34, 174, 176, 209
   an Reputation 179
   -gefahr 34
   Kursverlust 223
   -möglichkeit 34
   -rechnung 169, 170, 171, 172, 173, 177, 178
Verlustfunktionen-Prinzip 245
Vermögen
   finanzielles 4
   geistiges 4
   -seffekt 88
   -seinkommen 11
   -s-Nachfragefunktion 96
   -ssicherung 18
   -sverlust 3
Versicherung 2, 3, 7
   Allrisk-Versicherung 103
   Alternativen zur Versicherung 108
   Bedeutung der 8, 15
   Funktionen der 15, 20
   Krankenversicherung 440
   Marktversicherung 110, 111, 117
   Nachfrage nach 20
   Nichtversicherung 106
   -praxis 34
   -produkte 4
   -sabschluss 297
   -saktionäre 179
   -sangebot 188
   -saufsicht 172, 206, 465
   -saufsichtsgesetz 359
   -saufsichtsrecht 60
   -sausgaben 101
   -sbedarf 60
   -sbedingungen 297, 324
   -sbetrug 296, 297
   -sbilanzrichtlinien 170
   -sbilanzrichtliniengesetz 170
   -sbranchen 7, 312
   -sdaten 82
   -sdauer 17
   -sdeckung 7, 59, 186, 296, 300, 442, 443, 447
   -sdiversifikation 156
   -sdurchdringung 22
   -seffekte 48
   -seinfluss 318

Selbstversicherung 110
-sformen 82
-sgesetze 308
-sjargon 92
-skapital 17
-skäufer 34, 59, 61, 85, 170, 294
-sleistungen 13, 80, 172, 174, 297
-slinie 84, 88, 323
-sliteratur 185
-smakler 10
-smärkte 14, 48, 179, 293, 305
   unvollkommene 103
-smöglichkeit 16
-snachfrage 23, 24, 25, 26, 59, 82, 181, 184, 324, 447
-snahme 86
-snehmer 173
-sobergrenze 220
-sökonomie 33, 293
-speriode 17
-spflicht 312
-spolice 61
-sprämien
   aktuarisch faire 84
sprämien 188
-spraxis 59
-sregulierung 191, 343
-sschutz 18, 46, 59, 85, 169, 295
-ssparten 215
-sstrukturen 7
-stätigkeit 178
-stechnologie VIII, 28, 50, 169, 170, 183, 184, 187
-sunternehmen 34, 84, 169, 325
   Rechnungslegung 170
-sverträge 4, 34, 60, 169, 186, 293, 447
   pareto-optimale 102
-svertragsgesetz 359
-svertragsrecht 60
-swertpapiere 252, 256
-swesen 10
-swirtschaft 174, 295, 448
-syklen 224
-szweig 60
-szweige 182
-theorie 28

Überversicherung 91, 106
Unterversicherung 95, 106
Vollversicherung 95, 117
Verteilung
   Binomialverteilung 69
   kumulative 75
   -sfunktion 69
      kumulative 76
Verträge
   Mischverträge 295, 323
   trennende 326, 327, 332, 337
   vereinende 328
Vertriebskosten 447
Volatilität 264
   der Rendite 262, 263, 264
   der Überschussrendite 260
   des Aktivums 254
   des Überschusses 259
   minimale 270
vulnerability 7

**W**

Wachstum
   -sziel 181
Wahrscheinlichkeit 35
   Schadeneintrittswahrscheinlichkeit 48
   -smass
      objektives 63
      subjektives 63
   -stheorie 35
   -sverteilungen 34, 61, 62, 64, 112, 116
Wahrscheinlichkeiten
   objektive 36
   subjektive 36
   Wahrnehmung von 41
wealth 4
Wert
   impliziter 54
   -papiermärkte 48
   -urteil 37
   -urteile 41
Wertschöpfung 11
   gesamtwirtschaftliche 11
   -santeile 13
   -sgrösse 11

Wertung
    subjektive 45
Wettbewerbsfähigkeit 462
Wirtschaft
    Gesamtwirtschaft 50
    -spläne 47
    -spolitik 49
    -ssubjekt 47
    -swissenschaften 42
wisdom 4
Wohlfahrt 13
    Beitrag zur 13
    gesamtwirtschaftliche 14
    -sverlust 308
Wohlfahrtsökonomie 308

## Z

Zahlung
    -sbereitschaft 46
        individuelle 52
        marginale 52
Zeitkosten 54
Ziel
    Formalziel 178
    -konformität 49
    Sachziel 178
Zufall
    -svariable 34, 35, 69
Zuschlag
    fixer 92, 93, 94, 95
    Prämienzuschlag 96
    proportionaler 79, 94, 95, 103, 106,
        110
    prozentualer 92, 95
    Sicherheitszuschlag 91
    unabhängiger 95

# Autorenverzeichnis

## A

Aaron, H. 402, 433
Abraham, K.S. 356, 379
ADAC 56
Adams 362
Adams, M.B. 226, 356, 379
Allais, M. 114, 119
Altenburger, O.A. 226
Anderson, D.A. 426, 427, 431, 433
Arnott 345
Arnott, R. 308, 345
Arrow, K. J. 31, 56
Arrow, K.J. 75, 79, 93, 102, 119, 295, 345
Atchinson, B.K. 379
Atkinson, A.B. 425, 433

## B

Baldenweg-Bölle, U. 412, 413, 433
Barrese, J. 192, 193, 196, 226
Barsky, R.B. 80, 119
Baumol, H.J. 265, 290
Bayerische Rück 56
Beard 238
Beard, R.E. 207, 226, 237, 238, 290
Becker, G.S. 108, 119, 304, 345, 419, 434
Bellez, A. 349, 379
Berger, L.A. 214, 217, 226
Bernheim, A. 438, 448, 465
Bernoulli, D. 56, 61, 119
Bismarck 382
Black, F. 251, 255, 290
Blanco, J.A. 221, 222, 226
Blomquist, G. 56
Blundell, R. 410, 433
Boland, V.F. 389, 433
Boller, H.P. 404, 433
Bonato, D. 397, 435
Borch, K.H. 202, 226, 294
Börsch-Supan, A. 412, 433
Brachinger, H.W. 120
Braunstein, Y.M. 267, 291
Breyer, F. 56, 400, 402, 421, 433, 435
Brown, M. 120
Buchholz, W. 384, 433

Buckley, A. 167
Bühlmann 245, 290
Burda, M.C. 425, 433
Burkhauser, R.V. 414, 433
Burtless, G. 410, 411, 412, 433
Busshart, M. 449, 465

## C

Cawley, J. 294, 345
Cook, P.J. 87, 119
Copeland, T.E. 167
Crain, M. 395, 433
Cross, M.L. 167
Cummins, J.C. 167
Cummins, J.D. 183, 192, 193, 194, 214, 217, 226, 251, 259, 260, 261, 264, 290
Cummins, J.D.. 226
Cutler, D.M. 328, 329, 330, 331, 345

## D

D'Arcy, S. 257, 258, 290
Dahl, D. 260, 292
Davidson, W.N.III, 167
Daykin, C.D. 207, 226
de Alessi, L. 167
Debruyne, H. 226
DiMasi, J.A. 179, 226
Dionne, G. 297, 313, 315, 317, 332, 338, 340, 343, 345
Doherty, N. 167
Doherty, N.A. 93, 103, 119, 187, 194, 207, 226, 252, 274, 290, 332, 338, 340, 345, 441, 446, 454, 465
Donandt, K. 172, 226
Donni, O. 281, 290
Dowd, K. 454, 465
Downs, A. 392, 433

## E

Eeckhoudt, L. 101, 119
Ehrlich, I. 304, 345
Ehrlich, J. 108, 119
Eisen, R. 83, 95, 107, 119, 167, 187, 188, 227, 283, 290, 305, 308, 325, 345, 348, 355, 379, 395, 406, 407, 424, 433, 434, 449, 458, 465
Ellsberg, D. 113, 119
Evans, W.N. 369, 371, 379

Ezra, D. 219, 227

**F**

Fama, E. 260, 290
Farny 178
Farny, D. 178, 185, 186, 227
Fecher, F. 277, 278, 279, 280, 281, 290
Felderer, B. 418, 434
Feldstein, M.S. 416, 434
Finsinger, J. 179, 187, 191, 227, 354, 372, 374, 375, 376, 377, 378, 379, 380
Fischhoff, B. 56
Fishburn, P.C. 119
Frech, H.E. III 365, 379
Frech, H.E.III 367, 369, 370
Frenkel, M. 167
Fritzsche, A. F. 56
Froot, K.A. 455, 465

**G**

Gabrowski, H. 379
Gärtner, R. 31
Garven 209
Garven, J.R. 207, 209, 210, 214, 215, 217, 226, 227, 252, 257, 258, 290
Geehan, R. 277, 290
Geis, I. 120
Gesamtverband der Deutschen Versicherungswirtschaft 227, 345
Gesamtverband der deutschen Versicherungswirtschaft 31
Ghermi, P. 228
Giarini, O. 31
Grabowski, H.G. 226, 369, 371
Graham, D.A. 87, 119
Greene, W.H. 309, 345
Greenwald, B.C. 179, 227
Grossman, S.J. 190, 227, 251, 290
Gurley, J.G. 252, 290
Gysler, M. 120

**H**

Hadar, J. 75, 77, 119
Hammond, E. 353, 379
Hansen, R.W. 226
Hanson, D.L. 74, 120
Harrington, S.E. 167, 369, 379
Hart, O.D. 190, 227

Hax, K. 31
Heilmann K. 56
Heilmann, W.R. 244, 245, 291
Hempel, C. G. 31
Hirshleifer, J. 83, 120
Hollenders, Ch. 348, 349, 379, 465
Holmström, B. 190, 227
Houston, D. 274, 276, 291
Huff, D. 120
Hujer, R. 425, 426, 431, 434
Hull, J. 167

**J**

Jaffe, J. 167
Jannott, H.K. 206, 227
Jensen, M.C. 190, 227, 260, 290
Juster, F.Th. 119

**K**

Kahneman, D. 56
Kahnemann, D. 57
Kaluza, B. 178, 181, 227
Karten, W. 244, 291
Kellner, S. 276, 277, 291
Kennedy, P.E. 194, 227, 394, 429, 434
Kimball, M.S. 119
Kleindorfer, P. 369, 380
Knight, F. H. 31, 56
Konrad, K. 120
Konrath, N. 379
Kotlikoff, L.J. 417, 434
KPMG 170, 227
Kreps, D.M. 321, 345
Kuhn, T. 116, 120
Kunreuther, H. 338, 345, 369, 380
Kupper, J. 227, 236, 291

**L**

Laffont, J.J. 77, 120
Lamm-Tennant, J. 209, 210, 214, 215, 217, 227
Lang, G. 267, 268, 291
Lasagna, L. 226
Lasserre, P. 332, 345
Laux, H. 61, 120
Leben
   -sversicherung 392, 407
Leimer, D.R. 417, 434

Lesnoy, S. 417, 434
Levinthal, D. 190, 228
Lichtenstein, S. 56

## M

MacCrimmon, K.R. 113, 120
Machina, M.J. 116, 117, 120
Mahr, W. 31
Maneth, M.F.F. 256, 291, 449, 465
Markowitz, H. 223, 228, 247, 291
Marshall, J.M. 120
Matthewson, G.F. 276, 277, 291
Mayers, D. 167, 260, 291
Meckling, W.H. 190, 227
Mehl, C. 447, 465
Meier, K.J. 360, 379
Menezes, C.F. 74, 120
Merkin, R. 357, 358, 379
Meyer, B.D. 425, 434
Meyer, J. 101, 119
Micklewright, J. 425, 433
Mooney, S.F. 297, 345
Morall, J. F. 56
Morgenstern, O. 61, 62, 121
Mossin, J. 93, 96, 120
Mueller, D.C. 392, 434
Müller, H. 221, 226, 451, 465
Müller, W. 31, 186, 227, 228, 355, 379
Murray, J.D. 269, 291

## N

Nell, M. 295, 345
Nelson, J.M. 192, 193, 196, 226
Newhouse, J.P. 390, 422, 423, 434
Nickell, S. 425, 434
Niskanen, W.A. 392, 395, 434

## O

Oberhänsli, U. 417, 434
Olson, M. 379, 392, 434
Orniston, M.B. 119

## P

Panzar, J.C. 265, 290, 291
Pauly, M.V. 295, 303, 338, 345, 369, 380
Pedroni, G. 56
Peltzman, S. 360, 362, 380
Pentikäinen, T 226

Pentikäinen, T. 207, 226, 290
Perelman, S.D. 277, 278, 279, 280, 290
Pesonen, E. 207, 226, 290
Pestieau, P. 277, 278, 279, 280, 290
Petersen, H.G. 385, 434
Pfeiffer, Ch. 207, 228
Philipson, T. 294, 345, 419, 434
Popper, K. 56
Posey, L.L. 441, 446, 465
Posner, R.A. 361, 380
Praetz, P.D. 276, 291
Pratt, J. 70, 71, 75, 79, 120
Pritchett, S.T. 276, 291
Pulley, L.B. 267, 291
Pyle, D. 252, 291

## Q

Quiggin, J. 116, 117, 120

## R

Ramaswami, M. 223, 228
Raviv, A. 102, 120
Rea, S.A. 449, 465
Reber, S.J. 328, 329, 330, 331, 345
Rees, R. 190, 228, 350, 380
Richter, H. 172, 226
Riley, J.G. 120, 327, 346
Rodger, A. 357, 358, 379
Rodger, R. 358
Roll, R. 167
Rosenbaum, E.F. 425, 431, 435
Ross, St. 167
Rothschild, M. 72, 75, 120, 295, 320, 346
Russell, W. 75, 77, 119

## S

Salvatore, J.M. 297, 345
Samprone, J.C. 365, 367, 369, 370, 379
Samuelson, P.A. 400, 434
Santomero, A.M. 451, 465
Savage, L.J. 61, 115, 116, 120
Schlesinger, H. 103, 119, 408, 435
Schmid, H. 425, 431, 435
Schmidt 379
Schmidt, F.A. 179, 191, 227, 372, 378, 379
Schmidt, R.H. 251, 291
Schneeweiss, H. 61, 64, 120

Schneider 434
Schneider, D. 251, 291
Schneider, F. 393, 435
Schneider, H. 425, 426, 431, 434
Scholes, M. 255, 290
Schönbäck, W. 384, 435
Schradin, H.R. 185, 228
Schubert, R. 81, 120
Schulenburg, J.-M. 384, 435
Schulte-Noelle, H. 461, 465
Schwartz, F.W. 56
Schwilling, W. 206, 228
Seiford, L.M. 281, 292
Shapiro, M.D. 119
Shaw, E.S. 252, 290
Sheldon, G. 267, 292
Shrieves, R.E. 260, 292
Simon, R. 274, 276, 291
Singer, E. 446, 465
Sinn, H. W. 31
Sinn, H.-W. 56
Sinn, H.W. 187, 228, 385, 435
Skaperdas, S. 117, 120
Slovic, P. 56
Smith, C. 167
Smith, C.W. 260, 291
Smith, V. 93, 120
Sommer, D.W. 183, 226, 259, 260, 261, 264, 290
Stahel, W. 31
Statistisches Bundesamt 31
Statistisches Jahrbuch der Schweiz 57
Stephan, T. 223, 228
Stewart, J. 341, 346
Stigler, G.J. 361, 362, 380
Stiglitz, J.E. 72, 75, 120, 179, 227, 295, 308, 320, 345, 346
St-Michel, P. 313, 315, 317, 343, 345
Stock, J.A. 412, 435
Streit, M. 57
Strohmenger, R. 441, 465
Suret, M. 268, 269, 292
Swank, O.A. 393, 394, 435
SwissRe 31, 452, 455, 456, 457, 465, 466
Szpiro, G.G. 56, 75, 79, 80, 81, 120, 121

T

Tálos, E. 397, 435
Tapp, J. 353, 379
Tennyson, S. 214, 217, 226
Teuscher, P. 221, 226
Thornton, J.H. 167
Thrall, R.M. 281, 292
Tinic, S.M. 207, 226
Torchet, V. 226
Tower, G.D. 226, 356, 362, 364, 379
Turner, J.A. 414, 433
Tversky, A. 56
Tversky, A.. 57
Tyran, J.-R. 353, 380

U

Urquhart, J. 56

V

Vahrenholt, F. 57
Van Dalen, H.P. 393, 394, 435
van den Berghe, L. 439, 466
Van Derhei, J. 192, 193, 194, 226
van Derhei, J. 192
Vertrag
    Mischvertrag 337
Viscusi, W. K. 57
Viscusi, W.K. 369, 371, 379
Voigt, F. 57
von Eije, J.H. 207, 228
von Neumann, J. 62, 121

W

Walden, M.L. 273, 292
Wambach, A. 441, 465
Waser, O. 435
Weichenrieder A. J. 56
Weiss, M. 175, 228
Welzel, P. 267, 268, 291
Westerfield, R. 167
Weston, J.F. 167
White, H. 261
White, R.W. 269, 291, 292
Wiegard, W. 384, 433
Wildasin, D.E. 440, 466
Williams, J.T. 251, 292
Willig, R.D. 265, 290, 291
Wilson, C.A. 325, 328, 346

Wise, D.A. 412, 435
Witte, H. 57
Wörister, K. 435
Wyplosz, C. 425, 433

## Y

Yfantopoulos, J. 383, 435

## Z

Zaborowski, Ch. 397, 435
Zeckhauser, R. 452, 466
Zimmermann 450
Zimmermann, H. 450, 456, 466
Zink, H. 294, 346
Zweifel, P. 31, 56, 187, 191, 195, 227, 228, 281, 292, 295, 297, 346, 379, 380, 397, 406, 407, 421, 423, 424, 434, 435, 461

Druck: Strauss Offsetdruck, Mörlenbach
Verarbeitung: Schäffer, Grünstadt

Printed in Great Britain by
Amazon.co.uk, Ltd.,
Marston Gate.